U0847721

四川省农业科学院"天府农科"智库蓝皮书（2023）

四川蔬菜产业发展报告

主　编　牟锦毅

中国农业科学技术出版社

四川省农业科学院
SAAS
1938

图书在版编目(CIP)数据

四川蔬菜产业发展报告／牟锦毅主编．——北京：中国农业科学技术出版社，2023.12
　　ISBN 978-7-5116-6645-1

Ⅰ．①四… Ⅱ．①牟… Ⅲ．①蔬菜产业-研究报告-四川 Ⅳ．①F326.13

中国国家版本馆 CIP 数据核字（2023）第 256226 号

责任编辑	穆玉红
责任校对	马广洋
责任印制	姜义伟　王思文

出 版 者	中国农业科学技术出版社
	北京市中关村南大街 12 号　邮编：100081
电　　话	（010）82106626（编辑室）　　（010）82106624（发行部）
	（010）82109709（读者服务部）
网　　址	https://castp.caas.cn
经 销 者	各地新华书店
印 刷 者	北京建宏印刷有限公司
开　　本	185 mm×260 mm　1/16
印　　张	37.5
字　　数	650 千字
版　　次	2023 年 12 月第 1 版　2023 年 12 月第 1 次印刷
定　　价	98.00 元

◆版权所有·翻印必究◆

《四川省农业科学院"天府农科"智库蓝皮书(2023)》
编委会

主 任 委 员 牟锦毅

副主任委员 钟　毅　张　雄　杨武云　丁明忠　刘永红
　　　　　　　蒲宗君　李　晓

委　　　员（按姓氏笔画排序）
　　　　　　　王自鹏　王　嘉　邓汉眉　朱永清　朱　宇
　　　　　　　宋　梅　杜　军　杜红宇　何志平　何　鹏
　　　　　　　陈沧桑　吴银明　邱云桥　杨胜廷　张　鸿
　　　　　　　张小军　张友洪　罗　凡　罗永红　胡容平
　　　　　　　赵黎明　侯　雪　高方远　黄　平　黄芳芳
　　　　　　　常　伟　蒋开锋　蒋浩宏　谢红江　蒲志刚
　　　　　　　鲜小林　雷晓葵

编委会挂靠部门　四川省农业科学院"天府农科"智库管理委员会办公室
　　　　　　　　　四川省农业科学院农业信息与农村经济研究所

《四川蔬菜产业发展报告》编委会

主　　编　牟锦毅
执行主编：段晓明
副 主 编　李　晓　　杜兴端　　赵颖文　　杨　彪　　吴传秀
　　　　　常　伟　　叶鹏盛　　彭卫红　　李跃建　　刘小俊
　　　　　房　超
编　　者　（按姓氏笔画排序）
　　　　　马　晖　　马燕勤　　王　迪　　王　波　　王　勇
　　　　　王海娥　　王森培　　韦树谷　　帅正彬　　叶　雷
　　　　　冉茂林　　匡成兵　　巩雪峰　　朱永清　　向　娟
　　　　　向泉桔　　刘　询　　刘天海　　刘独臣　　刘理旭
　　　　　闫世杰　　许　艺　　许钰莎　　许瀛引　　李　志
　　　　　李　享　　李　春　　李　菊　　李　瑶　　李小林
　　　　　李艺凡　　李昕竺　　李治华　　李晓梅　　李焕秀
　　　　　杨　宏　　杨　亮　　杨　峰（达州）　杨　峰（德阳）
　　　　　杨　敬　　杨学圳　　肖水根　　邱孟璐　　何晓兰
　　　　　汪　鑫　　宋　波　　张　波　　张　谦　　张泽锦
　　　　　陈　玲　　陈　影　　苗明军　　罗建华　　罗静红
　　　　　周　会　　周　洁　　赵　楠　　钟　建　　钟文娟
　　　　　敖清艳　　高　佳　　唐　丽　　唐　杰　　唐祖君
　　　　　黄　钰　　曹雪莲　　梁根云　　董　玲　　辛运富
　　　　　舒雪琴　　曾　攀　　曾先富　　赖　佳　　蔡　鹏

序 言

"菜篮子""米袋子""果盘子",事关千家万户,是最基本的民生。蔬菜是"菜篮子"产品最重要的组成部分,是"大食物观"中必不可少的农产品,关系到千家万户的民生福祉。蔬菜产业的发展既关乎农业的持续增效、农民的持续增收,更关乎乡村全面振兴、农业农村现代化和农业强国建设。

四川是农业大省,自古便是中国西部重要的"米袋子""菜篮子",肩负着为全省乃至全国"菜篮子"安全保供的重要使命。蔬菜产业作为四川现代农业千亿产业之一,是四川农业的重要支柱,不仅撑起了自身"菜篮子",鼓起了老百姓的"钱袋子",还起到了调剂全国供需平衡的作用。目前,四川蔬菜播种面积及产量已连续多年保持"双增"势头,常年列居全国前5位,是我国重要的"冬春蔬菜"优势生产区和"南菜北运"重点生产基地。近年来,四川更是努力在更新品种、加强管理、提高产能等方面下功夫,多措并举地擦亮川菜"金字招牌",蔬菜产业活力不断增强,形成了特色鲜明的"三区一带"生产格局,除了能满足本省8 000多万人口日常消费外,还能外销鲜菜600多万吨以调剂全国蔬菜市场。蔬菜产业已成为四川促进农民增收致富的重要渠道,是全面推进乡村产业振兴的有效途径,在四川的地位和重要性不言而喻。

目前,四川蔬菜产业发展正由数量型向质量型转变,"菜篮子"品类日趋丰富,城乡居民对蔬菜消费提出了更高要求。四川省农业科学院是全省农业科技进步的排头兵、农业科技创新的主力军、"三农"工作的重要智库和农业发展的重要人才基地。坚持服务国家战略与推动全省农业农村发展,是省委、省政府赋予我院的重大职责使命。为了更好地服务四川农业农村发展，"天府农科"智库紧紧围绕我省现代农业产业体系建设要求，牢固树立"大农业、大食物观"，在国家现代农业产业技术体系四川创新团队和四川省"十四五"农作物及畜禽育种攻关项目的支持下，聚焦我省蔬菜及食用菌产业高质量发展，基于全产业链视角，从种业发展、设施蔬菜产业、冷链加工业发展等方面，有针对性地分析和提炼解决方案与应对之策，形成了《四川蔬菜产业发展报告》，以期推动四川蔬菜及食用菌产业优化升级。该书是我院"天府农科"智库（蓝皮书）系列成果之一，是2023年的一项重大任务和成果，是我院"天府"智库围绕省委省政府中心工作开展决策研究的具体体现，充分彰显了四川农科人的政治担当与责任担当。

四川省农业科学院将深入贯彻党的二十大和习近平总书记对四川工作系列重要指示精神，全面落实省委、省政府决策部署，锚定"国内一流、国际知名"强院建设目标，坚持新时期强院建设"十个以"总体谋划，加快发展农业新质生产力，为打造新时代更高水平"天府粮仓"、加快农业强省建设和乡村全面振兴提供强有力的科技支撑，奋力推进农业产业高质量发展，继续谱写四川农业科技事业发展新篇章。

四川省农业科学院党委书记、院长，正高级农艺师

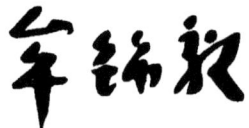

2023 年 12 月

目 录

第一部分 总 报 告

四川省蔬菜产业发展总报告 ………… 吴传秀 李 享 王 雪（3）
四川省食用菌产业发展总报告 ……………… 彭卫红 吴传秀（19）

第二部分 专题报告

四川省蔬菜种业发展报告 ………… 马 晖 周 会 唐仕香等（35）
四川省黄瓜产业发展报告 ………… 李 春 刘小俊 梁根云等（55）
四川省南瓜产业发展报告 ………… 李艺凡 刘小俊 梁根云等（63）
四川省冬瓜产业发展报告 ………… 敖清艳 先本刚 张建军等（73）
四川省苦瓜产业发展报告 ………… 唐祖君 涂 杰 刘雨杭等（85）
四川省丝瓜产业发展报告 ………… 宋 波 杨 晓 张 丽等（99）
四川省西甜瓜产业发展报告 ……… 房 超 蔡 鹏 龚方仪等（109）
四川省莴笋产业发展报告 ………… 梁根云 刘小俊 吴传秀等（119）
四川省芥菜产业发展报告 ………… 刘独臣 夏 枫 罗红萍等（130）
四川省白菜类蔬菜产业发展报告 … 赖 佳 叶鹏盛 刘 勇等（140）
四川省芹菜产业发展报告 ………… 巩雪峰 宋占锋 许 艺等（152）

1

四川省甘蓝产业发展报告 ………… 匡成兵　唐祖君　刘雨杭等（158）
四川省花椰菜和青花菜产业发展报告
　　………………………… 杨　宏　孙　进　王海娥（175）
四川省黄花产业发展报告 ………… 杨　峰　陈招芳　王会权等（191）
四川省辣椒产业发展报告 ………… 许　艺　宋占锋　吴传秀等（199）
四川省番茄产业发展报告 ………… 杨　亮　常　伟　李　志等（206）
四川省茄子产业发展报告 ………… 蔡　鹏　李　享　龚方仪等（218）
四川省萝卜产业发展报告 ………… 冉茂林　李晓梅　杨　峰等（226）
四川省胡萝卜产业发展报告 ……… 杨　峰　冉茂林　李晓梅等（262）
四川省芦笋产业发展报告 ………… 韦树谷　盛玉珍　黄　玲等（277）
四川省豇豆产业发展报告 ………… 陈　玲　向　娟　吴传秀等（282）
四川省菜豆产业发展报告 ………… 李焕秀　黄　志　唐　懿（291）
四川省菜用大豆产业发展报告 …… 钟文娟　陈四维　廖　蕤等（301）
四川省莲藕产业发展报告 ………… 马燕勤　常　伟　杨　亮等（312）
四川省芋头产业发展报告 ………… 常　伟　李　志　杨　亮等（319）
四川省大蒜产业发展报告 ………… 帅正彬　柴　丹　郭江洪等（323）
四川省洋葱产业发展报告 ………… 李成佐　李　瑶　罗成焕等（340）
四川省生姜产业发展报告 ………… 李　志　常　伟　吴传秀等（356）
四川省花椒产业发展报告 ………… 曾　攀　龚　霞　王海峰等（368）
四川省蔬菜加工产业发展报告
　　——四川泡菜产业发展报告 … 朱永清　赵　楠　杨梦露等（382）
四川省蔬菜采后商品化处理与冷链物流产业发展报告
　　………………………… 高　佳　吴传秀　杨艺雯等（390）
四川省郫县豆瓣酱产业发展报告 … 李治华　董　玲　张凤菊等（399）
四川省高山蔬菜产业发展报告 …… 苗明军　钟　建　李　享等（406）
四川省设施蔬菜产业发展报告 …… 张泽锦　梁　颖　唐　丽等（424）

| 四川省野生食用菌产业发展报告 … 何晓兰　王　迪　彭卫红　（442）
| 四川省金针菇产业发展报告 ………… 刘　询　王　波　何晓兰等（449）
| 四川省杏鲍菇产业发展报告 ………… 李小林　黄　钰　叶　雷等（461）
| 四川省毛木耳产业发展报告 ………… 叶　雷　李小林　张　波等（477）
| 四川省香菇产业发展报告 …………… 辜运富　向泉桔　陈　强等（495）
| 四川省平菇产业发展报告 …………… 周　洁　刘天海　余　洋　（505）
| 四川省羊肚菌产业发展报告 ………… 唐　杰　刘理旭　王　勇等（514）
| 四川省大球盖菇产业发展报告 ……… 李昕竺　熊维全　曾先富等（522）
| 四川省竹荪产业发展报告 …………… 张　波　杨　敬　李小林等（542）
| 四川省银耳产业发展报告 …………… 彭卫红　王　勇　罗建华等（551）
| 四川省黑木耳产业发展报告 ………………… 陈　影　曹雪莲　（560）
| 四川省灵芝产业发展报告 …………… 张　波　李小林　叶　雷等（569）
| 四川省食用菌加工产业发展报告 … 许瀛引　张　谦　舒雪琴　（578）

第一部分

总报告

四川省蔬菜产业发展总报告

吴传秀 李 享 王 雪

(四川省园艺作物技术推广总站,四川成都 610041)

摘 要：四川地形地貌复杂,气候类型丰富,为四川蔬菜产业多样性发展提供了优越条件。经过多年发展,四川蔬菜形成了攀西冬春喜温蔬菜、川南早春蔬菜、盆地加工外销蔬菜三大优势区和盆周山区高山蔬菜产业带"三区一带"区域布局,建成了一批蔬菜现代农业园区和标准化生产基地,基本实现了蔬菜周年生产、均衡供应。本报告概述了全省蔬菜产业发展情况,结合四川蔬菜产业发展现状,分析四川蔬菜产业发展面临的问题与挑战,研判四川蔬菜产业未来发展趋势,并针对存在的主要问题提出对策建议,推动四川蔬菜产业提质增效发展。

关键词：蔬菜产业；提质增效；对策建议；四川

四川是全国重要的冬春蔬菜生产优势区和"南菜北运"生产基地,全国580个蔬菜产业发展重点县,四川有45个,数量位居全国第三。"十三五"以来,四川蔬菜产业发展态势良好,总体呈现出区域协调发展、栽培品种互补、上市档期不同、周年均衡供应的格局,在保障城乡居民"菜篮子"产品供给和促进农民持续增收等方面发挥了重要作用。

一、四川蔬菜产业发展现状

(一) 基础现状

蔬菜产业不仅是重要的民生产业,也是促农民增收、稳农业增长的重要支撑,四川蔬菜每年除保障全省8 000多万人日常需求外,还常年外销鲜菜600多万吨调剂全国市场。2022年,全省蔬菜一产产值2 257.4亿元,助农增收贡献率居种植业首位。

1. 生产情况

一是面积产量情况（表1）。2022年，全省蔬菜种植面积154.23万公顷、产量5 198.7万吨，种植面积、产量较2015年分别增长14.2%、22.6%，均居全国前五位。全省183个县（市、区）全部种植蔬菜，其中，种植面积在20 000公顷（30万亩）以上的县（市、区）有18个，13 333公顷（20万亩）以上的县（市、区）有39个，6 667公顷（10万亩）以上的县（市、区）有95个。二是主要大类情况。四川省生产的蔬菜主要包括叶菜类、白菜类、甘蓝类、根茎类、瓜菜类、豆类（菜用）、茄果类、葱蒜类、水生菜类、其他蔬菜等10个大类，种植面积分别为24.04万公顷、21.72万公顷、6.29万公顷、25.25万公顷、13.64万公顷、11.05万公顷、27.23万公顷、9.54万公顷、3.86万公顷和11.61万公顷，产量分别为814.5万吨、789.8万吨、235.1万吨、894.6万吨、516.8万吨、322.2万吨、838.9万吨、252.3万吨、107.3万吨、337.8万吨。三是主要产品情况。四川省生产的蔬菜种类上百个，主要种类30多个，其中，种植面积较大的有莴笋、芥菜、大白菜、萝卜、辣椒、茄子、黄瓜、番茄、豇豆、四季豆、芹菜等，种植面积上6.67万公顷（100万亩）的分别为大白菜14.4万公顷、白萝卜13.07万公顷、辣椒11.84万公顷、茄子6.99万公顷，产量分别为518.1万吨、475.5万吨、307.0万吨、216.6万吨。

表1 2022年四川省蔬菜及主要大类面积、产量情况

	面积（×10³公顷）		增长（%）	产量（万吨）		增长（%）
	2022年	2021年		2022年	2021年	
全省蔬菜	1 542.3	1 480.4	4.2	5 198.7	5 039.1	3.2
叶菜类	240.4	227.2	5.8	814.5	779.1	4.5
白菜类	217.2	210.1	3.4	789.8	784.3	0.7
甘蓝类	62.9	57.9	8.7	235.1	214.6	9.6
根茎类	252.5	237.3	6.4	894.6	838.0	6.8
瓜菜类	136.4	130.6	4.5	516.8	502.1	2.9
豆类（菜用）	110.5	106.4	3.8	322.2	318.1	1.3
茄果类	272.3	263.5	3.4	838.9	821.0	2.2
葱蒜类	95.4	90.5	5.4	252.3	235.1	7.3
水生菜类	38.6	37.8	2.3	107.3	105.6	1.6
其他蔬菜	116.1	119.1	-2.5	337.8	354.2	-4.6

数据来源：根据《2023四川农村统计年鉴》整理。

2. 区域布局情况

经过多年的发展和结构调整，全省蔬菜已形成"三区一带"区域布局，呈现出栽培品种互补、上市档期不同、区域协调发展的格局。一是攀西冬春喜温蔬菜优势区。主要包括攀枝花、凉山州的安宁河流域和金沙江流域的河谷地带，以及雅安市汉源县，重点县有米易县、西昌市、德昌县、盐边县、会东县等，主要生产番茄、辣椒、黄瓜等喜温果菜，上市期自12月至翌年4月。二是川南早春蔬菜优势区。包括宜宾市、泸州市、自贡市、内江市及乐山市的浅丘河谷地区，重点县有荣县、威远县、峨眉山市、泸州市江阳区、宜宾市南溪区等，主要生产番茄、辣椒、茄子、黄瓜等喜温果菜，上市期3—5月。三是盆地加工外销蔬菜优势区。包括成都市、眉山市、德阳市、南充市、资阳市、遂宁市、广安市、达州市、绵阳市、巴中市、广元市等丘陵地区，重点县有彭州市、什邡市、达州市达川区等，主要生产莴笋、萝卜、白菜、芥菜类等冬春喜凉蔬菜，上市期自11月至翌年4月，产品除保障四川省鲜菜需求和泡菜加工原料需求外，还外销出省调剂全国市场。四是盆周山区高山蔬菜产业带。包括秦巴山区的广元市和达州市的高山地区、乌蒙山区的宜宾市和泸州市的高山地区、大小凉山二半山区和川西北高原的甘孜州和阿坝州，重点县有理县、广元市朝天区、理塘县等，重点生产大白菜、莴笋、甘蓝等喜凉蔬菜和番茄、黄瓜等喜温果菜，产品上市期为5—10月。

3. 基础设施建设情况

一是标准化基地建设情况。近年来，四川省统筹省星级现代农业园区奖补、产业强镇、绿色高质高效创建、"五良"宜机化改造等项目，推进蔬菜产业基地改造提升，建设蔬菜标准化基地26.7万公顷（400万亩）。建设了一批蔬菜良繁基地，绵阳市游仙区、彭州市成功入选国家级区域性蔬菜良种繁育基地。2021年，蔬菜重点县米易县入选全国首批创建农业现代化示范区名单，彭州市入选全国农业（蔬菜）全产业链典型县。2023年，四川省成功申报国家设施蔬菜优势特色产业集群和省级食用菌优势特色产业集群。与2015年比，全省蔬菜平均亩产量提高150多千克。二是设施生产情况。2022年全省设施蔬菜播种面积9.09万公顷，产量365.9万吨。播种面积0.13万公顷（2万亩）以上的县有20个，0.33万公顷（5万亩）以上的县有5个，主要分布在成都平原、川南地区和攀西地区。根据业务调度，全省设施蔬菜占地面积6.87万公顷，其中小棚2.27万公顷，中棚1.67万公顷，大棚 2.80 万公顷，日光温室不到 0.07 万公顷。主要产品为辣椒、番茄、黄瓜、茄子、西葫芦，播种面积分别为 1.74 万公顷、1.67 万公顷、1.28 万公顷、1.09 万公顷、0.27 万公顷，产量分别为 68.7 万吨、99.9 万吨、64.2 万吨、51.8 万吨、12.2 万吨。水肥一体化高效节水灌溉设施覆盖面积近 13.33 万公顷（200 万亩），主要用于设施蔬菜生产。适宜蔬菜生产的先进农机装备不多，机械化生产水平不高，主要用于耕整地环节，目前，在理塘县、简阳市、成都市郫都区等耕作条件好的地区，规模化种植的萝卜、胡萝卜和生菜可实现全程机械化。三是现代农业园区培育情况。以泡菜为主导产业的眉山市东坡区现代农业产业园成功入选首批国家现代农业产业园。全省共认定以蔬菜为主导产业的省星级现代农业园区 21 个，其中 3 星级 11 个，4 星级园区 9 个，5 星级园区 5 个（表 2）。创建蔬菜类国家级特色农产品优势区 2 个，省级特色农产品优势区 15 个（表 3）。建设国家级蔬菜产业强镇 16 个，省级蔬菜产业强镇 7 个（表 4）。

表 2 以蔬菜、食用菌为主导产业的省级现代农业园区名单

市（州）	产业园区名称	星级
眉山市	四川省眉山市东坡区现代农业产业园	国家级认定
成都市	金堂县食用菌现代农业园区	省五星级
攀枝花市	米易县稻菜现代农业园区	省五星级
广元市	广元市朝天区蔬菜现代农业园区	省五星级
甘孜州	石渠县蔬菜现代农业园区	省五星级
甘孜州	理塘县蔬菜现代农业园区	省五星级
成都市	成都市新都区稻菜现代农业园区	省四星级
成都市	彭州市菜稻现代农业园区	省四星级
自贡市	自贡市贡井区蔬菜高粱现代农业园区	省四星级
泸州市	泸州市江阳区蔬菜现代农业园区	省四星级
广元市	广元市利州区食用菌现代农业产业园	省四星级
广元市	青川县食用菌现代农业园区	省四星级
遂宁市	蓬溪县食用菌现代农业园区	省四星级
内江市	内江市东兴区稻菜现代农业园区	省四星级
巴中市	通江县食用菌现代农业园区	省四星级
成都市	成都市青白江区稻菜现代农业园区	省三星级
成都市	成都市温江区稻菜现代农业园区	省三星级

(续表)

市（州）	产业园区名称	星级
成都市	成都市郫都区稻菜现代农业园区	省三星级
德阳市	什邡市菜稻现代农业园区	省三星级
南充市	南充市顺庆区菜粮现代农业园区	省三星级
雅安市	汉源县稻菜现代农业园区	省三星级
雅安市	宝兴县食用菌现代农业园区	省三星级
眉山市	眉山市东坡区稻菜现代农业园区	省三星级
阿坝州	小金县蔬菜现代农业园区	省三星级
甘孜州	泸定县食用菌现代农业园区	省三星级
甘孜州	雅江县食用菌现代农业园区	省三星级

表3 以蔬菜、食用菌为主导产业的特色农产品优势区名单

市（州）	产业	类别
巴中市	通江银耳	省级特色农产品优势区，后升为国家级
达州市	渠县黄花	省级特色农产品优势区，后升为国家级
攀枝花市	米易蔬菜	省级特色农产品优势区
泸州市	泸州市江阳区蔬菜	省级特色农产品优势区
德阳市	什邡蔬菜	省级特色农产品优势区
广元市	广元市朝天区蔬菜	省级特色农产品优势区
巴中市	巴中市恩阳区芦笋	省级特色农产品优势区
宜宾市	宜宾市翠屏区芽菜专用青菜	省级特色农产品优势区
绵阳市	绵阳市安州区、北川县北川花魔芋	省级特色农产品优势区
成都市	金堂羊肚菌	省级特色农产品优势区
德阳市	什邡黄背木耳	省级特色农产品优势区
成都市	彭州大蒜	省级特色农产品优势区
达州市	宣汉宣品天下黑木耳	省级特色农产品优势区
眉山市	眉山市东坡区蔬菜	省级特色农产品优势区
宜宾市	长宁苦笋	省级特色农产品优势区
阿坝州	理县大白菜	省级特色农产品优势区
甘孜州	康定羊肚菌	省级特色农产品优势区

表 4 以蔬菜、食用菌为主导产业的产业强镇名单

年份	强镇名称	产业	类别
2023	甘孜州炉霍县虾拉沱镇	高原设施蔬菜	国家强镇
2023	巴中市恩阳区双胜镇	芦笋	国家强镇
2022	德阳市什邡市湔氐镇	黄背木耳	国家强镇
2020	广元市利州区白朝乡	食用菌	国家强镇
2020	阿坝州马尔康市松岗镇	莴笋	国家强镇
2019	成都市都江堰市胥家镇	蔬菜	国家强镇
2019	成都市金堂县竹篙镇	食用菌、蔬菜	国家强镇
2019	攀枝花市米易县撒莲镇	蔬菜	国家强镇
2019	遂宁市蓬溪县天福镇	食用菌	国家强镇
2019	宜宾市南溪区长兴镇	蔬菜	国家强镇
2019	宜宾市兴文县周家镇	食用菌	国家强镇
2019	广元市朝天区曾家镇	高山蔬菜	国家强镇
2018	成都市彭州市九尺镇	蔬菜	国家强镇
2018	乐山市峨边县新林镇	蔬菜	国家强镇
2018	广安市武胜县飞龙镇	蔬菜	国家强镇
2018	甘孜州石渠县洛须镇	蔬菜	国家强镇
2023	广元市青川县木鱼镇	食用菌	省级强镇
2023	乐山市五通桥区西坝镇	生姜	省级强镇
2023	巴中市通江县陈河镇	通江银耳	省级强镇
2023	甘孜州德格县温拖镇	蔬菜	省级强镇
2023	甘孜州雅江县八角楼乡	食用菌	省级强镇
2023	甘孜州巴塘县苏哇龙乡	辣椒	省级强镇
2023	阿坝州理县朴头镇	大白菜	省级强镇

4. 新品种新技术应用情况

一是新品种应用情况。2018 年以来，开展"四川省第三次全国农作物种质资源普查与收集行动"，收集全省各地蔬菜种质资源 2 900 余份，蔬菜种质资源保存数量超过了 1 万份，建成西南地区最大的蔬菜种质资源库。自 2017 年《非主要农作物品种登记办法》实施以来，截至 2023 年 8 月，四川蔬菜 775 个品种通过国家登记，位居全国第九位。自 2018 年四川省正式启动蔬菜品种认定以来，全省累计认定莴笋、洋葱等 20 种蔬菜作物总计 60 个品种。蔬菜生产上大面积推广的主要大宗

蔬菜品种80%以上是外省品种，省内自主选育品种中，四川省农业科学院园艺研究所选育出的"川绿11号"黄瓜新品种在四川省种植面积最大，占全省黄瓜种植面积的40%。长季节设施栽培的番茄、辣椒品种，基本上都是国外品种。全省蔬菜良种覆盖率达98%。二是集约化育苗技术应用情况。全省集约化育苗企业313家，其中年育苗能力500万株以上的育苗场（企业）达94家，1 000万株以上的55家，3 000万株以上的17家，育苗企业规模和育苗数量不断提升。2022年育苗量69亿株，能够满足23.33万公顷（350万亩）左右蔬菜生产需要。茄果类、瓜类生产中，优质高产抗性强的嫁接苗占比接近20%。三是新技术应用情况。示范推广了水肥一体化灌溉、设施避雨栽培、病虫害绿色防控等蔬菜绿色轻简高效生产技术30余套，多项技术入选省主推技术。设施避雨栽培技术能有效延长蔬菜采收期21~56天，主要病害降低54.6%~96.5%，增产26.9%~65.5%，亩节本增收1 200元以上。水肥一体化灌溉技术能提高肥料利用率15%~40%，亩节肥15%~30%、节水25%~50%、省工10~15个。

5. 产地加工及市场情况

加快推进以清选分级、产地预冷、冷藏保鲜、冷链运输、烘干仓储为重点的蔬菜初加工能力建设，延长蔬菜货架期和销售半径。一是采后商品化处理情况。全省建有蔬菜采后商品化处理中心1 480个，全省蔬菜采后商品化处理率达42%。二是预冷及冷藏库建设情况。全省冷库库容310万立方米，蔬菜预冷率23%。彭州市蔬菜预冷率80%以上，理县、松潘县等部分地方蔬菜预冷率几乎为0。三是市场流通情况。全省共有蔬菜产地批发市场223个，位于彭州市的四川国际农产品交易中心被农业农村部认定为"定点市场"，日交易蔬菜量上万吨，全国第二。全省共建设县、乡、村三级电商服务站点超1.3万个，构建起农产品流通网络。2019—2021年，成都关区共检验检疫出口蔬菜类产品7 784批、46 020吨、147 322万元。出口主要种类为蔬菜/食用菌罐头、保鲜蔬菜/食用菌、蔬菜/食用菌及其制品、植物源性调料等。出口主要国家和地区为日本、韩国、越南、美国和法国。

6. 主体培育情况

一是培育新型经营主体。截至目前，共培育蔬菜国家级农业产业化龙头企业11家（表5）、省级153家。培育蔬菜国、省级示范社农民合作社达300余家。初步建立了家庭农场高质量发展机制，推动蔬菜重点县重点乡镇实现"一组一场"。二是发展社会化服务。依托示范性合作社、家庭农场和种植大户，支持建设一批区域协作机制新、服务功能全、组织能力强、运行管理规范的社会化服务组织，开展代耕代育、代种代收、统防统治、冷藏保鲜和产品销售等，提升产业社会化服务能力。三是构建产业化联合体。重点培育扶持了11家蔬菜产业化联合体，探索创新经营机制，紧密利益联结，引导龙头企业联手多元新型农业经营主体组建产业化联合体，加快构建上下游相互衔接、风险共担的蔬菜"产—加—销"全产业链利益共同体，实现共同发展、利益共享。

表5 以蔬菜为主营业务的国家级龙头企业名单

市（州）	县（市、区）	企业名称	级别
成都市	新都区	成都新繁食品有限公司	国家级
成都市	郫都区	四川省丹丹郫县豆瓣集团股份有限公司	国家级
成都市	郫都区	四川饭扫光食品集团股份有限公司	国家级
自贡市	富顺县	四川省远达集团富顺县美乐食品有限公司	国家级
德阳市	什邡市	四川道泉老坛酸菜股份有限公司	国家级
广元市	青川县	四川省青川县川珍实业有限公司	国家级
乐山市	沐川县	四川森态源生物科技有限公司	国家级
眉山市	东坡区	吉香居食品股份有限公司	国家级
眉山市	东坡区	四川省味聚特食品有限公司	国家级
眉山市	东坡区	四川李记酱菜调味品有限公司	国家级
眉山市	东坡区	四川省川南酿造有限公司	国家级

7. 品牌培育情况

一是培育知名品牌。继续实施"区域品牌+企业品牌"双品牌战略，打造了"四川泡菜"省级公共区域品牌，"三品一标"农产品品牌数量超过1 600个。"阳光米易""曾家山"等地方性公共区域品牌和通江银耳、什邡毛木耳、金堂羊肚菌等产品品牌家喻户晓。四川泡菜被列入首批中欧地标互认互保产品，品牌价值达114.34亿元。二是举办各类节会。2019年以来，成功举办了三届泡菜博览会、两届蔬菜博览会、一届蔬菜品赏会，唱响了"四川蔬菜 天然生态"品牌。在第十三届中国泡菜食品国际博览会上，共签订招商引资合作项目52个，签约金额273.65亿元，现场签约重点项目9个，签约金额83亿元；在第十一届中国·四川（彭州）蔬菜博览会上，签订项目 23 个，合作金额超 200 亿元，其中，农业投资项目 18 个，协议资金约 190 亿元。三是拓展市场需求。积极组织蔬菜经营主体参加惠民购物全川行动、川货全国行、万企出国门等国内外市场拓展活动，全方位宣介、展示四川蔬菜品牌，提升四川蔬菜产业影响力。

（二）优势亮点

1. 品种丰富品质优良

四川省是全国蔬菜品种最为丰富的省份之一，蔬菜的 13 大类、105 个种或变种、上千个品种绝大部分在四川省有栽培。生产方式以露地生产为主，生产周期长，营养丰富。生产模式主要为"菜—稻"水旱轮作，既解决了土壤盐渍化、酸化和板结问题，又能有效减轻土壤中的病原菌和虫原量，病虫害少，化肥和农药用量低，品质优良，全省蔬菜例行监测总体合格率稳定在 99% 以上。

2. 优势突出竞争力强

四川省芥菜、莴笋种植面积均为全国最大，分别占全国的 1/3 和 1/4。四川是国家优质大蒜优势产区和全国蒜种最大的供应基地，紫皮大蒜种植面积 4 万公顷，蒜薹可 1—5 月上市，较北方早 1~4 个月，是上市期全国最早、品质最优的薹头两用型大蒜。四川也是中国传统三大辣椒产地，全国辣椒种植面积上百万亩的 8 个省份之一。

3. "南菜北运"优势明显

四川省是国家规划的 9 个长江流域冬春蔬菜生产优势省份之一。四川盆地冬春季节气候温和，自然条件下可生产莴笋、芥菜、萝卜等喜凉蔬菜，每年 11 月至翌年 4 月上市，是我国最大的冬春露地喜凉蔬菜生产基地和"南菜北运"基地，产品除满足本地需求外，每年外销 1 200 多万吨调剂全国市场（含泡菜加工转化）。

4. 区域布局科学合理

四川地形地貌复杂，气候类型丰富，四川蔬菜形成了攀西冬春喜温蔬菜、川南早春蔬菜、盆地加工外销蔬菜三大优势区和盆周山区高山蔬菜产业带"三区一带"区域布局，基本实现了蔬菜周年生产、均衡供应。

5. 川菜加工特色鲜明

四川省是全国泡菜产业第一大省，2022 年，四川泡菜产量 486 万吨、产值 415 亿元，产量占全国的 70%，泡菜加工省级以上龙头企业 44 家，其中国家级龙头企业 8 家，成为全国泡菜产业第一大省。豆瓣酱、火锅料等系列加工品深受消费者欢迎，郫县豆瓣更是享誉海内外。

二、四川蔬菜产业发展存在的主要问题与挑战

（一）存在的主要问题

1. 种业竞争力不强

省内自主选育品种数量多但市场竞争力不强。四川省目前生产上使用的蔬菜品种约 10% 由国外引进，萝卜、大白菜、甘蓝等主要大宗蔬菜品种 80% 以上是外省品种，高档设施长季节栽培的辣椒、番茄品种，基本是国外引进。

2. 基础设施仍然薄弱

随着城市的扩张，城市近郊大量标准化菜地被占用，农区新建菜地基础设施建设跟不上，能排能灌、旱涝保收、宜机作业的标准化基地少，标准化基地占比不到 40%。大棚设施建设标准低、不规范，使用 5 年以上的设施蔬菜大棚占比达到 60% 以上，还有部分竹架大棚仍在使用，抗灾能力弱，先进生产设施装备配套差，水肥一体化设施覆盖面小，适宜蔬菜机械化生产的农机装备少，生产机械化水平低。

3. 生产水平还不高

蔬菜生产还是以传统的小农分散生产为主，小农户大市场仍是四川省主要模式。生产端龙头企业少，龙头企业+专业合作社+家庭农场+农户等模式的产业化联合体作用还不明显。10 亩以上适度规模经营的蔬菜种植仅占总面积的不到 10%，规模化生产水平不高，不利于新品种、新技术、新模式推广普及，也不利于开展社会化服务。基层服务体系不健全，农技推广队伍断层严重，懂专业的技术人员少，社会化服务组织不多，蔬菜生产水平总体不高，平均亩产比全国水平低 80 千克。

4. 结构性矛盾依然存在

虽然四川省蔬菜可周年生产，总量充足，基本实现了均衡供应，但季节性、区域性的品种缺口较大，发展仍然不足。冬春季的茄果类、瓜类、豆类蔬菜消费，主要依靠海南、两广、云南等地调入；盆地内夏秋季叶菜类、根茎类蔬菜主要依靠盆周山区。

5. 产地初加工水平不高

产地预冷、商品化处理生产线、预冷仓储等采后初加工设施设备不完善，清

洗、分级、包装等采后商品化处理不足，商品化处理率仍较低，仅为42%，预冷率仅为23%，远远低于云南、山东。冷链设施不健全，储运设施设备落后，损耗大，据测算，蔬菜流通腐损率高达20%~30%。蔬菜加工以泡菜为主，种类较单一，档次和附加值不高。加工产品多以食用型初级加工产品为主，精深加工产品很少，副产物综合利用不足。

6. 品牌效应发挥不充分

四川省虽然是蔬菜大省，区域品牌多，但品牌使用率不高，蔬菜销售品牌化率在10%以下，"走出去"意识淡薄，等客上门思想严重。相比之下，宁夏依靠小小的"菜心"，打造出了一个响当当的品质蔬菜品牌，山东蔬菜出口量、出口额连续15年稳居全国第一，约占全国的1/3，都是品牌发挥了重要的作用。

（二）产业发展面临的挑战

一是市场竞争压力越来越大。2012年起，农业部*启动北方设施蔬菜生产，经过8年发展，北方设施蔬菜生产面积已达93.33万公顷以上，增加近800万吨蔬菜，对四川省冬春蔬菜南菜北运来说是个较大的挑战。云南、贵州、重庆等周边省蔬菜产业发展迅速，市场竞争力加大。二是市场消费需求越来越高。2022年全国蔬菜产量达78 705.2万吨，人均蔬菜产量557.5千克，四川人均蔬菜产量620.8千克，总量超过全国。但目前蔬菜从原料到加工，产品种类少，与消费者对蔬菜产品的多样性和个性化需求不相适应。三是生产成本不断提高。蔬菜是劳动密集型产业，生产、加工、包装等环节需要大量的劳动力，劳动成本大幅增加，肥料、农药、农用薄膜等生产农资价格也急剧增长，导致生产成本增加。产业发展所需的资金、技术、人才仍有不足，资金稳定投入机制尚未建立，人才激励保障机制尚不完善。四是质量安全隐患依然存在。蔬菜质量安全一直是社会高度关注的热点和焦点。虽然四川省蔬菜质量总体是安全的，但由于蔬菜小农生产、环节多、产业链长，标准化生产推进难度大，绿色防控、水肥一体等生态栽培技术普及率较低，局部地区、个别品种农药残留超标问题时有发生。监管手段弱，监测与追溯体系不健全，蔬菜产品质量安全隐患依然存在。

---

* 2018年改为"农业农村部"。

(三) 发展机遇

1. 农业农村发展空间更加广阔

西部大开发、"一带一路"、长江经济带、生态文明建设、城乡统筹等战略的深入实施，特别是乡村振兴战略、成渝地区双城经济圈战略启动实施，农业供给侧结构性改革不断推进，改革发展活力不断增强，各地立足当地资源特色，突出抓好一二三产业融合，持续拓展农业多种功能，农村新产业新业态蓬勃发展，进一步扩大了四川省农业农村经济发展空间。

2. 科技创新驱动力持续增强

新一轮科技革命和产业变革深入发展，生物、信息、新材料等领域颠覆性技术快速涌现，生物技术、人工智能在农业中广泛应用，5G、云计算、物联网、区块链等与农业交互联动，不断拓展农业属性和功能，催生出新产业、新业态和新模式。发展科技农业，加速实现生物技术、数字技术赋能，实现生产技术升级、产品迭代，利用现代科技手段和推广应用新技术，有助于提高土地产出率、劳动生产率和资源利用率，实现农业现代化、产业化、智能化发展。

3. 蔬菜产业发展政策环境良好

农业农村优先发展，更多的资源要素向农村聚集，"新基建"改善农村信息网络等基础设施，"三农"领域最突出短板正在加快补齐，农业生产条件大幅改善。蔬菜作为"菜篮子"产品的重要组成部分和保供增收的支柱产业，得到四川省委、省政府高度重视。2019 年以来，先后出台《关于加快建设现代农业"10+3"产业体系推进农业大省向农业强省跨越的意见》《川菜产业振兴工作推进方案》《四川省"十四五"推进农业农村现代化规划》《成渝现代高效特色农业带建设规划》《建设新时代更高水平"天府粮仓"行动方案》等重要文件、规划、方案，都将蔬菜产业作为重要内容加以扶持，为产业发展提供了良好的政策环境。

4. 蔬菜产业发展市场前景巨大

蔬菜是城乡居民生活必不可少的重要农产品，随着工业化、城镇化进程的不断加快，城镇人口不断增加，对蔬菜消费需求将持续增长。同时，随着生活水平的日益提高，消费结构升级加快，城乡居民的消费需求呈现个性化、多样化、高品质化特点，消费需求从温饱型转入营养健康型，食物结构有了很大的调整，蔬菜消费量也在不断增加。此外，随着"川人出川"，带动"川菜出川"，以及预制菜的兴起和川菜工业化的不断推进，市场对蔬菜的需求量也在不断提升。

三、四川蔬菜产业发展趋势与对策建议

（一）四川蔬菜产业发展趋势

随着经济社会发展，四川蔬菜产业未来发展也将迎来革新和变化，总体趋势和发展方向是以保障"菜篮子"产品均衡供应、促进农民持续增收为目标，以稳面积、调结构、提质量、搞加工、创品牌、促融合、增效益为重点，促进四川蔬菜提质增效转型升级。

1. 发展方式由"简单规模增长"向"质量效益提升"转变

从当前四川蔬菜产业发展阶段和市场供求关系来看，种植面积将逐步趋于稳定，调结构、提质量、创品牌、增效益将是蔬菜产业发展的重点，老旧蔬菜基地和设施大棚的改造提升不断推进，新品种、新技术、新材料、新模式得到广泛应用，采后初加工能力进一步发展，现代蔬菜流通体系不断完善，四川蔬菜产业将由规模导向向质量导向转变，产业发展质量效益和竞争力持续增强。

2. 标准化生产技术将在蔬菜生产上得到普遍应用

随着生活条件的持续改善，消费者对蔬菜产品的要求正从"能吃够吃"转向"健康好吃"，蔬菜质量安全的重要性不断提升。下一步，蔬菜标准化生产技术将进一步得到普及，生产标准、投入品管理、生产档案、产品检测、基地准出和质量追溯等质量安全管理制度将不断健全，绿色优质高效将是未来四川省蔬菜产业发展的方向。

3. 蔬菜贮藏和加工技术将在生产中得到进一步的应用

蔬菜是不同于粮食的鲜活产品，过去四川省蔬菜贮藏和加工技术比较薄弱，绝大多数只能以鲜菜形式销售，产品流通环节损腐也比较严重，产品附加值低，制约了四川省蔬菜产业的健康发展。预计今后蔬菜贮藏和加工能力将得到显著加强，同时，保鲜、冷链等技术的提升也推动了预制菜标准化生产。蔬菜产品将从最初简单的鲜菜产品供给，逐渐衍生为面向不同消费群体、不同消费渠道的系列产品。

（二）促进四川蔬菜产业发展的对策建议

1. 大力推进基础设施建设

一是加快改善菜地基础设施。按照统一规划、合理布局、集中连片的原则，高

标准高起点建设一批标准化高产稳产蔬菜生产基地，完善田网、水网、路网、电网等基础设施。因地制宜发展设施蔬菜生产，推进现有设施大棚升级换代，提高性能和防灾能力。全面推进水肥一体化高效节水灌溉设施建设，提高菜地抗灾能力和综合生产能力。二是加快建设集约化育苗场。在蔬菜优势产区和集中生产区，加快建设一批蔬菜集约化育苗场，完善玻璃温室、钢架大棚等育苗设施，配套遮阳降温、防寒保温、通风换气、水肥一体、育苗床架、基质装盘、播种、催芽等设施设备，推动蔬菜育苗向专业化、商品化、产业化方向发展。三是加快推广现代农机装备。加大土地耕整、播种、移栽、采收、设施环境调控等现代农机装备研发，引进筛选适宜蔬菜育苗和生产全过程的先进农机装备，开展农机农艺融合技术研究。针对不同的一次性采收蔬菜种类，创新集成从整地到采收的全程机械化生产技术。针对多次采收的蔬菜，集成育苗、整地、定植、施肥、施药等关键环节机械化生产技术。

2. 大力发挥错季优势

一是大力发展攀西冬春喜温蔬菜。在攀西金沙江干热河谷地带，加快实施"水资源配置+抽水蓄能+新能源开发"项目，建设一批高水平的标准化生产基地，积极推广高效节水灌溉和雨洪集蓄利用技术，发展冬春喜温蔬菜种植。二是突破发展盆周山区高山高原蔬菜生产。在川西高原、大小凉山二半山区、乌蒙山区、秦巴山区，抓住脱贫攻坚与乡村振兴有效衔接的机遇，统筹用好涉农项目资金，充分发挥挖掘土地资源，建设一批高水平的标准化生产基地，增加高山高原夏秋蔬菜供给，调节市场供应。三是积极发展川南果菜生产。在川南地区长江、金沙江、赤水河流域，利用简易设施，冬保温秋避雨，发展"春提早""秋延后"果菜生产。

3. 大力发展蔬菜加工

一是大力发展产地初加工。在外销量较大的产地和城市近郊菜地，按菜地面积和商品化处理需求，加快建设商品化处理中心，配置相应的清洗、分级、包装生产线、生产车间、预冷库、冷藏库及冷链运输车等，降低产品损耗，扩大销售半径，增强市场调剂能力。二是巩固提升四川泡菜标准化水平。支持泡菜加工企业开展生产设施、工艺和设备改造升级，推进泡菜生产清洁化、标准化、专业化、智能化、优质化，巩固提升四川泡菜加工业发展水平。研发低盐类、活性乳酸菌全发酵泡菜等新产品，满足人们对泡菜健康的需求。进一步做大以眉山为核心的泡渍泡菜及调味泡菜产业园区，以成都为核心辣椒豆瓣调味品产业园区，以宜宾、内江、南充为核心的传统名腌菜产业园区，打造全球最大的泡菜生产出口基地。三是积极发展精深加工产品。在产区科学布局中央厨房、净菜加工车间等，应用现代加工、生物工程等技术，生产即配、即调、即烹蔬菜制品，开发蔬菜脆片、酸辣金针菇、猴菇饼干等休闲即食食品，开发方便快捷的脱水蔬菜、冻干蔬菜、蔬菜粉、蔬菜汁等加工产品。发展"中央厨房+冷链配送+物流终端""中央厨房+快餐门店"等新型加工业态，满足城市多样化、便捷化需求。

4. 大力推进绿色生产

一是加快推进绿色生产技术创新集成。充分发挥四川省蔬菜创新团队的作用，按照良种良法相配套的原则，加快绿色栽培技术集成创新，重点研究连作障碍治理、重大病虫害综合防治和轻简栽培等绿色高效技术，推出一批安全优质、省工节本、增产增效的实用栽培技术模式。二是加大绿色生产技术协同推广。加大省市县、农科教、产学研协同合作力度，开展蔬菜绿色高质高效创建，示范推广蔬菜集约化育苗、水肥一体、绿色防控、有机肥替代化肥等省工节本的先进适用技术，减少农药化肥使用量。三是强化质量安全监管。强化质量安全属地管理责任，建立健全蔬菜质量安全标准，建立从田间到市场的全程质量控制体系。蔬菜生产主体要坚持采前自检、安全期采收和产地准出制度，建立田间档案，逐步建立蔬菜产加销全过程的质量追溯制度。

5. 大力发展适度规模经营

一是大力培育生产经营主体。加大对蔬菜种植大户、家庭农场、专合社、龙头企业的支持力度，创新利益联结机制，鼓励龙头企业与家庭农场、专合社、种植大户、农户等紧密联接，打造产业化联合体，提高主体带动能力。二是支持发展适度规模经营。鼓励种植大户、家庭农场、专合社和龙头企业开展土地流转，发展适度规模经营，推进全过程标准化生产，发挥规模效应，提高生产效率和经济效益。三是大力开展社会化服务。鼓励新型经营主体开展蔬菜社会化服务，建设集约化育苗、统防统治、商品化处理等设施，开展统一种苗供应、统一病虫害防控、统一加工、统一销售等方面的服务，解决一家一户生产管理、技术推广、产品销售、质量监管难的问题，提高蔬菜生产的组织化程度和产业化水平。

6. 大力打造品牌开拓市场

一是大力培育知名品牌。实施"区域品牌+企业品牌"双品牌战略，打造一批优质区域品牌，深入挖掘地方特色，丰富品牌文化内涵，做好品牌形象设计。培育打造通江银耳、彭州莴笋、金堂羊肚菌、郫县豆瓣、宜宾芽菜知名产品品牌。支持开展农产品地理标志登记保护和绿色食品认证。发挥会展经济宣传作用，以品牌提升特色农产品竞争力。二是建设产销信息平台。培育扶持一批专业化农业电子商务平台，线上线下互动融合发展。支持企业到境内外重点城市设立品牌销售专区。发挥四川农产品交易中心信息集散作用，建立产销信息平台，提供价格行情、供应与求购信息。三是积极开拓市场。继续支持举办中国·四川（彭州）蔬菜博览会、中国泡菜博览会等展会。组织企业参加惠民购物全川行动、川货全国行、万企出国门市场拓展"三大活动"，借势"一带一路"倡议、"蓉欧+"网络平台，积极拓展国内国外两个市场。

7. 大力强化政策支持

一是持续压紧压实"菜篮子"市长负责制。进一步建立健全"菜篮子"市长负责制考核评价体系，加强蔬菜生产、流通、质量安全体系、财政性资金投入等各环节的综合考核。二是加大财政资金支持力度。支持蔬菜基地建设、新品种新技术推广、采后商品化处理等关键环节。同时，创新金融服务，鼓励金融机构加大对蔬菜产业发展的信贷支持力度，开展价格保险试点，拓宽融资渠道。三是落实要素支持。加强用地政策支持，保障蔬菜采后初加工、仓储物流等项目用地需求。加强蔬菜技术推广服务能力建设，配备蔬菜栽培、植保、土肥等专业技术人员，完善服务设施，强化服务手段，切实提升新成果转化率和实用技术到位率。加大新型职业农民培养，充实蔬菜生产技术力量。

四川省食用菌产业发展总报告

彭卫红[1]　吴传秀[2]

（1. 四川省食用菌研究所/食药用菌育种与栽培国家地方联合工程实验室，四川成都　610066；2. 四川省园艺作物技术推广总站，四川成都　610041）

摘　要：四川食用菌有悠久的发展历史，秦巴山区清代就开始了"两耳一菇"的半野生生产，1960年前后开始人工接种条件的食用菌生产，开启了四川现代食用菌生产的序幕。随着科技的进步，食用菌的功效及营养成分逐步被发掘，成为大健康产业中不可忽视的重要内容，四川具有发展食用菌得天独厚的优势，种质资源丰富、气候条件适宜，在全国较早开展食用菌研究，为产业发展奠定了基础。40余年来产业快速发展，产量产值均在全国先进省份行列。在大食物观背景下，四川食用菌产业面临新的机遇与挑战，本报告对四川食用菌产业现状进行了分析，为四川食用菌产业发展提供信息。

关键词：栽培模式；种质资源；功效成分；大健康；大食物观

引言

食用菌是具有大型子实体的真菌，是日常所见各类可食菇、耳、菌、芝的统称。世界各国认识和利用食用菌都有较为悠久的历史。

四川是我国食用菌主产区，有发展食用菌产业的优越条件，有悠久的发展历史，众多的知名品牌，是四川省"10+3"产业的重要组成部分，是四川省优势特色效益农业。做强四川省食用菌产业，对于促进植物、动物和菌物的三物循环，高效实现向微生物要能量都具有十分重要的意义。

一、四川省食用菌产业发展现状

(一) 四川是食用菌产业发展的适宜区

四川位于中国西南腹地，地处长江上游，地形复杂多样，介于东经 97°21′~108°33′和北纬 26°03′~34°19′，以龙门山、二郎山、大凉山为界，全省可分为东、西两大部分，东部为四川盆地，西部为川西高原。山地、高原和丘陵约占全省总面积的 97.46%。四川不同区域气候表现差异显著，东部冬暖、春旱、夏热、秋雨、多云雾、少日照、生长季长，西部则寒冷、冬长、基本无夏、日照充足、降水集中、干雨季分明。西北部山空气湿度高，多阴雨天气，多雾，是我国年日照时间最少的地区之一。四川总体气候垂直变化大，气候类型多，有利于农、林、牧综合发展。四川植被类型多样，生长食用菌的主要植被类型包括常绿阔叶林、落叶阔叶林、常绿针叶林、硬叶常绿阔叶林和高山等草甸等。温暖湿润的气候条件，丰富的植被为各种大型真菌的生长提供了优越的环境条件，四川是我国大型真菌资源最丰富的区域。

四川大型真菌资源丰富，20 世纪 90 年代至今，国内学者相继出版了《川西地区大型经济真菌》《四川蕈菌》《四川省甘孜州菌类志》《四川盆地蕈菌图志》等，中国科学院成都生物研究所袁鸣生等在《四川蕈菌》中记载四川蕈菌 1 291 种，甘孜州、阿坝州和凉山州是野生食用菌主产区，野生菌松茸、冬虫夏草、牛肝菌等不仅种类多，而且产量高，售卖野生菌已成为四川产区农户收入的重要来源。2021 年四川冬虫夏草产值仅次于毛木耳、平菇，位居四川食用菌产值第三位，达到 33.79 亿元。四川是松茸主产区，四川食用菌协会统计结果显示，2021 年四川松茸产量 2 805.84 吨，产值 69 141.51 万元，牛肝菌产量 1 850 吨，产值 14 311.86 万元。据海关总署发布的数据，2017—2021 年，四川松茸出口量占据了中国松茸出口量的 34.25%，随着四川甘孜雅江松茸产业园的建成，将有效促进四川松茸产业的发展。

四川是我国的农业大省，有非常丰富的农业副产物资源，可为食用菌生产提供充足的原料。据四川省秸秆综合利用规划（2016—2020）数据，全省秸秆资源总量约 4 641.09 万吨，以水稻、玉米、小麦、油菜、薯类秸秆为主。农作物秸秆可收集量约为 3 629.46 万吨，秸秆资源丰富且产生量趋于稳定。秸秆利用方式已从主要用于生活燃烧能源和牲畜饲料，扩展到肥料、饲料、食用菌基料、工业原料和能源等领域，基本形成了"五化"综合利用格局。其中，在秸秆食用菌基料转化利用方面，四川食用菌生产年均消耗秸秆 148.96 万吨左右，约占可利用量的 4.10%。

（二）四川是我国食用菌主产区

四川有较好的食用菌产业基础，居民一直有食用菌消费的传统，据《宣汉县志》记载，清嘉庆年间就有香菇栽培，四川通江于 1835 年就开始银耳栽培，20 世纪 60 年代开始双孢蘑菇的栽培，进入 80 年代后，食用菌产业迅速发展，产量显著增加。

四川食用菌生产栽培种类丰富。早期以银耳、黑木耳和香菇"两耳一菇"为主，20 世纪 80 年代至 21 世纪初，发展为"六菇三耳"，即双孢蘑菇、姬菇、平菇、香菇、鸡腿菇、金针菇以及毛木耳、黑木耳、银耳多品种综合发展的格局，建成了四川大邑等地双孢蘑菇产区、成都平原周边的袋料栽培产区、阿坝州反季节菇类产区、川东北传统名特优菌类产区、甘孜州阿坝州和凉山州"三州"地区的野生珍稀菌类产区等 5 个特色优势产区。近 20 年间，四川食用菌多品种发展的格局进一步发展，杏鲍菇、竹荪、羊肚菌、海鲜菇、大球盖菇产量逐渐增加，而双孢蘑菇、鸡腿菇等产量逐渐萎缩。近年来，工厂化栽培蛹虫草、鹿茸菇有较快的发展。

根据中国食用菌协会统计，2021 年，四川食用菌产量 224.56 万吨，实现产值 241.78 亿元，居于全国第七位。毛木耳、大球盖菇和羊肚菌产量排名全国第一。四川食用菌产量最高的是毛木耳（85.72 万吨），占总产量的 38.17%；其次为平菇（53.81 万吨）和香菇（23.77 万吨），分别占总产量的 23.96% 和 10.59%。根据 2021 年四川食用菌协会对 33 个种类的食用菌产量统计，排在前十位的分别是毛木耳、平菇、香菇、黑木耳、杏鲍菇、真姬菇、大球盖菇、羊肚菌、竹荪、双孢蘑菇，与 2020 年比较，金针菇退出了前 10 的行列，被真姬菇所取代。产值超过 10 亿元的种类 5 种，分别为毛木耳（514 325.75 万元）、平菇（403 629.38 万元）、冬虫夏草（337 916 万元）、香菇（242 262.61 万元）和羊肚菌（189 101.74 万元），产值大于 5 亿元的种类为黑木耳（99 347.55 万元）、银耳（58 313.8 万元）、杏鲍菇（67 292.24 万元）、竹荪（59 135.79 万元）、松茸（69 141.51 万元）和大球盖菇（55 223.56 万元）。

四川是全国最大的毛木耳产区。1981 年四川从中国台湾地区引进毛木耳菌株"台 2"，首先在金堂进行栽培，之后迅速扩展到中江、简阳、什邡、彭州等地，

1991年四川毛木耳产量跃居全国第一，成为全国最大的毛木耳产区并保持至今。

四川是羊肚菌人工栽培的发源地，也是最大的羊肚菌种源供应地和产品交易区。2012年，四川省农业科学院在世界率先实现羊肚菌的人工商业化栽培，迅速扩展到全国20余省市，成为近年我国食用菌领域的标志性成果。目前全国羊肚菌菌种供应主要来源于四川，四川羊肚菌菌种企业占据了全国约70%的羊肚菌市场，金堂赵家镇是全国最大的羊肚菌交易集散地，云集商家400余家，交易场所面积超过6 000平方米，交易额占全国70%以上。

目前全国金针菇生产中95%以上为白色品系，但由于川渝长期以来都有消费黄色金针菇的习惯，四川蓬溪、大邑、岳池、崇州、峨眉等地区还保留了部分黄色品系栽培，成为我国最大的黄色金针菇的产区，约占全国黄色金针菇产量的50%以上。

在四川食用菌产业发展过程中，根据资源禀赋和产业基础，逐渐形成了具有区域特色食用菌产区，目前被中国食用菌协会等授予的食用菌之乡包括：中国银耳之乡（通江）、中国黄背木耳之乡（什邡）、中国姬菇之乡（金堂）、中国长裙竹荪之乡（长宁）、中国松茸之乡（雅江）、高原羊肚菌之乡（康定）、食用菌之乡（青川）和中国块菌之乡（攀枝花）等。在四川食用菌园区建设中，四川已建设了金堂县食用菌现代农业园区、广元市（朝天羊木、青川红旗、利州白朝）食用菌现代农业园区、达州市食用菌现代农业园区、通江食用菌园区，巴中食用菌扶贫产业示范基地，川东北食用菌产业集群等，辐射带动四川食用菌产业发展整体稳步发展。

四川食用菌知名品牌较多，据不完全统计，四川有国家地理标志保护产品13个，即金堂羊肚菌（2017年第98号）、长宁长裙竹荪（2016年第112号）、会东块菌（2013年第184号）、攀枝花块菌（2013年第134号）、利州香菇（2013年第128号）、青川竹荪（2012年第221号）、九寨猪苓（2011年第172号）、乡城松茸（2009年第89号）、青川黑木耳（2004第186号）、通江银耳（2004年第57号）等。此外生产发育需要蜜环菌等协同完成的天麻有4个国家地理标志保护产品，即青川天麻（2010年第112号）、金口河乌天麻（2009年第60号）、平武天麻（2013年第134号）等。四川农产品地理标志产品有竹海长裙竹荪、金堂姬菇、老君香菇、石渠白菌、黄金黑木耳、荥经天麻。地理标志证明商标有青川黑木耳、利州香菇、雅江松茸、晋贤香菇、通江银耳、小金松茸、南江黑木耳、昭化茯苓等。

（三）四川食用菌栽培类型栽培模式多样共存

四川食用菌生产农业栽培、工厂化栽培并存。农业栽培是主要的栽培模式。川东北地区是四川省食用菌传统产区，也是银耳、木耳和香菇栽培产区。四川银耳和黑木耳一直沿袭段木栽培模式，段木银耳栽培主要分布在通江等地，段木木耳栽培主要在广元青川、达州宣汉等地。

四川产量最大的种类是毛木耳，生产主要分布在什邡、彭州等地，采用农法生产模式，以单家独户的农户生产为主，机械使用较少。近年来，一些企业开展集中制袋模式探索，将拌料、装袋灭菌和接种等环节交由企业集中完成，农户只进行出耳管理。该模式能显著降低生产的劳动强度，面对人口老龄化和劳动力不足的现状，具有较好的发展前景。2021 年四川毛木耳产量 857 207.91 吨，占全国产量的 38.84%，相比于国内山东、广西等地的快速发展，在全国产量占比连续两年下滑。

香菇是四川大宗种类，2000 年前后，当时的四川省农业科学院土壤肥料研究所引进浙江香菇栽培内外袋技术，显著降低了制袋的污染率，将香菇制袋成功率由原来的 70%~80% 提高到 98% 左右，不仅品质提高，总产量也增加 25% 以上。该技术在四川迅速推广，并在成都双流、崇州等地栽培。目前四川香菇生产主要在成都、雅安、德阳、泸州、绵阳、南充、达州、巴中等地。2021 年四川香菇产量 237 659.38 吨，排名全国第十一位。

四川习惯将侧耳类的糙皮侧耳、肺形侧耳等均称平菇，四川称"姬菇"的种类分类上为糙侧耳，栽培相对容易，在四川分布较广，均采用农法栽培，仅少量的工厂化栽培。金堂是中国食用菌协会授予的中国姬菇之乡，曾经平菇有较大的栽培面积。2013 年后，随着金堂羊肚菌的发展，金堂姬菇栽培量逐渐萎缩。2021 年，四川平菇产量 538 146.11 吨，排名全国第四位。

杏鲍菇、真姬菇、金针菇、鹿茸菇、蛹虫草等采用工厂化生产，其中蛹虫草为盆栽，其余为袋栽模式。2021 年杏鲍菇和真姬菇产量位于四川省食用菌栽培产量的第五位和第六位，产量稳定。四川琪英菌业有限公司是四川最大的杏鲍菇生产企业，日产杏鲍菇 100 吨以上，同时也进行真姬菇、鹿茸菇和蛹虫草的工厂化生产；西充星河生物科技有限公司主要进行杏鲍菇、真姬菇等种类生产；2018 年，成都丰科生物科技有限公司落户成都青白江，主要进行真姬菇、鹿茸菇生产，是我国真姬菇生产最大的企业之一。

2008年后，随着成都雪国高榕生物科技有限公司等白色金针菇工厂化生产进入四川，四川金针菇的生产主要以工厂化白色金品系生产为主，但四川仍保留了相当规模的黄色品系生产模式，工厂化和农法生产并存，其中，四川峨眉、崇州等地保留农法栽培模式，约占四川黄色金针菇产量的70%，工厂化黄色金针菇约占总产量的30%，成都/蓬溪骆峰菌业有限公司，日产黄色金针菇40吨以上，是四川省最大的黄色金针菇生产企业。

覆土栽培食用菌是四川重要的栽培模式，在产量排名前10位的种类中，大球盖菇、羊肚菌、竹荪、双孢蘑菇均需要进行覆土栽培。2012年以来，四川羊肚菌产业发展迅速，从金堂赵家逐步扩展到省内多数地区，四川羊肚菌主要采用简易大棚的顺季栽培，一般在10—12月播种，翌年2—4月出菇，成都平原地区采用与水稻、蔬菜等轮作的方式，或在林下进行栽培，也取得了较好的效果，据中国食用菌协会的统计，2021年四川羊肚菌产量26 922.23吨，产值189 101.74万元，产量位居全国第一。四川康定是中国食用菌协会授予的"高原羊肚菌之乡""金堂羊肚菌"获得国家地理标志保护产品。但羊肚菌栽培容易受到气候变化的影响，且研究基础还较薄弱，亟待进一步加强。

大球盖菇是采用生料覆土栽培的类型，大球盖菇栽培不需要高温灭菌制作菌袋，采用生料或发酵料直接铺料播种，是近年食用菌栽培的新宠，据统计，栽培1亩大球盖菇，可消耗秸秆10 000千克以上，是秸秆基质化的优良种类。2021年四川大球盖菇产量39 415.68吨，产值55 223.56万元，产量占全国18.5%，位居全国第一。

四川竹荪是传统优势种类，已有国家地理标志产品青川竹荪、长宁长裙竹荪，宜宾长宁县获得"中国长裙竹荪之乡"的称号。栽培种类主要包括有长裙竹荪、短裙竹荪和棘托竹荪等，在川南长宁，川东北的青川等地广泛栽培，竹荪多采用生料栽培模式，2021年四川省竹荪产量17 974.1吨，产值59 135.85万元。

（四）食用菌科技创新体系逐渐完善

四川省是我国较早开展食用菌科技创新的区域，四川通江县围绕银耳的栽培，积极开展技术创新，20世纪60年代后实现段木银耳人工接种等"五改"，显著提高银耳产量，1979年，李正国、屈全飘、苟文级等的研究成果"新法生产通江银耳"获得四川省重大科技成果奖四等奖，是四川省食用菌领域的较早的科研获奖成

果。80年代初，四川广元将香菇"压块"改为"袋栽"研究建立了"人造段木栽香菇""平菇凤菇立体防污染栽培法"等技术

20世纪70年代末，四川省农业科学院土壤肥料研究所微生物室开始从事食用菌研究，在当时微生物室主任刘芳秀的带领下，开展了食用菌资源收集、香菇、金针菇、平菇等新品种引进、灰树花栽培等工作，并积极开展了与日本的技术交流和人才培养研究，奠定了四川食用菌产业发展的基础。刘芳秀等"平菇菌种引种鉴定和深层培养工艺（1983年）""灰树花菌种选育及人工驯化栽培研究（1986年）""引进金针菇优良菌种和高产栽培技术措施的应用研究（1989年）"先后获得四川省科技奖励。

1989年，在当时四川省科委的支持下，四川省农业科学院土壤肥料研究所肖在勤研究员主持攻关计划"应用细胞融合技术选育食用菌优良新品种"，实现了金针菇与凤尾菇的远缘原生质体的融合，育成世界第一例课间融合新品种"金凤2-1"并在生产中广泛应用，1998年该成果获得四川省科技进步奖一等奖，1999年国家技术发明奖二等奖，是四川省食用菌领域获得的最高等级的成果奖励之一。

2001年，四川省育种攻关将食用菌作为蔬菜项目的重要内容纳入支持范畴；2008年国家食用菌产业技术体系建立，四川省农业科学院承担了金针菇与毛木耳育种，毛木耳与药用菌栽培以及成都综合试验站"两岗一站"的任务；2009年四川食用菌创新团队成立。以上3个方面经费资助，是四川省食用菌研究最主要的稳定投入，对四川食用菌产业发展具有十分重要的作用。

2021年底，四川食用菌研究所在原四川省农业科学院土壤肥料研究所微生物研究中心基础上成立，现有编制51人，是四川省最大的食用菌科技创新机构。此外省级以上的科研单位如四川农业大学、中国农业科学院都市农业研究所、西华大学和四川省中医药科学院菌类药材研究所等有2~10人不等的食用菌科研团队。地市州农科所还包括成都市农林科学院、宜宾市农业科学院蚕桑和食用菌研究所、绵阳市农业科学研究院食用菌研究所、达州市农业科学院研究院、甘孜州藏族自治州农业科学研究所、攀枝花市农林科学院、巴中市通江银耳科学技术研究所和宣汉县食用菌研究所等，共同构成了四川省食用菌科技创新的队伍。

迄今为止，四川省食用菌领域已获得国家级成果奖励3项，部省级一等奖6项，1978年以来，四川食用菌研究成果获得省级以上科技奖励已超过30项，但与

农业领域的其他学科相比，还存在较大的差距。

1998—2022 年，四川省共已育成通过四川省作物品种委员会认定/审定的食用菌新品种 92 个，育成通过国家认定的食用菌新品种 20 个，获得食用菌品种权 13 个。

二、当前四川省食用菌产业发展存在的主要问题

（一）四川食用菌特而不优、多而不响特征明显

四川食用菌生产品种多样化，商业化栽培的种类至少在 33 种以上。在长期的历史发展过程中，形成了较多的知名品牌，在众多特色食用菌产品中，松茸、块菌、白菌主要依靠野生采集，猪苓、茯苓和天麻均属于产量较低的特色类群，可人工栽培的大宗食用菌种类香菇、木耳、银耳普遍产量不高。通江银耳、青川黑木耳是进入全国名特优新农产品名录的四川食用菌产品。据统计，四川通江银耳 2021 年产量 5 796.6 吨，产量仅占全国银耳产量的 1.08%；青川黑木耳等四川木耳一直沿袭段木栽培的方式，产品质量优良，有国家地理标志产品青川木耳、农产品地理标志产品黄金黑木耳，但产量一直较低，2021 年四川黑木耳（含代料栽培产品）产量 9.86 万吨，占全国产量的 1.4%；香菇是四川最早的人工栽培食用菌种类之一，广元利州香菇、晋贤香菇均为国家地理标志产品，宣汉老君香菇为农产品地理标志产品，此外雅安名山、达州万源、绵阳武胜等地均曾经有较大的香菇生产规模，但目前生产分散、规模越来越小，缺少龙头企业带动，2021 年四川香菇产量仅占全国产量的 1.83%，在香菇生产技术快速发展的今天，四川香菇总体生产技术水平亟待提高。

（二）大宗品种食用菌产量下滑趋势明显

农户分散经营模式仍是四川很多地区的食用菌主要生产形式，专业化、规模化生产不足。根据 2021 年中国食用菌协会统计数据，四川大宗食用菌品种在近 3 年中，产量逐年降低，在全国的占比不断下滑。2019—2021 年，四川毛木耳产量分别为 92.15 万吨、91.46 万吨、85.72 万吨，占全国产量分别为 54.74%、48.34% 和 38.84%；香菇产量分别为 29.76 万吨、27.44 万吨和 23.77 万吨，占全国产量的比例为 2.67%、2.31% 和 1.83%；黑木耳产量 11.2 万吨、10.66 万吨和 9.86 万吨，分别占全国产量的 1.6%、1.51% 和 1.4%；竹荪的产量 2019 年 3.78 万吨，2021 年

产量 1.80 万吨，从产量占全国的 17.44% 降低至 9.28%；2019—2020 年金针菇产量分别为 7.5 万吨、6.0 万吨，能排在四川前 10 位，占全国产量的比例分别为 2.9%、2.63%，2021 年产量排名跌至四川 11 名，产量降低至 1.59 万吨，产量占比 0.74%。"金堂姬菇"曾经是四川平菇产品的典型代表，金堂是全国著名的姬菇生产基地，2011 年姬菇产量达到 19.8 万吨，2015 年后姬菇产量逐年降低，目前仅金堂清江、彭州通济等地保留了少量姬菇生产。

四川毛木耳、香菇、黑木耳、竹荪及金针菇多数采用农法栽培模式，劳动强度大，机械使用不足，随着目前从事食用菌生产的农户年龄增长，年轻人外出务工的增加，一些传统产区生产规模在逐渐萎缩。

（三）食用菌种业科技投入不足

四川省在全国较早地开展了食用菌品种审定工作，1998 年，四川省第一个食用菌新品种通过审定，虽然有较早的研究历史，但四川省对于种业的投入明显偏低。2001 年起，四川省育种攻关将食用菌作为蔬菜纳入支持范畴，首批开展香菇、黄背木耳和银耳的新品种选育，年经费 3 万元/品种。2016 年食用菌项目从蔬菜项目中单列，项目经费 100 万元/年。迄今在育种攻关经费资助下，相继开展了金针菇、羊肚菌、毛木耳、香菇、杏鲍菇、大球盖菇、秀珍菇等新材料创制与应用研究，此外，在四川创新团队中设置资源发掘利用、新品种选育、菌种扩繁岗位各 1 个，目前全省在食用菌种业的稳定科技投入每年不超过 200 万元。

目前四川省食用菌品种亟待更新。近 10 年间，除了纳入育种攻关的种类以及国家食用菌产业技术体系资助的金针菇、灵芝等品种，其他食用菌基本无自育品种。四川特色的食用菌品种老化、退化现象突出，四川姬菇生产目前仍旧使用 30 年前的西德 33 和闵 31，品种产量逐年降低，抗逆性明显下降，亟待更新。2021 年四川省平菇产量为 538 146.11 吨，占全国产量的 8.8%，但使用的品种多数为省外引进，品种来源不清，产品质量不一；四川竹荪品种目前仅有 1998 年育成的"竹子海长裙竹荪"，至今 25 年仍无新品种更新；大球盖菇为 2003 年育成的大球盖菇 1 号，竹荪、猴头、平菇、鸡腿菇和榆黄蘑等情况基本与此类似。

育种环节在整个食用菌产业链中分享的收益偏低，是整个产业链的薄弱环节，在四川这一问题表现尤为突出。四川食用菌生产菌种自给率较低，羊肚菌、大球盖菇、平菇菌种基本实现自给。香菇菌种主要来源于江浙地区，银耳、秀珍菇、双孢蘑菇等菌种主要来源于福建，木耳菌种来源于陕西。竹荪来源于贵州、福建等地。工厂化白色金针菇多数源于日本。本土工厂化企业基本无自有品种。四川食用菌生产模式多样，栽培原料多样，对品种的需求也呈现明显差异。引进品种在四川的适应性差，如福建银耳品种采用代料栽培，在四川段木栽培模式下，品种分解基质的能力不足，抗逆性差，银耳单产不到20年前的50%。类似的情况在青川木耳的栽培中也十分突出，目前全国基本没有适宜段木栽培的黑木耳品种，四川青川木耳基本使用代料栽培品种，聊胜于无。

目前四川省尚无一家全国性大型食用菌菌种龙头企业，培育菌种龙头企业迫在眉睫。在羊肚菌菌种方面，四川处于全国的领先地位，四川羊肚菌菌种企业能提供全国70%以上的种源，但除此之外，其他食用菌菌种企业就十分缺乏，菌种基本为零星的委托加工、自繁自用或从省外引进。

（四）增值加工技术研究滞后

四川食用菌的鲜品和初级加工产品销售量约占总销量的95%，绝大部分生产干品、罐头、即食食品等初加工产品，四川品质优良的地理标志产品绝大部分以鲜品或干品出售。总体上四川食用菌产业链延伸不足，副产物综合利用技术研究滞后、缺乏具有核心竞争力的深加工技术和深加工产品。食用菌加工企业新技术的使用较少，酶工程技术、真空冷冻干燥技术、喷雾干燥技术、微波提取、蒸汽爆破技术等较少使用，功能性产品开发较少。四川食用菌加工企业总体上加工能力有限，规模小，资源消耗大，产品类型少、产品附加值低，市场占有率低，同质化明显，引导带动作用有限，产品粗放，利润较低

三、四川省食用菌产业发展趋势与对策建议

（一）四川省食用菌产业发展趋势研判

1. 四川食用菌产业将稳步发展

四川是食用菌产业发展的适宜区域，有适宜的环境条件，丰富的原料来源和扎实的产业基础。食用菌是川菜的重要角色，有十分广阔的消费市场，2019年，食用菌作为川菜产业的重要组成部分，被纳入现代农业"10+3"产业体系。2023年中央一号文件"中共中央、国务院关于做好2023年全面推进乡村振兴重点工作的意见"已明确提出"培育壮大食用菌和藻类产业"，2023年四川省委一号文件明确提

出"构建多元化食物供给体系。实施设施农业现代化提升行动。培育壮大食用菌产业",政策保障四川食用菌产业健康发展。

随着四川《建设新时代更高水平"天府粮仓"行动方案》的实施,在生产更多粮食的同时,将产生同等数量的秸秆废弃物,在大食物观背景下,食用菌作为向微生物要蛋白的典型产业,将秸秆转化为高质量的蛋白质,同样面临新的机遇。

2. 工厂化栽培与农法栽培模式将长期共存

四川食用菌工厂化在逐步发展壮大,除了已有的星河生物、成都雪榕等老牌食用菌上市企业,目前四川食用菌主产区正在加大招商引资的力度,成都丰科生物科技有限公司、福建祥云生物科技有限公司相继落户四川,本土食用菌生产企业四川琪英菌业、骆峰菌业等也持续稳定发展,主要开展真姬菇、瓶栽银耳、金针菇、杏鲍菇和鹿茸菇等生产。但大宗种类毛木耳、平菇、香菇、羊肚菌等仍主要采用农法生产方式,在相当长的一段时间内将继续保持这种并存格局。

3. 专用品种选育及高效栽培技术的研究面临新要求

四川食用菌多样化的栽培模式对品种多样化提出了新要求,以金针菇为例,四川金针菇栽培有白色和黄色两种色系,有农法栽培和工厂化栽培两种模式,工厂化栽培又分为袋栽和瓶栽,一般工厂化栽培品种要求生长周期短,头潮菇的产量集中,农法栽培则要求产量高、产品菌柄基部不粘连,便于加工,不同的栽培模式需要对应有专用品种,不能混用;在农法栽培向工厂化栽培转变新趋势下,四川羊肚菌、毛木耳、平菇的新品种选育均面临适宜工厂化栽培的新材料创制和新品种选育研究的迫切需要。加强专用新品种选育将成为未来食用菌新品种选育的一个重要内容。同时,现代人工智能技术快速发展,新型机械的使用、质量标准的提高和市场需求的变化,都促进食用菌栽培技术的创新,为了提高栽培效益,降低劳动强度,充分利用各种类型的栽培基质,在专用品种使用的基础上,进行栽培生理的深入研究,构建高效的栽培技术体系,无论在农法栽培还是工厂化栽培中都是重要而且必要的。

4. 多样化的食用菌精深加工将成为重点内容

农产品精深加工产业是四川省明确重点突破的16个重点产业之一。当前四川省食用菌加工利用率较低,鲜销、干制形式较多,产品加工以初级加工为主,占总产量的95%以上,附加值较低。四川目前缺少有影响力的食用菌加工企业,加工食品以即食金针菇、食用菌调味品和汤料等为主，加工保健品以灵芝为主，药品还较为少见。食用菌化妆品领域主要是银耳、灵芝面膜、精华水等产品。随着科技的进步，研究方法的创新，食用菌的功能及功能成分发掘得到了空前的重视，高附加值的食品、保健品和药品逐渐进入市场，推动四川食用菌加工向精深加工方向发展。

（二）促进四川省食用菌产业发展的对策建议

1. 加大科技投入

四川食用菌产业基础较好，但科技投入不足。亟须建立四川种质资源的发掘利用研究、野生珍稀食用菌驯化栽培研究，优质丰产专用食用菌新品种的选育研究以及食用菌精深加工技术研究等产业关键技术的稳定投入机制，结合四川食用菌产业发展需求，对具有四川特色的食用菌种类黄色金针菇、羊肚菌、毛木耳、竹荪、段木银耳、段木木耳、平菇/秀珍菇、灰树花等种质资源发掘及配套高效栽培技术研究。加强对松乳菇、块菌、松茸、鸡油菌、牛肝菌等菌根食用菌的保育和菌根合成研究，促进四川森林粮库建设，林下食用菌产业的发展。

结合国家对基础研究的新要求，加强对食用菌重要性状与环境适应的进化机制、食用菌品质性状形成与调控机理、食用菌重要遗传资源基因发掘及分子设计育种的理论基础研究，强化食用菌基因编辑技术、合成生物学技术等前沿技术的研究投入。

2. 加强食用菌品牌打造

食用菌产品的国内国际市场竞争激烈，已不仅仅是初级农产品的竞争，而是较高层次的竞争，包括产品质量、企业信誉和文化内涵等。四川食用菌品牌多而不强，建议加强对四川食用菌品牌的打造，发掘食用菌产业的文化内涵，积极推进银耳等具有基础的食用菌申请国家、全球重要农业文化遗产，强化四川青川木耳、利州香菇、青川竹荪等品牌建设，打造四川松茸、块菌、白菌等知名品牌，应加大宣传力度，做大做强，提高产品核心竞争力，抓住四川建设更高水平天府粮仓，建设森林粮库的契机，扶持食用菌企业，促进一二三产业融合发展，努力提高四川食用菌的知名度。创建具有区域优势的品牌并建立国际竞争力和影响力

3. 延长产业链，提高产品附加值

四川食用菌产业以生产环节为主，产业链条短、产品附加值低，多数产品以原料供应的方式进入市场，少量的加工主要是初级加工。建议扶持和培育加工龙头企

业，加强四川食用菌加工环节，加快"农、旅、文、商"深度融合，提升初级加工产品的品质、重视食用菌产业发展的质量意识，开发食用菌产品的新功能、研发生产副产物综合利用加工技术，促进四川食用菌加工产业的发展。

参考文献

陈开勇，2018. 四川主要获奖农业科技成果索引［M］. 成都：四川科学技术出版社.

徐剑晖，2022. 中国松茸出口贸易提质对策［J］. 中国外资（06）：93-95.

第二部分

专题报告

四川省蔬菜种业发展报告

马 晖 周 会 唐仕香 李 欣 吕季娟

（四川省种子站，四川成都 610041）

摘 要：种业是国家战略性、先导性支撑产业，是农业的"芯片"。四川是蔬菜育种大省、供种大省和用种大省。近年来，省委省政府高度重视蔬菜种业发展，全省严格落实"要下决心把民族种业搞上去""立志打一场种业翻身仗"等系列重要指示精神，以提升育种创新能力、供种保障能力、企业竞争能力、市场监管能力为抓手，取得了一系列成效。本报告从四川蔬菜种业发展现状，系统分析了四川蔬菜种业目前存在的主要问题与挑战，并提出了针对性对策建议，为打好种业翻身仗，扎实推动四川种业大省向种业强省跨越提供参考。

关键词：蔬菜；种业；对策建议

四川地形气候多样，降水充沛，区域差异大，土壤类型多，蔬菜种植的种类丰富。早在东晋（公元347年）的《华阳国志》中就记载，称蜀地"其山林泽渔，园囿瓜果，四季代熟，靡不有焉"，可见四川很早就已经陆续引进和驯化了许多菜类。

四川蔬菜种业发展自1949年以后分为四个发展时期，20世纪50年代基本上是自发地沿用地方品种时期；50年代末至70年代末是调查、发掘地方良种和大量引种推广时期；80年代至90年代末，科研机构自主选育的品种陆续在生产上得到应用，结球甘蓝、番茄、辣椒及大白菜开始推广应用杂交种；2000年以后，蔬菜种业进入加速发展期，品种快速更新换代。特别是党的十八大以来，四川深入贯彻习近平总书记关于发展现代种业系列重要指示和对川"三农"工作系列重要指示精神，出台了一系列政策规划引领现代种业发展，印发了《四川省农业种质资源保护与利用中长期规划（2021—2035）》《四川省"十四五"现代种业发展规划》《四川省种业振兴行动实施方案》等文件，形成了推动全省种业发展的政策体系，构筑了种业振兴的四梁八柱。

近年，四川立足中国西部现代种业发展高地这一战略定位，抢抓西部大开发战略机遇，主动融入成渝地区双城经济圈建设，以抓品种强核心、抓企业强主体、抓基地强能力、抓管理强质量、抓服务强产业为主线，大力提升品种创新能力、良种保障能力、企业竞争能力和监管服务能力，全面提升"川种"综合竞争力。

一、四川蔬菜种业发展现状

（一）种质资源收集、保护及评价

四川是全国种质资源大省，是农作物种质资源最为丰富的地区之一，属于全球生物多样性的热点地区，是国家重要的蔬菜资源宝库。几乎所有的蔬菜都可以在四川引种栽培，同时由于气候复杂多变，容易引起蔬菜自然变异。因此，蔬菜的13大类、105个种或变种，在四川基本均有栽培。四川蔬菜种质资源以芥菜、萝卜、菜豆、豇豆和南瓜最为丰富，其次是辣椒、莴笋和芋，其中又以芥菜最为突出。

1956—1957年及1979—1983年，四川省进行了两次农作物种质资源普查征集，但涉及范围有限，收集保存的蔬菜作物种类较少，资源储备无法满足四川省对种源自主可控的迫切需求。2018年，国家启动了第三次全国农作物种质资源普查与收集行动，这是四川截至目前规模最大、覆盖面最广、技术要求最高、参与人员最多的一次普查与收集行动，通过本次行动，四川收集和保护了一大批珍贵的蔬菜地方品种和野生资源，蔬菜资源保存总量大幅提升，资源结构有效优化。

1. 第三次农作物种质资源普查与收集

第三次全国农作物种质资源普查与收集行动，涉及162个县（市、区）普查工作和47个重点县（市、区）调查工作，普查征集和调查收集各类古老、珍稀、特有、名优作物的地方品种和野生近缘植物种质资源9 880份，其中，征集和收集蔬菜种质资源2 967份，占30%，位居全国前列。彭州大蒜和得荣树椒分别入选2018年度、2019年度全国十大优异农作物种质资源，丹巴黄金荚被评为四川省新发现优异农作物种质资源。

（1）种质资源多样性丰富。

本次征集收集蔬菜种质资源较前两次普查种类更加丰富，涉及22科、45属、62种。其中，叶菜类22种、根茎类19种、茄果类16种以及黄花菜、花椰菜、菜薹、茴香及葛缕子等（表1），极大的丰富了四川省现存蔬菜种质资源的多样性。

表1 征集收集蔬菜作物类别与种类

作物类别	种类数量	征集收集资源
蔬菜作物	22	叶菜类：白菜、叶用芥菜、韭菜、菠菜、叶用莴苣等
	19	根茎类：葱姜蒜、萝卜、山药、芋等
	16	茄果类：茄子、辣椒、瓜类、菱角等
	5	其他：黄花菜、花椰菜、菜薹、茴香、葛缕子

（2）地方品种及野生资源丰富。

征集收集蔬菜资源主要以地方品种、野生资源为主。从征集资源来看，共征集地方品种1 192份，野生资源85份，育成品种28份，其他1份。从收集资源来看，共收集地方品种1 642份，野生资源13份，引进品种6份（表2）。

表2 征集收集蔬菜资源品种类型

	品种类型				
	地方品种	野生资源	育成品种	引进品种	其他
征集	1 192	85	28	0	1
收集	1 642	13	0	6	0
合计	2 834	98	28	6	1

组织大邑县、什邡市等14个重点县（市、区）开展农作物与食药用菌种质资源调查与收集工作，新收集种质资源1 885份，其中，蔬菜种质资源965份，涉及地方品种921份，野生资源17份，育成品种2份，引进品种24份，其他1份。

2. 种质资源保护、评价体系构建

国家西南特色园艺作物种质资源圃（成都）以四川省农业科学院园艺研究所作为依托单位，被确定为第一批国家农作物种质资源圃；确定了省级蔬菜作物种质资源保护单位3家（表3）；四川省种质资源中心库，总投资9 223万元，主体工程已基本建成。发掘优异种质材料78份，包括高蒜氨酸含量、高抗病毒病大蒜2份，欧洲温室型、抗病华南型等黄瓜52份，耐寒、紫色等花椰菜24份；创建西南地区数量规模最大的茄子和花菜种质资源库，构建了涵盖399份优异番茄资源的果实泛转录组数据库。

表 3　省级蔬菜种质资源保护单位及保存资源

库圃名称	依托单位	资源种类	资源数量（份）
四川省黄花种质资源圃	达州市农业科学研究院	黄花	152
四川省莴笋种质资源库（圃）	绵阳市农业科学研究院	莴笋	512
四川省魔芋种质资源库（圃）	绵阳市农业科学研究院	魔芋	146

（二）蔬菜育种创新

1. 科研队伍逐步建立

目前，全省从事蔬菜育种的科研教学机构17个，科技人员214人，具有副高以上职称64人，学术和技术带头人10人。四川农业大学、四川省农业科学院、成都市农林科学院、绵阳市农业科学研究院等科研院校设有专门从事蔬菜科研的育种机构。

四川从"六五"开始，率先在全国实施"农作物及畜禽育种公关项目"，2001年蔬菜纳入了四川省育种攻关。2022年，四川省牵头组织开展国家芥菜育种联合攻关项目，并启动四川省芥菜育种联合攻关项目。目前，有15种蔬菜作物纳入特色作物国家良种重大科研联合攻关项目，占攻关作物总数的34.9%（表4）；有18种蔬菜作物纳入四川省蔬菜育种攻关（表5）。

表 4　蔬菜国家良种重大科研联合攻关作物及牵头单位

牵头省份	物种（方向）	牵头单位
北京	菠菜	中国农业科学院蔬菜花卉研究所
天津	黄瓜	天津科润农业科技股份有限公司
河北	甘蓝	河北捷如美农业科技开发有限公司
山西	西葫芦	山西瑞恒农业股份有限公司
山西	黄花菜	大同三利农产品公司
黑龙江	菜豆	黑龙江全福种苗有限公司
浙江	西兰花	浙江省农业科学院
安徽	西瓜、甜瓜	合肥丰乐种业股份有限公司
福建	青梗菜	福建农林大学
福建	花椰菜	厦门中厦蔬菜种籽有限公司

(续表)

牵头省份	物种（方向）	牵头单位
山东	番茄	山东永盛农业发展有限公司
山东	洋葱	山东省农业科学院蔬菜研究所
湖南	辣椒	湖南湘研种业有限公司
四川	芥菜	仲衍种业股份有限公司
新疆	厚皮甜瓜	新疆葡萄瓜果技术开发服务公司

表5 四川省蔬菜育种攻关作物及牵头单位

物种	年份	牵头单位
白菜	2010年—	四川省农业科学院经济作物研究所
大蒜	2001—2010年	成都市农林科学院
冬瓜	2001—2010年	成都市农林科学院
番茄	2011年—	四川省农业科学院园艺研究所
	2006年—	四川省农业科学院经济作物研究所
甘蓝	2001年—	成都市农林科学院
	2015年—	绵阳市全兴种业有限公司
黄瓜	2006年—	四川省农业科学院园艺研究所
豇豆	2001年—	成都市农林科学院
芥菜	2021年—	四川省农业科学院园艺研究所
苦瓜	2001—2010年	四川省农业科学院园艺研究所
	2001年—	攀枝花市农林科学院
辣椒	2001年—	四川省农业科学院园艺研究所
	2001年—	成都市农林科学院
	2011—2015年	四川省川椒种业科技有限责任公司
萝卜	2001年—	四川省农业科学院水稻高粱研究所
南瓜	2001年—	四川省农业科学院园艺研究所
茄子	2001年—	四川省农业科学院园艺研究所
	2001年—	成都市农林科学院
丝瓜	2006—2016年	成都市农林科学院
四季豆	2011年—	四川农业大学

（续表）

物种	年份	牵头单位
甜瓜	2001—2010 年	四川省农业科学院园艺研究所
	2006—2015 年	四川种都种业有限公司
莴笋	2021 年—	四川省农业科学院园艺研究所
西瓜	2001—2010 年	四川省农业科学院园艺研究所

2. 蔬菜品种登记和认定制度逐步完善

1984 年，四川省蔬菜开始实行品种审定制度，1987 年审定了第一批蔬菜品种，截至 2016 年共审定蔬菜品种 240 个。随着市场多元化需求和"放管服"改革的不断深入，蔬菜作物品种管理由审定制度转向登记和认定制度。《中华人民共和国种子法》（2015 年修订）规定，国家对部分非主要农作物实行品种登记制度，列入非主要农作物登记目录的品种在推广前应当登记。2017 年原农业部公布了《非主要农作物品种登记办法》和《第一批非主要农作物登记目录》（表 6）并于 2017 年 5 月 1 日施行。《四川省农作物种子管理条例》（2018 年修订）明确，未列入国务院农业主管部门非主要农作物登记目录的品种，符合特异性、一致性、稳定性要求的，选育者可以向省人民政府农业主管部门申请认定。2018 年，四川省农业农村厅印发《四川省非主要农作物品种认定办法》及相关政策、文件，在全国率先建立完善了品种认定制度，对全省登记目录外的蔬菜品种开展认定工作（表 7）。

表 6　第一批非主要农作物登记目录

序号	种类	农作物名称	拉丁学名
1		马铃薯	*Solanum tuberosum* L.
2		甘薯	*Ipomoea batatas*（L.）Lam.
3		谷子	*Setaria italica*（L.）Beauv.
4	粮食作物	高粱	*Sorghum bicolor*（L.）Moench
5		大麦（青稞）	*Hordeum vulgare* L.
6		蚕豆	*Vicia faba* L.
7		豌豆	*Pisum sativum* L.

(续表)

序号	种类	农作物名称		拉丁学名
8		油菜	甘蓝型	*Brassica napus* L.
			白菜型	*Brassica campestris* L.
	油料作物		芥菜型	*Brassica juncea* Czern. et Coss
9		花生		*Arachis hypogaea* L.
10		亚麻（胡麻）		*Linum usitatissimum* L.
11		向日葵		*Helianthus annuus* L.
12	糖料	甘蔗		*Saccharum* spp.
13		甜菜		*Beta vulgaris* L.
14		大白菜		*Brassica campestris* L. ssp. *pekinensis* (Lour.) Olsson
15		结球甘蓝		*Brassica oleracea* L. var. *capitata* (L.) Alef. var. *alba* DC.
16		黄瓜		*Cucumis sativum* L.
17	蔬菜	番茄		*Lycopersicon esculentun* Mill.
18		辣椒		*Capsicum* L.
19		茎瘤芥		*Brassica junceavar.* tumida Tsen et Lee
20		西瓜		*Citrullus lanatus* (Thunb.) Matsum. et Nakai
21		甜瓜		*Cucumis melo* L.
22		苹果		*Malus* Mill.
23		柑橘		*Citrus* L.
24	果树	香蕉		*Musa acuminata* Colla
25		梨		*Pyrus* L.
26		葡萄		*Vitis* L.
27		桃		*Prunus persica* (L.) Batsch.
28	茶树	茶树		*Camellia sinensis* (L.) O. Kuntze
29	热带作物	橡胶树		*Hevea brasiliensis* (Willd. ex A. de Juss.) Muell. Arg.

表7 蔬菜品种管理相关法律法规、政策及文件

发布时间	发布主体	法律法规及政策	相关内容
2015年11月4 （第三次修订）	全国人大常委会	《中华人民共和国种子法》	国家首次对部分非主要农作物实行品种登记制度，规定列入非主要农作物登记目录的品种在推广前应当登记

(续表)

发布时间	发布主体	法律法规及政策	相关内容
2017年3月28日	农业部	《第一批非主要农作物登记目录》农业部公告第2510号	公布了第一批非主要农作物登记目录，蔬菜有大白菜、结球甘蓝、黄瓜、番茄、辣椒、茎瘤芥、西瓜、甜瓜
2017年3月30日	农业部	《非主要农作物品种登记办法》	明确了蔬菜等农作物品种登记的申请、受理、公告、监督管理等相关内容
2017年4月24日	农业部	《非主要农作物品种登记指南》	明确了蔬菜等农作物品种登记的申请材料相关要求
2018年5月31日（第四修订）	四川省人大常委会	《四川省农作物种子管理条例》	明确提出列入国务院农业主管部门非主要农作物登记目录的品种，在推广前应当登记。未列入国务院农业主管部门非主要农作物登记目录的品种，符合特异性、一致性、稳定性要求的，选育者可以向省人民政府农业主管部门申请认定
2018年10月29日	四川省农业农村厅	《四川省非主要农作物品种认定办法》	明确了非主要农作物品种认定相关要求
2020年1月3日	四川省非主要农作物品种认定委员会	《四川省蔬菜品种认定标准》	明确了蔬菜品种认定的相关标准
2020年4月20日	四川省非主要农作物品种认定委员会	《四川省非主要农作物品种认定试验基本要求》	明确了蔬菜等农作物品种认定多点试验相关要求
2021年3月24日	四川省种子站	《关于做好非主要农作物品种登记（认定）工作的通知》	明确了非主要农作物品种登记（认定）多点试验等报备要求
2021年11月9日	农业农村部	《农作物（蔬菜）品种试验规范》	规定了大白菜、结球甘蓝等8个蔬菜农作物品种登记的试验方法和试验总结报告编制等内容
2023年12月14日	四川省农业农村厅	《四川省非主要农作物品种认定办法》	重新发布、完善了相关内容

3. 蔬菜品种登记和认定初显成效

（1）蔬菜登记品种。

自2017年5月1日《非主要农作物品种登记办法》实施以来，截至2023年8月，全国蔬菜登记品种18 879个，约占全国登记品种总数的67.83%。四川蔬菜登记品种775个，约占四川省登记品种总数的52.3%，位居全国第9位（表8），辣椒、茎瘤芥、结球甘蓝、黄瓜、大白菜、番茄登记品种数量均名列全国前10名，其中茎瘤芥、结球甘蓝、辣椒品种数分别位居全国第2、第3、第4位（表9），黄瓜、辣椒等蔬菜品种选育推广位居全国前列。四川结球甘蓝登记品种"寒将军"推广面积位列"2022年度结球甘蓝全国推广面积"前10名。

表8　全国排名前十位蔬菜登记品种数量　　　　　　　　　　（单位：个）

排名	省（区）市	大白菜	结球甘蓝	黄瓜	番茄	辣椒	茎瘤芥	西瓜	甜瓜	小计
1	山东	1 158	67	300	612	583	1	183	183	3 087
2	河南	95	51	32	142	760	0	570	164	1 814
3	北京	266	149	107	376	350		170	119	1 537
4	安徽	0	3	5	24	582	0	464	79	1 157
5	天津	216	42	539	28	58	0	60	73	1 016
6	辽宁	150	12	129	227	265	0	136	42	961
7	甘肃	18	14	28	211	277	0	242	123	913
8	贵州	340	48	47	30	350	1	13	0	829
9	四川	84	97	63	94	420	10	5	2	775
10	新疆	0	0	2	114	59	0	229	356	760

表9　全国及四川蔬菜品种登记数量　　　　　　　　　　（单位：个）

作物种类	全国	四川	四川占比
茎瘤芥	40	10	25.0%
结球甘蓝	1 055	97	9.2%
辣椒	5 281	420	8.0%
黄瓜	1 715	63	3.7%
番茄	2 808	94	3.4%
大白菜	2 867	84	2.9%
西瓜	3 264	5	0.2%
甜瓜	1 849	2	0.1%
合计	18 879	775	4.1%

(2) 蔬菜认定品种。

四川是全国蔬菜品种最为丰富的省份之一。从 2018 年起，四川省正式启动蔬菜品种认定工作，每年召开一次认定委员会，对通过认定品种发布认定公告，发放认定证书。截至目前，全省累计认定莴笋、洋葱等 20 种蔬菜作物总计 60 个品种，约占全省农作物认定品种总量的 30%，认定了一批苦瓜、萝卜、茄子等生产上广泛推广的优良品种，认定制度得到行业内高度认可。2020 年以来，蔬菜认定品种数量逐年上升（图1），芥菜、洋葱、萝卜等蔬菜品种选育能力全国领先，莴笋、大蒜等蔬菜品种选育推广位居全国前列。

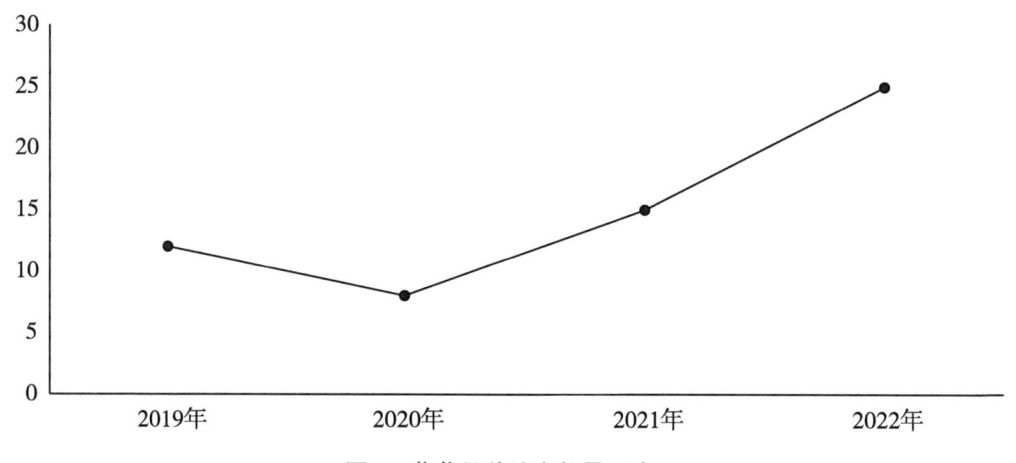

图 1　蔬菜品种认定数量（个）

(三) 蔬菜种业企业

蔬菜种业市场规模大，且呈稳步上涨态势。近三年，四川省蔬菜种子销售额不断上升，2022 年达 3.7 亿元；蔬菜种子销售量逐年下降，且 2021 年降幅 61.0%，2022 年降幅 33.2%，降幅巨大，对应的种子单价不断上升，2022 年平均种子单价为 110.6 元（表10）。

表 10　近三年四川省蔬菜种子销售情况（以国家统计目录内 16 种蔬菜为准）

年份	蔬菜种子销售额（亿元）	种子销售量（吨）	平均种子单价（元）
2020	3.6	12 829.9	28.3
2021	3.6	5 004.7	72.5
2022	3.7	3 343.7	110.6

目前，全省蔬菜种子企业 171 家，占全国 4.5%，其中，中国蔬菜种业信用骨干企业 1 家（绵阳全兴种业有限公司），中国农作物种业头部企业 1 家（绵阳全兴种业有限公司），国家农作物种业阵型企业 1 家（西昌科威洋葱种业有限责任公司），第十一批农业产业化省级重点龙头企业 2 家（绵阳全兴种业有限公司、四川福华高科种业有限责任公司）。

2022 年，四川省蔬菜种子销售额超过 500 万元的企业共有 8 家，分别为绵阳市全兴种业有限公司、绵阳福诚高科农业有限公司、绵阳市绵蔬种业科技有限公司、四川种都高科种业有限公司、四川省川椒种业科技有限责任公司、成都好特园艺有限公司、四川海迈种业有限公司、攀枝花市飞歌农业科技有限责任公司，其中绵阳市全兴种业有限公司的蔬菜种子销售额超亿元。主营蔬菜种子为白萝卜、辣椒、茄子等（表 11）。

表 11 2022 年蔬菜种子销售额前八名企业

排名	企业名称	销售的主要蔬菜
1	绵阳市全兴种业有限公司	白萝卜、茄子、莴笋、芹菜
2	绵阳福诚高科农业有限公司	白萝卜、结球甘蓝、茎瘤芥
3	绵阳市绵蔬种业科技有限公司	辣椒、茄子、白萝卜
4	四川种都高科种业有限公司	辣椒、白萝卜、番茄
5	四川省川椒种业科技有限责任公司	辣椒
6	成都好特园艺有限公司	黄瓜、辣椒、南瓜
7	四川海迈种业有限公司	辣椒、白萝卜、豇豆
8	攀枝花市飞歌农业科技有限责任公司	番茄、四季豆、大葱

2021 年，瓜菜种子销售额占四川种子销售总额的 10.8%，比全国高 1.6 个百分点，与四川油菜种子销售额 3.36 亿元相当；茎瘤芥、辣椒、四季豆、芹菜、茄子销售额分别占全国的 84.2%、43.9%、23.6%、22.9%、18.2%。

（四）蔬菜良繁体系建设

2022 年，据行业统计，四川省蔬菜制种面积超 1 933 公顷，主要为白萝卜、四季豆、豇豆、大白菜等；蔬菜制种总产量超 3 717 吨，其中白萝卜种子和四季豆种子产量超千吨（表 12）。

表 12 2022 年四川省蔬菜制种面积及产量（以国家统计目录内 16 种蔬菜为准）

蔬菜种类	制种面积（公顷）	总产（吨）
白萝卜	478.7	1 150.0
四季豆	362.7	1 078.3
豇豆	296.3	664.1
大白菜	178.2	197.5
茄子	90.8	35.0
辣椒	83.4	51.4
芹菜	65.5	57.7
胡萝卜	56.2	103.2
黄瓜	44.6	38.3
结球甘蓝	42.1	53.0
菠菜	33.4	55.0
茎瘤芥	33.2	48.8
大葱	30.4	38.4
番茄	16.7	4.0
西瓜	2.2	0.7
甜瓜	0.2	0.1

四川在莴笋、大蒜、茄子等蔬菜种子（苗）繁制种上具有明显的比较优势。

1. 国家（游仙区）蔬菜区域性良种繁育基地

游仙区为第一批国家蔬菜区域性良种繁育基地，也是四川（游仙）现代蔬菜种业园区，是四川已创建的 10 个省级现代种业园区中唯一的蔬菜种业园区。基地主要生产的蔬菜种子有莴笋、辣椒、苦瓜、豆类、萝卜、芥菜、芹菜、胡萝卜、小白菜、甘蓝等，常年生产面积上千亩的有莴笋、辣椒、四季豆、豇豆、萝卜、芹菜、胡萝卜、芥菜、甘蓝。2022 年种子生产面积 1 133 公顷，制种总量 1 850 万吨，外销种子 1 500 余吨。

2. 国家（彭州市）蔬菜区域性良种繁育基地

彭州市是国家蔬菜区域性良种繁育基地，同时也是中国南方蔬菜种业创新基地，被誉为"中国蔬菜之乡"，露地蔬菜种业产业发达，有"北寿光、南彭州"之称。现有蔬菜集约化种苗基地 8 个，年种苗生产能力达 3.5 亿株，年生产蔬菜种苗

2.5 亿株。彭州蔬菜良种繁育以大蒜为主，同时繁育莴苣、胡萝卜、芥菜等地方特色品种。种蒜基地约 6 000 公顷，年产蒜头 4 万吨左右，年蒜种销售占全国大蒜种的 5% 左右。常年有莴苣、胡萝卜、芥菜等蔬菜繁育基地 3.33 公顷左右，年产蔬菜种子 25 万吨。

（五）蔬菜新品种保护

从 1999 年 4 月开始，农业农村部先后发布了 11 批植物新品种保护名录，受保护的农业植物种类达到 191 个属（种），其中蔬菜 42 个属（种）（表 13）。

表 13 农业植物新品种保护名录（蔬菜）

属或者种名	学名
大白菜	*Brassica campestris* L. ssp. *pekinensis*（Lour.）Olsson
普通番茄	*Lycopersicon esculentum* Mill.
黄瓜	*Cucumis sativum* L.
辣椒属	*Capsicum* L.
普通西瓜	*Citrullus lanatus*（Thunb.）Matsum et Nakai
普通结球甘蓝	*Brassica oleracea* L. var. *capitata*（L.）Alef. var. *alba* DC.
食用萝卜	*Raphanus sativus* L. var. *longipinnatus* Bailey & *Raphanus sativus* L. var. *radiculus* Pers.
茄子	*Solanum melongena* L.
蚕豆	*Vicia faba* L.
豌豆	*Pisum sativum* L.
菜豆	*Phaseolus vulgaris* L.
豇豆	*Vigna unguiculata*（L.）Walp.
大葱	*Allium fistulosum* L.
西葫芦	*Cucurbita pepo* L.
花椰菜	*Brassica oleracea* L. var. *botrytis* L.
芹菜	*Apium graveolens* L.
胡萝卜	*Daucus carota* L.
甜瓜	*Cucumis melo* L.
大蒜	*Allium sativum* L.
不结球白菜	*Brassica campestris* ssp. *chinensis*
芥菜	*Brassica juncea*（L.）Czern. et coss
芥蓝	*Brassica alboglabra* Bailey L.

(续表)

属或者种名	学名
莴苣	*Lactuca sativa* L.
苦瓜	*Momordica charantia* L.
冬瓜	*Benincasa hispida* Cogn. unis L.
菠菜	*Spinacia oleracea* L.
南瓜	*Cucurbita moschata* Duch.
丝瓜属	*Luffa* Mill.
青花菜	*Brassica oleracea* L. var. *italica* Plenck
洋葱	*Allium Cepa* L.
姜	*Zingiber officinale* Rosc.
茭白（菰）	*Zizania latifolia*（Griseb.）Turcz. ex Stapf.
芦笋（石刁柏）	*Asparagus officinalis* L.
山药（薯蓣）	*Dioscorea alata* L.；*Dioscorea polystachya* Turcz.；*Dioscorea japonica* Thunb.
芥菜	*Capsella bursa-pastoris*（L.）Med
魔芋属	*Amorphophallus* Bl. ex Decne.
芋	*Colocasia esculenta*（L.）Schott
蕹菜（空心菜）	*Ipomoea aquatica* Forsk.
芫荽（香菜）	*Coriandrum sativum* L.
韭菜	*Allium tuberosum* Rottl. ex Spreng.
咖啡黄葵	*Abelmoschus esculentus*（L.）Moench
紫苏	*Perilla frutescens*（L.）Britt.

截至目前，全国农业植物品种权申请 68 838 件、授权 27 236 件；四川农业植物品种权申请 2 612 件、授权 1 222 件（图 2）。蔬菜品种权保护数量在农作物中占比较低，申请总量 8 877 件、授权 1 977 件，仅占农业植物品种权的 12.9%、7.3%；四川蔬菜品种权保护申请 121 件，授权 24 件，分别占全省农业植物品种权的 4.6%、2.0%，相比蔬菜品种权保护强省，差距较大。山东蔬菜品种权保护申请 1 805 件，授权 372 件，居全国首位，远超其他省份，占山东农业植物品种权申请量的 32.6%；8 个国家在我国申请了蔬菜品种权保护，其中瑞士、荷兰申请数量超过百件，分别为 123 件、112 件。

从申请保护的蔬菜种类来看，共涉及 41 个属（种），荠暂无申请量；申请量最

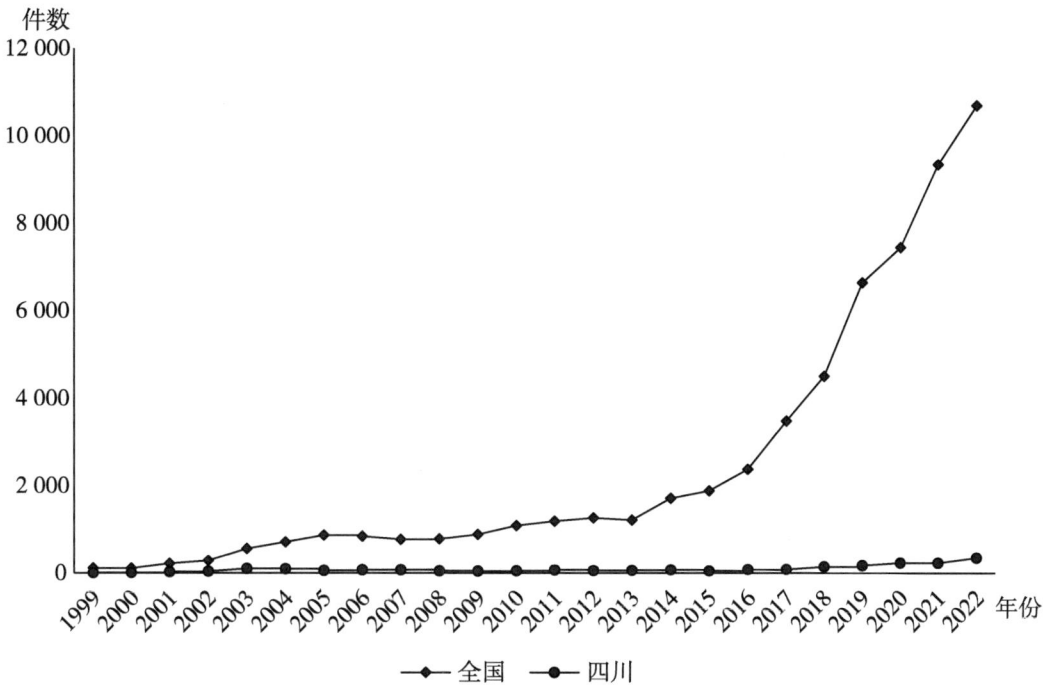

图 2　1999—2022 年新品种权申请数量

多的是辣椒属、普通番茄，分别为 1 482 件、1 333 件；申请量较多的有普通西瓜、黄瓜、不结球白菜、甜瓜、大白菜，共 3 080 件。四川蔬菜申请保护的种类虽逐年扩展，目前已达到 16 个属（种），包含普通番茄、茄子、辣椒属、南瓜、芥菜、莴苣、洋葱、豇豆、黄瓜、食用萝卜、蚕豆、豌豆、菜豆、丝瓜属、苦瓜、山药（薯蓣）等属（种）。

表 14　蔬菜作物新品种权申请量及授权量

种类	申请量（件）	授权量（件）
辣椒属	1 482	352
普通番茄	1 333	290
普通西瓜	817	228
黄瓜	629	165
不结球白菜	602	101
甜瓜	573	137
大白菜	459	136
普通结球甘蓝	290	104
西葫芦	267	58

（续表）

种类	申请量（件）	授权量（件）
食用萝卜	259	35
茄子	254	67
南瓜	237	27
花椰菜	200	63
苦瓜	177	33
青花菜	168	42
菜豆	161	29
豇豆	149	13
莴苣	101	17
芥菜	82	14
丝瓜属	62	2
洋葱	60	1
蚕豆	55	21
菠菜	49	8
冬瓜	43	2
胡萝卜	39	3
芥蓝	39	3
魔芋属	39	11
豌豆	38	10
大葱	31	3
紫苏	30	0
蕹菜（空心菜）	28	2
大蒜	26	9
山药（薯蓣）	26	2
咖啡黄葵	16	4
芫荽（香菜）	13	0
韭菜	13	0
芹菜	12	2
芋	10	3
茭白（菰）	4	0
芦笋（石刁柏）	3	0
姜	1	0
荠	0	0
合计	8 877	1 997

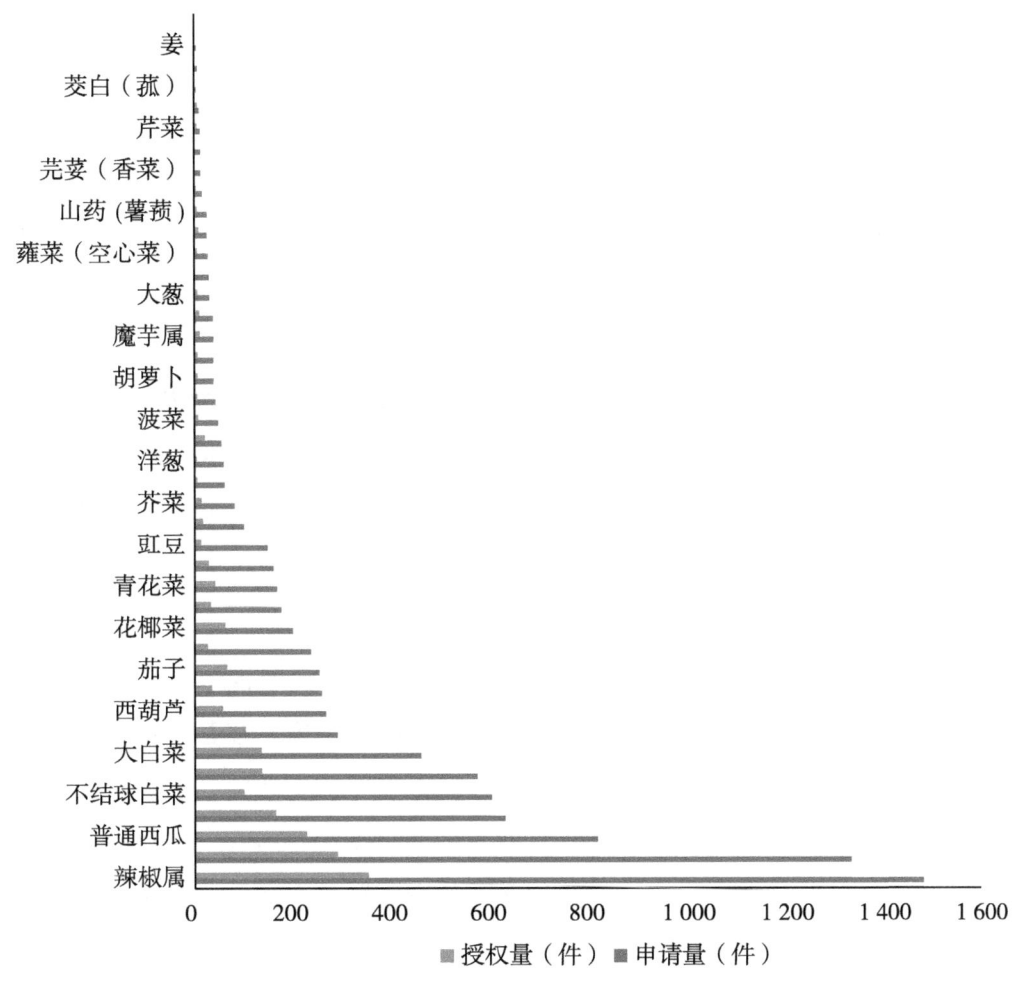

图 3 蔬菜作物新品种权保护申请量及授权量

二、四川省蔬菜种业存在的问题与挑战

近年来，四川蔬菜种业发展取得了一定成效，但在种质资源开发利用、育种创新、主体培育、良繁体系建设及市场监管等关键环节还存在短板与不足，离打造新时代更高水平"天府粮仓"的种业要求还有较大差距。

（一）种质资源保护评价不足

目前，已入国家库（圃）蔬菜种质资源 2 967 份，还有 80% 以上的资源分散在各个育种家手中，仅 443 份蔬菜种质资源完成初步鉴定，除番茄外，尚未开展表型精准鉴定和基因型鉴定。四川省资源鉴定评价既无专职人员也无固定经费，仅由育种人员在品种选育过程中附带开展，导致部分潜在优异资源丢失，种质资源得不到有效充分利用。

（二）育种创新能力不强

一是新选育登记品种少。四川省登记的蔬菜品种775个，其中，新选育品种仅19个，已审定品种21个，已销售品种735个，已销售品种占94.8%。新选育品种的选育单位仅为四川省农业科学院园艺研究所、绵阳市农业科学研究院、川椒种业三家选育，已销售品种几乎全部为公司申请登记，大多数为地方品种改良纯化或简单组配而来，品种同质化严重，突破性品种少。二是育种技术落后。全省蔬菜育种技术基本还停留在常规杂交育种，在基因编辑、分子设计和人工智能等新型育种技术应用方面短板明显，与以美国为主的种业发达国家"生物技术+人工智能+大数据信息技术"智慧育种相差了近两个代次，育种技术相差20年以上，新材料、突破性关键技术创新缺乏，导致突破性新品种选育困难。

（三）种子企业综合实力不强

一是规模小、竞争力弱等问题突出。全省尚无一家育繁推一体化或注册资本5 000万元以上的蔬菜种子企业，年销售额过亿元的仅1家，多数集中在百万元左右。二是企业科技创新能力弱。据统计，全省蔬菜种子企业科研人员平均不到1人，销售茄子种子（苗）企业30余家，具备品种选育能力的仅金田种苗等5家。科企深度合作通道尚未建立，企业品种选育多数倾向于购买或简单的亲本组配，销售品种多而杂，尚无知名的蔬菜种子品牌。

（四）种子监管服务不到位

近年来，四川省对蔬菜种子市场重视度不断提高，每年开展春秋两季种子市场检查，蔬菜种子重点检查标签、使用说明、登记及授权情况等。每年抽检蔬菜种子200余份，进行净度、水分、发芽率、纯度等常规质量指标检测。从2019年起，每年开展省级蔬菜展示评价及安全性监测工作，采取统一征集品种、统一技术方案、统一评价标准的原则，集中开展集中展示评价，每年展示蔬菜品种超800个（次），评选适宜四川省种植的优良品种，助推新优品种推广应用。对蔬菜种子市场起到了一定的规范作用，但监管服务还不够全面。在有限的人力和资源的情况下，农业农村主管部门监管的主要任务还是放在大宗作物上，蔬菜种类多、品种杂，且仅对登记目录的蔬菜进行常规抽检，其他种类蔬菜法律法规仍处于真空地带，仿冒种子充斥市场，监管服务还需加强。

三、四川省蔬菜种业发展对策与建议

蔬菜作为四川现代农业"10+3"产业体系的重要内容之一，是农民增收的重要途径和手段。全省蔬菜种业发展与蔬菜产业需求极度不匹配，在种质资源保护利用、技术创新研发、知识产权保护、人财物保障等方面需要全方位强化和支持。

（一）加强种质资源鉴定评价

立足种质资源研究的公益性和长期性等特点，通过整合资源类研究项目，引导和集中科研力量，做好种质资源收集、保存、评价及系谱研究。重点对四川省主要蔬菜种质资源的关键性状进行深度鉴定评价，发掘一批优异基因，创制一批品种选育急需的优异基础材料。

（二）提升品种选育创新能力

一是打造蔬菜种业创新基地。组（新）建省级蔬菜分子育种实验室，整合四川省科研中坚力量，构建种质资源评价共享数据库，搭建新品种权保护及交易平台、成果展示评价平台，推动四川蔬菜种业由传统育种技术向现代信息化生物育种技术的快速发展，持续提升四川省蔬菜育种创新能力和水平，促进育种创新成果推广转化。二是组建川种技术创新联盟。实施以企业为主体、科研单位为支撑的商业化联合育种攻关，对四川省产业比重大、优势较强的蔬菜作物及对外依存度高的蔬菜作物，分类组建科企创新联合体。加快蔬菜品种选育与技术创新，攻克蔬菜种业发展瓶颈，培育高产稳产、绿色优质专用、适宜机械化作业的蔬菜突破性新品种，解决一批蔬菜种业关键核心问题。

（三）提升供种保障能力

建设攀西喜温蔬菜、川南早春蔬菜、藏区高原喜凉蔬菜、盆周山区高山蔬菜种业良繁基地，突出冬春露地蔬菜优势，重视良种繁育与产业化关键技术，打造种子（苗）交易中心，打造四川种业公共品牌，为全省蔬菜产业高质量发展夯实种业根基。

（四）提升企业综合竞争力

深入实施种业企业扶优行动，梳理四川省企业阵型，坚持蔬菜种业企业差异化、特色化发展。一是对蔬菜优势种企建立帮扶机制，在财税、场地、政策、项目等方面予以重点支持，对重点品种给予补助，促进品种推广、品牌打造、人才引进、设施设备提档升级等。鼓励种业企业兼并重组，对兼并重组成功的种业企业予以财政资金奖励支持。二是支持企业差异化发展。支持省级重点蔬菜种企与国家阵型企业、优势蔬菜种业企业自主建设育种研发平台或与科研院校合作共建育种创新联合体，为促进四川省蔬菜种业产学研结合，推进企业逐步成为创新主体探索新机制，创造优越条件，孵化重点蔬菜种企，创建有影响力的蔬菜种子品牌。鼓励支持中小型种企利用地方特色品种在市场上形成独特的竞争优势，有效发挥其在种业创新链中的支撑作用。

（五）强化种业监管服务

加强种业市场监管，强化知识产权保护，激发种业创新发展活力，提高种业发展质量。一是加强法律法规宣传。加强蔬菜品种登记、认定及品种权保护制度宣传，切实加强品种管理，强化企业自律和信用建设，自觉维护种业知识产权保护。二是建立完善标准体系。完善种子质量、抗病、真实性等标准体系建设，强化蔬菜市场监管及知识产权保护技术支撑。严厉打击假冒伪劣、冒牌侵权等违法行为，保障农户用种安全，营造良好的蔬菜种业发展环境。三是根据展示评价水平、生态区域和优势区域合理布局，加强统筹管理，提供技术指导，完善健全蔬菜展示评价体系，强化展示评价结果应用，充分发挥展示评价对良种良法的推介作用，提高展示评价结果的可靠性和权威性。

参考文献

王志丹，石鑫岩，张慧，2021. 我国蔬菜种业发展现状、问题及政策建议［J］. 中国瓜菜，34（9）：120-123.

张凤兰，2022. 我国蔬菜种业发展成效和趋势［J］. 蔬菜（5）：1-5.

赵冬梅，张凤兰，2022. 我国蔬菜种业政策发展浅析［J］. 蔬菜（4）：10-14.

四川省黄瓜产业发展报告[*]

李 春[1] 刘小俊[1] 梁根云[1] 李艺凡[1] 李跃建[1] 吴传秀[2] 刘 娟[3]

(1. 四川省农业科学院园艺研究所,四川成都 610066;
2. 四川省园艺作物技术推广总站,四川成都 610041;
3. 四川省农业农村经济研究中心,四川成都 610014)

摘 要:四川是我国黄瓜的主产区之一,面积和产量在南方各省排第三,在四川省农民工增收、乡村振兴工作中发挥重要作用。本研究对世界和中国、四川黄瓜产业发展现状进行了分析,同时指出了当前四川省黄瓜产业发展存在的生产条件有待更新、从业者老龄化严重、价格波动较大和社会化服务体系建设不足等主要问题,研判了四川省黄瓜产业中品种以优质、绿色为主,适度规模化、专业化的生产方式为主流,黄瓜品种多样化、产品更丰富的发展趋势,同时针对当前黄瓜产业的主要问题和发展趋势,从种质创新、科技示范、农机农艺结合、社会化服务体系建设和改善生产条件等方面提出对策和建议,以促进四川省黄瓜产业高质量发展。

关键词:四川;黄瓜;产业;对策建议

引言

黄瓜是我国第二大蔬菜作物,也是我国第一大设施蔬菜作物,年种植面积约 130 万公顷,约占世界面积的 50%,年产值约 4 000 亿元。四川省黄瓜产业在长江以南各省具有较大的影响力,2021 年种植面积 89.09 万亩,年产量 214.39 万吨,是四川省实现农民增收、促进乡村振兴的支柱产业之一。为此,深入分析四川省黄瓜产业的发展现状、问题、趋势并提供对策和建议,进一步推动四川省黄瓜产业持

---

[*] 基金项目:农业农村部农业重大技术推广项目;国家大宗蔬菜产业技术体系川南综合试验站(CARS-23-G38);国家现代农业产业技术体系四川蔬菜创新团队优质新品种引进与选育研究岗位。

续健康发展，助力农民增收和乡村振兴。

一、四川省黄瓜产业发展现状

（一）栽培范围广，总面积和总产量基本稳定

黄瓜在四川省栽培面积广泛，所有市州（包括凉山、甘孜和阿坝）均有种植，其中主产区为成都、川南的泸州市、内江市、宜宾市和自贡市，种植面积和产量均较大。根据《2022四川农村统计年鉴》公布的数据，2021年，四川省黄瓜种植面积为5.94万公顷，总产量214.39万吨。近年来，四川省黄瓜种植面积基本稳定，维持在6万公顷左右，而总产量在稳步增加，2018—2021年总产量增加9.57%。四川省黄瓜种植面积在全国排第七，在南方各省份排名第三，仅次于湖南和湖北，在长江以南地区具有很大的影响力。

（二）优质多抗品种大面积应用

四川省一直是黄瓜的主产区，栽培历史悠久。四川省黄瓜品种以华南型农家黄瓜品种为主，优良的四川黄瓜农家品种有寸金子、二早子、山黄瓜、白丝条和猪儿黄瓜等。以上农家品种存在果实有苦味以及综合抗病性差（要求同时抗枯萎病、霜霉病和疫病等三种以上病害）的问题。从20世纪80年代起，由天津黄瓜所选育的优质多抗"津研"系列杂交种黄瓜品种在四川省迅速推广，2000年以前，华北型黄瓜在四川省种植面积超90%。我国华南型黄瓜的育种工作起步较晚，第一批大面积推广应用的华南型黄瓜杂交品种有重庆市农业科学院的燕白、四川省农业科学院的川绿1号和湖北省农业科学院的鄂黄瓜1号。四川省农业科学院园艺研究所黄瓜课题组自1997年开始开展华南型黄瓜的选育工作，先后育成川绿1号、川绿2号、川绿5号、川绿11号和川绿15号等多个优质多抗的华南型黄瓜品种，川绿5号和川绿11号果实无苦味，同时抗6种以上病害，丰产性好，优于主栽品种。到2020年，四川省华北型黄瓜面积占比已显著下降，无苦味华南型黄瓜已成为四川省主栽品种。

（三）高产栽培技术取得突破

近年来，四川省黄瓜栽培技术有大幅更新，特别是高产设施栽培技术的应用，明显延长了黄瓜的采收期，促进黄瓜产量获得显著提升。当前，四川省黄瓜设施栽培的面积较大，尤其川南地区主要使用简易大棚生产黄瓜。设施栽培可以在一定程

度上实现对环境的调控，一方面通过加温和保温实现黄瓜提早上市，获取好的收益，另一方面避免雨淋，通过控制棚内湿度减少病害。另外，针对黄瓜实生苗根系弱抗性差、传统施肥方式肥料利用率低下、四川盆地冬春季节寡日照等问题，分别使用黄瓜嫁接苗、肥水一体化和稀植栽培等技术措施。黄瓜嫁接苗根系发达，吸水吸肥能力强，抗逆性强，同时在一定程度上缓解连年重茬种植导致的连作障碍问题。肥水一体化通过管道进行平衡施肥和集中施肥，可以降低人工、肥料和水的使用，减少生产成本。稀植栽培技术通过提高结瓜部位透光率和叶片光合速率，产量显著提升，同时增加植株间的通风性，减轻病害发生，减少农药的使用。以上设施栽培技术体系的综合应用显著增强黄瓜植株的长势，减少病害的发生，最终实现黄瓜长季节的采收，单位产量取得突破。

（四）食品安全得到明显改善

食品安全是消费者最为关注的问题之一，尤其是蔬菜农药残留问题。近年来，四川省黄瓜生产上通过应用多抗新品种和减少农药使用的新技术使黄瓜食品安全得到明显改善。四川省农业科学院园艺研究所黄瓜课题组选育的川绿2号、川绿5号、川绿11号等多个优质多抗的华南型黄瓜品种，除了果实无苦味，品质好外，抗多种病害也是这些品种的最大的优点之一。以川绿11号为例，高抗疫病，抗霜霉病、细菌性角斑病和枯萎病，中抗黄瓜花叶病毒病、西瓜花叶病毒病和番木瓜环斑型花叶病毒病，显著减少农药的使用，是典型的绿色品种。同时，这些新品种单性结实能力强，不需通过激素实现保花保果，杜绝食品安全的隐患。另外，各种栽培技术的使用，例如黄瓜嫁接苗、避雨栽培、稀植栽培等技术手段的使用都大大地减少了农药的使用。以上新品种和新技术的应用为黄瓜食品安全的改善起到关键作用。

二、当前四川省黄瓜产业发展存在的主要问题

（一）生产条件有待大面积更新，政府扶持有待加强

近20年，我国社会飞速发展，农村基础设施建设得到显著改善，但是黄瓜生产条件依然相对较落后，有待大面积更新。四川省设施黄瓜主要以简易大棚栽培为主，这类大棚对环境调控的能力有限，无法应对大幅的气候变化，最终影响黄瓜的生长和品质。一些地区的基础路网和水利设施不完善，基础路网影响生产效率和黄瓜的外运；黄瓜对水的需求量很大，水利设施不完善影响黄瓜的用水，尤其在近两

年四川省连续出现夏季高温少雨和冬春干旱,严重影响黄瓜的生产。为了改善这些基础设施条件,政府和相关部门可以采取一系列措施,例如加大投入力度,更新和改造生产设备,建设完善的水利设施和基础路网。

(二) 从业者老龄化严重,农机化需求迫切

四川省是人力资源输出大省,农村劳动力大量向成都和沿海城市转移,农村地区的劳动力尤其是农业劳动力的年龄结构逐渐老化。农村劳动力老龄化导致劳动力短缺、新品种和新技术难以推广、生产效率低下。在老龄化严重的情况下,推广小型农机是解决方法之一,例如穴盘自动育苗设备、微型旋耕机、覆膜机、蔬菜播种机、蔬菜覆膜打孔器、蔬菜移栽机、农用运输车、新型植保器械等,可以有效地提高生产效率。但是,当前四川黄瓜生产中机械化程度不高,政府可以加大农业机械化的扶持力度,提供财政补贴,加强技术培训,推广先进的农业机械和技术。

(三) 生产信息预报滞后或缺失,价格波动较大

当前,我国在黄瓜生产上缺少及时为黄瓜种植户提供市场需求、价格走势、天气变化等信息的机构,而我国黄瓜种植户的生产规模小,种植户一般都是简单地跟随价格做出决定,形成了"价格上涨—供应增加—价格下跌"的周期性影响,最终导致黄瓜价格波动较大。

(四) 社会化服务体系建设有待提升

农业社会化服务是在农业种植管理过程中,通过农业社会化服务组织为农业产前、产中、产后各个环节提供各类有效服务,提升农业现代化水平。四川省黄瓜产业规模化、标准化、集约化程度不断提高,传统的农业种植管理方式已经不能满足新型农业经营主体的需求,在产前的生产资料供应(种子、种苗、化肥、农药、薄膜等)、产中的耕种技术、栽培技术、病虫害防治技术等技术服务以及产后的销售、运输、加工等服务方面有迫切的需求。但是,四川省黄瓜产业社会化服务体系不够健全,首先,社会化服务组织数量少,服务覆盖率低,还远远不能满足生产需要;其次,社会化服务内容有限,主要集中在产前生产资料供应,产后销售方面;最后服务体系不健全,当前的服务体系缺乏统一的管理和规划,服务提供者之间缺乏有效的协调和信息共享,使得服务资源无法得到有效利用。

三、四川省黄瓜产业发展趋势与对策建议

(一) 四川省黄瓜产业发展趋势研判

1. 优质、绿色的产品要素是提高产业竞争力的核心

随着生活水平的提高和健康意识的增强，消费者对黄瓜的品质和安全性的要求越来越高，更倾向于购买口感好、营养价值高、无农药残留的黄瓜产品，以保障自己和家人的身体健康。因此，优质、绿色的黄瓜产品是消费者的基本需求，也是提高黄瓜产业竞争力的核心。"十三五"期间，四川省黄瓜育种工作虽然取得重要进展和突破，但仍不能满足快速发展和变化的黄瓜产业需求，不能满足人民日益增长的对优质、营养、安全黄瓜产品的需求。下一步，我们将坚持问题导向和需求导向，继续聚焦优质和绿色黄瓜品种的选育，保障和满足消费者对优质安全黄瓜产品的需求。

2. 适度规模化、专业化生产会成为主流

在市场竞争日益激烈的情况下，黄瓜种植户必须不断提高生产效率，以降低成本，同时提高产品质量，从而增强自身的竞争力。规模化、专业化生产是提高生产效率的有效方法之一，将成为未来黄瓜生产的主流。首先，规模化、专业化生产通过集中土地、资金、技术等资源，提高农业生产效率，降低生产成本；其次，规模化、专业化生产采用先进的农业技术和设备，实现农业生产的标准化、规范化，提黄瓜产品质量和安全性；最后，规模化、专业化生产可以更好地控制黄瓜生产过程中的风险，例如自然灾害、市场波动等，从而保障农业生产的稳定。

3. 黄瓜品种多样化、产品会更丰富

黄瓜不仅口感清爽，而且富含营养，是一种非常受欢迎的蔬菜。为了满足不同消费者的需求，黄瓜产品也越来越多样化。不同类型的黄瓜在口感、营养价值等方面有所不同。例如，部分类型黄瓜品种皮薄、脆爽、清凉可口，可当作水果食用。

另外，不同的烹饪方式可以呈现出不同的口感和风味。例如，鲜食可以享受到黄瓜清脆爽口的口感；凉拌使黄瓜口感更加丰富；炒食则可以将黄瓜与其他蔬菜或肉类搭配在一起，为菜肴增添色彩和口感的丰富；腌制可以利用黄瓜的鲜嫩与香脆，制作出口感独特的酱菜。此外，随着城市生活的发展，预制菜越来越受到城市居民的喜爱，而黄瓜耐储运和清爽可口的特性非常适合做预制菜。总之，黄瓜品种

的多样化满足了不同消费者的需求，也为蔬菜市场增添了更多的色彩和活力。

（二）促进四川省黄瓜产业发展的对策建议

1. 加强创新，特别生物技术、种质和品种的创新

"十三五"期间，四川省黄瓜遗传育种研究取得一些进展，尤其是在黄瓜无苦味育种方面。随着人们生活水平的提高以及黄瓜生产方式的规模化、专业化，现有的品种并不能满足产业从业者和消费者的需求，未来黄瓜育种工作需要更加注重创新，从生物技术的创新到种质和品种的创新，以满足人民日益增长需求。生物技术方面，在加强高通量基因分型、基因编辑、单倍体诱导等技术的使用，聚力分子标记常规化应用，加速育种进程，快速突破传统育种工作中的难点；种质和品种的创新方面，以华南型黄瓜品种为主，继续突出新品种的多抗、优质和高产等优良性状，同时考虑四川省黄瓜多样的生产的条件，重点选育春季耐寒、夏季耐热、露地多抗和耐雨水的品种。

2. 增加科技示范力度，加快新技术、新品种和新产品应用

新技术、新品种和新产品要在生产上落地，科技示范也是极为重要的一个环节。当前，黄瓜的新品种、新技术和新产品在科技示范力度上还不够大，需要从示范点选择、技术指导和培训、宣传和推广、资金扶持和政策支持等方面增强科技示范力度，促进新技术、新品种和新产品的落地。示范点要根据当地的实际情况，选择具有一定代表性、基础条件较好、种植户积极性高的地方作为示范点。同时，要考虑示范点的辐射带动作用，能够带动周边地区的发展；加强技术指导和培训，将新技术、新品种、新产品送到种植户手中，可以采取集中培训、现场指导、发放技术资料等方式进行推广；加强宣传和推广工作，可以通过电视、广播、报纸、网络等媒体进行宣传，也可以通过组织观摩交流、举办展览等方式进行推广。加强资金扶持和政策支持，政府可以通过设立专项资金、提供税收优惠等方式，对科技示范工作进行支持和扶持。

3. 加强农机与农艺结合的技术体系研发、示范和应用

在当前黄瓜产业从业者老龄化严重的情况下，加强农机与农艺结合的技术体系研发、示范和应用具有重要意义。将农机设备与农艺技术有机的结合起来，可以大幅度提高生产效率，增加产业人员的收益。首先，要加大农机设备与农艺技术融合体系的研发，二者是两个不同的领域，需要构建由农机和农艺专家组成的研发团队，共同研究和开发适合四川黄瓜生产需求的农机农艺融合技术体系。其次，建立农机农艺融合示范基地，加强农机农艺融合技术体系的推广。把基地建设成农机农艺新技术展示引领吸引、带动的窗口，让农民从试验示范所取得实效中得到启发教育，让农民认可，主动地、自愿地接受新技术，从而逐步推动农机农艺融合落地生根。

4. 加强社会化服务体系建设，促进先进装备、标准化技术应用

社会化服务可以有效地促进产业节本增效、农民增收，有力地推动四川省的乡村振兴。当前，四川省社会化服务体系建设还比较滞后，需要通过增加社会化服务项目的扶持力度、培育农业社会化服务项目主体、加强基层村级和龙头企业的社会化服务能力等措施强化社会化服务体系建设，促进先进装备、标准化技术应用。首先，政府可以通过增加对社会化服务项目的财政投入，建立专项资金，支持社会化服务组织的发展。此外，政府还可以通过购买服务等方式，为社会化服务项目提供资金保障。其次，增强县域及乡镇基层的公共服务建设，完善现有的管理体系，增强服务人员的综合素质和服务能力，实现地区全面性的农业技术推广，通过这种方式，建立完善的农作物疫病防治机构和农业产品综合质量监管机构等公益性服务机构。最后，需要增强县域及乡镇基层的公共服务建设，完善现有的管理体系，增强服务人员的综合素质和服务能力，实现地区全面性的农业技术推广，通过这种方式，建立完善的农作物疫病防治机构和农业产品综合质量监管机构等公益性服务机构。

5. 改善黄瓜生产主产区条件，在老旧生产设施更新过程中促进标准化、宜机化设施建设

四川省黄瓜生产条件相对落后，需加大对黄瓜生产的基础设施建设的投入。一方面，提高设施大棚的保温、通风、遮阳等性能，增强大棚对环境调控的能力，为黄瓜生长提供更好的环境条件；另一方面，完善基础路网方便农资和黄瓜的运输，加大水利设施建设以增强旱季抗旱的能力。同时，在老旧生产设施更新过程中促进标准化、宜机化设施建设。通过制定黄瓜生产大棚建设的标准，包括大棚结构、环境调控设备、灌溉设备等方面的标准，为黄瓜生产设施的建设和改造提供指导和依据。另外，在生产设施更新过程中重点考虑宜机化、信息化和自动化建设，在大棚更新，基础设施建设中考虑相关机械设备和控制设备的使用问题，减轻农民的劳动强度，提高生产效率和质量。

参考文献

董伟，陈玲，1991. 四川省黄瓜地方品种资源研究［J］. 作物品种资源（1）：24-25.

林德佩，2017. 黄瓜植物的起源和分类研究进展［J］. 中国瓜菜（7）：1-3.

刘小俊，梁根云，杨宏，等，2014. 无苦味华南型黄瓜新品种川绿11号［J］. 长江蔬菜：23-24.

杨宏，刘小俊，梁根云，等，2016. 黄瓜品种'川绿2号'SSR指纹图谱的构建和纯度鉴定［J］. 西南农业学报（2）：374-378.

张洪成，蒋长春，张谊模，等，2015. 雌型黄瓜新品种燕白的选育［J］. 种子（2）：98-100.

张圣平，苗晗，薄凯亮，等，2021. "十三五"我国黄瓜遗传育种研究进展［J］. 中国蔬菜（4）：16-26.

赵文，2022. 黄瓜栽培的现状及其发展趋势［J］. 智慧农业导刊（2）：32-34.

周杰，夏晓剑，胡璋健，等，2021. "十三五"我国设施蔬菜生产和科技进展及其展望［J］. 中国蔬菜（10）：20-34.

四川省南瓜产业发展报告

李艺凡[1,2]　刘小俊[1,2]　梁根云[1,2]　李　春[1,2]　李艺凡[3]

（1. 四川省农业科学院园艺研究所，四川成都　610066；

2. 蔬菜种质与品种创新四川省重点实验室，四川成都　610066；

3. 四川省园艺作物技术推广总站，四川成都　610041）

摘　要：本报告介绍了四川省南瓜产业的生产与贸易现状，分析了四川省南瓜产业中存在的品种结构不合理、种植水平不高、基础设施薄弱等问题，并围绕种植模式、良种选育、产业发展、科技创新等方面阐述了四川省南瓜产业的发展趋势，提出了促进四川省南瓜产业发展的对策建议。建议从聚力新品种选育与应用、标准化栽培技术研发和应用、延长产业链、推动产业融合发展、加强科技创新和人才培养等方面推动四川省南瓜产业发展。

关键词：四川省；南瓜产业；发展趋势；对策建议

一、四川省南瓜产业发展现状

四川省位于中国大陆地势三大阶梯中的第一级青藏高原和第二级长江中下游平原的过渡地带，高差悬殊，地势呈西高东低的特点。同时，四川横跨五大地貌单元，包括六个气候梯度，具有多样的气候条件。四川盆地中亚热带湿润气候，川西南山地亚热带半湿润气候，川西北高山高原高寒气候。因此，可以说四川省的独特地形使其具有多种气候及生态条件，也是使其具有丰富生物多样性的重要原因之一。这样的地形和气候条件也影响了四川的农业发展，南瓜在这里有着广泛的种植。四川省南瓜栽培面积近年来稳定在 3 万公顷，产量在 110 万吨以上，随着国内外市场的不断扩大和消费者需求的不断增长，四川省南瓜产业得到了长足的发展，逐渐成为全国重要的南瓜生产和出口基地。

(一) 四川省南瓜种植兼具多种加工类型

四川省肉用南瓜生产上包括中国南瓜、印度南瓜和西葫芦三大系列，其中中国南瓜包括嫩瓜食用型和老瓜食用型，印度南瓜以食用老瓜和加工制粉为主，西葫芦以食用嫩瓜为主。西葫芦生长势较强，对低温适应性强，是四川省露地瓜类生产中最早上市的蔬菜。作为重要的早春蔬菜，西葫芦在四川又被称为"三月瓜"，近年来部分科研单位和公司都选育出了适应不同种植模式的新品种。"东葫20号"和"京葫42"均适用于日光温室越冬生产，在自然低温弱光下产量高，商品性好，抗病性强；"凯帅西葫芦"为早熟西葫芦一代杂种，植株生长势较强，瓜条顺直，皮色翠绿，耐贮运、耐高温，生育后期不易早衰，从播种到采收300克嫩瓜需38天左右，亩产量5 000千克，适宜在我国南北方西葫芦种植区域推广种植。

四川省主要肉用南瓜以中国南瓜的蜜本南瓜为主，例如近年种植较多的金韩蜜本南瓜、蜜本2号南瓜，金船大密本等。金船大密本为中熟密本南瓜，对日照不敏感，连续结果能力强，老熟瓜皮橙棕色，单瓜质量4.5~5.5千克，平均亩产3 500千克，适宜在长江以南地区春、秋季种植。蜜本南瓜是中国南瓜栽培种中品质较好、适合烹调和深加工的品种之一。

印度南瓜中的肉用南瓜，以贝贝南瓜为代表的小果占据大量市场，其中四川省农业科学院园艺研究所育成的"甜栗"是国内第一个自主育成的早熟、优质印度南瓜新品种，也在早期称之为营养南瓜。"甜栗"南瓜熟性早，全生育期85天，品质优良，田间抗病性强，抗病毒病和白粉病口感甜、面、细，嫩果VC含量为20.4毫克/100克，老果VC含量为13.3毫克/100克，总糖含量高，老瓜总糖含量达7.59%。

四川省籽用南瓜生产上使用包括中国南瓜、印度南瓜、美洲南瓜和黑籽南瓜在内的不同种。在生产习惯上，以南瓜籽的外观分为：白板类型（雪白片）、光板类型、裸仁类型（无壳）、毛边类型和黑籽类型等几个种类。四川省主要籽用南瓜以光板类型为主，例如种植在盐源县泸沽湖一带的"金边白瓜子"，粒大饱满、营养丰富、炒后食用香脆可口，如今已成为重要的外贸出口物资，驰名中外。

四川省瓜类生产中大量使用嫁接苗，黑籽南瓜具有抗寒、耐盐及抗病等多种优良的遗传性状，通常被用作嫁接砧木，黑籽南瓜接穗黄瓜的嫁接苗表现出更强的耐冷性，以及去果面蜡粉能力。中国南瓜与印度南瓜的杂交一代也常被用作砧木，西瓜、甜瓜的嫁接苗根系发达，植株生长稳健，抗枯萎病，耐高温高湿，抗早衰。增产效果明显，且对果实品质影响小。

四川省观赏南瓜的形状和大小各不相同，有的呈圆形或扁圆形，有的则呈长条形或棒状，大小也有所不同，最小的仅有拳头大小不足一斤重。南瓜除了被用作食用、籽用、观赏外，也可作牲畜饲料。当南瓜作为饲用时，可以用来饲喂猪、牛、羊、鸡等各种畜禽，切碎后生喂、熟喂或发酵后饲喂均可。

（二）四川省南瓜栽培面积分布较广

四川省南瓜种植面积广泛，除川西海拔3 500米以上地区种植极少外，在全省均有分布，特别是肉用南瓜分布极广。嫩果肉用南瓜主要作为鲜食蔬菜，如西葫芦是重要的春淡蔬菜，在城市周边的常年蔬菜基地种植较多。老熟肉用南瓜主要分布在四川省盆地丘陵地区，面积大，为四川省主要类型，但目前品种单一，基本上是蜜本南瓜。籽用南瓜以盐源为主，并形成了有名的盐源金边南瓜籽品牌，品质居全国之首，但近年来由于产业规模小，影响也逐年变小。观赏南瓜主要是南瓜中的金瓜类型，目前在我省三州地区还广泛分布于农家，产品主要在村镇流通。

（三）四川省南瓜种植情况

在四川省的南瓜种植中，蜜本南瓜是主要的品种。蜜本南瓜以其香甜口感、营养丰富和适应性强等特点，深受消费者的喜爱。这种南瓜在四川省内广泛种植，而且由于其产量高、生长速度快，成为了当地农民脱贫致富的重要途径之一。除了蜜本南瓜，四川省的南瓜种植也包括贝贝南瓜、甜栗南瓜、花生南瓜等品种。这些品种的南瓜在四川省也有一定的种植面积，但相对于蜜本南瓜来说，它们的种植面积要小一些。贝贝南瓜是一种小南瓜品种，市场需求热度高，它与甜栗南瓜同为印度南瓜类型，较为早熟。具有粉、甜的口感，但抗性与产量仍有待提高。来自安徽的花生南瓜是一种小果型的中晚熟南瓜，由于其独特的外形及口感，近年来也有部分农户种植。

蜜本南瓜在四川盆地栽培的优点是适应性广，易栽培，属粗放性蔬菜，病虫害少，抗病性强，果形美观漂亮，食用性好，糖分含量高，优质又高产，销路广，效益好，耐贮运。结合四川盆地所在地的气候特点，栽培蜜本南瓜的最佳播种期为3月中上旬，播种时需确保施足基肥与水分供给，晚熟品种适当提早播期以及减少基肥施用量，于一叶一心期进行定植，在坐瓜之前，应避免水肥过多，防止植株营养生长过于旺盛而难以坐瓜。

四川省内形成了以宜宾江安为代表的川南早市蜜本南瓜种植区、简阳南部种植区、梓潼种植区和泸州种植区四个南瓜主产区。2021年四川省南瓜播种面积为31.28千公顷，占全省瓜菜类播种面积的23.95%，与上年相比增加了1.07千公顷，而2021年产量为119.59万吨，与上年相比增加了6.06万吨。总的来说，2021年四川省在南瓜种植方面取得了积极的成果，播种面积和产量均有所增加，平均亩产量也表现出良好的水平。

总的来说，四川省在南瓜种植方面具有广泛的普及率和产量优势，而蜜本南瓜则是其中的主要品种。同时，四川省也种植有不同品种的南瓜以满足不同消费者的需求。这些品种的南瓜不仅具有丰富的营养价值，而且也成为了四川省内重要的农产品之一。

（四）四川省南瓜采后处理

南瓜采后处理及食用方式多样，嫩用鲜食南瓜采后处理方式比较简单，摘南瓜时要轻采轻放，不要伤到瓜皮，摘下后放置在阴凉通风的房屋地板上，避免压伤，于阴凉、通风干燥处储存或进入市场。

籽用南瓜需根据南瓜的成熟度分批采收，分批堆放，成熟度较好的大瓜后熟10~15天。后熟过后开瓜漂籽，需连续操作不隔夜，避免出现沤板、黄板，随后用水投洗种子，使其中的杂质和秕粒被清洗干净，后将清洗的种子放在干燥、通风的地方晾晒2天。晾干后对种子进行筛选，将精选后的种子放在干燥、通风的地方贮存或进行进一步加工。

二、当前四川省南瓜产业发展存在的主要问题

虽然四川省为全国重要的南瓜生产和出口基地，但产业发展中仍存在一些问题。

（一）基础设施和生产设施薄弱

南瓜产地多为浅丘地带，自然坡地种植，许多地方的基础设施建设仍有待提升。道路设施较差时，运输不便，易造成产品在运输过程中的损伤。在四川省的南瓜主产区，如宜宾、泸州、自贡等地，许多地方的基础设施建设仍需提升，遇到干旱天气灌溉困难，影响南瓜产量。此外，道路设施较差，虽有村级土路，但多崎岖

不平，坑坑洼洼，极不方便产品的运输，且易造成产品在运输过程中的损伤。

（二）产业链不长，缺少高附加值链环

目前四川省南瓜产业存在着重生产、轻采后增值处理的现状，仍处于低端初级产品的生产阶段，产业主要鲜食南瓜和南瓜籽为主，精深加工较少，缺少高附加值的产品。这影响了对产业经济效益的深度发掘，潜伏着在生产规模进一步扩大时产品滞销的危险。

（三）品种结构不合理

四川省南瓜种植的品种结构不够合理，老熟肉用南瓜品种单一，中晚熟的蜜本南瓜占90%以上，产品上市集中，价格起伏大，缺乏早熟品种。籽用南瓜以地方农家品种为主，由于是异花授粉作物，田间表现杂，品质和产量不稳，这也是导致四川省以盐源为主的籽用南瓜产业被我国北方取代的原因之一。

（四）种植技术水平不高

四川省南瓜种植缺乏标准化的种植技术和管理经验，生产以粗放方式为主，没有很好地对农田进行精细化管理和对种植过程进行详细规划，靠天吃饭较为普遍，从而影响南瓜的产量和品质。但同时这也意味着当前的产量和产值还有很大的提升空间，可以通过改进种植技术和管理经验来提高，所以急需研发和应用标准化栽培技术，并积极推广和应用于实际生产中，以便改善粗放的种植方式，更好地提高南瓜的产量和品质。

综上所述，四川省南瓜产业发展具有较大的潜力和市场空间，但也面临着一些问题和挑战。未来，需要加大基础设施和生产设施的建设力度，加强产业链的建设和精深加工的发展，加快早熟高抗品种选育，提高种植技术水平，以促进南瓜产业的可持续发展。

三、四川省南瓜产业发展趋势与对策建议

四川省是我国鲜食南瓜的主产区，省内南瓜产业发展对助力乡村产业振兴，促进农民增收具有重要作用。四川地区地形多变，多以山地丘陵为主，南瓜适宜山坡种植，与主粮争地矛盾较小。南瓜易栽培，耐旱耐贫瘠，耐储存运输，粮菜饲兼用，具有很大的种植优势。随着消费者对健康饮食的追求和对南瓜营养价值的认识不断提高，对高产的优质品种和专用品种的需求进一步提高，而南瓜产业的市场需

求将继续扩大，需要早中晚熟配套品种以满足市场的长期需求。同时，随着农业技术的不断进步和创新，南瓜产业的种植技术和加工技术也将不断升级和完善，探索与粮食作物间套作的种植模式，开发专用的标准化种植技术。

（一）聚力新品种选育与应用

加强多抗早熟优质肉用南瓜品种选育与应用，改变目前品种极其单一、市场供应集中，量大价低的局面。目前四川省市场上的南瓜品种比较单一，多为中晚熟的蜜本南瓜品种，早熟品种缺口极大，缺乏在多抗、早熟、优质等方面的突破。因此，需要加强南瓜品种的选育与应用，可以通过适当的引种，加强本地南瓜品种资源的保护和利用，培育出更适合当地自然条件和社会经济条件的多抗早熟优质老熟肉用南瓜品种，改善南瓜产业的市场竞争力和适应能力。

籽用南瓜是一种具有很高价值的农产品，而凉山州具有悠久的籽用南瓜种植历史和经验。为了提高籽用南瓜的产量和品质，以服务盐源为中心的目标区域，四川省农业科学院和凉山州农业科学研究院可以合作开展籽用南瓜品种的选育工作，为重塑盐源金边瓜籽品牌提供最根本的良种支持。收集国内外优秀的籽用南瓜品种资源，建立品种资源库，利用现代分子生物学和生物技术手段，加强新品种的选育和创新，培育出更适合盐源当地自然条件和社会经济条件的籽用南瓜品种。同时推广和应用先进的种植技术和管理经验，提高籽用南瓜的产量、品质与一致性，建立健全的种子繁育体系和质量检测体系，保证良种的质量和供应以及南瓜籽产品品质。最终目标是提高籽用南瓜的产量和品质，促进当地农业发展和农民增收，同时通过四川省农业科学院和凉山州农业科学研究院的合作，促进科技成果的应用和转化，推动当地农业现代化进程。

（二）加强标准化栽培技术研发和应用

加强标准化栽培技术的研发和应用。根据现有的种植和管理经验，结合四川省不同地区的气候和土壤条件，制定适合的标准化栽培技术，并将这些技术应用到实际生产中，以提高南瓜的产量和品质。

南瓜的种植整地、播种、施肥、灌溉、采收和病虫害防治等环节，与采收机等农机结合的种植技术可以大大提高生产效率和降低成本，实现大规模、标准化的种植。南瓜不同生长阶段需要不同的水分和养分，因此结合科学的水肥管理技术，建设合理的基础灌溉设施，通过采用滴灌、喷灌等灌溉方式和配方施肥等技术实现水肥一体化，可以有效地提高水肥利用效率和南瓜的产量。

由于南瓜在地面匍匐生长，因此在南瓜生长过程中，可以采用瓜粮间套作模式增加地块总产量，如玉米、大豆等粮食作物行间种植南瓜。也可使用瓜果套作模式，根据果树的生长特性和市场需求，选择可和南瓜进行套作的果园，确定合理的套作比例和布局，在幼树林下种植南瓜，利用果树间隙和余地进行套种，这样不仅可以充分利用土地资源，也可为果园前期增加经济效益。

（三）延长产业链及大力促进四川省出口贸易

南瓜是一种营养丰富的食品，富含多种维生素、矿物质和膳食纤维等对身体有益的营养成分，随着人们生活条件及营养保健意识的不断提高，深加工后的南瓜产品可以更广泛地满足人们不同需求，提高南瓜产业的效益和附加值。南瓜含有多种活性成分，可以开发成各种功能性食品，如富含膳食纤维的膳食补充剂、富含维生素的保健品等，满足人体特定的营养和健康需求。除了现有的南瓜粉、南瓜干等产品外，还可以开发其他南瓜深加工产品，如南瓜饮料、南瓜果冻、南瓜酒等。这些产品的开发可以丰富南瓜产品的种类和形式，满足不同人群的需求及消费心理。这需要加强技术研发和创新，不断提高产品的品质和市场竞争力，同时，还需要加强品牌建设和市场营销，提高消费者对南瓜深加工产品的认知度和接受度。

大力促进四川省南瓜出口贸易，确保使用安全的农药和化肥，保证产品质量，同时针对国际上不同区域人们的饮食习惯与爱好，精准制定育种目标，培育享誉国际的南瓜品种。想要拓展国际市场，要积极参加各类国际展会和贸易洽谈活动，与国际买家建立联系，增加出口渠道。四川省南瓜出口企业可以与科研机构、农业合作社等建立合作机制，共同推动南瓜产业的发展和出口贸易，还可以与国际企业进行合作，引进先进的技术和管理经验，提高产品竞争力。同时秉承"要想富先修路"的理念，积极探索高效的运输方式，使提高运输效率，可以使省内南瓜产品可以快速运输至国际市场，减少损耗，提高收入。

（四）推动产业融合发展

将南瓜产业与旅游、文化等产业融合发展，形成多元化的产业格局，提高南瓜产业的综合效益。

在南瓜产地可以建设南瓜主题公园，展示南瓜的种植、采摘、加工等过程，以及当地的自然风光和人文历史。游客可以在这里亲身体验南瓜的种植和采摘，了解南瓜的品种、特性和营养价值等，同时也可以品尝到各种南瓜美食。结合文化创意产业，开发出各种具有文化特色的南瓜产品，如南瓜雕刻、南瓜画、南瓜灯等，这些产品可以作为旅游纪念品或者礼品，具有很高的市场价值。

在南瓜产地开展旅游路线，如南瓜采摘游、南瓜文化体验游等，将南瓜的种植、采摘、加工和销售等环节串联起来。旅游路线中选址开办农家乐，使游客可以在这里住农家院、吃农家饭、干农家活，体验农村的生活方式和传统文化。同时，游客可以参与南瓜的种植、采摘和加工等过程，增加旅游的趣味性和互动性。

将南瓜产业与旅游、文化等产业融合发展，可以促进产业之间的互动和融合，提高南瓜产业的综合效益。通过建设南瓜主题公园、开发南瓜文化创意产品、举办观赏南瓜文化节活动、开展南瓜农家乐旅游和打造南瓜旅游线路等措施，可以实现南瓜产业的多元化发展，带动当地的经济发展和农民的增收。

（五）加强品牌建设和市场营销

加强南瓜品牌的培育和推广，明确南瓜品牌的定位和形象，与市场需求和消费者需求相符合，同时要突出南瓜的品质、特色和文化内涵等。品牌宣传和推广是提高产品知名度和美誉度的关键。可以通过各种宣传渠道，如广告、公关、社交媒体等，进行品牌宣传和推广。同时也可以通过参加展览、举办文化活动等方式，提高品牌曝光率和认知度。

为了扩大市场份额，需要积极拓展销售网络和渠道。南瓜易于储存和运输，是非常适合网络销售的农产品，因此在建立线下销售渠道的同时也可以通过电商平台、直销等方式来拓展销售渠道。与此同时，要加强品质管理和质量监控，建立完善的质量管理体系，确保产品的质量符合市场需求和消费者需求，这些是提高知名度和美誉度的关键。

（六）加强科技创新和人才培养

加大对南瓜产业科技创新的支持力度，引进先进的种植技术和加工技术，如有机种植、生态种植、真空包装、速冻技术等，通过资金投入、政策引导等方式，鼓励科研机构、高校和企业在南瓜种植、加工、保鲜等领域开展科技创新。

也可以建立产学研合作机制，促进科技成果的转化和应用的同时加强人才培养计划，鼓励企业和高校联合培养南瓜产业相关人才。制定优惠的政策和提供良好的工作环境，吸引国内外优秀人才来川从事南瓜产业相关工作，搭建南瓜产业人才交流平台，促进人才流动和交流，优化人才资源配置，为南瓜产业的发展提供人才保障。

总之，加强科技创新和人才培养是推动南瓜产业发展的重要途径，南瓜产业的发展需要一批具有创新能力和实践经验的人才支撑。通过加大科技创新支持力度、引进先进的种植技术和加工技术、加强人才培养和引进等措施的实施，可以提升南瓜产业的科技水平、提高产品的品质和附加值、促进人才的合理配置，进而推动南瓜产业的持续发展。

参考文献

陈沛栋，陈列高，刘世明，2020. 高产优质南瓜新品种金船大密本［J］. 中国蔬菜（08）：111-112. DOI：10.19928/j.cnki.1000-6346.2020.08.026.

邓汝英，沈文杰，宋海凤，等，2018. 华南地区贝贝南瓜有机种植技术规程［J］. 长江蔬菜（11）：23-26.

丁玉梅，谢俊俊，张杰，等，2019. 黑籽南瓜的利用与研究进展［J］. 中国蔬菜（02）：17-28. DOI：10.19928/j.cnki.1000-6346.2019.02.005.

李海真，张帆，张国裕，等，2024. 西葫芦新品种京葫42的选育［J］. 中国蔬菜（03）：125-127. DOI：10.19928/j.cnki.1000-6346.2024.0010.

李会松，郭柱，贾真真，等，2018. 西葫芦日光温室秋延后高产高效栽培技术［J］. 中国瓜菜，31（10）：70-71. DOI：10.16861/j.cnki.zggc.2018.0219.

李昕升，王思明，2015. 南瓜在长江中游地区的引种推广及其影响［J］. 中国农史，34（01）：24-33.

林德佩，2000. 南瓜植物的起源和分类［J］. 中国西瓜甜瓜（01）：36-38. DOI：10.16861/j.cnki.zggc.2000.01.017.

刘小俊，2008-06-20. 早熟优质南瓜杂交品种甜栗的选育与应用. 四川省，四川省农业科学院园艺研究所.

卢明，2020. 山区籽用南瓜高产种植技术要点［J］. 南方农业，14（33）：5-6. DOI：10.19415/j.cnki.1673-890x.2020.33.003.

聂鑫淼，栾恒，冯改利，等，2022. 硅营养和嫁接砧木对黄瓜幼苗耐冷性的影响［J］. 园艺学报，49（08）：1795-1804. DOI：10.16420/j.issn.0513-353x.2021-0379.

田红梅，刘娟，张长坤，等，2022. 甜瓜砧木用南瓜新品种'皖砧6号'［J］. 园艺学报，49（S2）：127-128. DOI：10.16420/j.issn.0513-353x.2021-1214.

王艺,2018.密本南瓜种植前景及高产技术浅析[J].中国果菜,38(08):87-88+92.DOI:10.19590/j.cnki.1008-1038.2018.08.028.

吴乾兴,肖春雷,黄庆文,等,2019.不同南瓜砧木嫁接对黄瓜生长、产量及蜡粉的影响[J].广东农业科学,46(07):32-37.DOI:10.16768/j.issn.1004-874X.2019.07.005.

张长坤,刘娟,王飞,等,2022.西瓜砧木新品种"徽砧1号"的选育研究[J].安徽农业科学,50(18):54-56,59.

四川省冬瓜产业发展报告

敖清艳[1]　先本刚[1]　张建军[1]　涂　杰[2]　唐祖君[1]
杜晓荣[3]　匡成兵[1]　刘雨杭[1]

(1. 成都市农林科学院园艺研究所，四川成都 611130；2. 成都市农林科学院农产品加工与贮藏研究所，四川成都 611130；3. 四川省农业农村厅，四川成都 610041)

摘　要：本报告综述了国内和四川省冬瓜生产现状、研究状况、加工销售等产业情况，并分析了目前四川省冬瓜产业发展中存在的主要问题，对未来冬瓜的研究、育种方向及发展趋势进行了展望。

关键词：冬瓜产业；产业现状；发展趋势

引言

冬瓜产量高，耐贮存，具有消暑散热药用功效，既是盛暑季节广大消费者喜爱食用的蔬菜，又是调节夏秋蔬菜淡季的重要品种，具有均衡蔬菜市场供应的作用，20世纪90年代以来，冬瓜就已经成为我国南菜北运的主要品种之一。冬瓜作为四川重要的瓜类蔬菜，近年来，其种植面积和产量仅次于黄瓜、南瓜。

一、四川省冬瓜产业发展现状

(一) 四川省冬瓜生产现状

1. 四川省冬瓜种植面积和产量

根据四川农村统计年鉴的统计数据来看，2014年四川省冬瓜种植面积19 800公顷，产量56.9万吨，平均亩产量2 039.43千克/亩（表1）。2014—2017年，四川省冬瓜种植面积下降较多；2018—2022年，四川省冬瓜种植面积稳中有升；近10年，由于冬瓜新品种和栽培新技术的应用和推广，冬瓜平均亩产量持续增加。2021年冬瓜种植面积13 270公顷，产量为55.33万吨，平均亩产量

2 779.7 千克，较 2014 年亩产年增加 36.3%。

表1 四川省冬瓜种植面积和产量

年份	面积（公顷）	产量（万吨）	平均亩产量（千克）
2014	19 800	56.90	2 039.43
2018	12 600	47.31	2 503.17
2019	12 350	49.25	2 658.57
2020	12 430	52.02	2 790.02
2021	13 270	55.33	2 779.70

数据来源：据四川农村统计年鉴数据整理所得，余同。

2. 四川省冬瓜种植类型和范围

四川及重庆等西南地区，人们消费冬瓜习惯目前仍以粉皮类型为主，种植以粉皮冬瓜为主；用于火锅及烧烤的冬瓜基本以黑皮类型为主，但目前黑皮类型冬瓜主要靠外来运输补充本地市场，同时随着黑皮类型冬瓜的推广，部分区域种植特别是乐山地区以黑皮类型冬瓜为主。

根据市场调研情况，目前四川省冬瓜主要生产区在成都平原区域和四川盆地浅丘区域光热条件较好的地方，其中四川省粉皮大冬瓜的主要种植区域有：西昌市、米易县、德昌县、宜宾市、内江市和成都市的郫都区、彭州市等地；四川省粉皮小冬瓜的主要种植区域有：绵阳市、遂宁市、安岳县、绵竹市、广汉市、资阳市和成都市的崇州市、简阳市、新津区、邛崃县、大邑县、金堂县等地；四川省黑皮大冬瓜的主要种植区域有：苍溪县、遂宁市以及乐山市和峨眉山市一带。

（二）育种科技创新概况

1. 冬瓜种质资源研究和利用情况

在20世纪70年代末期和80年代初期，成都市第一农科所（现成都市农林科学院园艺研究所）进行冬瓜资源研究和育种研究，属于最早开始冬瓜育种研究的单位之一。

2004年四川省农业科学院经济作物育种栽培研究所采用土壤接菌法鉴定了42份四川冬瓜种质资源的枯萎病抗性并进行了评价。2009年成都市农林科学院园艺研究所对收集的冬瓜种质资源中100份中国冬瓜种质资源进行了农艺性状与遗传多样性研究，主要对这100份冬瓜资源的植株生长特性、熟性、果实与种子特征进行详细的研究与分析，并利用隶属函数进行冬瓜的熟性、果形的分类，首次提出冬瓜的熟性、大小与果形的分类量化指标，并挑选出11条RAPD分子标记引物对其中70份冬瓜资源进行遗传多样性分析，结果发现这些冬瓜种质资源的遗传相似系数在0.703~0.986。

2011年成都市农林科学院园艺研究所"冬瓜资源研究、创新及新品种选育"获成都市科技进步奖二等奖。2001年成都市第一农科所（现：成都市农林科学院园艺研究所）和成都科峰种业有限公司共同完成"冬瓜、茄子杂一代新品种的选育及应用"成果获得四川省科技进步奖三等奖。

2. 冬瓜品种选育情况

到目前为止，成都市农林科学院园艺研究所已收集冬瓜种质资源约200余份，包含西南地区大部分冬瓜种质资源类型，居四川省第一，并具有专业的种质资源保护繁育基地；同时，利用这些冬瓜种质资源已成功选育了7个冬瓜品种（"蓉抗一号"冬瓜、"蓉抗2号"粉皮冬瓜、"早粉一号"冬瓜、"蓉抗4号"黑皮冬瓜、"蓉抗5号"粉皮小冬瓜、"蓉杂6号"粉皮冬瓜、"蓉杂7号"粉皮冬瓜）、1个冬瓜嫁接砧木（"蓉砧2号"冬瓜砧木），筛选了2个冬瓜嫁接砧木（"雪铁王子"冬瓜砧木、"青联砧木王"冬瓜砧木）。成都金田种苗有限公司选育了3个冬瓜品种（"金田50"冬瓜、"金粉11"冬瓜、"粉娃"冬瓜）。

其中，20世纪90年代成都市农林科学院园艺研究所选育的"蓉抗一号"，是国内第一个报道的抗冬瓜枯萎病的杂交冬瓜品种。

"蓉抗5号"冬瓜：早熟、粉皮、短圆柱形、小型。单瓜重约4千克，果肉品质好，耐热，植株田间抗病能力强，第一次嫩瓜采收后，依然保持旺盛的生长势，可以进行二次采收，田间产量高。

"蓉杂6号"冬瓜：较早熟。种子发芽快而整齐，幼苗生长迅速。单瓜重10~12千克，瓜皮浅绿色，果实短圆柱形，成熟果披白蜡粉，果肉品质好，有空腔，商品性佳。植株田间生长旺盛，耐热。平均亩产量为14 559.13千克，田间整齐，抗病性好。

"蓉杂7号"冬瓜：植株生长势旺，田间整齐度高；耐热。种子出芽较慢，但幼苗健壮。中早熟；单瓜重10~13千克，瓜皮浅绿色，果实圆柱形，底部平坦，便于装车运输；成熟果披白蜡粉，果肉品质好，有空腔。平均亩产量为14 348.65千克。

"金田50"冬瓜：该品种生长势强，叶片全缘深绿色，第一雌花节位6~7节，间隔3~4节出现雌花，易坐果；瓜皮底色深草绿色，蜡粉多，瓜短椭球形，横径12~15厘米，纵径19~22厘米，瓜肉绿白色，肉厚1.9~2.5厘米；嫩瓜约1.5千克，成熟果单果重2.5~3千克；对抗枯萎病、疫病和白粉病抗性强。

"金粉11"冬瓜：该品种生长势强，叶片全缘深绿色，第一雌花节位9~11节，每隔3~5节出现雌花，易坐果；瓜皮底色绿色，蜡粉多，瓜椭球形，横径26~32厘米，纵径40~50厘米，瓜肉白色，厚4.2~4.7厘米；第一次上粉瓜8千克左右，可上市，成熟瓜单果重12~30千克。对抗枯萎病、疫病和白粉病抗性强。

"粉娃"冬瓜：该品种生长势中等，抗病性强，连续坐瓜能力强。春季栽培第一雌花在14~17节，可连续坐瓜2~3个，瓜形头尾均匀，整齐度高。瓜条长12~16厘米，粗10~12厘米，嫩瓜皮色青绿，老瓜披白色腊粉，单瓜重1~1.2千克，瓜肉颜色淡绿，肉质细腻，品质好。

"蓉砧2号"冬瓜砧木：植株生长势强，下胚轴粗细长短适中，子叶中等大小，与冬瓜嫁接表现亲和性好，共生力高，其嫁接苗生长势强，抗枯萎病能力强，冬瓜亩产量平均达9 000千克以上。

"雪铁王子"冬瓜砧木：与"早粉一号"冬瓜嫁接后，嫁接苗亲和性好、根系发达、生长势强。"雪铁王子"嫁接苗田间平均亩产量10 435千克，田间抗逆性强。

"青联砧木王"冬瓜砧木：接穗为"早粉一号"冬瓜，嫁接苗亲和性好、根系发达、植株生长势强。"青联砧木王"嫁接苗田间平均亩产量12 160千克，增产效果明显。

（三）绿色低碳种植技术

四川盆地早春大棚和夏季露地多高温高湿，耕地资源有限极易发生连作障碍和土传病害。四川冬瓜育种工作者除了积极选育抗病品种，同时也积极进行相关配套栽培技术研究，其中"春提早冬瓜丰产栽培技术""成都地区冬瓜越冬嫁接规模化育苗技术""早春冬瓜—水稻高效轮作栽培技术"等，对于调节土壤有着极其重要的作用，极大地降低田间冬瓜发病率，蚜虫、蓟马、白粉虱、红蜘蛛等虫害也较常规栽培减少，这些技术有效地减少病虫害的发生，减少农药和化肥的施用，对保护生态环境、提高蔬菜品质、节约栽培成本起到了重要作用；研究的"瓜类间套作轮作技术""冬瓜矮棚网式栽培技术"可有效地降低冬瓜生产成本、增加农户效益。

1. 春提早冬瓜丰产栽培技术

针对成都平原乃至大部分长江流域，常规春季露地栽培效益低、冬瓜种植积极性低，该技术利用设施进行冬瓜春提早栽培，可使本地冬瓜提早到5月初上市，较春露地栽培早1个月，使菜农抢占市场而获得了较高的经济效益，受到了瓜农的欢迎。元旦节前后，冬瓜采用催芽播种，进行大棚穴盘育苗，栽培地块在秋冬菜收获结束后进行整地、作畦、搭建大棚；2月底至3月初，待幼苗2~3片真叶时，进行田间定植，采用大棚（当棚外夜间温度不低于18℃时拆棚膜）+白色地膜覆盖栽培，棚内生产注意温度、湿度管理。定植后畦上搭建小拱棚，当苗高40~50厘米，撤去小拱棚，当夜间温度不低于18℃，则可以完全拆除大棚膜。根据冬瓜植株长势及时进行搭架、整枝，理蔓后及时喷药防疫病、霜霉病等。根据开花情况，进行人工辅助授粉；根据坐果情况，进行疏果。4月下旬至5月中旬，根据市场行情，及时进行采收嫩冬瓜或老熟冬瓜。

2. 成都地区冬瓜越冬嫁接规模化育苗技术

成都市农林科学院针对成都平原冬季阴冷寡日照，研究形成工厂化蔬菜育苗技术1套，2021年获得国家发明专利（"一种冬瓜的越冬嫁接育苗方法"：专利号ZL201810854416.8）。该技术在传统冬瓜嫁接育苗技术基础上，改进冬瓜砧木接穗1次催芽2次播种，提高出苗率100%，同时提高嫁接苗整齐度；改接穗撒播为200孔穴盘育苗，使苗整齐、粗壮；嫁接苗徒长控制技术，经过3种植物生长调节剂的3个浓度试验筛选出矮丰王100毫克/升，有效控制砧木及冬瓜嫁接苗在冬季加热条件下徒长，提高了冬瓜嫁接苗成活率和商品性；改冬瓜嫁接方法劈接为贴接，节省用工20%以上；优化了嫁接苗愈合期间管理技术，小拱棚覆盖改为小拱棚+地膜覆盖，全程遮阳改为阴天不遮阳；改高湿度愈合为适当降低湿度加快愈合；试验调整了最佳揭膜通风时间，提高了嫁接苗成活速度。该技术冬瓜嫁接育苗人工成本比原来技术节约20%以上、嫁接苗成活率提高10%以上（从原来86%左右提高到95%以上、嫁接苗更壮实商品性更好），达到了同类技术的领先水平。

3. "早春冬瓜—水稻"高效轮作栽培技术

该技术针对成都冬季阴冷寡日照，针对成都平原冬瓜连作障碍，极大地降低了病害的发生，示范效果明显，早春栽培可以使冬瓜提早到 5 月初上市，比春露地栽培提早约 37 天上市，使菜农抢占市场获得了较高的经济效益；除去生产成本，早春栽培比春露地栽培的亩增产值 4 000 元左右，对于调节土壤改善有着极其重要的作用，同时也可有效地减少病虫害的发生，减少农药和化肥的施用，对保护生态环境、提高蔬菜品质、节约栽培成本起到了重要作用。同时筛选出适合"早春冬瓜—水稻"高效轮作模式的早熟、产量高、生长势旺盛的冬瓜品种和亲和性好、抗病性强、长势旺的优异的冬瓜砧木品种。成都市农林科学院将该技术成果主要内容 2017 年写入《黄瓜、苦瓜、冬瓜稻菜轮作技术 100 问》（化学工业出版社），2019 年通过四川省园艺作物技术推广总站组织的田间技术鉴定。

4. 矮棚网式栽培技术

该技术主要适合中型和小型冬瓜的生产，为省材料、省成本和省工，研究了一种改良式的网棚架：即，先用木桩、铁丝搭一个基本棚架，再覆处编织好氟龙丝网。植株抽蔓后用竹木搭棚引蔓，一般每亩种植 800~1 000 株，矮棚一般高 0.6~0.8 米，棚宽 2.5~3 米。与"人"字架栽培相比，每亩可减少架材成本约 300 元，减少使用人工约 3 个，增加产量 10%~20%。

5. 瓜类+茄果类豆类的间套轮作高效栽培技术

采用早春瓜类（苦瓜、冬瓜）与茄果类、豆类的间套轮作模式，比传统早春大棚栽培和后茬蔬菜种植模式，增加 15~25 天蔬菜供应期，增加收入。两茬蔬菜间有 30~75 天上市间隔期，可有效地节约人工成本、架材成本、管理成本。

（四）绿色综合防治措施

对于冬瓜常见病虫草害，四川地区冬瓜种植除了做好田间管理，通常采用农业防治、物理防治与化学防治相结合措施进行绿色综合防治。

1. 农业防治

选择 3 年以上未种过瓜类蔬菜的耕地种植冬瓜。前茬作物收获后及时清洁田园，并深翻暴晒。栽培过程中要注意及时排灌水，防止田间干旱和渍水。冬瓜生长中后期及时剪除老叶、病叶，并带出地外晒干烧毁。

2. 物理防治

安装杀虫灯诱杀害虫成虫，并及时设置黄板、蓝板诱杀蚜虫、白粉虱、潜叶蝇、蓟马等害虫。有条件的在田间定植时，厢面最好覆盖黑白膜或银灰膜，主要起到保温防草的作用。

3. 药剂防治

为了保护生态环境，减少化学农药的使用，尽量采用生物制剂防治病虫害。可用7.5%鱼藤酮乳油1 500倍液、3%除虫菊素乳油800倍液、0.3%苦参碱水剂1 000倍液、0.3%印楝素乳油1 000倍液或3.2%阿维菌素乳油1 000倍液，防治蚜虫、瓜实蝇、斜纹夜蛾、甘蓝夜蛾、蓟马等害虫。可用3%除虫菊素水乳剂500倍液或茶籽饼150倍浸泡液灌根，以防治蝼蛄、小地老虎、蛴螬、金针虫4种地下害虫。可用5亿活孢子/克木霉菌可湿性粉剂1 000倍液防治霜霉病、炭疽病、灰霉病、白粉病。可用0.3%丁子香酚可溶性液剂1 000倍液防治灰霉病、霜霉病、白粉病。可用10%多抗霉素可湿性粉剂500倍液防治枯萎病、白粉病、霜霉病。可用1亿菌落/克健根宝可湿性粉剂200倍液防治立枯病、猝倒病、枯萎病。可用88%水合霉素可溶性粉剂1 000倍液防治枯萎病。可用10亿活芽孢/克枯草芽孢杆菌可湿性粉剂600倍液防治白粉病、灰霉病。可用2%宁南霉素水剂250倍液、1%蛇床子素水乳剂400倍液防治白粉病。可用0.05%核苷酸水剂600倍液防治炭疽病、霜霉病、白粉病。

（五）采后处理和加工

四川冬瓜以鲜销为主，少量进行粗加工，冬瓜加工生产的主要产品仍停留在制作蜜饯和制汁上，产品极少，产量也较低，未能大幅提高冬瓜附加值，未形成品牌和规模。四川的冬瓜加工科研产业，一是科研工作起步较晚，对冬瓜资源的研究还不够深入、全面，特别是缺少对冬瓜精深加工技术和功能食品的深度研发；二是没有一批大规模的深加工企业参与其中，因而尚未形成现代产业化发展格局。

（六）一二三产业融合

成都市农林科学院园艺研究所成功举办了"2013年第二届全国冬节瓜学术研讨会"，2021年成为中国热带作物学会南方瓜类蔬菜专业委员会第一届委员会成员。

在2022年和2023年，冬瓜多品种和多资源的展示，助力了首届和第二届天府国际种业博览会的顺利召开，为天府种业园举行农业研学活动提供了重要的内容。

二、当前四川省冬瓜产业发展存在的主要问题

近五年，虽然四川省冬瓜种植面积有所回升、亩产量持续提高，但是在整个四

川省冬瓜产业发展上，栽培品种较两广地区单一，种植户种子来源较为复杂，栽培管理技术有待进一步提升，病虫草害采用化学防治措施过多，同时冬瓜资源利用不够广泛和深入，地方品种挖掘不够，采后处理和加工有待进一步加强，目前还存在较多亟待解决的问题。

（一）市场冬瓜种子良莠不齐，科技含量低

冬瓜种子的质量尚有待于提高，由于冬瓜种子价格便宜，有些商家干脆直接到冬瓜产区收购当年卖不出去的瓜作为种瓜，或回收冬瓜副产品——种子，其质量可想而知。目前仍有大部分人选用农家种，或是农民自行留种，科技含量较低，可能与冬瓜育种工作起步较晚有关，冬瓜种子的利润较低没有引起育种者的足够兴趣，投入的财力、人力、物力有限。

（二）资源缺乏系统深入研究，开发力度不够

目前由于较多的冬瓜生产者过分追求冬瓜产量，导致冬瓜品种单调，随着人民生活水平的提高，蔬菜生产不断向专业化、产业化方向发展，现有冬瓜品种难以满足市场多样化的需求，这对冬瓜育种提出了新的要求，同时种植者也在产量、品种熟性、耐贮运、商品性、抗病性等方面和消费者在品质、营养、食用风味、果实大小等方面对冬瓜品种都提出了更高的要求，产量育种应转向品质育种。目前四川省缺乏新的具有突出优良性状的冬瓜种质资源，如某种病害的高抗或免疫材料、优良品质的材料等，现行推广冬瓜品种的品质（外观、风味、皮色）、适应性（耐热性）、抗性（抗病）等方面难以满足生产的要求。由于对冬瓜资源材料收集、研究、开发的力度不够，四川省冬瓜育种工作有待进一步加强。

（三）复种指数高，种植水平有待进一步提高

四川省冬瓜主产区连年种植冬瓜，连作成为冬瓜生产的一大障碍，病虫害发生严重，导致产量、质量下降严重影响农民的种植积极性。化学防治因使用方法简单、受季节和地域限制较小，目前冬瓜生产中的病虫草害，多采用化学防治措施，但使用不当能引起人畜中毒、污染环境，造成药害；长期大量使用还会引起抗药性产生，杀伤天敌，导致次要害虫上升为主要害虫和某些害虫的再猖獗，破坏生态平衡。冬瓜抗性机理研究尚处于初级阶段，加快抗性种质资源的创新工作，进而培育抗性品种也是冬瓜育种工作者迫在眉睫的任务。

冬瓜主栽区普遍存在产量不稳定且商品率较低等问题，冬瓜种植者要获得冬瓜

的高质高产，除了受冬瓜品种特征特性的限制，还受设施、育苗方式、栽培密度、整枝方式、水肥管理、病虫害防治等多项栽培措施的影响。高效栽培技术的研究及推广有利于提高冬瓜产量和品质，从而提高农民的种植效益。

三、四川省冬瓜产业发展趋势与对策建议

（一）四川省冬瓜产业发展趋势研判

1. 高营养成分的冬瓜或具有特色风味的冬瓜品种将成为消费的新热点

随着人们生活水平的提高，温饱已不再是人们追求的主要目标，人们更注重的是产品的品质。而且，人们在要求产品营养丰富的同时，还对其感观、风味、功能、卫生等提出了更高要求。消费者的需求是制定品质育种目标的主要依据之一，因此品质育种的成败，关系到产品的市场竞争力，产品只有具有强的市场竞争力，才能在满足人们需要的同时，创造出高的经济效益和社会效益。具有特色风味的冬瓜品种如台湾的芋头冬瓜、马来西亚的小冬瓜、广东的马蹄小型冬瓜，已经拓展了传统的冬瓜消费概念，成了一种新型的菜品，高营养成分的冬瓜或具有特色风味的冬瓜品种将成为消费的新热点。

2. 冬瓜种质资源材料的保护和创新将进一步加强

随着现代育种者对品种的人为选择以及商用品种的推广普及，冬瓜资源的数量和其他蔬菜一样正在不断减少，严重危及冬瓜资源的遗传多样性；但仍有较多的种质资源仍散落在民间，由于缺乏专业人员的严格提纯复壮，品种种性不断退化，这就需要育种工作者积极对这些民间丰富的优良地方冬瓜资源进行收集、保护、创新利用。四川冬瓜育种研究者将围绕风味、营养品质提升开展研究，并创制更多适用于加工、预制菜生产的专用品种，将以抗病育种为基础，把握属性、颜色、果型等细化市场的育种方向，进行精准育种。同时，在分子育种、基因编辑等领域不断探索，以打破种质资源创制、突破性材料获得瓶颈，走科技研发，育、繁、推一体化的发展道路。

3. 冬瓜新品种和绿色低碳种植新技术将进一步扩大应用范围

针对生产上迫切需要解决的问题和良好的发展势头，选用冬瓜品种由以丰产、稳产为主转向优质、多抗、丰产、专用，特别是设施栽培专用品种、优质加工专用品种、优质耐贮运品种、抗病抗逆反季节栽培品种、出口贸易的外向型品种等。冬

瓜生产者为降低冬瓜生产成本，将会使用集成高效节本提质技术、投入品高效利用、减农药减化肥的"双减"技术、肥水精准管控技术、品质与产量耦合提升技术、病虫害绿色防控技术等高效节本提质技术，促进蔬菜安全生产，保障冬瓜持续高效生产与供应水平。

(二) 促进四川省冬瓜产业发展的对策建议

1. 产量育种转向品质育种

随着人民生活水平的提高及家庭小型化，对冬瓜育种提出了新的要求，由于蔬菜生产不断向专业化、产业化方向发展，对适应于不同栽培方式的专用冬瓜品种的需求将日益增加。产量育种应转向品质育种，如在要求品种高抗枯萎病和疫病、耐贮运的同时对产品外形要求更加严格；品种必须具有多样化，如瓜形外观好（包括皮色、形状、蜡粉等）、肉质致密、味甜、含水量高的中小型鲜销型冬瓜类型，以适用于不同地区的消费特点，适合于不同的食用方式，甚至于适应不同口味的要求。

结合市场要求进行冬瓜育种研究，加大冬瓜育种研究力度，培育优质、高产、抗病冬瓜品种，疏通育种、扩繁、生产等环节，培育省内有实力的育、繁、推一体化的企业，建立以市场和商业化成果为导向的育种模式，充分调动科研人员从事研发、转化、创业的积极性，加强品种突破和市场转化，加强种子市场的管理。

2. 加强冬瓜种质资源创新技术研究

适当开展冬瓜生物技术研究，以创新种质资源，改良育种方法。发展趋势是积极推进利用生物技术创造优良育种材料的研究，育成的品种既要对病害具有多抗性，对不良环境具有特定的适应性，又要具有优良的品质性状，故必须将多种目标基因集合于同一个体。常规育种难以满足要求，因此必须开展重要基因的分子标记和建立分子标记图谱的研究。利用基因工程还可以创造出具有特别营养和保健功能的育种材料。小孢子栽培可以使获得杂交后代纯合个体的时间大大缩短，这可加快育种的进度，而且可以为建立分子标记和分子遗传连锁图谱提供理想的群体。

同时系统开展冬瓜栽培技术、生理、病理及有关性状遗传规律的研究。重点进行冬瓜抗性遗传和品质分析，开展优质、抗病、抗逆优良品种的高效育种技术的研究，提供科学的、规范的选择程序和有效的选择、评价方法与手段。

3. 研发与集成高效节本提质技术

生产成本的上升导致冬瓜产业像其他蔬菜产业一样生产效益不稳定，结合冬瓜新品种选育，研究配套节本高效栽培技术，保护生态环境，实现生态效益和经济效益双赢。因此，迫切需要高效节本提质技术、投入品高效利用、减农药减化肥的"双减"技术、肥水精准管控技术、品质与产量耦合提升技术、病虫害绿色防控技术等的研发与集成。

参考文献

敖清艳，匡成兵，杨建，等，2021. 四川省冬瓜育种现状与思考 [J]. 四川农业科技（10）：28-30.

敖清艳，先本刚，游敏，等，2021. 成都平原稻菜轮作早春冬瓜高效栽培技术 [J]. 中国蔬菜（01）：105-107.

敖清艳，杨斌，张建军，等，2021. 长江流域春提早冬瓜丰产栽培技术 [J]. 长江蔬菜（17）：18-20.

敖清艳，张建军，张涛，2014. 早熟杂交粉皮冬瓜蓉抗5号 [J]. 长江蔬菜（23）：15-16.

匡成兵，陈惠琨，张建军，2002. 蓉抗一号冬瓜新品种的选育 [D]. 全国蔬菜遗传育种学术讨论会论文集，4：287-289.

先本刚，李丽萍，彭名超，等，2018. 冬瓜专用砧木新品种蓉砧2号的选育 [J]. 长江蔬菜（08）：44-47.

谢大森，何晓明，2006. 冬瓜研究进展 [J]. 华北农学报，21（增刊）：166-170.

谢大森，江彪，2020. 优质、抗病冬瓜多样化育种研究进展 [J]. 广东农业科学，47（11）：50-59.

张建军，刘世贵，余懋群，等，2006. 优质早熟冬瓜新品种早粉嫁接苗矮棚网式高效栽培要点 [J]. 现代农业科技，1（下）：36-37.

张建军，刘世贵，余懋群，等，2007. 优质早熟冬瓜新品种早粉一号选育及栽培要点 [J]. 农业科技通讯，425：43-45.

张建军，刘世贵，余懋群，等，2009. 100份中国冬瓜种质资源农艺性状与遗传多样性研究 [J]. 四川大学学报（自然科学版）（6）：1855-1861.

张建军，刘世贵，詹成波，等，2008. 中早熟黑皮冬瓜新品种'蓉抗4号'[J]. 园艺学报，35（12）：1853.

张建军, 詹成波, 先本刚, 等, 2011. 四川盆地早春蔬菜竹木大棚网式集成栽培技术 [J]. 长江蔬菜 (19): 16-17.

张兴全, 先本刚, 赵开平, 等, 2018. 成都地区冬瓜越冬嫁接规模化育苗技术 [J]. 长江蔬菜 (24): 9-10.

四川省苦瓜产业发展报告

唐祖君[1]　涂　杰[1]　刘雨杭[1]　敖清艳[1]　匡成兵[1]　黄建轶[2]

(1. 成都市农林科学院，四川成都 611130；
2. 四川省农产品质量安全中心，四川成都 610041)

摘　要：本研究介绍了四川省苦瓜产业的现状，分析了当前四川省苦瓜产业发展中存在的主要问题，研判了四川省苦瓜产业发展趋势，提出了促进四川省苦瓜产业发展的对策建议：加强苦瓜种质资源的深度鉴评及挖掘利用，突破性新品种选育，加强种子种苗市场监管、加强苦瓜标准化、规模化生产，提高机械化水平，研究集成苦瓜绿色生产技术，并进行推广应用。研究为促进四川苦瓜绿色、高质量、可持续发展提供理论支撑和实践路径。

关键词：四川省；苦瓜；产业现状；问题；发展建议

四川省苦瓜主要作早春及早秋栽培，年种植总面积约1.33万公顷（20万亩），产量约70万吨，产值约14亿元，是菜农的主要经济收入之一。但是四川苦瓜产业发展与国内外发达地区相比较，尚存在苦瓜种质资源的深度鉴评及挖掘利用不充分、突破性品种缺乏、种子种苗市场杂乱、标准化、规模化生产程度低，机械化水平有待提高、绿色生产技术的应用有待增强、"政—产—学—研"体系亟待完善等问题。本研究分析四川苦瓜产业发展现状、存在的主要问题，并提出了产业发展建议，促进苦瓜产业绿色高质量发展，助力乡村振兴。

二、四川省苦瓜产业发展现状

(一) 四川省苦瓜产业概况

四川苦瓜栽培历史悠久，种植区域广泛，其发展进程经历了4个阶段：零星种植期（20世纪80年代以前）→发展壮大期（20世纪80年代至90年代）→快速发展期（21世纪前15年）→下降、稳定期（2015年后）。

改革开放前，土地为集体经营，以粮食生产为主，城市近郊种植蔬菜，皆以大宗蔬菜为主，苦瓜基本由各农户自留地零星种植，规模生产极少。改革开放后，实行土地承包经营，同时由于科技迅速发展，人们对苦瓜的营养价值、保健功能、药用价值的认识逐渐增强，苦瓜的种植从零星栽培逐渐向规模种植发展，种植面积不断增加，栽培品种以当地地方品种为主，如成都大白苦瓜、自贡二棱子苦瓜、遂宁大癞子苦瓜、南充大白苦瓜、江安草白苦瓜、达县白苦瓜、雅安大白苦瓜、青白苦瓜等。20世纪90年代后期，特别是进入21世纪后，中国加入WTO，科技迅猛发展，各苦瓜研究单位对苦瓜进行了深入研究，新品种的推广应用，栽培技术的不断更新，产业结构调整，苦瓜栽培季节由春夏转向四季栽培，栽培方式由单一的露地栽培转向露地、大棚、温室等多种栽培方式共存，苦瓜嫁接技术的研究及推广应用，极大地解决了苦瓜枯萎病连作障碍，苦瓜产业得到快速发展，到2015年全省苦瓜面积约1.67万公顷（25万亩），产量约100万吨。2015年后，随着供给侧结构性改革、城市的发展以及市场导向，全省苦瓜面积有小量下降，如攀西地区，2015年年种植面积约2万亩，2017年后，由于冬春番茄、辣椒、菜豆价格大幅上涨，种植面积快速增加，苦瓜种植急剧萎缩，只在夏秋季有少量种植，到2022年全省苦瓜种植面积约1.33万公顷（20万亩），产量约75万吨，面积、产量趋于稳定。主要种植区域为成都（4.6万亩）、乐山（3.3万亩）、泸州（1.7万亩）、达州（1.4万亩）等地区。

在栽培品种和消费习惯方面，各地市有一定的差异。成都平原种植以白色和绿白色、水分含量较低的成都大白苦瓜类型为主，在2005年以后，随着台湾碧秀、超秀、新秀等中晚熟苦瓜嫁接苗的大面积推广应用，成都平原苦瓜栽培和消费绿色占主导，但由于碧秀苦瓜水分含量较重，不适合成都消费习惯（干煸苦瓜），2010年后，成都平原早春主要栽培品种转为早熟、白色、绿白色的成都大白苦瓜类型（早白2号、早白3号、早白5号、冠春9号、大白9号等），夏秋季以耐热的绿色苦瓜品种为主。乐山、泸州苦瓜以早春外销为主，栽培品种以早熟、丰产、货架期稍长的绿白色、绿色苦瓜为主（金田186、金田1818、穗丰868等）。达州主栽品种为绿色、粗刺瘤苦瓜类型为主（飞越1号、飞越2号、飞越3号等）。

（二）苦瓜育种进展情况

1. 苦瓜种质资源收集、评价与创制

四川苦瓜种质资源的收集工作是在20世纪80年代进行的，共收集当地苦瓜品种资源10份,并入库国家种质资源库,编写出版了《四川蔬菜品种志》,介绍了当地的苦瓜品种资源、特征特性及栽培要点。四川省从"十五"开始,把苦瓜新品种选育列入"四川省农作物及畜禽育种攻关"专题。四川省农业科学院园艺研究所、攀枝花市农林科学院研究进入苦瓜育种攻关团队,进行苦瓜育种研究工作,成都市农林科学院未进入该团队,但成立了自立项目开展苦瓜育种研究工作。各团队紧密围绕产业发展需求,重点开展了苦瓜种质资源的评价、优异基因的发掘与育种材料的创制、保存与利用工作,迄今为止共收集、创制、保存苦瓜种质资源约500份,为苦瓜新品种的选育提供有力支撑。

2. 苦瓜新品种选育

四川省苦瓜育种技术较其他主要瓜类(如黄瓜)落后,以常规育种(杂种优势利用、强雌系的选育及利用)为主,DNA分子标记在苦瓜遗传育种研究中的应用比我国南方省市苦瓜育种单位落后,近两年才开始起步。

杂种优势利用是各育种团队最常用的育种方法,"十三五"以来,苦瓜新品种选育取得了较大的进展,选育出苦瓜新品种13个(已审定/认定),并在适宜地区进行推广应用,对提高苦瓜产量、促进农民增收,助力乡村振兴具有较大的意义。由于苦瓜杂种优势利用技术较容易掌握,2010年以来一些企业(个体)开始进行苦瓜新品种选育(成都金田种苗有限公司、达州市飞越农业科技有限公司、四川金穗绿丰农业开发有限公司等),针对不同的市场要求,选育出品种具有不同的优势。

强雌系的选育及利用主要在攀枝花市农林科学研究院、四川省农业科学院水稻高粱研究所育种团队进行。攀枝花市农林科学研究院经过二十多年的努力,成功选育出苦瓜强雌系"攀QC-1""攀QC-2"。攀QC-1"系从湖南地方品种"株洲长白苦瓜"群体中发现的高雌花率单株,经二十多年定向选育而成;早熟,主蔓第一雌花第7节,40节内雌花率90%以上,平均强雌株率93.8%,纯雌株率53.2%,少量的雄花着生于主蔓基部;配合力高,以其作母本育成的"攀杂苦瓜二号""攀杂苦瓜3号"和"攀杂苦瓜五号"已通过审定。攀"QC-2"系以攀枝花市农林科学研究院选育的高代强雌系A9-8-2-2-1-4-4为母本,与蓝山大白苦瓜回交6代定向选育而成;早熟,主蔓第一雌花第7节,40节内雌花率90%以上,平均强雌株率98.7%,纯雌株率53.4%,少量的雄花着生于主蔓基部;配合力高,以其作母本育成的"攀杂苦瓜7号"已通过审定。四川省农业科学院水稻高粱研究所通过回交转育，选育出了雌花率在90%以上且雌性稳定的强雌系苦瓜新品种Q03，而且该苦瓜品种通过与合适的亲本配合能够表现出比较明显的正向强雌性杂种优势，以此为基础，已选育出系列苦瓜强雌系及新品种。

省内各苦瓜单位"十三五"以来自主选育的优良新品种如下。

（1）早白5号苦瓜（川认菜2021 003）。成都市农林科学院2014年以种都3号的高代自交系23号（23-5-13-8-4-9-3）作母本，云南元谋引进品种WK高代自交系（WK-13-33-11-4-8-5）作父本进行杂交而成。该品种早熟，定植到采收约58天；主蔓第一雌花节位6~9节，主侧蔓均能结瓜，连续坐果能力强。商品瓜长棒形，表皮白绿色，条瘤与粒瘤相间；平均纵径46.0厘米、横径3.5厘米、肉厚1.3厘米，单瓜重280克左右。商品性好。前期产量约1 700千克/亩，亩产约3 800千克。适宜在四川苦瓜种植区域和相似四川苦瓜种植生态区域推广。

（2）攀杂苦瓜7号（川审蔬2016 002）。攀枝花市农林科学研究院以强雌系回一7-3-2为母本，英引苦瓜高代自交系B15-1-1-6为父本杂交而成。该品植株生长势、分枝性中等，生育期162天左右；早熟，第一坐瓜节位9.0节；商品瓜长纺锤形，瓜长29.4厘米，瓜粗5.6厘米，肉厚0.8厘米，单瓜重269.0克，表皮绿白色，质脆，商品性好；亩产量2 820.5千克，田间较耐白粉、霜霉病。适应性强，适应范围也较广，全国各地都可以种植，长江中下游喜食白色苦瓜地区为主要适栽区。

（3）飞越1号（川审蔬2016 003）。达州市飞越农业科技有限公司、达州市经济作物技术推广站以达州刺苦瓜的变异株经系统选育而成。该品种植袜生长势旺，中熟，春季设施栽培，定植至始收65天左右，主蔓第一雌花节位6~8节；一般连续坐果3个左右出现雄花；商品瓜绿色，长棒形，瓜长30~35厘米，横径6.5厘米左右，肉厚1厘米左右，单瓜重约500克，瓜瘤为间断条瘤与刺瘤相间，果肩部较平，尾部较尖，商品性好；亩产3 500千克左右。田间抗逆性强，适宜在四川苦瓜生产区域和相似四川苦瓜生产生态环境区域种植。

（4）飞越2号（川认菜2020 008）。该品种为达州市飞越农业科技有限公司、达州市经济作物技术推广站、达州市种子管理站以B10为母本，飞越1号为父本杂交而成。该品种植株生长势旺，早熟，早春设施栽培，定植至始收62天左右，主蔓第一些花节位5~8节，连续坐瓜3个左右；高品瓜绿白色，长棒形，瓜长30~35

厘米，横径约8.5厘米，肉厚约1厘米，单瓜重约550克，瓜瘤为间断条瘤与刺瘤形相间，果肩较平，尾部较尖，商品性好，总产量4 329千克/亩。适宜在四川苦瓜生产区域和相似四川苦瓜生产生态环境区域种植。

（5）飞越3号（川认菜2020 009）。达州市飞越农业科技有限公司、达州市经济作物技术推广站、达州市种子管理站以飞越1号为母本、B7为父本杂交而成。该品种植株长势旺，中熟，春季设施栽培从定植至始收75天左右，主蔓第一雌花节位8~10节，以后主侧蔓每隔3~5节出现雌花；商品瓜绿白色，长棒形，瓜长35厘米，横径6.5厘米，肉厚1厘米左右，平均单果重450克，瓜瘤为间断条瘤与刺瘤形相间，果肩较平，尾部钝圆，高品性好；前期亩产1 512千克左右，总产4 218千克。该品种适宜在四川苦瓜生产区域和相似四川苦瓜生产生态环境区域种植。

（6）冠春9号（川认菜2021004）。品种来源于四川省农业科学院园艺研究所。植株蔓生，长势旺盛，分枝性强，叶掌状深裂，绿色；播种至始收期78~83天，主蔓第1雌花节位7~9节，主侧蔓每隔2~3节出现雌花，主侧蔓均可结果。商品瓜皮白绿色，不规则条形与点突瘤相间，果实长棒形，光滑顺直，尾部较钝，长25~35厘米，横径5~7厘米，瓜肉厚0.9~1.2厘米，单瓜质量280~380克。肉质脆嫩，味微苦。在2017—2018年区试中：该组合播种至始收期为80天，始收期比早玉苦瓜（CK）提早5~7天；前期产量（1 473.3千克/亩）比CK（1 280.3千克/亩）增产15.1%；总产量（3 330.3千克/亩），比CK增产13.3%。

（7）蓉砧3号（川认菜2021 005）。成都市农林科学院选育的杂种一代丝瓜砧木，与苦瓜嫁接亲和度高，适宜四川苦瓜产区种植。

（三）苦瓜高效栽培技术

随着市场对苦瓜新品种的推广应用、周年均衡供应的要求、以及蔬菜生产设施和栽培新技术的发展，苦瓜的栽培从传统的春夏季常规栽培转向四季栽培，各苦瓜研究团队对苦瓜栽培技术进行了较为系统的研究，形成了包括育苗技术、嫁接技术、早春大棚高效种植技术等一系列栽培技术。

1. 育苗技术

20世纪80至90年代，四川省苦瓜播种育苗方式多采用自制苗床、撒播或点播，"十五"以来，四川省苦瓜播种育苗方式逐渐转变为穴盘+专用育苗基质进行播种，大棚+小拱棚+地膜温床育苗；早春育苗苗床加热方式由传统的爆热温床或火塘加热改成电热温床。

采用大棚+小拱棚+地膜的方式进行温床育苗。选择土壤肥沃，排灌方便，背风向阳，前茬未种植过瓜类蔬菜的地块作为苗床。整平地面后铺上电热线。选用50孔穴盘育苗，选择蔬菜专用育苗基质，主要原料为草炭。播种前，采用温汤浸种4~5小时，在28~30℃条件下催芽2~5天，待80%种子露白后播种。播种后穴盘放置于苗床上，在穴盘上覆盖一层地膜，并搭建小拱棚。

苗期管理主要注意温湿度，加强保温、排湿、补光。播种至种子60%~70%出苗，要求30~35℃，出苗后25℃左右，有利于幼苗生长，当50%的种子顶土出苗时撤掉地膜，子叶展足到真叶显露，白天温度20~25℃，夜间15℃左右。当真叶展开时，进行大温差育苗，白天25~28℃，夜间10~15℃；苗子出现萎蔫时应进行浇水，整个苗期可不追肥，但可以进行1~2次叶面喷肥，以喷施磷酸二氢钾为好，浓度以0.2%~0.3%为宜。保持棚膜清洁，增加透光度，有条件的可进行补光。定植前一周进行幼苗锻炼，大棚昼夜通风，使幼苗逐渐适应较低的自然环境温度，增强其抗寒、抗逆能力。

2. 嫁接技术

在苦瓜主栽区，由于常年种植造成苦瓜连作障碍严重，特别是苦瓜枯萎病、根结线虫等非常严重，苦瓜减产50%以上，甚至绝收，成都市农林科学院等苦瓜研究单位针对上述情况，从砧木选育、嫁接时间、嫁接方法、嫁接苗管理等方面系统研究苦瓜嫁接技术，成功解决了苦瓜枯萎病连作障碍，促进苦瓜产业健康持续发展。

（1）砧木选择。丝瓜根系发达，耐湿性强，与苦瓜嫁接亲和性好，嫁接成苗率高，嫁接共生亲和性强，是苦瓜嫁接理想砧木，目前四川省苦瓜嫁接砧木以成都市农林科学院园艺研究所选育的"蓉砧1号""蓉砧3号"丝瓜品种以及黑子/白子南瓜为主。

（2）播种。砧木先于接穗早5~7天播于营养钵或穴盘内，接穗采用穴盘播种或直接撒播在苗床上，苗床白天保证25~30℃，夜间不低于15℃，出苗后温度可适当降低。

（3）嫁接时间与嫁接方法。当砧木有一叶一心，接穗子叶平展心叶出现时，采用劈接法嫁接。

（4）嫁接苗管理。嫁接后将嫁接苗立即放在苗床上，用塑料膜扣好盖严，上面覆盖遮阳网，温度白天保证25～30℃，夜间15～20℃，嫁接后前三天要注意保湿、遮光，湿度保证在80%～95%，4天后可适当通风透光，7～10天后嫁接苗基本成活，按常规苗管理并加强炼苗，嫁接25天后嫁接苗长到4～6片真叶时可定植。嫁接后用防治细菌性病害、灰霉病、疫病等药物防治1次，以后每隔5天左右防治1次。

3. 早春大棚苦瓜早熟高效栽培技术

苦瓜种植在早春采用设施栽培，苦瓜提早上市（4月上旬至5月下旬），占地时间短，经济效益高，是适宜稻菜轮作的重要生产模式之一，是在新时代打造更高水平的"天府粮仓"，保障粮食生产、保障城市"菜篮子"供应需求和农民增收的重要途径。根据四川盆地的气候条件及销售特点，成都市农林科学院苦瓜研究团队从品种选择、茬口安排、栽培技术等方面集成早春大棚苦瓜早熟、高产、高效的栽培技术，该技术可适用于苦瓜—水稻轮作。

（1）品种选择。根据四川盆地消费习惯，苦瓜早春大棚栽培一般选择第一雌花节位低、坐果率高、耐低温、弱光的优质品种。如：早白2号、早白3号、早白5号、金田188、穗丰868等。

（2）茬口安排。茬口安排为苦瓜（1—5月）—水稻（6—9月中上旬）—其他蔬菜。根据四川盆地的气候特点及苦瓜的生长对温度的要求，一般采用大棚+小拱棚+地膜温床育苗，播种期宜选择在12月中下旬，翌年1月上旬嫁接，砧木为白籽南瓜，2月上旬假植于营养杯，2月下旬定植，4月上旬至5月下旬采收，6月初种植水稻。

（3）定植及管理。早春大棚栽培，大棚+小拱棚+地膜覆盖，1.5米开厢，双行种植，瓜苗距厢边10厘米处定植，瓜架搭于沟上方，厢间行距1米、沟间行距0.5米、株距1.3米，1主蔓3侧蔓整枝，藤蔓上棚后不再摘除侧蔓。5月前主要注意保温，5月根据气温拆除棚膜。5月下旬采收结束。定植后缓苗期用10%稀粪水追肥2次，开花结果期施重肥1～2次，每次每亩施复合肥25～30千克，以后每采收2次，用0.2%尿素和0.3%磷酸二氢钾混合液追肥1次。保持土壤湿润，雨季及时清沟排水。

人工辅助授粉。由于苦瓜早熟栽培气温低，棚门开启少，棚内空气流动小，而且少有昆虫传粉，自然授粉困难，因此在棚膜拆除前或阴雨天要人工授粉，以提高苦瓜坐果率，克服化瓜，促进瓜膨大，提高早期产量。

（4）适时采收。根据苦瓜的生长情况和市场价格陆续及时采收上市以提高早期产量，同时根据水稻定植时间结束采收，一般于5月下旬采收结束。

4. 早春大棚黄瓜错时套种苦瓜高效栽培技术

四川盆地1—3月平均气温低，平均日照时数少，利用大棚进行早春蔬菜错季栽培，经济效益优于常规栽培茬口。苦瓜属短日照不耐阴作物，喜温，开花结果期要求较强光照，早春大棚栽培时，可与苋菜、小白菜、软浆叶等速生叶菜及黄瓜等套作，有效利用时间、空间，实现一季两收，提高亩产值。成都市农林科学院苦瓜研究团队根据四川盆地的气候特点和居民消费习惯，利用苦瓜、黄瓜的生长习性及对温度、光照的需求，探索出早春大棚黄瓜错时套种苦瓜高效栽培技术，实现黄瓜和苦瓜连续采摘、无缝对接上市，有效提高了单位面积产出和效益，每亩总收益可达1.5万元以上。

（1）品种选择。成都平原地区早春低温、寡日照，因此早春大棚苦瓜、黄瓜应选择第1雌花节位低、坐果率高、耐低温、耐弱光的优质品种。如苦瓜品种选择早熟、丰产的早白2号、早白3号、早白5号等，黄瓜品种选择早熟、耐弱光的燕禧2号等。黄瓜、苦瓜均采用嫁接栽培。选用抗病性强、亲和力较高的蓉砧2号（南瓜）作为黄瓜嫁接砧木，蓉砧3号（丝瓜）作为苦瓜嫁接砧木。

（2）茬口安排。根据苦瓜、黄瓜的生长习性及对温度、光照的需求，合理安排茬口，缩短两种作物的共生期，充分利用时间差和大棚空间，降低相互影响，实现高产高效。黄瓜12月中旬播种，翌年2月上旬定植，3月下旬开始采收，5月下旬采收结束；苦瓜1月下旬播种，3月上中旬定植，5月上旬开始采收，7月中旬采收结束。采用大棚+小拱棚+地膜的方式进行温床育苗。

（3）定植。采用跨度6米、肩高2米的简易钢架大棚。定植前深翻土壤，施足底肥，深沟高畦。共做5条畦，畦宽85~90厘米，沟宽30~35厘米，沟深约20厘米，畦上铺设滴灌带，覆盖黑白双色地膜。根据天气情况，黄瓜于2月上旬定植于大棚内中间的3条畦上，株距30厘米，行距60厘米，每亩定植约3 500株，并搭建小拱棚；苦瓜于3月上中旬定植于大棚内两侧的2条畦上，株距50厘米，每亩定植约500株。定植后用1.8%阿维菌素乳油2 000~2 500倍液浇透。

(4) 田间管理。控温调湿：定植后闷棚提温促进缓苗。3月上旬撤除黄瓜栽培畦上的小拱棚，4月中旬之前主要注意保温，4月下旬至5月上旬以通风降温排湿为主，5月中旬撤除大棚棚膜，以利于苦瓜上棚。

水肥管理：采用滴灌系统进行灌水和追肥。施肥坚持"有机肥为主，化肥为辅，氮、磷、钾、微肥合理搭配，平衡施肥"的原则。黄瓜、苦瓜水肥管理大致相同。缓苗期用0.5%尿素轻追肥1次，以后严格控制氮肥施用量，以防植株徒长。开花结果初期追施高钾水溶性复合肥（N-P-K为15-5-25，下同）1~2次，每次每亩施用25~30千克。为防止植株早衰，结果盛期每隔7~10天重施肥1次，每次每亩追施高钾水溶性复合肥30~40千克，黄瓜共施3~5次，苦瓜采收期较长，应及时追肥保证产量。苦瓜生育后期叶面喷施2~3次0.2%磷酸二氢钾溶液，以后根据植株生长情况进行施肥。保持土壤湿润，雨季及时清沟排水。

搭架整枝：黄瓜用吊绳引蔓。棚架上覆盖栽培网，用于苦瓜藤蔓攀爬。黄瓜采取单蔓整枝；苦瓜分枝性强，前期也要及时去除侧枝，提高早期产量，待藤蔓上棚后（已坐4~6个瓜），留长势较好的侧枝结瓜。

辅助授粉：早春大棚空间有限，且常密闭，开花时期没有足够的昆虫进行传粉，会造成雌花柱头授粉不足，坐果率低。在黄瓜、苦瓜开花结果前期（3月下旬至4月上旬），可采用人工授粉、熊蜂授粉、2,4-D点花等措施进行辅助授粉。

(5) 适时采收。根据黄瓜、苦瓜的生长情况和市场价格陆续采收上市。黄瓜于3月下旬开始采收，5月下旬采收结束；苦瓜于5月上旬开始采收，7月上旬采收结束。

（四）病虫害防治

为害四川苦瓜的主要病虫害有：蚜虫、蓟马、白粉虱、瓜食蝇、根结线虫、病毒病、白粉病、枯萎病、疫病等。通过政府引导、技术培训，目前四川苦瓜病虫害的防治正向农业防治（选用抗病品种、嫁接苗栽培、严格实施轮作制度、田园清洁、科学施肥等），物理防治（棚内悬挂黄色和蓝色粘虫板，频振式杀虫灯、诱蝇球等）生物防治与化学防治相结合的综合防治方向转变，但仍以化学防治为主。采用化学防治时，优先选用高效低毒低残留的新型生物农药和化学农药，药剂交替使用。

在枯萎病防治方面：苦瓜枯萎病是一种常见且比较严重的土传病害，由尖孢镰孢菌（Fusari-um oxysporum Schl.）侵染导致的。该病菌高度侵染苦瓜，除苦瓜外不侵染其他瓜类作物。在生产中，常采用抗枯萎病品种、种苗嫁接、水旱轮作、化学药剂处理、种子及土壤消毒等方法来进行苦瓜枯萎病的防治。棘孢木霉MX能较好地防治苦瓜枯萎病，并能促进苦瓜生长，提高产量。5%氨基寡糖素诱导可激发苦瓜抗病免疫系统启动及苦瓜体内病程相关蛋白酶活性的表达，促进次生代谢物质形成，有效增强苦瓜对枯萎病的抗性。

苦瓜对白粉病的防治：研究发现，苦瓜白粉病是活体保存的，因此在生产中主要采用抗白粉病品种、化学药剂处理方法来进行苦瓜白粉病的防治。粉唑醇和三唑酮能够有效防治苦瓜白粉病。唑醚·氟酰胺悬浮剂、苯甲·醚菌酯悬浮剂、四氟·吡唑酯水乳剂按照一定的浓度、单位面积喷施强度，以及喷施频率进行防治，对白粉病的防治效果较好

（五）机械化生产技术与应用

目前四川省苦瓜生产中播种、育苗、嫁接、定植、整枝、打芽、采收等几乎为人工进行，仅在耕地、起垄开厢、覆膜、灌水、施肥、打药等过程中使用机械，机械化生产技术较落后。

（六）采后处理与加工

四川苦瓜以采后鲜销鲜食为主，在采后预冷、分级等研究较少。

对于四川的苦瓜加工科研产业，一是科研工作起步较晚，对苦瓜资源的研究还不够深入、全面，特别是缺少对苦瓜精深加工技术和功能食品的深度研发；二是没有一批大规模的深加工企业参与其中，因而尚未形成现代产业化发展格局。苦瓜加工生产的主要产品大多苦瓜常规食品方面，产量也较低，未能大幅提高苦瓜附加值。

二、四川省苦瓜产业发展存在的主要问题

（一）苦瓜种质资源的深度鉴评及挖掘利用不充分

由于种质资源的深度鉴定、分析、评价需要大量的人力和物力，目前四川省各级财政对苦瓜研究经费投入较少，各苦瓜研究团队采用主要农艺性状调查和聚类分析的方法对苦瓜种质资源的遗传多样性和亲缘关系进行分析评价，未进行RAPD、AFLP、SSR、ISSR、SRAP和SNP等多种DNA分子标记在亲缘关系分析、遗传图

谱构建、苦瓜抗病性、以及性别分化等多方面进行研究应用，技术落后，种质资源的深度鉴定、分析、品评及挖掘利用不充分。

（二）突破性新品种缺乏

由于四川省苦瓜高效分子育种体系（如全基因组测序、分子标记、基因编辑等）未建立，使得优异性状的基因挖掘滞后，苦瓜种质资源的创新利用效率较低，优异性状的聚合育种效率较低。目前虽然选育的早熟、丰产新品种较多，但缺乏抗病品种、耐储运品种。同时，由于四川省苦瓜砧木选育工作落后，系统的研究工作刚起步，一般采用黑子南瓜、白子南瓜、丝瓜进行嫁接，专用的苦瓜抗枯萎病和根结线虫的嫁接砧木缺乏。

（三）种苗市场杂乱

四川省苦瓜年种植面积约20万亩，其中60%～70%采用嫁接苗栽培，栽培密度约300株/亩，约需嫁接苗6 000万株/年，种苗市场需求较大。目前四川省苦瓜种子、接穗、嫁接苗生产企业、合作社、种苗场、个体较多，有些新品种的区域适应性评价没有完成就投放生产市场。苦瓜属于非主要农作物，规范种子、种苗生产和销售上缺乏法律依据，无严格的统一执行标准，市场杂乱，种子、种苗质量难以保证。

（四）标准化、规模化生产程度低，机械化水平有待提高

随着人口老龄化，土地逐步向种植能手集中，越来越多的企业、村集体经济专业生产合作社及种植大户参与蔬菜生产，规模化种植日益增多，四川省苦瓜种植以个体、小型业主为主，但面积一般在100亩以下，规模小；有一部分经营主体由其他行业转业而来，缺乏苦瓜管理专业知识和田间管理经验，常导致管理不到位、病虫害发生较多，造成苦瓜产量品质下降、种植效益低的窘境。多数经营主体缺乏与产后销售的对接，需依靠成立专业合作社带动苦瓜产业发展。

四川省苦瓜种植采用简易竹架大棚、钢架大棚较多，棚内加温、除湿、补光等基础设施不完善，生产管理不到位，病虫害普遍发生；优良品种和水肥一体化、病虫害绿色防控等优新技术，运用不到位；苦瓜属于劳动密集型产业，种苗定植、搭架、引蔓、打芽、授粉、采收、清选等环节基本采用人工作业，仅在耕地、起垄开厢、覆膜、灌水、施肥、打药等过程中使用一些简单的机械作业，机械化程度较低，劳动力成本占年生产成本的60%以上，而且呈逐年上升趋势。

(五) 绿色生产技术的应用有待增强

当前四川省苦瓜种植以小型规模化为主，各种植户对苦瓜栽培地环境监控、土壤障碍检测等投入较少。生产中普遍重视化肥施用，轻视有机肥和生物菌肥施用；病虫害防治重视化学防治，轻视农业、物理、生物防治；除草采用化学除草剂除草。化肥和农药的过量使用导致土壤酸化、土壤污染日趋严重，更加剧了农药使用次数增加，造成恶性循环，给苦瓜产量、品质造成严重影响，严重影响种植户的经济效益，阻碍苦瓜产业绿色、健康、可持续发展。

(六) "政—产—学—研" 体系亟待完善

长期以来，四川省各级财政安排用于苦瓜科研、农业技术服务体系等方面的资金少，产区从事技术推广的基层农技人员少，科技推广力度不够，在新品种品种选育、高效栽培技术、病虫害绿色防治、采后处理等技术研究方面尚缺乏长期稳定投入机制，支撑产业发展的产学研用结合的技术研发体系有待完善。

三、四川省苦瓜产业发展趋势与对策建议

(一) 四川省苦瓜产业发展趋势研判

1. 面积趋于稳定，种植模式逐步转变为与水稻轮作模式

四川省苦瓜种植面积经过前几年的缓慢下降，现已趋于稳定。我国国情决定了要以粮为主，国家要控制耕地非农化、粮田非粮化。依据四川省委省政府关于为深入贯彻习近平总书记的重要指示精神，在新时代打造更高水平的"天府粮仓"、全面落实党中央、国务院和省委、省政府关于加强耕地保护保障粮食安全的决策部署，各地市州制定了相应的方案。按照方案要求，稳定"米袋子"保证"菜篮子"供应需求，根据苦瓜的生长特性，发挥水旱轮作传统优势，采用与水稻轮作模式进行苦瓜种植，实现亩产"千斤粮、万元钱""吨粮田、五千元"，持续促进粮食增产、农业增效、农民增收。

2. 品种趋于多样化，高效栽培技术应用逐步推广应用

随着各地区的消费习惯的变化、物流的发展、市场销售情况的版画，各苦瓜主要产区种植的品种更加丰富。种植户对栽培品种的选择更加理性，避免盲目求新，新品种要先试验，再推广应用。种植户肯定+市场认可的新品种才是好品种。

为保证粮食生产，保障城市蔬菜供应，积极推广"一年多季""一田多收"

"一业多效"发展模式,提高粮油产业园区土地利用率,适宜与水稻轮作的早春苦瓜早熟高效种植技术得以大面积推广应用,在生产过程中做好茬口高效有机衔接,按照"一控两减三基本"要求,全面推广应用节水、节肥、节药等技术措施,推进苦瓜产业绿色高质量发展。

3. 机械程度逐步提高

随着科技的不断发展,农机农艺融合技术的深入研究,水肥一体化滴灌系统不断完善,在苦瓜定植、水肥管理、采收、清选等方面可以提高机械化水平,降低劳动力成本。

(二)促进四川省苦瓜产业发展的对策建议

1. 加强苦瓜种质资源的深度鉴评及挖掘利用

各级财政应加大苦瓜研究经费投入,各苦瓜研究团队采用现代分子标记技术着力开展苦瓜亲缘关系分析、遗传图谱构建、苦瓜抗病性、以及性别分化等多方面进行深入评价与研究应用,对优异、特色苦瓜种质资源开展植物学、生物学和园艺学性状精准鉴定,开展基因型与表型性状的关联分析,深度挖掘;构建苦瓜资源评价模型和评价体系。通过杂交、系统选育和分子辅助育种等技术相结合创新种质;针对苦瓜枯萎病、根结线虫开展苦瓜种质创新研究。

2. 突破性新品种选育

采用高效分子育种体系(如全基因组测序、分子标记、基因编辑等)挖掘苦瓜优异性状的基因,提高苦瓜种质资源的创新利用和优异性状的聚合育种效率。主要开展适宜生产盆地种植的抗病品种、耐储运品种的选育。同时,针对苦瓜枯萎病、根结线虫开展多抗苦瓜砧木选育研究,在适应性、抗性、亲和力等方面形成全面的新砧木评价体系,选育出适宜的砧木。

3. 加大种苗市场监管力度

政府部门应加大种子、种苗的监管,制定相应的执行标准,规范苦瓜种子、种苗生产和销售,保证种子、种苗质量。

4. 加强苦瓜标准化、规模化生产,提高机械化水平

随着人口老龄化,土地逐步适度规模化、蔬菜种植标准化已成趋势。各级农业主管部门要加强苦瓜经营主体技术培训、产品的质量监管、经营主体与产后销售的对接服务,促进苦瓜产业健康有序发展。

加强农机农艺融合技术的深入研究，研发、引进国内外先进机械并进行适应性评价、利用与改进提升，优化关键零部件和整机作业性能，使其适合大棚蔬菜生产；改进完善棚内加温、除湿、补光、绿色防控、环境控制等基础设施、水肥一体化精准施肥系统，提升设施化、机械化、智能化水平，降低劳动力成本。

5. 研究集成苦瓜绿色生产技术，并进行推广应用

针对苦瓜生产区化肥施用过量，土壤有机质含量少、土壤酸化，病虫害发生严重，给苦瓜产量、品质造成严重影响的问题，进行土壤检测分析、病虫害发生发展规律监测，研究集成相应的苦瓜绿色生产技术。通过研制推广生物有机肥料、生物菌肥、缓释复合肥、土壤改良剂，配方平衡施肥技术，黑地膜覆盖保温保湿除草、病虫害农业、物理、生物防治等综合技术，减少施肥、打药次数，促进苦瓜产业绿色、健康、可持续发展。

参考文献

关峰，万新建，张景云，等，2018. 苦瓜枯萎病研究进展 [J]. 中国瓜菜，31（5）：1-4.

刘子记，牛玉，朱婕，等，2017. 苦瓜核心种质资源构建方法的比较 [J]. 华南农业大学学报，38（1）：31-37.

苏国钊，李媛媛，陈宇华，等，2023. 苦瓜 DNA 分子标记研究进展 [J]. 中国瓜菜，36（6）：10-15.

唐祖君，匡成兵，等，2012. 早熟苦瓜新品种早白1号的选育 [J]. 中国蔬菜（12）：94-96.

王国莉，徐毓璇，黄梅花，2016. 基于 SSR 和 SRAP 标记的苦瓜品种鉴定及亲缘关系分析 [J]. 分子植物育种，14（2）：501-510.

吴永枚，唐祖君，匡成兵，等，2013. 四川盆地苦瓜早熟高效栽培技术 [J]. 长江蔬菜，21：39-40.

吴永枚，唐祖君，匡成兵，等，2020. 成都平原早春大棚黄瓜错时套种苦瓜高效栽培技术 [J]. 中国蔬菜（5）：105-107.

四川省丝瓜产业发展报告

宋 波 杨 晓 张 丽 黄 涛 杨秦禹 张文起

(中国农业科学院都市农业研究所,四川成都 610218)

摘 要:本报告介绍了四川省的丝瓜产业发展的概况,重点分析了四川丝瓜产业发展中存在的主要问题,研判了丝瓜产业发展趋势,提出了促进四川丝瓜产业发展的对策建议:加大政策引导和资金支持、构建丝瓜产业科技支撑体系,构建新型农业经营体系、加强人才培养,促进一二三产融合发展等。本研究为促进四川丝瓜产业转型升级和高质量发展提供理论支撑和实践路径,对充分发挥丝瓜的优势和特色,提升四川丝瓜品牌在国内外的影响力和市场竞争力具有参考价值。

关键词:四川;丝瓜;产业现状;问题;发展建议

引言

丝瓜产业的发展可以提供农民就业机会和农村劳动力转移就业渠道,促进四川农村就业稳定和农民收入增加。同时丝瓜的种植可以有效利用农田和水资源,提高土地利用效率,促进四川农业的可持续发展。因此,正确认识四川省丝瓜产业现状,找准问题、梳理思路、谋划对策,对于实现四川省丝瓜产业高质量、可持续发展有着重要意义。

一、四川丝瓜产业发展现状

(一) 四川丝瓜种植分布

四川丝瓜产业以其独特的地理位置和气候条件,以及丰富的农业资源和悠久的种植历史,近年来迅速发展。四川丝瓜种植区域主要分布于绵阳、成都、乐山、泸州、自贡、内江、遂宁、宜宾等地,这些地区的气候适宜,土壤肥沃,水源充足,具有发展丝瓜产业得天独厚的条件,目前四川丝瓜播种面积还未见报道,根据各地的地理条件和栽培技术，丝瓜亩产量一般在 3 000~5 000 千克。

（二）四川丝瓜品种运用现状

目前，四川省内的丝瓜主栽品种主要是从湖南等省份引进的品种，诸如早优 6 号、早优 8 号、早优 S14、早佳以及早冠系列肉丝瓜占据了大部分的市场份额；本土科研院所诸如成都市农林科学院园艺研究所、攀枝花市农林科学研究院蔬菜研究所、中国农业科学院都市农业研究所以早熟、丰产和优质为主要育种目标，育成的一系列品种占有一定市场份额。成都市农林科学院园艺研究所选育出蓉杂丝瓜 2 号和蓉杂丝瓜 3 号，蓉杂丝瓜 2 号田间对病毒病和枯萎病的抗性强于长沙肉丝瓜，蓉杂 3 号丝瓜田间对枯萎病、白粉病和病毒病的抗性强于早冠 406；攀枝花市农林科学研究院蔬菜研究所选育出的早熟丝瓜新品种攀杂丝瓜 3 号，优点在于早期产量高，丰产性好；中国农业科学院都市农业研究所研制的中丝 2 号以其果形匀称、果皮光滑、耐褐变、口感好等特点，正在本地大量推广应用。

在丝瓜砧木品种方面，成都市农林科学院园艺研究所开展苦瓜专用砧木丝瓜新品种蓉砧 1 号的选育，与苦瓜嫁接栽培时，嫁接亲和力高，抗枯萎病能力强，耐涝、耐旱能力强，能改善接穗品质，增产达 16%。

（三）丝瓜种苗繁育现状

据不完全统计，全省有大小不等的蔬菜种苗场近千家，其中商业化育苗公司约 30 家，大多集中在成都、乐山、西昌、内江、自贡、广元、泸州等大宗蔬菜主产区，四川省丝瓜育苗场的育苗设施仍然以普通塑料大棚为主，大部分育苗场仍采取将穴盘直接铺在地上的方式进行育苗，穴盘装土、播种、洒水、摆盘等环节仍靠人工完成，部分专合社仍然采用铺设地热线进行土壤加热的办法，少量育苗场采用燃烧锅炉，用热水进行大棚循环加热。

（四）丝瓜栽培模式

四川丝瓜栽培模式主要分为露地栽培和大棚栽培，以大棚栽培为主。

1. 露地栽培

春季栽培一般 3 月上旬播种育苗，4 月上旬定植，5 月中旬上市，采收到 7 月底。秋延后栽培一般于 6 月中旬至 7 月上旬播种，7 月上旬至 7 月中旬定植，8 月中旬至 8 月下旬开始初采。通常采用"人"字架搭架栽培。

2. 大棚高效栽培

大棚平棚栽培。春提早栽培一般元旦播种育苗，春节前后定植，当瓜蔓长50~60厘米时，及时引蔓上架，大棚覆盖尼龙网，利于丝瓜后期攀爬。一般4月上旬陆续采收上市，采收期延长到6月底。秋延后栽培一般于6月中旬至7月上旬播种，7月上旬至7月中旬定植，8月中旬至8月下旬开始初采，一直采收到11月结束，栽培密度1 500株/亩。

大棚"摘心换头"高效栽培。该栽培模式播期同上。当瓜蔓长50~60厘米时，及时进行吊蔓，结合整枝进行"摘心换头"，10~12节以上开始留果，每次连续留4个果，再留2~3节打顶，待侧枝长到2~3叶后选留1条健壮侧枝作为下轮结果枝，如此不断反复向前生长。用此"摘心换头"方法每茬结果更为均匀。当下部瓜采收完后，要及时落蔓，保持结瓜高度在1.5米左右，以利于农事操作和新的结果枝生长。

（五）经营主体与生产现状

丝瓜经营的主体包括农民、农业合作社、农业企业等。目前农业合作社和农业企业更多地采用规模化种植和集约化管理的方式，实现丝瓜的大规模生产和销售，这些经营主体在丝瓜的生产、加工和销售环节中都发挥着重要作用，丝瓜的销售渠道主要包括农贸市场、超市、餐厅等。在农村地区，农民可以在集市上销售自家的丝瓜产品；在城市地区，市民可以在超市或餐厅购买到丝瓜产品。此外，随着互联网的发展，一些丝瓜产品也开始在网上销售。总之，丝瓜的经营主体和生产现状呈现出多样化、专业化和市场化的特点。

二、四川丝瓜产业的主要问题和短板

虽然四川丝瓜产业发展迅速，但仍存在一些问题。首先，政策与资金支持力度不够，基础设施建设滞后、产业发展缺乏后劲。其次，科技支撑引领不足，导致品种支撑不够、种植技术相对落后，种苗繁育体系薄弱，质量产量不稳定。最后，市场开拓能力不足，品牌影响力较弱，销售渠道不够畅通。

（一）政府重视程度低，政策支持体系不健全

四川丝瓜产业长期缺乏地方政府重视，在园艺植物生产政策制定方面多年来一直缺少项目支持，导致四川省丝瓜产业的发展缓慢。此外，四川省农业政策倾向于规模化发展的企业与基地，对农户小规模发展支持政策少，财政扶持力度也非常有限，在农户自主投资能力有限的情况下，丝瓜生产过程存在因农户为节约种植成本而影响产业健康发展的风险。在科研经费投入方面，丝瓜产业缺乏省市两级层面稳定科研经费支持，导致四川省以丝瓜为研究对象的科研单位少，同时由于四川省丝瓜产业领域的企业普遍规模不大、自主研发投入意识不强、科研投入资金量小，导致本省丝瓜产业科技投入强度小，难以支撑四川省丝瓜产业高质量发展。

（二）科技支撑引领不足

1. 应用基础研究薄弱

目前对丝瓜幼苗耐冷性、生长调节剂促进坐果、组织培养、抗涝性和枯萎病抗性鉴定以及SSR分子标记纯度鉴定方面做了一些探索，但在分子生物学、单倍体培养、遗传转化体系构建、基因编辑等方向均未涉足。上述研究均是一些零散的研究，尚不能为解决丝瓜产业关键技术问题提供强有力支持，难以保障四川丝瓜产业的健康发展。

2. 突破性品种不多，亟须多抗高品质丝瓜品种

目前川内自主培育的品种较少，而且没有突破性品种，主栽品种均来自于湖南等外省的科研育种单位。企业为了攫取市场份额，经常采用一品多名的方式进行销售，严重影响种植者对品种的认识和选择。随着连作障碍的进一步加重，丝瓜枯萎病和根结线虫等一些土传病害蔓延势头很猛，在主产区常造成大量减产甚至绝产的情况，亟须具有广谱性抗性、高品质的丝瓜新品种。

（三）农业基础设施落后和标准化生产程度低

1. 农业基础设施落后

丝瓜产业发展需加强基础设施建设，包括大棚改造、灌溉系统、交通道路、农田水利以及信息化管理系统等，提高农业生产的基础设施水平。四川省丝瓜生产主要以大棚生产为主，现代化大型温室设施不足，且缺乏高效种植设备，诸如播种机、施肥机、喷灌设备等。未完善的信息化管理系统，难以为农业生产者和管理者提供决策支持和工具管理。

2. 种苗繁育体系有待加强

四川省丝瓜春提早栽培面积大，但早春低温寡照给育苗带来很大的困难。四川省大多数蔬菜育苗场的育苗设施仍然以普通塑料大棚为主，现代化的育苗设施仍较少，加热补光设备不全，达不到蔬菜冬季生长的最低温度而出现冷害，导致种苗不健康且一致性较差。四川省部分蔬菜产区仍处于农户自主种植向专业合作社集中种植的过渡时期，种苗公司育苗的好坏很大程度上直接影响了当年丝瓜的产业发展，但目前政府部门对种苗公司缺乏规范化管理，也没有建立种苗质量标准地方标准，对种苗公司的监管还需要进一步加强。

3. 土壤改良不到位

丝瓜根系较深，根较粗，土壤 pH 值应保持在 6.0~6.5，同时要求土壤有机质含量高、疏松、透气排水性好。丝瓜需肥量大，长期施用化肥导致设施大棚土壤酸化、盐渍化以及土壤养分失衡，造成土壤理化性状的破坏。在丝瓜栽培中，许多种植户、企业不对土壤进行科学改良就在不适宜的土壤上种植，导致丝瓜植株根系呼吸不畅、营养不良、生长缓慢，并逐步僵化死亡，最后导致难以挽回的经济损失。

4. 水肥管理不合理

丝瓜栽培中常规的施肥方式为地面撒施、沟施或穴施，这些施肥方式是劳动强度大、费时费工的田间工作。地面撒施的肥料利用率低，容易诱导丝瓜根系上浮，降低丝瓜抗旱能力。沟施或穴施劳动强度大，且容易伤害丝瓜根系，所以在施肥方式上也有待改良。

5. 病虫害防控

四川作为丝瓜主产区，病虫害发生严重，其中丝瓜霜霉病、疫病、白粉病以及瓜实蝇、斑潜蝇发生较为严重。近年来，由于极端气候以及连作障碍的影响，尤其是丝瓜根结线虫以及枯萎病发生导致死株现象频发，给丝瓜产业带来较大负面影响。部分农药销售商为了追求利益过度推销农药，同时农药市场监管不严格，种植者又缺乏科学管理意识，盲目追求高产高效，过度使用农药，导致农产品农药残留问题突出。

（四）品牌建设不足

四川地区尤其是川南早春栽培，因上市较早，产品效益较好，农户和企业生产积极性较高。但由于没有统一规划，统一生产，丝瓜产品质量存在不稳定的问题，降低了四川丝瓜在外的影响力。同时由于丝瓜生产者没有意识到品牌对于产品的重要性，或者品牌定位不清晰以及推广力度不够，没有享受到品牌建设的发展红利。丝瓜品牌没有有效的竞争策略和差异化优势，很难在市场中脱颖而出。

（五）专业人才体系不健全

基层农技服务体系不够健全。有的产区设立了农技服务站，但没有配备专业的蔬菜生产技术人员，基层技术服务人员数量不足。以"50后""60后"为主力的菜农受教育程度普遍较低，文化水平不高，领会和掌握新技术的能力较差，种植和管理方法不够科学。蔬菜专业人才培养需要有完善的机制来保障培养质量，但目前对于蔬菜专业人才培养的评估和监管机制不够健全，导致培养质量无法得到有效保障。

三、四川丝瓜产业发展趋势与对策建议

（一）丝瓜发展趋势研判

丝瓜产业发展符合国家乡村振兴战略政策，随着四川省"5+1"现代产业体系和"10+3"现代农业体系建设的纵深推进，四川丝瓜产业将逐步提档升级，向着更高质量方向发展。

1. 品种多元化发展

在人们生活水平不断提高的背景下，大众的健康意识也在不断觉醒，鲜食丝瓜作为人们日常饮食的重要组成部分，摄取量将越来越大。同时人们对丝瓜的需求也越来越多样化，包括果形、颜色、熟期、质地、口感等。这些将促进生产者不断引进不同类型丝瓜品种进行种植，同时也会促进科研单位与育种企业重视对优质种质的评价筛选，使之成为新品种或优良亲本，从而为品种多样化提供技术保障。

2. 向优势区域集中，建立优势产业带

四川省丝瓜生产布局将重点放在以成都平原、川南以及川北等三大区域。川南以乐山、自贡、内江和泸州为主，川北以绵阳为主，生产布局由非优势产区向最优产区转移，建立优势产业带。

3. 生产经营管理迈向组织化

生产经营组织化将是未来的发展趋势，丝瓜在优势区域的集约化生产程度将会越来越高，以龙头企业创办或领办各类专业合作组织为主要经营模式，引导龙头企业与农民、合作社建立紧密合作关系，龙头企业向订单农户统一提供良种、技术和社会化服务，加强龙头企业对生产的带动作用。财政资金引导将更有着力点，对订单履约率高的合作社、生产基地予以奖励，对违约农户不予补贴，加强农产品收购合同的管理与监督，设立仲裁机构，规范合同文本，强调违约责任。

（二）促进四川丝瓜产业发展的对策与建议

四川丝瓜产业面临一些挑战，如优良品种短缺，生产技术落后，采后处理技术不足以及产品质量不稳定等问题。然而，随着市场需求量的增加，四川丝瓜产业也面临着巨大的发展机遇。建议加大政策支持和科研投入，构建丝瓜产业科技支撑体系和新型农业经营体系，加快专业人员培养以及一二三产业融合发展，为丝瓜产业发展提供有效支撑。

1. 加大政策引导和资金支持

首先，为了进一步推动四川丝瓜产业的发展，政府应加大对丝瓜项目的扶持力度，布局丝瓜产业相关的科研项目和推广项目，解决限制丝瓜产业高质量发展的关键技术问题，同时保障科研人员能够潜心做研究。其次，对丝瓜种植户提供一定比例的农业补贴，以降低生产成本，提高农民的种植积极性。鼓励和支持丝瓜加工企业的发展，通过提供税收优惠、贷款扶持等方式，提高其生产能力和产品附加值。引导和鼓励企业、合作社等市场主体拓展丝瓜销售渠道，支持建设农产品电子商务平台等新型流通业态。最后，将丝瓜品牌建设纳入地方特色农业发展整体规划中，通过各种宣传推广活动提高四川丝瓜的知名度和美誉度。

2. 构建丝瓜产业科技支撑体系

一是强化种质资源收集保存，鉴定评价和新材料的创制。与黄瓜、南瓜等其他葫芦科瓜类相比，丝瓜的遗传育种研究相对比较薄弱，因此，在未来丝瓜育种研究工作中，重点开展以下3个方面工作：①加强各地区丝瓜种质资源的收集、鉴定和评价，对丝瓜种质资源遗传多样性的深入研究，尤其重点展开对有棱丝瓜和普通丝瓜的有利性状的挖掘；②单倍体培养和诱导技术，采用花粉辐射诱导单倍体以及游离大孢子培养进行单倍体育种研究；③加强分子育种基础研究，如分子标记辅助育种体系建立、全基因组关联分析、基因编辑技术体系建立等，只有将分子育种技术与传统育种方法结合起来运用在丝瓜新材料的创制中，才能更快更有效地培育出符合新时代人们需求的丝瓜新品种。

二是培育自主知识产权优良品种。目前四川自主培育鲜食丝瓜品种的市场占有率较低，主要被外省品种占据。品种选育是一项需要长期开展的工作。以市场需求为导向制定短期、中期和长期的育种目标，围绕育种目标开展杂交育种、花药培养、基因工程等育种工作，培育出适合四川气候条件的自主知识产权优良品种。随着市场需求，丝瓜育种方向在不断变化，目前果形要求更多趋于短棒或者短圆筒、皮色趋于果皮深绿或者油绿方向发展，值得育种人员重视。

三是丝瓜作为一种重要的抗逆专用砧木，在其他瓜类上运用较为广泛。目前针对枯萎病严重的区域，利用丝瓜嫁接丝瓜已经开始逐步运用起来，预计生产需求缺口将越来越大。选育优质丝瓜抗逆专用砧木品种首先要广泛收集丝瓜种质资源，并对这些种质资源进行抗逆性筛选，通过人工模拟逆境条件，如高温、干旱、盐碱等，筛选出具有较强抗逆性的品种作为砧木。同时培育适合接种的丝瓜接穗品种，选择具有优良品质和高产量的丝瓜品种，确保接穗品种与砧木品种相匹配，能够充分发挥砧木的抗逆性能。

3. 高标准丝瓜基地建设和标准化生产

加大基础设施建设和投入，引进智能化的农业设备和技术，改善灌溉系统和种植设备，推动信息化管理系统的建设，实现农业生产、管理和决策的数字化、智能化和精细化。完善丝瓜产业园区、冷链物流、加工厂等配套设施，提升丝瓜的储运能力和附加值。通过土壤改良，种质选优、合理的田间管理、病虫害防治、水肥一体化精准调控关键技术，规范化的生产管理和质量检测和追溯等措施，建设高标准的丝瓜基地，推广现代化、高效化、标准化的栽培技术和管理模式，提高丝瓜的产量、质量和效益，降低生产成本和风险。

4. 构建新型农业经营体系

围绕现代丝瓜产业发展需要，发展多种形式适度规模经营，引导和规范土地经营权有序流转，发展各类新型农业经营主体，创新农业生产经营体制。逐步以专业大户、家庭农场为骨干，以专业合作社和龙头企业为纽带，各类社会化服务组织为保障的新型农业经营体系，促进丝瓜生产集约化、专业化、组织化和社会化。丝瓜企业应该树立品牌意识、品牌观念，结合自身实力，合理地制定品牌发展规划，不断加强品牌建设，扩大宣传力度。同一丝瓜生产区域应该进行资源整合，共同打造丝瓜地域公共品牌，通过网络公众号、新闻媒体等扩大对外宣传，组织开展丝瓜采摘节、展销等活动，提升品牌的知名度，增强产品的市场竞争力。

5. 加强人才培养

加强技术创新和人才培养，加大科研投入和成果转化，培育一批专业化、现代化的丝瓜种植经营者。各级政府要本着产业可持续发展的理念，在短期内打破丝瓜产业发展的技术瓶颈，通过校企合作、定向培养模式，与国内科研院所、高校的合作，对丝瓜品种改良、丝瓜种植过程中的病虫害防治、丝瓜的精深加工等进行有针对性地研究，增强人才培养的目的性，做到学为所用，提高人才培养的效率。要建立以业绩为核心，以能力、知识、品德等为构成要素的人才评价指标体系，要依照丝瓜产业的行业特征，制定出高中低层、各种职能岗位的人才评价体系，提升从业人员素质，进而提升企业以及整个产业链的整体竞争实力。

6. 一二三产业融合

丝瓜一二三产业融合是指将丝瓜种植、加工和销售等环节进行有机结合，形成一个完整的产业链，实现资源的优化配置和价值的最大化。在种植环节，可以采用科学种植技术，如合理施肥、病虫害防治、灌溉管理等，提高丝瓜的产量和品质。在加工环节，可以对丝瓜进行清洗、切割、脱水等处理，将丝瓜加工成丝瓜络、丝瓜水、丝瓜籽油等多种产品，增加产品的附加值和市场竞争力。在销售环节，可以通过开设丝瓜专卖店、参加农产品展销会、与超市、餐饮企业等建立合作关系，将丝瓜产品销售给消费者，满足市场需求。此外，丝瓜产业与农业观光旅游相结合，为满足消费者不断提高的消费需求。利用丝瓜的生长特性创建生态观光基地，为市民提供优质蔬菜的同时，提供优质生态产品，可以推动丝瓜产业与旅游、文化、教育等产业深度融合。增加以体验、参与、享受、感受、接受"丝瓜文化"为内涵的休闲场所，开展健康休闲活动，加快多功能新型丝瓜产业的发展。

参考文献

柴丹，韩帅，郭江洪，等，2021. 不同丝瓜种质资源对枯萎病的抗性鉴定与评价 [J]. 长江蔬菜（22）：71-73.

柴丹，帅正彬，郭江洪，等，2020. 丝瓜新品种'蓉杂4号' [J]. 园艺学报，47（S2）：2994-2995.

胡新军，蒋宏华，李勇奇，2010. 湖南地区丝瓜品种应用现状与潜力品种推荐 [J]. 长江蔬菜（13）：5-7.

闵岳灵，旷碧峰，刘志华，等，2021. 衡阳地区丝瓜种植现状、问题及优势品种推荐 [J]. 长江蔬菜（19）：9-12.

宋波，杨晓，刘高峰，等，2023. 利用SSR分子标记鉴定"中丝2号"丝瓜杂交种纯度 [J]. 蔬菜（3）：10-14.

王青青，王天文，高安辉，2019. 丝瓜种质资源与育种研究进展［J］. 现代园艺（21）：33-35.

杨晓峰，刘琼，胡湘军，等，2017. 早熟丝瓜新品种攀杂丝瓜3号的选育［J］. 长江蔬菜（20）：53-55.

四川省西甜瓜产业发展报告

房 超[1,2] 蔡 鹏[1,2] 龚方仪[1,2] 蓝艳红[1,2] 李 享[3] 王 雪[3] 陈 浩[3]

(1. 国家西甜瓜产业技术体系成都综合试验站,四川成都 610066;
2. 四川省农业科学院园艺研究所,四川成都 610066;
3. 四川省园艺作物技术推广总站,四川成都 610041)

摘 要:本报告研究阐述了四川西甜瓜播种面积与产量、主要生产区域与品种结构分布、栽培管理、绿色防控、机械化生产、品牌建设和生产经营组织等发展成效,分析四川西甜瓜产业发展存在的主要问题,研判产业发展趋势,提出了促进产业发展的对策建议,对四川西甜瓜产业提升具有参考价值。

关键词:四川;西甜瓜;产业发展;对策

引言

西甜瓜作为四川省重要的经济作物,也是四川省多年来重点发展的特色优势产业和主导产业,在全省蔬菜瓜果产业中占有十分重要的地位。由于四川省的地理生态多样性,全省许多地方均有西甜瓜生产,本省生产的西甜瓜上市时间可以从3月一直持续到9月。因此,西甜瓜生产对加快四川省农业产业结构调整、实现乡村振兴具有显著的促进作用,发展潜力巨大。

一、四川省西甜瓜产业发展现状

(一) 四川省西甜瓜产业发展状况

西瓜是四川省的重要经济作物,是全省农民增收的重要作物之一。也是多年来四川省重点发展的特色优势产业和主导产业之一。甜瓜在四川一直以来种植面积较小,近10年间变化不大,一直保持在1.5万亩左右。故本报告只对四川西瓜种植面积和产量进行分析。

2012—2021年,四川省西瓜种植面积总体呈缓慢下降趋势,2021年种植面积为56.8万亩,较2012年的61.8万亩,下降了8.0%。2012—2021年度种植表见表1,总体趋势参见图1。

表1 2012—2021年四川西瓜总面积、产量和单产数据

年份	面积（万亩）	产量（万吨）	单产（千克/亩）
2012	61.8	110.8	1 792.88
2013	59.4	107.2	1 804.71
2014	59.6	108.4	1 820.32
2015	60.3	110.1	1 825.87
2016	60.5	111.0	1 836.23
2017	54.0	100.9	1 868.52
2018	56.1	107.1	1 909.09
2019	57.7	113.0	1 958.41
2020	57.6	113.1	1 963.54
2021	56.8	112.2	1 975.35

数据来源：中国农业统计资料，四川农村统计年鉴。

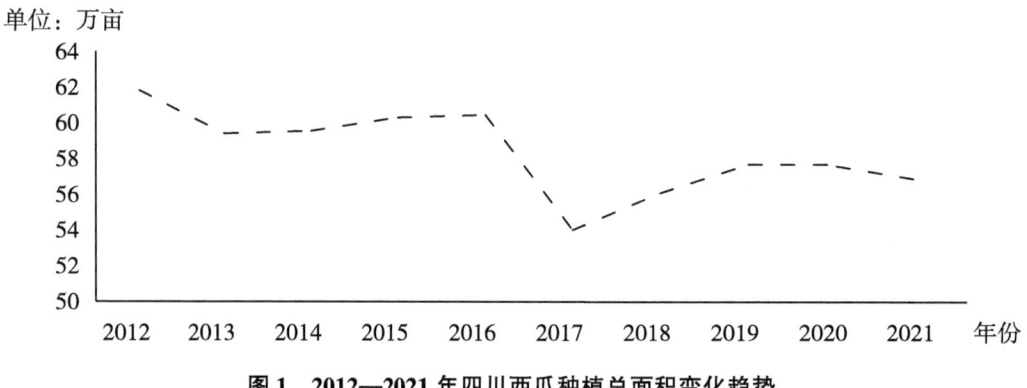

图1 2012—2021年四川西瓜种植总面积变化趋势

2012—2021年,四川省西瓜总产量因种植面积变化,呈现出一定的波动性,但单产方面表现出上升趋势,2021年全省平均单产1 975.4千克,较2012年的平均单产1 792.9,增加了10.2%。单产增加原因主要是设施种植面积增加和生产技术水平提高。总体趋势参见图2、图3。

（二）生产区域与品种结构分布情况

四川地处我国青藏高原向东部平原过渡地带,气候复杂多样,东部盆地属亚热

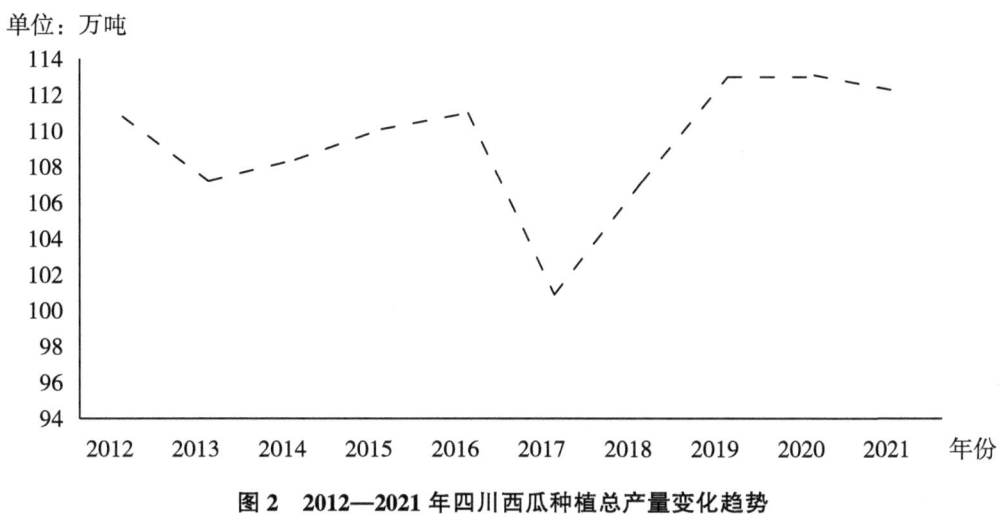

图 2 2012—2021 年四川西瓜种植总产量变化趋势

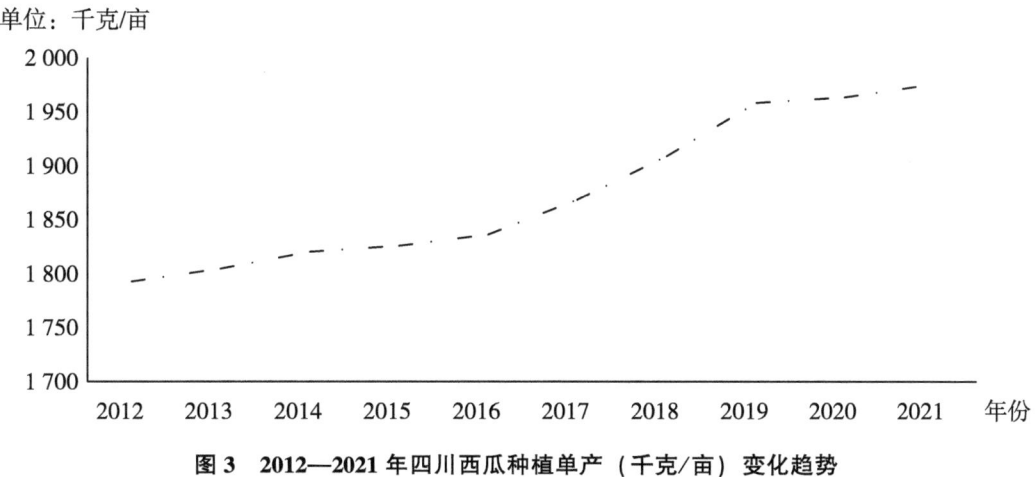

图 3 2012—2021 年四川西瓜种植单产（千克/亩）变化趋势

带湿润气候，从南部山地到北部高原，由亚热带演变到亚寒带，区域气候和生产表现差异显著，西甜瓜生产区域也基本覆盖全省不同地区，主要生产区域和品种结构各有特色。

（1）攀西早熟西甜瓜生产基地，该地区主要以早熟露地西瓜生产为主，播种时间一般在 12 月至翌年 1 月，是四川省最早成熟上市西瓜的产区，采收时间在 3 月下旬，主要品种包括京欣系列、甜王系列等。代表产区为盐边县。

（2）川西平原早熟露地与设施长季节生产西瓜生产基地，该地区主要是成都、德阳。早熟露地西瓜生产模式以地膜+小拱棚双膜覆盖栽培为主，主要品种是京欣系列、甜王系列和早佳等；设施长季节栽培主要品种是早佳、美都、早春红玉，代表产区有成都彭州、新津，德阳的旌阳区等地。

(3) 川东及川南浅丘的中熟露地西瓜生产基地，主要有资阳、南充和广安等，该区域生产模式以浅丘旱地栽培模式为主，特别是麦-瓜套种的栽培模式特色突出。主要品种包括京欣系列、甜王系列西瓜等。代表区域主要有资阳的雁江区、南充高坪等，该区域近年设施长季节栽培呈快速发展态势，如广安市岳池设施长季节生产面积在2万亩左右，已成为当地农民增收、农村增效的主要经济作物。

(4) 川北高地晚熟西瓜生产基地，主要是绵阳和广元。该地区以露地生产中晚熟西瓜为主，主要品种包括西农8号、金钟冠龙等，但近几年该地区受甘肃、宁夏压沙西瓜的冲击，生产面积呈较快的下降趋势。

(5) 甜瓜生产中，攀西地区和成都平原约有2 000亩厚皮甜瓜生产。其他地区多以薄皮甜瓜零星种植为主。

（三）西甜瓜栽培与土肥水管理情况

全省露地栽培西瓜早熟栽培模式多采用地膜+小拱棚的双膜覆盖，中熟栽培采用地膜栽培。露地栽培区域多为浅丘旱地，水分管理中，因受丘区地形限制和控制成本，仍以传统的漫灌或浇灌方式为主。露地栽培水肥管理较为粗放，基肥种类多为有机肥（油枯、腐熟禽畜粪、商品有机肥）+三元复合肥，有机肥使用量增长较快。生长期追施提苗肥和膨瓜肥，以结合灌水穴施或沟施方式为主，肥料种类以尿素+硫酸钾或三元复合肥等化肥为主。

设施长季节西瓜栽培中，除第一年新地外，多采用嫁接苗，嫁接苗应用率超过80%。种植中全部采用滴灌设施及肥水一体化技术进行肥水管理。肥料应用中，基肥中三元复合肥用量减少，商品有机肥或腐熟厩肥用量增加较大。追肥多采用水溶性高效新型肥料，尿素、复合肥等化肥用量较传统种植技术中减少20%以上。

（四）西甜瓜绿色防控

四川西瓜苗期的主要病害有猝倒病、炭疽病，虫害有蚜虫、种蝇等；露地西瓜生产中，蚜虫和炭疽病仍是主要病虫害，个别田块没有嫁接偶发枯萎病。设施长季节西瓜生产中，成都、德阳和绵阳等川西平原地区，自4月下旬开始，蚜虫和叶螨在多地开始发生，近几年常用药的防治效果明显下降，整体出现了防治难度大、为害重的特点，对该地区部分设施西瓜生产的后半期影响较大；自贡、宜宾等川南地区7—9月夏季西瓜烟粉虱多有发生。设施西瓜生产中的主要病害仍是白粉病，5月下旬开始发生。

绿色防控技术在生产中首先选用抗病品种；实施轮作制度；培育适龄壮苗；提倡使用嫁接苗；采用高厢地膜覆盖栽培；科学施肥和灌溉，合理密植；及时拔除病株，摘除老黄叶、病叶、病果，带出棚外烧毁或深埋；清洁田园，深翻炕土。盛夏棚室密闭高温消毒；悬挂黄板诱杀蚜虫、白粉虱等；糖醋液诱杀小地老虎；杀虫灯诱杀夜蛾等；铺银灰膜驱避蚜虫；覆盖防虫网防虫；人工摘除害虫卵块和捕杀害虫；保护利用瓢虫、草蛉、蚜茧蜂等自然天敌，人工释放捕食螨，使用Bt、天然除虫菊素等生物农药防治病虫害，应用性诱剂诱杀棉铃虫、烟青虫、夜蛾等害虫。

（五）西甜瓜机械化生产情况

与大田作物相比，全省西甜瓜产业机械化率偏低，目前已在西甜瓜生产中大面积推广应用的主要为耕整地、植保、水肥一体化等通用型机械。在全省西甜瓜生产中，只有土地翻耕机械化程度近100%，长季节设施栽培中水肥一体化技术应用广泛，应用率达85%以上。农药喷雾（弥雾）等机械化应用程度有所提升。从播种育苗、整地覆膜、移栽整枝到采收运输等环节，全程机械化应用情况不高，主要是缺乏和中小棚及丘区生产等农艺要求相配套的专用机械。

（六）西甜瓜产品品质与品牌状况

全省西瓜品质一直保持在较高水平，中心糖含量普遍高于10%，设施西瓜果实中心含糖量一般在12%左右。厚皮甜瓜因采用避雨栽培和适期采收，果实品质普遍高于外地调入的甜瓜，果实中心含糖量一般在15%左右。全省西瓜品牌建设相对滞后，除已有的攀枝花"盐边西瓜"（国家地理标志）、自贡"九洪西瓜"、彭州市"红岩子"、资阳雁江区"川雁"西瓜、广安市广安区"花桥西瓜"、内江东兴区"郭北西瓜"等西瓜品牌外，其他地区西瓜品牌建设没有新发展。

（七）生产经营组织等状况

四川西瓜主产区生产经营以种植大户、家庭农场或农民专业合作社经营为主，目前承包或承租人以四川本地人为主，部分来自浙江、安徽的种瓜大户。设施长季节栽培规模多为20~50亩的规模。具有代表性的专业合作组织有成都彭州弘升果蔬产销农民专业合作社、自贡兴贵果蔬专业合作社、德阳金丰蔬菜种植专业合作社、岳池县瓜满园蔬菜种植专业合作社等。

露地西瓜生产，以专合组织承包的生产规模一般在100亩以上，家庭农场或种植大户生产规模在10~50亩，具有代表性的专业合作组织有资阳市西瓜种植业协会、自贡市九台山瓜椒专业合作社等。

二、当前四川省西甜瓜产业发展存在的主要问题

(一) 品种市场混乱，种苗生产体系建设滞后

四川西甜瓜品种多为引进的外来品种，新品种研发与推广体系建设相对滞后，生产中的品种经销多为个体经营，品种质量参差不齐。同时，随着西甜瓜产业规模化发展，集约化育苗已经成为主要育苗方式，但目前四川省育苗企业商品苗率不高，抵御自然灾害能力普遍较弱，省外商品苗低价倾销、隐患较大。

(二) 农业生产投入相对薄弱，抵御风险能力不强

四川省西甜瓜产业发展中，对于生产基础性条件改善的投入较低，特别是在西瓜露地生产中极少采用肥水一体化灌溉和避雨栽培等先进技术，在土壤肥力检测、设施建造和绿色防控等方面的投入不够。全省西瓜生产的土壤多未进行养分成分分析，不了解土壤的真实情况，西甜瓜生产中缺乏配方施肥的标准，仅根据经验盲目施肥，特别是在设施长季节栽培，生产中经常存在过量施肥。

多年来，气候和降雨灾害近几年一直是影响西甜瓜生产和价格重要因素，西甜瓜生产受天气影响严重，生产风险极大。目前，随着极端高温、降雨、低温等灾害性天气频繁发生，导致西甜瓜生产中经常出现产量偏低、售价波动打较大、生产效益下滑严重等问题。

(三) 生产成本上涨过快，比较效益明显降低

全省西甜瓜生产成本中，除设施的建造成本外，不同地区的西瓜的种植成本的差异主要体现在人工成本、种苗和土地租金方面。其中，设施西瓜生产的人工成本多在1 200元/亩左右，露地西瓜700元/亩。第二大成本是土地租金成本，由于全省西瓜生产正逐步向懂技术、有投资能力的种植大户集中，西瓜土地租赁成本就成为规模西瓜生产的主要构成因素，如在四川露地生产中，2010年丘陵区一季西瓜生产的土地租金一般不高于400元/亩，但目前已普遍调高到800~1 000元/亩。还有就是西瓜生产所需的化肥、农药、塑料薄膜等农用物资价格一直居高不下。肥料成本中，设施西瓜生产中有机肥和化肥的投入成本一般超过600元/亩，露地西瓜有机肥和化肥的投入成本多为300元/亩。设施西瓜生产中的农药成本在200~300元/亩，露地西瓜农药成本普遍低于100元/亩。采用嫁接苗生产的设施栽培，

多数嫁接苗通过购买形式，亩成本300~400元，因此较自育种苗的种植户成本相对要高。如在全省增长较快的设施长季节西瓜生产中，据调查亩生产成本由2010年的3 500元上涨到4 500元左右，而亩产值却由2010年的10 000元下降到2021年的8 500左右，亩纯收入较2010年减少了2 000元左右。

（四）标准化生产程度较低，生产管理水平有待提高

由于全省各地的社会经济发展和种植管理水平存在差异，因此西甜瓜标准化生产也不均衡，不同主体之间技术差异仍然较大。部分生产主体仍片面追求产量，种植管理经验都是跟随其他种植户或在生产中的自我摸索总结，管理方式传统，特别是近年来受早上市收益高的心理驱使以及周边地区的种植影响，部分种植水平不高、设施条件不好的瓜农也盲目抢早，造成头茬瓜受气候影响较大，产品质量良莠不齐现象较为突出。生产中植株调整、疏果留果、微灌控湿、科学平衡施肥、病虫害综合防控等技术应用不到位，缺乏统一标准和管理规范，不利于西甜瓜产业的持续稳定高效发展。

（五）机械化生产普及率不高，轻简化栽培技术有待提升

全省西甜瓜机械化水平发展不均衡，生产农机普及率不足10%，主要是受丘区等地理条件和设施生产条件等因素影响，机械化装备总量不足，结构不合理，适合四川省丘区西中小型设施生产的小型机械设备缺乏，田间作业机械严重不足，对农机农艺融合等节本省力新技术研究应用仍较薄弱。西甜瓜产业作为劳动密集型产业，在育苗、定植、整枝、授粉、疏果、肥水管理和病虫防控等方面，缺乏相应的轻简化技术研发与应用，导致各重要生产环节仍以人工操作为主，严重影响了西甜瓜产量和品质，生产效益也难以保障。

（六）病虫害防控难度增大，设施连作障碍发生严重

全省西甜瓜病虫害防控方面一直存在盲目用药、混用乱用农药现象。近几年主要病虫害的防治难度加大，针对性特效药缺少。设施连作生产中，土壤连作障碍现象严重，根腐病、蔓枯病高发，药剂防治效果不理想。根腐病呈现大规模发展趋势，防治难度大。设施生产中叶螨、蓟马和烟粉虱在近几年发生尤其严重，药剂防治效果差，防治难度大。露地生产中，嫁接防病技术普及度一直不高，传统产区西瓜枯萎病等土传病害时有发生，生产风险较大，严重地块造成绝收。

三、四川省西甜瓜产业发展趋势与对策建议

(一) 四川省西甜瓜产业发展趋势研判

1. 全省西甜瓜播种面积基本稳定,产量和供应波动不大

在未来西甜瓜产业发展中,西瓜种植面积预计在近几年内基本持平。全省市场需求年度间总体需求量的变化幅度不会出现大的波动。但全省西瓜市场价格受西瓜出产期的天气状况影响仍会较大。

在全省西甜瓜产业发展中,"稳面、提质、增效"是未来发展的重点,稳定生产面积保障供应,通过高抗优质品种、精准肥水管理、绿色防控等技术集成应用,实现西甜瓜优质高效生产,是四川省西瓜实现绿色高效的重要技术途径和发展方向。

2. 优质多抗品种应用和健康种苗生产更为普及

品种对优质多抗(抗病抗逆)要求更高。设施西瓜生产中,受政策影响,西瓜与马铃薯、水稻等粮经作物的间套种模式发展迅速。嫁接砧木专用品种的示范应用,嫁接种苗良繁技术研发和配套良法技术组装示范推广应用更为广泛。

3. 轻简化栽培技术和机械化生产技术加快发展

蜜蜂授粉、肥水一体化和减肥增效等轻简化技术的规模化应用程度更高,通过农技农艺融合技术集成,深耕土地机械化应用普及率将更高,农资、产品等田间运输机械化率将进一步提高。

4. 绿色防控能力进一步提升

利用生物菌或生物有机肥进行土壤改良和克服设施内连作障碍的技术的应用更为普及;对高效低毒农药的接收和应用程度更高,生防制剂和化学农药相结合的绿色防控技术的应用面积将会进一步扩大。

(二) 促进四川省西甜瓜产业发展的对策建议

1. 加强产业发展规划、组织管理和相关政策支持

根据四川省乡村振兴战略和农业高质量发展要求,全省各主产区需要进一步明确自身产业优势与竞争位置,从产业规模、主产地、重点示范园区、品牌创新建设等方面进行长远规划,突出规划引领作用。

进一步强化信息服务保障体系建设;充分发挥政府部门、新型经营组织、龙头

企业、中介组织等的作用，强化组织化保障体系建设，形成较为完善的、产销衔接的服务保障体系和质量安全溯源技术体系。完善现有西甜瓜专业合作社的管理，把经纪人、生产大户、专业合作等组织起来，形成利益共同体。培育家庭农场等规模经营户，大力培养"一懂两爱""新农人"。

2. 加快种业发展速度，进一步优化品种结构

开展适合南方设施长季节优质抗逆抗病西甜瓜新品种引进与培育。开展耐热、耐湿、耐贮藏、货架期长的西甜瓜绿色新品种的培育，满足西甜瓜的周年栽培；加强嫁接砧木专用品种的研发；加强新品种良繁技术研发和配套良法技术组装示范推广力度。

加强西甜瓜种苗健康生产技术研发应用，提高种子引发、种苗培育、嫁接育苗等技术集约化程度，同时加快培育攀西优势区域的西甜瓜育苗龙头企业，建立健全西甜瓜种苗生产供应体系，通过统一采购种子、器具、资材等育苗农资，合理安排西甜瓜育苗品种、数量及出圃时间，减少育苗成本，降低育苗风险，提高集约化育苗水平。

3. 提供高效栽培和土壤培肥新技术应用

设施长季节西瓜与蔬菜间套种模式基础上，开展西瓜与玉米、大豆等主要粮油作物间套模式研究示范。对不同类型和肥力的土壤，提出相应的克服连作障碍和培肥地力的技术方案。针对大棚西甜瓜土壤连作障碍严重的状况，大力推广土壤培肥、水旱轮作、生物炭菌降盐改、高温闷棚、精准肥水一体化等技术的集成推广，有效提高土壤有机质和土壤结构改善。

4. 积极推广病虫草害绿色防控新技术，提高产品安全性

在全省西甜瓜主产区建立病虫害测报点，加强西甜瓜生产中顽固性病虫害发生的预测预报，加强绿色防控技术的研发，并提出相应有效的防控措施。从而提升药肥合理使用服务水平。

5. 大力推广简约化栽培技术，实现西甜瓜产业节本增效

构建全程机械化耕作、集约化嫁接育苗、蜜蜂授粉、优质提升水肥一体化、绿色防控等简约化栽培技术模式，积极引进示范适合四川省丘区和设施内生产的耕作、灌溉施肥、病虫害防控和产品运输等全程机械化的机械设备，引领西瓜产业生产方式的变革，实现西瓜生产节本增效。

6. 强化西甜瓜果品贮藏保鲜流通的新技术研发与应用

结合西甜瓜品种特点，开展采后冷藏、保鲜、分级、鲜切等相关技术集成和攻关，稳步提升瓜果的产后产值与自然产值比。

7. 努力强化品牌建设，提升产业发展能力

充分发挥四川省多地西甜瓜为主的节庆和品鉴推介活动的示范牵引作用，通过组织西甜瓜节、推介会、展示会、农旅结合等多种渠道加大宣传推介，打造区域特色品牌。根据各主产区特点，以村、家庭农场、专业合作社、企业等为单元，结合培育新业态，拓展产业新功能，发展都市观光园区，示范采摘观光模式，创新西（甜）瓜节举办模式，开拓西甜瓜产业生态、生活、生命功能。

参考文献

黄芸萍，王毓洪，胡美华，等，2022. 浙江省西甜瓜产业发展现状及发展建议 [J]. 浙江农业科学，63（05）：887-890，896.

李干琼，王志丹，2019. 我国西瓜产业发展现状及趋势分析 [J]. 中国瓜菜，32（12）：79-83.

李天来，许勇，张金霞，2019. 我国设施蔬菜、西甜瓜和食用菌产业发展的现状及趋势 [J]. 中国蔬菜（11）：6-9.

刘君璞，马跃，2019. 中国西瓜甜瓜发展70年暨科研生产协作60年回顾与展望 [J]. 中国瓜菜，32（08）：1-8.

刘文革，何楠，赵胜杰，路绪强，2016. 我国西瓜品种选育研究进展 [J]. 中国瓜菜，29（1）：1-7.

孙立新，王晓君，吴敬学，等，2023. 中国西瓜甜瓜生产区域布局变迁及驱动因素研究 [J]. 中国农业资源与区划，44（08）：42-51.

王娟娟，李莉，尚怀国，2020. 我国西瓜甜瓜产业现状与对策建议 [J]. 中国瓜菜，33（05）：69-73.

许勇，2016. 提高西瓜产业竞争力的技术路径探讨 [J]. 中国农村科技（07）：45-47.

张琳，杨艳涛，宋莉莉，等，2023. 北京市西瓜和甜瓜产业现状与高质量发展对策 [J]. 中国农业科技导报，25（11）：20-27.

四川省莴笋产业发展报告

梁根云[1,2]　刘小俊[1,2]　吴传秀[3]　李　享[3]　李　春[1,2]　李艺凡[1,2]

(1. 国家大宗蔬菜产业技术体系川南综合试验站，四川成都　610066；
2. 四川省农业科学院园艺研究所，四川成都　610066；
3. 四川省园艺作物技术推广总站，四川成都　610041)

摘　要：我国是莴笋最大的生产国和消费国，四川是莴笋主要生产区域，也是种子供应和调出最大省份。本报告综述了莴笋产业国内发展状况和四川省莴笋产业发展现状，分析阐述了四川莴笋产业在全国的重要引领地位和发展中存在的主要问题，并根据四川莴笋产业发展趋势和存在的问题，提出了产业发展对策和建议，这将为促进四川省莴笋产业提升和健康发展提供理论基础支撑，充分发挥四川莴笋种业优势地位和主导作用，增强四川莴笋在国内外影响力和市场竞争力。

关键词：四川省；莴笋；产业状况；地位；问题；对策建议

引言

四川是我国秋冬莴笋生产最适宜区和主要生产大省。四川盆地冬季平均温度比长江中下游地区高许多，导致空气湿度大，多阴雨天气，多雾，是我国年日照时间最少的地区之一。莴笋是喜凉蔬菜，良好的温湿度非常适合莴笋种植，冬季日照强度低，使莴笋叶片嫩绿，肉质脆爽，商品性和品质远高于其他地区产品质量。

一、四川省莴笋产业发展现状

（一）四川莴笋产业种植区域与规模

莴笋在四川各市州均有分布和种植。莴笋为喜凉蔬菜，主要种植分布在三个区域。

（1）以种植冬春莴笋为主的成德绵区域，是四川省莴笋种植面积最大的区域，主要是外销到甘肃、重庆、宁夏等省外地区。销售和收购方式主要有批发商通过代购方式在生产基地直接收购，或通过濛阳农产品交易中心等批发市场进行交易，通过物流流通销售到省外市场。

（2）以夏季种植为主的川西高海拔区域，种植区域海拔为1 500~3 600米，夏季温度不高，适合莴笋夏季种植，是满足成都、重庆等大中型城市夏淡蔬菜的重要蔬菜基地。由于近年来白菜等蔬菜效益越来越低，莴笋种植面积逐年增加，已经成为甘孜、阿坝等高山高原地区夏季蔬菜的最主要种植种类，也是四川省山区农民脱贫致富和乡村振兴的主导产业之一。

（3）以城市近郊保供种植为主的盆地其他区域，这些区域以丘陵等地形为主，主要分布在城市近郊蔬菜保供基地，或者农户自己种植满足自家需求。

（二）四川莴笋产业栽培品种

四川莴笋产业虽然在国内处于领先地位，但种质品种创新及新品种育种工作进展缓慢，生产用莴笋品种几乎以地方品种为主。春季莴笋选择耐热性好，产量高、抗逆性强的圆叶莴笋如竹筒青、一品天下红等品种；秋季莴笋主要为精品大花叶、飘香大花叶、早稻王圆叶、白洋棒、竹筒青等耐热耐湿性强的品种。冬季莴笋以黑牛皮、竹筒青、红尖叶1号等抗寒性强、产量高的品种。

近年来省内部分科研单位和公司开展莴笋新品种选育，近5年仅2023年选育了4个莴笋新品种通过省级认定。

青又青（川认菜2023019）：秋冬耐寒青莴笋。秋冬季栽培从定植至商品成熟60~75天。株高50~55厘米，开展度55~60厘米；叶椭圆形、深绿色，中部叶平均长35.4厘米、宽13.2厘米；肉质茎棍棒形、粗壮顺直，肉质茎平均长42.5厘米、粗5.7厘米、单株重0.96千克；皮、肉均为深绿色，肉质嫩。感霜霉病和菌核病。

瑞光火（川认菜2023020）：春秋型紫红尖叶莴笋。春秋季栽培从定植至商品成熟75~90天。株高45~50厘米，开展度55~60厘米；叶披针形、淡紫红色，中部叶平均长40.0厘米、宽10.5厘米；肉质茎棍棒形、光滑顺直，肉质茎平均长36.5厘米、粗5.4厘米、单株重0.83千克。皮绿白色，肉翠绿色，肉质嫩。商品成熟至抽薹比对照万紫千红晚7~10天。感霜霉病和菌核病。

瑞光红（川认菜2023021）：秋冬耐寒红尖叶莴笋。秋冬季栽培从定植至商品成熟 65~80 天。株高 50~55 厘米，开展度 50~60 厘米；叶披针形、紫红色，中部叶平均长 40.0 厘米、宽 9.0 厘米；肉质茎棍棒形、粗壮顺直，肉质茎平均长 38.5 厘米、粗 5.0 厘米、单株重 0.87 千克；皮绿底带紫红色，肉绿色，肉质嫩。感霜霉病和菌核病。

瑞光青（川认菜 2023022）：秋冬耐寒圆叶高桩型莴笋。秋冬栽培从定植至商品成熟 70~85 天。株高 50~55 厘米，开展度 50~55 厘米；叶椭圆形，苗期叶片绿色略带红，商品成熟期叶片为绿色，中部叶平均长 35.6 厘米、宽 14.5 厘米；肉质茎棍棒形、粗壮顺直，肉质茎平均长 43.0 厘米、粗 5.7 厘米、单株重 1.0 千克。皮、肉均为绿色，肉质嫩。感霜霉病和菌核病。

（三）四川莴笋主要栽培类型

四川莴笋可以周年种植，盆地内主要有春莴笋：成都平原地区春季莴笋在 11 月育苗，翌年 1 月移栽（苗龄 50~60 天），翌年 3 月采收。秋莴笋（热莴笋）：7 月下旬到 8 月上旬育苗，8 月上旬至下旬移栽（苗龄 18~20 天），9 月下旬或 10 月上旬收获。冬莴笋：8 月下旬至 9 月中旬育苗，9 月下旬至 10 月下旬移栽，（苗龄 25~30 天），11 月下旬至翌年 2 月收获。

川西高原及盆周山区夏季冷凉区，不同海拔高度的适宜播种期不同，海拔高度为 1 500~2 800 米的地区一般可种植两季莴笋，主要为春播和夏播，春播 2 月下旬至 3 月中旬播种，6 月中旬至 7 上旬采收，夏播 6 月下旬至 7 月中旬播种，9 月中旬至 10 月下旬采收；海拔高度为 2 800~3 600 米的地区一般种植 1 季莴笋，3 月下旬至 6 月上旬播种，7 月中下旬至 10 月上旬采收。

（四）四川莴笋采后处理

四川莴笋在以初级产品销售为主，绝大多数莴笋只是采收后在田间进行了粗加工，主要是去除老叶和病叶，并进行简单的捆绑处理。运输过程中，销往省内以短途运输为主，基本是直接堆积在货箱中运输；而销往省外采用的长途运输中，也只是在莴笋中加入大块的冰块保鲜。据调查，莴笋从采收后通过多环节的流通，总体损耗高达到 25% 以上。

（五）四川莴笋交易方式与市场营销

四川莴笋主要是在满足本省城市居民需求的基础上，通过批发商将莴笋通过物流直销省外。莴笋属于大宗蔬菜类型，现有的销售渠道主要有：莴笋种植户+（代购+）超市、莴笋种植户+（代购+）批发商等形式，目前又以通过批发商流通到消费市场为主。除了线下销售，随着现在电商的发展，线上销售也在逐步成为莴笋等蔬菜的销售渠道。如夏季是蔬菜供应淡季，四川高原通过种植莴笋满足大中城市夏淡蔬菜供应，如松潘高原莴笋因其青嫩外形、浓郁口感及独特品质具有很大市场竞争力，为拓宽高原莴笋销售市场，松潘借助电商、直播带货等网络销售优势资源，推介松潘高原莴笋，售往至上海、北京、深圳等地区，增产增收效果显著。

（六）四川莴笋品牌建设

四川莴笋主要以冬季种植为主，其中以成都平原的彭州、新津、广汉、什邡等地形平坦、水源充足的地方种植最多。成都彭州市位于四川成都平原中北部，是我国"南菜北运"的重要基地，莴笋在当地已有上百年的种植历史，2012年获得"彭州莴笋"国家地理标志。四川省甘孜阿坝高原地区气候冷凉，早晚温差大，在该地生产的莴笋具有茎直、皮薄、质脆、水分充足和不空心等特点，品质独特，品牌口碑好，在成都等地深受消费者青睐。如阿坝州红原县刷经寺镇种植的三青莴笋，品质高，在成都批发市场被简称为"刷货"，经常供不应求。

（七）四川莴笋种业地位

四川省莴笋在全国占优势地位。秋冬季节莴笋供应全国，销量占据全国第一。四川省莴笋四季种植，立体分布，有平坝、丘陵区的秋、冬、春露地莴笋，也有高山、高原地区的夏季错季莴笋。据调查，四川省莴笋种业全国第一，我国其他省份莴笋商业化用种约80%来自四川省种业公司。四川省主要几家蔬菜种业公司年生产销售商业化莴笋种子约50万千克，还有众多小公司及农户自留种，种业规模在国内为最大。

二、当前四川省莴笋产业发展存在的主要问题

种子是农业的"芯片"，种业是国家战略性、基础性核心产业。四川莴笋享誉全国，种子占据国内莴笋种业的半壁江山。四川利用生态和地理条件优势，莴笋种植分布呈现出高山夏季种植区域和四川盆地秋冬种植区域两大优势种植区域，是保障四川及周边省市周年蔬菜供应的主要类型之一。莴笋产业是助力乡村振兴和保障农民增收的优势产业之一。然而在产业发展上仍然存在着种质资源丢失、品种结构需要调整优化、品种类型单一、栽培制度落后、标准化程度低、产后处理降损技术

落后、机械化利用程度低和社会化服务水平不高等问题。

(一) 种植品种单一、适宜的专用品种缺乏

四川省地貌东西差异大，地形复杂多样，地势呈西高东低的特点，由山地、丘陵、平原、盆地和高原构成。四川盆地地处西南内陆，冬无严寒，夏无酷暑，使莴笋在四川能够实现周年生产。四川盆地内冬春季节霜冻期短，非常适合莴笋等喜凉蔬菜种植。成都平原冬季光照弱，气温大部分时间在0℃以上，种植的莴笋叶片与肉质脆嫩，纤维含量少，在市场中竞争能力强，以彭州、新津、广汉、什邡等地栽培最为集中。成都平原早期以销售外省为主，受限交通条件和物流环节多等影响，主要栽培品种以地方品种"黑牛皮"为主，该品种肉质茎皮厚、坚硬，纤维多，耐储运，但肉质白绿、硬，并有黄心，株型紧凑易感灰霉病。虽然品质一般，但是产量高且耐储运，长期作为成都平原主栽品种销往北方地区。随着交通条件改善，北方地区温室等设施也可种植莴笋，莴笋消费需求朝高品质等方向发展，目前在成都平原转变为皮薄、肉脆嫩、莴笋香味浓的"竹筒青"圆叶莴笋和"红尖叶"类型尖叶莴笋为主，但这些品种对运输贮存条件要求更高，目前缺少品质好又耐储存的品种。在四川省高原地区夏季种植莴笋，为符合消费市场的需求，全部种植"三青"莴笋，但三青莴笋需要使用生长调节剂控制调节莴笋节间生长，对农户的种植水平要求较高，而且存在乱用植物激素的风险。由于我国开展莴笋育种研究的科研力量投入少，目前整体存在莴笋专用品种少，常规种等农家品种占比大的现状，而且这些农家品种单一性状具有优势，但对要求多个性状能够满足市场需求的品种缺乏。

(二) 种质资源创制技术水平不高，优良新品种选育难度大，育种水平滞后

四川莴笋栽培在全国享有盛誉，种质资源丰富，形成了以平坝冬春季节栽培和夏秋高山反季节栽培的两大优势产业，销往全国各地。然而现阶段莴笋的育种主要以地方品种的提纯复壮为主，育种水平低，很难出现突破性品种。常年的自然选择，导致品种来源单一，品种无法具有多个优良性状，满足不了种植户对综合性状优良新品种的需求。同时，由于莴笋可以常年种植，种植区域有低海拔地区和高海拔地区，而现有莴笋品种还没有适宜不同生态条件的优良专用品种，限制了莴笋产业的发展。

(三)生产管理粗放,标准化程度低

四川莴笋以小农小户分散种植为主,大部分农民靠经验种植,难以有效组织生产者进行集约化、规模化、标准化生产。在莴笋育苗上,大部分农民还是以种子催芽后撒播苗床,出苗后间苗,成苗后从苗床扯出移栽。这种方法管理工序多,同时从苗床起苗后根部带土少,移栽成活率低。移栽时定植的苗子大小不统一,对壮苗没有标准,定植苗子过大或徒长,容易造成成活率降低或者发生未熟抽薹等现象。水肥和农药的使用,完全按照个人栽培莴笋积累的经验,间隔一定时间就进行施肥和打药,往往造成肥料和农药使用过量,作物吸收利用率低。同时在莴笋不同生长期,由于水肥管理不善,容易造成植株长势偏弱,严重的导致肉质茎外皮厚而肉少,叶片薄而小,食用价值不高,产量下降。在莴笋肉质茎膨大期,水肥供应不均,也容易引起肉质茎裂口,导致商品性下降。目前莴笋生产中,还没有形成标准化的育苗技术体系、精准施肥技术、病虫害绿色综合防控技术等生产管理技术,农民生产出的产品参差不齐,商品等级不一,使得难以形成。

(四)病虫害防治不规范,化肥、农药使用不合理,生产成本高

目前莴笋产业主要从业人员年龄在 50 岁以上,整体受教育水平较低,对于莴笋病虫害的识别和诊断仅凭经验,误诊率高。因此,在开展莴笋病虫害防治时,只能求助于农药经销商。由于只能简单描述,经销商也难以诊断,为了能够防治住病虫害,只能把莴笋容易发生的主要病虫害种类的药剂都一次性施用,确保防治效果。同时,农民不能早期识别病虫害种类,根据以防治为主的原则,只能固定间隔时间,然后盲目施药。这种防治方法不仅造成药剂防治成本升高,也增加了环境污染。

大部分莴笋种植户在种植过程中,出于对利益追求的最大化,一直奉行"高投入就有高产出"的理念,为获得高产,不断增加对肥料的投入。对莴笋的需肥量和对不同养分元素的吸收量不了解,往往造成肥料的偏施,导致土壤肥力下降,有机质含量低,土壤 pH 值改变,土壤环境变差。土壤结构和肥力造成严重的连作障碍,容易造成莴笋长势偏弱,土壤容易产生病原菌为害莴笋植株,莴笋病虫害容易发生。种植户对莴笋施肥技术和病虫害防治技术的不了解,容易使农药和化肥的使用不合理,造成植株长势不正常,而种植户为了高产,只有更多地使用农药和化肥,从而造成恶性循环,不断提高种植成本。

（五）商品处理技术水平落后，产后损失率高

蔬菜作物的采收、挑选、清洁、整理、分级、包装、预冷、贮藏、保鲜、运输等过程是蔬菜生产中的重要环节，而且像莴笋等根茎类蔬菜的损耗也主要在这个环节。据统计，部分发达国家的果蔬采后损失率已降为5%左右，而我国蔬菜的采后损失率20%~40%，一般根茎叶菜类在蔬菜种类中损失率最高。莴笋属于根茎类蔬菜，采收时需要保留肉质茎和叶片，贮藏能力弱，运销途中主要采用冰瓶、冰块等保鲜方式，如果短途运输直接不采用保鲜措施，产品保鲜期短，损失率高达25%以上。我国莴笋采后处理和加工技术的研究和经费投入方面非常少，基本属于空白。没有科技支撑，莴笋的保鲜技术只能借鉴类似蔬菜作物，凭经验采取相应措施，使得效果好坏不一，整体损失率居高不下。莴笋作为一种根茎类大宗蔬菜，许多生产者精品意识薄弱，忽视产品的包装和高水平消费者和消费国的视觉需求，产品大多没有包装或包装简陋、过于粗糙，不精细，不美观，再加上采收、贮藏、加工和"冷链"流通环节的不规范，严重影响了产品质量，削弱了在国内市场上的竞争能力，限制了消费群体和市场。

（六）机械化水平低，劳动生产效率难以提高

随着人口老龄化不断加剧，人工成本不断上升，劳动生产效率低，对机械化需求迫切。我国农作物综合机械化水平已达到70%左右，而蔬菜机械化生产水平根据相关文献调研统计为30%左右，远低于农作物机械化生产整体水平。莴笋在我国投入的科研力量严重缺乏，莴笋生产机械化的利用率更加低。同时由于目前露地蔬菜种植者总体年龄偏大，一般劳动力平均年龄在50~60岁，部分地区平均年龄在60~70岁。从业人员总体文化程度不高，栽培上大多凭经验管理，难以操作农业器具。同时，四川省莴笋种植主要为农户分散种植，田块小，限制了很多农业机械的应用。在蔬菜生产中主要有耕整地、种植、田间管理和收获四大主要环节，其中种植（包括移栽和直播）和收获是当前蔬菜机械化生产的重点和难点环节，现有的移栽和收获机械价格高，对于四川省莴笋种植户，由于种植面积小，购买大型农业机械投入大，与生产收益严重不符，农民无购买农机意愿。

（七）应用推广技术体系薄弱，成果转化和推广效率有待提高，销售方式有待创新

受传统精耕细作的农耕文化影响和四川地形地貌及人口众多等影响，四川莴笋

种植主要以小农户为主体。莴笋种植生产也与整个蔬菜产业一样，面临菜农老龄化日益严重和农村农业从业人员日益减少的问题，农业生产从业人员整体上看，综合素质较低，接受和掌握农业新技术、新信息的能力较差，主观意识淡薄。四川省县、乡（镇）一级蔬菜农技推广体系不健全，技术推广人员工作任务重、杂，工作条件差，待遇低，造成人心涣散。同时基层推广人员知识结构老化，缺乏培训进修机会，更是造成年轻农技推广人员不愿从事田间农技推广工作。从销售渠道看，种植户产出的莴笋产品，主要靠当地代购商（收购商）统一收购，然后再通过批发零售到消费端，种植户只能专门种植莴笋，对外界市场信息也只是从种植户之间或者采购商之间获得，导致对市场的销售信息和市场需求信息把握不准，"信息不灵、渠道不通"，生产规模的增减具有盲目性等，这些都制约了新品种、新技术的推广应用，不利于莴笋产业的进一步发展。

三、四川省莴笋产业发展趋势与对策建议

（一）四川省莴笋产业发展趋势研判

四川气候温暖湿润，非常适宜莴笋生长，加上莴笋适应性强，食用方法多样，深受居民喜欢，所以在四川分布非常广泛，在蔬菜结构组织和蔬菜均衡供应商都占有非常重要的地位，对助力乡村振兴，保障和促进农民增收均具有重要作用。四川莴笋可周年栽培和供应，是国家保供蔬菜种类之一。四川莴笋种业影响全国，国内大部分莴笋种子由四川提供。四川莴笋在国内具有极高知名度和影响力。近年来，四川省农业科学院园艺研究所、绵阳市农业科学研究院等科研单位和四川龙盛、四川种都高科等企业都开展了莴笋新品种选育和配套关键技术研究，初步形成了一些适合不同生态条件、不同消费需求的莴笋专用品种，集成了高原莴笋、盆地周年生产等实用栽培技术，为四川莴笋产业升级奠定了坚实基础。

随着从业人员老龄化，莴笋种植将逐步会走向由家庭农场、专合社、农业企业等新型农业经营主体通过土地流转等形式，逐步采用生产机械化，开展规模化种植。生产关键环节走向标准化，如集约化育苗、精准施肥、水肥一体化、病虫害综合绿色防控、农机农艺融合等，关键技术应用社会化服务逐步成熟。通过培育新优品种、加快繁种技术研发，将不断提升四川莴笋种业在国内领先地位。

（二）促进四川省莴笋产业发展的对策建议

1. 积极开展种质资源收集与利用工作，培育专用、优良莴笋新品种

种质资源是种业芯片，我国已将种源安全提升到关系国家安全的战略高度，以将实现种业科技自立自强、种源自主可控。四川省地域辽阔、地形多样，涵盖我国南北各种气候类型，因此蔬菜种质资源十分丰富。莴笋在四川各地均有栽培，是我国重要的品种资源宝库，在我国种质资源保存的莴笋资源中，超过22%的资源来自四川。然而莴笋生产中推广的品种，主要来源于地方资源优选出的地方品种（品系）。成都平原主要种植的圆叶莴笋主要是竹筒青，是彭州等地长期种植的一个地方品种，但是该品种抗性差，叶色和肉色也不是特别翠绿而导致种植面积在减少。现在种植面积越来越多的红尖叶莴笋，是从本地种质资源中的红叶莴笋中优选出的紫红尖叶的莴笋地方品种，该品种虽然肉脆有莴笋香味，但产量不高。川西高原夏季种植的三青莴笋，也是从地方品种中筛选出的一个叶青、肉青、皮青的"三青莴笋"，但该品种自然生长表现出节间非常密，没有商品性，因此需要使用赤霉素等植物调节剂进行诱导拔节，促进茎秆伸长。针对莴笋类型、生产环境和栽培模式的多样性，必须选育不同类型的专用品种。如耐高温高湿、耐抽薹的越夏品种，耐储运品种，针对四川水旱轮作水稻占田时期长选育生育期短的冬季品种，抗霜冻的越冬品种，等等。因此，需要利用四川省丰富的莴笋资源，通过杂交、辐射等育种技术创制出综合性状优良的莴笋新材料（种质）。同时加强生物技术育种与传统育种技术的结合，实现高效精准育种。同时加强莴笋繁种基地建设，加大在四川开展莴笋繁种技术研发投入，保障莴笋种子质量，提升种业竞争力，保持莴笋种业领头地位。

2. 优化区域布局，推广新品种，集成新技术，践行绿色可持续发展道路，提升产业生产技术水平

莴笋适应性广，在四川均可种植，并形成了以平坝冬春季节栽培和夏秋高山反季节栽培的两大优势产区，应按照"市场导向，因地制宜，发挥优势，取长补短"的原则，合理选择新优品种，才能有效调节适应市场，促进产业给农民带来增收。四川成都平原，冬无严寒，空气湿润，光照寡少，莴笋可露地越冬栽培，品质好，莴笋种植面积为四川最大区域。该区域是我国南菜北运基地之一，莴笋品种尽量要选择耐储运和品质好的圆叶青莴笋和红尖叶莴笋等品种，同时生育期能够适合水旱轮作模式。而在川西高原等海拔较高的夏季冷凉地区，应发挥夏季生产莴笋调节成都、重庆等地夏淡蔬菜供应的优势，但受少数民族地区菜农整体对科技知识接受度低的问题，很难掌握利用植物调节剂，因此需要应尽快能够推广不需要使用激素调节、耐抽薹的"三青"莴笋新品种。

新品种的推广，能够使产量或者品质得到明显提高。在此基础上，加上围绕新品种的特征特性，集成这些优良品种的配套高产高效栽培技术措施，将能够使品种的优势更加凸显。围绕优良新品种，可以在培育壮苗、科学施肥、省工省力、土壤改良等方面集成标准化、轻简化的生产技术，整体提升莴笋生产技术水平。同时，在民众和政府越来越重视食品安全的大环境下，要从过去的经验型盲目种植转变为知识型绿色安全生产的可持续发展道路。要平衡土壤和莴笋的协同作用关系，盲目使用农药和化肥破坏土壤环境，将抑制植物健康生长，从而需要使用更多的农药和化肥。因此要遵循"预防为主，综合防治"的植保方针，采用科学合理的化肥使用方法，推广测土配方、合理轮作、水肥一体化精准施用、病虫害绿色防控等实用技术，实现标准化莴笋绿色安全生产。

3. 开展莴笋生产相关农机装备研发，实现农艺农机结合，发展莴笋全产业链机械化应用

蔬菜机械化程度最高的环节是耕地、灌溉和运输，这些环节的机械具有普遍通用性，可以借鉴和改良相类似蔬菜作物生产的机械设备，开展莴笋机械化应用，逐步实施莴笋机械化生产。同时加大对莴笋生产关键环节的农用机械设备研发，尤其是对播种、移栽、采收等机械化应用难度高的环节。农用机械的使用对不同地区地形存在着很大的差异，尤其我国现阶段对丘陵地区小微型农用机械的研究非常薄弱，而四川丘陵和山区较多，因此，急需适合四川不同地形的农用机械研究。加强适合农业机械生产的莴笋新品种选育和应用，同时加大对适合莴笋机械化生产的栽培模式（优化厢面宽度、种植株行距等），实现农机农艺的有机结合，促进莴笋全产业链机械化的应用。由于农用机械设备金额投入大，同时对使用人员的专业技能要求较高，因此需要加大对农机购买的补贴，同时发展农机社会化服务，对农机作业订单服务、托管服务、综合农事服务，从而促进和提高莴笋产业的机械化应用率。

4. 加强莴笋采后商品化处理和储运技术研发和应用

莴笋在采后流通环节损耗率一直较大，需要大力研究推广适宜四川莴笋生产、销售的采后商品化处理和储运技术，减少损耗，降低成本。不同蔬菜作物采后储存对温度、湿度等环境条件的需求都不一样，莴笋采后处理研究一直较少。应建立以企业为主，联合科研院所，通过"产、学、研、用"相结合的研发体制，从采后田间处理、商品包装、商品化处理、贮藏加工等技术和设备的研发，实现田间采收、分级包装、预冷处理、保鲜储藏、冷链运输等全链条标准化、工厂化、数字化、智能化。开展莴笋新型保鲜剂、保鲜工艺技术研究与应用，延长蔬菜保鲜期，增强市场调蓄能力。

5. 加大引入农业新型经营主体，加大农技推广人员和种植户培训力度，探索多种生产经营模式

农技推广技术体系是我国科研成果向农村转化应用的主力，应不断完善各级部门职能，创新机制，健全保障制度等，充分发挥其在推广科技成果和为农民提供技术服务中的主导和带动作用。在推广示范过程中，通过与省、市、县（区）、乡（镇）农技推广部门合作，主要开展技术培训和技术推广，提高农技推广人员和种植户的理论知识和生产技能，并在专业合作社（种植大户）开展试验示范，通过现场会、技术资料宣传、示范户田间效果展示等，带动当地周围农户的积极性，达到技术落实到田间地头。积极引入相关的农业龙头企业进入莴笋生产、销售产业，联合各类新型经营主体，带动更多种植户，提升区域莴笋种植户整体技术水平。探索完善"企业+合作社+基地""大园区+小业主"、农户适度经营等土地生产管理模式，解决"谁来种"的问题。同时加快发展农超对接模式、网络平台销售等经营模式，发挥龙头企业资本、技术、人才、销售网络等优势，带动多种新型经营主体积极性，采用适度规模生产，健全莴笋生产、销售产业链，实现健康、绿色、可持续发展。

参考文献

高庆生，陈永生，管春松，等，2021. 露地蔬菜机械化移栽作业现状及水平分析［J］. 中国农机化学报，42（11）：193-197.

李家慧，侍守佩，王治斌，等，2018. 江原县高原莴笋发展现状及可持续发展对策［J］. 四川农业科技（11）63-65.

苗明军，季跃建，吴传秀，等，2022. 高山莴笋绿色高产高效栽培技术［J］. 中国蔬菜（07）125-127.

四川省芥菜产业发展报告

刘独臣[1] 夏 枫[1] 罗红萍[2] 吴传秀[3] 李 享[3]

(1. 四川省农业科学院园艺研究所，四川成都 610066；

2. 四川省眉山市东坡区农业农村局，四川眉山 620010；

3. 四川省园艺作物技术推广总站，四川成都 610041)

摘 要：本研究对四川芥菜产业发展概况、种质资源保存与评价、育种研究进展等方面进行了总结论述，深入分析了四川芥菜产业的特色与优势，提出了四川芥菜产业区划布局；总结了四川芥菜种质资源搜集、评价与创制及品种选育、绿色高效栽培技术、采后处理和加工等全产业链发展情况；系统地对四川芥菜产业经营主体与生产现状、市场销售、价格与趋势、一二三产业融合等方面进行了调查研究。通过对中国及四川芥菜产业发展现状对比分析，明确了四川芥菜产业发展存在的主要问题，研判了四川芥菜产业发展趋势，提出了四川芥菜产业发展对策，为四川省芥菜产业高质量发展提供了理论支持与发展思路。

关键词：四川省；芥菜；产业现状；问题；建议

引言

中国是芥菜的原生起源中心之一，中国西北地区是我国芥菜的起源地，四川盆地是芥菜次生起源多样化中心，芥菜16个变种中4个（白花芥、卷心芥、茎瘤芥、抱子芥）起源于四川。四川省芥菜无论在变异类型的丰富程度还是在品种资源数量的分布都居全国之首。四川泡（酸）菜常年种植面积在3.3万公顷以上，年产量达300万吨，四川榨菜、南充冬菜、宜宾芽菜、内江大头菜等皆是以芥菜作为原料的四川名特产，产品畅销国内外。近年来，以芥菜作为重要原料之一的眉山泡菜，在眉山市政府及相关部门的政策支持下迅速发展，成为眉山市重要的特色产业，有力地推动了当地社会经济发展。目前四川已形成四川盆地及丘陵地区加工芥菜种植区、川西高原鲜食生态芥菜种植区、城市近郊鲜食保供芥菜种植区的三大芥菜特色优势区域化布局。

一、四川省芥菜产业发展现状

（一）四川芥菜产业概况

芥菜在四川种植历史悠久，《齐民要术》中记载"蜀芥、芸薹取叶者，皆七月半种。"表明至少在公元6世纪上半叶之前四川盆地已有叶芥的种植记录。目前，芥菜是四川秋冬季节主栽的特色蔬菜之一。2020年，四川芥菜种植面积约120万亩，其中加工原料种植面积83万亩，加工原料189万吨，加工产品129万吨，原料产值8.4亿元（特色蔬菜产业技术体系统计数据），芥菜多个变种资源加工品质卓越，已形成了独具特色的四川泡酸菜、南充冬菜、资中冬尖、宜宾芽菜、内江大头菜等众多知名的加工名特产品；打造出了东坡区"中国泡菜之乡"、威远"中国大头菜之乡"等多个国家地理标志保护产品认证基地。全省涉及芥菜加工的企业260多家，其中眉山东坡区有泡菜调味品食品企业60余家，规模以上泡菜企业36家。

四川芥菜不但加工产品多，鲜食芥菜也具有特殊而重要的地位，由于四川盆地得天独厚的地域气候特征，茎用芥菜膨大速度快，口感细腻芳香，特别适合鲜销早熟榨菜、儿菜和棒菜的生产，四川盆地出产的榨菜比涪陵早榨菜上市提前20天左右，质量好，价格高，除满足本地市场外，大量销往国内北方地区，市场潜力极大。芥菜产业已成为了四川省一大特色蔬菜支柱产业。

（二）资源创新与新品种选育

1. 种质资源收集、评价与创新

四川是芥菜的次生起源中心之一，中国芥菜的16个变种中，茎瘤芥、笋子芥、凤尾芥、长柄芥、白花芥、抱子芥等6个变种首先在四川盆地内发现，丰富的芥菜资源，为四川芥菜育种研究提供了保障。从"十四五"开始，四川省农业科学院芥菜育种纳入"四川省农作物育种攻关"专题，2022年成为国家芥菜育种攻关首席专家单位，2023年组建四川省芥菜联合育种攻关团队，四川芥菜育种团队紧密围绕芥菜产业发展需求，重点开展了芥菜种质资源挖掘与利用、新品种选育、加工品质测试、分子育种和遗传转化技术等研究。在目前收集保存有芥菜16个变种1 125份种质资源，发掘创制芥菜耐抽薹、高花青苷、高产、抗逆等优异资源100多份，其中通过鲜菜营养成分及泡制风味测试综合评价，发掘芥菜高花青苷材料2份，高维生素C材料2份，高谷氨酸材料4份；采用田间抽薹表型数据和植物体生理生化物质相关性分析与定向选育相结合，发掘和创制芥菜耐抽薹资源20份，比对照眉山包包青晚抽薹20天以上。这批优异芥菜资源的发掘与创制，为我国芥菜高品质育种提供了骨干亲本。

2. 育种技术创新与新品种选育

以四川地区优势特色生态为依托，以市场消费需求为导向，四川省农业科学院芥菜育种团队以丰产优质为目标，开展芥菜抽薹特性生理生化分析及分子标记、特色地方品种提纯复壮、优质多抗新品种选育等。经过多年研究，选育出"优选宽叶青1号""优选包包青2号""川芥1号""川芥2号"等系列叶用芥菜新品种。其中，"川芥1号""川芥2号"均为优质杂交芥菜新品种。"川芥1号"成熟期155天左右，叶浅绿色，叶柄浅绿色、宽厚少筋、质地脆嫩、鲜食加工兼用。"川芥2号"成熟期160天左右，叶浅绿色，有明显蜡质，叶柄宽厚、耐抽薹、抗黑斑病、适宜加工。同时申请国家新品种保护7个，其中高配合力卷心芥不育系"蜀092058A"、极早熟不育系"蜀090130A"已获得新品种权。多变种不育系的创制和川芥系列杂交新品种的育成推广，弥补了四川省缺乏优质杂交芥菜品种的局面，显著提升了四川芥菜产量与品质，"十四五"期间在四川地区累计推广面积5万亩以上，成为四川地区加工叶用芥菜主推品种。

（三）绿色高效栽培技术

1. 育苗关键技术

四川地区芥菜栽培以秋播为主，育苗根据不同种类、品种、海拔等略有不同，一般茎用芥菜在四川盆地播种宜在8月下旬至9月上中旬，叶用芥菜和根用芥菜9月上中旬播种；高山高原地区笋子芥可提前到7月下旬至8月上旬播种。苗床应选择3年以上未种植十字花科作物的地块，播前深翻炕土，每亩苗床施腐熟有机肥1 000~1 500千克，配施适量复合肥，苗床土充分混匀，整细整平，做成深沟高厢。播种前1天用500克/升的氟啶胺2 000倍液喷淋苗床，防治苗期根肿病，培育壮苗。

2. 大田管理关键技术

根据土壤肥力情况科学施肥。在中等肥力条件下，结合深翻，每亩施腐熟有机肥 2 000~2 500 千克，配施三元复合肥（氮∶磷∶钾＝15∶15∶15）30~50 千克，茎瘤芥栽培可适量增施硼肥。大田栽培宜采用深沟高厢，厢面平整，壮苗移栽，合理密植。壮苗标准为 5~6 片叶、根系发达、植株健壮、无病虫害，阴天或晴天下午带土带药移栽。移栽后及时浇定根水，整个生育期保持土壤湿润，忌干旱洪涝。芥菜追肥以速效氮肥为主，一般追肥 2~3 次，在不同生长阶段，结合浇水追肥。

3. 病虫害防治技术

芥菜的主要病害有根肿病、软腐病、病毒病等，主要虫害有菜青虫、蚜虫等。坚持"预防为主、综合防治"的原则，优先采用农业防治、物理防治、生物防治，化学防治遵循安全、高效、减量原则。①农业防治：选用抗病品种、轮作、壮苗移栽、深沟高厢、合理密植、田园清洁。②物理防治：银灰膜避蚜、黄板诱蚜、频振灯诱杀害虫。③生物防治：保护和利用天敌，推广使用生物农药、性诱剂诱杀害虫。④化学防治：用 50%氟啶胺悬浮剂或 10%科佳 2 000 倍液喷淋苗床，预防苗期根肿病。软腐病发病初期可用 50%氯溴异氰尿酸 50~60 克/亩喷雾防治。化学药剂的使用应对症施药，选用高效、低毒、低残留农药交替使用，使用时严格按照规定的浓度和安全间隔要求执行。

（四）采收及采后处理

叶用芥菜、笋子芥等在现蕾前可根据市场需求适时采收，提前上市。采收后应及时进行整理，鲜食芥菜就地去除泥土、老黄叶、病残叶，就近进行分类、分级、包装等，长距离运输应保持低温冷藏，以保证商品性。加工用芥菜采收后原地晾晒 2~3 天，运输至就近加工点进行加工。目前，芥菜采后处理尚处于初级阶段，一些大型加工企业对于加工用菜商品性分级要求较高，但鲜食芥菜少有精确分级分类包装，且冷链运输体系缺乏。

（五）经营主体与生产现状

近年来，在全国大力扶持农业产业化重点龙头企业、专业合作社，培育农民新型经营主体，以及脱贫攻坚的政策背景下，四川地区芥菜产业也抓紧机遇，取得了良好的发展成效。四川省农业科学院芥菜团队针对四川地区芥菜生产良种缺乏、种植技术落后等问题，经过多年努力，培育适宜四川地区的芥菜杂交新品种"川芥 1 号""川芥 2 号"，先后制定了四川省地方标准《笋子芥生产技术规程》《叶用芥菜生产技术规程》《茎瘤芥生产技术规程》，同时，与四川各芥菜主产区相关部门、企业等加强联系合作，并深入一线开展指导，在眉山、成都、达州等地建立了多个芥菜生产基地。目前，四川省芥菜相关农业产业化国家重点龙头企业近10家，芥菜加工业欣欣向荣。眉山各级政府部门以龙头企业为引擎，积极引导标准化、规模化、集约化蔬菜原料基地建设，以"企业+专合社+农户""企业+基地+农户"等多种模式，通过订单生产，调动双方积极性，实现互利双赢，推动了眉山泡菜产业迅速发展。

（六）市场营销、价格与趋势

四川省芥菜集中在冬春采收上市。鲜食芥菜主要作秋提早栽培，在早冬蔬菜市场抢先上市。其中，早熟棒菜、儿菜、青菜头及青菜在10月初陆续上市，主销四川和重庆市场，市场平均售价4~5元/千克；中晚熟鲜食芥菜品类畅销重庆、北京、上海、广州等大城市，市场平均售价3~5元/千克；加工型芥菜产业区内泡菜食品企业通过"订单"模式，与种植户直接对接，按生产需求量签订泡菜原料最低保护价收购协议，以销定产，实现小生产与大市场的有效对接，如东坡区建立健全了"企业+基地（农户）"或"企业+新型经营主体+基地（农户）"产业联结机制，订单率达90%左右，形成了"市场牵龙头、龙头带基地、基地连农户"的利益联结格局，联结带动全区12万农户发展芥菜15.2万亩，年种植收入2.37亿元，实现了产业发展、企业增效、农民增收。

（七）一二三产业融合

2021年，中央一号文件明确提出构建现代乡村产业体系，首先提到要依托乡村特色优势资源，打造农业全产业链。农业农村部出台《关于加快农业全产业链培育发展的指导意见》，指导农业产业全产业链发展。近年来，四川省芥菜产业抓紧机遇，从优化品种、建立标准化规模化原料生产基地、优化加工工艺流程、研发芥菜下饭菜、芥菜休闲食品、打造信息化现代化园区等，促进了芥菜产业全产业链融合发展。如眉山东坡区通过发展订单农业，以订单为纽带，将一二产业紧密融合，形成利益共同体和产业链条，实现利益共享、互惠互利，实现芥菜产业基地长效发展、可持续发展。同时，积极推进泡菜产业集聚发展，通过建设"中国泡菜城"，全面打造"东坡泡菜"品牌。2017年6月，"中国泡菜城"成功入围第一批国家现代农业产业园创建名单。它是全国第一个规模最大、功能最全、工艺最新的泡菜产业园区，重点打造了泡菜加工中心、泡菜质量检测基地、泡菜研发基地、泡菜教育培训基地、泡菜文化旅游博览基地、泡菜交易展示基地、泡菜有机原料生产基地等"一中心六基地",是全国第一个泡菜行业4A级景区,成为"一二三产业融合发展"的示范样板。同时,为提升"东坡泡菜"品牌知名度和市场竞争力,东坡区已连续十年在眉山举办了泡菜国际盛会,邀请了国内外嘉宾和企业参会,展示了以"东坡泡菜"为代表的四川泡菜产业盛况,并每年组织区内泡菜食品龙头企业参加各类展示展销会。

二、四川省芥菜产业发展存在的主要问题

(一)种质资源收集、评价利用有待加强

目前我国芥菜产业正处于转型升级的关键时期,种质资源是学科和产业发展的战略基础。芥菜类蔬菜品种资源不但数量大,而且种类也丰富,且表型性状和生态适应性差异较大,但是总体上发掘和开发利用不够,我国大量的优异芥菜资源还未得到有效的关注和利用,四川省虽然为芥菜种质资源大省,但种质的系统评价创新仍然不够,对各变种主要农艺性状和品质性状的关键基因解析不够,分子育种技术体系尚未建立,现有的优异资源极为有限,育种遗传背景狭窄,难于选育突破性新品种。

(二)突破性新品种缺乏,综合性状优良的品种亟待培育

四川芥菜多以永安小叶、砂锅底青菜、临江儿菜、花叶棒菜作为大面积栽培品种,这些传统品种的沿用一方面保持了品牌的特性,另一方面由于农户长期自留种及良种繁育技术落后,造成品种混杂、种性退化,现有芥菜品种及综合品质难以满足生产发展的需要。既缺乏丰产、优质、广适的优良品种,更缺乏适宜鲜食和加工的专用优良品种,给芥菜类蔬菜产业提档升级和向多元化发展带来了障碍。由于极端天气和流行性病害的多发、高发,芥菜病毒病、根肿病、霜霉病频频发生,造成部分芥菜主要生产基地的产品经常减产或绝收,商品质量也大幅度降低;同时,生产上缺少耐抽薹的芥菜新品种,常发生未熟抽薹和腋芽抽生等现象,造成芥菜产量和品质大幅度下降。芥菜杂交新品种推广比例不高,还未成为主导品种,目前四川省农业科学院选育的杂交芥菜川芥系列品种丰产性抗逆性表现突出,已逐步进入产业,占领部分市场,但由于推广时间短,目前也只占有约10%的四川市场份额。更多更好的综合性状优良的突破性芥菜新品种亟待培育,特别是耐抽薹、抗病、加工

专用等丰产优质综合性状优良的突破性新品种缺乏，难以满足芥菜产业的发展的需要。

（三）良种繁育体系有待规范

近年来，特别是川渝等地，依托当地传统习惯发展起来的"特色作物"，如四川的眉山泡青菜（宽柄芥）、宜宾芽菜（小叶芥）、南充冬菜（大叶芥）、内江大头菜（根芥）以及涪陵榨菜（茎瘤芥）等，虽然在一定程度上带动了当地产业发展，但过于本土化，加工小作坊化，导致了"只见特色未见广适"的区域壁垒产业格局。我国生产上芥菜品种大部分是地方品种，芥菜良种繁育90%以上为农户、企业或合作社自留种为主；根据四川芥菜实际种植面积，四川芥菜良种实际需求量约为10万千克。四川制种基地主要包括四川绵阳、成都大邑、成都崇州、自贡威远等地，主要繁种作物为本地芥菜品种宽柄芥、笋子芥、茎瘤芥、大头菜等，常年规模化良种繁育基地生产面积500亩左右，约生产芥菜良种2万千克。一般芥菜常规品种制种产量仅40~50千克，芥菜杂交种制种产量30千克左右。其余差额种子多为甘肃、河南、重庆等外繁外调种子。其中最大规模的为甘肃芥菜制种适宜区，芥菜常规品种制种产量约150千克以上，芥菜杂交种制种产量约100千克，比其他地方制种产量高2~3倍，芥菜商业化、系统化、规模化育种体系滞后，缺乏规模化标准化的芥菜种子生产基地及技术，导致供给芥菜商品化生产基地的种子质量难以保证，也常因种子数量不足，限制了部分地区种植规模稳定，种子和原料互通少，农户合作社加工企业自留种多，品质得不到提升，产品质量得不到保障。

（四）标准化生产程度低，机械化水平有待提高

芥菜生产目前机械化程度不高，还属于劳动密集型产业，由于劳动力价格不断提高、生产物资价格上涨、连作障碍病虫害发生严重、订单率不高抵御市场风险能力弱、价格年份间波动较大、栽培技术落后、机械化程度低等原因，导致芥菜种植出现产量低或丰产不丰收的情况。加工主要采用传统的生产工艺，基本依靠人力，劳动强度大，生产周期长，受天气影响大，产品质量难以精确控制，规模化生产受到严重制约。宜机化新品种的选育、轻简化栽培技术的研究、芥菜专用机械的研制都有待进一步的探索。

（五）加工产品单一、加工废弃物资源化利用不足

芥菜加工产品比较单一，主要是经过腌制后的初级加工产品，加工工艺落后，

高盐散装产品比例仍较高，而低盐小包装产品比重低，产品附加值低。尤其在四川，芥菜加工是传统工艺，入行门槛低，家庭作坊式小企业不计其数，产品质量意识淡薄。对芥菜的腌制及储藏技术、调味方法、鲜加工及废弃菜叶加工等核心技术缺乏深入研究，技术支撑力度不足。加工废弃物资源化利用不足，如青菜头、棒菜、儿菜、大头菜收获后的大量茎叶弃留田间，不但增加田间病虫害的积累和发生同时也对农业生产环境造成威胁。

三、四川省芥菜产业发展趋势与对策建议

(一) 四川省芥菜产业发展趋势研判

1. 区域面积稳定，优势特色区域有序缓慢增加

芥菜作为四川省秋冬蔬菜的重要组成部分，除长期供给当地市民和作为"南菜北运"的时鲜特色蔬菜外，目前已形成了以四川盆地、长江中下游地区为中心的"名特优"农副产品商品化生产加工基地以及独具特色的四川泡酸菜、冬菜、芽菜、大头菜和榨菜等众多加工名特产品，区域面积稳定，如眉山东坡区作为四川加工芥菜原料的主要产区，2018年芥菜播种面积13.54万亩，在更高附加值的中药材的冲击下，2022年播种面积仍然保存在12.25万亩，同时四川川西高原地区因其独特的地理气候优势，近年来，鲜食芥菜如棒菜、儿菜发展迅速，另外由于现在物流和互联网的优化发展，芥菜外销市场特别是北方市场的打开，为四川省芥菜产业发展提供了良好的市场前景，优势特色区域有序缓慢增加，目前四川芥菜已初步形成了四川盆地及丘陵地区特色加工芥菜种植区、川西高原鲜食生态芥菜种植区、城市近郊鲜食芥菜保供种植区的格局和定位。

2. 产品特色突出，附加值提高

随着对芥菜品种特性的发掘，以及芥菜保鲜技术及对储藏技术、深加工、鲜加工技术升级优化，以芥菜生产加工技术创新为动力，提高芥菜区域品牌的科技含量，使传统的眉山泡青菜、宜宾芽菜、南充冬菜、内江大头菜名特优品牌价值更加凸显。随着政策、经济、社会环境等多方驱动，我国预制菜行业在未来有望实现万亿元以上规模稳步增长，多类型、多风味、初加工、深加工、鲜加工都具备的芥菜产业将是预制菜蔬菜类型的首选，是预制菜品牌未来发力的新阵地。

3. 生产经营模式发生变化

随着土地流转集中生产和芥菜生产机械化程度的提高，芥菜集约化生产程度会逐步提高。目前作为稻菜轮作模式下重要的秋冬蔬菜，在很多芥菜加工原料产区，集中种植的专业合作社和面积都有增加，统一的水肥管理和机防技术已经成熟。可立足各地特殊地理气候优势，以绿色发展为理念，加快全产业链转型升级，构建标准化生产体系、规模化经营体系、社会化服务体系，促进芥菜生产、加工、物流、服务等环节相互贯通，着力彰显新型农业经营主体等现代农业元素，打造富民强国的现代农业优势产业。

（二）促进四川省芥菜产业发展的对策建议

1. 强化资源收集保存、鉴定评价与新材料的创制

高效利用种质资源是改变育种遗传背景狭窄、选育突破性新品种的战略基础。研究芥菜种质资源的遗传多样性及其变化趋势，加大芥菜变种之间的杂交育种，创造新的芥菜种质资源，加强不同地区之间芥菜材料的相互引种，以扩增本地区芥菜种质的遗传基础并对种质资源进行较好的利用。以"国家西南特色园艺作物种质资源圃"为依托，广泛开展芥菜种质资源收集保存，加大芥菜种质资源的评估与筛选，开展芥菜耐抽薹、抗病、高品质优异材料的发掘与创制；通过传统育种技术、分子标记辅助育种技术、发酵加工品种测试分析等，构建四川芥菜育种核心种质资源库，加快发掘优异特色资源，结合生产需求，创制新的育种材料。

2. 发展育繁推深度融合产业创新体系之路

优良特色品种是支撑芥菜产业转型升级的核心要素。加强芥菜多变种不育系的选育和储备，选育目标性状突出的专用化品种，重点加强高产、优质、耐抽薹、抗逆等综合性状优良的具有重大推广应用价值的加工和鲜食专用型新品种的选育。加大芥菜杂交品种的示范推广力度，加快现有栽培品种更新换代，提高良种覆盖率。

开展芥菜播种、采收等环节的高效机械引进与应用，提高芥菜产业集约化、规模化、标准化程度，节本增效，缓解农村劳动力普遍缺乏且年龄偏高与芥菜高密集劳动需求矛盾，促进芥菜产业健康发展。国家及省级层面进行统一规划，建立规模化、标准化的良繁（制）种基地及配套技术，构建良好的芥菜产学研用深度融合的种业创新体系，促进良种繁育与产业化推广有效结合，充分挖掘芥菜产业发展潜力和巨大经济价值。

3. 以科技创新为动力，提升芥菜品牌价值

在实施创新驱动发展战略背景下，国家更加重视依靠科技创新解决制约农业发展的突出问题，提升农业可持续发展水平。要解决芥菜产业化的发展瓶颈，提高科技创新水平是必由之路。开展精深加工技术研发，提高芥菜产业精深加工转化率。开发芥菜预制菜、即食休闲食品等高附加值产品，丰富芥菜精深加工品种类。研发新技术、新产品、新工艺，提升市场竞争力，促进产业效益提升。开展不同芥菜采收、加工过程废弃的茎叶等副产物营养成分等研究，促进芥菜副产物资源转化利用，开发有机肥料、动物饲料、天然食品添加剂等，提高芥菜加工的资源利用效率，提升经济效益和环境效益。制定和完善芥菜产品标准，提高芥菜生产品质化和品牌化发展水平。

参考文献

刘独臣，冉茂林，汪小川，等，2015. 叶芥苗期根肿病综合防治技术研究［J］. 安徽农业科学，43（16）：77-79.

刘佩瑛，1996. 中国芥菜［M］. 北京：中国农业出版社.

孟秋峰，王毓洪，黄芸萍，2020. 芥菜类蔬菜品种资源和高效生产技术［M］. 北京：中国农业出版社.

苗明军，李菊，廖继超，等，2022. 川西高山早市棒菜优质丰产栽培技术［J］. 长江蔬菜（05）：4-6.

四川省白菜类蔬菜产业发展报告

赖 佳[1,2] 叶鹏盛[1,2] 刘 勇[1,2] 盛玉珍[1,2] 韦树谷[1,2] 黄 玲[1,2] 张骞方[1,2]

(1. 四川省农业科学院经济作物研究所,
2. 蔬菜种质与品种创新四川省重点实验室,四川成都 610066)

摘 要:白菜类蔬菜在我国栽培历史悠久,类型丰富,分布广泛,栽培面积大,在均衡市场供应、稳定蔬菜价格、保障人民生活等方面具有重要作用。四川省特殊的生态和气候条件,造就了白菜类蔬菜品类丰富、品质佳等特点,因此成为白菜类蔬菜生产大省。四川省白菜类蔬菜产业规模庞大、产区基本稳定、种质资源丰富、品种创新加速、栽培技术规范。通过剖析四川省白菜类蔬菜产业发展现状、存在的主要问题及发展趋势,提出了加强科技创新、健全技术标准、引导规模经营、稳定种植效益、完善产业链条、强化品牌意识、加强科技推广等对策建议,以为四川省白菜类蔬菜产业持续健康高质量发展提供科学依据。

关键词:四川省;白菜类蔬菜;现状问题;发展趋势;对策建议

引言

四川省主要包括川西高原和四川盆地两大区域,其中川西高原属温带、亚热带高原气候,具有降雨少、日照充足、昼夜温差大、土壤肥沃等特点;四川盆地属亚热带湿润季风气候,具有冬暖、春早、夏热、秋雨、湿度大、云雾多、日照少等特点。四川省冬无严寒、夏无酷暑、生态条件优越、气候类型多样,特殊的生态和气候条件,造就了丰富的白菜类蔬菜类型,优越的自然条件奠定了白菜类蔬菜口感好、品质佳等特点,四川因此成为白菜类蔬菜生产大省,也是原农业部规划的长江上中游秋冬白菜和西部高原夏秋白菜的主要优势产区,"理县大白菜""康定芜根"等先后获得国家地理标志产品保护,开发了"开水白菜"等四川名菜,在国内具有较高的知名度和美誉度。本报告分析了四川省白菜类蔬菜产业发展现状、存在的主要问题及发展趋势，提出了产业发展的对策建议，以期为四川省白菜类蔬菜产业高质量发展提供依据和参考。

一、四川省白菜类蔬菜产业发展现状

四川省栽培的白菜类蔬菜主要包括结球大白菜、散叶大白菜或半结球大白菜、普通白菜、紫菜薹、芜菁等类型。2021年四川省白菜类蔬菜播种面积21.014万公顷，占全省蔬菜总面积的14.2%，白菜类蔬菜产量784.28万吨，占全省蔬菜总产量的15.6%。其中，结球大白菜在四川省基本可实现周年生产供应，在盆地内秋冬季主要以露地生产大白菜，借助育苗设施或简易栽培设施栽培可实现春大白菜生产，而夏秋大白菜以气候冷凉的川西高原和盆周山区生产为主，通过设施辅助、立体气候条件、品种搭配等进行大白菜周年生产。散叶大白菜或半结球大白菜在四川多作为速生小型叶菜生产，俗名小白菜，在四川白菜类蔬菜生产中占有极其重要的地位，主要以盆地内露地或设施生产为主，通过合理品种搭配可实现周年生产，每年最多可以连续种植6~7茬。普通白菜在四川俗名瓢儿白、上海青，在盆地内具有较多栽培和消费，以中小棵菜生产为主。紫菜薹在四川被称作红菜薹、红油菜薹，资源丰富，分布广泛，在各地普遍栽培，以秋冬季栽培为主，高原地区夏秋季也有栽培。芜菁在四川主要分布在川西高原和凉山彝区等地，被称为芜根或圆根，在藏、彝、羌等少数民族地区作为菜用、饲用和功能食品开发等被广泛栽培。

（一）产业规模庞大

四川省白菜类蔬菜产业规模庞大，播种面积从2007年的14.64万公顷稳步增长到2021年的21.014万公顷，占同期全省蔬菜播种面积的比重稳定在13.9%~15.5%；产量从2007年的421.30万吨稳步增长到2021年的784.28万吨，占同期全省蔬菜产量的比重稳定在14.7%~17.3%。其中，大白菜作为最重要的白菜类蔬菜类型，同时也长期是四川省播种面积最大的蔬菜作物，播种面积从2001年的8.157万公顷稳步增长到2021年的13.899万公顷，占同期全省蔬菜播种面积的比重稳定在8.7%~9.5%；产量从2001年的237.72万吨稳步增长到2021年的508.96万吨，占同期全省蔬菜产量的比重稳定在9.9%~10.6%。

（二）产区基本稳定

从2019—2021年白菜类蔬菜分市州播种面积统计数据分析可知，四川省白菜类蔬菜产区基本稳定，南充市、凉山州、广元市、达州市、成都市5个市州连续三年年度播种面积均排名全省前五位。对2019—2021年四川省各市州白菜类蔬菜年度播种面积分级分析，年度播种面积＞20 000公顷的为南充市、凉山州，年度播种面积居于15 010~20 000公顷的为广元市（2021年），年度播种面积居于10 010~15 000公顷的为成都市、达州市、广元市（2019—2020年）、宜宾市、泸州市、广安市、绵阳市，年度播种面积居于5 010~10 000公顷的为巴中市、乐山市、自贡市、内江市、雅安市、遂宁市、甘孜州，年度播种面积≤5 000公顷的为德阳市、阿坝州、资阳市、攀枝花市、眉山市（表1）。

表1 2019—2021年四川省各市州白菜类蔬菜播种面积和产量

	2019年播种面积（×10³公顷）	2020年播种面积（×10³公顷）	2021年播种面积（×10³公顷）	2019年产量（万吨）	2020年产量（万吨）	2021年产量（万吨）
成都市	14.51	14.63	14.87	49.80	52.36	53.81
自贡市	7.75	7.88	8.05	29.04	30.61	32.50
攀枝花市	2.40	2.46	2.56	12.21	12.61	13.48
泸州市	11.73	11.25	11.20	49.85	53.52	53.38
德阳市	4.56	4.79	4.70	19.70	20.49	20.45
绵阳市	10.24	10.33	10.58	27.35	27.84	29.02
广元市	14.04	14.64	15.16	54.27	66.99	68.67
遂宁市	5.42	5.51	5.62	19.53	20.03	20.90
内江市	6.79	8.21	8.53	28.60	31.22	31.15
乐山市	7.77	8.08	8.28	21.31	22.47	23.50
南充市	24.11	25.11	25.86	53.45	56.75	59.95
眉山市	1.52	1.66	1.71	4.86	4.98	5.17
宜宾市	13.48	14.29	14.87	55.98	58.26	61.74
广安市	10.30	10.55	10.97	39.25	40.83	43.20
达州市	14.19	14.58	14.99	57.11	58.50	61.59
雅安市	6.84	6.92	7.09	14.53	15.35	16.02
巴中市	8.30	8.64	8.78	23.46	24.72	25.49
资阳市	3.11	3.66	2.53	8.55	10.54	6.42
阿坝州	4.24	4.12	4.23	19.44	18.49	19.16
甘孜州	5.01	5.10	5.02	14.93	15.38	15.00
凉山州	23.18	23.41	24.53	115.31	118.28	123.68
合计	199.46	205.80	210.14	718.52	760.22	784.28

数据来源：《四川农村统计年鉴》。

（三）种质资源丰富

四川省白菜类蔬菜栽培面积大，类型丰富，在长期的种植过程中通过引种及栽培演化形成了丰富的种质资源。查询中国作物种质资源信息网收录的白菜类蔬菜种质资源信息，来源于四川省的大白菜、白菜、菜薹种质资源数量分别占收录的全国同类型种质资源总数量的16.2%、8.3%、37.1%（表2），大白菜种质资源主要包括黄秧白、二平桩、竹筒白、菊花心等，白菜种质资源主要包括青帮瓢儿白、三月白等，菜薹种质资源主要包括二早子、阴花、尖叶阴花等优良地方品种。

表2 四川省白菜类蔬菜种质资源数量及占比

类型	全国种质资源总数	来源于四川省的种质资源数量	来源于四川省的种质资源占比
大白菜	228	37	16.2%
白菜	216	18	8.3%
菜薹	62	23	37.1%

数据来源：中国作物种质资源信息网。

在农业农村部统一部署下，2018—2023年四川省开展了第三次全国农作物种质资源普查与收集行动，在征集收集入库的9 880份四川农作物种质资源中，有白菜类蔬菜种质资源243份，其中大白菜种质资源84份、不结球白菜种质资源60份、菜薹种质资源20份、芜菁种质资源79份。

（四）品种创新加速

自2017年开始实施非主要农作物品种登记以来，大白菜等29种非主要农作物纳入新品种登记管理。截至2023年9月，全国共登记29种非主要农作物新品种28 698个，其中登记大白菜新品种2 810个。各省（自治区、直辖市）登记的大白菜新品种数量见图，其中四川省登记大白菜新品种84个，数量居全国第8位，处于全国前列。在四川省企业中，绵阳市全兴种业有限公司登记大白菜新品种18个，数量居省内企业首位。

在不结球白菜方面，近年来四川省农业科学院经济作物研究所持续开展新品种选育工作，育成的高产新品种川青2009、耐抽薹新品种川青2035，于2023年通过四川省品种认定。其中川青2009适宜在四川平原和浅丘地区4—10月播种，高海拔地区6—8月播种；川青2035适宜在四川平原和浅丘地区3—6月、8—11月播种，高海拔地区 5—8 月播种。

（五）栽培技术规范

在白菜类蔬菜栽培技术方面，省内相关科研单位根据生产实际制定了相应地方标准，指导各类经营主体进行规范化生产。其中，在大白菜生产上，2004 年制订了相应的四川省地方标准，随后结合全省大白菜生产发展的实际情况，在对大白菜生产试验研究和调查总结的基础上，在 2011 年进行了修订。2022 年，四川省农业科学院园艺研究所、四川省农业科学院经济作物研究所等科研单位共同修订形成了《大白菜生产技术规程》（DB51/T 430—2022），该技术规程规范了四川省大白菜的产地环境、栽培管理、病虫害防治、采收及采后处理等，涵盖了主要生态区的全过程栽培技术，对主要病虫害的防治方法提供了建议清单。

在小白菜生产上，2006 年制定了相应的四川省地方标准，2011 年进行了修订。随着生产发展，部分技术已不适用于当前生产需要，2022 年四川省农业科学院经济作物育种栽培研究所、四川省农业科学院园艺研究所联合申请修订《小白菜生产技术规程》，已于 2023 年获批立项，拟从小白菜的产地环境、栽培季节、品种选择、种子消毒、整地施肥、播种、田间管理、主要病虫害防治原则和方法、采收及采后处理等方面进行全面规定。

二、当前四川省白菜类蔬菜产业发展存在的主要问题

（一）科技创新不足

四川省农业科学院相关研究所、四川农业大学等四川省内科研单位在品种引进筛选、高效栽培技术研究、施肥方案优化、根肿病等病虫害鉴定和防治等方面开展了大量研究工作，促进了四川省白菜类蔬菜产业持续健康发展，虽然有不少创新研究成果发表，但原创性高水平科技创新不多，原始技术创新有待进一步提高。在品种选育方面，相关企业登记了较多大白菜新品种，但是高产、优质、多抗、具有自主知识产权的突破性大品种缺乏，对省外或国外品种依赖度仍然较高。

（二）技术标准不全

四川省农业科学院经济作物研究所、四川省农业科学院园艺研究所等单位先后制订修订了《大白菜生产技术规程》《小白菜生产技术规程》等地方标准，但是由于四川丰富的气候类型和不同的生产组织形式，近年来白菜未熟抽薹、结球异常、

根肿病造成减产等问题时有发生,因此需要进一步加强相关地方标准的及时更新,重视技术标准的宣贯应用。同时,四川省生产面积较大且具有较强优势的普通白菜、紫菜薹、芜菁等白菜类蔬菜缺乏相应生产技术规程,生产水平较低。

(三) 产业规模分散

由于土地分散、发展和创新意识不足等问题,家庭承包经营为主体的小生产仍是四川省农业产业的基础和核心,白菜类蔬菜生产多以分户为单位,千家万户分散种植仍占很大比例,规模化、专业化、组织化程度不高,龙头企业少、规模小、带动弱,公司与生产基地、农户结合不紧密,没有形成真正的利益共同体,各环节的利益分配矛盾突出,产、供、销一体化经营尚未形成,小生产与大市场脱节,存在产业规模分散、经营组织程度较低等问题,小规模的生产导致资金、技术投入不足,先进技术和设施设备难以推广应用,缺乏发展意识、长期规划和思路,产业布局和策划等方面不够科学,与市场衔接有差距,盲目跟从和扩大种植规模,生产集中化、规模化生产程度和组织化程度低,抗风险能力弱。

(四) 种植效益不稳

白菜类蔬菜主要以鲜品供应市场,极易因品种结构存在的季节性、区域性供求不平衡引起价格波动。白菜类蔬菜生产规模大,农户分散经营,在白菜类蔬菜生产过程中存在盲目性,对当年生产基础信息、外部市场供需缺乏了解,销售渠道相对单一,蔬菜产销不协调,未形成高效量的产销对接,价格严重受到市场波动影响,因供过于求导致滞销现象时有发生,农户经济损失巨大。加之白菜类蔬菜生产用工多、用肥用药多、机械化水平低,近年来白菜类蔬菜农资成本、运输成本等特别是劳动力成本逐年增大,促使白菜生产成本大幅增加,在价格波动较大的情况下造成种植效益极不稳定、利润率低的现状。同时蔬菜农业保险机制尚待健全,应对自然灾害风险能力弱。由此可见,白菜类蔬菜的生产需要承担巨大的市场风险,这对于保护菜农的生产积极性和增加菜农收入非常不利。

(五) 产业链不完善

四川省的白菜类蔬菜产业基本上以新鲜蔬菜大市场流通销售为主,处于"生产—销售"的产业短链初级模式,蔬菜采后分级包装、预冷贮运、精深加工等技术相对欠缺,产业链延伸不够,产业链不完善,农业生产的专业化程度不高,白菜类蔬菜保鲜、销售和加工龙头企业极少,蔬菜生产产生的附加值小,同时容易导致蔬菜集中上市、市场供销失衡和生产效益降低等。

（六）品牌意识不强

在白菜类蔬菜产业发展中，农户专注于种植管理，在经营销售、品牌创建等方面缺少自主意识，绿色、有机认证基地面积不大，虽然有"理县大白菜""康定芫根"等地理标志产品，但重生产轻销售，产品仍以大路蔬菜进入批发流通市场，缺乏品牌营销意识，且地理标志产品获批数量不多，龙头知名品牌少，品牌效应低，市场销售价格较低。

（七）推广力度不够

白菜类蔬菜产业技术人才少，流动性大，稳定性差，产业技术服务尚需完善，对新品种、新技术、新模式的推广力度不够，在实际种植过程中，农户通常根据个人经验进行种植，缺少技术含量，对种植成本控制造成不良影响，难以保证经济效益。

三、四川省白菜类蔬菜产业发展趋势与对策建议

（一）四川省白菜类蔬菜产业发展趋势研判

1. 产业规模基本稳定

中国蔬菜生产规模大、产量高，人均蔬菜占有量远超世界平均水平，居于国际前列，且时常因季节性、区域性供求不平衡引起价格剧烈波动，造成蔬菜滞销。2021年四川省白菜类蔬菜播种面积21.014万公顷，占全省蔬菜总面积的14.2%，占比极高。为维持白菜类蔬菜生产效益，避免因大规模扩种增产导致价格下降，四川省白菜类蔬菜产业规模应逐步趋于稳定，重点工作在区域性季节性结构调整和新品种新技术应用以实现产业提质增效。

2. 产品需求更加多元

白菜类蔬菜品种资源丰富，生态类型多样，形成了不同区域对不同生态类型的消费习惯，随着市场经济的快速发展，人们对健康、营养、独特农产品的消费需求急剧增加，在白菜类蔬菜中也必将对产品需求更加多元化。消费模式由传统的大株型大白菜向小株型的娃娃菜、苗用大白菜等转变，对橘红色、紫色等彩色白菜和薹用型白菜类蔬菜消费需求增加。

3. 生产实现周年供应

白菜类蔬菜喜冷凉温和气候，高温季节栽培易引起结球不紧实、病虫害发生严重、品质下降等问题，温度过低生长缓慢、通过春化后易未熟抽薹。四川省立体气候优势明显，通过合理的品种搭配配合适当设施条件，白菜类蔬菜可以完全在四川省内不同区域布局实现周年生产和周年供应，通过向优势产业区转移集中，建立白菜类蔬菜优势产业带，保障生产和消费稳定。

4. 产销方式发生转变

随着城市化进程加快，农业人口结构改变，白菜类蔬菜生产的组织形式将逐步产生转变，集约化、规模化、专业化、机械化的白菜类蔬菜生产经营主体出现，由此也导致销售模式向专业化方向发生转变。产销专业化程度的提高，将由当地鲜销型向加工型转变，提高产业附加值。

（二）促进四川省白菜类蔬菜产业发展的对策建议

1. 加强科技创新

立足四川省白菜类蔬菜在产业规模、种质资源等方面的优势，充分利用四川省农业科学院、四川农业大学等科研单位的人才、技术条件，围绕白菜类蔬菜产业关键核心技术，遵循绿色安全、需求导向的发展理念，加大白菜类蔬菜科研项目资金支持力度，加强科技创新、提高科技水平。

（1）优异种质资源创制。广泛收集国内外白菜类蔬菜新材料新品种，特别是充分挖掘四川省内丰富的白菜类蔬菜种质资源，开展精准鉴定评价，同时运用辐射诱变、航天育种、化学诱变等多种育种方法创制新材料，从中筛选出具有高产、抗逆、优质、耐抽薹等有利性状的材料。

（2）关键性状基因发掘。解析白菜耐抽薹、叶色等关键性状，选取白菜高代自交系和地方品种作为供试材料，选择有代表性的试验点种植试验材料，调查各供试材料的性状，同时取样进行高通量测序，遗传信息与性状开展全基因组关联分析，发掘控制关键性状的基因位点。

（3）白菜新优品种选育。选用创制的具有品质优良、耐抽薹性强、抗性水平高、配合力好等特性的育种新材料，通过三系配套杂交选育技术，配制雄性不育杂交组合，强化育种理论与现代育种技术研究，进一步提升育种水平，选育出具有优质、抗病、丰产、耐抽薹等特性的白菜新品种。进一步开发新型实用分子标记，推动高通量分子标记辅助育种技术在白菜类蔬菜新品种选育中的应用。

（4）高效栽培技术研发。针对不同类型白菜类蔬菜，研究明确其生长需肥规律，建立实用科学施肥技术；针对白菜类蔬菜生产多发的根肿病、菜青虫等病虫害，研究建立以生物防治为核心的病虫害绿色防控技术；联合开展白菜类蔬菜全程机械化生产技术攻关，促进农机农艺融合，减少白菜生产用工。

2. 健全技术标准

四川省白菜类蔬菜种类繁多，生产分散，在做好现行《大白菜生产技术规程》《小白菜生产技术规程》地方标准修订、宣贯工作的基础上，针对四川省生产面积较大且具有较强优势的普通白菜、紫菜薹、芜菁等白菜类蔬菜，分别制订相应地方标准，从产地环境、品种选择、播种时间、田间管理、病虫害防治、采收、加工、包装、仓储、物流等方面对各类型白菜类蔬菜进行全面规范，健全技术标准体系，促进技术标准宣传推广和落地实施，确保规范生产出具有市场竞争力的优质、安全、高产白菜类蔬菜产品。

3. 引导规模经营

（1）优化产业产区布局。在四川省不同生态区开展白菜类蔬菜各类型品种多年定位试验，结合白菜类蔬菜生长发育特征、生态条件需求及市场需求规律，优化白菜类蔬菜产业各类型品种在各产区的布局，避免生产上出现散乱杂布局的乱象。

（2）提升基础设施建设。依托政府在农业基础设施建设方面的投资，强化白菜类蔬菜优势主产区水利、电力、道路、农贸交易市场、仓储物流设施设备等基础设施投入力度，完善提升基础设施建设，改善农业种植条件和营销环境，为白菜类蔬菜产业持续健康发展保驾护航。

（3）优化土地流转机制。要建立健全土地流转机制，规范土地流转行为，积极推进土地股份合作制，鼓励农民以土地入股参与白菜类蔬菜生产，实现土地资源的优化配置。

（4）培育新型经营主体。要鼓励土地经营权优先流向专业大户和家庭农场等新型农业生产经营主体，建立专业大户和家庭农场培育制度，为这些主体提供更多的政策支持和服务，使其成为白菜类蔬菜生产的主力军。积极引进和培育壮大农业产业化重点龙头企业，发挥龙头企业引领示范作用。

（5）优化信贷供给政策。要持续深化农村金融体制改革，创新农村金融制度和金融支农方式，着力解决新型农业经营主体资金不足、融资难问题，多途径、多渠道有效满足新型农业经营主体资金需求。

（6）完善社会服务体系。要建立健全农业社会化服务体系，为白菜类蔬菜生产提供农资供应、技术指导、病虫害防治、质量检测、加工、销售等方面的服务，提高生产效率和质量安全水平。

4. 稳定种植效益

（1）控制产业规模。白菜类蔬菜产业规模庞大，由于种植简便产量高，易出现区域性、季节性供需失衡，市场单价较低且波动幅度较大，政府应积极统计产业规模数据，有效分析市场供求形势，正确指导和引导生产格局，控制适宜产业规模组织有序生产，避免盲目扩大种植面积。

（2）选择适宜品种。选择适合当地环境条件和市场需求的优质、高抗、多元白菜类蔬菜品种，以降低生产成本和风险，提高产量和经济效益。同时要注意做到早、中、晚熟品种合理搭配、分期播种，避免集中收获、集中上市引起效益下降。

（3）科学施肥用药。根据白菜类蔬菜的生长特性和土壤状况，合理施肥，控制施肥量和施肥时间，以避免肥料浪费和土壤污染。加强对白菜类蔬菜病虫害的预测预报和预防控制，采用综合防治措施，农业防治、生物防治、物理防治和化学防治相结合，以减少病虫害对生产成本和生产效益的影响。

（4）提高种植水平。加大对农业科研机构的投入，开展白菜类蔬菜机械化生产和轻简化栽培技术研发，加强对白菜类蔬菜先进种植技术的科技培训，推广先进适用的种植技术和科学管理模式，推进白菜类蔬菜生产机械化、集约化、产业化发展，减轻劳动强度，降低生产成本，提高生产效益。

（5）加强市场营销。加强营销人才的培养和市场营销手段的运用，创新销售模式，拓宽销售渠道，如品牌打造、销售渠道拓展、网络营销等，积极参加产销对接和产品推介活动，鼓励流通企业、运销大户、农民经纪人及专业合作组织走向大中城市中高端市场，提高白菜类蔬菜的市场占有率和经济附加值，以增加种植效益。

（6）完善政策保障。政府协调鼓励农户与专业合作社、龙头企业结成紧密型利益共同体，增强市场风险承受能力。白菜类蔬菜生产受到自然灾害和市场波动的双重风险，建立完善蔬菜保险制度体系，降低蔬菜产业自然灾害和市场风险，保护菜农的生产积极性。

5. 完善产业链条

（1）完善流通环节。近年市场形势下，流通环节是否畅通已经成为影响蔬菜市场价格波动的重要因素。提升白菜类蔬菜采后预冷、分拣包装、冷链运输的意识，建立健全白菜类蔬菜的流通体系，包括拓展销售渠道、发展农产品物流、完善冷链物流等，降低流通成本，提高产品市场竞争力。

（2）拓展加工产品。鼓励家庭农场和农民合作社等组织对白菜类蔬菜产品的初加工，支持龙头加工企业联合科研单位对白菜类蔬菜产品进行精深加工，针对不同消费市场消费群体进行不同层次的加工，提高产品档次和市场占有率，增加白菜类蔬菜产品的附加值，同时满足不同消费需求。

（3）加强产业融合。重视白菜类蔬菜产业链的延伸，以生态绿色栽培为基础，以流通加工产业为纽带，以大地景观和展会为特色，开展白菜等相关产业文化节，开发特色白菜宴，健全一二三产业融合发展利益联结机制，提升白菜类蔬菜产业附加值。

6. 强化品牌意识

强化品牌意识，加强"理县大白菜""康定芫根"等国家地理标志产品的保护、宣传和利用，重视区域公共品牌和企业知名品牌打造，充分发挥品牌引领作用，提高四川省白菜类蔬菜农业品牌的知名度和美誉度，扩大消费市场容量，不断提升市场占有率和产业效益。

（1）特色品牌培育。支持白菜类蔬菜中的绿色食品、有机农产品、地理标志农产品等的申请认证，加强区域公共品牌和企业知名品牌建设和整合，策划并共同打造一批特色优势农产品公用品牌，鼓励新型农业经营主体加强品牌建设，健全现代农业品牌体系，集中打造一批叫得响、有影响的区域公用品牌和企业品牌。

（2）品牌影响提升。强化白菜类蔬菜产品的文化内涵，注重产品包装设计，规范产品包装标识，不断延伸产业链，着力打造独具特色的品牌形象，促进产品深度开发和增值。充分利用农产品交易会、博览会、展销会、线下运营店、电子商务、网络营销等平台，加大在各级媒体的广告投放力度，加大品牌推介和产品宣传力度，开展全方位、多层次、多角度的宣传推介，全面提升品牌形象和影响力。

（3）品牌管理保护。坚持以质量为生命线，从基地选择、生产管理、产品检测等方面加强质量监管，确保产品质量安全稳定可靠。切实提升品牌管理水平，建立区域公用品牌的授权使用机制和品牌危机预警、风险规避和紧急事件应对机制。加大品牌监管力度，综合运用协商、舆论、法律等手段打击各种冒用、滥用公用品牌行为。保护品牌影响力和美誉度，提高特色农产品品牌的国际国内市场占有率。

7. 加强科技推广

坚持科技兴农，强化科技支撑，组织农业部门技术人员等落实科技推广工作，健全科技服务体系，加强加快白菜类蔬菜新品种、新技术、新模式的引进、示范及推广和实用技能培训，培育新型职业农民，为农业增产、农民增收、加快乡村振兴步伐提供有力的科技支撑。

参考文献

王浩宇，2022. 阿坝州理县特色农产品产业化发展研究［D］. 成都：西南财经大学.

王建军，2020. 我国大白菜生产现状及发展对策［J］. 中国果菜，40（7）：80-82，106.

徐家炳，张凤兰，2015. 中国大白菜图鉴［M］. 北京：中国农业出版社.

姚秋菊，2016. 河南省大白菜栽培品种应用现状及优势品种推荐［J］. 长江蔬菜（19）：14-17.

张凤兰，于拴仓，余阳俊，等，2021. "十三五"我国大白菜遗传育种研究进展［J］. 中国蔬菜（1）：22-32.

中国农业科学院蔬菜花卉研究所，2009. 中国蔬菜栽培学［M］. 北京：中国农业出版社.

四川省芹菜产业发展报告

巩雪峰[1]　宋占锋[1]　许　艺[1]　侯思皓[1]　李　红[1]　林　杨[2]

(1. 四川省农业科学院园艺研究所，蔬菜种质与品种创新

四川省重点实验室，四川成都 610066；

2. 四川省食用菌研究所，四川成都 610066；)

摘　要：本报告介绍了四川芹菜产业的生产现状，并围绕各市（州）的生产概况简述了四川省芹菜产业的发展趋势。同时，指出四川省芹菜产业发展种质资源收集、保护与利用不足，育种基础和科研实力薄弱，劳动力资源不足，轻简化种植技术欠缺，安全生产和产品质量安全的重视不足，虽市场前景广阔，消费需求增长，但产业宣传力度和重视力度不足等主要问题。从而研判和提出做好四川的芹菜资源"芯片"，开展优质、抗逆新品种选育，加强绿色提质增效技术的示范与推广，重视芹菜安全生产和产品质量安全，加强市场推广和宣传，推动芹菜加工业升级等对策建议，为芹菜产业发展提供可靠的理论依据和技术支撑。

关键词：四川省；芹菜产业；发展趋势；问题对策

引言

四川芹菜种植源远流长，生产常年稳定在全国前列，产业前景广阔、上升空间巨大。正确认识四川芹菜产业现状，找准问题，理清思路，寻求发展措施，推进四川省芹菜产业高质量、可持续发展，助力乡村振兴。

一、四川省芹菜产业发展现状

四川芹菜栽培历史背景深厚，主要以露地栽培为主，原产栽培类型主要为白秆芹。近些年，除了本地白秆草白芹，还局部引进了西芹。随着科学种植技术的进步，四川芹菜产业发展稳定，2006—2021年，虽然总播种面积仅增长了4 280公

顷,但是总产量从 2006 年 95.8 万吨,增长至 2021 年 136.06 万吨,15 年内涨幅达 42.03%。近 7 年四川省芹菜种植面积与产量如图 1 所示,除总产量与种植面积外,单位面积产量也有所提高,从 2006 年的 25.89 吨/公顷 增长至 2021 年的 32.96 吨/公顷,每公顷增长了 27.3%。特别是 2021 年栽培面积较上年有所减少的情况下,产量却保持稳步提升的趋势。

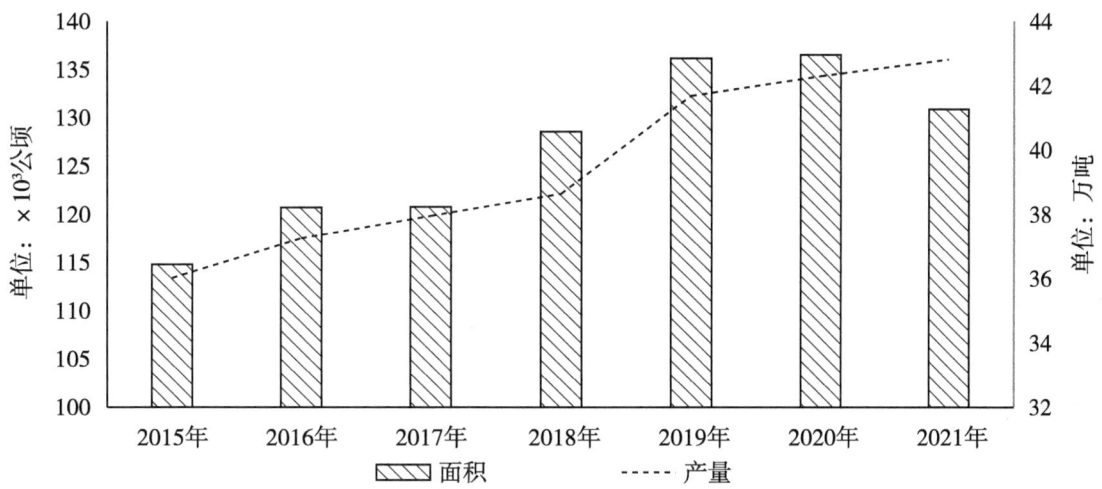

图 1　四川省芹菜产量与总面积变化趋势

数据来源:根据历年《四川农村统计年鉴》数据整理绘制。

芹菜在四川省 21 个市(州)均广泛种植,连续 5 年种植面积与总产量如表 1 所示,其中增长幅度最大的是甘孜自治州分别达 251.96% 和 183.68%,资阳增长幅度分别为 59.00% 和 35.66%,凉山自治州分别为 42.02% 和 33.94%,阿坝自治州分别为 37.45% 和 55.88%。虽然成都市较其他各地市的增长幅度小,为 7.32% 和 12.66%,但是,以 2019 年为例,种植面积和总产量以成都市最高,分别是全省的 26.92% 和 31.81%。其次是德阳市、资阳市、内江市。

表 1　2015—2019 年四川省 21 个市(州)芹菜种植产量与总面积

市(州)	2015 年		2016 年		2017 年		2018 年		2019 年	
	面积(公顷)	产量(吨)	面积(公顷)	产量(吨)	面积(公顷)	产量(吨)	面积(公顷)	产量(吨)	面积(公顷)	产量(吨)
成都市	10 748	373 609	11 505	388 935	10 678	369 866	10 486	368 050	11 535	420 902

(续表)

市（州）	2015年 面积（公顷）	2015年 产量（吨）	2016年 面积（公顷）	2016年 产量（吨）	2017年 面积（公顷）	2017年 产量（吨）	2018年 面积（公顷）	2018年 产量（吨）	2019年 面积（公顷）	2019年 产量（吨）
自贡市	1 713	57 815	1 816	59 290	1 871	61 214	1 940	62 633	2 023	67 752
攀枝花市	195	8 726	204	9 123	209	9 474	218	9 995	236	10 508
泸州市	1 487	50 258	1 609	56 755	1 729	60 957	1 654	63 081	1 726	65 273
德阳市	3 557	154 030	3 656	158 268	3 730	163 457	4 140	165 456	4 310	174 032
绵阳市	1 273	32 154	1 291	32 048	1 306	32 667	1 317	33 134	1 316	33 931
广元市	1 379	37 945	1 423	38 722	1 478	40 681	1 593	43 600	1 680	45 588
遂宁市	271	6 029	277	6 169	281	6 255	285	6 398	299	6 707
内江市	2 703	103 109	2 866	111 077	3 040	122 653	2 964	118 214	3 040	122 712
乐山市	1 563	44 356	1 598	45 426	1 535	50 236	1 684	51 979	1 731	54 232
南充市	1 601	33 012	1 640	34 189	1 667	35 263	1 701	36 439	1 770	38 093
眉山市	923	19 769	1 116	17 891	1 277	19 266	1 326	20 033	1 387	20 721
宜宾市	1 130	25 340	1 177	26 679	1 183	26 270	1 202	24 684	1 311	31 581
广安市	761	17 179	760	17 349	771	17 598	783	17 765	801	18 070
达州市	1 251	36 033	1 282	38 231	1 328	40 335	1 353	40 989	1 403	42 205
雅安市	723	16 276	745	16 576	750	16 158	751	16 391	857	16 623
巴中市	1 548	40 900	1 397	37 175	1 391	37 437	1 617	42 681	1 651	43 965
资阳市	2 610	45 640	2 643	45 505	2 618	47105	3 996	53 834	4 150	61 914
阿坝自治州	235	7 020	226	6 642	256	8 385	324	10 684	323	10 943
甘孜自治州	102	2 782	147	3 842	286	6 433	345	7 459	359	7 892
凉山自治州	664	21 914	834	25 113	856	26 744	894	27 912	943	29 352
四川省	36 437	1 133 896	38 212	1 175 005	38 240	1 198 454	40 573	1 221 411	42 851	1 322 996

数据来源：《四川农村统计年鉴》。

二、当前四川省芹菜产业发展存在的主要问题

（一）种质资源收集、保护与利用刻不容缓

虽然四川土地辽阔、气候类型多样，经过长期适应与驯化形成的芹菜地方品种资源也相对丰富，但是长久以来对芹菜资源收集与保护力度一直较弱。一方面部分种质资源因未及时得到保护而流失，另一方面部分地方品种在世代种植过程出现混

杂退化，而得不到提纯复壮措施，种性和纯度低、抗性差，导致产量下降。因此，开展种质资源的收集、保存与利用刻不容缓。

（二）育种基础薄弱，科研实力有待加强

四川省对芹菜育种与栽培技术的研究基础比较薄弱，无论是人力还是科研经费的支持力度均显不足，再加上对芹菜种质资源收集、整理、保护、评价及育种方法、技术等基础研究也不够，品种选育受到了一定的制约。进一步明确育种目标，与生产需求紧密结合，加强芹菜商品品质、复合抗病性、抗逆性等方面的科研问题研究，具有必要性。

（三）劳动力资源不足，轻简化种植技术欠缺

目前，四川芹菜种植户多以中老年群体为主，而农村青壮年劳动力大量转移，劳动力资源不足，劳动成本大幅上涨，越来越多的芹菜专业户、专业村因此而放弃了芹菜生产，转而投入水稻、小麦等机械化程度更高的粮食作物生产中，导致芹菜种植面积有紧缩趋势。因此，对省工、省力的芹菜轻简化种植技术集成创新亟待突破。

（四）安全生产和产品质量安全方面需要加强监控和检测投入

芹菜的生长特点是茎叶密集，喜冷凉、湿润气候，抗旱和耐高温能力较弱，不耐重茬，若在土壤障碍检测投入不够，缺乏气象预警，生产安全存在隐患的情况下，芹菜生产极易受到自然灾害和人为因素影响，导致减产减收。

（五）市场前景广阔，消费需求增长，而产业宣传力度和重视力度不足

由于芹菜的食药兼用特性，除可供鲜食以外，消费市场加速升级，健康食品和养生保健食品需求增加，在芹菜饮料、冻干脱水芹菜、芹菜精制产品等深加工产品的市场空间扩大的驱动下，为芹菜产业带来了更加广阔的市场前景和消费潜力。对芹菜产业宣传力度和重视度加大，抓住机遇促发展，定会增产增效。

三、四川省芹菜产业发展趋势与对策建议

（一）四川省芹菜产业发展趋势研判

1. 生产规模趋于稳定，稳中求变

四川芹菜生产常年在 42 000 公顷左右，零售价格在 4 元/500 克上下波动，基本满足了本省居民的日常生活需求，还有少量用于深加工，供求关系处于平衡状

态。由此预计，芹菜生产规模在今后的较长时间内可保持相对稳定状态。近些年，各市（州）在芹菜生产布局上稍有变动，小幅度局部调整，但不会影响四川总播种面积与产量的发展趋势。

2. 种植方式和品种应用更加多元化

随着栽培技术革新、新品种选育推广和消费习惯改变等，芹菜种植方式和品种应用将更加多元化，最终将促使四川芹菜生产技术水平和经济效益的提高。轻简化种植方式和主导性新品种将会发挥更大作用。进一步扩大和推广优质、高产、抗病、专用型芹菜新品种。进一步开拓本地特色白秆芹品种市场，努力打造出四川芹菜的国家地理标志产品。

3. 集约化轻简化程度进一步提高

芹菜生产具有栽培和管理较简单、采收期也相对集中等特点，有利于集约化和机械化生产经营的开展。在欧美国家，芹菜的生产已经发展到集约化和机械化较高的程度。集约化可使芹菜生产、流通与销售等多环节相互协调，利益分配更有保证更趋合理，集约化生产与经营的优势则能逐渐显现。不仅有利于芹菜销售价格的相对平稳，而且有利于生产者获得较高经济收益。芹菜播种、采收机械化的应用将缓解劳动力资源不足的问题。

（二）促进四川省芹菜产业发展的对策建议

1. 加强对本地品种种质资源收集、保护与利用，做好四川的芹菜"芯片"

重视四川地方芹菜品种的种质资源收集、保护与利用，并对收集的资源进行筛选与评价，不仅对基本综合农艺性状进行系统评价与提纯复壮，而且还要通过现代分子育种手段，深度挖掘本地芹菜基因资源中蕴藏的高产、优质、抗逆等优质基因。

2. 开展优质、抗逆新品种选育

芹菜种植方式和茬口较多，因此选用品种因茬口的不同而有不同需求。成都平原在秋季、春季播种两茬芹菜，春季种植要求品种具有良好的耐抽薹能力，采收期要耐高温；秋季种植要求品种对叶斑病抗性较强，还要求耐老化、不易糠心。应通过加大政府对芹菜产业人力及经费等的支持力度，开展优质、抗逆新品种选育工作，为四川省芹菜科研水平奠定坚实的基础。

3. 加强绿色提质增效技术的示范与推广

为提高芹菜标准化生产水平和产品质量，转变传统生产方式，加大新技术的推广应用，示范推广水肥一体化、秸秆生物反应堆、病虫害绿色防控、轻简化栽培等绿色提质增效技术。引进配套耕作、播种、采收及清洗、包装一体化等机械设备，促进规模化生产，为缓解劳动力不足，结合机械化研究种植行宽、种植密度等适宜的农艺措施，多点布局建立示范与推广生产基地。

4. 重视芹菜安全生产和产品质量安全

首先，在生产中，通过应用杀虫灯、防虫网、黏虫色板、膜下滴灌等生态栽培技术，降低农药喷施来控制农残，并初步建立芹菜标准体系，推进标准化生产。科学合理、规范使用农药，加强监管、监测与产地环境可追溯性，逐步完善环控检测，气象预警、土壤保障检测等体系，确保芹菜安全生产。其次，缩短产业流通环节、稳定销售渠道，做好质检、溯源等工作，避免农药残留超标的芹菜流入市场，以保障芹菜产品质量安全。

5. 加强市场推广和宣传，推动芹菜加工行业升级

芹菜产业发展的需求涵盖了绿色消费、健康饮食、便捷消费等方面。因此，对于芹菜产业从业人员来说，要充分了解和把握市场的需求，做好市场推广和宣传，创造更多的商机和利润增长空间。通过深入挖掘芹菜的营养价值、健康烹饪和预制菜品技术，宣传和传播芹菜养生之道，提高消费者对芹菜的认知和喜好，从而推动芹菜加工业发展。

参考文献

程智慧，2010. 蔬菜栽培学各论［M］. 北京：科学出版社.

于金慧，尤升波，高建伟，等，2019. 芹菜功能性成分及生物活性研究进展［J］. 江苏农业科学，47（07）：5-10.

卓富彦，李萍，吴青君，2023. 我国芹菜主要病虫害发生特点及全程绿色防控集成技术［J］. 中国蔬菜（05）：117-119.

四川省甘蓝产业发展报告

匡成兵[1]　唐祖君[1]　刘雨杭[1]　敖清艳[1]　杜晓荣[2]　陈　静[3]

(1. 成都市农林科学院，四川成都 611130；

2. 四川省园艺作物推广总站　四川成都 610041；

3. 四川省农产品质量安全中心，四川成都 610041)

摘　要： 四川是全国甘蓝的主产区，面积、产量位居国内前列，南方第一。本报告对近十年来四川甘蓝产业的生产情况、品种应用、技术研发推广、产业发展存在的问题与发展趋势，提出了甘蓝产业发展的对策建议。

关键词： 四川省；甘蓝；发展报告

引言

四川是全国甘蓝的主产区，位于国家确定的甘蓝种植的西南优势区，年甘蓝种植面积和产量居南方第一位。甘蓝营养丰富，具有很强的气候条件适应能力，栽培适应性广，产品器官耐贮性较强，结合适地生产，可以周年供应等特点，现已成为四川省建设天府粮仓和促进乡村振兴产业发展过程中重要的经济作物，推进甘蓝品种改良、新技术推广和产业化生产，对稳粮增收和提质增效意义重大。

一、四川甘蓝产业发展现状

（一）面积和产量

四川省地处我国西南，甘蓝传入和栽培时间较国内其他地区晚，大约在19世纪初才开始种植。在20世纪80年代前，冬春季节，甘蓝已成为四川农户菜地里必备的蔬菜之一。从20世纪80年代开始，随着城市菜篮子保供基地和南菜北运基地的建设，作为"南菜北运"重要的蔬菜种类，甘蓝生产在四川得到较大的发展，到20世纪90年代已经成为国内种植面积较大省区和西南地区最大的生产基地,据成都市农林科学院甘蓝课题组 2006 年调研数据,四川甘蓝类蔬菜种植面积在高峰期的 2000—2006 年,年种植面积接近 100 万亩,是南方地区甘蓝面积生产第一大省,以后有所下降,特别是在经历了 2011 年和 2013 年的价格低迷后,到 2015 年,四川甘蓝类蔬菜种植面积约 60 万亩。随着"十三五"期间,四川推进乡村振兴战略"10+3"农业重点产业的推进和发展,甘蓝类蔬菜因其种植技术简单、适应性广、耐贮运等特点在乡村振兴蔬菜产业中扮演重要角色而得到发展。四川省统计局数据显示,2017—2021 年,甘蓝类蔬菜种植面积和产量呈恢复增长趋势(图 1、图 2),2017 年四川省甘蓝类蔬菜种植面积 4.41 万公顷(66.62 万亩),产量 151 万吨,2021 年,面积 5.793 万公顷(86.89 万亩,其中结球甘蓝 56 万亩,占甘蓝类蔬菜面积的 64.45%),产量 214.57 万吨(其中结球甘蓝 145.16 万吨,占甘蓝类蔬菜面积的 67.65%)。五年间甘蓝类蔬菜种植面积增长了 1.38 万公顷,产量增长了 63.57 万吨,年甘蓝类蔬菜种植面积平均增长了 0.28 万公顷(4.15 万亩),产量平均增长了 12.7 万吨。

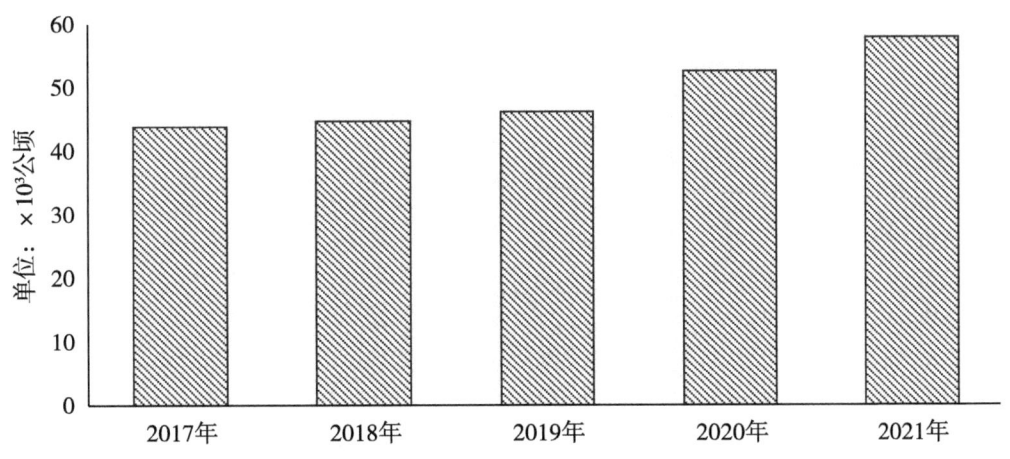

图 1 近 5 年四川省甘蓝类蔬菜播种面积

甘蓝在全省各地都有种植,其中以成都市种植面积最大,甘孜州种植面积最小(表 1)。据四川省统计局数据分析,2021 年四川省甘蓝种植面积较大,排前五位的市(州)分别是成都市 0.81 万公顷(12.17 万亩)、广元市 0.81 万公顷(12.16 万亩)、资阳市 0.41 万公顷(6.19 万亩)、南充市 0.40 万公顷(6.03 万亩)和泸州市 0.39 万公顷(5.77 万亩)。

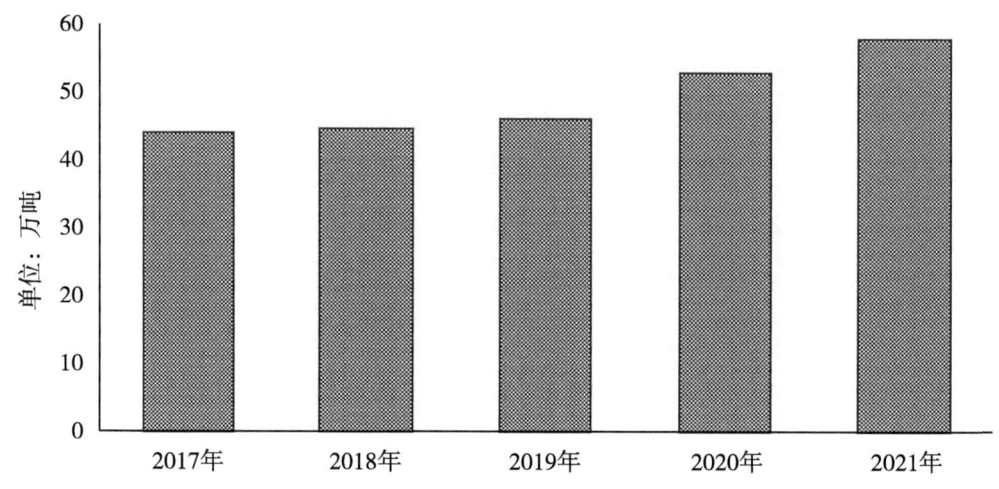

图 2　近 5 年四川省甘蓝类蔬菜产量

表 1　2017—2021 年四川各市（州）甘蓝类蔬菜播种面积　（单位：×10³ 公顷）

	2017 年	2018 年	2019 年	2020 年	2021 年
成都市	5.34	6.17	6.32	6.77	8.11
广元市	6.15	7.11	7.42	7.84	8.11
资阳市	0.49	0.41	0.71	2.68	4.13
南充市	3.37	3.47	3.61	3.73	4.02
泸州市	3.39	3.44	3.65	3.72	3.85
凉山州	2.32	2.47	2.85	3.30	3.79
宜宾市	2.22	2.57	2.32	3.27	3.60
自贡市	2.11	2.17	2.34	3.12	3.32
绵阳市	2.68	2.70	2.70	2.75	2.75
达州市	2.24	2.27	2.31	2.36	2.42
广安市	1.89	1.92	1.96	2.00	2.07
乐山市	1.68	1.76	1.84	1.87	1.91
德阳市	1.42	1.49	1.68	1.77	1.84
眉山市	1.35	1.37	1.50	1.77	1.79
内江市	0.71	0.86	0.89	1.43	1.63
阿坝州	0.73	1.27	1.35	1.42	1.47
雅安市	1.81	1.82	1.20	1.30	1.37
巴中市	0.53	0.56	0.59	0.70	0.72
甘孜州	0.25	0.47	0.60	0.62	0.57
攀枝花市	0.26	0.27	0.28	0.3	0.32
遂宁市	0.13	0.13	0.14	0.14	0.14

数据来源：《四川统计年鉴》。

从产量上来看，广元市的总产量最高，遂宁市的最小（表2）。2021年四川省甘蓝总产量排前五位的市（州）分别是广元市44.47万吨、成都市26.19万吨、凉山州17.35万吨，泸州市15.77万吨和资阳市14.35万吨。从2021年四川各市（州）甘蓝类蔬菜单产来看，排前五位的市（州）分别是广元市、阿坝州、凉山州、泸州市和攀枝花市。

表2 2017—2021年四川各市（州）甘蓝类蔬菜产量 （单位：万吨）

区域	2017年	2018年	2019年	2020年	2021年
成都市	17.52	20.18	21.47	22.49	26.19
广元市	34.39	38.61	40.40	42.51	44.47
资阳市	1.66	1.32	2.49	9.80	14.35
南充市	8.93	9.31	9.79	10.20	10.98
泸州市	13.60	14.04	14.79	15.05	15.77
凉山州	10.22	10.82	12.66	13.90	17.47
宜宾市	7.05	7.33	10.68	10.34	12.10
自贡市	7.56	7.96	8.41	9.98	10.82
绵阳市	8.69	8.84	9.04	9.22	9.44
达州市	6.51	6.64	6.82	7.00	7.32
广安市	6.78	6.92	7.08	7.28	7.65
乐山市	3.59	3.83	4.05	4.20	4.38
德阳市	5.34	5.62	6.20	6.52	6.94
眉山市	2.69	2.83	3.01	3.28	3.30
内江市	3.83	4.42	4.61	6.04	6.26
阿坝州	2.83	5.21	7.12	7.26	7.39
雅安市	6.03	6.78	6.95	3.92	4.14
巴中市	1.78	1.95	2.05	2.38	2.48
甘孜州	0.61	1.16	1.50	1.51	1.39
攀枝花市	0.96	1.02	1.11	1.18	1.26
遂宁市	0.43	0.45	0.46	0.47	0.49

数据来源：《四川统计年鉴》。

2021年，四川省结球甘蓝种植面积56万亩，产量145.16万吨，其中面积和产量排前五位的分别是广元市、成都市、凉山州、泸州市和资阳市。四川各市（州）结球甘蓝种植面积和产量见表3。

表 3 2020—2021 年各四川各市（州）结球甘蓝种植面积和产量

市（州）	2020 年		2021 年	
	面积（公顷）	产量（吨）	面积（公顷）	产量（吨）
广元市	97 530	374 671	100 313	389 813
成都市	79 935	180 172	93 044	201 722
凉山州	41 700	115 078	50 196	152 538
泸州市	46 605	130 736	48 336	136 208
资阳市	26 985	67 902	42 355	103 623
宜宾市	31 215	61 564	34 401	68 738
达州市	29 865	55 935	30 709	57 995
自贡市	19 275	42 622	20 253	46 046
阿坝州	19 140	63 929	19 987	65 392
眉山市	19 710	24 618	19 771	24 578
德阳市	18 195	38 494	18 742	40 979
内江市	16 020	45 655	17 328	42 564
乐山市	13 410	16 238	13 911	17 388
绵阳市	11 280	27 798	11 461	29 056
甘孜州	9 225	14 817	8 440	13 777
巴中市	8 070	18 912	8 416	20 228
南充市	5 370	8 309	8 291	13 231
雅安市	7 695	12 667	7 886	13 046
攀枝花市	2 700	6 547	2 840	6 900
广安市	2 220	5 157	2 316	5 444
遂宁市	1 035	2 266	1 071	2 364

数据来源：《四川统计年鉴》。

（二）种植品种与品种创新

1. 种植品种

四川甘蓝种植类型以扁球类型为主，牛心类型为辅，目前扁球类型与牛心类型的面积比约为 4∶1，牛心类型主要在成都平原种植，有逐渐向全省扩散之势，圆球类型在凉山州有少量种植。

在生产用种上，目前面积最大的扁球类型是引进品种寒将军，其次是京丰 1 号、西园 4 号，牛心类型用种最大的是以江苏农科院育成品种"春丰"为代表的早熟品种，因品质好、占地时间短、适应播种的时间长等，而受到欢迎。

2. 品种创新

四川省从事甘蓝品种创新最早的团队是成都市农林科学院园艺研究所（原成都

市第一农科所)十字花科课题组,从1978年开始进行甘蓝育种,团队始终紧跟国际国内甘蓝育种先进技术,先后开展了甘蓝自交不亲和系选育技术、萝卜胞质雄性不育系转育技术、甘蓝萝卜胞质雄性不育系选育技术、油菜单双倍体诱导技术在十字花科蔬菜上的应用、胞质不育育性恢复等关键核心技术研究应用,积累了丰富的甘蓝育种材料和技术,育成了甘杂1号、甘杂3号、甘杂4号、甘杂5号、甘杂6号、成甘1号、甘杂新1号、甘杂8号等新品种,为四川省甘蓝类蔬菜品种创新打下了较好基础。

"十三五"期间,将选育甘蓝萝卜胞质雄性不育系应用到新品种选育中,培育出了甘杂新一号和甘杂八号两个登记品种,其中甘杂八号,扁球,抗黑腐病,中抗枯萎病,耐抽薹,品质优良,适合稻菜轮作和高山栽培,是建设"天府粮仓"和实施乡村振兴战略,开展蔬菜生产首选甘蓝品种之一。

(三) 绿色高效种植技术

1. 茬口安排

在四川,结球甘蓝主要以秋冬茬、春茬和夏茬露地栽培为主,在高山或高原地区夏茬甘蓝是常见的种植茬口(表4)。

表4 四川省结球甘蓝露地栽培茬口安排

茬口	品种	播种期	定植期	采收期
秋季	强力50、夏绿55、甘杂新1号等	6/中—7/上	7/中—8/上	9/下—10月
秋季	京丰1号、高山神将、卡比其、科兴7号、甘杂8号、春味等	7/上—7/下	8/上—8/下	10/中—12月
秋季	寒将军、京丰1号、甘杂8号、春味等	8/中	9下	翌年1月—4/中
春季(越冬)	春丰、春味、春福来、争春、迎雪翠翡等	10/中	11/中—12/上	3/下—5月
夏季	中甘8号、强力50、夏绿55等	5/上—6/上	6/上—7上	8—9月
高山	寒将军、京丰1号、甘杂8号、高山神将等	3/下—4月	4—5月	6/中—7月
高山	寒将军、京丰1号、甘杂8号、高山神将等	6/下—7/上	7/上—8/上	9—10月

2. 播种育苗

四川结球甘蓝以育苗移栽为主，目前多数种植户还是采用传统育苗方式，从播种到定植苗龄 40~45 天。在"十二五"和"十三五"期间，成都市农林科学院园艺研究所十字花科课题组把蔬菜穴盘育苗技术、蔬菜漂浮盘育苗技术成功应用甘蓝育苗上，现已在成都及周边地区得到广泛的推广和应用。

（1）结球甘蓝穴盘育苗技术要点如下。

基质材料宜采用草炭：蛭石=2：1。每立方米基质中加入 25-6-9 的三元复合肥 2.5~3 千克，基质与肥料混合搅拌均匀后过筛装盘。

穴盘根据苗大小选择。一般育 2~3 叶苗宜选用 228 孔穴盘，育 4~5 叶苗选用 105~128 孔穴盘，育 6 叶以上的大苗可选用 50~72 孔穴盘。

宜采取干籽机播或人工播均可。人工播注意压孔深度 1/4~1/3 穴，每穴播 1~2 粒，播种后用基质均匀覆盖，并用水浇透。

搞好苗期温度、湿度管理。当苗进入"小十字期"（2 片真叶与 2 片子叶呈"十"字形时期）后，要及时间苗、定苗，保证苗齐、苗全。

（2）蔬菜漂浮育苗技术规程如下。

为了较好地应用和推广蔬菜漂浮盘育苗技术，成都市农林科学院园艺研究所课题组积极争取有关部门的支持，制定了四川省地方标准 DB51/ T2605—2019《蔬菜漂浮育苗技术规程》，该标准 2019 年 08 月 22 日由四川省市场监督管理局发布，并于 2019 年 09 月 01 日实施。蔬菜漂浮盘育苗技术在结球甘蓝育苗上的技术要点如下。

搞好育苗盘、育苗池消毒。

控制好施育苗用水肥料浓度。用水应采用经消毒和过滤的自来水、井水、山泉水等无污染水，清水应暴露在空气中氧化 2~3 天，然后选用腐殖酸≥30 克/升，$N+P_2O_5+K_2O \geq 200$ 克/升的腐殖酸育苗专用液体肥，每升水加入 2~3 毫升即可，或 100 毫克/千克的大量元素水溶肥（$N \geq 360$ 克/升，$P_2O_5 \geq 70$ 克/升，$K_2O \geq 70$ 克/升，$Mg \geq 10$ 克/升，$B \geq 3$ 克/升，$Zn \geq 2$ 克/升），并调节 pH 值至 6.5~6.8；营养液深度：固定池 10~15 厘米，移动池 8~10 厘米为宜。

冬季育苗应有加温设施。夏季蔬菜育苗应有水帘、风机、遮阳网等降温设施。播种至出苗期间，将温度控制在 25℃左右，出苗以后将温度控制在 20~25℃。

移栽前 7 天排掉池中营养液，开始炼苗。

3. 大田准备

（1）基肥准备。每亩准备高氮（17~22）低磷（8~10）中钾（15~20）复合肥 40~50 千克，商品有机肥 600~800 千克或自制农作物秸秆和畜禽粪便有机肥 2 000~3 000 千克，硼砂 1~1.5 千克。

（2）整地作畦。

栽培地应选择与十字花科轮作的地块或采取水旱轮作的田块。稻菜轮作的农田必须达到能排能灌。水稻地稻菜轮作前，首先要把大田的水放干，放水应在水稻散籽后就进行，及时放干田间水；水稻收割后，开沟排湿，确保在所种植蔬菜品种的最后农时时限之前，农田达到种植需求。应采用机械或人工将土地旋耕，施足基肥，整平整细，按蔬菜种植规格开好厢沟，同时盖膜，以备定植。宜采用高畦窄厢栽培。

甘蓝种植地应每 3 年施 1 次生石灰，每次 120~150 千克。

4. 秋甘蓝栽培要点

（1）定植。高温季节，宜选择阴天或晴天傍晚定植，定植前一天应先给苗床浇一次水。移植后立即浇定根水，并连浇水 3 天以上，早晚各 1 次，活棵后进入正常管理。早熟品种每亩定植 3 500~4 500 株；中熟品种 3 000~3 500 株，晚熟品种 1 600~2 000 株。

（2）追肥。共 3~4 次。定植 1 周后，结合浇水，每亩追施尿素 5~8 千克或沼液 200 千克提苗，进入莲座生长期，结合田间长势追肥 1~2 次，第一次每亩追施尿素 10~15 千克或沼液 400~500 千克，第二次保持追同样氮肥的基础上加施氯化钾 5~7.5 千克。结球初期，每亩再重追一次肥，可施尿素 15~20 千克或沼液 1 000 千克，同时加施氯化钾 10~15 千克，晚熟品种后期可再追一次叶面肥；

（3）灌溉。甘蓝喜湿润，应保持畦面湿润。干旱时以沟灌渗透畦土的方法为好，并要及时排放积。叶球包紧后，适当控制水分，防裂球。

5. 春甘蓝栽培要点

春莲花白栽培管理不善会很容易造成冻害死苗或未熟抽薹。其关键技术主要在适时播种和冬前管理。

适期播种：播种过早，苗龄偏大，易抽薹。播种晚，苗体太小，易受冻害，形成缺苗断垄，即使暖冬年份不受冻，但春季上市也晚，效益下降。四川盆地适宜的播种期为10月中下旬。

适宜的定植期为11月下旬至12月上旬。地块做到能排能灌。结合翻地要施足基肥。定植平均行距为45~50厘米，株距为40厘米，每亩栽植3 500株左右。

田间管理的总体原则是年前控，年后促。年前控主要是防止越冬苗龄过大，年后抽薹；年后促主要是促返青加快生长，提前上市。越冬期间一般不追肥。但为防止个别小苗受冻，可浇1次提苗肥；2月下至3月上旬，气温回暖后开始追肥，每亩追施尿素10~15千克或沼液400~500千克，隔15~20天后加氯化钾再追施一次，结球初期，重追1次结球肥。年后保持田间湿润。

6. 夏甘蓝栽培要点

四川盆地部分地区有夏莲花白栽培，重点是选择好品种和防治菜青虫等危害。

（1）品种。夏甘蓝生长前期正值梅雨季节，中后期又遇高温、干旱。栽培夏甘蓝首先需要选择耐热、耐旱、生长期短的品种，适宜的品种有苏晨1号、夏光、泰国夏王、日本快宝等。

（2）夏甘蓝宜选择地势高、排水良好及通风凉爽的地段为宜。并须多施有机质肥料。夏甘蓝的株行距可适当取小些，一般为30~40厘米见方，高畦栽培。灌水应在早晨或傍晚进行，避免高潮湿带来不利影响。在夏甘蓝生长期间，菜青虫危害相当严重，须及时防治。

7. 春季（越冬）甘蓝栽培要点

（1）合理安排茬口和育苗方法。

越冬早茬：7月底8月初播种，苗龄25~30天，9月初定植，12月至翌年2月收获，元旦、春节期间上市。此茬育苗方法同秋冬甘蓝。

越冬中茬：8月中旬至9月初播种，苗龄30天左右，9月底定植，翌年1月下旬至3月上旬收获。

越冬晚茬：9月下旬前后播种，苗龄35天，11月初前后定植，翌年3月下旬至4月中旬收获。此茬在育苗时气温已经转凉，但注意防雨。

（2）冬前及早春管理。

早、中茬甘蓝：缓苗后应肥水齐攻，每亩施尿素10千克，促苗早发，10月下旬前后甘蓝进入包心期再追尿素15千克/亩，并勤浇水，促其尽快包心，到11月下旬，包心应达到五至七成。对于半包心的甘蓝可于大寒过后气温开始回升，甘蓝恢复生长，适当加强肥水管理，促使所有甘蓝尽可能在2月底至3月20日以前全部收获，防裂球抽薹。

晚茬甘蓝：缓苗后不久即进入越冬期，冬前应浇一遍越冬水，肥水管理主要在春季。立春前后，及时划锄浇水，并施10千克/亩尿素。包心期应5~7天浇1次水，保持土壤湿润，并于包心前期中期分别施20千克/亩和30千克/亩，促其尽快包心，力争在4月中旬以前收获完毕。

8. 结球甘蓝稻菜轮作技术

（1）稻菜轮作的农田必须达到能排能灌。

（2）播种育苗。根据水稻收获的时间提前25~30天育苗。

（3）及时放干田间水、开沟排湿。水稻地稻菜轮作前，首先要把大田的水放干，放水应在水稻散籽后就进行，周边放水开沟深度达到50厘米以上，及时放干田间水；水稻收割后，开沟排湿，确保在所种植蔬菜品种的最后农时时限之前，农田达到种植需求；

（4）及时整地施肥。农田调整为旱地后，应立即采用机械或人工将土地旋耕，施足基肥，整平整细，采用深沟高厢，每厢定植2行，按蔬菜种植规格开好厢沟，同时盖膜，以备定植。

（5）预防根肿病。十字花科蔬菜根肿病易发区域还应做好预防工作。

9. 绿色防控技术

目前在四川结球甘蓝种植上为害严重的病害主要是"十字花科根肿病"，发病重的田块对产量的影响达到30%~40%，有的甚至高达50%~60%，严重威胁着四川省甘蓝类蔬菜的生产。成都市农林科学院园艺研究所十字花科课题组通过多年的研究和应用，结合四川盆地稻菜轮作的特点，集成了以"无菌育苗、降湿避雨、调酸微肥和苗期保护"为核心的"十字花科蔬菜根肿病防控技术"，使甘蓝等十字花科蔬菜根肿病发病率控制到10%以内，防效达到国内先进水平，课题组还根据该技术制定了成都市地方标准DB5101/T 57—2019《十字花科蔬菜根肿病综合防治技术规程》，该标准2019年8月26日由成都市市场监督管理局发布，并于2019年9月26日实施。目前该技术已经由成都市逐渐辐射到全省十字花科蔬菜生产上，对甘蓝等十字花科蔬菜根肿病的防治起到了较好的指导作用，对保证四川结球甘蓝生产面积的稳定和产量的提高起到了积极作用。结合四川盆地秋季多雨，甘蓝等十字花科蔬菜定植困难，根肿菌休眠孢子在水稻田内下沉分布等特点，匡成兵等也首先提出了在水稻收获后采用免耕栽培应对甘蓝等十字花科蔬菜根肿病。

甘蓝菌核病也是甘蓝生产上常见病害之一，由匡成兵等主编的"甘蓝菌核病"被《中国农作物病虫害》第二版收录。

在甘蓝病虫害的防控上，生产上主要采用农业防治、物理防治、生物防治和化学防治相结合的综合防治技术。农业防治的重点在合理轮作、培育壮苗、清洁田园和采用配方施肥技术上；物理防治主要采用杀虫灯、黄板、昆虫性信息素等诱控；生物防治措施有使用芽孢杆菌、木霉等预防真菌和细菌性病害，用甘蓝夜蛾核型多角体病毒、短稳杆菌悬、金龟子绿僵菌、苏云金杆菌等防治夜蛾科害虫等；化学防治常采用的防病害药剂有噻菌铜、噻唑锌、氯溴异氰尿酸、甲霜·锰锌、吡唑醚菌酯、代森锰锌等，防虫害药剂有阿维·氯苯酰、啶虫脒、氟苯虫酰胺、乙基多杀菌素等。

10. 机械化在甘蓝生产上的应用

四川省是较早在国内推行蔬菜机械化生产的区域，"十三五"期间，成都市在彭州市、郫都区等开展蔬菜全程机械化试验和示范，甘蓝的全程机械化生产在彭州市开展，示范结果确定了可在甘蓝生产上可选用的穴盘育苗播种机、土地耕整机械、蔬菜移栽机械等。

（1）甘蓝穴盘育苗播种机。甘蓝穴盘育苗适合的播种机是气吸式穴盘育苗播种机，其排种器的主要工作部件为吸嘴。当吸嘴运动到种箱时，气泵给吸嘴提供负压，将种子吸附在吸嘴上；当吸嘴运动到穴盘上方时，吸嘴气压由负压切换为正压，种子在气流和自身重力作用下落入穴盘中。

气吸式穴盘育苗播种机的伤种率很低（接近于0），不需要对种子进行特殊处理，可以直接播种。穴盘育苗播种机多采用气吸式，根据吸种工作部件结构形式的不同分为针吸式、滚筒式、盖板式三类，按自动化程度又可以分半自动和全自动两类，针吸式和滚筒式穴盘播种机可以配备穴盘供给、填装床土、压实和淋水作业装备，组成穴盘育苗流水线，实现甘蓝播种的全自动化。

（2）土地耕整机械。甘蓝生产对土地耕整机械没有特殊要求，通常用于蔬菜生产的土地耕整机械都可以用于甘蓝定植地的土地耕整。目前生产上使用的有以下几种类型的耕整机械。

平地机械：主要用于土地平整，以便于机械化种植和田间管理。土地平整过去一直采用常规方法，利用平地机和铲运机等机械进行作业，这只能达到粗平。良好的蔬菜地应满足土地平整、不易积水、易于排灌的要求。菜地平整可改善土表情况，有利于改善菜田灌溉情况，提高肥料的利用率，减少病虫害，提高蔬菜产量。土地平整的方法中以激光平地方法应用最为普遍，推广较多。为了进一步提高土地的平整精度，可以利用激光技术高精度平整农田。

耕地机械：蔬菜起垄前一般要进行深耕整地处理，保证土壤耕层深厚。一般采用犁进行耕翻，将地面上的作物残茬、秸秆落叶及一些杂草和施用的有机肥料一起翻埋到耕层内与土壤混拌，经过微生物的分解形成腐殖质，改善土壤物理及生物特性等。由于大多数铧式犁只能单方向翻垡，故目前推广应用较多的为翻转犁。

旋耕整地机械：蔬菜地起垄前，为提高垄形的作业质量，一般先进行表面僵硬土层的旋耕破碎作业。为起垄作业降低工作阻力和提高作业质量做准备。表土浅耕作业通常采用微耕机或旋耕机进行，两者根据作业场合的不同因地制宜选配。

复式作业机械：菜地经过耕翻之后，还要整地起垄，其目的主要是便于灌溉、排水、播种、移栽及管理，起垄的垄形规格视当地气候条件（雨量）、土壤条件（类型），地下水位的高低及蔬菜品种而异。复式作业机械根据作业的环节多少一次性可完成开沟、起垄、施肥、整地、施肥的全部环节或者部分环节。

（3）甘蓝移栽机械。蔬菜移栽机类型众多，通过试验示范，目前适合在四川省甘蓝移栽上推广应用的移栽机是吊杯式（也叫鸭嘴式，吊篮式）半自动移栽机。

吊杯式半自动移栽机生产厂和机型都较多，主要工作部件有传动装置、苗筒、吊杯栽植器、压实轮等。人工将苗逐棵放入投苗筒内，当苗随投苗筒转动至落苗点时，苗落入吊杯中，吊杯带苗运动至栽植地面时，吊杯破土打开，将苗投出。苗在回流土的作用下完成移栽，压实轮起辅助压实的作用。该类移栽机的优点是：吊杯仅对幼苗起承载作用，不施加夹紧力，基本不伤苗，尤其适合根系不发达且易碎的钵体苗移栽，栽植器可插入土壤开穴，适合膜上打孔移栽；吊杯在栽苗过程中起到稳苗扶持作用，幼苗栽后直立度较高。其缺点有：结构相对复杂，成本较高，对土壤墒情要求较高，不适用于小株距要求的移栽。

全自动移栽机同样适合于甘蓝的移栽，具有用工少、作业效率高的优势，发展前景好,但对育苗的标准化、均一化要求很高。

(4) 甘蓝收获机。目前适合甘蓝采收的收获机主要为单行收获机,但总体省工省力不明显。2018 年和 2019 年,成都市农林科学院在国内首先采用从意大利 Hortech 公司引进的 RAPID T 甘蓝收获机在彭州市进行扁平甘蓝收获的试验示范,该收获机械背负式作业,每次收获 1 行,采用先切根后拾取的方式,输送带将收获后的甘蓝送至整理平台,由人工清理残叶并装箱。甘蓝收获机虽然能完成收获作业,但还需要人工辅助,同时对收获品种的直立性、收获期的一致性、田间平整度、栽培的标准化等要求较高。

(5) 采后处理和加工。甘蓝是四川省重要的淡季蔬菜,主要面向省内的成都市和重庆市销售,早春有少量销往"三北"市场,在采收和储运过程中,一般只进行装筐和预冷等简单的处理。

目前甘蓝在四川省仍然以鲜食为主,少量用于加工。在四川泡菜中,甘蓝是加工洗澡泡菜最常见的原料。另外少数农户在甘蓝收获季节会把多余的甘蓝晾干后加工成咸菜,但总体加工用量不大。

二、四川甘蓝产业发展存在的主要问题

(一) 甘蓝种业短板突出

1. 从业研究机构少、人员少,技术支撑力量薄弱

四川省专业从事甘蓝科研的研究机构仅成都市农林科学院,长期从事甘蓝研究及育种的人员也仅 2 人左右,虽然绵阳市农业科学研究院在"十三五"期间开始从事甘蓝科研,但配备人员也较少,而蔬菜种业企业内也缺少专门从事甘蓝育种的人才。相对同规模的产业而言,专业科研机构少且科研力量薄弱,与四川省甘蓝产业的生产规模不适应。

2. 科技创新投入不足

近年来,省级层面长期稳定支持甘蓝科研的主要是科技厅下达育种攻关项目,每年甘蓝经费 10 万元左右。即使算上每年争取的国家、省、市各类科研项目,每年总经费不会超过 50 万元。对于一个处于南方甘蓝种植面积第一大省,生产面积超过 56 万亩,产量 145.16 万吨,产值超过 14.5 亿元结球甘蓝产业(甘蓝类蔬菜的产值超过 25 亿元),科研经费投入占比实在是太少。

3. 种质资源匮乏，科技支撑引领不足

甘蓝不同的栽培方式及市场需求的多样化，对品种的要求越来越严格，品种更新速度加快，而我国甘蓝育种资源有限，新品种不能完全满足生产和消费的需求。省内推广应用的甘蓝主要优新品种还多数来自国外，尤其是一些热门的优新品种，均为国外育成。虽然科研单位和部分企业也会推出来一些自育新品种，但这些品种主要是跟随育种和模仿育种，突破性的极少。

4. 缺少具有一定规模的育、繁、推一体化甘蓝种业企业

四川省从事蔬菜种子的企业主要由个体种子经营部转化而来，普遍存在小而杂的状况，四川从事甘蓝种子经营的企业也在 10 家以上，没有一家是专业从事甘蓝育、繁、推一体化的企业。虽然四川省具有国内较早、研究水平紧跟国内先进水平的甘蓝研究团队，但很多成果都不能及时达到转化和应用。

（二）基础设施和管理技术相对落后

目前，四川省甘蓝生产地区以粮菜轮作和高山区域为主，这些地区与传统蔬菜生产区域相比，田间道路和灌溉等基础设施相对落后，机械化生产难以推广应用，加上从业人员素质差，肥料农药等基础知识缺乏，生产过程中缺少科技支持，遇到问题不能及时解决，更多的是凭经验来种植，生产管理技术落后，抵御风险能力差。

（三）市场不稳定、比较效益低

1. 市场不稳定

四川省甘蓝商品化生产以越冬甘蓝和夏季高山甘蓝生产为主，四川省越冬甘蓝集中在 3—4 月上市，主要销售"三北"市场，遇北方春季气温回升快，蔬菜供应充足的年份，很容易造成季节性产品局部过剩，给甘蓝的稳定和持续生产带来影响。夏季高山甘蓝生产主要面向成都和重庆市场，市场单一，效益起伏不稳。

2. 比较效益低

广元等夏季高山甘蓝生产区域，近年来甘蓝种植面积有下降趋势，主要影响因素是甘蓝生产的比较效益低，蔬菜生产经营人员更愿意种植辣椒、番茄等产值更高，比较效益更好的蔬菜。

（四）连作栽培普遍，病害发生趋重

由于甘蓝种植的区域化、专业化，重茬栽培较为普遍。造成局部区域生态失衡，次生盐渍化严重，土壤自净功能弱化，病虫危害积聚，作物出现生长发育障碍，特别是根肿病等土传病害有逐年加重发生的趋势，已成为甘蓝生产基地的主要生产障碍之一。

（五）农民组织化发展程度低

甘蓝生产仍为一家一户分散经营，专合组织和龙头企业带动力和凝聚力不强，利益联结机制未能有效建立起来，新品种、新技术推广应用难，产品质量差异大，距离产业化经营还有很大的差距。

三、发展对策建议

（一）四川省甘蓝产业发展趋势研判

1. 在新品种应用推广方面

在产量、外观品质、耐贮运、抗病的永恒主题下，内在品质和抗逆性将越来越重要。口感好，风味优，甜脆，适合鲜食的甘蓝品种将越来越受到消费者的喜爱；随着产业调整，机械化的应用推广，适应轻简化、机械化栽培的品种将是一种趋势；高产，优质，抗病的甘蓝优良品种是农业增产，农民增收的前提条件，抗病虫害新品种的应用，有利于减少农药使用量，减少农药残留，降低种植成本，生产绿色无公害的甘蓝产品，有利于保护环境；另外抗高温、耐低温、耐干旱、耐涝品种也会在一定范围内达到应用，以适应气候和市场需求的不断变化。

2. 在新技术的应用上

（1）机械化生产技术逐渐得到应用。2023年中央一号文件提出，要加快先进农机研发推广。加紧研发大型智能农机装备、丘陵山区适用小型机械和园艺机械。支持北斗智能监测终端及辅助驾驶系统集成应用。完善农机购置与应用补贴政策，探索与作业量挂钩的补贴办法，地方要履行法定支出责任。随着国家政策的落实，我国农机行业进入了发展的快车道，一批适应蔬菜不同品种、地区和农艺要求的新型机械将被研究和生产出来。甘蓝属于大田生产，收获期一致，特别适合农业机械化生产，甘蓝机械化生产技术的应用有利于降低劳动力成本，提升生产效率。

（2）绿色生产技术在甘蓝生产上得到推广应用。甘蓝病虫害种类多，危害重，为有效控制病虫害，保障甘蓝产品安全，以农业防治、物理防治和生物防治为主，化学防治为辅的病虫害综合防控技术逐渐被生产者接受。生态调控、免疫诱抗、理化诱控、生物防治等绿色生产技术将在生产中得到广泛应用,实现满足人民群众对食品安全的需求。

(3)经营模式发生变化。甘蓝种植准入门槛低、技术要求不高,亩投入少,市场竞争激烈,要取得好的效益,采用机械化,实行规模化生产是必然选择,经营模式必然由分散向规模化集中转变,产供销一体化是必然趋势。只有这样才能降低生产成本,保持四川甘蓝生产的持续和稳定。

(二)促进四川省甘蓝产业发展的对策建议

1. 加大对甘蓝种业的政策和资金支持,提升甘蓝种业水平

把甘蓝种业的发展作为振兴四川蔬菜种业的抓手之一,从人才引进、平台搭建、项目支持等方面入手,构建四川甘蓝种业体系,打破区域界限,与西南地区从事甘蓝研究的大学和农业科研机构,建立产学研联盟,充分发挥四川省甘蓝研究团队的作用,针对四川省甘蓝产业的发展特点,重点开展品质优和抗逆性强甘蓝育种资源收集、材料创新和育种技术研究,新品种选育等工作,为甘蓝种业发展提供支撑,同时带动种业企业的育种工作、促进甘蓝种业科技成果转化。

2. 推进机械化生产,降低人工成本

四川特殊的地理环境,使得蔬菜种植地块较小,缺乏相应的生产机械设备。为进一步推进四川省蔬菜生产机械化应用,探索适合四川省蔬菜生产的农业机械及技术推广模式,政府方面,率先带头研发适合机械化生产的品种、配套的蔬菜栽培技术及生产机械设备,如适合丘陵地区进行蔬菜生产的小型蔬菜种植精整机、播种覆膜机、移栽机、收获机等机械,使农机农艺融合发展,并对种植户购买机械进行相应的资金补贴;企业方面,推广"企业+农户"的发展方式,不仅带动农户增产增收,还扩大蔬菜连片种植规模,更适合发展机械化生产,进而降低人工成本。

3. 发展数字农业,及时掌握蔬菜生产动态

生产者存在盲目跟风种植蔬菜的问题,主要原因是因为无法获知蔬菜需求变化,从而导致信息不对称,为减少盲目种植现象发生,政府可牵头发展数字农业,加快农业信息化水平建设,利用物联网、大数据及人工智能助力传统农业向数字农业转型。为解决蔬菜生产、消费不对称问题,信息平台收集种植规模、价格、生产成本及可用性方面的数据,同时加强对大宗蔬菜产销形势的监测分析,及时发布预警信息,引导种植户和生产基地的科学种植,把握生产到流通的供需关系,加强基

地和市场的产销衔接。

4. 加强先进实用技术研发转化，提升产业科技水平

绿色甘蓝生产技术、肥水一体化技术、机械化生产技术与甘蓝农机农艺融合技术、卫星定位、智能识别等结合，重点围绕提高甘蓝品质、品牌影响力和市场竞争力，开展优质甘蓝生产关键技术、采后商品化处理与冷链物流技术的研发攻关、示范转化、技术培训和指导服务。

5. 强化标准引领，基地示范，辐射带动

加强四川甘蓝地方标准、团体标准、企业标准的制定与修订，推进标准普及和进企入户工程，大力建设绿色、有机、地理标志农产品标准化生产示范基地，加强生产全过程的技术指导、质量监控和产品认证。扶持品种和技术无知识产权争议、规模适宜、生产稳定、质量安全水平高的园区和基地进行出口基地备案和认证。鼓励和培训龙头企业、农民专业合作社、家庭农场等新型经营主体技标生产，以示范基地引导产业健康发展，以标准规范提高甘蓝产品质量安全水平。

参考文献

匡成兵，2016. 稻菜轮作与蔬菜育苗技术100问 [M]. 北京：化学工业出版社.

匡成兵，唐祖君，等，2019. 十字花科蔬菜根肿病综合防治技术规程. 四川省成都市农业地方标准，DB5101/T57-2019.

史志明，孙聪等，2020. 蔬菜机械化生产装备与技术 [M]. 成都：四川科学技术出版社.

唐祖君，匡成兵，等，2006. 秋冬甘蓝甘杂5号的选育. 西南农业学报（19）1：164.

唐祖君，匡成兵，等，2016，秋冬甘蓝新品种甘杂8号的选育 [J]. 中国蔬菜（2）：59-60.

四川省花椰菜和青花菜产业发展报告

杨 宏[1,2] 孙 进[1] 王海娥[1,2]

(1. 四川省农业科学院园艺研究所,四川成都 610066;
2. 蔬菜品种改良与种质创新四川省重点实验室,四川成都 610066)

摘 要:介绍了四川省花椰菜、青花菜的生产与贸易现状,并围绕生产供给、市场需求、科技创新等方面阐述了四川省花椰菜和青花菜产业的发展趋势。结合社会发展需求,指出四川花菜产业发展中存在品种、茬口结构不合理、栽培管理粗放、技术推广体系不健全、采后商品化处理环节薄弱,深加工产品不足等主要问题,从而提出加快产业结构调整、加大种业创新支持、推动产业升级和提质增效的对策建议,为花椰菜和青花菜产业绿色高质量发展提供技术支撑。

关键词:花椰菜;青花菜;四川省;发展趋势;对策建议

引言

四川省花椰菜和青花菜常年栽培面积超 2 万公顷且栽培面积稳定增加,是除云南以外可以进行周年生产的省份。盆地内秋冬栽培是我国南菜北运的重要蔬菜之一,海拔 1 500~3 000 米盆周山区已初步形成高品质反季节生产区。得益于四川省独特的自然条件和国内外市场需求增长,花椰菜和青花菜在乡村振兴、农民增收中发挥了积极作用。

四川盆地是花椰菜和青花菜秋冬栽培的主要产区之一,目前常年栽培面积约 2 万公顷,其中花椰菜栽培面积 1.67 万公顷,青花菜栽培面积约 0.3 万公顷,形成了以金堂为核心的成绵德种植区和以荣县为核心的川南种植区,核心区内连片种植规模超 0.3 万公顷,且范围与面积在持续增长。

盆周山区是发展高山反季节花椰菜和青花菜的潜力优势区域。随着道路交通条件的改善,这些区域发展反季节青花菜、花椰菜具有独特优势。阿坝州茂县、松潘、金川等地已发展出规模化青花菜基地,于 5—9 月上市。该区域是填补四川省及西南地区夏淡的重要生产区。

花椰菜和青花菜是四川省南菜北运和保障本地百姓菜篮子主要蔬菜之一。四川秋冬花椰菜、青花菜以外销为主。金堂县官仓综合（果蔬）市场是成都花椰菜和青花菜的专业化物流中心，来自金堂及周边地区的商品集中到这里进行分拣、包装、预冷或入库，销往北京、甘肃、西安等北方市场，北运高峰为12月至翌年2月，年销售量约7万吨。荣县及周边地区产出商品通过鼎新蔬菜商品化处理中心经挑选、装箱、装车，销往北京及东北地区，年销售量约5万吨。

花椰菜和青花菜是四川省乡村振兴建设的重要经济作物。2015—2022年，我国花椰菜月均批发价格主要区间为3.0~4.0元/千克且价格有逐年升高趋势（表1）。露地花椰菜产量普遍在2 500~3 000千克/亩，早熟品种产量低，晚熟品种产量高，产值普遍在4 000~6 000元/亩，行情好时亩产值可过万元。露地青花菜产量一般为1 200~1 800千克/亩，市场行情较稳定，批发价格在4.0元/千克浮动，亩产值达5 000元/亩以上。

表1　2015—2022年我国花椰菜月均批发价格　　　　　　（单位：元/千克）

年份	月均批发价格											
	1	2	3	4	5	6	7	8	9	10	11	12
2015	3.32	3.3	3.17	3.38	2.92	3.62	3.41	4.09	3.32	2.43	2.07	2.87
2016	3.58	6.02	5.7	4.46	3	2.36	2.91	3.13	3.85	3.37	3.89	4.39
2017	3.19	2.72	2.62	2.61	2.17	2.7	3.19	3.43	3.28	2.78	2.85	3.41
2018	3.49	4.88	3.79	4.29	3.65	3.68	3.75	4.06	5.12	4.74	2.5	2.17
2019	2.95	3.47	4.46	4.38	3.29	2.79	4.28	3.26	2.77	2.54	2.64	4.44
2020	3.84	4.11	3.23	3.44	3.15	4.59	4.21	4.35	4.38	4.12	3.55	3.89
2021	6.1	4.78	4.39	3.73	3.59	3.71	3.83	4.72	4.47	5.13	6.65	7.96
2022	4.42	4.08	5.35	4.44	4.16	3.19	3.79	4.52	5.57	4.62	3.75	2.91

注：数据来源于农业农村部信息中心。

一、四川省花椰菜和青花菜产业发展现状

四川省内地形地貌多样、生态气候资源丰富，为花椰菜和青花菜的周年生产提供了优越的地理条件，主要分布在四川盆地平坝区、盆地丘陵区和高原高山区。

盆地内平坝及丘陵区带占全省栽培面积95%左右，秋、冬、春皆可种植，秋、

冬茬口为主，形成了川西坝子核心种植区和川南核心种植区。四川盆地"冬无冻害、周年无台风、春季升温平缓"，适宜喜冷凉的花椰菜（青花菜）秋冬栽培，形成了金堂为核心的成绵德生产区和以荣县为核心的川南生产区。金堂、荣县已成为全国知名的冬花菜生产县。四川盆地由于地形闭塞，北部秦岭阻挡冷空气南下，冬季气温高于长江中下游同纬度地区1~4℃，霜雪少见，无霜期长（280~350天），部分区域全年无霜。虽然盆地年日照较少，仅900~1 300小时，尤其冬季阴天多，因此花椰菜（青花菜）的栽培密度不宜过高，对产量有一定影响，但盆地内环境温和、稳定，较华东产区的霜冻风险小，又无华南产区的台风危害，是秋冬露地栽培的优势区域。该区域适宜种植秋茬、晚秋茬和春提前茬口。

高原高山区反季节生产区目前正处于萌芽状态，在全省栽培中占比较少，但是极具发展潜力，在阿坝州的茂县、松潘、金川已经开始成片发展。松潘、金川等地已发展出规模化花椰菜和青花菜基地，可在5—10月上市。这些区域日照长，昼夜温差大，密植产量高，花球商品性好。高山西兰花亩植3 500~4 000株，较成都平原栽培密度2 500~3 000株/亩可提高产量30%，且病虫害少，商品品质高。

（一）立足生态地理优势，不断优化区域布局

1. 以金堂为核心的成绵德生产区

位于成都平原，以金堂县为核心，含成都市、德阳市、绵阳市、眉山市等。该区域以平原坝区及浅丘为主，海拔400~600米，少数山丘地势高低差100~200米之间，形成深丘地貌。该区域属亚热带湿润太平洋东南季风气候，四季分明，日照较少，降雨充沛，多年平均气温在16.0~17.4℃，≥10℃的年积温为4 900~5 300℃，全年无霜期283~320天，偶见短暂低于0℃霜冻。年平均日照时数1 100~1 300小时，年平均降水量为900~1 300毫米，夏秋多雨，冬春雨少。

该区域以秋冬茬为主，部分春提前茬口。秋茬主要集中在7月下旬至10月初播种，可以满足10月至翌年3月市场鲜菜需求。从生育期来看，60~180天品种都有需求，以中早熟、中熟、中晚熟品种为主，以便农户分批播种、分批上市，达到均衡上市、稳定价格的目的。春提前茬口在11—12月播种，苗龄45~60天，春季地温稳定后定植，4—5月上市，以中熟品种为主。松花菜主栽品种有庆农系列、神良系列、盛松系列等。松花菜花球要求花球周正、洁白，松散米粒状，梗绿，球面光滑，口感脆甜，长势强壮，抗病、抗逆性强。青花菜主栽品种有先正达系列、日

本坂田系列、浙青系列、亚非系列、青城系列等。青花菜以颜色深绿、花球紧实、籽粒细密、抗病性强的耐寒品种为佳。超晚熟品种亚非三月鲜可在翌年3月满足市场供应。

2. 以荣县为核心的川南生产区

以自贡荣县为核心，主要包括内江、宜宾、泸州，以及乐山等市。春早、夏热、秋短、冬暖、无霜期长。≥10℃的年积温为5 500~5 800℃，年均日照时数1 200~1 400小时，年降水量1 000~1 200毫米。该产区光照充足，热量和水资源丰富，冬无严寒，全年无霜期340~358天，个别区域或个别年份终年无霜雪，生长期长。1月平均气温7.0℃左右，极端最低气温-2.7℃。

该区域栽培茬口、品种需求与成绵德生产区基本一致，但因冬季温暖、霜冻少对花椰菜、青花菜冬季生产更为友好，降低了越冬栽培的风险。该区域的主要上市期为11月至春节前，但越冬栽培翌年3—4月上市也具有较大潜力，此时北方市场花椰菜尚未上市，对南方鲜蔬需求旺盛。

3. 高山高原生产区

阿坝州茂县、松潘、金川县等，属高原性季风气候，垂直气候和地区气候明显，局部气候复杂，日照充足，降水少，气候干燥，多风，四季明显，干湿季分明，冬季寒冷，夏季凉爽，昼夜温差和地区温差大。年均气温11.0℃，极端最低气温-11.6℃，极端最高气温32.2℃，无霜期215.4天，年均日照1 549.4小时，年降水量486.3毫米。

该区域内河谷低山区可发展春提前茬口生产基地，1 500~3 000海拔区内可发展越夏花椰菜和青花菜生产基地。以茂县洼底镇为例，其河谷低山区是李子—花椰菜套作模式，面积约1 000亩，12月播种冬性强的晚熟花椰菜品种，2—3月定植，5—6月上市。在中高海拔区，6月收获后可再继续种植第二茬耐抽薹早熟品种，如耐寒优秀、台绿3号和中青16等，在9—10月上市。根据不同海拔和播种茬口安排，可以满足5—10月的均衡供应，填补了市场对夏季花椰菜、青花菜的需求，同时也极大带动了当地农业的发展和乡村振兴。

（二）持续推进品种改良和结构调整，栽培面积持续增加

2010年前四川花椰菜生产以紧花菜为主，青花菜占比少。近十年来，松花菜因其口感甜脆、细嫩而迅速占领市场。青花菜的功能和食用方法逐渐为大众所接受，国内消费也在逐渐增长。由于消费市场变化导致四川省花椰菜、青花菜产业品种更替和结构调整。就花椰菜产业而言，松花菜种植面积占比提升到80%，紧花菜仅占20%左右。由于冬春季节北方市场的巨大需求和夏淡全国市场的缺口，四川省花椰菜、青花菜栽培面积持续增长，并呈现出类别差异，花椰菜主要在以金堂为核心的成绵德种植区和以荣县为核心的川南种植区增长，青花菜主要在高原高山区种植区增长。

四川省花椰菜、青花菜的栽培模式也在发生变化。过去传统菜区以农户小规模种植为主体，蔬菜净作为主，喜冷凉蔬菜常与喜温蔬菜轮作。随着四川省"天府粮仓"的建设，水稻—花椰菜（青花菜）复合种植、玉米—花椰菜（青花菜）复合种植、大豆—花椰菜（青花菜）复合种植、花椰菜（青花菜）—马铃薯复合种植、果树—花椰菜（青花菜）套作等多种栽培模式将重新集成、创新并示范推广，因此花椰菜（青花菜）生产面积稳步增长。越来越多的规模化经营的家庭农场、合作社、公司进入花椰菜和青花菜的生产和销售环节。

以水稻—花椰菜（青花菜）复合种植模式为例：水稻栽培在四川省川南地区于8月中旬至9月中旬收获，成都平原在国庆前后收获，川北地区最晚在10月下旬收获。可以形成如下模式。

川南地区：水稻—中早熟/中熟秋茬花椰菜（青花菜）—越冬春茬花椰菜

成都平原：水稻—中熟/晚熟秋茬花椰菜、水稻—早中熟/中晚熟/晚熟青花菜

川北地区：水稻—早中熟青花菜、水稻—中晚熟、晚熟越冬春茬花椰菜。

不同模式、不同生态区和不同生产规模对品种的需求也在发生改变。我国推广应用的松花菜品种较多，生育期、抗病性、适应性等各有优缺点，当前适应四川省的代表性品种有如下品种。

庆农65：中早熟品种，球形周正、球面松大，适应性广。

白玉80：春秋兼用型中晚熟品种。花球周正、洁白，松散米粒状，梗绿，球面光滑，口感脆甜，长势强壮，抗霜霉病和黑腐病。

白玉矮脚88：春秋兼用型中晚熟品种。细米花，浅青梗，生长势强，抗病性强。

丰田108：耐寒性好，晚熟品种，产量高、适应性广泛、米粒均匀、球面平整。

松不老J31：免盖球品种，抗晒，不盖球依然洁白。秋季中早熟品种，球型周

正，米粒细，淡青梗，球面平整细致，适播期广，适应性强。

由于市场对松花菜的需求是花球洁白、花梗绿长，现有大部分松花菜品种要盖球以使花球白嫩，由此导致用工增加。松花菜耐寒性较青花菜弱，低温导致毛花、发红的不良性状显著增加，因此迫切需要培育、引进免盖球品种、广适性品种和多抗品种，促进四川省花椰菜产业提质增效。

我国市场上应用的青花菜品种约 80 余个，国内自育的品种与国外引进品种各占一半，四川主栽品种如下。

耐寒优秀：从日本级田公司引进，中早熟青花菜一代杂交品种，株型直立、叶片开展中、花球高圆、球色蓝绿、花蕾中，耐寒性好，低温不发紫。

炎秀：从日本坂田公司引进，晚熟青花菜一代杂交品种，株型直立，生长势强，耐热性好，叶片开展中，花球半高圆、球色深绿、花蕾中，低温发紫，不抗黑腐病。

强汉：从美国圣尼斯公司引进，中晚熟青花菜一代杂交品种，株型半直立，生长势强，抗逆性好，耐雨水，叶片开展中，花球半高圆、球色绿花蕾细，低温发紫。

幸运：从荷兰 Bejo（必久）种子公司引进，中熟青花菜一代杂交品种，株型直立，生长势强，抗逆性好，叶片开展中，花球半高圆、球色绿、花蕾细，低温发紫，产量高。

亚非三月鲜：特晚熟青花菜，株型直立、生长势强，主球鲜绿色，蕾粒细小均匀、抗寒性强。

自 2018 年"国家西兰花育种重大科研联合攻关"项目实施，我国育成了一批可与国外进口品种相媲美的青花菜优良品种，如浙青 164、青城 5544、浙青 75、美青 90、中青 319、台绿 6 号等新优品种正在涌现。未来适合不同茬口、不同栽培环境的国产品种将会逐步取代进口品种保障我国青花菜种业安全。

浙青 164：中早熟耐寒品种，花球高圆平整、蕾西细密，持球期长。

青城 5544：中早熟耐寒品种，株型直立紧凑，适合密植，花球高圆平整、深蓝绿。

浙青 75：中熟耐寒品种，生长势旺，株型直立，花球圆整，蕾粒中细、蓝绿，坐球高。

中青 319：中晚熟耐寒品种，生长势强，花球半高圆呈蘑菇形，蕾粒中细浓绿，抗病毒病、枯萎病和黑腐病。

台绿 6 号：中熟品种，兼具耐寒、耐热特性，花球高圆、球面圆整，蕾粒细、匀，既可秋季定植，也可高山区春季栽培。

（三）强化科技支撑，促进花椰菜、青花菜产业提质增效

由于四川省花椰菜和青花菜栽培面积不断增长，农户增收效果明显，四川省农业科学院园艺研究所建立了花椰菜（青花菜）育种与栽培课题，在花椰菜（青花菜）种质收集、鉴定、创新，新品种引进与示范、集约化育苗、病虫害综合防控技术等方面积极探索，通过科技支撑、示范转化和培训服务，促进四川省花椰菜（青花菜）产业高质量发展。

1. 种质收集、鉴定与创新

四川省农业科学院园艺研究所花菜课题通过收集、自交分离等累计拥有花菜种质资源 1 000 余份，建成了西南地区花菜最大的种质资源库。率先在西南地区开展耐寒、广适性强的花菜种质创新研究，填补了四川省花菜育种科研的空白。其中花椰菜种质 800 余份，青花菜种质 150 余份。课题针对株型、生育期、花球商品性、抗病、抗逆等性状开展精准性状鉴定，创制了紫色、黄色、绿色等不同花球颜色种质 80 多份，含早熟、中熟、晚熟等不同生育期自交系，为培育好看、营养的花椰菜奠定了基础；创制耐寒、广适白花椰菜自交系 8 份，其中低温花球不发红、不发毛种质 5 份，越冬早春不毛花、耐抽薹种质 3 份；创制长梗、松散型青花菜、松花菜种植 2 份；创制商品性好、自交亲和青花菜自交系 2 份。未来还将继续引进多生态型品种和种质，特别是欧洲、美国、日本来源种质，进一步丰富种质资源库，结合四川省秋、冬、春不同气候条件进行鉴定，采用传统与分子、细胞技术相结合的多种技术手段培育适宜四川省湿润弱光环境的多抗优质花椰菜（青花菜）。

2. 国产品种引进与示范

为了解决我国青花菜种业关键核心问题，打破进口种子垄断地位，四川省农业科学院园艺研究所花菜课题承担了"国家西兰花育种联合攻关"四川测试点任务，年度开展 80~100 个中国自主知识产权青花菜新品种精准鉴定。自四川测试点承担任务以来，分别在金堂县、内江市、东兴区、彭州市、乐山市峨边县等不同生态区域开展鉴定、测试，筛选了适宜川南地区和成都平原晚秋茬口的耐寒中早熟品

种 3 个、中熟品种 3 个、晚熟品种 4 个，摸清了这些新品种的适合播种期和生长特性，为这些新品种的推广提供了科学依据。以测试结果为依据，2023 年将优选品种分别在德阳罗江区、绵阳市安州区、彭州市、峨边县等进行示范推广，示范主体有农户、家庭农场、公司和合作社。

在峨边县、茂县、金川等山区，四川省农业科学院园艺研究所花菜课题根据当地气候、栽培习惯，因地制宜引进松花菜、紧花菜、青花菜新品种 20 多个开展试验示范，为当地花椰菜（青花菜）品种更新换代提供科技支撑。

3. 集约化育苗技术集成

育苗是蔬菜生产的重要环节，培育壮苗是蔬菜优质高产的基础。四川省农户育苗传统一般是露地阳畦育苗，存在以下几个问题：①发芽不整齐，需间苗、分批移栽等，增加管理难度和劳动投入；②低温高湿、高温高湿、弱光寡照等不利环境条件对幼苗发育影响大，不利培育壮苗；③壮苗率低导致用种量增加，成本上升。四川省农业科学院园艺研究所花菜课题联合成都市金蔬满仓农业科技有限公司、四川禾润蔬香农业科技有限公司、金堂县朝晖农业发展有限公司等从育苗基质配制、环境调控、水肥供给等方面进行了技术集成和创新，指导育苗企业在秋茬、晚秋茬、春提前等多个茬口培育壮苗，达到快速、整齐、高效、稳定的生产水平。穴盘育苗还有便于包装运输的优点，有利于扩大服务范围，提升了专业化服务水平。成都市金蔬满仓农业科技有限公司 2022—2023 年花椰菜、青花菜供苗合计超 7 000 万株，并将继续扩大育苗产能，服务成都平原和川南地区。四川禾润蔬香农业科技有限公司年供花椰菜、青花菜苗约 3 000 万株，服务成都平原地区。金堂县朝晖农业发展有限公司年供苗量约 3 000 万株，服务金堂地区。

（四）产业链条不断延伸，孵化产业新业态

四川花椰菜（青花菜）以新鲜销售为主，已有部分加工企业在探索花椰菜和西兰花深加工，延伸产业链条。尽快开发花菜脆片、花菜泡菜、芽苗菜、营养成分保健品、种子提取品、花菜饮品和调节剂等，促进花菜产业全面发展，提高人们的健康水平，满足社会多样化需求。

冻干蔬菜具有保存和食用方便、营养丰富等特点，保持了原有花椰菜和青花菜的营养风味，成为一种良好的营养深加工产品。冻干花椰菜、冻干青花菜通过真空冷冻干燥，达到长期保藏的目的，减少了因腐烂造成的损失，能大大降低贮藏、运输、包装等方面的费用。四川江茂食品有限公司和四川省农业科学院园艺研究所合作筛选了适合加工用青花菜品种和加工用花椰菜品种,原材料加工利用率高,加工产品适合销售欧美地区。

青花菜茎、叶、种子均可加工利用。青花菜、花椰菜的花球质量0.5~4.0千克,花球质量占整体植株重量小,松花菜尾菜达2.06千克/株,叶、茎等产品未能充分开发利用。在江浙地区,青花菜的叶开发做梅干菜和半脱水蔬菜,茎开发为发酵食品。青花菜的茎是十分受欢迎的泡菜原料,经发酵后鲜脆可口、不变软;花椰菜的叶片发酵后口感与芥菜相似。四川泡菜闻名全球,结合良好的泡菜产业基础,开发利用青花菜和花椰菜的叶、茎具有可行性。

青花菜芽苗和种子中含有丰富的硫代葡萄糖苷,其中萝卜硫苷含量是十字花科蔬菜中最丰富的,通过内源黑芥子酶酶解可以得到萝卜硫素,具有抗肿瘤、缓解非酒精性脂肪肝、消炎等作用。保健品是萝卜硫素的主要应用领域,典型应用为片剂、软胶囊、硬胶囊等剂型。成都三禾田公司、成都格纯生物医药有限公司在萝卜硫素提取和制备工艺上取得了很大进展并开发了相关萝卜硫素保健品产品,产品在国内外销售。

花椰菜、青花菜的花球不仅可食用,还兼具观赏功能。近年来,花椰菜和青花菜消费国内需求总量逐渐增加,从基础温饱需求转化为多元化健康标准需求,在花型、花色上逐渐呈现多样化,如塔形、开散型、多色(紫色、橙色和粉色等)。广大市民对休闲农业的需求在发展。好吃、好看、营养的花椰菜和青花菜既可以与水稻、玉米等粮食作物复合种植,又可以和桃园、猕猴桃园、李子园等果树套作栽培,适合范围广,是适合休闲农业、都市农业的健康花!

二、四川省花椰菜、青花菜产业存在的主要问题

(一) 传统菜区病害严重,缺乏多抗性突出品种

由于连作影响,在金堂、广汉、彭州等老菜区根肿病、茎基腐病、菌核病等病害日益严重,化学防控不仅增加成本,而且存在安全风险。

十字花科根肿病是由专性寄生菌——芸薹根肿菌侵染引起的一种土传性病害,会导致严重减产。病菌通过病根、雨水、灌溉水、地表径流、地下害虫活动、农具、运输工具及农事操作等近距离传播,但带菌的种苗、病根、土壤、农家肥、种子及

流水等均可远距离传播。发病初期根部变形，出现纺锤状肿瘤，严重影响根系对水分和营养物质的吸收。病株生长缓慢，须根极少，基部叶片易在中午萎蔫，早晚恢复正常。当前，花椰菜（青花菜）抗根肿病育种较白菜、甘蓝滞后，仅先正达育有晚熟耐抗根肿病紧花菜品种"科顿"，在松花菜、青花菜领域还未见抗、耐根肿病品种。

菌核病是由核盘菌引起的一种真菌性病害，该病花椰菜（青花菜）幼苗到成株期均可发生，幼苗感病导致死棵，成株发病导致减产。幼苗染病后，植株茎基部产生水渍状褐色病斑，随着病情发展，病部溃烂，植株猝倒。成株感病后，植株底部的茎、叶柄、叶片产生水渍状褐色病斑，花球或茎基部软腐，但无臭味。多雨天或湿度大时发病严重，施用未充分腐熟有机肥、偏施氮肥的地块易发病并流行，地势低洼易积水、大水漫灌、栽培密度大会加重病情。

黑斑病是近年来为害花椰菜（青花菜）的主要新型流行病害。侵染花球后，花球初期出现水渍状斑点，后期被侵染花球组织褐变，花球完全失去商品价值。连续阴雨天、排水不及时或潮湿环境发病严重；连作或与十字花科作物轮作，田间菌源基数高，发病严重，与禾本科作物轮作发病轻；管理粗放、栽培密度大、施肥不足、植株长势弱的地块发病严重。

茎基腐是四川省近年来为害花椰菜（青花菜）的突出病害，特别是在传统菜区如金堂、彭州等地，且流行趋势不断扩大。主要危害植株的茎基部，在整个生育期均可发生。发病后，叶部因发病速度不同会表现出青枯、黄枯、青黄枯等症状，严重时可以导致植株完全枯死。发病较轻的植株，其裸露于地面的部分无明显感病症状，与地面接触处茎部出现褐色病斑；发病较重的植株，茎基部韧皮部脱落，幼苗生长发育缓慢，植株矮小；严重时会出现植株萎蔫最终死亡，病株根系未出现腐烂，维管束变褐。

霜霉病在阴雨、光照不足时发生严重，连作、低洼积水、种植过密、肥力不足、管理粗放的地块发病重。叶片染病后产生边缘不清的黄斑，后病斑扩展，湿度大时病叶背面产生白霉，叶片枯黄脱落。花茎染病后，表面出现褐色斑块，后病斑连接成片，湿度大时，花茎及花梗表面产生白色霜层。

黑腐病在青花菜各个生育时期均可发生，为害叶片和花球，最明显的病症体现在叶片上。叶染病有两种途径，一种是病菌由水孔侵入，造成叶缘发病，形成

"V"形病斑，病斑边缘叶组织变黄，维管束变黑，逐步向叶片内部侵染，叶片发黄、脱落，干燥天气下病叶干枯或呈穿孔状，严重的情况下可导致植株萎蔫和死亡；另一种途径是从伤口侵入，病斑向两侧或内部扩展，造成周围部分的叶肉变黄或枯死。黑腐病主要发生在秋季，平均气温15～21℃，十字花科重茬，多雨时节，地势低排水不良经常造成黑腐病的大暴发。

以上病害既有土传病害，又有细菌和真菌病害，具有影响广泛，发病迅速，防治困难等特征，虽然培育出单抗黑腐病、黑斑病等病害的品种，但尚无多抗性突出品种，造成花椰菜（青花菜）产量和品质下降，影响了菜农的种植积极性。

（二）绿色高效栽培技术推广不足

花椰菜（青花菜）种植中农户单纯追求产量，普遍存在化肥、农药过量施用的情况，导致品质下降和地下水污染等问题。连茬种植导致土壤养分平衡失调，测土配方施肥和水肥一体化技术推进缓慢。未根据花椰菜（青花菜）的需肥规律和土壤肥力情况科学指导施肥，导致农户生产中盲目施肥，肥料投入大，利用率低。当前国内花椰菜花球常出现褐色生理性病害的主要原因就是偏施氮肥、整个生育期不补充中微量元素，致使花球商品性下降，农民收益降低。

四川省春、秋多雨，冬季寡照，特别有利于茎基腐病、黑腐病、霜霉病的发病。四川省四川盆地秋冬花椰菜（青花菜）栽培应采用深沟高垄，垄高30厘米，但很多地区仍采用平畦栽培，排水不良，雨涝导致死棵严重，病害频发。

在根肿病病区，农民对根肿病认知落后，不懂得销毁病株并在病区撒施生石灰防止病菌蔓延，部分农民采用大水漫灌方式种植，导致根肿病病区蔓延扩大，为害日益加剧。

（三）部分地区产业基础条件落后

四川省部分地区农田基础设施建设薄弱、灌溉条件差，以农户自主经营为主，栽培技术不规范，种植规模小，产业化程度低。育苗设施缺乏，种子带菌、苗期病害防控不及时，壮苗率较专业化育苗企业低。花椰菜（青花菜）不耐贮藏，常温下2～3天即出现黄化和花球松散现象，严重影响其商业价值和食用价值。花球集中上市时，缺乏专业化采收人员，采收效率低，采收不及时造成商品价值极大损失。产地集散中心和预冷设施不完善，需长距离转运，增加了运输成本，同时造成花椰菜（青花菜）花球萎蔫、失水，品质降低，农户种植收益降低。

(四) 尾菜处理技术不完善、副产品利用率低

花椰菜（青花菜）是单位面积产生尾菜量最多的蔬菜之一，其中松花菜达 2.06 千克/株，占总生物量的 59.8%。四川省花椰菜（青花菜）的茎、叶等副产品（叶片和茎）加工尚未形成。但在浙江地区，加工企业已开发花菜叶片、茎为产品的多种食品。除了食品加工，茎叶直接饲用、茎叶青贮饲料商品化还不成熟，商品化难度大，农户积极性不高，因此，花椰菜（青花菜）副产品开发、能源化、肥料化、饲料化应用还有待解决。随着花椰菜种植面积的不断扩大和商品化处理要求不断提高，尾菜量也急剧增加，每年仍有大量茎叶堆积于田间地头和冷库周边腐烂变质，已成为影响产地环境和产业发展的突出问题。

(五) 农民组织化发展程度低

专合组织带动力和凝聚力不强，利益链接机制未能有效改进。农民信息滞后，习惯种植传统品种，对外部市场需求变化反应不灵敏、产品与需求脱节，不能做大做强。以青花菜为例，北京市场需求青花菜细茎品种，金堂农民偏好粗茎品种，销售市场受限。品牌培育力度不够，生产营销方式单一，产地收购价格波动大，质量安全监管难。

三、四川花椰菜、青花菜产业发展趋势与对策建议

(一) 四川花椰菜产业发展趋势研判

1. 盆地内栽培面积温和上升，高原高山区极具发展潜力

我国花椰菜（青花菜）实现了周年供应市场的生产格局，如平原地区，已从台湾、福建、浙南发展到浙北、华北、西南等地区（9月至翌年5月上市）；山区主要集中在福建、杭州山区、湖北、云南（5—8月上市）；高原夏菜区为兰州、张家口（6—9月上市）。综合考虑水资源、气候、土地、市场和交通等条件，北方水资源受限地区花椰菜（青花菜）种植面积在未来10~20年会有所下降，应加大扶植和支持南方地区尤其是长江流域成为花椰菜（青花菜）集中优势产区。

四川省内地形地貌多样、生态气候资源丰富，为花椰菜、青花菜的周年生产提供了优越的地理条件。四川盆地"冬无冻害、周年无台风、春季升温平缓"，适宜喜冷凉的花椰菜（青花菜）秋冬春栽培，形成了金堂为核心的成绵德生产区和以荣县为核心的川南生产区，上市时间从10月持续到翌年5月，不仅满足成渝双城经

济圈菜篮子需求，更是南菜北运的重要蔬菜基地，为北京、西北地区、东北地区保障供应。随着储运保鲜及物流技术日益成熟，以合作社、龙头企业为主导的生产经营组织蓬勃发展，该种植区内栽培面积将进一步增长。

以阿坝州茂县为代表的高原高山区反季节生产区可在5—10月上市。这些区域日照长，昼夜温差大，密植产量高，花球品质好，媲美兰州产区商品。目前这些区域还是以农民自主经营为主，缺乏强有力的龙头企业主导。随着交通道路发展，轻简化栽培技术成熟，强有力主导企业的介入，四川省高原高山反季节花椰菜、青花菜产业有极大发展潜力，保障成渝地区和西南其他地区夏淡菜篮子需求。

2. 盆地内以秋茬为主导，秋提前、晚秋茬、春提前栽培有增长空间

四川盆地花椰菜和青花菜生产以秋茬为主，上市期集中在11月至翌年2月：松花菜从7月初播种到8月底，搭配中熟、中晚熟、晚熟品种，从国庆开始上市；青花菜从8月中旬播种到8月底，搭配中早熟、中熟、中晚熟品种。秋茬生产的优势有：苗期温度高生长迅速、植株生长量大，莲座期后天气逐渐转凉适合花球发育，花球产量高、品质好；天气冷凉后病虫害发生减少，易栽培管理；上市时间北方地区生产结束，市场需求大。缺点是：育苗期四川盆地高温高湿，对育苗技术要求高，需要专业化育苗企业覆盖更广范围和提升产能；气候不稳定加剧生产风险，2020年、2021年7—10月四川遭受多轮强降雨影响，死棵严重；或后期温度高，中熟、中晚熟品种扎堆上市丰产不丰收。

为了降低市场风险，适应水稻—花菜轮作、玉米—花菜轮作、大豆—花菜轮作、花菜—马铃薯轮作、果树—花菜间套作等多种需求，适合四川不同生态地域气候特点，合理发展秋提前、晚秋茬、春提前是必要的。

秋提前栽培在6月下旬至7月上旬播种，9月底至10月上旬收获的，选择耐热的极早熟品种，上市期为北方产区尾声南方地区未大量上市，市场前景好。

晚秋茬口栽培是8月底至9月播种，10月定植，合理选用耐寒性强中早熟、中熟、超晚熟品种。要求植株生长前期有一定的生长势，花球耐低温。青花菜选用中早熟耐寒或超晚熟耐寒品种，中早熟耐寒品种有浙青167，超晚熟耐寒品种有亚非三月鲜等。花椰菜选用冬性强的中熟、中晚熟品种，翌年花椰菜花球膨大期处于较适宜的温度。该茬口适合前茬水稻收获晚的地区，中早熟品种在元旦—春节前上市，晚熟品种在春节后清明前上市。

春季提前栽培是冬季播种，设施或多层覆盖拱棚育苗，至翌年春季温度回升后定植，4月下旬至5月采收，此时北方产区仍未大量上市，有市场需求。合理选用冬性强、耐热中晚熟品种适期播种，而且要利用保护设施保温育苗，确保花椰菜正常越冬，确保品质与产量。

3. 产业发展和生产观念发生转变

由规模扩张向提质增效转变，由粗放管理向科学管理转变，由注重产量向追求品质转变，由偏爱大球向生产精品转变，由单一鲜销向多样化生产转变，由单一生产形态向一二三产业融合、农旅融合转变。

（二）促进四川花椰菜产业发展的对策建议

1. 省级规划引领协调产业区域化、高质量发展

结合生态地域、优势特色、生产环境，突出优势和特色，规划调整优势产区布局、特色品种区域化布局，引导基地向差异化、适度规模化、品牌化融合发展，克服品种分布"多、杂、乱"和同质化内卷。

支持花椰菜（青花菜）科研工作者、种业、育苗企业、加工企业协同攻关。我国政府、科研工作者和相关企业应加强沟通与合作，发挥各自优势，政府在政策和资金方面给予一定的支持。科、企双方积极探寻科学合理的合作方式和利益分配机制，在资源、利益、技术和管理等方面实现新突破。

2. 应加大绿色高效栽培技术的推广，提高产品安全标准

结合当地气候条件，选用优质丰产、商品性好、抗病性强的花椰菜品种；加强栽培管理，降低田间菌源基数，合理轮作，科学施肥，提高植株抗逆性；生态调控创造植株适宜生长环境，降低田间湿度，合理密植；生物农药和化学防控相结合，对病虫草害精准防控，减少生产、运输、加工等环节被化学农药、化学肥料、激素、除草剂污染。集成绿色高效栽培技术规程，将营养、美味的花菜产品送上人民餐桌，保障人民舌尖上的安全。

金堂、荣县、茂县等核心产区建立产业品牌，加大宣传、拓宽营销渠道和路径，增大四川产品花菜知名度，创立地区品牌和优势，增加卖方市场价值。

3. 重点支持四川省花椰菜（青花菜）自主育种创新体系建设

四川省花椰菜（青花菜）产业正在稳步发展，但农民品种来源混乱、良莠不齐，品种与需求不匹配，少数品种同质化内卷，在品种自主创新、引进筛选试验评价等方面迫切需要更多支撑；在不同粮经复合种植模式、不同茬口、不同生态栽培环境下，品种在抗性、生育期、适应性等方面需求差异大；四川省多雨、冬春弱光的气候条件与我国其他地区显著不同，需要耐湿、耐阴、耐储运的优异种质；四川省花椰菜（青花菜）主要病害既有与全国主流病害一致的类型，如黑腐、黑斑、菜青虫、小菜蛾等，又有四川省独特的主流病害，如茎基腐病、根肿病等，需要针对四川省主要病害开展种质创新及品种培育；百姓对农产品营养功能、保健功能和优质、独特各样化需求快速增加，对色泽、单球质量、口感、营养等要求呈现高度差异化，需要培育优质、功能性花椰菜（青花菜）新品种满足人民高品质、多元化需求；受人工成本上涨、劳动力老龄化影响，需要机器采收的高秆、长梗品种作为补充。

四川省花椰菜（青花菜）育种工作起步晚，优良资源缺乏，科研资金和人员匮乏，严重阻滞了四川省花椰菜新品种的选育与推广。四川省农业科学院园艺研究所花椰菜课题已建立了西南最大花椰菜（青花菜）种质资源库，收集、创制了1 000余份种质，采用传统育种与分子辅助育种技术相结合的技术手段，在彩色花球、长梗松花、耐寒、抗霜霉病等种质创新方面创制了一批优良自交系，需要加强科研育种的投入和制定相关的扶持政策，加强种质资源的创新研究，尽快培育出品质优良、适应性强的四川省新品种，建立高效的种子繁育技术，为四川省花椰菜（青花菜）产业高质量发展打造"四川芯"。

4. 加强先进实用技术研发转化，提升产业科技水平

整合各级科技研发平台和专家团队力量，重点围绕提高花球品质、市场竞争力，开展绿色高效生产技术、肥水一体化技术、测土配方施肥、农机农艺融合、土壤质量提升与退化防控、采后商品化处理与冷链物流技术研发、示范转化、技术培训和指导服务。

参考文献

常涛，陶兴林，胡立敏，等，2021. 甘肃省花椰菜产业发展现状及其发展对策［J］. 甘肃农业科技，52（8）：59-63.

李占省，刘玉梅，方智远，等，2019. 我国青花菜产业发展现状、存在问题与应对策略［J］. 中国蔬菜（4）：1-5. DOI：10.19928/j.cnki.1000-6346.2019.04.001.

李占省，刘玉梅，韩风庆，等，2021."十三五"我国青花菜遗传育种研究进展［J］.中国蔬菜（1）：33-40.

李占省，戚如诗，刘玉梅，等，2021.我国青花菜生产布局、价格变化及趋势［J］.长江蔬菜（4）：1-5.

朱焕焕，2019.我国花椰菜种业发展现状、市场需求及研究热点综述［J］.蔬菜（4）：30-35.

四川省黄花产业发展报告

杨 峰[1] 陈招芳[1] 王会权[2] 夏 跃[2]

（1. 达州市农业科学研究院，四川达州 635000；
2. 渠县黄花产业发展中心，四川渠县 6350005）

摘 要：黄花以其花色黄亮、花蕾肥厚、鲜甜味美、营养丰富而闻名，深受消费者青睐。黄花作为四川优势特色经济蔬菜，在脱贫攻坚和乡村振兴中发挥了重要的产业支撑作用。本研究多方位分析了四川省黄花发展现状，剖析了黄花产业发展中存在的主要问题，并针对四川黄花产业现状与存在问题，提出了对策与建议。

关键词：黄花；产业；现状；问题；对策

一、四川省黄花产业发展现状

（一）产业有特色

李时珍在《本草纲目》中对黄花功效作了高度评价，具有治疗痛风、抑郁症等功效。渠县属亚热带温润季风气候，四季分明、光照适宜（年均日照时数 1 400 时左右）、雨量充沛（年降水量 1 100~1 200 毫米）、土质肥沃，造就了渠县黄花独具"七蕊"、全国唯一，其单花体长 10 厘米，花瓣 6~8 片，享有"黄花之后"美誉，是国家"地理标志产品"。初具产业规模：2022 年，渠县黄花种植面积 7 333 公顷，产鲜黄花 5.3 万吨，折干黄花 0.75 万吨，产值达 6 亿元。主要分布在清溪场镇、望江乡、有庆镇、中滩镇、青龙镇、东安镇、龙凤镇、贵福镇、三板镇、万寿镇等乡镇，栽植品种为渠县早花（武坪早、三月花）、渠县中花（渠县花）、渠县晚花（冲里花、猛子花、渠县 9 月花）。

（二）品质有特色

黄花是阿福华科萱草属草本植物，观为名花、用为良药、食为佳肴，与蘑菇、木耳并称"素食三珍"。渠县生产的黄花品质优良，因"加工考究、无污染、色泽鲜明、香气浓馥、肉质肥硕、条干粗长、嫩脆爽口、各味皆调",有"黄花之后"美誉闻名全国,2007 年被认证为"中国黄花之乡",2009 年取得"国家地理标志产品"保护,2011 年取得绿色食品认证,注册为证明商标。2019 年渠县黄花被认定为第二批四川省特色农产品优势区,2020 年被认定为第四批中国特色农产品优势区,2021 年,县委、县政府高度重视黄花产业发展,把黄花产业列为渠县首位农业产业优先发展。

(三) 文化有特色

渠县黄花历史文化悠久:"莫道农家无宝玉,遍地黄花是金针。渠县黄花种植历史悠久,据民间传坊盛唐时期渠县黄花已成为贡品上交,据清同治三年(1864)成书的《渠县志》"食货之属"载有"金针"之名,距今已有近 300 多年的历史。据民国版《渠县志》"特殊特产"记载:"黄花,一称吴菜,产吴家场院者味最美";黄花,又名"忘忧草",被人们誉为"名菜、美花、良药",与木耳、冬笋、香菇共称为"四大素山珍",极具观赏价值、营养价值和药用价值,深受民间百姓喜爱。近年来,渠县厚植黄花文化元素,打造黄花主题公园,命名黄花大道,建设黄花广场,设立黄花雕塑,编写"黄花之歌",举办黄花艺术节,推动黄花文化与乡村旅游深度融合,2019 年带动接待游客 502 万人次,实现旅游收入 37 亿元。

(四) 品牌有特色

以花为媒,联通世界,在俄罗斯、土耳其、以色列、意大利等"一带一路"国家举办黄花展,国际知名度和影响力较高。品牌响亮:渠县黄花种植历史悠久、品质上乘、品牌效应好,受到国内外行业专家一致认可和推荐,渠县花干花市场价格达 100 元/千克,同比国内其他干花高 30 元/千克以上。1993 年获泰国曼谷"中国优质农产品及科技成果博览会"金奖,2007 年渠县被誉为"中国黄花之乡",2009 年被原国家质检总局批准为地理标志产品。

(五) 支撑有特色

强化规划支撑,以产业功能区为引领,编制了《渠县 2016—2020 年黄花产业化发展实施方案》和《渠县望江乡(2019—2021)黄花产业发展规划》,把望江乡列为全县 20 个农业重点乡镇进行建设。强化政策支撑,出台《渠县 2019 年政策性及特色农业保险实施方案》等一系列扶持政策,县财政每年投入 300 万元黄花产业发展专项资金。强化科技支撑，与四川农业大学等合作，加强关键领域联合攻关，获得黄花加工专利 30 项，颁布黄花生产技术规程渠县标准，制定基地选择、规划、品种等 15 项标准化生产工艺流程，培育宕渠花等 4 个优质品种。当前渠县黄花加工采取了传统工艺与现代加工相结合的方式，开发干黄花、黄花酱、黄花口服液、黄花粉条、黄花下饭菜、黄花蜜、黄花预制菜等系列黄花加工产品。

二、当前四川省黄花产业存在的主要问题

（一）科研投入不足，产业技术落后

四川省黄花规模上虽然有了长足的发展，但黄花作为一项特色产业，一缺品种，二缺技术，三缺人才，诸多"瓶颈"严重制约了现代黄花产业的发展。由于财政紧张，未预算科研经费，在黄花品种选育、标准化生产、农产品加工等研究方面工作无法开展；统防统治缺位：乡镇农技岗位人员工作流动性大，黄花产业生产技术指导、病虫害统防统治等工作落实不到位。同时，缺少标志性成果，缺乏长效的科技投入机制，基础性研究薄弱，对技术创新的理论支撑不足。生产设施落后，难以满足现代化生产要求；专业技术人才匮乏，集约化经营程度低。

（二）品种引进和良种选育工作相对滞后

我国特有种质资源品种较少，常见的品种包括：马蔺黄花、线黄花、短棒黑嘴黄花、高葶黄花、四月花、野生黄花等。由于良种选育工作对于提高黄花的成活率与品质非常重要。四川省多样的自然生态条件，以及在黄花栽培发展中的交叉引种传播和自然杂交实生繁殖，形成变异纷繁、优劣混杂的品种和类型。另一方面，受种苗品种、繁殖材料、嫁接成活率等因素的影响，全省选育的黄花优良品种推广范围十分有限。实生繁殖仍占主体，良种化程度很低，仅 7.1%。特别是近年来，部分地区盲目从省外大量引入种苗。由于受苗木生物学特性及生态环境条件差异的影响，或受日灼、或受冻害，极大地制约了苗木成活率和品质的提高。

（三）渠县黄花种植面积逐年下降

1. 鲜花价格近二十年稳步不前

黄花价格一直在 3 元/千克至 6 元/千克之间波动，综合价格在 4 元/千克左右，除去劳动力成本后，效益较低，与经济增长不匹配。

2. 黄花晒干难的问题至今没有得到根本解决

渠县黄花采摘期为5月下旬至7月下旬，是渠县的雨季，在高温高湿的情况下，黄花容易霉烂，损失较大，导致农户种植积极性不强。

3. 政策兑现不到位

《渠县农业首位产业发展扶持政策》表明：渠县财政每年安排3 000万元首位产业发展专项资金，其中黄花产业发展专项资金2 000万元。县上虽然出台了《渠县农业首位产业发展扶持政策》，但由于县财政无法兑现奖补政策，导致相关补助只停留在文件上，挫伤了花农种植积极性。

4. 黄花生产管护缺失

田间管理缺失：由于劳动力务工外出，望江乡、清溪场镇的黄花生产老基地存在着无人管理、杂草丛生的现象。同时，黄花地综合利用率较低，在黄花菜收获后，黄花地整个秋冬季处于季节性撂荒状态，极大地浪费了土地资源。

（四）黄花品牌效应发挥不够

1. 对外宣传力度不够

黄花是渠县的特色优势产业，县委、县政府提出实现"四大目标"，努力把渠县建设成为川东特色农业大县，打好黄花牌，建立渠县西部黄花种植带，让"一季黄花，四季鲜活"，让渠县黄花抢占国际国内市场，打响"中国黄花之乡"这张渠县名片。渠县"中国黄花之乡"的金字招牌在川内名声响亮，但出川后基本无人知晓。

2. 龙头效应作用偏弱

目前，黄花龙头加工企业规模小、能力弱、档次低，仍处于分散经营、单打独斗状态，未能形成发展合力。如有些农民专业合作社收购销售黄花，只能赚取中间价，无法产生更多效益。有些企业虽然在加工黄花食品，但经营产品单一，精加工能力不足，产品研发滞后，市场竞争和带动能力较弱。

3. 品牌效应发挥不足

黄花加工企业在产品外包上缺乏对区域公共品牌的宣传，品牌商标使用不规范，仅有个别企业外包装上标有"渠县黄花"对外统一商标，导致品牌推广效应不佳、市场辨识度不高、市场开拓能力不强。

（五）缺乏原创的现代化生产关键技术体系

由于很多商家不具备黄花的繁殖、种植的相关技术，又没有经过长期栽培试验，不掌握其生长规律，造成育苗难度大，繁殖率低，育苗成本比其他传统品种要高许多；由于不了解其生长习性，常因栽培管理不当而不能发挥黄花的优势，甚至导致黄花死亡。在黄花规范化种植基地建设过程中，由于缺乏大型企业带动，至今尚没有形成系统配套的规范化生产技术，致使黄花成活率低、质量差、产品参差不齐、优质商品率不高。目前我国黄花生产中的技术尤其是种苗工厂化生产、容器苗生产、盆花设施栽培的绝大部分技术还是通过引进而来，通过引进创新、集成创新和消化吸收再创新，结合国内的气候、土壤、水质等环境因子做适应性配套、加工和改造，精准水肥管理、温光气精准调控、高效栽培基质、大田容器苗生产、采运保鲜、病虫害防治等几乎没有原创性的生产技术和产品，模仿的成分居多。缺乏适合我国国情的现代化栽培技术是我国黄花产业发展的另一主要"瓶颈"。

（六）黄花生产和加工各环节联系不紧密

发展壮大黄花产业的前提，就是要将生产、加工各个环节密切联系起来，使之形成一个完整的产业链。目前全国各地的黄花种植基地，均是以药材作为生产目标的，没有突出自身特色，为生产而生产，结果生产、加工与开发利用等环节联系不密切，目标产品的质量难以保证，从而影响了黄花产业的可持续发展与壮大。

三、四川省黄花产业发展趋势与对策建议

以黄花产业强镇建设为抓手，将其作为实施乡村振兴战略的实现路径、推动现代农业产业特色高质量发展的具体实践、夯实县域经济底部基础的重要支撑，坚持基础、基地、机制"三管齐下"，加快产业链、供应链、价值链重构升级，把四川省黄花产业做大做强做响，示范带动乡村产业转型升级。四川省黄花产业发展存在科研投入不足和产业技术落后、品种引进和良种选育工作相对滞后、黄花种植面积逐年下降、黄花品牌效应发挥不够和缺乏原创的现代化生产关键技术体系等问题。为此，提出如下意见。

（一）坚持科学规划

将农业产业强镇建设作为引领乡村振兴的样板田和火车头，深度挖掘黄花生态、经济、社会效益，坚持走"绿色化、特色化、规模化、标准化、产业化"发展

之路、延长产业链、提升价值链。完善黄花产业总体规划和渠县黄花产业布局、集镇建设、公共配套等专项规划，提升发展水平和承载能力。"渠县黄花"特色就是"渠县独特的地域自然条件"和"渠县黄花品种"2个因子，作为高质量发展黄花产业就是要不断提纯复壮"渠县黄花品种"，培育研发"渠县黄花"早、中、晚新品种，建设黄花母本园和品种资源圃，牢牢占领"渠县黄花"种业芯片要害；就是要科学规划种植区域。

（二）突出特色品质

产品品质通常包括性能、寿命、可靠性、安全性、经济性和外观品质等五个方面，而渠县黄花的特点是"色泽鲜明，香气浓郁，肉质肥硕，条干粗长，品质一流"。就产业发展而言，"渠县黄花"要更加注重安全性和外观质，制定渠县黄花生产和销售标准化技术规程。安全性就是黄花内在品质的要求，就是在生产过程中向用药、施肥等管理要绿色、要生态，加工过程中要防止营养丢失、滥用食品添加剂；外观品质是黄花市场占领份额的重要因素，黄花产品的长度、粗细、色泽是否一致，是标准化衡量标杆，要求在生产和加工过程中必须按照标准化技术规程。因此做好这两方面的品质，也是城乡居民对健康的本质要求和内在需求。

（三）坚持目标引领

以创建全省乡村振兴示范县为引领，实施黄花品牌建设"孵化、提升、创新、整合、信息"五大工程，融入"一带一路"，走出国门、走向世界。预计到2022年末，全县黄花种植面积达到7 333万公顷、产值达到6亿元，其中望江乡黄花种植面积达1 333万公顷，产值达2亿元，产地初加工率达80%以上，加工产值与农业总产值比达1.7∶1以上，农业社会化服务覆盖面达50%以上，农业总产值达到2.82亿元，农民人均可支配收入1.98万元、高于全县平均水平13%以上。

（四）实施品牌战略

品牌决定产业在市场竞争中的主体地位，能显著增加农产品的价值，直接决定产业的生命力，它有公共区域品牌、企业品牌和文化品牌等多种品牌，渠县黄花在品牌建设中，应将这三者有机融合，缺一不可。公共区域品牌要在生产、加工、包装、销售上统一标准、统一标志、统一定价上下功夫；企业品牌要在加工、食品认证上多样化下功夫，让渠县黄花产品丰富、价值丰富；文化品牌要在黄花旅游产品、黄花建筑标志、黄花美食、黄花艺术节、黄花文化研究等方面下功夫，多渠道挖掘、开发、打造渠县黄花文化品牌。加快建设中国黄花特色农产品交易市场，打造国家级黄花交易市场。保障黄花产业发展资金需求，用于扩建黄花资源母本园，打造标准化示范基地、绿色防控示范区，做好病虫害统防统治社会化服务，加快黄花产地初加工中心、烘干线、冷藏保鲜库等建设，建立渠县黄花质量溯源系统，开展技术培训，加大龙头企业培育。

（五）培育新型经营主体

黄花产业的主体有从事销售市场经营的企业和从事种植黄花的种植户2个重要主体，具有自主性、追利性和能动性等基本特性。渠县黄花要通过政策驱动、项目撬动、工作联动的方式，重点发挥和调动市场主体的能动性。一是调动种植农户的生产能动性，黄花种植要走出业主大规模流转土地种植求效益的误区，而是要发挥党建引领作用，引导成立黄花农民合作社、家庭农场、种植大户等黄花新型经营主体，示范带动农民自主、能动种植黄花，让农民在种植黄花中真正参与、真正受益。二是调动企业的能动性，建立政府、企业、种植户三方合作联席平台，通过订单种植、集群发展、产业政策，健全企业与新型经营种植主体之间新型利益联结机制，提升企业的市场抗风险能力，让市场主体更加活跃、更加能动。

（六）坚持机制创新

建立一个领导挂包、一个专班推进、一个科技团队支撑、一个龙头企业带动、一个协会服务"五个一"工作机制，探索推行"管委会+农产品特色加工园区+农业园区+基地+公司"市场化运作机制。完善要素保障机制，推进黄花保险扩面提标，提升抗风险能力。创新"拆股量化"机制，每年按政府投入形成经营性资产的10%分红，以2∶3∶5的比例量化到贫困户、村集体和所有村民，确保稳定增收。

（七）加强宣传培训和技术服务

充分利用广播、电视、报纸等有效媒体，采取多种方式，广泛开展宣传，使产业实施户和各级服务人员明确任务重点和发展目标，采取得力措施，扎实开展黄花菜产前、产中、产后服务。一方面抓好县、乡2级技术人员的培训，提高服务意识和服务水平；另一方面从培养、培训农民技术骨干入手，通过技术讲座、播放录像、发放资料、现场观摩、蹲点跟踪服务等多种形式，把主推技术、主打品种渗透到千家万户、普及到田间地头，确保每个核心示范区有5~10个技术能手，每户有1位能懂会做的"明白人"，为产业的顺利实施提供技术支撑。

（八）推广新型加工技术

加工是黄花产业化的标志，加工链条的长短、多样化直接反应产业化的进程。黄花因含秋水仙碱不宜过量鲜食，加工成干黄花菜是必需的工序，但传统的种植和加工模式阻碍了产业的发展。在产地大力宣传新型加工技术，推广烘干设备以及新的烘干技术。加工过程实现加工规模化发展，一方面能降低技术推广难度，另一方面也能降低成本。加大加工产品的研发力度，开发黄花药食同源系列功能型、药膳类等精深加工型产品，黄花加工应从食用、药用、观赏三个方面入手，重点抓好干黄花、黄花下饭菜、黄花蜜、鲜黄花、黄花罐头，即食黄花等黄花食用加工研究，创新抓好黄花菜健胃、通乳、补血、利尿、消肿、安神、健脑、抗衰老、降血清胆固醇、抑制癌细胞等黄花药用加工研究，全方位开展黄花根、叶、花、花蕾等加工研究，延长黄花产业链条，切实增加农民"多元化"收入。

四川省辣椒产业发展报告

许 艺[1]　宋占锋[1]　吴传秀[2]　巩雪峰[1]　李 享[2]　侯思皓[1]　李 红[1]

（1. 四川省农业科学院园艺研究所，四川成都 610066；
2. 四川省园艺作物技术推广总站，四川成都 610041）

摘　要：四川是我国辣椒种植大省、加工大省和消费大省，了解四川辣椒产业发展现状，找准四川辣椒产业发展短板，并提出相应对策建议，对促进四川辣椒产业高质量发展具有重要意义。本报告从辣椒生产、品种资源、产品加工等方面系统阐述了四川辣椒产业发展现状，并分析了四川辣椒产业在突破性新品种选育、栽培技术研究与管理、加工产品开发等方面存在的问题，提出了加强突破性辣椒新品种与配套栽培技术研发力度、因地制宜调整栽培管理技术，研发高附加值加工产品、建立完善的产业发展机制等建议。

关键词：辣椒；四川；产业现状；发展问题；对策建议

引言

四川是我国传统的三大辣椒产地之一，也是我国重要的辣椒生产大省、加工大省和消费大省。四川辣椒种植面积常年维持在7万公顷以上，产量产值常居四川省蔬菜前列，促农增效、助农增收效果显著。2019年，四川省委、省政府将辣椒、花椒并称川椒，纳入现代农业"10+3"产业技术体系，四川辣椒产业发展迎来新机遇。

一、四川省辣椒产业发展现状

（一）产业规模大、栽培模式多样，满足市场周年供应需求

辣椒是川菜的灵魂，辣椒产业是四川的特色蔬菜产业。近年来，辣椒栽培面积达到11万公顷以上，占全省蔬菜产业面积的8%左右，产量达到260万吨以上，占

全省蔬菜产业产量的5.6%以上（表1），栽培面积与产量均位于四川蔬菜作物前列。四川辣椒栽培种类按食用方式可分为鲜食辣椒和加工辣椒两类，其中鲜食辣椒栽培面积7万公顷左右，主要分布在成都、德阳、绵阳、遂宁、广元、达州、眉山、自贡、宜宾、泸州、乐山、攀西、阿坝州等地区，栽培种类除灯笼椒、牛角椒等菜椒外，还有部分线椒和朝天椒。加工辣椒栽培面积4万公顷左右，主要分布在成都、资阳、南充、绵阳、广元、达州、宜宾、泸州、自贡、凉山州等地，主要栽培种类有线椒、羊角椒和朝天椒。

四川地域广阔，生态环境多样，因此，不同辣椒主产区形成了各具特色的栽培模式，可满足辣椒市场周年需求。其中，攀西地区冬暖夏凉、昼夜温差大、光照充足，利于发展设施辣椒长季节栽培，以甜椒、螺丝椒、长尖椒为主，产品应市于当年10月至翌年5月；川南地区春季回温快、秋季降温慢，利于发展大棚辣椒春提早和秋延后栽培，以菜椒、青线椒为主，春提早辣椒应市于4月至7月，秋延后辣椒应市于当年10月至翌年2月；成都平原及川东北地区土壤肥沃，气候温和，积温有效性高，以加工红线椒夏季露地栽培为主，产品应市于6月至8月；盆周山区海拔高，夏无酷暑，光照充足、空气洁净、土壤无污染，利于发展高山绿色无公害辣椒，以薄皮菜椒、青线椒、朝天椒为主，产品应市于7月至10月。

表1 四川2018—2021年辣椒播种面积与产量情况

年份	四川辣椒播种面积（万公顷）	四川蔬菜播种面积（万公顷）	辣椒播种面积占蔬菜之比（%）	四川辣椒总产量（万吨）	四川蔬菜总产量（万吨）	四川辣椒总产量占蔬菜之比（%）
2018	11.01	136.92	8.04	267.44	4 438.02	6.03
2019	11.2	141.3	7.93	277.95	4 639.13	5.99
2020	11.1	144.4	7.69	273.59	4 813.39	5.68
2021	11.45	148.04	7.73	292.97	5 039.09	5.81

注：数据来自《四川农业统计年鉴》。

（二）种质资源丰富，自主培育新品种增多

优越的地理环境为四川孕育了丰富的辣椒种质资源，辣椒5个变种中除樱桃椒外，其余4个变种均在四川广泛分布。拥有树椒、七星椒、二荆条、猪大肠、大金条、牛角椒等许多地方品种（表2），其中"得荣树椒"肉薄，营养丰富，辣味浓烈、色泽金黄，且香辣味纯正，口感好，具有特有的香辣风味和保健作用，2006年4月26日，原国家质检总局批准对"得荣树椒"实施地理标志产品保护。"新店七星椒"皮薄肉厚、辣味纯香、口感良好、营养丰富，被誉为中国第一香辣，于2007年通过地理标志产品保护认证。"双流二荆条"与"西充二荆条"果肉含水量低、果皮细腻较光滑、辣味适中、干鲜兼用，具有其他辣椒无法比拟的浓郁香味，是正宗川菜不可缺少的调料，也是四川优质郫县豆瓣的最佳原料，分别于2009年和2010年通过地理标志产品保护认证。"盐源辣椒"色鲜、肉厚、油多、籽香、辛辣适中、营养丰富，经自然风干后颜色浓红，是辣椒初、深加工的好原料，于2015年通过国家农产品地理标志登记保护。这些优质的辣椒地方品种是四川辣椒的"名片"，提高了四川辣椒产业在国内外的知名度。

表2 四川主要优质辣椒地方品种特性

地方品种	产地	品种特色	理化性质
得荣树椒	四川省得荣县	果实短牛角形，顶端稍尖，表面光滑鲜亮，长度2~5厘米，辣味强，回味香，鲜果实呈绿色或金黄色，干果实呈金黄色	辣椒素≥0.4%，维生素C≥15毫克/100克，维生素B_2≥0.3微克/100克，钙≥15毫克/100克，硒≥0.2微克/100克
新店七星椒	四川省威远县	干椒果实弯曲细长、个小尾尖，外表呈红色、光洁，干湿适度，手捏有弹性而不破碎，摇动有响声，形状色泽均匀、果面清洁	辣椒素≥0.8%，粗纤维（干态）<28%，不挥发乙醚提取物（干态）>12%，盐酸不溶性灰分（干态）≤1.25%，总灰分≤8%，水分≤14%
西充二荆条	四川省西充县	鲜红椒椒果细长，果长15~18厘米，横茎1.0~1.2厘米，单果重5~10克，肉质脆嫩，辣味适中。干椒红亮，皮薄籽少，味香醇	鲜红椒辣椒素≥0.03%，粗纤维（干态）≤30%，水分≤85%；干椒辣椒素≥0.15%，粗纤维（干态）≤28%，水分≤14%
双流二荆条	四川省双流区	果实长条锥形，微弯，40%以上尖端有沟，成熟系深红色，光泽好，单果重5~8克，较耐热，香辣可口，辣味适度，油分重	辣椒素含量0.1%~0.4%，维生素C含量100~153.4毫克/100克，水分≤85%
盐源辣椒	四川省盐源县	长羊角椒，微弯，果面光滑，油润有光泽，深红色，果肩平，果肉厚，三心室，种子较多，微辣	辣椒素≥0.05%，维生素C含量≥140毫克/100克

同时，四川具有较完善的辣椒科研体系，近年来，四川省农业科学院园艺研究所、成都市农林科学院、四川农业大学等高校及科研院所，以及四川省川椒种业科

技有限公司、四川种都高科种业有限公司等种业企业在辣椒新品种的选育上取得一定进展，培育出了川腾系列、红冠系列、蓉椒系列、川椒系列等辣椒新品种，这些系列品种在熟性、丰产性和抗病性等方面都较传统品种有一定提高，具有较大市场推广潜力。

"川腾6号"：四川省农业科学院园艺研究所选育，线椒。果实长羊角形，果长20厘米，果粗1.6厘米，肉厚0.21厘米，平均单果重16.0克；平均产量2 400千克/亩；青熟果浅绿色，老熟果鲜红色，味辛辣；适鲜食和加工；耐热、耐旱性较强；较抗病毒病、疫病和炭疽病。

"川腾10号"：四川省农业科学院园艺研究所选育，线椒。结果多、较集中，挂果能力强；果实线型，果长25.8厘米，果粗1.4厘米，肉厚0.16厘米，平均单果重19.1克；平均产量2 500千克/亩；商品性优，青果绿色，老熟果红色，味辣；适合鲜食、制酱和干制；耐涝、耐重茬、抗疫病和青枯病。

"红冠3号"：四川省农业科学院园艺研究所选育，线椒。结果多、较集中，挂果能力强；果实线型，浅绿色，果面微皱、发亮，果长20.2厘米、果粗1.6厘米、肉厚0.1厘米、平均单果重17.4克，平均产量2 000千克/亩；商品性优，青果浅绿色，老熟果红色，中辣，品质优；适合鲜食、制酱和干制；较耐涝、耐重茬、抗疫病和青枯病。

"红冠4号"：四川省农业科学院园艺研究所选育，线椒。株型较紧凑、株高61.9厘米，株幅51.7厘米×51.2厘米；结果多、较集中，挂果能力强；果实线形，果面较顺直、发亮，果长18.4厘米、果粗1.5厘米、肉厚0.18厘米、平均单果重18.5克，平均亩产量2 000千克/亩；商品性优，青果绿色，老果红色，中辣，品质优；适合鲜食、泡制和制酱；较耐倒伏、对疫病和炭疽病等抗性较强。

（三）加工企业实力强劲，加工产品形式多样

四川是我国重要的辣椒加工大省，全省从事辣椒加工的企业众多，涌现出丹丹郫县豆瓣、四川临江味业、四川吉香居食品有限公司、四川翠宏食品有限公司、四川李记乐宝食品有限公司、四川天味食品集团股份有限公司等一批知名的国家级、省级龙头企业。众多加工企业产出多样的辣椒加工产品，以豆瓣酱、复合调料、泡辣椒、干制辣椒、火锅底料等粗加工产品为主，其中郫县豆瓣酱是中国地理标志产品，有"川菜之魂"之称，在《中国品牌价值榜》中位列"加工食品类地理标志产品"全国第一,其制作技艺被列第二批国家级非物质文化遗产名录。近年来,剁辣椒、烧椒酱等新兴产品也逐渐受到市场青睐,越来越多的加工企业开始生产此类产品。

二、当前四川省辣椒产业发展存在的主要问题

(一) 优质地方品种退化,突破性新品种缺乏

四川优质辣椒地方品种丰富,但随着种植年限的增加,外来品种混杂、自身品种退化,传统地方品种的纯度、品质与种植面积均受到一定影响,"辣椒名片"在国内外的影响力与知名度也逐渐降低。同时,四川辣椒育种工作起步相对较晚,针对四川辣椒优势基因的发掘利用深度还不够、手段还较落后,难以满足新品种选育对新优异种质和新基因的需求,生产所用品种多为国外和省外品种,自身突破性辣椒新品种缺乏。

(二) 栽培技术研究滞后于生产需求,栽培管理水平较低

四川辣椒栽培模式多样,各生态区域气候条件差异明显,目前针对四川特定环境气候和栽培模式下的高产高效栽培技术研究还不全面,适用技术的集成创新与推广应用还落后于生产需求,辣椒连作障碍、连作病害等问题突出。同时,辣椒产业从业人员多为60岁左右老年人,文化水平较低且劳动体能下降,对新品种新技术接受较慢,栽培管理水平难以提高。

(三) 辣椒加工产品以粗加工为主,附加值较低,难以支撑四川本地高成本辣椒原料销售市场

四川辣椒加工产品众多,但多以红油豆瓣、泡辣椒、复合调料等粗加工产品为主,优质豆瓣酱、高端辣椒油等高档调味品,辣椒素、辣椒红素等工业原料,以及辣椒药剂、美容化妆品等高附加值产品的提取与制造涉及较少。由于粗加工辣椒制品附加值相对较低,致使大部分加工企业以追求低价原料采购为主,而忽视辣椒原料品质的重要性。然而四川地形复杂,田块小而散,机械化应用难度大,人工劳动力投入高,造成辣椒生产成本较高。因此,低附加值的辣椒加工产品难以支撑高生产成本的辣椒原料,导致四川本地辣椒难以畅通销售进入四川本地辣椒加工企业。

三、四川省辣椒产业发展趋势与对策建议

（一）四川省辣椒产业发展趋势研判

四川是我国传统的三大辣椒产地之一，是我国常年种植面积维持在 7 万公顷以上的辣椒种植大省之一，更是我国主要的辣椒消费大省和加工大省。辣椒是川菜的灵魂，是四川无可替代的蔬菜作物与调味品。因此，辣椒产业在四川具有广阔发展前景。但是，随着人们物质生活水平的提高，高品质、多样化辣椒品种与产品需求量逐渐增加，加之交通的便利性与市场信息的畅通性，使省内外以及国内外辣椒品种与产品的交流变得格外便利。在这种背景下，如何充分利用自身产业优势，抓住新机遇，让四川辣椒产业发展更上一层楼变得尤其重要。

（二）促进四川省辣椒产业发展的对策建议

1. 加强突破性辣椒新品种与配套栽培技术研发力度

充分利用丰富的优异地方种质资源，结合现代分子生物学技术，加快优良地方品种提纯复壮，同时挖掘辣椒资源优势基因，选育突破性辣椒新品种，重点选育品质优（如高辣椒素、高色素、高维生素 C 含量等）、抗病性强（如抗炭疽病、疫病等），以及抗逆性强（如耐贫瘠、耐高温高湿等）的辣椒新品种。同时，针对四川不同辣椒产区生态环境及辣椒种植模式，选育专用辣椒品种，如露地加工专用红辣椒品种、早春大棚专用青椒品种、大棚专用长季节尖椒品种、高山露地错季专用青椒品种等，突出各地生态优势和竞争优势。同时，针对不同的辣椒品种特点、不同的辣椒产区生态环境以及不同的辣椒栽培模式，配套研发相应的栽培管理技术，使新技术与新品种在示范推广中同时进行，良种配良法，最大限度发挥品种潜力。

2. 因地制宜调整栽培管理技术，整体提高辣椒产值

四川地域辽阔、地形复杂，四川辣椒主产区在平原、丘陵、山地等不同区域均有分布。针对平原地区，要加强辣椒产地基地建设，创造标准化生产硬件，实现基地规模化、标准化、机械化生产，降低劳动力，提高辣椒产值。而针对地势复杂、田块分散、难以实现规模化与大型机械化生产的丘陵与山地产区，可进一步完善其精细耕作制度，加强水肥管理、绿色病虫害防控，同时配套种植高品质、高产值辣椒品种，提高最终收益，进而抵消高劳动力成本投入。

3. 研发高附加值加工产品，带动原料价格提升

加大高附加值辣椒加工产品研发力度，发展配套四川高品质辣椒的高端加工产品，如优质豆瓣酱、辣椒油、辣椒精、辣椒粉以及辣椒素、辣椒红素提取物等，并配套发展相关精深加工企业，开拓四川高附加值辣椒加工产品市场，从而带动原料收购单价，让四川高品质辣椒卖的上高价格，做到优质优价，稳定四川本地辣椒销售市场。

4. 建立完善的产业发展机制

创建四川辣椒产业发展联合体，整合科研机构、村集体经济、种植户、加工企业等单位主体，建立利益共同体，畅通信息交流，从种子种苗培育、基地建设、绿色高效生产、加工等环节探索有效的、切实可行的、多方共赢的合作模式，提高四川辣椒种植效益，实现资源、信息共享，形成良性循环，提高四川辣椒产业整体发展水平。

四川省番茄产业发展报告

杨 亮[1] 常 伟[2] 李 志[1] 吴传秀[3]

李 菊[1] 马燕勤[1] 苗明军[1] 李 享[3]

(1. 四川省农业科学院园艺研究所，四川成都 610066；2. 四川省食用菌研究所，四川成都 610066；3. 四川省园艺作物技术推广总站，四川成都，610041)

摘 要：我国是世界最大的番茄生产国和消费国，番茄产业已成为农民增收的新增长来源，更是乡村振兴的重要支柱产业。四川作为番茄种植大省之一，据农业农村厅业务统计，2022年四川省番茄种植面积76万余亩，产量近200万吨，产值近120亿元，番茄已走上稳面提质增效发展的快车道，成为四川省高效发展的蔬菜产业之一。为进一步促进四川省番茄产业健康可持续发展，本研究剖析了四川番茄产业发展现状、存在的主要问题及发展趋势，进而提出合理的对策和建议，为番茄产业发展相关决策提供科学依据。

关键词：四川省；番茄；现状与问题；发展趋势；对策建议

引言

番茄是四川省重要的保供型蔬菜，常年播种面积80余万亩，产量200余万吨，产值达120亿元，面积居全国第五位，西南地区第一位，其中，设施番茄种植面积20余万亩，占总面积的25%。四川气候类型丰富、种植模式多样，全省各地都有番茄种植，可实现周年生产。例如，攀枝花米易、盐边等地是国内重要的早春番茄生产基地，冬春季利用设施大棚生产番茄，1—4月上市，亩产值可达5万元；峨眉山、甘孜州、阿坝州属高山高海拔地区，夏季日照充足，气候凉爽，昼夜温差大，与盆地内番茄错季上市，经济价值高，是民族地区和乡村振兴的优势特色产业，对四川省乡村振兴和农民增收起到重要作用。近年来，四川省委、省政府高度重视蔬菜产业发展，2019年四川省委省政府出台了《关于加快建设现代农业"10+3"产业体系推进农业大省向农业强省跨越的意见》，将蔬菜作为川菜的重要组成部分，列入现代农业"10+3"产业体系，番茄产业得以迅速发展。为此，深入分析四川省番茄产业的发展现状、问题、趋势并提供对策和建议，对进一步推动四川省番茄产业持续健康发展，助力农民增收和乡村振兴具有重要意义。

一、四川省番茄产业发展现状

（一）产业规模、主栽品种及发展区域

根据《四川农村统计年鉴2022》数据，截至2021年，四川全省番茄种植面积达5.07万公顷（76.05万亩）。由表1可以看出，受四川省蔬菜种植结构调整的影响，近年来番茄占全省蔬菜总播种面积的比例有所下降，2021年为近5年来最低值，同比下降1.17个百分点。但是，随着四川省科技水平、栽培技术的提高，番茄年产量持续上升，由2018年的176.16万吨增长至2021年的199.48万吨，占全省蔬菜总产量的4.03%，保证了番茄市场的稳定供应。

表1 2018—2021年四川省番茄播种面积、产量及其占比

年份	番茄播种面积（万公顷）	蔬菜播种面积（万公顷）	番茄播种面积占比（%）	番茄产量（万吨）	蔬菜产量（万吨）	番茄产量占比（%）
2018	5.22	136.91	3.81	176.16	4 365.39	4.04
2019	5.38	141.30	3.81	186.59	4 564.79	4.09
2020	5.13	144.4	3.55	188.84	4 737	3.99
2021	5.07	148.03	3.42	199.48	4 952.1	4.03

注：数据来源于《四川农村统计年鉴2022》。

目前，番茄在四川省21个市州均有种植（表2、表3），重点分布在四个蔬菜主产区（盆地地区、川南地区、攀西地区、川西高原），由于各主产区光、温条件不同，可实现周年生产：①盆地地区和川南地区是传统的番茄产区，产量最大，其中，南充市、资阳市、自贡市及成都市面积均超过4 000公顷。这两个区域长年处于弱光条件，春天气候温暖，夏季炎热，适合春季番茄生产，川南地区的番茄4—5月上市，盆地地区番茄5—6月上市；②攀西地区具有长年日照充足、冬季气候温暖的优势，已经成为了国内重要的早春番茄生产基地，近年来该地区番茄产业规模

增速明显，2019年番茄播种面积及产量分别较2015年提升了63.82%及93.42%，该区域以设施大棚生产为主，2—4月上市，亩产值可达5万元；③川西高原地区，夏季日照充足，气候凉爽，昼夜温差大，可在8—9月生产与盆地内错季上市的番茄，具有品质优、无污染、经济价值高的特点，是民族地区、贫困山区和乡村振兴的特色优势产业，其产业规模也在逐年扩大，例如，甘孜自治州近年来大力发展番茄产业，番茄播种面积由2015年的108公顷，迅速扩大至2019年的426公顷，产量也由2015年的0.36万吨增加至2019年的1.15万吨（表2、表3）。

表2 2015—2019年四川主产市（州）番茄面积　　　（单位：公顷）

序号	市（州）	2015年	2016年	2017年	2018年	2019年
1	成都市	4 376	4 281	3 827	3 859	4 014
2	自贡市	2 529	2 339	3 744	3 768	4 143
3	攀枝花市	1 816	1 965	2 056	2 800	2 975
4	泸州市	3 632	3 938	3 785	3 786	3 763
5	德阳市	1 237	1 243	1 226	1 207	1 233
6	绵阳市	2 798	2 814	2 866	2 896	2 873
7	广元市	2 087	2 146	2 240	2 424	2 481
8	遂宁市	902	922	942	944	952
9	内江市	2 691	2 678	2 555	2 563	2 658
10	乐山市	1 867	1 914	1 814	1 914	2 029
11	南充市	6 448	6465	6 679	6 654	6 922
12	眉山市	1 136	1 238	1 286	1 292	1 314
13	宜宾市	1 846	1 822	1 882	2 129	2 092
14	广安市	2 905	2 921	2 913	2 956	2 982
15	达州市	2 341	2 366	2 365	2 389	2 445
16	雅安市	784	823	850	867	885
17	巴中市	1 375	1 392	1 405	1 431	1 473
18	资阳市	6 017	5 844	5 740	5 592	5 532
19	阿坝自治州	461	380	485	484	484
20	甘孜自治州	108	144	175	210	426
21	凉山自治州	1 661	1 867	2 023	2 044	2 121

注：数据来源于《四川农村统计年鉴2022》。

表3　2015—2019年四川主产市（州）番茄产量　　　　（单位：万吨）

序号	市（州）	2015年	2016年	2017年	2018年	2019年
1	成都市	16.28	15.45	13.83	14.14	15.33
2	自贡市	11.78	10.65	16.24	16.61	17.76
3	攀枝花市	11.25	13.04	15.14	19.41	21.76
4	泸州市	12.80	12.82	12.27	12.57	12.55
5	德阳市	4.59	4.68	4.69	4.54	4.40
6	绵阳市	7.62	7.63	7.79	7.93	8.09
7	广元市	8.78	9.15	9.69	10.09	10.56
8	遂宁市	2.78	2.84	2.90	2.93	2.94
9	内江市	8.92	9.04	8.94	9.24	9.73
10	乐山市	5.51	5.88	6.04	5.75	6.06
11	南充市	13.41	13.82	13.99	14.20	14.72
12	眉山市	4.31	6.21	6.25	6.40	6.70
13	宜宾市	5.41	5.47	5.88	6.33	6.14
14	广安市	9.45	9.59	9.66	9.83	10.13
15	达州市	7.97	8.08	8.04	8.40	8.69
16	雅安市	1.83	1.77	1.83	1.87	1.96
17	巴中市	2.55	2.57	2.60	2.65	2.75
18	资阳市	11.76	11.52	11.67	11.35	12.98
19	阿坝自治州	2.47	1.77	2.54	2.48	2.43
20	甘孜自治州	0.36	0.45	0.49	0.58	1.15
21	凉山自治州	7.10	8.10	9.01	8.85	9.76

注：数据来源于《四川农村统计年鉴2022》。

四川省各地受不同地形、自然环境条件及栽培技术水平等多重因素影响，茬口安排、栽培模式等多有不同。四川省番茄种植以硬红果为主，红果品种主要有川红1号、百利、嘉宝莉、海根7号、多彩1703、红太阳、佳裕红5号、佳红宝、禾美809、耐裂王等；近年来，口感沙绵、颜色粉靓的粉果品种逐渐增多，包括川粉红1号、粉果3号、锦粉、红硕、华锦7号、天宝326、G121、中杂301、天玉618等；口感番茄包括原味一号、普罗旺斯、光辉101等；樱桃番茄有千禧、圣女果、釜山88、夏日阳光等。种植形式主要有露地栽培和设施栽培两种，露地栽培番茄主要集中在峨眉山、南充等地。相较于设施栽培，露地栽培易受环境影响，故在品种上应选择适应性强、抗病、早熟、高产的品种；设施栽培与露地相比，受气候、环境、时节的影响较小，品种可选择性广，收益远高于露地栽培。近年来四川省设施番茄规模不断扩大，主要集中在攀枝花、自贡、资阳、成都、泸州、广安等地。

（二）科技创新方面

四川省农业科学院园艺研究所番茄育种团队建立了省内最大的番茄育种基地，已收集、鉴定、保存番茄种质资源1 200余份，创制核心育种材料100余份，筛选出一大批适宜四川主产区的优质番茄品种/材料。

在新品种选育上："十三五"期间，创制出了川红1号、川粉红1号两个番茄新品种，已通过省级审定。其中，川红1号：无限生长型，蔓生，生长势强。播种到始收103天左右，叶为普通花叶型，主茎第1花穗节位6~8节，以后每隔2~3片叶着生一个花穗。商品果扁圆形，单果平均重量200~220克。果红色，光滑，无果肩，果实风味为酸甜味，品质好。一般产量8 000~10 000千克/亩，耐低温弱光和高温能力强，较抗疫病和青枯病，适宜四川省各地栽培；川粉红1号：无限生长型，蔓生，分枝性强。播种到始收110天左右，叶为普通花叶型，缺刻较深，主茎第1花穗节位6~8节，以后每隔2~3片叶着生一个花穗。商品果扁圆形，果纵径55~65毫米，横径65~85毫米，单果平均重量240克左右。果色粉红色，光滑，无果肩，肉色红色，果实风味为酸甜味，品质好。一般产量8 000~10 000千克/亩，耐低温和干旱能力强，较抗疫病和青枯病，适宜四川省各地栽培。新品种新技术在攀枝花、自贡及成都等地累计示范推广12 000余亩。

在分子标记技术应用上：通过分子标记对856份重要番茄资源的遗传关系进行了系统梳理，为创制优异材料及品种提供了良好的基础；针对四川地区番茄易染的黄化曲叶病毒病、斑萎病、晚疫病、颈腐根腐病等9种主要病害进行了抗病基因前景标记选择，筛选出兼具4种以上抗性资源40余份；建立起番茄高通量抗病分子标记检测技术体系，使检测效率翻3倍、工作量及成本降3倍；创制出番茄耐低温新材料T023，已通过田间技术鉴定。该材料植株属无限生长类型，直立株型，抗逆抗病性强，苗期耐6℃左右低温，通过分子标记检测其具有烟草花叶病毒及叶霉病抗性基因，田间表现高抗病毒和叶霉病，可作为耐低温番茄品种的亲本进行新品种的创制。

在基因组编辑技术创制新材料上：四川省农业科学院园艺研究所番茄育种团队

将 *SlSGR*1 基因作为靶向基因，创制了无外源载体的优异大果型番茄材料 T048 的高番茄红素材料；将 *SlTM*6 基因作为靶向基因，创制了无外源载体的优异大果型番茄材料 T048 的雄性不育系，并开发可用于大规模筛选不育系的分子标记。

（三）生产成本及收益

番茄种植成本主要包括生产成本（物资成本、土地成本）和人工成本，其中人工成本占比较高，这是由于番茄机械化生产比率低，农村青壮劳动力的流失形成雇工贵、雇工难的双重因素造成的。从表 4 可以看出，2021 年四川省设施栽培番茄总成本为 10 460.03 元/亩，其中人工成本占比为 58.05%，低于全国平均水平（61.15%）以及山东、甘肃、陕西等番茄种植大省，说明四川省设施番茄生产人工成本投入相对较低。

从表 4 还可以看出，2021 年四川省设施栽培番茄平均每亩产值高达 22 282.28 元，成本利润率为 113.02%，远高于全国平均水平，投入产出效益优势明显。对比四川省番茄设施栽培总成本，可以看出设施栽培番茄净利润较为可观，生产成本还有较大下降空间。

表 4　2021 年我国部分地区设施番茄生产成本收益情况

地区	成本（元/亩）				产值（元/亩）	净利润（元/亩）	成本利润率（%）
	物资	土地	人工	总成本			
全国平均	3 194.34	536.39	5 872.42	9 603.15	14 731.18	5 128.03	53.40
四川	3 678.13	710.04	6 071.86	10 460.03	22 282.28	11 822.25	113.02
北京	4 841.14	785.83	5 882.35	11 509.32	24 684.99	13 175.67	114.48
山东	3 965.69	382.61	6 660.09	11 008.39	14 915.89	3 907.50	35.50
甘肃	3 648.14	319.61	6 846.82	10 814.57	15 006.68	4 192.11	38.76
陕西	2 386.86	249.07	5 976.88	8 612.81	13 450.45	4 837.64	56.17

注：数据来源于 2022 年《全国农产品成本收益汇编》。

二、当前四川省番茄产业发展存在的主要问题

（一）顶层设计缺乏，产品市场定位不准

尽管四川适宜番茄栽培的区域较广，且各主产区光、温条件不同，基本可实现周年生产，但番茄品种多样，不同品种对于环境的适应性不尽相同，会造成同一番

茄品种在不同地区的产量及商品性差异较大的问题。从四川番茄产业实际情况看，各个地区往往只注重发展，缺乏顶层设计，忽视科学论证和合理区域规划，对不同地区的光照、积温、海拔、土壤等生态适宜性及品种适应性缺乏系统思考，引发一系列问题：一是品种同质化现象严重，高品质番茄品种缺乏，没有有效根据区域生态气候特点进行品种配置；二是非适宜品种引入栽种，加之管理失控，使生产成本增加而品质未达到要求，造成产品缺乏市场竞争力且有可能因市场和自然灾害导致难以挽回的损失。

（二）政策支持不够，科技支撑不足

番茄是"菜篮子"产品的重要组成部分，具有保供给促增收的重要作用。2019年省委省政府印发了《关于加快建设现代农业"10+3"产业体系推进农业大省向农业强省跨越的意见》，将川菜产业作为构建现代农业"10+3"产业体系的重要内容。2020年，四川省委农村工作领导小组印发了《川菜产业振兴工作推进方案（2019—2022年）》，但一直未有配套的专项支持，番茄产业提升发展关键环节也缺乏资金支持。四川省种植的番茄品种大多依赖国外进口品种以及其他省市选育的品种，省内自有品种种植率相对较低，导致四川省番茄在全国蔬菜市场缺乏独特竞争优势。尽管已建成设施相对健全的番茄育种基地，且广泛收集了较多的优异品种资源，然而对这些资源的有效评价及利用都存在严重的滞后。此外，四川省系统性的番茄育种技术研发投入一直严重不足，配套专项仅有四川省农作物育种攻关番茄育种子课题，且专项经费仅占蔬菜育种攻关总经费的4%，使番茄育种及配套技术研发进展缓慢，导致目前研究仍停留在资源收集、传统杂交育种等层面，特别是在优异基因挖掘、分子标记开发、基因组编辑等生物育种技术应用方面还处于起步阶段。

（三）标准化规模化程度低，效率效益不显著

近年来，四川省在加强蔬菜种植户的技能培训和技术指导方面做了很多的工作，但仍然存在以下问题，一是农村地区蔬菜种植户的文化水平一般比较低，尤其是甘孜州、阿坝州、凉山州等民族地区，种植户对新技术、新品种接纳能力较低，导致高产高效规范性技术难以推广落实，"经验式"栽培情况还比较常见；二是虽然部分地区实施技术培训服务，但多数菜农学习的积极性相对偏低，同时也存在培训内容针对性不强、可操作性差等问题，菜农难以理解和实施，导致培训效果不

佳。此外，散户为主的生产模式造成质量安全监管比较困难，监管上存在随意性，比如对投入品的监管时严时松，缺乏尺度；产地准出及市场准入制度地区间宽严不一，导致产品品质无法实现标准化。番茄市场时常面临低端市场过量供给与高端产品供给不足的失衡现象，中高端市场管理不到位。四川小农经营为主的番茄生产现状，不仅造成资源浪费，同时无法实现菜农生产过程中的标准化管控，难以实现整体番茄品质的有效管理；而且缺乏应对突发市场风险的预控能力以及后期保障应对措施，容易面对更大的生产风险。

另一方面，通过对设施茄果类蔬菜生产管理调研发现，大棚番茄 N、P_2O_5 和 K_2O 的施用量与科学推荐施肥量相比，平均施氮量是推荐量的 2.8~3.5 倍，施磷量是推荐量的 10 倍左右，施钾量最高达到 1.2~2.2 倍。在实际施肥过程中，化肥施用量偏高，长期大量的氮磷富集容易引起土壤次生盐渍化以及酸化等问题，导致蔬菜生理营养失调。调研中还发现，部分番茄病虫害防治过程中存在用药盲目、用量随意、抗药性增强等现象，对农药合理使用准则、农药安全使用标准以及高毒、内吸性农药特性缺乏了解，从而极易出现随意加大农药剂量的现象，造成生产成本增加、环境污染及产品农药残留超标等问题，导致番茄生产效率及效益不显著。

（四）渠道品牌建设滞后，市场风险压力大

四川省番茄销售市场主要集中在彭州、米易及周边地区，种植面积较大的企业（基地）能够实现农超对接、农社对接、农餐对接等，而种植面积相对较小的散户主要依靠中间商地头批发以及市场零售为主，不能形成稳定的销售渠道，极易受到市场波动影响，线上平台例如微商、电商等新型销售渠道涉及尚浅。此外，各地区以家庭为种植单位的生产者，科学技术普及率偏低，市场分析预测能力偏弱，对市场需求变动及自然风险变动等信息接收渠道受阻，灵活变动能力不足，常存在盲目跟随市场价格变动进行生产变动，缺乏一定市场观察能力以及规划性，极易出现滞销情况，常因市场价格波动造成经济损失。在 2020 年新冠疫情期间，交通管控使传统销售渠道受限，蔬菜批发市场商户数量减少，番茄成交量大幅下降，茄果类（番茄、辣椒）交易量减少 20%~50%，严重影响了菜农的生产收益。而规模化经营者因与市场联结较为紧密，政府扶持力度较大，具有较强突发情况应对能力，能够更为有利的应对风险。

三、四川省番茄产业发展趋势与对策建议

（一）四川省番茄产业发展趋势研判

1. 高品质、口感型番茄需求更加突出

随着人民生活水平提高、消费方式改变，番茄产业已进入了由数量扩张型向质量效益型转变的关键时期。从近年来四川省内种植番茄的面积来看，口感沙糯、可溶性固形物含量高的粉果型番茄逐年增加，口感型番茄越来越受市场认可，导致优质高价的高端市场所占份额快速增大。这说明市场对于番茄产品的需求，更多放在了口感品质上，除了继续关注番茄商品品质外，应将品质育种放在更加突出的位置，着力培育一批在抗逆、抗病、耐贮运、高产、食味、功能性以及适应轻简化栽培等方面具有突破性技术进步和自主知识产权的优质新品种。

2. 设施栽培面积进一步扩大，轻简化高效生产进一步普及

由于设施番茄投入产出比的巨大优势，优化设施番茄产业布局，创建标准化、规模化片区，是实现设施番茄产品稳定供应、产业持续发展的关键。以提升番茄品质为目标，秉承"科技引领、绿色果蔬"的发展理念，遵循"从种子到餐桌"的全程品质管控原则，严格按照绿色蔬菜栽培要求进行标准化高效种植。在精准化控制和信息化管理方面，将传感器、物联网、大数据以及移动互联网等现代信息技术与绿色防控、测土施肥、水肥一体化等技术相互融合，实现"环境可测、生产可控、质量可溯"，建立从定植到流通"向前可追溯、向后可召回"的番茄安全生产体系。在农业机械化生产方面，加快建设商业化、标准化、规模化的番茄生产基地，积极研发复合型、高性能和智能化的现代农机装备，通过集约化育苗、移栽机作业、机械化采收分级包装等方式实现高效轻简化栽培，大幅度提高土地产出率、资源利用率和劳动生产率。

番茄产业发展符合国家乡村振兴战略政策，随着四川省"5+1"现代产业体系和"10+3"现代农业体系建设的纵深推进，四川番茄产业将逐步完成自身进化，向着更高质量方向发展。

（二）促进四川省番茄产业发展的对策建议

1. 优化区域布局，明确产品市场定位

四川省番茄生产重点分布在四个蔬菜主产区（盆地地区、川南地区、攀西地

区、川西高原），不同主产区生态类型多样的特点十分突出，要发展好不同区域的番茄产业，应从以下几方面着力。

首先要强化顶层设计，做好四川省不同番茄主产区域的产业规划，确定适合不同区域的番茄类型。鲜食番茄按食用习惯及生产用途主要分为生产型、口感型，以及樱桃型。其中，生产型番茄以产量高为主要特点，果实个头大、单果重一般在150克以上，植株长势旺盛、抗病性强；口感型及樱桃型番茄以可溶性固形物含量高为主要特点，糖度一般在7.5%以上，番茄风味浓郁，果胶丰富，适合作为水果食用。盆地地区和川南地区作为传统番茄产区，生产的番茄主要销往省内及周边省份，应以生产型番茄为主，搭配口感型及樱桃型番茄，满足成都及周边城市高端消费水平；攀西地区作为全国早春番茄主产区，生产型番茄应占种类的绝大多数，充分利用当地气候优势，做大做强番茄产业；川西高原具有海拔高、日照时间长、光照充分、昼夜温差大的特点，番茄果实易积累糖酸等有机质，且污染小，应大力发展口感型及樱桃型番茄，打造以口感品质为主要特点的番茄高端市场。

其次是按照"因地制宜，扬长避短"的原则，根据不同区域适宜的番茄类型，选择优新品种，走出符合本地区实际的番茄产业高质量发展之路。例如，盆地地区和川南地区湿度大、光照弱、早春气温偏低，应以耐低温弱光、抗真菌及细菌性病害强的番茄品种为主要选择目标；攀西地区番茄生长季节气候干燥，昼夜温差较大，由虫害传播的病毒病为害严重，应以抗番茄黄化曲叶病毒、斑萎病毒等主要病毒病害，以及坐果率受低温影响较小的番茄品种为主。

2. 加大扶持力度，培育优势特色品种

优势品种的自主产权是加快四川省番茄品种更新换代，提高市场竞争能力的有效途径。政府应加大对其资源配置、基础建设、资金、技术等方面的支持力度，培育扶持一批具有国内外竞争力的蔬菜种子企业，提高四川省番茄品种繁育能力，重点加强番茄种质资源的收集、保藏、评估与利用，通过引进、分离、创制等方式，不断积累优质的种质资源和宝贵的育种材料。在育种技术上，要加快智慧育种技术、分子育种技术、基因编辑技术与传统育种技术的深度融合，使番茄现代育种效率进一步提高。根据四川省各地的自然地理条件，因地制宜选育专用型番茄品种，多方位引进科技人才，提高番茄种业科技活力。

3. 强化示范推广，提高标准化水平

借助农业农村部农业重大技术协同推广项目，大力开展番茄标准化生产管理等实用技能培训，加强对专业大户、家庭农场经营者、专业合作社带头人、龙头企业经营管理人员等的培训，培育一批有文化、懂技术、会经营的新型职业菜农，提高其基层带动作用；积极引导番茄种植户加入蔬菜种植合作社或采用多种方式实现适度规模经营，推行科学化、集中化管理。县乡部门应通过农业技术推广站的农业知识普及、蔬菜种植专业知识培训等方式，提高菜农对施用化肥、农药以及灌溉的方式及用量整体认识，为菜农及时提供番茄田间管理、病虫害防治及土壤保护方法，提高菜农专业技能和资源利用率。同时提高科技支持力度，进一步推广水旱轮作、土壤测试配方施肥、病虫害生物防治、土壤修复等模式技术，合理配置番茄生产资料的投入，用科学种植技术培育高品质产品。

4. 加大宣传推荐，打造优势品牌

积极实施品牌战略，根据区域生态环境及品种品质优势，突出本地特色，创建优势品牌，将其建设成为市场认可的金字招牌。政府、企业及社会各界可以通过线上、线下的方式举办一些番茄博览会、交流会、番茄品种擂台赛等，邀请全国各地的番茄种子企业和种植合作社等群体参加，也可因地制宜发展农业生态旅游相结合，创建特色农业生态旅游基地，举办一些以番茄为主题的文化节、狂欢节，同时利用融媒体，多领域多维度加强产业宣传，扩大地区知名度和影响力。政府应加强各相关部门的协作管理，建立健全市场价格信息服务平台，及时为菜农提供最新供求信息，促进菜农合理安排生产，通过建立番茄交易市场、集散地，为地区商品销售提供稳定、长久的交易场所，增强地区产业韧性，有效避免因市场波动所造成的损失。

参考文献

李君明，项朝阳，王孝宣，等，2021. "十三五"我国番茄产业现状及展望[J]. 中国蔬菜（2）：13-20.

刘洁，高润蕾，崔瑛，等，2023. 番茄产业发展现状与内蒙古巴彦淖尔市番茄产业发展建议[J]. 现代农业（3）：47-51.

牛艳，王晓静，陈翔，等，2022. 中国番茄产业发展的现状问题和对策及宁夏番茄产业发展成效

[J]．黑龙江农业科学（12）：70-74．

孙永珍，贺靖，魏芳，等，2023．"十三五"我国番茄产业发展及其国际竞争力评价［J］．中国瓜菜（1）：112-116．

王勃颖，宗义湘，董鑫，等，2020．河北省番茄产业发展现状及问题分析［J］．中国蔬菜（7）：7-12．

王光娟，2021．我国设施番茄产业种植效益分析［J］．北方园艺（16）：155-161．

辛竹琳，崔彦娟，杨小薇，等，2022．全球蔬菜产业现状及中国蔬菜育种发展路径研究进展［J］．分子植物育种（9）：3122-3132．

杨亮，李菊，李志，等，2022．基于SSR分子标记的番茄遗传多样性分析［J］．分子植物育种（22）：7511-7521．

杨亮，刘欢，李菊，等，2023．利用CRISPR-Cas9技术快速创制番茄雄性不育系［J］．分子植物育种（11）：3619-3627．

周杰，夏晓剑，胡璋健，等，2021．"十三五"我国设施蔬菜生产和科技进展及其展望［J］．中国蔬菜（10）：20-34．

周明，李常保，2022．我国番茄种业发展现状及展望［J］．蔬菜（5）：6-10．

四川省茄子产业发展报告

蔡 鹏[1] 李 享[2] 龚方仪[1] 蓝艳红[1] 王 雪[2] 吴传秀[2] 房 超[1]

(1. 四川省农业科学院园艺研究所，四川成都 610066；
2. 四川省园艺作物技术推广总站，四川成都 610041)

摘 要：本报告介绍了四川省茄子产业的现状，分析了当前四川省茄子产业发展中存在的主要问题，研判了四川省茄子产业发展趋势，提出了促进四川省茄子产业发展的对策建议：加强资源收集与利用、培育优良新品种、调整品种结构、变革栽培制度、加强嫁接防病、集约化育苗、水肥一体、病虫害防控等绿色防控技术的应用和安全质量体系建设，加强基础设施建设，提高防灾抗灾能力，加强产业化建设和品牌培育，提高市场竞争力。研究为促进四川省茄子转型升级和高质量发展提供支撑和实践路径，对充分发挥四川省茄子产业的优势和特色，提升四川省茄子的影响力和市场竞争力具有重要意义。

关键词：四川；茄子；产业现状；问题；发展建议

一、茄子产业发展概况

四川省地域辽阔，生态、气候条件多样，是我国西部茄子生产第一大省，优势特色明显，生产潜力大。当前，随着农业产业结构调整的不断深入，特别是在乡村振兴中，茄子产业的优势和特色得到进一步凸显，已成为四川省助农增收的重要支柱产业之一。因此，正确认识四川茄子产业发展现状，找准问题，理清思路，增添措施，对于实现四川省茄子产业高质量发展至关重要。

二、四川省茄子产业发展现状

四川省地处长江上游，属于亚热带季风气候，四季分明，雨量充沛，气温适宜，适宜蔬菜的生长，是全国重要的商品蔬菜生产基地之一。茄子是四川重要的茄果类蔬菜之一，因种植容易、采收期长、效益高，消费量大，符合市场需求，在全省各地均有种植。随着农业科技的不断创新与发展，茄子作为主栽蔬菜作物发展比较迅猛，种植面积连年稳中有增。根据四川省农作物统计年鉴资料，四川省2021年茄子种植面积6.78万公顷，产量213.78万吨，在茄果类蔬菜中仅次于辣椒，是促进农业增效、农民增收的主导产业之一。四川生产的茄子除满足本省需求外，还远销重庆、陕西等其他省市。四川茄子主产区分布在成都市、乐山市、泸州市、德阳市、广汉市、南充市等地。

因受栽培传统和食用习惯的影响，四川不同地区对茄子的果实长度、果顶形状、果皮颜色等方面需求均有不同，品种具有较强区域性。全省各地多以紫黑色长茄的墨茄类型为主，另有竹丝茄和红茄等其他类型。四川种植的茄子品种多为软肉型，肉质软糯丝滑，品质优良。目前生产中多采用杂交品种，其中又以长棒形墨茄为主，品种有黑丽长、天骄、黑亮85、黑亮82、万吨长茄、黑冠、峨眉春、蓉杂茄系列、渝茄系列等。近年来，受消费市场需求导向的影响，以烧烤用途为主的短粗墨茄种植面积增长较快，品种有美糯香、真糯、黑亮168等。此外，四川地区还种植类型丰富的农家品种，包括眉山墨茄、南充墨茄、三月白花早茄、竹丝茄、自贡二红茄、三叶茄、灯泡茄、化龙长茄等。农家品种大多在品质、熟性、商品性等某一方面具有优势，符合当地的消费习惯，具有一定的市场。农家品种多为农户自己留种，种植面积不大，如竹丝茄产区主要分布在成都市天府新区煎茶镇、金堂县赵家镇等地。二红茄主要分布在自贡市荣县等地。

四川茄子生产上实行露地栽培与设施栽培相结合，实现周年栽培，周年供应，以满足市场需求。设施栽培的茄子主要分布在乐山、峨眉、成都、泸州、南充等，而露地栽培的茄子主要分布在德阳、广汉、成都等。茄子主产区依据当地的气候条件和上市期可选择不同的茬口进行种植。种植茬口主要包括春提早栽培、春季栽培、夏季栽培和秋延后栽培等4种，其中春提早栽培是主要的栽培模式，其次是秋延后栽培。四川省设施春提早栽培的经济效益非常可观，亩产值可达万元以上。如在乐山市峨眉山市等，一般在12月中下旬定植，翌年4月中下旬开始采收，可连续采收至7月。秋延后栽培，一般在6月中下旬定植，8月中下旬开始采收，可连续采收至11月中下旬。这两种栽培方式采用的是错季栽培，可有效调节淡季蔬菜市场供应，经济效益好。此外，在成都市新津区等地也存在一种再生栽培模式，是根据茄子植株具有再生能力的特性，在秋季采收结束时剪去植株上部枝条，越冬后，植株再次萌发新枝并开花结果。这种方式可以大大节省育苗的时间和成本，又可以在春季提早上市，在生产上有很大的优势。

从种植效益上来看，茄子属于高经济价值的果菜类蔬菜。四川省茄子亩产量可上万斤，产值1.0万~2.0万元，经济效益较好。受种植与上市季节性规律影响，茄子年内价格一般呈现"V"字形波动，即年初与年尾价格较高，年中价格较低。例如越冬春提早设施栽培茄子价格优势明显，批发价可高达8.0元/千克，后随着春提早蔬菜的不断上市，价格逐步回落，在茄子集中上市时批发价仅1.5~3.0元/千克。茄子生产成本主要由肥料、农药、种子、薄膜、人工等构成，其中人工成本所占比重最大，占总成本的50%左右。设施栽培农药使用费用略低于露地栽培，肥料和种子的费用一致。茄子设施栽培比露地栽培生产成本高，主要是增加了大棚架和薄膜的费用。设施茄子的品相和质量比露地栽培好，产量和价格高。近年来，随着工荒、用工贵的问题日益突出，人工成本在总生产成本中的比重逐年增加，加之化肥、农药、种子等生产物资价格不断上涨，导致利润下降，影响了茄子规模化和可持续生产。

四川省各级行政主管部门与相关科研院所一直秉承四川茄子产业绿色、优质、高效可持续化发展理念，不断加强茄子的质量安全建设，强化茄子质量安全责任意识，颁布了《茄子嫁接育苗技术规程》《茄果类蔬菜集约化育苗技术规程》《茄子生产技术规程》等种植规范，相关单位和部门配置质量与农残检测仪器，把好质量关。大力发展集约化育苗场建设，成功打造了成都金田种苗有限公司、四川金穗绿丰农业开发有限公司、四川禾润蔬香农业科技有限公司等一批以茄子嫁接育苗为主要业务的育苗企业，大幅度提高种苗质量，全省茄子嫁接苗应用覆盖率达到40%以上，处于全国领先水平。以企业和专业合作社为依托，加强基地基础建设，积极引进茄子水肥一体化、配方施肥、病虫害绿色综合防控技术，提高菜农的种植管理水平。强化品质认证，积极开展"三品一标"认证，其中"煎茶竹丝茄"在2023年度获得国家地理标志产品认证。构建茄子质量安全生产溯源体系建设；充分利用物联网信息技术，开展茄子产地环境检测，不断强化茄子产品质量安全监管。

三、四川省茄子产业发展存在的主要问题

当前，四川省蔬菜产业发展面临着消费者对优质蔬菜的需求日益增长与蔬菜总

量饱和但整体质量水平不高，种植者生产成本居高不下与种植比较效益持续下滑的两大矛盾，对四川省蔬菜高质量发展提出了更高的要求。四川省茄子产业发展在生态和地理区域上都有明显的地方特色，但产业发展仍然面临着品种结构亟待调整优化、连作障碍严重、病虫害为害加剧、绿色生产化和标准化程度低、品牌培育缓慢，市场竞争力弱等问题，亟待协同解决。

1. 种质资源利用率低，品种结构需进一步优化

四川省是我国重要的蔬菜种质资源库之一，但资源发掘利用方面仍比较滞后，大量种质资源仅停留在收集、保存阶段，大多未开展精准鉴定工作，重要性状基因资源发掘和利用进展缓慢，难以满足品种选育对优异新种质和新基因的需求。四川省茄子生产上应用的品种以本省自主研发品种为主，育种目标性状集中在产量和熟性上。随着茄子不同栽培方式及消费目的的变化，对品种有不同的要求，特别是对适合简约化栽培的茄子品种需求尤为迫切，必定要求茄子的各种栽培方式都将有与其相配套的专用优良品种，在设施专用、长季节栽培和烧烤（加工）专用等品种结构上需要进一步优化。

2. 绿色生产技术水平低，标准化生产体系建设不够到位

四川省人均可用耕地少，人多地少的用地矛盾突出。一些茄子专业化生产区域，设施栽培地茄子褐纹病、灰霉病、早疫病等发生趋重。重茬种植、重施肥，导致土壤酸化、次生盐渍化加重，黄萎病、青枯病、枯萎病等土传病害多发，土壤连作障碍日益显现。近年来，因连作障碍引起的产量和品质下降，严重影响了农户的种植收益和种植积极性，制约着茄子产业的绿色可持续发展。四川省茄子生产正在从单家独户的分散生产向适度规模化生产转变，在生产中绿色生产技术推广普及率不高，农户过分追求高产及利润，过量使用化肥农药，农药残留超标的现象时有发生，农产品的质量安全监管难度大，产量质量安全存在隐患。

3. 基础设施不配套、技术装备落后

四川早春茄子生产以设施栽培为主，现有设施中，简易设施大棚占很大的比例，冬季抗风抗冷性能差，易受低温冷害。越夏和越秋栽培以露地生产为主，露地生产易受低温、高温、洪涝等自然灾害的影响，抗御自然灾害能力差。随着生产对优质种苗尤其是嫁接苗的需求不断增加，但目前多数育苗基地设施简陋，供应能力不足、种苗质量不稳等问题亟待解决。此外，在茄子生产中，从播种、育苗、定植到施肥、浇水、除草、整枝打叉、采摘等几乎都依靠人工来完成，现代化的农业装备缺乏，机械化管理水平很低，这就导致生产管理用工量大，成本高、作业效率低。茄子的保鲜、分级、包装等设备应用率低，影响茄子商品化率和附加值的提高。

4. 生产组织化程度和产业化水平低，抵抗风险能力弱

近年来，四川省虽相继成立了蔬菜瓜果产业协会和专业合作社。但总体上来讲，蔬菜产业协会和蔬菜专业合作组织的功能还未有效发挥，并且中介服务组织、经纪人队伍建设滞后。销售主体仍是农户，大部分通过蔬菜交易市场、乡村小型集散市场和当地蔬菜返销大户交易，产品交易缺乏有组织的协调。再加上信息服务体系建设滞后，菜农无法及时掌握市场行情，盲目经营，市场竞争优势不明显。中介服务组织和生产农户之间缺乏风险共担和利益共享的利益联动机制，市场经营服务体系不够健全，难以实现茄子生产与流通市场相结合，产业发展波动大。此外，茄子产业的产前和产后链条短缺，市场销售主要以鲜食为主，深加工能力不足。

5. 品牌培育缓慢，市场竞争力弱

我国蔬菜品牌的打造整体相对缓慢。目前仅有寿光蔬菜、宁夏菜心等知名蔬菜品牌，但对赋能当地农业提质增效起到重要作用，也形成了一批以寿光纪台长茄、启东青皮长茄、衢州七里茄子、宿迁罗圩香茄等为代表的品"全国农产品地理标志"认证和"全国名特优新农产品"认证产品。四川茄子栽培面积虽位列全国前五，但茄子品牌建设落后，市场竞争力和影响力弱。截至目前，我省仅有煎茶竹丝茄获得国家农产品地理标志认证，煎茶竹丝茄种植以成都市天府新区煎茶镇为主，受种植区域的限制，在全省的辐射和带动效应不强，而在有较大优势和特色的墨茄上尚未形成优势品牌。

四、四川茄子产业发展趋势与对策建议

（一）四川省茄子产业发展趋势研判

茄子是四川省重要的茄果类蔬菜，是现代农业产业"10+3"（川菜）的重要组成部分，对助力乡村产业振兴，促进农民增收、产业增效具有重要作用。随着人民生活水平的提高，蔬菜产业的发展要从主要满足"量"的需求，向追求绿色生态可持续、更加注重满足"质"的需求转变，把提高农产品质量放在更加突出的位置。

目前，从生产角度分析，我国茄子种植面积已经接近饱和状态，加之土地资源短缺、水资源紧张、气候变化等问题，未来茄子生产将更多地依赖科技提升产能和质量。从需求角度分析，随着人口的增长、城镇化率的提高，茄子市场需求将继续增长。另外，随着人们健康意识的不断提高，绿色、有机蔬菜的市场需求也将不断增加。从产业升级角度分析，未来产业将日益强化市场化、品牌化、规模效益和绿色发展。茄子种植将更多地围绕集约化、智能化、机械化、标准化和现代化生产模式转变。茄子产业是保障人民健康和维护社会稳定的重要产业，未来将面临机遇和挑战，需要全面提升生产效益、加强市场竞争力、加强创新和科技支撑、保障生态环境和品质安全等方面的工作。

（二）促进四川省茄子产业发展的对策建议

1. 重视资源创新和育种技术研究，加快培育创新型品种

种质资源是育种的基础。四川省茄子资源丰富，但抗性资源挖掘应用滞后，抗绵疫病、青枯病、黄萎病等种质资源匮乏。因此，一方面要重视和加强搜集和引进优良种质资源和精准鉴定工作；另一方面科研人员要通过资源创新，获得优异创新种质，以提高茄子育种的质量和效率。在育种目标上，根据市场需求，不局限于产量育种，抗病育种、品质育种、设施专用化育种等同步进行。在育种技术上，既要利用杂交育种的优势，也要加强分子标记辅助育种技术、诱变育种、倍性育种以及基因编辑等现代生物学技术的应用，加速育种进程，提高育种效率，培育出适合各种栽培方式的优良茄子新品种，加快品种结构优化。

2. 提高绿色发展水平，健全质量安全体系

对四川省各个茄子产区的土壤进行本地调研和检测，实行配方施肥；推广应用水旱轮作、土壤消毒等配套技术，减轻连作障碍的发生；引进抗病品种，加大推广嫁接育苗技术，减少土传病害发生。建立健全病虫害预警系统，安全合理使用农药，大力推广轻简清洁生产、病虫害绿色防控技术，实现茄子产业高效、绿色、优质、安全的发展。加大绿色生产技术推广力度，鼓励技术人员深入基层，开展培训讲座、现场教学、实地指导等形式的服务，提高农户对绿色生产技术的认识。研究制定四川省茄子绿色生产基地建设标准、产品标准和栽培技术规程，强化茄子产品质量安全管理，建立茄子产品质量卫生安全追溯制度和认证制度。同时茄子产品尽快从单一型的生产，向生产、分选、包装、储运保鲜、净菜上市等产后环节扩展，逐步改变"统货散货"一统天下的局面,提高茄子的质量、产量和商品率。

3. 加强基础设施建设,提升机械化生产水平

设施栽培具有栽培环境易于控制、病虫为害程度相对更轻、产品质量好、受自然条件影响小、栽培期长、产量高、效益好的特点,设施栽培的面积将日益扩大。目前许多老旧大棚已经无法满足基本生产需求,需全面推广运用新材料、新技术、新结构实施旧棚改造,对老旧大棚进行标准化设施改造,宜机化、智能化水平不断提高。加强规模化基地、园区水、电、路、渠等基础设施建设,使农业基础设施条件得到持续改善。人工成本高是影响茄子种植效益的重要影响因素。四川省茄子产业高质量发展需要推进轻简化栽培技术,实现机械化生产,减少对劳动力的依赖。在茄子生产的耕作、育苗、移栽、植保、水肥管理、收获和采后处理等环节,引进适宜的机械设备势在必行,这将提高茄子生产的机械化程度,推动茄子产业绿色高效发展。

4. 加快产业化建设,提高组织化、产业化水平

继续争取各级政府的重视与支持,积极培育和扶持各级蔬菜产业协会、蔬菜专业合作社、蔬菜流通中介组织的建立和完善,鼓励、帮助农村返销大户和经纪人参与流通,充分发挥他们在农户与市场、企业与农户之间在政策传递、科技服务、信息沟通、市场营销等方面的中介作用。重点培育一批竞争力、带动力较强的茄子龙头企业,使之成为联系基地农户和市场的桥梁和纽带。引导和鼓励龙头企业直接建立生产基地、发展订单蔬菜等多种形式与农民确定稳定的产销关系,规避风险,避免茄子生产的大起大落,完善企业与农民的利益联结机制,积极探索适应市场化要求的产业化运营机制,鼓励建立企业+基地+合作组织+农户的产业化模式,推动茄子产销一体化的流通机制形成,提高茄子组织化、产业化程度和水平。

5. 重视地方品牌培育,提升市场竞争力

要树立品牌意识,注重茄子品牌培育,鼓励合作社或龙头企业积极进行品牌认证,依托地方特色打造区域公用品牌。利用借助展品展销会、媒体等媒介平台,加大宣传力度,拓宽销售渠道,增强市场竞争力,努力提高茄子产品的知名度和影响力形成品牌优势,以吸引省内外客商和企业建基地、办企业,真正把茄子产业做强做大。发挥合作组织对农户的带动作用,建立农户与合作组织间稳定的产销关系。建设场地批发市场,拓展直销配送业务,缩短产地与市场间距离。通过微信、农村淘宝、主播直播带货等形式开展电商营销，减少流通环节，增强农户在市场交易中的话语权。

参考文献

姜涛，申艳红，林碧英，等，2019. 福建省茄子产业现状与发展对策［J］. 中国瓜菜，（10）：81-84.

刘富中，舒金帅，张映，等，2021. "十三五"我国茄子遗传育种研究进展［J］. 中国蔬菜，（3）：17-27.

李植良，黎振兴，黄智文，等，2006. 我国茄子生产和育种现状及今后育种研究对策［J］. 广东农业科学，（1）：24-25.

魏小伞，曹必好，雷建军，等，2010. 茄子抗病育种研究进展［J］. 中国蔬菜，（10）：1-8.

吴雅琪，宋奕颖，夏琪，等，2021. 河北省茄子产业现状及发展建议［J］. 中国蔬菜，（7）：5-9.

杨建国，汪端华，皮向红，2013. 湖南省茄子产业发展现状与建议［J］. 湖南农业科学，（15）：132-135.

朱琴妹，胡海娇，包崇来，等，2009. 浙江省茄子产业现状、存在问题及发展对策［J］. 浙江农业科学，（10）：1-8.

四川省萝卜产业发展报告

冉茂林[1]　李晓梅[1]　杨　峰[1]　吴传秀[2]
雍晓平[1]　孔垂豹[1]　冉　科[1]　李　享[2]

[1. 四川省农业科学院水稻高粱研究所（四川省农业科学院德阳分院），四川德阳 618000；2. 四川省园艺作物技术推广总站，四川成都 610041]

摘　要：四川是全国重要的萝卜鲜销加工生产基地，年种植面积居全国第三位。四川萝卜种植区域分布广，其中平坝河滩地、水旱轮作地、高原半高山地是萝卜主要种植区域。四川重视萝卜产业发展，萝卜品种选育、种子生产、规模种植、产品加工、产品销售构成了萝卜完整产业链，特别是以萝卜种业为核心、以产品销售、产品加工为两翼的"一种两翼"产业结构有序地推动着萝卜产业向纵深发展。四川萝卜经过由随意种植到规模种植变迁，由传统品种向杂交品种转变，特别是圆白萝卜、红萝卜育种取得重大突破，地方萝卜品种实现更新换代，种植面积得到迅速扩大，改变了以韩国长白萝卜品种为主的市场格局。四川萝卜产业发展趋势是"缩区减面、提质增效、强基促销"，即稳定优势区域种植面积，减少其他区域种植；提升萝卜产品质量，提高单位面积效益；加强种植区域基地建设，促进鲜销与加工产品销售。通过"两减两增三调整"措施，减少种植区域，减少种植面积；增加地方萝卜品种市场占比，增加萝卜加工产品类型与加工产品；调整萝卜区域布局、调整萝卜种植制度、调整萝卜品种结构，突出产业优势、品牌优势、区域优势，培育四川蔬菜（萝卜）周年供应特色产业。

关键词：萝卜、育种、种植、种子、鲜食、加工、产业化

四川萝卜种植历史悠久，特别是地方品种春不老萝卜、满身红萝卜在相当长的时间里是四川萝卜当家品种，随着萝卜科研不断深入，种植区域不断拓展，种植面积不断扩大，四川已成为全国萝卜主要种植基地。

四川人有吃萝卜的习惯，平时餐桌上时常有萝卜相伴，特别是秋冬季萝卜是西

南地区消费者的最爱。萝卜种植除老百姓自产自销外，以合作社为主体的"公司+农户"成为萝卜主要种植方式。随着产业结构调整，利用林下、荒地种植饲用萝卜，为萝卜产业提供另一条利用途径。近几年，四川萝卜加工产业得到长足发展，加工产品丰富、加工工艺先进、销售量及销售额累创新高，萝卜加工产值全国领先。以眉山、成都、德阳为代表的蔬菜加工企业为当地经济发展、促进就业、农民增收等起到了良好的带动作用，形成了蔬菜加工产业集群，有的还成为当地支柱企业。二十年来，通过四川萝卜产业转型升级，现已初步形成"育种、种子、种植、加工、销售"完整产业链，同时还带动了与萝卜相关的细分行业，形成"科研+种子+种植户（专合社）"的萝卜种子产业模式、"科研+加工+种植户（专合社）"的萝卜加工产业模式，促进了萝卜产业有序发展。以萝卜品种为核心的科技创新，育成不同类型的萝卜品种，满足了市场多元化需求，品种结构发生了明显的变化，特别是本地圆白萝卜和红萝卜实现了杂交化，自主化，成为了同类品种中的主导品种，长白萝卜、圆白萝卜、红萝卜的市场份额与种植区域得以重新划分。四川萝卜产业特色鲜明、产业基础良好，产业规模宏大，萝卜已在四川蔬菜产业中占据着重要地位，为蔬菜保供、农民增收、企业增效发挥着巨大作用。

一、四川萝卜生产概况

（一）四川萝卜生产现状

四川有平原、丘陵、山地和高原四种地形地貌，其中平原、丘陵和部分山地高原的气候适宜蔬菜（萝卜）生长，为蔬菜（萝卜）生产提供了良好的环境条件，特别是秋冬季日照相对较少、雨量充沛，空气湿度较大，更适宜萝卜生长。据四川省农业农村厅统计，2010—2019年四川萝卜常年播种面积10.67万公顷（含复种）左右（表1、图1），萝卜播种面积占全省蔬菜播种面积8.5%，占全国萝卜播种面积8.21%，排名第三。其中长白萝卜、圆白萝卜、红萝卜是四川主要栽培品种。若不计算复种，长白萝卜年种植面积约3.33万公顷，红萝卜年种植面积约1.67万公顷。萝卜总产量350万吨，占全省蔬菜总产量8.8%。四川萝卜是冬季销售量最大的蔬菜作物，造就了四川是全国萝卜主产区之一，也是萝卜外销量较大的省份之一。据统计，四川萝卜产品45%左右供应本省市场，35%左右销往省外各地，还有25%左右用于省内萝卜深加工。

表 1　四川不同萝卜品种播种面积

类型	名称	面积（万公顷）	占比（%）	备注
长白萝卜	白玉春类型	4.33	40.63	主要来源于韩国，品种名字趋同，产量水平相当，春季和秋冬季均有种植
圆白萝卜	春不老（含小黄叶萝卜）	2.67	25.00	除四川外，重庆、贵州、云南、浙江等地有种植
圆白萝卜	蜀萝11号（含蜀萝9号、CR川冠1号）	0.67	6.25	除四川外，重庆、贵州、浙江、江苏等地有种植，主要用于鲜销和加工
红萝卜	满身红萝卜	2.00	18.75	除四川外，重庆、贵州、云南等地有种植
其他萝卜		1.00	9.37	
合计		10.67		

注：萝卜类型是按照肉质根表皮颜色+根形+叶形来命名。资料来源于行业统计，播种面积截至 2019 年底。

近几年，四川省萝卜播种面积和总产量维持较高水平，在全国萝卜生产大环境下，四川省萝卜产能过剩较突出，导致产品鲜销承受巨大压力，萝卜产业面临着结构调整与产业升级。

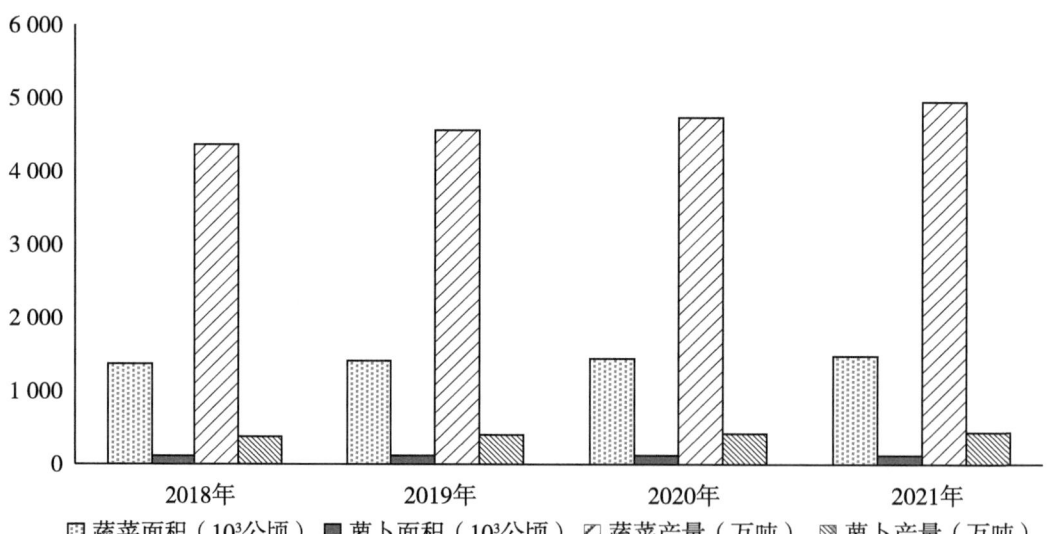

图 1　2018—2021 年四川萝卜播种面积与产量

数据来源：四川农村统计年鉴。

（二）四川萝卜产业发展的政策支持

四川萝卜产业发展与四川各级政府及有关部门对蔬菜产业重视有关。四川省人民政府十分重视"菜篮子"工程建设，把建立"优质蔬菜种植基地、川菜外销"的"川菜"作为四川农业"10+3"产业重点发展，做大做强"川菜"品牌。四川各级政府大力支持"川菜"发展。四川省科技厅从2001年起把蔬菜育种攻关纳入全省农作物育种攻关范畴，其中包括萝卜育种。四川省农业农村厅对四川泡菜原料品种（青菜、萝卜、辣椒、豇豆、生姜）组织专题攻关，创建"四川泡菜"知名品牌。彭州市政府举办的"彭州市蔬菜博览会"，通过蔬菜新品种展示，让全国客商了解四川露地蔬菜生产情况。眉山市政府举办的"中国四川泡菜国际展销会"，充分展示四川蔬菜加工产业发展状况。成都市政府举办的"四川农业博览会"，展示厚植"川种"种业的科技实力。通过各种形式的会议与田间展示为企业联系市场搭建平台，扩大了四川蔬菜在全国的影响力，有力地推动露地蔬菜和加工蔬菜产业发展。各地方政府加强萝卜特色品牌建设，结合地方文化开展以萝卜为主的养生、采摘、美食等活动，引导萝卜消费。如郫都区"云桥圆根萝卜"、洪雅县"三宝金沙坝萝卜"、威远县"镇西萝卜"、理塘县"极地果蔬"等在萝卜成熟季节召开丰富多彩的宣传活动，有力推动了地方特色萝卜品种走向市场。

（三）四川萝卜生产特点

1. 萝卜鲜食、加工、饲用同步发展

一是利用鲜食萝卜品种生产的萝卜产品供应市场，满足市场消费。二是利用加工萝卜品种生产的加工原料供应加工企业。三是利用荒地、林下地套种萝卜发展家畜青饲料。萝卜鲜食、加工、饲用得到同步发展。

2. 萝卜栽培技术不断创新

机播、免耕、绳编等技术逐渐成熟并应用于生产，大大地提高了萝卜种植水平。大型机械、冻库、冷链运输等设施设备的投入使用，有利于萝卜采后预冷、贮藏与运输，提高了萝卜产品贮运能力，萝卜销售更远更新鲜。

3. 萝卜随意种植向规模种植集中

过去，广大种植户对萝卜生产认识不足，以一家一户生产方式种植，没有从发展产业角度考虑把萝卜做大做强。目前，通过萝卜品种创新、种植技术变革，以"大产业、强基长链"思维发展萝卜产业，提高了萝卜社会化组织程度，产业优势

更加明显，萝卜种植逐渐由传统农户随意种植向专业合作社（大户）规模种植集中。

4. 萝卜市场主体两级分化

一是萝卜种子经营端（前端）。由单一的种子经销企业转变为以萝卜为主的种子经营、农资配送、技术服务等综合性服务型企业，为大面积萝卜种植提供保障。二是萝卜产品销售端（终端）。以"销"计"种"、以"销"订"产"，根据不同消费市场需求定计划、定产能，定向生产、订单收购。萝卜种子经营端与萝卜销售端共同为萝卜种植大户提供物资供应、技术支撑。

5. 高山萝卜成为萝卜生产的一个新亮点

利用高山地区海拔高、昼夜温差大、光照充足的特点种植萝卜，生产的萝卜品质好、品相好、口感好，其产品主要销往平坝区大城市供夏秋季市场。通过萝卜错季栽培，实现萝卜周年生产，一年四季都能吃上新鲜萝卜。

二、四川萝卜育种概况

萝卜种业是萝卜产业链的核心，培育自主知识产权萝卜品种是萝卜产业发展的根本。萝卜规模化高效生产，为萝卜鲜销提供大量萝卜产品；萝卜加工产能扩大，带动萝卜原料剧增。这种以萝卜种业为核心、以萝卜鲜销、萝卜加工为推力，构建的萝卜"一种两翼"产业结构，共同推动着四川萝卜产业健康发展。

（一）四川萝卜育种队伍建设

与国内其他省份相比，四川萝卜育种起步较晚，随着研究队伍不断壮大，研究不断深入，取得了一定的科研成果。据国家大宗蔬菜产业体系估计，四川萝卜育种整体水平位于全国第一梯队（排名第五左右），特别是在圆白萝卜育种上处于全国领先地位。四川从事萝卜品种选育与应用的研究单位（企业）有3家。

四川省农业科学院水稻高粱研究所（四川省农业科学院德阳分院）（简称四川省农业科学院水稻高粱研究所，下同）从1996年开始在全省率先开展萝卜资源收集评价工作，专业从事萝卜新品种培育与高产高效栽培研究。2001年以来一直是四川省蔬菜育种攻关萝卜子专题主持单位和主持人。是四川唯一一所拥有人数最多的一个省级萝卜科研团队，现有团队成员6人。其中博士2人、硕士3人；研究员1人、副研究员2人，助理研究员3人。2023年5月在中国蔬菜协会萝卜专业委员会成立大会上,四川省农业科学院水稻高粱研究所当选为副会长单位,萝卜学科带头人冉茂林研究员当选为副会长。

南充农业科学院主要从事胭脂萝卜、彩叶萝卜、叶用萝卜等特色萝卜品种选育。现有科技人员3人,其中副研究员1人,助理研究员1人。

成都市新农业武侯种苗研究所主要开展常规红萝卜品种提纯复壮,并从事自育品种推广,经营规模较小,技术力量较薄弱。

(二) 四川萝卜品种发展历程

四川萝卜种类多,品种丰富。按收获季节划分有冬春萝卜(又称春萝卜,下同)、春夏萝卜(耐热萝卜)、秋冬萝卜三个生态型,其中秋冬季是萝卜主要的种植季节。老百姓习惯按颜色划分为白萝卜、红萝卜、半头青萝卜、水果萝卜、胭脂萝卜。近几年,四川萝卜育种单位加大了萝卜品种培育力度,选育出了适应性广、杂种优势明显的萝卜品种(如"蜀萝11号")投放市场,成为市场主导品种。另外,育成了一批特色萝卜品种如胭脂萝卜"嫣红1号""南红胭1号";观赏萝卜"彩萝1号"、水果萝卜"翠秀1号"、加工专用萝卜"CR川冠1号"等,丰富了萝卜品种类型,满足了市场对不同萝卜品种的需求。同时,一些种子企业、种植户或专业合作社对四川传统的常规萝卜品种进行提纯复壮,推出了"黑叶春不老""小黄叶萝卜""满身红萝卜""铜罐萝卜"等。

在四川萝卜品种发展过程中,随着萝卜育种技术不断成熟,萝卜品种发生了显著变化。四川萝卜品种大致经历了四个阶段(表2):一是萝卜品种由常规向杂交转变,实现品种杂交化,萝卜育种技术实现"三系配套",形成了完整的萝卜育种技术体系与育种方法,称之为"萝卜品种1.0时代"。二是萝卜品种由鲜食向专用(耐热、加工)过渡,此时期高山萝卜尚未起步,为解决初秋市场蔬菜供应淡季问题开展了耐热萝卜品种选育,此时也是四川萝卜加工业发展迅速的时期,迫切需要加工专用萝卜品种,因此萝卜品种选育聚焦在萝卜耐热和加工两个方面,称之为"萝卜品种2.0时代"。三是萝卜商品性改良,主要针对地方品种"春不老"萝卜种性退化,抗病性差、商品率不高等问题进行改良升级,称之为"萝卜品种3.0时代"。四是萝卜综合性状聚合,利用生物技术、分子生物学技术与传统育种技术相结合,对萝卜耐抽薹、耐糠心、抗根肿病等重要性状进行基因定位、分子标记开发、多性状聚合,增加萝卜适应能力与萝卜种植安全性,称之为"萝卜品种4.0时代"。目前,此项工作正在进行中。

表2 四川萝卜品种发展历程

代次	主要特征	代表品种	时间区间	历时(年)
萝卜品种1.0时代	由常规到杂交,实现三系配套	泸萝5号	1996—2004	9年
萝卜品种2.0时代	鲜食向专用过渡,选育专用品种	蜀萝7号、蜀萝9号	2005—2013	8年
萝卜品种3.0时代	萝卜商品性改良	蜀萝11号	2014—2020	7年
萝卜品种4.0时代	萝卜综合性状聚合	—	2021年至今	—

(三) 四川萝卜品种选育成就

据四川省农业农村厅统计:自四川蔬菜育种攻关以来,四川先后审定(认定)萝卜新品种18个(表3)。其中四川省农业科学院水稻高粱研究所15个,南充市农业科学院2个,成都市新农业武侯种苗研究所1个。从品种类型看:常规萝卜品种7个,杂交萝卜品种11个(表3)。其中,"蜀萝7号"填补了国内无耐热杂交萝卜品种的空白。"蜀萝9号"为我国第一个加工专用型萝卜品种,为四川加工萝卜主导品种。"蜀萝11号"实现地方萝卜"春不老"类型品种升级换代。"CR川冠1号"成为四川省首个高抗根肿病萝卜品种。另外,四川省农业科学院水稻高粱研究所利用新转育的红萝卜NWB CMS不育系与耐抽薹、耐糠心红萝卜自交系杂交,选育出四川省首个杂交红萝卜新组合C24060A/C20929即将上市。萝卜育种成就的取得,得益于萝卜育种方向与目标更加明确,萝卜品种选育手段与方法更加先进,萝卜品种技术含量明显提高、品种质量显著提升。

表3 四川萝卜品种审定(认定)基本信息

序号	年份	品种名称	编号	类型	特性	选育单位
1	2002	泸优一号(白萝卜)	川审菜2002005	常规种	圆白萝卜、鲜食	四川省农业科学院水稻高粱研究所
2	2002	泸优二号(早萝卜)	川审菜2002004	常规种	圆白萝卜、早熟、鲜食	四川省农业科学院水稻高粱研究所
3	2002	泸优三号(红萝卜)	川审菜2002006	常规种	红皮萝卜、泡制	四川省农业科学院水稻高粱研究所

（续表）

序号	年份	品种名称	编号	类型	特性	选育单位
4	2002	泸优四号（红萝卜）	川审菜2002007	常规种	红皮萝卜、泡制	四川省农业科学院水稻高粱研究所
5	2004	泸萝5号	川审蔬2004016	杂交种	长白萝卜、鲜食	四川省农业科学院水稻高粱研究所
6	2004	泸萝6号	川审蔬2004017	杂交种	长白萝卜、鲜食	四川省农业科学院水稻高粱研究所
7	2008	蜀萝7号	川审蔬2008004	杂交种	耐热萝卜、鲜食	四川省农业科学院水稻高粱研究所
8	2008	蜀萝8号	川审蔬2011007	杂交种	耐热萝卜、鲜食	四川省农业科学院水稻高粱研究所
9	2013	蜀萝9号	川审蔬2013006	杂交种	加工萝卜、圆球形	四川省农业科学院水稻高粱研究所
10	2013	蜀萝10号	川审蔬2013007	杂交种	长白萝卜、鲜食	四川省农业科学院水稻高粱研究所
11	2013	新选满身红	川审蔬2013008	常规种	红萝卜、泡制	成都市新农业武侯种苗研究所
12	2020	蜀萝11号	川认菜2020012	杂交种	圆白萝卜、鲜食	四川省农业科学院水稻高粱研究所
13	2022	翠秀1号	川认菜2022007	杂交种	水果萝卜、生食	四川省农业科学院水稻高粱研究所
14	2022	嫣红1号	川认菜2022008	杂交种	红萝卜、红心、泡制、加工	四川省农业科学院水稻高粱研究所
15	2022	白玉早1号	川认菜2022009	杂交种	圆白萝卜、早熟、鲜食	四川省农业科学院水稻高粱研究所
16	2022	南红胭1号	川认菜2022010	常规种	红萝卜，红心、泡制、加工	南充市农业科学院
17	2023	彩萝1号	川认菜2023004	常规种	叶用、观赏	南充市农业科学院
18	2023	CR川冠1号	川认菜2023005	杂交种	加工萝卜，罐状	四川省农业科学院水稻高粱研究所

现阶段，生产上使用的萝卜品种发生了一些新的变化。①地方萝卜品种市场种植面积逐步扩大，品种国产化率明显提高。②萝卜鲜食与加工的品种专用性逐渐增强，鲜食萝卜注重产量、品质、口感；加工萝卜注重加工指标（干物质、VC、果胶，得率）与加工品质等。③萝卜品种由花叶萝卜逐渐变为花叶、板叶、兼叶型萝卜并存，萝卜耐热性、耐寒性、耐抽薹性明显加强。④萝卜肉质根由薄皮型转变为

厚皮型，便于运输，但适口性有所下降。⑤萝卜品种多元化格局逐步形成，除大面积种植长白萝卜、圆白萝卜、红萝卜外，其他萝卜品种如水果萝卜、樱桃萝卜、胭脂萝卜、心里美萝卜也有一定的种植面积，虽然面积较小，但种植效益较高，能满足特定市场需求。

（四）四川萝卜育种研究进展

1. 萝卜资源收集与保护

我国国家蔬菜种质资源库在中国农业科学院蔬菜花卉研究所，长期保存的萝卜资源1 996份。每个省份有自己的资源保存单位。目前，四川科研单位现有各类萝卜材料1 000余份，包括不同叶形、叶色，根形、根色等，还有一些特殊材料如抗根肿病、耐抽薹、耐糠心、萝卜NWB胞质以及创制的育种中间材料等。

表4 2018—2023年萝卜资源收集统计表

类型	省内	省外	合计	主要特性
白长花	51	18	69	白色、长根、花叶、耐抽薹、收尾好的材料29份
白长板	14		14	白色、长根、板叶，耐热、早熟材料4份
白圆花	4		4	白色、圆球根、花叶、早熟材料3份
白圆板	130		130	板叶、肉质纯白色、圆根、生育迟、未糠心、抗病、整齐度好的材料28份
红萝卜	114		114	红色、长圆柱根、板叶、耐糠心、皮色鲜红、肉质脆甜的材料26份
青萝卜	15		15	皮绿色、肉质绿色、花叶、口感好、水分多、味甜、根外露率高的材料17份
其他	2		2	饲料用
合计	330	18	348	可用于萝卜育种材料107份

注：（1）萝卜类型是按照肉质根表皮颜色+根形+叶形来命名。（2）资料来源"全国第三次全国农作物种质资源普查与收集行动"萝卜部分整理而来。

2018—2023年"全国第三次全国农作物种质资源普查与收集行动"四川调查队收集到来自全省90个县区萝卜资源330份，全部提交国家种质资源库。另外，收集到省外长白萝卜资源18份。通过肉质根颜色、糠心、抗病性、生育期、收尾性、口感等性状田间观察鉴定，筛选到可用于萝卜材料选育的有107份（表4）。多数萝卜资源田间表现混杂严重，但基因资源十分丰富，是萝卜品种选育的重要材料。

2. 萝卜主要研究进展

四川萝卜育种研究从无到有，从小到大，从弱到强，奠定了四川萝卜在全国的优势地位。科技人员在萝卜育种过程中注重育种理论与育种方法创新，创制了以萝卜不育系选育为核心的萝卜三系育种技术体系与选育方法，明确了各时期萝卜育种工作重点，围绕萝卜生产需求，开展萝卜育种材料创制与应用，选育以萝卜鲜食、加工为重点的萝卜新品种满足生产需要。

（1）萝卜耐热与加工品种选育。"十三五"以前，萝卜育种主要开展耐热萝卜和加工萝卜品种选育。在萝卜耐热方面，开展了萝卜耐热品种选育、耐热栽培、耐热生理、耐热鉴定等研究，探明了热胁迫下萝卜生长发育规律，建立了萝卜耐热鉴定技术体系与鉴定方法，提出了耐热萝卜高产栽培技术。在萝卜加工方面，通过不同萝卜品种品质指标分析，首次将萝卜外观品质与理化品质、加工品质相结合选育萝卜品种，创建了萝卜品质指标育种技术，提出将"还原糖、VC、果胶"作为加工萝卜品种选育的参考指标，并以此指导了"蜀萝9号"的选育。2015年专家组对四川省农业科学院水稻高粱研究所完成的"萝卜雄性不育系创制、新品种选育与应用"科技成果鉴定时指出，在萝卜加工专用和耐热品种选育方面达到国际先进水平。

（2）萝卜重要性状的遗传研究。"十三五"以来，萝卜育种主要集中在萝卜耐抽薹、耐糠心、抗根肿病等重要性状上，开展萝卜相关基础与应用研究，取得以下进展。

萝卜胞质鉴定。建立萝卜细胞质雄性不育类型分子鉴定技术，明确萝卜不育胞质类型，为杂交萝卜品种选育提供技术支撑。除萝卜常用 Ogura CMS 外，新鉴定到 NWB CMS，并从形态学、细胞学、基因组学对 NWB CMS 败育特征、败育时期及线粒体基因组组成与结构进行研究，明确 NWB CMS 在不同保持系核背景下雄蕊败育形态有差异，有粉型败育雄蕊的花粉粒电镜扫描表现皱缩，无活性，但败育时期均从单核小孢子时期开始，线粒体测序基因组大小为 239 184bp，其不育主控基因为 orf463，并通过拟南芥转基因验证该基因功能。萝卜 NWB CMS 具有广泛的保持源，普遍缺乏恢复基因，该不育胞质杂交种表现全不育，育种者难以利用。通过广泛测交，从来自欧洲萝卜资源中鉴定到对 NWB CMS 恢复基因，并对该基因进行初步定位，定位于萝卜 R9 号染色体 7 441 323~12 279 659bp，约 4.84Mb 范围内。筛选到

3 个编码 PPR 蛋白的候选基因，并开发连锁分子标记 6 对用于分子标记辅助育种。

萝卜耐抽薹研究。以两个抽薹时间相差 120 天的萝卜材料为亲本构建近等基因系作为遗传群体材料，基于高通量测序、生物信息学和分子生物学分析手段，构建了萝卜高质量基因组，结合全基因组和转录组分析，开展了 QTL 精细定位，深入挖掘萝卜抽薹和开花相关基因功能，进一步解析调控机制。在生物信息学方面，利用 PacBio CCS 测序，构建了晚抽薹萝卜亲本材料高质量基因组，序列总长为 506.90Mb；基于对 217 个近等基因系 F2 子代和 2 个亲本材料的 GBS 技术，构建了包含 8 070 个 SNP 标记、总长度 779.99 厘米、平均遗传距离 0.10 厘米的高密度遗传连锁图谱，其中 99.68% 挂载到了染色体水平。在分子生物学方面，利用近等基因系 F2：3 家系及其亲本在多环境条件下的 5 组抽薹和开花表型数据，完成 QTL 定位，获得与抽薹和开花性状密切相关的 QTL 区间 14 个，筛选获得 3 个在不同亲本材料各发育时期显著上调或下调的候选基因，均位于第 2 号染色体上，命名为 RsHAT1、RsSOK2 和 RsMIPS3，通过荧光定量 PCR 验证相对基因表达量以及拟南芥异源初步验证与预测一致，确定 RsSOK2 的显著晚花表型，为耐抽薹萝卜育种提供了作用靶点，为下一步开展分子设计育种奠定理论基础。

萝卜糠心生理研究。通过萝卜肉质根超氧化物歧化酶（SOD）、过氧化物酶（POD）、丙二醛（MDA）、游离脯氨酸、可溶性糖、还原糖、可溶性淀粉、纤维素、维生素 C 含量测定，分析在不同品种、不同糠心状况下上述物质的变化规律。并对肉质根中心相同部位石蜡切片观察，相同糠心等级下随耐糠心性的减弱，细胞体积逐渐变大，排列更松散，细胞壁变薄；相同萝卜材料中随糠心等级增加，细胞破碎更多，溢缩程度加重，溢缩中心木质化程度提高，空洞更明显。观察到萝卜肉质根横切面不同部位的糠心并不是同步发生，而是具有一定的随机性。研究发现萝卜品种中 POD、SOD、MDA、游离脯氨酸在不同糠心等级时会发生不同程度变化，说明萝卜肉质根在生长过程中随着糠心程度加剧，生物活性酶、生物物质会发生复杂的生理变化，这也许是萝卜糠心随机发生的原因所在。萝卜发生糠心后一般不会逆转，但在生产上有时会出现糠心后随着生育进程推迟反而糠心数减少糠心程度降低的现象，这可能与 MDA、可溶性蛋白、可溶性糖、纤维素等随生育推迟而减少有关，正因为这些生理指标变化或生物活性酶的综合作用，才导致了萝卜由糠心变为不糠心。在生物信息学方面，对萝卜糠心研究极端材料进行转录组测序,初步挖掘到萝卜耐糠心基因5个(Rsa10018106、Rsa10025320、Rsa10018105、Rsa10018151和Rsa10008408),并已克隆含有全长编码区相关基因3个(Rsa10018106、Rsa10025320、Rsa10018105),为耐糠心萝卜品种选育提供分子生物学支撑。

萝卜根肿病研究。在萝卜根肿病高发区建立田间抗性鉴定圃,与室内人工接种鉴定相结合,建立高效的萝卜根肿病鉴定技术。鉴定到萝卜根肿病免疫级抗性材料5份,利用筛选到的免疫材料与高感材料建立F1、F2代群体,探明根肿病抗性由一对完全显性基因控制;利用BSA-seq技术,将萝卜根肿病抗性基因定位于R5号染色体上1 864~9 119 975bp,约9.12Mb范围内。通过开发InDel分子标记,对F2代分离群体进行基因分型,采用JoinMap4.0软件进行遗传连锁与作图分析,最终将抗性基因精细定位于R5号染色体1 046 704~1 306 128bp,大约259kb的范围内。筛选到具有TIR-NBS-LRR蛋白结构域的候选基因1个;开发InDel分子标记1对,用于抗性种质创制与筛选。目前,创制各类纯合的抗根肿病材料12份用于萝卜品种选育,育成了高抗根肿病加工专用萝卜品种"CR川冠1号"。

萝卜花青素遗传。花青素作为一种天然色素,在植物生长发育和逆境响应过程中发挥重要作用。以萝卜紫红叶突变体"MU17"及其绿叶野生型"RA9"为试验材料,经色素含量测定,突变体"MU17"紫红叶片中的花青素含量明显增加;转录组分析发现3 463个差异表达基因,涉及黄酮类、花青素等多个途径;通过转录组与代谢组联合分析,紫红叶突变体"MU17"中黄酮类化合物(如:花青素等)含量显著增加,且花青素合成及代谢途径的基因差异表达显著,推测RsMYB、RsbHLH等转录因子通过协同调控萝卜叶片花青素合成相关基因RsCHS、RsCHI、RsF3H等的表达水平,促进萝卜叶片中花青素的大量积累,进而呈现出紫红色。通过遗传群体构建与遗传分析,萝卜紫红叶色性状由一对显性基因控制。

(3)萝卜亲本繁殖与杂交制种技术研究。萝卜为异花授粉作物,花期授粉需要借助昆虫(蜜蜂)和风力才能正常结实,若人为强制自交,萝卜生活力随自交代次的增加,退化越严重,甚至不结实。传统萝卜育种技术是采用蕾期人工剥蕾的方法进行杂交或自交,杂交或自交成功率低、种子数量难于扩大。因此,要由萝卜育种材料转变成萝卜商业品种需要解决三个问题。一是如何防止萝卜材料在选育过程中不被混杂;二是萝卜自交退化严重,如何提高自交结实率,保证自交系遗传稳定性；三是育成的萝卜不育系、保持系、父本系，如何扩大种子数量。在对萝卜结实性研究基础上，结合萝卜自身特性，从"防混杂、防退化、扩繁种"三个方面，创造性地运用"网罩隔离、人工抹粉、壁蜂授粉"的萝卜授粉方法，将萝卜防杂保纯、材料纯化、提高结实率、种子扩繁有机统一起来，大大地提高了萝卜育种效率。总结形成了萝卜授粉技术与亲本繁殖技术，解决了萝卜亲本繁殖纯度不达标和数量难于扩大的技术瓶颈。

萝卜种子生产必须从原原种抓起，严格规范种子生产程序。建立萝卜"原原种—原种—生产种"三级繁种体系。"原原种"由育种者繁殖，采用成株法种植不育系和保持系，重点对肉质根进行选择，在隔离严格的纱网内繁殖，以保持萝卜种性不变。"原种"由原原种再进行一次扩繁，由育种者或企业繁殖，可采用成株法或小株法生产，做好防杂去劣，扩繁地必须达到四周2 000米内在萝卜开花时无其他萝卜开花。"生产种"是原种繁殖后收获的种子供给制种户用于杂交萝卜种子生产。父本系为常规品种，其繁殖环境与隔离要求与不育系相似，一般由育种者或生产企业进行扩繁。萝卜繁殖与杂交制种的种子质量必须达到（或超过）国家（或行业）标准。

作为异花授粉的萝卜杂交制种，选择合适的种子生产基地至关重要。萝卜制种地以长日照、强光照、隔离好，干燥少雨的地区为好，西北地区河西走廊一带（如武威、张掖、酒泉、嘉峪关）适宜萝卜种子生产。一般来说，圆白萝卜采用小株法生产杂交种子，播收期一般在150天左右，萝卜播收期安排须考虑萝卜品种类型、春化特性、当地气候条件等。四川选育的圆白萝卜品种冬性较弱，在西北地区制种容易通过低温春化，因此播种时间要比长白萝卜要迟些。若萝卜播种过早，很快通过春化，导致个体生长量不足，单株角果数偏少，制种产量较低，而且萝卜容易受冻害。长白萝卜制种技术要求更高，由于长白萝卜耐抽薹性较强，播收期要比圆白萝卜长些，一般采用育苗移栽的方法进行杂交种子生产，先在温室大棚内育苗，苗期60~80天，待气温回升后再移栽到大田，萝卜幼苗成活后引苗出膜，其他田间管理与圆白萝卜制种相似。

萝卜杂交种子生产还面临许多问题。如萝卜异交结实率低，单株角果数角粒数少，播种期、播种量、施肥量等技术措施还需要优化，受上述因素综合影响，导致萝卜制种产量偏低而且不稳定。目前，萝卜制种技术不够成熟是萝卜种子产业化较大障碍，必须加强研究。

3. 四川萝卜科技成果

（1）获奖成果。

冉茂林、李晓梅、刘独臣等，"萝卜雄性不育系创制、新品种选育与应用"，2015年四川省科技进步奖二等奖。

冉茂林、雍晓平、陈琳等，"加工萝卜'蜀萝9号'的选育与应用"，2013年德阳市科技进步奖一等奖。

冉茂林、郑强、雍晓平等，"耐热萝卜品种选育及高产栽培技术研究"，2012年德阳市科技进步奖三等奖。

（2）授权专利。

冉茂林、雍晓平、陈琳，一种萝卜育种材料的授粉方法，发明专利，ZL201310246907.1。

冉茂林、陈琳、雍晓平等，一种萝卜育种材料的快繁方法，发明专利，ZL201310246929.8。

李晓梅、杨峰、冉茂林等，一种Ogura厘米S萝卜保持系快速选育与创制方法，发明专利，ZL201810936742.3。

李晓梅、冉茂林、杨峰等，一种黑萝卜种质资源育种利用方法，发明专利，ZL202011409578.4。

冉茂林、刘独臣、雍晓平等，植物授粉隔离网罩，实用新型专利，ZL201320355855.7。

（3）地方标准。

房超、刘独臣、冉茂林等，加工专用萝卜生产技术规程（DB51/T 1388—2011），由四川省质量技术监督局2011年12月28日发布，从2012年3月1日起实施。

刘娟、冉茂林、胡祥钰等，萝卜生产技术规程（DB51/T 2729—2020），由四川省质量技术监督局2020年12月17日发布，从2021年1月1日起实施。

4. 萝卜代表性品种介绍

（1）蜀萝11号。秋冬萝卜品种，生长期80天，中熟。株型开展，叶色淡绿色，叶片倒卵形，叶缘波浪形，叶量较少，根圆球形，开展度56.2厘米，株高

33.6厘米，根粗12.0厘米左右，根长11.0厘米左右，单根重960克左右，根冠比3.7左右，耐糠心，商品率高，适应性较强，肉质洁白、脆嫩，粗纤维和可溶性糖含量较高，熟食入口化渣、回味微甜，供应鲜销市场。鲜样干物质5.7%，可溶性糖3.24克/100克，粗纤维0.5%，维生素C12.9毫克/100克。田间表现较抗病毒病、霜霉病、软腐病、黑腐病，中感根肿病。平均产量78.8吨/公顷，比蜀萝9号（对照）增产17.0%。

"蜀萝11号"是一个以鲜食为主的萝卜新品种，在"产量、根色、根形、耐糠心、一致性、商品率、抗病性"等方面明显优于"春不老"萝卜，自2018年投放市场以来，因品相好、品质优、商品率高、适应广、遗传稳定得到种植户与消费者认可。2018—2022年5年间4次测产，平均产量84.24吨/公顷，比春不老（对照）增产46.35%，已成为四川地区鲜食萝卜主推品种。

（2）CR川冠1号。秋冬萝卜品种，生长期80天，中熟种，比"春不老"早熟11天；株型半直立，叶色淡绿色，板叶无裂刻，叶形长倒卵圆，叶缘波状，叶数15~16片，叶量中等，肉质根高圆台形；品比试验平均株高45.0厘米、株幅42.0厘米、根横径8.8厘米、根长16.5厘米、单根重720克、根冠比2.9。鲜样水分95.0克/100克，总糖0.28克/100克，抗坏血酸18.6毫克/100克，粗纤维0.4%；腌制品干物质12克/100克，还原糖0.072克/100克，亚硝酸盐2.3毫克/千克，可溶性固形物5.14%，原果胶0.2231%，脆度434.3克。平均产量78.57吨/公顷，比对照"春不老"增产92.5%。其中在"非根肿病重度区"平均产量79.17吨/公顷，比对照增产62.3；在"根肿病重度区"平均产量79.76吨/公顷，比对照增产122.7%。

"CR川冠1号"具有产量高、抗病性强、商品率高、适应广的特点，是一个以加工为主的萝卜新品种。2022—2023年吉香居食品股份有限公司对该品种进行了两次加工试验，对萝卜品种鲜菜、发酵菜的理化指标及加工小样感官评价盲评打分，在参评的9个产品中"CR川冠1号"排名分别为第二、第三。2022年"CR川冠1号"在根肿病重度发生区示范种植1.33公顷，现场测产平均产量100.48吨/公顷，比"春不老"（CK）增产140.9%；现场调查"CR川冠1号"根肿病病株率为0%，"春不老"（CK）根肿病病株率为76.8%。四川省农业科学院植物保护研究所采用室内接种鉴定与田间调查鉴定相结合的方法，参照"萝卜根肿病抗性种质资源鉴定技术规程（BD42/T 1687—2021），对"CR川冠1号"根肿病抗性进行鉴定："CR川冠1号"

田间表现高抗根肿病（表5）。以"CR川冠1号"为代表的抗根肿病萝卜品种解决了萝卜加工原料难于生产的问题，实现了萝卜抗根肿病品种零的突破。

表5 萝卜新组合/品种 C72179A/C70478（CR川冠1号）根肿病抗性鉴定报告

品种	田块一			田块二			室内		
	发病株率%	病性指数	抗病等级	发病株率%	病性指数	抗病等级	发病株率%	病性指数	抗病等级
C72179A/C70478（CR川冠1号）	0	0	高抗	0	0	高抗	2.00	1.35	高抗
春不老（CK）	95.00	85.25	高感	90.00	83.75	高感	100.00	94.25	高感

（3）特色萝卜品种。

嫣红1号：皮肉红色、色素含量高，用于泡制与提取色素。平均产量40.72吨/公顷，比"胭脂1号"（对照）增产16.09%。

彩萝1号：成熟叶片正面呈紫红色、背面呈绿色，叶脉随叶片色，叶正面光泽无刺毛，叶背面少量刺毛，叶片可食用、可观赏。

白玉早1号：早熟（60天可上市），肉质根光滑亮白、根形好，鲜销。平均产量63.39吨/公顷，比"蜀萝9号"（对照）增产5.07%。

翠秀1号：皮肉深绿色、甜脆，水分足，商品率高，生食。平均产量60.39吨/公顷，比"天津沙窝"（对照）增产12.55%。

三、四川萝卜种植区域与萝卜栽培特点

四川萝卜种植方式有两种，一是以农户自留种分散种植，萝卜品种以常规品种为主，萝卜产品除满足自身需要外，剩余的市场出售或用作饲料；二是以效益为目的的萝卜规模种植，萝卜品种以长白萝卜、圆白萝卜为主，萝卜产品用于鲜销与深加工。有的地方引导当地特色萝卜产业发展，如绵阳江油市方水镇红萝卜种植面积达50公顷以上，形成"一镇一品"特色产业。

按照四川地理环境、萝卜种植规模、种植习惯等，将四川萝卜种植区域分为四类：平坝河滩地、水旱轮作地、高原半高山地、农户自留地。前三个区域是萝卜主要生产基地，萝卜种植面积占全省萝卜播种面积80%以上。各区域因地理位置不同，萝卜品种、种植制度、经营方式等有较大差异。

(一) 平坝河滩地及萝卜栽培特点

1. 区域分布

主要分布在嘉陵江、涪江、沱江、岷江、凯江、长江等地沿江两岸的冲积土。具体地点包括遂宁市射洪市、大英县、蓬溪县；成都市简阳市；德阳市中江县；乐山市青神县、洪雅县；资阳市威远县；南充市嘉陵区、蓬安县；泸州市江阳区、合江县；绵阳市三台县、江油市等地。这是萝卜规模生产的主要阵地，每一个区县至少有一个及以上的规模化种植基地，每个基地种植面积为10~20公顷，有的甚至达500公顷以上。

2. 萝卜栽培特点

此区域萝卜品种类型多，品种也多，各种类型的萝卜均可种植，但以长白萝卜品种为主。一年两熟，或一年三熟。萝卜规模种植以专业户经营为主，种植技术成熟度高，种植经验丰富，机械化程度高，生产投入较大，种植效益好。

平坝河滩地萝卜种植模式为"甜糯玉米（青贮玉米、南瓜、大豆）—萝卜—萝卜"，第一季甜糯玉米2月中旬移栽，6月上旬收获，第一季其他作物7月底前可收获。第二季为秋冬萝卜，9月上旬至下旬播种，11月下旬至12月上旬上市。第三季为春萝卜，12月中旬及以后播种，第二年4月中旬及以后上市。一年两熟制的不种春萝卜。实际上，此区域8月下旬到第二年2月立春前萝卜均可播种，秋冬萝卜与春萝卜并没有明确的时间界线划分，种植户通过分期播种调节萝卜市场供应，规避萝卜集中上市风险。不同季节萝卜种植技术要求有所不同。秋冬季萝卜技术要求较简单，工作重点是选择适宜品种、择机播种，注意防治地下害虫和苗期害虫，一般能种出好的萝卜产品。春萝卜容易在第二年收获时抽薹开花，老百姓俗称"开花萝卜"，播种越迟，抽薹开花风险越大，加之早春气温回升快，病虫发生加重，控薹防糠心防病虫是春萝卜种植的关键。

(二) 水旱轮作地的萝卜栽培特点

1. 区域分布

主要分布在川西平原的水稻田（砂壤土）、丘陵区排水方便的二磅田。其中以成都市郫都区、彭州市；眉山市东坡区、彭山区；德阳市广汉市、什邡市；绵阳市江油市、游仙区等。此区域有许多蔬菜加工企业，企业以订单的形式与种植户签订保底合同收购萝卜原料，采用"公司+专合社"的模式生产。虽然双方签订了收购合同，但企业与专业合作社合作并不紧密。一方面加工企业对原料品种不够重视，不愿承担提供原料品种的种子风险，认为只要是圆白萝卜、价格低廉即可，忽略了萝卜加工专用性及萝卜加工产品一致性。另一方面专业合作社生产的萝卜，若市场行情好时，萝卜产品大量流向鲜销市场，造成企业无法收到需要的原料，而市场行情不好时，全部萝卜产品又集中到企业，造成原料积压。

2. 萝卜栽培特点

萝卜种植制度为稻菜轮作（或称水旱轮作），种植模式为"水稻—萝卜"。稻菜轮作下的萝卜种植方式有两种，一是免耕栽培，水稻收割后不翻耕，按照水稻栽插规格在稻桩旁点播萝卜，利用稻桩水分供给种子发芽出苗。二是翻耕栽培，水稻收割后翻耕耙平，施入适量的底肥，人工点播或撒播，播种后用细泥土或稻草盖种，让种子与土壤充分接触。具体栽培方式视稻田土壤湿度、天气状况等而定。水旱轮作地要统筹协调水稻、萝卜的生育期。往往因水稻生育期过长，加之萝卜播种雨水较多，造成"水稻无法收、萝卜无法播"的被动局面。前作水稻宜选择生育期中早熟的品种，水稻灌浆后期及时排干田水，机收时尽量减少对稻田的碾压，机收稻桩以 15 厘米以内为宜，水稻收割后及时做好四周排水沟和厢沟，播种前 10~15 天稻田喷施速灭型除草剂如"草胺磷"清除田间杂草。萝卜选择圆白萝卜和罐状萝卜等只有主根入土的萝卜品种，此模式适用于加工萝卜原料生产。川西平原地区利用水稻制种田水稻种子收割后到小麦播种之间的空闲时间免耕增种一季萝卜，种植模式为"水稻—萝卜—小麦"。技术要点是：排好水、选好种、除好草、择机播、控密度、适时收，萝卜其他种植技术与"水稻—萝卜"模式相同。

（三）高原半高山地及萝卜栽培特点

近几年，利用高原半高山地发展高山萝卜成为反季节萝卜供应的主要来源之一。最有特色的高原萝卜基地是理塘县濯桑乡高原萝卜种植基地，当地以此打造"极地蔬菜"（萝卜）有机蔬菜品牌，成为"港澳蔬菜"供应基地，萝卜产品直通香港、澳门。四川省农业科学院水稻高粱研究所从 2015 年开始对理塘县高原萝卜产业提供技术服务，2021 年理塘县人民政府与四川省农业科学院联合成立了"四川省农业科学院高原萝卜研究中心"，开展高原萝卜品种引进、技术集成、产后加工等研究，为高原萝卜产业发展提供技术支撑。2020 年以萝卜为主的理塘县蔬菜现代农业园区获得"四川省五星级现代农业园区",这是全省第一个蔬菜类(萝卜)省级五星级现代农业园区。2022年12月"理塘萝卜"成功入选全国"名特优新"农产品名录,并核发全国名特优新农产品证书,理塘县名特优新农产品实现零的突破。2023年8月由四川省农业科学院水稻高粱研究所等单位作为技术支撑的"理塘县濯桑乡高原萝卜种植基地"成功创建为国家现代农业全产业链标准化示范基地,也是四川省第一个以萝卜为主体创建的国家级示范基地。

1. 区域分布

高原地分布在海拔2 000米及以上的地区,如甘孜州理塘县濯桑乡萝卜基地等。土壤类型为草甸土,有机质含量高,土壤较肥沃。主要由大型公司或专业合作社经营,种植规模100公顷以上。

半高山地分布在四川盆周地区,海拔1 000~2 000米,土壤为砂壤土,地块较小、坡度较大,如峨眉山龙池镇萝卜基地、广元市曾家山萝卜基地、西昌市安哈镇萝卜基地等,这些地方是四川省高山萝卜发展较好的地方,种植基地一般由个体户或合作社经营,种植规模5~30公顷。

2. 萝卜栽培特点

高原地区一般一年一熟,萝卜品种以韩国耐抽薹、耐湿、耐寒"白玉春"类型的长白萝卜品种为主,萝卜从5月中旬开始至7月底陆续播种,8月中旬开始对外销售。除萝卜采收外,萝卜种植过程中的其他田间操作全部实现机械化。

半高山地一年一熟或一年两熟,长白萝卜、圆白萝卜、红萝卜均可种植。随着长白萝卜规模化种植面积不断扩大,种植户开始对萝卜品种进行调整,第二季引入圆白萝卜或红萝卜。需要注意的是圆白萝卜种植地最高海拔须在2 200米以下,此海拔最早7月25日之后播种,否则萝卜有抽薹、糠心的风险。萝卜整地施肥以小型农机为主,播种方式有"点播覆膜引苗"或"覆膜打孔点播",每一道工序独立完成,种植成本较高。

(四)农户自留地及萝卜栽培特点

1. 区域分布

全省各地均有种植。包括蔬菜地、玉米地、大豆地以及农户房前屋后边角地、农户自留地等。种植地较分散,种植规模较小,对种植田块要求不高,土壤质量参差不齐。以农户自主栽培为主,萝卜种植具有随意性。

2. 萝卜栽培特点

萝卜品种较零乱，多数是自留种，或从市场购买，对萝卜商品性要求不高，萝卜产品供自己消费、或饲用、或市场出售。目前，部分浅丘陵地区利用山坡地、撂荒地，或果树、苗木、花卉的林下地套种（或净作）饲用萝卜，为家畜提供青饲料。萝卜品种仍以"春不老"萝卜为主，缺乏专用品种，多数种植较粗放，采用撒播方式，播种密度较大，以获取最大生物产量。川西平原的稻作区在当年水稻收割后预留部分田块作为第二年水稻育秧田，当年利用育秧田免耕或翻耕撒播萝卜，仍以萝卜饲用为主。

四、四川萝卜高效栽培技术

（一）萝卜高效栽培技术

萝卜生长期长短与种植地点、栽培季节、温度关系密切，萝卜类型不同、品种不同生长期相差较大。一般来说，红萝卜 40~60 天、长白萝卜 60~70 天，圆白萝卜 60~80 天。萝卜生长有以下特点：一是萝卜从播种到肉质根开始膨大，需要 30 天左右，这期间以长叶为主，并在播种后 25 天左右破肚。二是播种后 30~60 天，根叶同步生长，但以肉质根生长为主，三是播种后 60~80 天叶片生长趋于平缓，叶缘开始变黄，肉质根生长达最大值，即为最佳采收期。生长期超过 80 天的品种，如水果萝卜、青头萝卜的肉质根还在继续生长，但生长速度变缓，叶片生长量开始下降。

下面以秋冬萝卜为例，介绍萝卜栽培技术。

1. 土壤选择

土壤质量好坏决定着能否种出高质量的萝卜产品，选择适宜的地块是种好萝卜的关键。通常选择土层深厚疏松、排水良好、肥力较好的无瓦块石头的砂壤土为宜，土壤酸碱度以中性或微碱性为好。最适宜的地块有河滩冲积土、菜园地、水旱轮作地、玉米地等。尽量避免同科、同属、同种蔬菜作物连作，避免前茬作物施用过多生长调节剂或除草剂的地块。

2. 整地与土壤消毒

前茬作物收获后要及时清理田园，或粉碎农作物秸秆。特别是需要种植春萝卜的地块，必须把秋冬萝卜收获后的残叶残品、病株烂根，地膜等废弃物运离田间并进行无公害化处理，以减少病害寄主载体与虫口基数。播种前进行翻耕，让土壤充分暴晒。然后进行土壤消毒，萝卜地下害虫有根蛆、蝼蛄、地老虎、根结线虫、黄曲跳甲等，地下害虫防治是提高萝卜商品性的重要措施之一，可单施或复配混施噻虫·氟氯氰、辛硫磷、阿维菌素等杀虫剂，与底肥同时施用，也可将防治药剂与肥料混合做成"药肥"施用。最后旋耕耙平，开厢起垄，做好围沟与厢沟，以利排水。

3. 施肥

不同萝卜品种施肥方法有差异。一般长白萝卜采用底肥一道清，每公顷施N-P-K复合肥1 200~1 500千克，底肥在播种时一并施入，底肥可撒施、也可条施。圆白萝卜采用"基肥+追肥"的施肥方式，基肥每公顷施N-P-K复合肥450~750千克，生物菌肥3 000~4 500千克，播种前施入。萝卜定苗后，每公顷追施尿素75~150千克，生长后期切勿再施入氮肥，以免产生裂口和叉根。其他萝卜肥料施用参照圆白萝卜，只要在施足底肥的情况下，以后看苗追肥。

萝卜应注重有机肥、钾肥、硼肥的施用，以提高萝卜产品品质，无论何种萝卜每公顷可施用腐熟有机肥15~30吨、硼肥15千克。对长期种植萝卜的基地更应注重土壤调理剂、黄腐酸钾等生物制剂的施用，以补充土壤营养，改良土壤，提高萝卜抗旱抗寒抗病能力。

4. 适时播种

萝卜播种是萝卜生产中最重要的一个环节，播种质量好坏决定着萝卜出苗是否整齐、产量高低。萝卜播种正值多雨季节，易发生暴雨、洪涝等极端天气，给萝卜播种增加一定难度，但也有因水分不足影响萝卜出苗的，因此萝卜播种应"择机而播"。萝卜采用直播方式，宜浅播，播种后用细土盖种。根据萝卜生长期对温度的要求确定最佳播种期，秋冬萝卜最适播期为8月下旬至9月下旬，其他季节的萝卜播种时间视品种、天气而定。萝卜机播每穴1粒，每公顷用种1.2~1.5千克，萝卜点播每穴2~4粒，每公顷用种2.25~3.0千克。萝卜种子经过包衣处理或阳光暴晒可以增加种子发芽率和出苗率。

利用机械起垄、覆膜、播种有多种组合方式，按照操作顺序不同可分为以下三种。覆膜机播引苗：起垄覆膜播种盖种同步，萝卜出苗后放苗。覆膜打孔点播：起垄覆膜打孔同步，人工点播盖种。点播覆膜引苗：起垄打孔点播盖种同步，萝卜出苗后覆膜放苗，此方法生产上应用最普遍。人工点播可保证每穴有种子，但种植成本较高；机器播种速度快，种植成本低，但有漏播、重播。种植规模较小的基地或土壤较湿的地块以及普通种植户的萝卜种植方式以开厢点播为主，厢面宽2~5米，采用人工撬窝点播。生产上为了增加萝卜的色泽、亮度，减少萝卜露肩变色，长白萝卜无论什么季节均采用覆膜栽培，其他萝卜可不用覆膜。需要注意的是，秋冬萝卜点播覆膜种植容易在萝卜发芽出苗时遭遇短时高温，导致膜内温度忽然升高烫伤烫死萝卜芽（苗），应注意天气变化，合理安排播期，避免此种现象发生。

5. 品种选择

长白萝卜选用韩国的耐抽薹、耐寒、抗病性强的品种，如迎冬、博丰、迎春。目前，市面上此种类型的萝卜品种很多，"一品多名"现象十分普遍，品种同质化严重。圆白萝卜选用改良或新培育的萝卜新品种，如"蜀萝11号""白玉早1号""小黄叶"。加工萝卜以专用萝卜品种为好，如"CR川冠1号""蜀萝9号""春不老"。红萝卜以"新选满身红""红罐萝卜"为宜。

6. 种植密度

长白萝卜采用垄作，有两种起垄方式。双行起垄：垄面宽60厘米，垄沟宽20厘米，每垄2行；单行起垄：垄面20厘米、垄沟20厘米，每垄一行。萝卜株距14~15厘米，每公顷种植15.0万株左右。其他萝卜采用垄作或厢作，垄作行距40厘米，株距27~28厘米；厢作行距35~40厘米，株距25~28厘米，每公顷种植10.0万株左右。萝卜播种密度可根据品种类型、种植季节、土壤质量等适当调整。

7. 田间管理

（1）田间除草。萝卜播种后当天或第二天用除草剂如"异丙甲草胺"兑水喷雾进行芽前除草，使用浓度800~1 200倍液。萝卜芽前除草时间要掌握准确，方法要使用得当，否则易造成药害或达不到除草效果。喷药时间在种子萌芽出土前、土壤表面湿度较大时施用效果最好，若种子已出苗施用易引起伤芽伤根，若在雨后施药则稀释药物浓度降低药效，若土壤太干旱，喷药后表土无法形成有效隔离膜，达不到除草的效果。地膜覆盖栽培的萝卜一般对穴内除草即可，其他种植方式的萝卜苗期松土除草同时进行，也可施用选择性除草剂防治苗期田间杂草

(表6)。

(2) 间苗定苗。实行机播的萝卜一般不需要间苗,人工点播的萝卜要间苗1~2次,间苗时将受病虫为害、长势弱小的幼苗拔掉。间苗时间在萝卜2~3叶进行第一次,过一周后进行定苗。红萝卜每穴留苗1~2株,其他萝卜每穴留苗1株。因播种造成的缺穴,一般不补种、不补苗。

(3) 水分管理。萝卜是一种不耐旱也不耐涝的作物,如果肉质根缺水会变硬且辣味加重,水分过多,又容易发生腐烂。播种时,注意天气变化,防止暴雨板结土壤影响萝卜出苗,可用稻草或遮阳网覆盖,萝卜出苗后及时移开覆盖物。黏性较强的土壤切勿在暴雨后田间温度较大时播种,萝卜容易出现僵苗或发生猝倒病死苗。萝卜播种完成后,要保持边沟、厢沟通顺。萝卜幼苗较小根系较浅,需水量较少不需要浇水;定苗后进入叶片快速生长期,需要水分较多,视旱性适当浇水;萝卜进入肉质根膨大期后,需水量较大,应保证水分供应,适当时可浇透水或用水漫灌。

(4) 病虫防治。萝卜病虫防治总方针是:以物理防治为主,化学防治为辅。选用抗病品种、合理安排播期;避免与十字花科作物连作;安装杀虫灯,性诱剂、黄(蓝)板等是萝卜病虫防治最有效的方法。萝卜虫害主要有黄曲跳甲、蚜虫、菜青虫等。可用性诱剂、黄板或者黑光灯诱杀等物理方法防治,或者用吡虫啉、除虫菊酯类、杀虫脒类等低毒化学农药防治。萝卜虫害主要发生在幼苗期,一般防治1~2次即可。萝卜病害主要有根肿病、软腐病、黑腐病、灰霉病、菌核病、霜霉病、病毒病等。萝卜根肿病最有效防治方法就是选用抗根肿病品种,也可在翻耕前每公顷施生石灰1 500千克,调节土壤酸碱度抑制或降低根肿病发生,或发病初期用氰霜唑浇根,均可收到一定效果。萝卜其他病害防治见表6。

表6 萝卜常见病虫害与防治方法

药剂类型	农药名称	防治对象	用量	使用方法及使用注意事项
土壤消毒剂	辛硫·甲拌磷(5%) 噻虫·氯氟氰(2%) 联苯·噻虫胺(1%)	跳甲、蛴螬、地老虎、地蛆、蝼蛄等	每公顷15~22.5千克	全田撒施,最好和底肥一起均匀撒施土表,然后翻耕入土,起到熏蒸作用

（续表）

药剂类型	农药名称	防治对象	用量	使用方法及使用注意事项
杀虫剂	哒螨灵（15%）+噻虫胺（30%）	跳甲、蝽象、蝇类等		刚出苗（子叶期）喷施，早期高温干旱虫害严重，分别在子叶期和1叶期各喷施一次。9月下旬播种的可以不施药
	呋虫·哒螨灵（3%）			
	虱螨脲（50克/升）+甲氨基阿维菌素苯甲（5%）	钻心虫、青虫、小菜蛾类	800~1 000倍液	苗期喷施，虫害率15%内可选第一种单用，虫害率15%以上，再添加一种药复配使用
	吡虫啉（10%）+高效氯氟氰菊酯（5%）	蚜虫、青虫类		
	虫螨·茚虫威（15%）+甲维盐	小菜蛾、青虫、吊丝虫类		
	啶虫脒（5%）+高效氯氟氰菊酯（5%）或阿维菌素（2%）	蝽象（半翅目）、青虫类		
	四聚乙醛（80%）	蛞蝓、蜗牛类	每公顷15~22.5千克	湿度大易发生，全生育期均可防治，晴天清晨或傍晚用药
	甲维盐+啶虫脒(5%)	蓟马类		苗期叶面喷施，虫害率15%内可选第一种单用，虫害率严重时，选一加二复配用效果更好，药效期更长
	灭蝇胺+阿维菌素（2%）	斑潜蝇类		
	噻嗪酮+吡虫啉(10%)	介壳虫类		
	辛硫·矿物油（40%）	根蛆类	800~1 000倍液	根部用药，喷洒或灌根
杀菌剂	噁霉灵（绿亨一号）（98%）	根腐病、黑腐病		发病株率10%内单独使用，超过10%选用与乙蒜素（80%）复配用效果更好
	甲霜·噁霉灵（30%）			
	腐霉利（速克灵）（50%）	菌核病		全田喷雾，初花期和盛花各喷一次
	烯酰·霜脲氰（70%）	霜霉病	每公顷用600~750克	粉剂，注意二次稀释，稀释充分，搅匀
	氨基寡糖素（5%）或氯溴异氰尿酸	病毒病	800~1 000倍液	对发病重的田块喷雾2~3次，间隔期5~7天
	中生菌素（3%）或噻菌铜或噻唑锌	细菌性病害	500~800倍液	
	多菌灵（50%）或多福·硫黄	土壤消毒		土壤杀菌，用于育苗、盆栽等
	乙蒜素（80%）	真菌、细菌类广普病害	800~1 000倍液	复配效果更好
	甲基硫菌灵（70%）或代森锰锌（80%）	真菌类广普病害		发病株率10%内单独使用，超过10%选用与乙蒜素（80%）复配用效果更好
	(科佳)氰霜唑(10%)	腐霉枯萎病类		

(续表)

药剂类型	农药名称	防治对象	用量	使用方法及使用注意事项
除草剂	异丙甲草胺（72%）	芽前除草专用	800~1 200 倍液	安全性好，适合机播，不盖种直接芽前除草
	异丙甲草胺+敌草快	芽前除草		适合空闲地，有少量杂草发生，保证种子盖土后芽前除草
	噁草松·乙草胺	芽前除草		适合旱地多种杂草。保证种子盖土后芽前除草
	二甲戊灵又名施田补	芽前除草		适合旱地阔叶杂草为主的田块。保证种子盖土后芽前除草
	乙草胺又名禾耐斯	芽前除草		适合旱地禾本科杂草为主的田块，不盖种直接芽前除草
	高效氟吡甲禾灵（盖草能）	萝卜苗期除草		适合萝卜出苗后，田间杂草为禾本科为主的田块

8. 及时采收

萝卜采收一般以肉质根充分彭大、达最佳商品性时采收，过期采收肉质根易糠心、根皮颜色变淡，商品性变差。长白萝卜采用一次性采收，清洗分级装袋，放入冷库（0~5℃）预冷贮藏，库内相对湿度保持95%左右，预冷处理8~10小时后可装车出库对外销售。圆白萝卜和红萝卜根据市场行情，只要达到上市要求随时可采收，一般采大留小，分批采收。其中，圆白萝卜应避免清晨露水时采收，待露水干后采收以增加根表皮韧性，防止炸裂。加工萝卜干物质达最大，个体重符合加工要求时采收，采后及时预处理，保持品种固有特性。

另外，在萝卜装运清洗过程中，尽量减少萝卜挤压。清洗池大小要适当、水分要充足、毛刷要柔软，人工分拣、产品包装、搬运装车等环节不要用力过猛，以降低萝卜破损率。

（二）萝卜生产应注意的几个问题

1. 萝卜先期抽薹原因与防治

（1）萝卜先期抽薹原因。萝卜在未成熟前抽薹开花，肉质根不膨大或停止生长的现象叫先期抽薹。不同品种耐抽薹性有较大差异，对低温感应强度与低温处理时间是不一样的，生产上应避免萝卜先期抽薹。平坝区春萝卜在春季往往会遇到"倒春寒"，气温忽然下降，加之光照增强，春萝卜出现先期抽薹风险较大。高原地区由于气候变化快，气温波动大，随时可能有极端恶劣天气发生，而且年度气温稳定性差，萝卜抽薹开花风险更大。2021年理塘县濯桑乡高原萝卜基地出现了大面积萝卜抽薹开花。播种较早的萝卜全部抽薹，部分植株已开花，而迟播的同品种未现蕾，对2018—2021年每年5—7月同期日平均温度分析，当年日均温低于10℃以下的天数比常年同期要多12天，而低温天数集中在5月下旬，当年萝卜从5月10日开始播种，正好遇到低温影响，因此早播种的萝卜出现大面积抽薹。萝卜出现先期抽薹是品种、气温或两者共同作的结果，主要原因有三：一是品种选择不当，萝卜耐抽薹性、耐寒性不强；二是生长过程中遇到较长时间低温，或温度忽高忽低（低温效应可累加）；三是播种期不当，特别是苗期低温更容易出现先期抽薹。平坝区春萝卜和高原半高山萝卜，每年都发生因萝卜抽薹开花引起不少的纠纷。

（2）萝卜先期抽薹防治措施。

①根据品种特性、地理环境，选择适宜品种。无论是平坝区春萝卜还是高原半高山区萝卜都必须选择耐抽薹性强、耐寒性强的萝卜品种。特别是高原地区的萝卜品种必须经过2~3年试种后，耐抽薹与耐寒性稳定的品种才能使用。②合理安排播种期。萝卜播种一般气温稳定在12℃以上时才能播种。高原地区萝卜从5月10日至8月20日期间可陆续播种，早期播种的还应采取地膜覆盖栽培，以增加地温。平坝区以萝卜上市时间倒推萝卜播种期，尽量避免早春的"倒春寒"天气。③施用生长抑制剂。用"多效唑"进行"点心"处理，抑制萝卜花芽分化和新叶生长。一般剥开萝卜叶片隐约可见花蕾，或用手指触摸生长点感觉有凸起物时就用棉球蘸多效唑溶液直接涂抹。若多效唑施用过量，容易抑制萝卜肉质根生长，此时用赤霉素（九二〇）喷雾植株，可解除多效唑的抑制作用。

2. 萝卜裂口原因与防治

萝卜裂口是一种生理性病害，早期裂口易形成叉根或干疤硬块，后期田间湿度较大时软腐病、菌核病病菌容易从裂口处浸入，造成肉质根腐烂。

（1）萝卜裂口原因。

①土壤质量差。地块有石头、瓦砾等坚硬杂物，导致萝卜肉质根擦伤，一般从根基部或侧面开始裂口，裂口后表皮木质化。②氮肥施用过多。特别是肉质根膨大期生长过旺，表皮生长与肉质根膨大不协调引起萝卜裂口。③水分供应失调。长时间干旱突然下雨，造成肉质根对水分吸收不均匀造成炸裂或裂口。④农事操作不

当，间苗、除草、施药等田间操作误伤肉质根表皮。⑤地下害虫咬伤根表皮，病菌侵染伤口引起裂口。

（2）萝卜裂口防治措施。总体要求是"选好地、管好水、控好氮、规范农事操作"。在选好地、管好水的基础上，应采取以下措施：①选择耐裂萝卜品种，以便运输。②减少氮肥施用量。对表皮较薄的品种（如圆白萝卜）在养分总量控制下，肉质根彭大期切勿再施用速效肥（尿素）。③规范农事操作，减少萝卜机械损伤。④坚持土壤消毒处理、加强病虫综合防治。

3. 春萝卜病虫防治与生长调控使用

平坝区春萝卜除了防止先期抽薹外，还有两个风险需要加以预防，一是防治病虫，二是使用生长调节剂。因此春萝卜种植技术要求更高，市场风险更大，一定要控制种植规模，落实好种植技术，才能降低市场风险。

（1）春萝卜病虫害防治。春萝卜播种时间较晚，一般在当年12月至第二年立春前播种，随着早春气温回升，萝卜病虫害逐渐加重。黄曲跳甲和萝卜灰霉病是春萝卜较难防的病虫害，两者直接危害萝卜肉质根，影响萝卜商品性。

黄曲跳甲防治：跳甲属鞘翅目叶甲科害虫，春季、秋季为为害季节，其中春季重于秋季。跳甲生长适温21～30℃，低于20℃或高于30℃，成虫活动明显减少。黄曲条跳甲有四种虫态，分别是成虫、卵、幼虫、蛹，其中以幼虫和成虫对萝卜造成危害。一是跳甲幼虫。虫体较小，在土壤中越冬，肉眼很难发现，是早春萝卜主要虫害，常将根表皮蛀成许多弯曲的虫道；或蛟断须根，使叶片由外向内发黄萎蔫；或吸食萝卜肉质根表皮后留下许多虫斑，最后变黑腐烂，俗称萝卜"麻子病"，严重影响萝卜商品性，主要采用"毒土"的方法进行土壤消毒处理。二是跳甲成虫。甲壳类昆虫，肉眼可见，喜温怕光，易受惊吓，主要危害萝卜子叶，为害时期在萝卜出苗后5～10天，温度越高发生越重，若播种期温度下降到25℃以下，一般不会发生。跳甲防治应采取农业防治、物理防治、化学防治相结合的综合防治方法。选择抗虫品种、合理轮作套种，清园晒土；利用成虫具有趋光性及对黑光灯敏感的特性，使用黑光灯诱杀，田间安插诱虫黄板，可减少虫口密度。跳甲成虫白天隐藏在植株叶背面或植株根部土壤中，早晚出来活动，应在早晨或傍晚采用围堵的方法进行防治，使用农药有呀甲达、氯氟氰菊酯、哒螨灵等。

萝卜灰霉病防治：灰霉病是由灰葡萄孢菌侵染所致，属真菌病害，以菌核在土壤或病残体上越冬越夏，属低温高湿型病害，可随空气、水流以及农事作业传播，是一种典型的气传病害，难以采取有效措施切断传播源。萝卜叶、茎、根均可发病，危害最重的萝卜肉质根，感病初期呈水渍状、浅褐色，之后病部表面密生灰色霉状物，表皮发黑变色逐渐烂腐，或干枯形成黑色斑点。萝卜灰霉病发生与土壤湿度过大、机械损伤、虫口咬伤有关，防治措施：选用抗病品种、除低田间湿度、轮作换茬、辅以药剂防治。

（2）春萝卜生长调节剂使用。播种较迟的春萝卜，容易出现抽薹开花，在萝卜生长后期需使用生长调节剂控制萝卜生长发育。一旦发现萝卜有抽薹迹象，可用"多效唑"涂抹生长点来抑制花芽分化，防止抽薹。多效唑使用浓度、时间、次数等应根据萝卜抽薹情况而定。

（三）四川萝卜农事操作简表

根据四川不同生态区萝卜种植情况，列举出全年不同时期萝卜生产管理目标与农事操作要点（表7），供萝卜大面积生产参考。

表7 四川萝卜农事操作简表

月份	生育动态	管理目标	主要农事操作
1	春萝卜播种期	及时播种，保证出苗	①选择耐抽薹萝卜品种，及时播种。②整地，施肥，增施有机肥。③起垄或开厢、覆膜机播。④水分管理，保证萝卜出苗
2	春萝卜苗期	定苗全苗，苗期虫害防治	①萝卜间苗匀苗。②萝卜病虫防治。③加强水分管理，促进全苗。④施用追肥，促肉质根生长
3	春萝卜肉质根膨大期	加强水分管理，预防萝卜先期抽薹	①萝卜补充肥料。②萝卜病虫防治。③加强水分管理，促进肉质根生长。④预防萝卜抽薹，施用生长调节剂控苗
4	春萝卜收获期	萝卜采收与出售	①一次采收，防止萝卜抽薹、糠心。②做好前后作物茬口衔接。③萝卜采后残品无害化处理
5	高山萝卜播种期	及时播种，苗全苗壮	①选择最佳时期播种。②选择耐抽薹、耐寒品种。③起垄或开厢、覆膜机播。④整地，施肥，增施有机肥和硼肥
6	高山萝卜苗期	定苗全苗，苗期虫害防治	①萝卜间苗匀苗定苗。②萝卜病虫防治。③水分管理，促根系生长。④施用追肥，促肉质根生长
7	高山萝卜肉质根膨大期	加强病虫防治，预防萝卜先期抽薹，增施微肥	①加强病虫防治，生物诱杀。②预防萝卜先期抽薹。③增施微肥和水溶肥。④加强水分管理，预防涝渍

(续表)

月份	生育动态	管理目标	主要农事操作
8	高山萝卜采收期	萝卜采收与出售	①采大留小,分批采收,及时上市。②视市场行情择优出售。③加强萝卜贮藏保鲜与外运。④萝卜采后残叶、断根、病株、薄膜等废弃物无害化处理
9	秋冬萝卜播种期	苗全、苗壮、防治杂草、水分管理	①选择最佳时期播种。②播种前后防除杂草。③整地,施肥。④开沟排水,苗期浇水。⑤防治虫害
10	秋冬萝卜苗期	萝卜定苗,施追肥	①萝卜间苗匀苗。②萝卜病虫防治。③补足水分,促进全苗。④施用追肥,促肉质根生长
11	秋冬萝卜肉质根膨大期	加强肥水病虫管理	①萝卜视苗情补充肥料。②萝卜视土壤墒情补充水分。③加强萝卜病虫防治
12	秋冬萝卜采收期	萝卜采收与出售	①采大留小,及时上市。②视行情择优出售。③加强萝卜贮藏保鲜。④萝卜采后残叶、断根、病株、薄膜等废弃物无害化处理

五、四川萝卜产业链建设

萝卜新品种培育,种子生产与经营、萝卜种植与产品销售、萝卜产品加工与新产品研发构成萝卜产业链。产业链各环节相互影响又相互依赖、相互制约又相互配合。

(一) 萝卜新品种培育

针对四川地方萝卜品种生产上存在的不足,开展萝卜新品种培育与改良。"春不老"萝卜是四川的一个优良地方品种,口感细腻,味甜化渣,适合秋冬季种植,供鲜食与加工,是广大农户自留种的主要品种,也是企业加工的主要原料品种,该品种使用时间长达20年以上,品种严重退化,抗性下降,特别是根肿病发生加重,造成萝卜减产或绝收。"满身红"萝卜也是四川的一个优良地方品种,表皮鲜红,肉质脆嫩,一年四季均可种植,是四川爽口泡菜原料首选品种,但该品种感病重,商品性差、产量低。上述两个品种的严重缺陷导致萝卜产业发展受阻,现有萝卜品种已不能满足市场需要,迫切需要新的萝卜品种来代替当前萝卜品种。因此,加强四川萝卜科技创新,保护好和利用好地方萝卜品种资源,培育自主知识产权萝卜品种尤为重要。

在鲜食萝卜品种方面,育成优质高产抗病的杂交圆白萝卜新品种"蜀萝11

号",实现了地方萝卜品种升级换代。在萝卜加工品种方面,育成加工专用萝卜品种"蜀萝9号""CR川冠1号",前者已成为四川萝卜加工主要原料品种,市场占有率达60%以上。后者在产量、加工品质、抗根肿病上优势明显,有望成为加工萝卜主导品种。在红萝卜品种方面,实现品种杂交化,将萝卜耐糠心、耐抽薹性应用于杂交红萝卜选育,育成四川省首个红萝卜新组合,为红萝卜一年四季栽培提供优良品种。

目前,特色鲜明的四川萝卜品种不断应用于生产,改变了萝卜品种市场格局,提升了四川萝卜品种在全国的知名度,同时也减少对国外萝卜品种的依赖。今后,萝卜育种方向更多地聚焦在耐抽薹、耐糠心、抗根肿病等性状上,努力攻克萝卜产业的关键核心技术。

(二) 萝卜种子生产与经营

萝卜种子产业化包括萝卜亲本繁殖、杂种种子生产、种子质量监控、种子市场营销等。建立萝卜三级繁育体系,完善杂交萝卜种子生产技术规程,建立稳定的萝卜原种繁殖与杂交制种基地,建设种子质量监控体系十分重要。加大蔬菜(萝卜)种子企业培育,筛选一批有一定规模,企业领办人事业心强,愿为蔬菜(萝卜)种子事业做贡献的企业加入蔬菜种子开发,积极培育"育、繁、推"一体化种子龙头企业。鼓励企业与科研单位联合开发新品种,发挥各自优势,以效益为纽带,以产业为己任,共同推动萝卜产业发展。四川省农业科学院水稻高粱研究所(转让方)成功地将自主选育的萝卜品种"蜀萝11号"品种经营权受让给四川省绿旺农业科技发展有限公司(受让方),受让方负责"蜀萝11号"销售的市场培育与示范推广,而将种子生产权委托给转让方进行亲本繁殖与杂交种子生产,双方形成利益共同体,避免了种子质量风险、种子经营风险、种植商品性风险。上述合作模式成为萝卜品种权转让与种子开发的成功典范,可供其他蔬菜作物借鉴,具有很强的代表性。

(三) 萝卜种植与产品销售

萝卜产品销售与产品加工是萝卜产业链的两翼,只有销售端通畅、加工端兴旺,才能促进萝卜产业发展。萝卜种植是萝卜产业链的中间环节,经营主体主要是普通老百姓、种植大户、专业合作社,社会组织化程度较低,无序竞争时有发生。目前,生产上农业机械水平不断提高,农用开沟机、起垄机、旋耕机、施肥机、播种机的应用大大地降低了萝卜生产成本；浅丘区利用荒坡地、水果林下地发展饲用萝卜，扩大了萝卜种植面积；萝卜种植老基地注重土壤培肥与土壤修复；探索种植新模式与连作障碍防治，提高萝卜商品性；萝卜免耕、绳编等新技术应用逐渐被广大农户所接受，带来萝卜生产技术变革。总体上，萝卜生产技术更加精细，技术体系更加完善。萝卜生产受种植区域、市场价格、播种天气等因素影响，价格波动较大。因此，种植户应综合各种因素加以研判，规划好萝卜种植品种、时间、面积等，以减少萝卜种植盲目性。

建立销售网络，增加销售渠道，必然依靠萝卜产品销售经纪人，充分发挥经纪人在市场配置中的重要作用。一方面，鲜食萝卜产品以就近销售为主，满足本地消费者消费，也有销往省外或国外的。另一方面，萝卜加工原料销往加工企业，满足企业加工需求。萝卜种植人员与销售经纪人应当对全国萝卜种植基地分布、市场销售区域、价格走势、消费习惯等信息全面了解，双方随时保持沟通，信息共享。同时，有目的在需求量较大的城市进行网络布局与网点设置，保持销售通畅。

（四）萝卜产品加工与新产品开发

萝卜加工是指具有一定规模的企业（或个体）通过一定的生产设备与生产工艺研发或生产可食用的萝卜产品。萝卜加工方式与加工产品多种多样。一是萝卜泡制，一年四季可种、可泡，直接供食用。二是萝卜干，经晾晒脱水成丝，再配以佐料凉拌、或炖汤食用。三是萝卜腌渍，通过盐渍发酵，再加工成其他产品，如酱萝卜、酸萝卜、爽口萝卜等，供下饭食用。四是萝卜饮料，以鲜萝卜为原料，开发新的饮品，如萝卜乌梅汁、萝卜水果汁等。五是萝卜色素提取，如萝卜红色素，用于食品、饮料等。

关于萝卜加工，不得不说一说四川泡菜，因为四川泡菜以青菜、萝卜等为主要原料。中国泡菜看四川，四川泡菜看眉山。据2018年第十届中国泡菜食品国际博览会公布的数据，2017年四川泡菜产量390万吨，产值330亿元，约占全国泡菜产量的70%，其中眉山泡菜产值超过200亿元。四川泡菜成为最具特色的农产品加工产业，是全国泡菜第一产业大省，"小泡菜"成就了"大产业"。四川泡菜形成了各具特色的产业区域和企业集群，以"吉香居"为代表的萝卜盐渍类加工企业分布在眉山彭山一带，以新繁泡菜为代表的萝卜泡制类加工企业分布在德阳新都新津一带。更有直接以萝卜命名为产品的加工企业，如四川内江威宝食品有限公司生产的

"周萝卜"萝卜干休闲食品特供航空，人人皆知；四川毛哥食品开发有限公司生产的"酸萝卜老鸭汤炖料""风萝卜老鸭汤炖料"享誉巴蜀大地。

目前，萝卜加工企业理念发生了较大变化。在产品开发上更加注重原材料对加工产品质量的影响；注重加工品种、原料生产以及加工产品的一致性；注重新产品开发，特别注重产品质量与营养食口性。所以，加工企业除了自身开展新产品研发外，还与科研院所联合攻关，开展适宜加工萝卜品种选育，探索开发专用萝卜加工产品。加工企业从加工产品端前移到萝卜田间种植环节，从专用品种、技术标准、农残监测等方面与科研院所、种植户深度融合，从源头上控制萝卜加工产品质量。

萝卜种植、萝卜鲜销、萝卜加工是萝卜产业链重要环节。它们将萝卜生产需求、市场需求、消费需求与加工需求反向传递给萝卜科研环节，为萝卜新品种培育提供新方向、新课题。产业链各环节有各自的重点工作，应加强核心技术攻关，配套体系建设，建立利益共享机制，努力开发萝卜新品种、新技术、新产品、新市场、新流通、新机制，增强萝卜产业链持久发展的内生动力。

六、四川萝卜产业发展存在的主要问题

四川萝卜产业发展除了得到省市领导及各部门的高度重视外，与萝卜科研水平的提高、加工企业的有力带动、专业合作社规模化种植密不可分。以"小萝卜大产业"思维潜心耕耘，萝卜产业基础、产业规模、产业效益等在全国影响力得到显著提升。虽然在萝卜品种使用、种植技术、产品销售上改变了传统萝卜种植观念，但是萝卜产业链中仍然存萝卜科研基础较弱、链长不强、力散利薄等许多问题。萝卜种植模式调整、萝卜品种结构调整、单位面积提质增效是今后萝卜产业发展需要解决的重大问题。

（一）萝卜产业缺乏总体规划

近几年，全国在大力发展高山蔬菜的背景下，高山蔬菜面积迅速增加，其中萝卜是种植面积最大的蔬菜作物之一；随着萝卜种植技术不断成熟，平坝区能规模化种植萝卜的地区迅速被利用，成为萝卜生产主战场，萝卜产业布局呈现点多面广、散而不精的状况。从全国萝卜总体格局看，适宜种植萝卜区域已基本覆盖，萝卜产品能满足全国消费者的需求，萝卜总产量达到饱和。目前形势下，这就要求各级政府理性看待萝卜产业，做好产业规划、突出地域优势，发挥产业的带动作用。

（二）萝卜科研基础较差，突破性品种较少

虽然四川省圆白萝卜育种在全国处于领先地位，但是在生产上有影响力的萝卜品种仍然较少。总体上，四川萝卜育种机构少，人员分散，科研基础较差；重品种轻技术、重选育弱转化现象较突出。目前，萝卜育种仍以传统育种方法为主，现代生物技术、分子辅助育种技术应用较少，普通品种较多，突破性品种较少，特别是在长白萝卜方面，与国内外比较有较大差距，生产上长期使用的长白萝卜品种几乎被韩国萝卜所垄断，成为四川省乃至全国萝卜育种的卡点、堵点。

（三）萝卜规范种植技术缺乏

四川省萝卜种植区域分布较广，社会化组织程度较低，从业人员对萝卜种植技术的掌握不够熟练。在萝卜种植技术上，对土壤消毒、土壤修复、农药施用等认识不足，缺乏萝卜标准化种植技术规程，特别是长期种植萝卜的老基地，土壤连作障碍较突出，病虫害发生加重、产量下降、品质变差。在萝卜机械操作上，缺乏萝卜采收机械，虽然从国外引进了萝卜采收机，使用效果仍然不理想，萝卜漏收、破损仍然很严重，影响萝卜商品性。在萝卜技术措施落实上，技术培训少、产品宣传少、技术到位率低。

（四）萝卜种子产业化滞后

萝卜杂交育种前，四川省萝卜品种以常规品种为主，萝卜种子生产通常就地繁种，无严格的繁殖技术可操作，种子质量难于保证。萝卜杂交育种后，萝卜品种逐渐由常规品种向杂交品种转变，改变了传统常规萝卜一统天下的格局。由于杂交萝卜种子生产技术较严格，种子生产尚有许多问题待解决，所以萝卜种子产业化一直滞后于品种选育。一是缺乏转化平台，虽然蔬菜加入了农作物育种攻关，由于蔬菜种类繁多，种植季节各不相同，很难集中组织蔬菜品种展示，无法让第三方（企业）具体了解到某个蔬菜品种的实际情况。二是缺乏蔬菜龙头企业带动，由于蔬菜种子转化规模小，利润低，市场风险大，一般企业不愿涉及，蔬菜种子往往成为一些大种子企业的搭配品种或随公司主流品种赠送给农户。三是缺乏种子生产技术规程，主要表现在萝卜制种基地隔离难，萝卜自交结实率与异结实率低，萝卜杂交种子生产技术不成熟，缺乏种子规模生产设施与设备，萝卜种子生产理论与生产技术缺乏系统研究等。

(五) 萝卜新产品开发不足

萝卜除鲜销食用、加工、饲用外，还有许多产品可开发，特别是萝卜的保健功能，市场应用前景广阔。

七、四川萝卜产业发展趋势与对策建议

(一) 四川萝卜产业发展趋势研判

四川萝卜经过由传统品种向杂交品种转变、由随意种植到规模种植变迁，由鲜食萝卜到与加工萝卜、饲用萝卜同步，萝卜产业链逐渐形成。四川萝卜产业定位：以圆白萝卜、长白萝卜、红萝卜为重点，立足西南、面向全国。四川萝卜产业趋势："缩区减面、提质增效、强基促销"。即稳定优势区域种植面积，减少其他区域种植；调整产业结构与品种结构、提高单位面积效益；加强基地建设，促进产品销售。打造萝卜主要种植区域的萝卜全产业链，突出产业优势、品牌优势、区域优势。加快萝卜科技攻关、选育萝卜突破性品种。加大萝卜加工新产品开发与市场营销。加强萝卜种子生产基地建设与杂交制种技术研究。完善萝卜种植技术规范，提高萝卜商品性与产品质量安全。

(二) 四川萝卜产业发展的对策建议

1. 优化区域布局，调整萝卜产业结构

从当前萝卜产业发展情况来看，在全国萝卜总产量趋于饱和的情况下，四川省萝卜应减少种植面积，引导萝卜产业结构调整，开发萝卜新产品。各地要根据本区域地理位置、产业基础，销售网络、产品加工、技术力量等因素综合评估，做到论证充分、决策科学，合理规划、重点布局。一旦作出决策，需要集中人力，物力，财力以及政策支持，集中力量打造萝卜产业。

四川萝卜产业发展具体措施是：两减两增三调整。即减少萝卜种植区域，减少萝卜播种面积；增加地方萝卜品种市场占比，增加萝卜加工产品类型与加工产品；调整萝卜区域分布，调整萝卜种植制度、调整萝卜品种结构。总体上，发挥优势区域，宜萝则萝；改变品种结构，提高四川萝卜品种市场占有率，减少对国外品种依赖；大力发展"玉米（/大豆）—萝卜""水稻—萝卜""果树套种萝卜"等多种种植模式，实现萝卜鲜销、加工、饲用同步发展。

2. 加强萝卜育种攻关,提升四川省萝卜育种总体水平

首先,加大四川省萝卜资源收集、整理、评价。四川是萝卜类型最多、品种多样性最丰富的地区之一,萝卜在不同海拔高度、不同地区生长,蕴藏着萝卜大量的特殊基因资源,挖掘萝卜耐寒、耐热、耐糠心等特异资源,不仅可提高四川省萝卜性状的综合表现,而且还能改善萝卜品种的适应性。另外,建立萝卜资源中长期保存库,整理评价萝卜资源相关信息,为萝卜深入研究利用奠定基础。

其次,在传统育种技术基础之上,加强分子辅助育种技术的应用,创造出更多的萝卜核心材料,加强对萝卜耐抽薹、耐糠心、抗根肿病等重点性状的聚合,选育出更多的突破性品种。

最后,加大萝卜育种队伍建设,加强人才培养,加大经费支持力度,集中优势力量,加强联合攻关,特别是在韩国类型的长白萝卜品种上力争在"十五五"期间取得实质性的突破。

3. 加强萝卜标准化种植,提高萝卜产品质量

(1)加强萝卜种植技术标准制定。在萝卜产地环境、病虫防治、种植要求、质量标准等方面制定行业标准,形成技术规范,并颁布实施,用以指导萝卜生产。

(2)加强萝卜种植机械研发,实现萝卜全程机械化。利用卫星导航、人工智能等手段,改良萝卜播种机械,提高萝卜播种精准度。同时研发小型智能播种机,满足中小规模萝卜生产需要。加大萝卜采收机研发力度,加强农机农艺融合,降低种植成本,减少萝卜破损率。

(3)加强萝卜相关技术研究。实行轮作换茬,避免连作,减少连作障碍。开展以萝卜为主体的多种耕作制度研究。对萝卜重点病害、虫害开展系统研究,提高防治效果。加强土壤改良与培肥,提高土壤活性与供肥能力。

(4)加强技术培训,提高技术到位率。利用现场会、示范展示会等多种途径不定期进行技术培训,指导种植户用种、用肥、用药,落实种植技术,提高萝卜产品质量与种植安全性。

4. 加强萝卜种业平台建设,加强萝卜制种技术攻关

在加强萝卜育种攻关的同时,注重种业平台建设、以及种业企业培育。通过蔬菜育种攻关分批组织秋冬季蔬菜集中展示,引进有意愿的种子企业参与,让企业田间"选秀",与品种"结缘",与科研"联姻",增强企业对蔬菜产业和蔬菜种子的认识，培育蔬菜种子龙头企业。

大力打造蔬菜种子品牌。重点培育有一定基础、有一定影响、品种有突破的蔬菜作物做大做强。采取前期投入、后补助、设置专项、政府采购等多种形式加大对蔬菜品种研发与种子产业化的投入。

加强萝卜制种技术攻关，解决亲本繁殖与杂交制种关键技术。从育种材料抓起，加大筛选力度，突出材料特异性、异交结实性，从萝卜制种理论与技术措施上形成有效的制种技术，提高萝卜制种产量。

5. 加强萝卜多功能产品研发

萝卜属于药食同源作物，除了直接食用和加工成食品产品外，还可开发成其他产品。萝卜有很好的药用价值，萝卜籽是一味很好的中药（莱菔子），能消积、化痰、通气，日常多吃萝卜有利于身体健康。萝卜籽含有大量的萝卜硫素，现代医学已证实，萝卜硫素对抗癌具有积极作用。另外，萝卜还加工成萝卜籽油供食用。萝卜肉质根还可加工成饮品，萝卜叶还可加工成叶茶、叶汤，萝卜花还可用于观赏等。

参考文献

方智远，2017. 中国蔬菜育种学［M］. 北京：中国农业科学技术出版社.

李晓梅，杨峰，雍晓平，等，2020. 萝卜新品种蜀萝11号的选育［J］. 中国蔬菜（4）：87-89.

冉茂林，宋明，宋华，等，2006. 萝卜耐热性鉴定技术体系研究［J］. 中国农学通报，22（11）：248-252.

冉茂林，杨峰，李晓梅，等，2021. 不同萝卜肉质根耐糠心特性及品质分析［J］. 江西农业学报，33（12）：48-53.

冉茂林，雍晓平，李晓梅，等，2014. 四川萝卜育种现状与萝卜产业发展［J］. 蔬菜（11）：1-5.

冉茂林，邹明华，范世祥，等，2006. 热胁迫下萝卜干物质形成特性研究［J］. 西南农业学报，19（3）：465-469.

汪隆植，何启伟，2005. 中国萝卜［M］. 北京：科学科术文献出版社.

张玉聚，李洪连，张振臣，等，2011. 中国蔬菜病虫害原色图解［M］. 北京：中国农业科学技术出版社.

四川省胡萝卜产业发展报告

杨 峰[1,2]　冉茂林[1]　李晓梅[1]　孔垂豹[1]　雍晓平[1]　冉 科[1]

[1. 四川省农业科学院水稻高粱研究所（四川省农业科学院德阳分院），四川德阳 618000；2. 四川省蔬菜工程技术研究中心，四川彭州 610000]

摘　要：胡萝卜是全球十大蔬菜作物之一，全世界共有130多个国家种植胡萝卜，其中中国的种植面积和产量均居世界第一。四川是全国胡萝卜主要生产省份之一，常年种植面积近3万公顷，产量超80万吨，分别居全国第3和第4位。但由于品种单产低、机械化程度低、商品价值低等原因，相较于其他主产区，四川胡萝卜种植效益并不明显。针对现状和问题，四川胡萝卜产业发展需要持续关注优秀胡萝卜品种培育、品质提升，科学高效栽培技术推广，建立具有可持续生产能力的专业示范基地，促进胡萝卜的区域化、规模化和标准化生产，积极申请地理标志产品并打造地区优势品牌。同时，提高胡萝卜加工技术，大力发挥四川劳动力资源和胡萝卜生产资源优势，加强胡萝卜生产和加工环节的标准化建设，发展胡萝卜产业化，增加农民综合收益。

关键词：胡萝卜；产业发展；优良品种；高效栽培；现状趋势；对策建议

一、四川省胡萝卜产业发展现状

四川是全国胡萝卜主要生产省份之一，常年种植面积3万公顷左右，产量80万吨以上，分别居全国第3和第4位，近几年也打造出"绵阳木龙观胡萝卜"等地标产品。胡萝卜在结构化调整以及四川省现代农业"10+3"产业体系中占有地位，为蔬菜保供、农民增收、企业增效发挥着巨大作用。

1. 自然条件适宜

胡萝卜属于根茎类蔬菜，食用部分为肉质根，肉质根的大小及品质与土壤质地和肥力密切相关，土壤疏松、酸碱度适中以及有机质含量高的砂壤土更利于胡萝卜的生长。四川地处我国青藏高原向东部平原过渡地带，气候复杂多样，东部盆地属亚热带湿润气候。该区热量条件好，全年温暖湿润，年均温16~18℃，积温4 000~6 000℃，气温日差较小、年差较大，冬暖夏热，无霜期230~340天。盆地云量多、晴天少，全年日照时间较短，胡萝卜系深根性植物，根系入土深，因产品外观质量要求严格，胡萝卜特别需要土层深厚、松软，保肥保水能力强，排水良好的砂壤土或壤土土地条件。四川省部分地区大量分布砂壤土，土层深厚，十分适宜种植胡萝卜。

2. 胡萝卜产业发展现状

四川省胡萝卜传统主要是夏秋播种，秋冬收获，零星分布于全省各地，供应冬春蔬菜淡季市场。2021年播种面积26 082公顷，产量800 980吨，每公顷产量达到30.71吨。

就省内播种范围来看，胡萝卜在省内各市州均有种植。2019年产量排在前五的市州分别是成都市、南充市、内江市、广元市、泸州市，均为四川盆地及周边水系发达富含砂壤土的地区（表1）。

表1 2015—2019年四川省各地级市（自治州）胡萝卜种植面积和收获产量

（单位：公顷、吨）

地区	2015年		2016年		2017年		2018年		2019年	
	面积	产量	面积	产量	面积	产量	面积	产量	面积	产量
四川省	22 064	682 919	21 441	668 024	22 665	711 071	25 094	781 170	25 759	792 590
成都市	2 593	85 504	2 615	85 519	2 499	84 833	3 297	108 397	3 486	115 305
南充市	4 246	81 907	4 106	79 785	4 157	81 681	4 217	81 133	4 328	83 619
内江市	1 012	57 406	998	60 071	986	63 022	1 032	66 609	1 071	68 803
广元市	1 172	55 239	1 191	57 030	1 223	58 132	1 344	61 563	1 422	65 239
泸州市	790	34 260	852	39 803	1 077	58 892	1 098	58 741	1 110	60 816
广安市	1 569	52 309	1 582	53 680	1 604	54 544	1 626	55 688	1 667	56 486
宜宾市	1 158	41 955	1 191	43 276	1 381	50 620	1 654	50 344	1 703	50 634
自贡市	1 242	39 206	1 277	41 122	1 287	42 316	1 341	45 200	1 385	47 469
绵阳市	1 454	40 124	1 452	40 948	1 487	40 765	1 507	41 205	1 531	42 734
凉山自治州	1 512	57 602	867	33 490	1 122	35 983	1 196	41 039	1 254	42 383
德阳市	825	30 165	858	31 320	857	31 629	876	32 187	955	33 465

(续表)

地区	2015年		2016年		2017年		2018年		2019年	
	面积	产量	面积	产量	面积	产量	面积	产量	面积	产量
资阳市	695	22 064	707	22 460	866	25 768	1 602	50 219	1 397	32 880
遂宁市	613	16 914	627	17 292	641	17 671	645	17 892	661	18 528
达州市	739	16 182	706	15 562	720	15 780	729	15 904	745	16 376
雅安市	516	13 119	504	12 605	505	12 814	506	13 160	493	12 900
巴中市	513	9 587	482	9 099	485	9 273	513	11 596	543	12 489
眉山市	907	14 825	888	9 853	1 113	9 649	1 103	9 695	1 110	10 014
甘孜自治州	100	2 814	158	3 727	234	5 094	326	6 588	376	7 840
乐山市	200	6 082	204	6 258	206	6 315	291	7 196	312	7 786
阿坝自治州	146	3 094	112	2 564	149	3 611	128	4 250	145	4 194
攀枝花市	62	2 561	64	2 560	66	2 679	63	2 564	65	2 630

数据来源：2015—2019年《四川省农业统计年鉴》。

3. 胡萝卜资源收集与保护

表2　1956年、1981年、2014年、2023年四川省胡萝卜种质资源收集情况

地区	1956年	1981年	2014年	2023年	种质资源名称
郫都区			2		小缨子
新津区			1	1	胡萝卜
彭州市	1	2	1	1	二道桥胡萝卜
都江堰市				1	胡萝卜
中江县				1	细芯胡萝卜
自流井区			2		细芯胡萝卜
沿滩区			1		本地红萝卜
容县			1		细芯胡萝卜
邛崃市	1	1	2		红萝卜
富顺县	2	2	1		细芯胡萝卜
游仙区	2	2	1	1	木龙观胡萝卜
盐亭县	1	1	2	1	林农红萝卜
蓬溪县				1	水果胡萝卜
梓潼县	1	2	1		本地胡萝卜
北川羌族自治县		2	1		小胡萝卜

（续表）

地区	1956年	1981年	2014年	2023年	种质资源名称
射洪县		1	1		细芯胡萝卜
隆昌县	1	1	2		小顶红
五通桥区			3	1	细芯胡萝卜
犍为县		1	2		五寸人参
峨边彝族自治县			1	1	胡萝卜
高坪区	1	1	1		细红心
嘉陵区	1	1		1	胡萝卜
西充县		1	1		红萝卜
洪雅县	1	1	1		细芯红萝卜
南溪区	1	1			七寸参
叙州区	1	1	1		七寸参
高县			2		细叶胡萝卜
江安县	1	1			本地胡萝卜
珙县	1	1	1	1	胡萝卜
岳池县			1		本地胡萝卜
达川区	1				新黑田红参
大竹县			1		胡萝卜
汉源县	2	2	2	1	红皮胡萝卜
名山区	2	2	1		黄胡萝卜
雨城区	2	2			红胡萝卜
巴中县		1			胡萝卜
巴州区			1	1	巴中胡萝卜
九寨沟县			2		新五寸参
恩阳区		1	2	1	恩阳雪源胡萝卜
宁南县			2		红映二号
冕宁县		1	1		五寸人参
甘洛县		1	1		本地胡萝卜
雷波县			3		胡萝卜
通江县				1	胡萝卜
金川县				2	胡萝卜
松潘县				1	松潘胡萝卜
小金县				2	胡萝卜

(续表)

地区	1956年	1981年	2014年	2023年	种质资源名称
长宁县				1	胡萝卜
南江县				1	本地红萝卜
仁寿县				1	本地胡萝卜
营山县				1	沿码胡萝卜
青神县				1	本地红萝卜
渠县				1	胡萝卜
阿坝县				1	胡萝卜
白玉县				1	全身胡萝卜
会理县				1	芭蕉红胡萝卜
越西县				1	本地胡萝卜
宝兴县			2		五寸参
资源总计	23	33	51	30	
区县总计	18	25	35	28	

注：(1) 胡萝卜类型参考了胡萝卜表皮颜色+芯型+叶形来命名，部分胡萝卜品种采用商品种名称；(2) 数据来源：根据"全国第一、第二、第三次农作物普查与种质资源普查与收集行动"胡萝卜部分整理而来。

目前，四川省科研单位现有各类胡萝卜材料100余份，包括不同叶形、芯型、表皮颜色等，还有一些地方的特色商品品种，例如绵阳市游仙区"木龙观胡萝卜"等。其中，2018—2023年"全国第三次农作物种质资源普查与收集行动"四川调查队收集到来自全省28个县区的胡萝卜种质资源30份，全部提交国家种质资源库。此次采集到的种质资源均为四川省本地品种及特色品种，通过肉质根表皮颜色、芯型、叶形、口感、生育期等田间性状验证，后续试验确定部分胡萝卜种质资源可以用于材料选育。

4. 四川省胡萝卜代表品种及栽培技术

木龙观胡萝卜是绵阳市优势特色农产品之一，产于绵阳市游仙区忠兴镇木龙村，生产历史悠久并享有盛名，从唐天宝年间开始就成为皇室贡品。2012年获"国家地理标志产品"认证，2014年成功获"绿色食品"证书，是绵阳市游仙区蔬菜种业园区重点支持建设的地方特色品种。其他主要栽培品种和配套技术如表3和表4所示。

表 3　四川省主要种植的胡萝卜品种

序号	品种名称	特征特性及播种时间	来源
1	红优塔细芯胡萝卜	肉质根圆柱形，细芯，长 16~28 厘米，横径 2~3.5 厘米，表皮红亮，肉质嫩红，脆嫩香甜，生熟食、腌渍、干制皆宜；耐贫瘠。四川一般 7 月 20 日至 8 月 30 日播种	绵阳全兴种业有限公司
2	韩育齐头黄	肉质根圆锥形，上下粗细基本相同，芯柱细小亦有小顶，长约 20 厘米，横径约 6 厘米，单根重 250~350 克，表皮、根肉、芯部均为米黄色，肉质细嫩，味甜、脆，生熟食均宜，腌渍亦可。一般 7 月中旬播种	青县纯丰种业有限公司
3	七寸映红	杂交种，早熟，定植后 55 天可采收。皮肉全红，细芯小樱，肉质根圆柱状，长 16~18 厘米，上下齐整匀称	四川恒泰丰和农业有限公司
4	京誉 188	杂交种，极早熟，90 天左右。肉质根细圆柱形，根长 18 厘米左右，根粗 3 厘米左右，根尖圆钝，深红色，心柱小。每公顷产量为 45 吨左右。口感佳，适合生食、榨汁、制作色拉等	中国农业科学院蔬菜花卉研究所
5	中誉 1877	中熟，生长期 110 天左右，耐抽薹。肉质根圆柱形，根长 20 厘米左右，根粗 4 厘米左右，每公顷产量约 60 吨。表皮光滑，整齐度高，橘红色	中国农业科学院蔬菜花卉研究所
6	中誉 189	杂交种，极早熟，90 天左右。肉质根细圆柱形，根长 18~20 厘米，根粗 2.5~3 厘米，根尖钝形，深红色，心柱小。每公顷产量约为 45 吨。口感佳，适合生食、榨汁、制作色拉等	中国农业科学院蔬菜花卉研究所

表 4　四川省胡萝卜生产主要栽培模式

模式名称	胡萝卜播期	胡萝卜收获期	技术要点
胡萝卜、青菜、马铃薯、甜瓜间套种栽培技术	8 月初	11 月中旬	每公顷胡萝卜需种 7.5 千克。播后浅搂拍实，浇水，可以用除草剂除草保苗。齐苗后结合中耕锄草，及时间苗 2~3 次；定苗后及时追肥催苗促长。肉质根膨大期要及时追肥浇水，保湿
胡萝卜套种玉米栽培技术	3 月至 4 月初	7 月中旬	种植过程中，需要进行整地、施肥、播种和田间管理。在施肥阶段，需要施有机肥、磷酸二铵、过磷酸钙和优质复合肥。播种前，浇底水，播种时可拌细沙，然后覆土并覆盖薄膜。田间管理包括齐苗、定苗、中耕和培土，保持土壤湿润，追施尿素和肥料补充。此外，需要注意防治蚜虫，可以使用吡虫啉可溶性液剂喷雾

(续表)

模式名称	胡萝卜播期	胡萝卜收获期	技术要点
白萝卜、青贮玉米、胡萝卜一年三熟栽培技术	8月上旬	12月上旬	8月初，深耕整地，每公顷施腐熟有机肥30~45吨、45%三元复合肥450~750千克。起垄，垄高20~25厘米、宽25~30厘米。单垄双行栽培，行距15~20厘米，播种沟深1厘米，条播，覆盖细土，压实，浇足底水，垄面撒盖一薄层秸草。出苗50%时清除畦面杂草，2~3叶期间苗，苗距4~5厘米，5~6叶期定苗，苗距8~10厘米。定苗后结合浇水每公顷施尿素75~150千克。生长期要保持土壤湿润，但要防止田间积水。12月上中旬，当生长期达110~120天，肉质根达到收购标准时及时采收
中稻、胡萝卜一年两茬栽培技术	中低海拔地区8月上中旬播种，中高海拔地区7月下旬播种，最迟不超过8月上旬	胡萝卜11月收获，采收可分期、分批、分片进行	基肥每公顷用腐熟人粪尿或沼液22 500~30 000千克，加过磷酸钙450~750千克。深翻地后，垄栽，垄宽80厘米，高25~30厘米，垄沟宽30厘米，表层5~10厘米土壤整碎整平。播种时行株距13~15厘米，按肥田稀播、瘦田密播的原则进行，点播每穴播种5~6粒。播后覆土，再薄摊一层稻草。间苗、定苗。齐苗后2~3片叶时间苗，5~6片叶时定苗，苗距13~15厘米。苗期中耕2次，松土除草。肉质根膨大期，要结合中耕培土2次。科学浇水和施肥。胡萝卜整个生长期采用畦面喷淋灌溉，保持土壤湿润。定苗后每隔7~10天追施腐熟人粪尿或沼液3~4次，肉质根膨大期结合中耕培土每公顷施硫酸钾复合肥225~300千克，浇施2次。在生长期每公顷用磷酸二氢钾3千克、硼砂750克，兑水750~900升进行根外喷施2~3次

5. 机械化、信息化、智能化生产技术与应用情况

简阳市农业农村局、成都市农林科学院农业装备研究所以及四川省农业科学院园艺研究所共同承担了2022年四川省农业重大技术协同推广计划胡萝卜全程机械化生产应用项目，在简阳胡萝卜全程机械化生产示范园共建了380亩四川省胡萝卜机械化生产标准化示范基地。项目应用了从中国农科院等引进的红优塔细芯胡萝卜、七寸映红、中誉1877等胡萝卜新品种10个，开展新品种引进试验和种子防病包衣试验，调查出苗、抗性、产量及口感等，旨在筛选出适宜四川地区机械化种植的优质抗病品种；同时，着力培育新型农业经营主体，示范推广种子丸粒化、耕整地、直播、灌溉、植保、收获、清洗包装、预冷处理等主要环节机械化生产技术，促进农业重大技术推广落地。

二、四川省胡萝卜产业发展存在的主要问题

四川胡萝卜产业，受品种单产低、机械化程度低、商品价值低等原因影响，相较于国内其他主产区，四川胡萝卜种植效益并不明显。其存在问题主要如下。

1. 机械化水平低

尽管四川省胡萝卜收获面积和总产量稳居全国前列，而且仍在持续、稳定地增长。但是胡萝卜种植和收获的机械化发展水平还相对滞后，各环节机械化作业程度不高：其中，播种20%、间苗0%、收获10%，从播种到收获大多都以人工为主，农忙时节几乎是人海战术。胡萝卜播种大多为人工或简易播种机播种，作业效率低，经常出现漏播或重播的问题，播量难以控制且均匀性较差，也浪费种子，增加种植成本。胡萝卜出苗后需要间苗，目前国内间苗这一作业过程几乎全由人工完成，还没有成熟可靠的机器能完成。间苗的劳动强度较大，需要雇佣的人工较多，而人工成本又高，无形之中又增加了作业成本。至于收获环节，机械化程度更落后，目前全省绝大部分地区还主要依靠人工进行收获，少数地区处于半机械化作业水平，采用的机具仅具挖掘、深松功能，其余切巧、装袋等工序仍由人工完成。总而言之，现当前全省胡萝卜播种、间苗、收获全过程机械化水平偏低，使得农民劳动效率较低、劳动强度较大，导致种植成本居高不下，从而导致了胡萝卜种植的经济效益的提高，也会影响农民对于种植胡萝卜的积极性。

2. 品种单产低

四川胡萝卜以省内地方品种为主，平均每公顷较全国低7.2吨。目前主要品种为坂田七寸，由于种子技术受日方控制，加上行业经济利益原因，种子生产成本越来越高。产品的技术垄断加销售垄断双重叠加，将胡萝卜价格越炒越高。以一罐坂田七寸种子（10万粒）计算，2008年仅需5 000~5 600元，2014年已飙升至7 200~8 500元，疫情期间近几年价格为8 200~9 000元，而且必须搭售其他品种。该品种在实际生产中场户平均可播种约0.17公顷，每公顷种子成本2014年已增至42 000~48 000元，占种植成本30%以上，已经严重制约了胡萝卜产业整体竞争力。

3. 商品价值低

在四川省简阳市，据当地负责人介绍，一公顷胡萝卜平均产量60吨，需要60个工人花费两天的时间，才能收完。因此机械化水平低导致用工成本增加，必然导

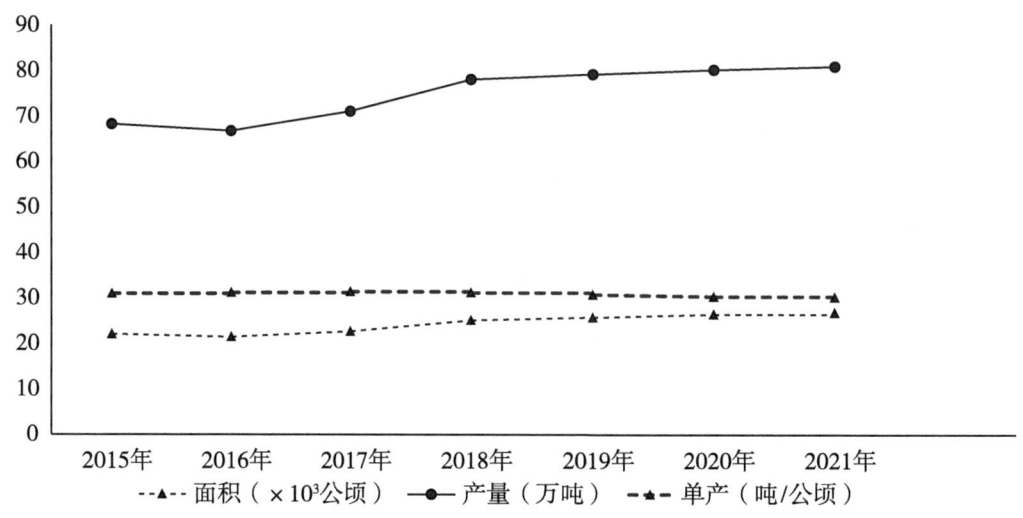

图 1　四川省胡萝卜 2015—2021 年产业情况

数据来源：2015—2021 年《四川省农业统计年鉴》。

致种植户收入减少。除了人工成本高，胡萝卜采收后就地清洗预冷包装技术推广不足，也让商品价值下降不少。平均带泥胡萝卜地头价每吨 1 600 元，精包装胡萝卜每吨 3 600 元，价格直接差了一倍多。蔬菜包装技术仍然停留在比较原始的阶段，缺乏就地包装清洗技术，在限制了胡萝卜商品价格的同时，也因为保存时间的原因限制了销路，与山东、陕西等地胡萝卜远销其他省份、占领其他市场的能力拉开了显著差距。

4. 缺乏品牌效应

全省范围内，除了绵阳"木龙观胡萝卜"和简阳胡萝卜外，几乎没有更多的胡萝卜产品和品牌。虽然四川省生产的胡萝卜品相好，商品化率高，但缺少统一或自主品牌，在市场上的知名度低。同时，在胡萝卜产业方面，农民基于品牌效应认识不足、素质不高等原因，普遍没有品牌与相关认证。

5. 缺少深加工企业

四川省大部分胡萝卜加工主要还是停留在初级阶段，加工以简单的冷冻和保鲜的初级加工为主，没有胡萝卜精深加工企业，缺乏胡萝卜汁、胡萝卜泥、脱水胡萝卜蔬菜干等深加工企业，产品的附加值低，深加工链条不足，农民增收效果不明显。

6. 销售与相关体系欠发达

四川省现有的以胡萝卜生产为主业的合作社较少，且发展情况参差不齐，并普遍存在着运作不规范、专业性差、农民参与程度低、组织松散等问题。产后销售中，农民收入毫无保障，基本依靠外地客商主动上门购买。四川省现有的胡萝卜包装、运输等企业缺乏，未形成胡萝卜产业相关链条。

三、四川省胡萝卜产业发展趋势与对策建议

（一）四川省胡萝卜产业发展趋势研判

胡萝卜容易形成产业化，有其自身特点：一是胡萝卜具有十分丰富的营养和较高的健康价值。二是胡萝卜管理相对简单，病虫害较少，适合规模化、标准化种植。栽培中施用农药较少，农药污染轻微，很容易培育无公害蔬菜，在无公害蔬菜生产中有着特殊重要的意义。三是耐贮运，适于长时间和长距离的运输。四是胡萝卜秋季播种较晚，便于茬口安排，是一种传统的应急作物。五是胡萝卜加工用途多，加工潜力大，有利于建立胡萝卜产业。综合这些特点，我们可以看到建立和发展胡萝卜产业是四川省蔬菜市场经济发展的必然趋势，有着广阔的发展前景。

综合过去几年四川省以及全国其他地区的变化来看，未来四川省胡萝卜种植面积和产量将会稳中有升。一方面，由于胡萝卜富含β-胡萝卜素、膳食纤维等有益人体健康的物质，伴随着健康饮食以及民间长久以来将胡萝卜视为"小人参"的食补文化，消费市场对于胡萝卜的需求将会愈加旺盛。另外，基于全国其他省份胡萝卜产业在品牌构建、种植改良方面的优势，伴随着全国物流产业，可以跨区域销售，这必将对四川省胡萝卜产业产生一定的冲击。

截至2023年10月26日，全国胡萝卜批发价格为每吨2 100元，农民种植胡萝卜平均每公顷收入可达126 798元，种植效益显著。因此，胡萝卜产业规模将会稳中有升。

基于胡萝卜营养特性以及消费者对"大健康"属性的关注逐渐加强，鲜食生食胡萝卜产业将会得到长足发展，胡萝卜食用方式也将会逐渐多元化。

（二）促进四川省胡萝卜产业发展的对策建议

面对世界范围内疫情影响的逐渐减弱、物资出口途径日益通畅、胡萝卜出口量还将快速增加。针对这样的现状，结合四川省胡萝卜产业中存在的主要问题，提出

以下八点对策建议。

1. 加大科研投入，加快种子培育研究进度

种子是蔬菜产业发展的基础，也是一个国家和一个地区蔬菜的核心竞争力。一旦种子来源受到限制，整个产业链都会受到巨大的影响，制约整个蔬菜产业的发展。所以作为蔬菜作物种植大省，四川省应加快育种研究，形成优质种子的国产化体系，培育出适合出口的专用品种或适合胡萝卜加工要求的品种。

政府应加大种子研发方面的投入，建立胡萝卜种子研发中心，制定政策鼓励，扶持种子研发企业的成长，同时要加强与农业高校、研究所的联系和合作，注意人才的引进和培养。一方面，要加快培育具有四川省自主知识产权的本土胡萝卜品种。四川省现在大面积种植的胡萝卜多是引用的国外品种，还有一部分是其他省市生产的品种。不仅价格受到限制，而且种子质量无法保证。另一方面，要注意发掘和保护四川省本地固有的胡萝卜品种。例如，四川本土的胡萝卜品种之一：绵阳市"木龙观"胡萝卜，是四川省绵阳市游仙区凤凰乡木龙村特产，中国国家地理标志产品。木龙观红萝卜因皮滑心细、外观鲜红、清香脆嫩、口感独特而闻名。木龙观红萝卜生产过程不施化肥、不打农药，完全具备绿色食品条件。2012年12月27日，原国家质检总局批准对"木龙观红萝卜"实施地理标志产品保护。

2. 加快标准化建设，扩大标准化生产覆盖面

实行标准化生产、加强对胡萝卜的质量安全监督，是提高胡萝卜品质、打造四川省胡萝卜种植强省的最终途径。一要设立专门的胡萝卜质量安全监督管理办公室来负责有关工作的开展，共同推进农产品质量安全工作，通过健全的监管体系，为胡萝卜安全监管提供有力的组织保证。二是在生产中严格按照各项生产规范进行，并尽快完善胡萝卜标准体系。在执行国家各方面标准的同时，参考其他省份胡萝卜种植相关经验文件，例如《胡萝卜栽培技术规程》《胡萝卜分级标准》等多项生产规范，在生产中必须严格执行。同时应尽快建立和完善与国际通行标准相衔接同时又符合我国国情的胡萝卜生产标准体系，并参照国外及其他地区加快做好包装、加工、管理等环节的标准的制定工作。从生产环境、栽培技术、生产原料、加工包装、储藏运输、保鲜等方面，明确地方标准。按照统一规划、统一生产技术规程、统一生产投入品、统一采收、统一包装来组织生产，将生产、管理、加工、销售全过程都纳入标准化体系，将标准化生产贯穿产前、产中、产后各个环节，让整个生产过程实现"有标可循",达到国际、国家、行业、地方、企业标准相互配套的目标,通过标准体系建设,引导和组织农民生产绿色、安全的胡萝卜产品,以高品质突破国际市场的技术壁垒和绿色壁垒,提高胡萝卜的国际竞争力。三要重视和引导无公害胡萝卜、绿色胡萝卜基地的认定,扩大已认定基地的规模。同时在基地推行"五统一"管理模式,即技术培训、产品检测、技术规程、注册商标、标识销售,形成完整的胡萝卜生产记录档案,保证从四川销售出去的胡萝卜都可以做到有据可查,有根可溯。四要配备高标准检测设备,引进专业的检测人员,既要有固定检测又要有流动检测,既有定样检测又有抽样检测,实现检测体系的全覆盖。

3. 提高机械化水平,算好产业化节本增效经济账

机械化水平的提高可以大幅提高工作效率,降低生产成本,是农业标准化的重要保证。但因农业机械往往价格较高,一般农户会因价格原因而选择不用机械。所以要提高四川省胡萝卜生产的机械化水平,尤其是胡萝卜全程机械化高效栽培技术,一是政府应制定相应的农机补贴办法,提高农户使用农业机械的积极性。二是种植专业合作社应发挥带动作用,在社员中积极推广各种机械的使用,进而带动其他种植户的使用。三是农机生产企业要加强同省农机院、西南交通大学、西华大学等农机科研单位的深度合作,加强适用于胡萝卜播种、灌溉、施肥、喷药、收获等全程机械化技术的配套研发推广,特别是适应于四川多丘陵且地块破碎化严重的多功能一体机及简单易操作机械的研发。

4. 规范专业合作社组织,引进龙头企业支撑产业可持续发展

政府要指导探索更为有效的农民专业合作社组织形式,并针对不同模式的合作社制定不同的政策,强化扶持引导,健全合作社内部规章制度,加强对合作社的人才培养,提高农户的参与度,充分发挥其在胡萝卜产业现代化中的作用。第一要制定政策,特别是在资金方面,要加强对合作社的金融支持,扶持合作社壮大发展规模,鼓励合作社按规定开展土地流转,申请示范基地认定等。并重点扶持一批不同业务范围的合作社典型,通过典型的力量带动全省合作社的发展;第二要强化法规建设,完善相关规定,加强对合作社运营的监管和指导,对合作社出现的损害群众利益的问题要严厉查处;第三要发挥政府的资源优势,加强与高校和科研单位的合作,加强对合作社的技术指导和培训,发挥合作社科技推广的重要作用。

在四川胡萝卜产业化发展中,与小规模企业相比,龙头企业具有相对较强的市场开拓能力，产品市场广，发展潜力大，连接着生产与销售，在加工、营运、服务和信息方面处于中心位置。同时，龙头企业比农户掌握着更为全面的市场信息，对胡萝卜的种类、规格、标准和数量需求可以做出更为准确的判断。企业的发展可以带动整个原料生产和加工产业的发展，在整个胡萝卜产业中处于核心位置，发展好龙头企业，对胡萝卜产业的健康发展起着至关重要的作用。一是要积极开展招商引资工作。对有广阔的国内外市场营销网络又具有较强加工能力的企业，要下功夫引进来或扩大合作。二是政府要加大对现有龙头企业及有发展潜力企业的财政支持力度，可以设立专项扶持资金，制定鼓励、补贴政策，特别是要鼓励这些企业引进国内外先进的胡萝卜加工技术和设备，支持其扩大生产规模，开展精深加工。同时根据公司财力，鼓励企业加强与科研院所的合作，开展新机械、新产品、新技术的研发和创新。三是企业要积极引进高素质、科技型人才，建立以企业家和科技人员组成的人才体系，从管理上进行改革，提高企业的运行效率；从技术上进行创新，提高企业的竞争力。四是企业要积极申报无公害蔬菜、绿色蔬菜的认定。在申报过程中通过对基地农户管理、操作技术规程、产品加工流程、产品包装设计、企业环境优化等多方面进行改进，从而提高胡萝卜产品的整体质量。五是企业应积极开展体系认证工作，逐步健全行业标准，完善产品质量过程控制体系建设。

5. 建设信息化网络，提供及时有效精准的市场指导

农业产业化经营以市场为导向，只有及时准确地把握国内外市场信息，才能抓住机遇，有效地规避市场风险。胡萝卜种植年份间的波动就是由于没有及时准确掌握信息而产生的。但对于广大种植户来讲，分散地获取市场信息不仅成本费用高，得到的信息也往往不全面，信息的有效性和利用率很差。这就需要政府来投资建设市场信息网络，一是搜集国内外的市场供需信息；二是整理汇总四川省的生产信息。例如依托大型胡萝卜专业合作社，成立镇、村两级胡萝卜生产信息网络平台，通过每村已配备的农技信息员，及时地把胡萝卜生产的良种、技术、农资、购销、加工、出口等信息集中到平台，然后传递给广大农户。通过给农民提供及时有效的信息，指导全省农户的胡萝卜生产，避免出现大的波动，导致"谷贱伤农"。

6. 强化监督管理，保护胡萝卜种植户的合法权益

一是要协调工商、质检等部门加强对胡萝卜种子、化肥、农药等生产要素的检查、检测，发现生产、销售假冒伪劣产品的人员、企业一定严厉查处；二是要健全农业保险措施，确保种植户在因种子质量、化肥农药存在问题而产生损失时，或在种植过程中遭受天灾人祸时能够得到及时的补偿或救济。

7. 提高产品附加值，大力发展胡萝卜精深加工

与发达国家相比，我国的蔬菜深加工业还有广阔的发展空间，发展蔬菜深加工产业还有很大的市场潜力。同样，发展胡萝卜精深加工还可以有效减少其因价格波动而滞销腐烂所产生的损失，可以大大提高胡萝卜的附加值，并显著提升农民的综合收益。胡萝卜精深加工后的高附加值显而易见，而生产胡萝卜色素、β-胡萝卜素等高端产品的效益也是不可估量。四川省胡萝卜规模化、园区化、集约化的生产模式为胡萝卜走高端化、高附加值道路提供了便利。政府应制定政策，扶持加工企业特别是农业龙头企业引进精深加工技术，开展胡萝卜汁、胡萝卜泥、胡萝卜纸等的生产及胡萝卜色素、β-胡萝卜素的提取等胡萝卜深加工生产，延长产业链条，实现胡萝卜的多层次增值，打出四川自己的精深加工产品品牌。

8. 加强品牌化建设，深入开展品牌良性经营

除了绵阳和简阳胡萝卜相对出名以外，更多的四川省胡萝卜企业应该结合当地政府制定的政策，注册自己的企业品牌或依托政府的公共品牌，开展良性经营，提升品牌效应。品牌是企业的无形资产，可以提高企业的竞争力。产品通过注册商标、形成品牌，可以在较短的时间内实现销售量的增加。实施品牌战略，能促使人们形成与现代市场经济相适应的市场观念、效率观念和竞争意识。所以，四川省胡萝卜企业在提高胡萝卜质量的同时，必须重视品牌的作用，强化品牌意识。一要提高产品质量。产品质量是企业创建品牌的基础，也是企业赖以生存的根本。产品质量得不到保证，品牌创建也就无从谈起。二要突出不同品牌的不同特色，在包装设计上下功夫，提高品牌的形象。四川省胡萝卜企业和合作社应该积极申请各类国家认定，为树立良好品牌形象打造基础。要强化对产品包装的设计，在包装上体现企业的文化和形象，从而吸引消费者、让消费者更愿意接受。此外，企业要积极利用现代大众传媒，充分发挥其在企业与消费者之间直接的连接作用，通过媒体的宣传扩大产品知悉度，提高产品的形象。

参考文献

蔡章棣，2023. 晋江胡萝卜产业现状和发展对策［J］. 种业导刊（2）：35-37.

纪生疆，2012. 福建省胡萝卜产业现状与发展对策［J］. 长江蔬菜（20）：103-106.

李宗宝，2016. 厦门胡萝卜产业发展的瓶颈与可持续发展对策［J］. 长江蔬菜（18）：75-79.

刘歧茂，丁永青，迟瑞苹，等，2018. 设施胡萝卜产业化安全高效栽培技术［J］. 中国蔬菜（1）：92-94.

裴成英，2021. 临洮县胡萝卜产业发展情况的调查与思考［J］. 农业科技与信息（22）：65-67.

史志明，曾嵩凌，魏建敏，等，2018. 胡萝卜机械化生产技术试验研究［J］. 四川农业与农机（4）：27-28.

孙超勤，2023. 萧县春季设施胡萝卜生产现状问题及对策［J］. 长江蔬菜（10）：74-76.

温迪，2019. 探究胡萝卜机械化收获研究以及应用情况［J］. 内燃机与配件（16）：249-250.

吴焕章，郭赵娟，陈焕丽，2015. 胡萝卜四季高效栽培［M］. 北京：金盾出版社.

昔小丽，2015. 甘肃省胡萝卜产业现状与发展建议［J］. 甘肃农业科技（8）：77-79.

徐为领，2021. 萧县胡萝卜产业发展现状及对策建议［J］. 安徽农学通报，27（22）：68-69，99.

薛文香，2012. 寿光市胡萝卜产业现状及发展对策［J］. 农民致富之友（20）：38，42.

郁伟年，2021. 甬地物华［M］. 宁波：宁波出版社，11：122.

张志强，刘刚，杨巧燕，等，2023. 宝鸡市透心红胡萝卜产业现状与发展对策［J］. 蔬菜（6）：52-55.

郑林涛，2013. 关于寿光市化龙镇胡萝卜产业发展现状的调研报告［J］. 今日中国论坛（17）：174-175.

Yafei Guo，Fei Lu，2023. The changing colour of carrot［J］. Nature Plants，9：1583-1584.

四川省芦笋产业发展报告

韦树谷 盛玉珍 黄 玲 叶鹏盛

(四川省农业科学院经济作物研究所,四川成都 610066)

摘 要:芦笋营养价值高,是一种药食同源保健型蔬菜,四川地区立地气候条件多样,非常适合发展不同海拔芦笋高产栽培产业。报告从芦笋栽培技术、生产方式、主要营销模式和产业发展可行性等方面介绍四川省芦笋产业发展现状,分析其可能存在的问题,提出了加强组织领导政策支持、精心编制规划、完善产业链和加强科技支撑等促进芦笋产业发展的对策,为四川省芦笋产业的发展提供参考。

关键词:四川;芦笋;产业发展

引言

四川是农业大省,且气候条件与优越,具有发展特色蔬菜产业的天然优势。发展芦笋产业,优化现有的蔬菜品种结构,是实施乡村振兴战略,发展区域特色产业,提升四川蔬菜产业的创新和可持续发展能力、促进农业增效和农民增收的有效措施。目前芦笋在四川已有较大规模种植,且已经取得了优异的成绩,绵阳涪城芦笋因嫩茎顺直、脆甜回甘、气味清香,于2019年成功荣获了"全国农产品地理标志产品"称号,巴中恩阳被授予"中国芦笋之乡"。与传统蔬菜相比,目前芦笋的种植规模不大,产业化水平仍需提高,科技支撑力度仍需加强。如何加快特色蔬菜产业发展,整合现有的资源化水平,分析四川省芦笋产业发展现状,是摆在芦笋从业者面前亟须解决的问题。

一、四川省芦笋产业发展现状

芦笋产业在四川省已经取得了显著的发展成效,成为了一个新兴的产业。四川省芦笋的生产主要集中在巴中、绵阳、凉山州等地。这些地区芦笋种植面积已经达到总面积的50%以上，芦笋产量也呈现出逐年增长的趋势。芦笋的种植主要采用露地种植和保护地种植相结合的方式。露地种植适应性强，可以在不同的土壤类型和气候条件下生长，但产量相对较低。而保护地种植可以在较为稳定的环境下生长，产量较高，但适应性较差。提高芦笋的产量，四川省的农民采用了多种技术手段，如科学施肥、合理密植、病虫害防治、芦笋品质分级等。这些技术手段的应用，不仅提高了芦笋的产量，也提高了芦笋的品质。四川省芦笋加工业的发展也十分迅速。目前四川省已经形成了完善的芦笋加工体系，包括芦笋初加工和深加工两个环节。芦笋初加工主要是对芦笋进行清洗、分拣、包装等处理，而芦笋深加工则包括罐装、脱水、制罐等多个环节。四川省芦笋产业发展现状呈现出良好的态势。随着技术的不断进步和市场的需求增长，四川省芦笋产业的发展潜力巨大。

二、当前四川省芦笋产业发展存在的主要问题

1. 缺乏产业发展规划、缺乏政策支持

由于芦笋属于舶来品，加之发展初期以外销为主，其带动农民增收的作用未被充分认识，导致芦笋产业发展地位不明确，未作为蔬菜主导产业扶持，仍处于放任农户自产自销阶段。因对芦笋产业发展前景认识不足，政府农业主管部门未能编制出台芦笋产业专项规划，产业发展无方向，以至于相关管理部门和单位对发展芦笋产业信心不足，企业和农民对提升芦笋产能持观望态度。

芦笋属于多年生宿根性草本植物，一次种植可以连续采收十多年。为了给地下鳞茎盘积累养分，一般建议移栽第一年不采笋，第二年少量采笋，第三年进入丰产期才开始持续采笋，连续两年只有投入没有产出，一些小的合作社和零散种植户在资金上难以承受。

2. 品种老化、适应性差、栽培技术落后

目前四川省芦笋栽培品种主要是引进国外和国内北方地区的主栽品种，如冠军和阿波罗等，当地品种大多适应了冷凉的气候条件，在引入四川时没有开展生态适应性试验，导致品种适应性差，病害严重，产量和品质下降。引进的品种多年反复种植，品种严重老化。种植户为了追求短期效益，种植密度过高、过度施用化肥、滥用农药等现象较为普遍。

3. 深加工能力弱

芦笋既能作为蔬菜鲜食，也可以用于提取有效成分制药。芦笋既可以通过保鲜、速冻出口创汇，也能深加工成芦笋粉、茶、浓缩汁类饮用品。虽然可加工方向多样，但目前新鲜芦笋仍几乎全部用于鲜销，精、深加工产品特别少。

4. 种植业主规模过大和管理粗放

芦笋种植业主初期种植规模过大，普遍种植都在几百亩，最少的业主种植面积将也接近80亩；芦笋为劳动密集型的积极作物，对精细栽培管理要求高，规模过大导致管理不到位，人工成本高投入高等问题。

5. 缺乏规模化的种—产—销体系

由于缺乏买方市场的需求信息，农户的种植和蔬菜的销售脱节，很多农民辛辛苦苦种出来的蔬菜卖不出去或者不知道卖到哪里。

三、四川省芦笋产业发展趋势与对策建议

（一）四川省芦笋产业发展趋势

建成以恩阳、涪城区为代表的连片规模化种植区，成都、泸州、宜宾、内江、遂宁、南充等为代表的盆地及周边零散种植区，攀西川南秋冬零散种植区，甘孜阿坝高原冷凉气候零星种植区，形成四川省周年生产和供应发展模式。

稳步提高芦笋质量，在中国芦笋市场保持稳定和优质的品牌地位。加强芦笋园区更新改造和提档升级，构建"企业+合作社（协会）+科研院所+园区/基地+农户+品牌商"的复合芦笋生产模式，打造"大园区+小业主"管理模式，推行避雨栽培、机械化、智能化、标准化和精细化管理技术，打造地理标志产品，使芦笋产业发展逐步实现品牌化，既便于推广芦笋高产优质的栽培技术，又可以确保芦笋质量安全，还可以提升农民抵御市场风险的能力，促进芦笋产业有序协调发展。

加大产品的开发力度，开发以芦笋为原料的芦笋酒、芦笋醋、芦笋汁、芦笋粉等多元产品，延伸芦笋产业链，提高芦笋产业的附加值。此外，还需要加大对笋农的培训力度，促进笋农学科技、用科技的意识以及市场风险意识、安全生产意识，从而进一步提高芦笋产业市场竞争力。加强国家级、省级、市级等芦笋标准化生产示范园建设，设立专项资金，加强生产基地基础设施建设，为芦笋产业竞争力的提高打下基础。

(二) 促进四川省芦笋产业发展的对策建议

1. 加强组织领导,加大政策扶持

建议市和县级农业主管部门成立以政府分管领导为组长,各相关部门同志协同合作组成的芦笋产业推进工作领导小组,凝聚多部门合力,明确发展芦笋产业的指导思想、发展目标。聘请省内外芦笋相关专家,科学编制芦笋产业发展专项规划,定期分析、研究、解决芦笋产业发展面临的突出问题,科学规划产业中心及辐射区,使芦笋产业跨越式发展。各级政府加大政策扶持力度,设立芦笋专项发展基金,全面支持种植、销售、加工、品牌建设、防灾等环节发展需求。

2. 加强新品种新技术研发

在引进国内外芦笋主栽的新品种,委托相关机构开展新品种生态适应性试验,筛选适合四川不同生态气候条件的芦笋品种的基础上,加强适宜四川芦笋新品种选育和栽培技术研发工作。同时聘请相关专家到基地进行技术指导与培训,引进芦笋基质育苗技术、水肥一体化技术、一厢两绳防倒伏技术、科学留母茎技术、病虫草害绿色防控技术等一系列新技术。

3. 重点突破,培植芦笋加工产业链

根据实际情况,制定相关政策,采用招商引资、合资、独资等多种形式,吸引外地加工企业投资办厂,鼓励本地企业投资芦笋精深加工产品的开发,通过多渠道引导,建立加工转化基地,形成产业聚集优势,进而把芦笋产业链延长延实,全方位推向国际市场,做成一个外向型经济的拳头产品。

4. 小规模种植起步,逐步扩大

芦笋属多年生蔬菜,相较于传统蔬菜,芦笋对栽培技术要求较高。建议合作社先小规模种植,以此为契机来学习芦笋田间日常栽培技术要点,重点培养基地种植技术人员,技术人员再以点带面去指导基地工人操作。技术人员全面掌握了芦笋田间生产管理的各个环节的技术要点后,再逐步扩大种植规模。

5. 建立多层次营销模式

构建多主体、多层次的蔬菜经营体系,解决芦笋"小生产"与"大市场"之间的矛盾。鼓励农民通过劳务入股、土地入股方式加入当地龙头企业。由政府出台相关的扶持政策,鼓励超市以及食堂深入到农村直接向农民进行采购,建立长期稳定的合作关系。同时可以积极借助电商和直播平台，通过网络平台的宣传，积极打造产品知名度。

参考文献

郭鑫，赵传志，赵术珍，等，2021. 芦笋的杂交育种与生物技术研究进展［J］. 分子植物育种，19（23）：7910-7916.

贺超兴，2022. 中国芦笋产业发展现状与前景展望［J］. 蔬菜（5）：33-39.

贾荣，2023. 乡村振兴视角下县域农业全产业链优化探索——以涟水芦笋产业为例［J］. 山西农经（6）：92-94.

李丹，林中，2022. 2000 年以来中国芦笋的国际贸易及产业竞争力研究［J］. 中国农学通报，38（26）：158-164.

厉广辉，2016. 中国芦笋栽培研究进展［J］. 中国农学通报，32（7）：37-42.

四川省豇豆产业发展报告

陈 玲[1]　向 娟[1]　吴传秀[2]　李 享[2]*

（1. 成都市农林科学院，四川成都 611130；

2. 四川省园艺作物技术推广总站，四川成都 610041）

摘　要：本报告介绍了四川省豇豆产业历史与现状，分析了当前四川省豇豆产业发展中存在的主要问题，基于对四川豇豆产业发展方向的研判，提出了产前、产中、产后等关键环节需要着重解决的难点。强调进一步重视豇豆资源发掘与创制，加快突破新品种选育，保证豇豆安全高效生产，强化关键技术集成示范，引导生产模式向技术型、效益交重型转变；加强加工企业带动作用，优培专合组织，提高规模化种植水平；健全推广体系，加强人员培训，促进产业安全健康发展，为四川省豇豆产业升级与高质量发展提供切实可行的理论与实践路径。

关键词：四川省；豇豆；产业问题；对策建议

四川省气候多样、生态类型丰富，平原及丘陵地区春夏秋三季均可栽培，盆周山区在夏季可露地种植，攀西高原周年均可种植，因此四川省是长江流域最适合种植豇豆的区域之一。

一、四川省豇豆产业发展现状

四川省是全国豇豆生产与消费主要大省，豇豆产业在豆类蔬菜中地位甚至比菜豆更重要，不仅是四川省效益型蔬菜种类之一，也是"四川泡菜"千亿产业的主要原料。常年播种面积约 4 万公顷，总产量约 120 万吨，其中 20% 用于加工泡渍。据农业农村部统计，"十二五"开始，在四川省高度重视下，泡菜产业得到快速发展，豇豆的栽培面积逐年攀升，2015 年达到 4.4 万公顷，总产量超过 109 万吨（图 1），

---

* 农业农村部农业重大技术协同——四川特色蔬菜绿色优质高效关键技术协同推广计划。

2010—2016年四川省豇豆平均单产量比全国低7%。据四川农村统计年鉴统计，2017—2021年四川省豇豆播种面积较为平稳，单产逐步上升，平均产量由上一阶段的24.32吨/公顷提高到28.59吨/公顷，总产量有所增加；2017—2021年中2019年播种面积最高4.07万公顷，2021年播种面积减少情况下总产量仍比2019年高，达120.15万吨（图2）。豇豆在保障"菜篮子"供给、助力乡村振兴等方面发挥着积极贡献。

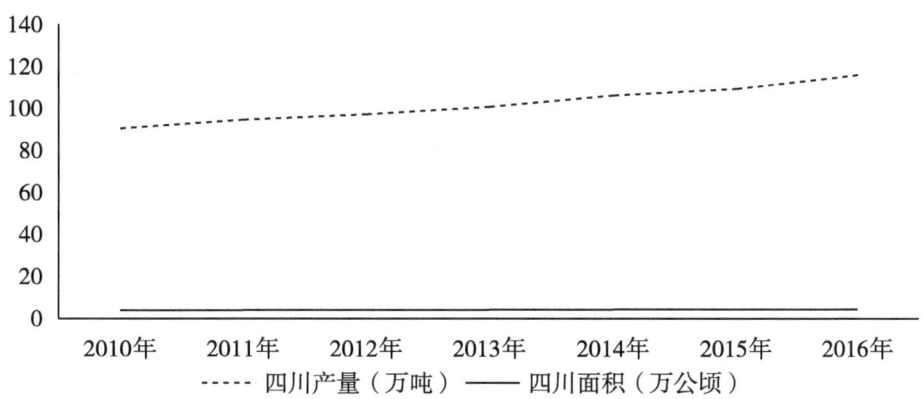

图1　2010—2016年四川省豇豆种植面积及产量变化

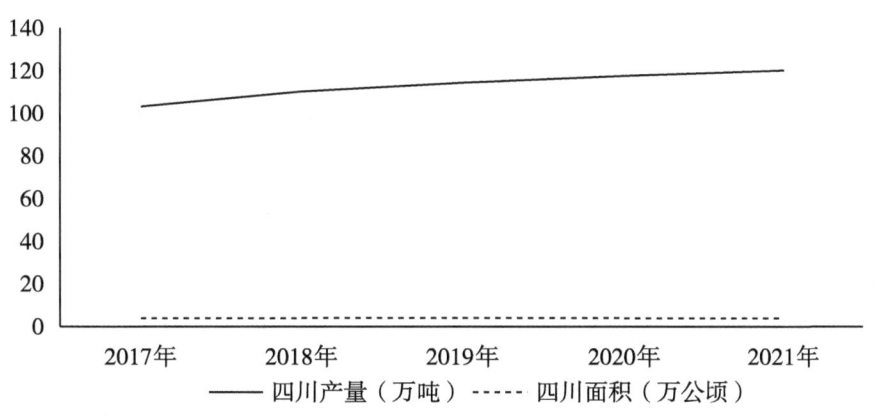

图2　2017—2021年四川省豇豆播种面积及产量变化

豇豆因耐瘠薄易种植，加上四川人对泡豇豆与耙耙菜等消费习惯，四川省豇豆在盆地与盆周山区、攀西高原几乎所有地区均有栽培，但相对集中种植根据季节主要可区划为川西南早春、攀西冬春、川西与川东北春夏等优势产区，主要代表地区有乐山市中区、南充高坪区、达州达川区、巴中巴南区、绵阳游仙区、眉山东坡区、泸州叙永县、成都的彭州金堂等。

据四川省最大蔬菜批发交易市场"雨润四川国际农产品交易中心（彭州濛阳）"监测，鲜销豇豆上市集中在4—10月，日均交易量140吨以上，以彭州、绵阳、乐山、眉山、泸州、攀枝花等地及云南、湖北、广西为主；中心内平均销售交易价4.0~6.0元/千克。部分豇豆供应泡菜企业加工，由于泡菜企业托底，豇豆的市场价格一直比较稳定，价格未出现菜贱伤农等大起大落现象。

四川豇豆品种类型80%~90%以绿色为主，兼有青、紫红、白、花斑等荚色，各地区生产有细微差别，如川北地区绵阳、广元等地喜爱浅绿荚品种；川南地区如泸州、自贡以及广安等地对青荚、白荚类型的品种有所偏爱；2010年之前以绿白早熟品种为主，2010年之后翠绿色丰产型占据主导地位。从产量上，20世纪80年代四川自引进新品种"之豇28-2"以来，单产得到大幅度提升，达到1吨以上。成都市农林科学院不断对本地优势品种红嘴燕进行遗传改良，在四川省育种攻关支持下，先后选育了成豇3号、成豇5号、成豇7号等极早熟品种以满足早春效益型生产，产量提高到2吨左右。"十二五"以来四川省蔬菜得到政府高度重视，豇豆产业发展也得到快速升级转型，由早熟效益型转向专用丰产型，产量与效益提高较快；同时四川省针对泡豇豆需求选育了泡渍专用品种成豇9号、成豇10号以及抗病丰产成豇30等早熟、丰产、抗病性强的系列豇豆品种，在生产上得到广泛应用。据四川省种子站统计，近五年通过认定的豇豆品种有5个，为浅绿、翠绿、紫红类型，均由成都市农林科学院育成。同时不断持续引进优良品种，目前生产上形成了以"成豇""之豇""农望"几大系列品种，基本满足了早春设施栽培与鲜食加工多样需求，特别是成豇7号多年来成为国内早熟豇豆产区的主栽品种之一。

四川豇豆种植以露地直播栽培为主、设施栽培为辅。平坝地区早春地温稳定在13℃以上，3月中下旬露地直播，可持续播种到8月初；盆周山区5—6月直播，采用地膜覆盖栽培；攀西高原则多在冬季播种早春上市，春提早和秋延后多采用育苗移栽。一般亩栽培密度2 200~2 500窝，成都市农林科学院研究集成的稀窝密株节本栽培技术也有部分推广，在不改变有效株情况下亩栽培密度减少到1 500~1 800窝，节约成本增加效益。搭架方式以竹竿"人"字架为主，部分地区采用攀爬网和吊蔓方式。灌溉以漫灌为主，水肥利用率较低。

豇豆在四川平坝地区春夏秋一般以净作与其他作物轮作模式为主，如"根叶菜—豇豆—大蒜"，"豇豆—无筋豆—根叶菜"；水旱轮作区"豇豆—叶菜—油菜"以及创新的"豇豆—水稻—根叶菜"等豆稻年内轮作模式也有部分应用；山区则以"玉米/豇豆""豇豆/辣椒"等间作模式，可节约架材但效益不高。随着优良新品种的不断推广，育苗移栽、地膜覆盖、温室大棚等技术的应用，栽培模式进一步优化，提高了土地利用率，增加了作物综合收益。

豇豆是四川泡菜的主要原料，20%豇豆用于泡渍。以再加工的红油豇豆、炒豇豆等产品畅销全国各地与欧盟、东南亚地区。泡豇豆原料主要来自省内各大产区，部分来自省外。据不完全统计，省内从事豇豆加工的企业上百家，眉山作为中国泡菜之乡，已成功举办了十三届中国泡菜博览会，是泡菜加工企业的主要聚集地，有很高的市场知名度和影响力；不仅拥有李记、吉香居、川南、味聚特等中国驰名泡菜企业，还建有"四川东坡中国泡菜产业技术研究院"作为技术支撑，少量企业还自建原料基地，保证泡菜产量与质量。

二、当前四川省豇豆产业发展存在的主要问题

（一）传统种植区面积萎缩，较其他蔬菜占比下降较大

豇豆种植面积由20世纪90年代的2万公顷增加到21世纪初的3万公顷，占四川省夏秋播种面积10%，面积比菜豆大，但随着四川省蔬菜种植面积持续攀升，目前全省蔬菜播种面积超过133万公顷，豇豆播种面积在2015年达到最高的4.4万公顷，据四川农村年鉴统计，到2021年下降到4万公顷，占四川省夏秋播种面积约5%，呈持续下降趋势。传统种植区域如成都周边、宜宾、南充、绵阳等基地栽培面积进一步下滑，转向其他综合产出效益较高的蔬菜种类，种植区域向山区与新基地扩散，原料供应不能支撑四川泡菜产业快速发展。影响较大因素主要有几个方面。第一，劳动力价格与农资成本持续增加，而菜价相对稳定，综合效益降低。豇豆栽培管理播种、施肥、搭架、病虫害防控、收获等基本靠人工操作，属于劳动力密集产业，仅采摘豇豆嫩荚投入劳动力成本比5年前增加50%以上。肥料、农药、架材等生产资料成本逐年上涨，特别是竹架价格上升50%左右，至1.5~2.5元/根。据测算，四川地区豇豆种植成本约3 000元以上，投入占整个产值超40%，而豇豆

市场价格与同期相比持平或略涨，豇豆总体产出效益降低。第二，豇豆病虫害严重，防控成本高，部分地区土壤连作障碍已不适应豇豆种植，对豇豆生产影响较大。第三，缺乏保鲜技术。豇豆属于季节性蔬菜，销售具有季节性和区域性的限制，采后极易产生成熟衰老、锈斑化、冷害等问题，不耐储运，采收后货架期最长约3天，需就地进行初加工，否则易出现品质降低、营养成分流失、腐烂变质等现象，严重影响食用与商品性价值，制约豇豆发展。第四，2021年农业农村部"三棵菜"食品安全整顿行动开始，将豇豆纳入农产品"治违禁控药残促提升"治理重点品种之一，2023年全面监控豇豆农残等指标，部分基地农户惧怕抽检而导致豇豆面积进一步下滑。

（二）规模化机械化等水平低、缺乏专合组织、质量不稳定

四川地区豇豆80%以"小农户+小基地"种植为主，一般规模小于1.33公顷，以村为单位传统成片栽培，集中规模化种植较少，各地田边地角零星种植也较为普遍。豇豆规模化程度低，专业合作社与家庭农场较少，一家一户种植，对新品种新技术推广、病虫害统防统治、机械化等技术手段实施难度加大，小农户直接面对收购商，对市场风险抵御能力较差，对加工企业订单原料收购管理也造成一定影响。由于缺乏专业组织，小农户对于栽培季节把握、目标产品市场需求、品种结构等信息基本靠邻里传播，信息来源渠道少，应对市场能力差，管理粗放，肥水一体化等技术应用较少。尽管以成都市农林科学院为代表的科研院校制定了相应的豇豆安全生产标准和高效栽培管理等规程，但标准化生产执行不到位，靠天吃饭生产效率低下，质量与产量忽高忽低不稳定，安全问题大。豇豆除播前采取机耕，其余基本靠人工作业，机械化水平低，小农户靠传统种植经验生产，大部分从业者为中老年，文化水平不高，技术水平参差不齐，难以保证高产稳产。

（三）病虫害严重，质量安全问题突出

豇豆生育期有十几种病虫害频繁发生，根腐病、疫病、病毒病、枯萎病、锈病、白粉病、烟煤病、斑潜蝇、蓟马、蚜虫、豆荚螟、红蜘蛛等，四川盆地早期低温寡日照、夏季高温多雨、冬季无严寒的气候特点，造成豇豆病虫害发生严重。豇豆采收期豆荚螟等病虫害发生严重，连续采摘蔬菜间隙期很短，防治困难，豇豆食用安全受到严重威胁。2021年农业农村部将豇豆纳入农产品"治违禁控药残促提升"行动治理重点品种，各省、市、区各职能部门重点摸清豇豆生产现状，严格治理各地农药残留超标和使用违禁药物问题，为豇豆安全生产提供了政策性引导。但受长期生产习惯与关键技术推广困难等因素影响，实现豇豆安全高效生产的难度仍较大，其可持续发展仍面临巨大挑战。

（四）研发投入不足，推广体系有待完善

四川省只有成都市农林科学院等少数科研院所从事豇豆品种选育与研究，省市各级财政面对繁多的蔬菜种类，用于豇豆科研与开发的经费较少；生产上除了本省选育的"成豇"系列本土科技品牌具有一定影响力外，省内从事豇豆销售的种业多而杂，同种异名现象突出，主要原因是豇豆属于定型品种，新品种随意扩繁，造成种子质量难以保证，企业也不愿意投入豇豆新品种研发；从事推广的基层农技人员不足；技术研究缺乏长期稳定投入，"产—学—研—推"体系不完善，难以支撑豇豆产业高质量发展。

三、四川省豇豆产业发展趋势与对策建议

（一）重视资源发掘与创制、加快突破新品种选育，保证豇豆安全高效生产

四川省豇豆育种工作起步于20世纪80年代初，经过几十年不懈的努力，取得了一些成绩。先后育成极早熟品种成豇5号、成豇7号等突破性品种，提高效益；选育的加工专用品种成豇9号、成豇10号在生产上得到推广应用，提升泡豇豆原料质量。近年来由于生产上病虫害严重、成本过高各地区对豇豆类型有不同需求等新问题出现，加强抗病虫、适于机械化种植、耐储运等突破新品种引选已成当务之急。虽然目前生产上有部分抗病品种，如抗根腐病品种成豇30等、抗枯萎病品种丰产二号等、抗锈病品种之豇106等、抗煤霉病鄂豇豆2号等，但由于现有资源抗虫基因较少，抗虫品种几乎没有；新创制的部分抗虫材料，尚停留在研究中。下一步应扩大对野生抗性资源搜集，结合豇豆生物育种技术，不断挖掘抗性基因并加以利用，缩短育种进程，加快抗病虫害且综合性状优良的突破性新品种选育。同时针对四川生态类型丰富的特点，有目的引进与选育适应不同生态类型与市场需求的新品种，以期培育出适宜当地生产的优势新品种，保证豇豆安全、高效、多样化需求。

（二）强化关键技术集成示范，引导生产模式向技术型、效益安全并重型转变

目前受架材成本不断攀升以及病虫害发生严重等要素影响，豇豆生产的综合效

益降低,四川豇豆常规种植面积有所下滑,种植区域向山区等新菜区逐渐转移。因此四川的豇豆生产必须尽快由劳动密集型向技术密集型、追求效益型向注重效益安全兼并转变。第一,进一步加强节本高效栽培技术集成与示范的推广应用。在架材、搭架方式等方面进行改良,可采用绳索、钢架、棚架等代替现有竹架材料与"人"字架方式;在栽培密度上大力推广稀窝密株技术,节约架材用量。提倡玉米种植区开展玉米-豇豆套作技术示范推广。第二,加强农机农艺结合,开展标准化栽培技术集成示范。优质种苗是保证产品质量关键,同时便于机械化管理。为适应机械化种植,豇豆必须改变传统直播方式,加强育苗基质、育苗方式等工厂化育苗技术研究与示范。第三,加强肥水一体化轻简栽培技术推广。随着豇豆单产不断提高,豇豆连续结荚连续采摘需肥量较大,为了控制田间湿度减轻劳动力使用,必须加大示范推广膜下滴灌、配方施肥等肥水一体化技术。第四,加强病虫害绿色防控技术集成与示范。2023年是我国全面监控豇豆质量安全元年,豇豆安全生产受到农业部以及各级政府的高度重视,推广应用抗病虫品种,加大生物农药应用等,从而保证豇豆质量安全。第五,加强采后保鲜技术研究与示范。豇豆主要在夏秋季节集中上市,不耐储运,为了保证豇豆货架期远途运输,必须配套采后保鲜技术保证嫩荚商品性和食用性。第六,改变传统种植模式与品种结构。在水旱轮作区域,推广应用豆稻水旱年内轮作模式;为了保证周年供应与泡豇豆原料,可以整合开发利用外光热资源,在盆周山区夏季、冬季推广设施栽培,同时还可发展菜用与食豆粮型豇豆的种植,不仅可提高农户效益还可增加粮食产量,助力山区乡村振兴。

(三) 加强加工企业带动作用,培育专合组织,提高规模化种植水平

为了进一步提振发展四川豇豆产业,首先,必须大力培育专合组织。如以专业合社、家庭农场为主体,提高信息渠道,加强应对市场风险能力,提升市场竞争力。通过建立信息服务平台,与国内各地大型蔬菜市场、超市、学校食堂、社区门店等进行市场对接,发展订单农业,及时跟踪市场变化进行信息收集,对种植者进行信息指导,避免盲目种植。拓宽网络信息的互联互通,广泛搜集市场销售、品种更新、高效模式、农资研发等信息,对种植者进行产前、产中、产后全面信息服务,种植者通过信息利用,提高新品种、新技术、新产品的合理利用,逐步增加生产效益。其次,提高加工企业的带动能力,及时对接专业化生产基地,在订单指导收购价同时制定原材料收购标准,不断推广新品种新技术,改由传统粗放型向精细标准化转变，转变分散的种植模式，提高规模化种植水平。提倡建立利益与风险共担的稳定基地，保证加工企业原料质量与稳定供应，也保证种植者积极性。最后，转变管理模式，加强配套管理的社会化服务和推广一体化服务。推动四川豇豆产业向生产规模化、管理标准化、经营产业化，产品安全化绿色高质量发展。

（四）健全推广体系，加强人员培训，促进产业安全健康发展

各级组织要坚持绿色发展的理念，立足乡村振兴战略新要求的高度，在省市县各级政府的领导下，按照职责分工、强化配合协作、共同保障四川豇豆产业的高质量发展。省内科研机构、龙头企业等要紧紧围绕人们的消费需求和结合当地自然条件，选择培育特色鲜明的豇豆新品种，同时加强科研与企业合作，发挥各自优势，加快科技成果的落地转化。

一要以市场为导向，以效益为中心，立足各地自然特点，因地制宜发展专业合作组织的示范推广作用，在核心区重点建设一批具备科技含量的高产高效生产示范基地，开展新品种新技术示范；二要加强新型经营主体和专业技术人员培训，宣传并印发简单易操作的安全生产规程，提升种植户生产技能水平；三要积极召开现场会与展示会，通过示范区展示测土配方、废弃物无害化处理、安全高效生产、粮经复合种植等技术模式，辐射带动周边农户种植，扩大其影响力，促进当地豇豆产业健康可持续发展。同时蔬菜监管部门应该对市场销售的豇豆产品加强监测监管，如对进入市场的豇豆产品进行不定期的农药残留检测，确保豇豆产品农残检测合格率达到100%，及时保障豇豆产品的质量安全。

参考文献

刘琴，黄伟康，符启位，等，2022.99 份长荚豇豆种质资源及其枯萎病抗性相关分析研究 [J]. 种子（4）：70-80，85.

沈祝富，2017. 合浦县豇豆产业发展现状与对策 [J]. 农业科技通讯（6）：6-9.

司凤举，司越，2006. 豇豆霉霉病的发生与防治 [J]. 长江蔬菜（7）：35，68.

谭亮萍，刘跃进，黎绣凤，2020. 湖南省豇豆产业现状及发展建议 [J]. 长江蔬菜（14）：4-6.

王红宾，王莎，于海培，等，2017. 河南内黄县后河镇豇豆产业现状、存在问题及对策 [J]. 中国园艺文摘（9）：88-89.

吴晓花，李国景，刘永华，等，2007. 豇豆品种之豇 106 的选育 [J]. 浙江农业科学（5）：498-500.

袁伟方，李祖茈，王硕，2018. 三亚市豇豆产业发展现状与对策［J］. 中国热带农业（4）：24-26.

周作高，黄田夫，赵坤，2021. 广西沿海地区长豇豆生产情况及潜力品种推荐［J］. 长江蔬菜（7）：10-13.

四川省菜豆产业发展报告

李焕秀 黄 志 唐 懿

(四川农业大学园艺学院,四川成都 611130)

摘 要:本报告重点研究了四川省菜豆产业的发展情况,分析了四川省菜豆种植的地理分布、种植规模、产业发展技术等内容,明确其在四川省农业经济中的重要地位。报告通过大量数据总结了当前四川省菜豆产业现状,分析了目前四川省菜豆产业存在的主要问题,对未来四川省菜豆产业的发展目标、方向及趋势做出判断。最后,报告在分析四川省菜豆产业发展趋势的基础上探讨了市场需求的变化和竞争态势,提出以加强种子优质化改良为基础,提高生产效益、推动品牌建设、提升营销渠道等促进菜豆产业发展的措施。通过本报告的研究,可为四川省菜豆产业的可持续发展提供有益的参考和指导。

关键词:菜豆;产业发展;趋势;问题;对策

引言

菜豆又称四季豆、二季豆,是一种食用价值非常高的豆科菜豆属植物,是四川省豆类蔬菜中品种最多的菜类之一。四川的菜豆品种资源极为丰富,分布很广。有蔓生、半蔓生和矮生种;有软荚和硬荚种;有绿荚、黄荚和紫斑荚种等。常作春秋栽培,以春季栽培居多。2—3月育苗定植,5—6月开始收嫩荚。

一、四川省菜豆产业发展现状

四川是菜豆主产区,常年种植面积约占全国总面积的8.6%。菜豆已发展成为四川省现代农业"10+3"产业体系"川菜"的重要组成部分。但长期以来,菜豆存在优质特色种质资源缺乏、优质早熟品种较少、专用型加工品种储备不足和栽培技术落后等问题,制约了产业的高质量发展。针对以上问题,在四川省育种攻关和科技计划项目支持下，省内多家科研院所系统开展了优质特色菜豆种质资源的搜集、评价和筛选，新品种选育及良种繁育技术和优质高效栽培技术研究。作为一种重要的蔬菜作物，菜豆在四川省的种植面积和产量都居于前列，1992年四川省种植面积达到1.36万公顷，并于2003年增加到8.39万公顷，2010—2021年种植面积均在4.98万公顷以上（表1），具有广阔的发展前景和潜力。在种植技术与管理方面，四川省地处亚热带到温带过渡区，拥有湿润的气候和肥沃的土壤，非常适宜菜豆的生长。同时，四川省地势起伏较大，不同地区的气候和土壤差异较大，需要根据实际情况选择适宜的种植区域和种植方式。

品种选择与改良方面，四川省菜豆产业积极引进和推广适应本地气候和资源条件的新品种，如湿地菜豆、旱地菜豆、通用菜豆等。这些新品种具有较高的产量和抗逆性，提高了菜豆的适应性和竞争力。科研机构和农业部门在四川省的菜豆品种改良和选育方面取得了一定的成果。通过选择具有良好性状的亲本，进行杂交育种和后代选择，研发出更适合四川省种植的新品种，提高了菜豆的产量和品质。

表1 1992—2021年部分年份四川省菜豆种植面积及产量

年份	播种面积（万公顷）	产量（万吨）	单产（吨/公顷）
1992	1.36	21.9	16.1
1993	1.49	27.6	18.52
1994	1.63	28.06	17.21
2003	8.39	179.3	21.37
2004	8.08	181.9	22.51
2010	5.12	123.4	24.09
2011	5.47	131.7	24.06
2013	5.64	139.3	24.69
2014	5.75	140.8	24.47
2020	4.98	151.24	30.37
2021	5.07	152.33	30.05

数据来源：根据1992—2021年《四川农村统计年鉴》整理而得。

生产中应严格控制种子的质量，采取优质种子、消毒处理和检测等措施，确保菜豆种子的安全和可靠性。合理的施肥是菜豆产量和品质的关键因素之一。四川省菜豆种植主要采用有机肥和化肥结合的施肥模式，实施水肥一体化管理，既满足了菜豆对养分的需求，又减少了肥料的浪费和环境污染。菜豆容易受到多种病虫害的侵害，如菜豆立枯病、菜豆壳斑病、菜豆花腐病、豆粉虱等。为了有效防治病虫害，四川省加强了病虫害的监测和防治工作，采取合理的生物控制和化学控制措施，减少了病虫害对菜豆产量和品质的影响。四川省菜豆产业注重提高种植技术和管理水平，实行科学耕作、合理间作和轮作制度，推广先进的种植技术和设备，提高种植效率和农民的收益水平。

在菜豆种质资源评价和利用研究方面，四川农业大学和绵阳市农业科学研究院等单位筛选出了一批优质特色菜豆种质资源。从国内外搜集菜豆种质资源 383 份，采用形态学、同工酶、SSR、ISSR 鉴定和评价的方法，筛选出紫色无筋菜豆 3 份、优质红花白荚菜豆材料 5 份、适宜加工的菜豆材料 2 份、抗炭疽病和细菌性疫病的菜豆材料 8 份。同时，利用前期筛选和挖掘的优质种质资源，成功选育出优质特色菜豆新品种 7 个。其中"科兴 1 号"为我国第一个优质早熟白荚菜豆品种，"川紫无筋豆"为我国第一个紫色无筋菜豆品种，"加工菜豆 1 号"和"加工菜豆 2 号"是我国率先育成的两个罐藏加工专用菜豆品种。另外，集成创新了优质特色菜豆良种繁育及安全高效栽培新技术、新模式。创建了"果树+菜豆"种植模式，制定并发布了菜豆良种繁育及安全高效栽培技术规程 5 套，为菜豆绿色优质高产高效生产提供了有效的技术支撑。

在加工与销售方面，菜豆不仅可以生鲜烹饪食用，还可以加工制成多种产品，如豆腐、豆干、豆浆、菜豆酱等。这些加工产品的开发和推广，不仅满足了人们的不同需求，还为菜豆的增值发展提供了广阔的空间。四川省通过多种渠道进行菜豆产品的销售，包括农村集市、农产品批发市场、大型超市、电子商务平台等。同时，积极参与国内外的农产品交流展会，扩大菜豆产品的知名度和影响力，开拓菜豆的国内外市场。

在市场竞争与发展机遇方面，随着社会经济的发展和人们对食品品质和健康的要求提高，菜豆市场竞争日益激烈。四川省菜豆产业面临着来自其他地区的竞争，同时也面临着进口菜豆的竞争压力。为了保持竞争力，四川菜豆产业需要进一步提高品质和质量，降低生产成本，做好品牌营销，提升市场占有率。四川省拥有丰富的农业资源和市场需求，是菜豆产业发展的重要机遇。菜豆不仅是人们日常饮食的重要组成部分，也是食品加工和餐饮业的重要原材料。同时，国家和地方政府为推动农业现代化和农民增收提供了一系列的扶持政策和资金支持。

在政策支持与未来发展方向方面，为促进菜豆产业的发展，四川省政府制定了一系列的支持政策，如财政补贴、信贷支持、保险补贴等。政府还加大对科研机构和农业技术推广的支持力度，提供农业培训和技术指导，帮助农民提高种植技术和管理水平。四川省菜豆产业发展需要进一步加强合作与联盟建设。通过农民专业合作社、农业产业园区、合作经济组织等形式，推动农产品的集中加工和销售，提高农产品的附加值和市场竞争力。随着人们对食品安全和健康的关注，食品生产和消费趋向绿色和有机化。四川省的菜豆产业应积极响应国家的号召，加强有机农业的推广和实施，生产绿色、安全的菜豆产品，满足消费者对健康食品的需求。菜豆产业的发展需要不断推动农业科技创新。四川省应注重农业科研院所的建设和创新能力建设，加强与高校、科研机构的合作，推动农业科技成果的转化和应用，提升菜豆产业的技术含量和附加值。

二、四川省菜豆产业发展存在的主要问题

以调结构和转方式为重点的农业供给侧结构性改革持续推进是菜豆生产面临的挑战，对菜豆专用品种、规模化种植、专业化生产和标准化经营提出了新的要求。随着经济全球化，种业国际化是大势所趋。培育一批突破性优良品种，壮大一批有国际竞争力的种子企业是发展现代种业的核心任务。

菜豆产业发展面临的最大挑战是如何适应现代农业的适度规模化经营，降低生产成本，提高生产效率，提升种植业的经济效益和种业企业的国际竞争力。目前，中国非主要农作物品种登记名录中食用豆作物仅有蚕豆和豌豆，菜豆种业体系不健全，包括种子经营企业数量少，总体规模小，行业集中度、专业化水平较低。原良种基地缺乏、种业加工能力明显不足。另外，生产方式和种业利润制约菜豆种业发展。种业生产成本高、效率低，利润空间小，种子企业是制约菜豆产业和种业的关键。

在菜豆种质方面，品种退化严重。在优质种推广前，本地菜豆的种子是农户自繁自育的，由于选留种技术的缺乏及和其他菜豆品种大量引进后引起的天然杂交，致使品种出现严重的退化现象，表现在品种的纯度大幅降低，抗病性退减，并且连年种植，导致产量降低，失去了菜豆原有的特征特性，导致价格下跌，经济效益下

降；特色品种、专用品种有待发掘，随着设施园艺的大力发展，专门用作设施栽培的菜豆品种较单一；多抗病性较差，枯萎病、炭疽病、普通细菌性疫病、锈病和菜豆普通花叶病毒是危害我国菜豆的主要病害。这些病害一旦发生，严重影响植株正常生长发育，引起严重减产甚至绝收。而目前培育的品种中抗病较单一，部分只能预防1~2种病害，多抗病性菜豆品种较少；产量较低，虽然我国的菜豆单产相比世界平均单产高，但是为了保证种植户的经济利益，需要培育更高产的品种；品质较差，部分品种菜豆豆荚不耐老化，两侧纤维含量较高，籽粒蛋白质、维生素含量低等。

资金投入不足。蔬菜生产受自然条件影响大，投资风险高，回报周期长，外界对农业投资缺乏热情，仅靠乡村农户投入影响了菜豆产业的发展；科技投入不足，机械化水平低，栽培管理技术亟待提高，部分山区生产条件落后，地势不平，地块小，不适宜机械操作，导致机械化种植水平低，费时费工，增加了菜农的劳动强度，降低了生产效率。政府科研投入不足，专门从事菜豆技术推广的科技队伍力量薄弱，相关科技项目少，推广力度小，制约了菜豆生产的进一步发展壮大。

储藏技术及冷链设施缺乏。菜豆耐贮性差，对环境温度、湿度及菜豆成熟度的要求都比较高，贮藏2周以后常出现锈斑、腐烂和种子膨大等现象，严重影响了菜豆的商品性。由于缺少冷链设施，在菜豆大量上市时菜农不得已将菜豆低价出售，有时价格低至几角钱，减少了菜农的收入，严重打击了菜农种植菜豆的积极性。

销售、信息、服务等体系不健全。虽然建立了市场、流通秩序和信息服务等体系，但是蔬菜销售点多呈零星状分布，缺乏规模大的蔬菜交易市场。农民生产、销售信息不灵通，不能及时根据市场需求及时调整种植产业结构。同时由于交易地点多而散，管理服务工作很难跟进。

生产管理粗放，质量安全形势不容乐观，产业化低。出台的蔬菜标准化生产规程有待进一步细化、量化，对农药的使用需进一步限制，农业执法对一些偏远地区、分散种植户监测力度比较薄弱。随着人们对食品安全的要求越来越高，对农产品的质量规定越来越严，农产品质量安全环境将更加严峻，菜豆也不例外。其中生产管理粗放主要表现在：①不少农户连年种植四季豆都没有轮作，导致四季豆的抗病性降低，投药量增大，种植成本增高；②大田栽培投入水平低，不少农户种"懒庄稼"，病虫草害防治水平低；③农家肥投入少，地力不断下降。产业化程度低，主要表现在：①政府在招商引资方面力度不大，科技部门内引外联能力弱，缺乏强有力的带动产业发展的龙头企业和农民专业合作经济组织；②农民参与产业化经营的意识弱，制约了产业化经营的发展；③四季豆种植主要以单家独户的生产经营为主，种植面积小，产品价格得不到保证，生产效益低；④销售市场主要以本地为主，市场信息不灵，产品流通不畅；⑤品牌意识薄弱，无公害生产种植滞后。蔬菜品牌是营养安全的象征，也是提高市场竞争力的重要途径，菜农、合作社、企业都缺乏蔬菜品牌销售意识，严重影响并制约了菜豆产业的健康发展。

三、四川省菜豆产业发展的对策建议

当前四川省菜豆产业在不断发展的过程中已经形成了一定的规模，为解决当前农村的可持续发展问题创造了良好的空间。但是，也存在着一些问题，为了促进四川省菜豆产业发展，便需要根据实际情况建立蔬菜产业化经营组织，充分利用现代生产技术和加工技术，不断增强四川省菜豆产业的市场竞争力。

（一）培育新型主体，发展和支持龙头企业，增强龙头企业的辐射驱动能力，促进生产规模化经营

政府要采取各种有利于产业化发展的扶持政策，加大资金投入，鼓励菜豆产业向好发展。首先不仅要引导龙头企业向优势产区聚集，形成集聚效应，拉长产业链，同时向农业产业化方向发展。根据"扶优、扶大、扶强"的原则，出台相应的政策，列支专项扶持资金，将具有一定规模的龙头企业给予重点帮扶，给予资金补贴、贷款优惠、税收优惠、提供过桥资金等支持，以扶持农业龙头企业发展，激励其产品创新，加强农业龙头企业的发展壮大，加大龙头企业与农民的利益联结机制。可以延长产业链条，使产业向纵深方向、精深加工方向发展，农户也可以从加工、销售、流通等方面获取更多的利益，实现农民、产业、企业的共赢。

政府应对菜豆种植进行全方位的科学规划，重视对农户的培训，对种植大户和家庭农场给予资金、技术的支持，同时对大型种植户提供良好的经营管理理念，鼓励进行土地流转，打造菜豆生产基地，从而扩大规模，提高生产效率。组织农业龙头企业和农民专业合作社建立专业化农场，建设规模化、标准化的农产品生产基地。在农业保险上，政府应该给予一定的补贴，以此来带动农户种植菜豆的积极性，由于农业受气候的影响很大，应鼓励管理者购买农业保险，对他们进行专业培

训,打造高标准、高水平、高质量的菜豆生产基地,提高菜豆产品的质量和效益。

(二) 强化科研投入,发掘优势种质资源,加大产业的开发力度

菜豆新品种在研发过程中需要耗费大量的时间和资金,并且风险大、周期长、回报率低。很多研发企业为了实现更高的效益,投入大量的资金和精力,由于缺乏科技型专业人才,科研设备也相对落后,导致研发公司科研实力弱。政府应完善科研配套设施,注重科研工作,引进优秀科研人才,在保证资金充足的情况下进行新品种的开发,加快研发成果的转化,提高农民收入。同时,加强与知名科研院所的合作,共同进行产品研发,引进菜豆新品种,不断加强对菜豆产业基地的支持力度。

产业的发展少不了政策的引导和支持,好的政策是产业发展成功的关键因素,因此政府应制定出台一系列关于支持菜豆产业发展的相关政策,引导企业与科研机构共同推进菜豆产业化的发展。赋予从事菜豆生产、加工、销售等企业更多的权利,例如,蔬菜产品进出口经营权,对其一体化经营范围和资质予以认定。设立更多的产品开发项目,发挥资金"四两拨千斤"的优势,增强对菜豆生产基地、研究院、展览馆与研究机构的合作,以及加大对企业自主研发的财政支持,促进产业的快速发展。

虽然四川省是全国重要的蔬菜种植基地,但从整体来看,蔬菜产业的发展仍然存在许多不足,主要表现在蔬菜采摘后直接进行销售,很少有后续的加工处理,产品价值比较低。菜豆的深加工产品类别丰富,为此,应大力发展菜豆的深加工产业,创建核心品牌,延伸菜豆产业链,提高菜豆产品本身的价值,为农户带来更多的收入,同时也能促进当地菜豆产业的高效持续发展。如加大科研力度,鼓励深加工企业与高校或科研机构进行沟通和合作,同时大力支持创建菜豆产品的研究中心,以便生产出档次更高的蔬菜产品。同时加大资金的投入力度,给予政策上的扶持。企业利用贷款资金大力发展菜豆的深加工产业,惠及到农户和经销商,延伸了菜豆产业链,产品附加值得到了很大的提升,同时鼓励企业打开海外销路,严格制定生产标准,统一生产高规格的蔬菜产品,进一步延伸产业链条,带动周边企业及农户走上发家致富的道路。

(三) 发展高标准栽培,提高品牌意识,加快品牌化建设,打造绿色品牌

按照有机产品及绿色食品等高标准蔬菜标准,借鉴发达地区的生态经济发展模式，综合空气质量、选地、土壤改良、灌溉用水、栽培规范、生物防治、残留量监测等方面，制定适宜当地的菜豆栽培技术地方标准，提供健康优质的绿色农产品。通过科技培训提高农户种植菜豆的标准化栽培技术水平，提升四川菜豆品质，达到绿色食品标准，用好的产品打造品牌，借助各种媒体大力搞好菜豆的宣传推广，提高产品知晓率和知名度，并借力电商扩宽销售渠道。

注重大众化、多样化，加快菜豆品牌的构建进程，提高菜豆种植户的品牌意识，发挥品牌效应，增加蔬菜产品的销售量，提高当地的经济收入，特别是种植户的收入。根据相关的扶持政策，以市场为导向，蔬菜生产基地为平台，利用自身的优势，加快规模化进程，打造创新型蔬菜品牌，在有关机构和组织的支持下，进一步创新、创建蔬菜品牌，加大蔬菜品牌的宣传力度，促进蔬菜产业发展。

（四）提高质量意识，因地制宜，推广绿色生态种植，实现可持续发展

蔬菜安全生产是蔬菜产业健康发展的头等大事。相关部门应出台一系列禁止销售高毒、高残留等农药的规定，建立健全蔬菜质量安全生产体系，严格实行农产品标准化生产，应持续加强质量管理，实现菜豆安全生产。

菜豆生产经常存在农户自我留种，导致品种退化，土传病害日益严重。为了菜豆产业的可持续发展必须引进改良品种，减少病虫害滋生。土传病害对菜豆种植有很大的破坏性，因此要用多种方式预防蔬菜种植过程中的土传病害。具体可以实施以下几种预防手段：第一，注重提升蔬菜对病害的抵抗能力，培养抗病害能力强的菜豆品种，使其能够灵活抵御多种病害侵袭。第二，根据理论和实践完善栽培体系，运用更加科学的方式减少土壤的病菌指标，优化土壤质量，改善蔬菜的生长环境。第三，构建合理的蔬菜种植方式，根据种植蔬菜的营养需求，使作物获得合理的营养成分，改进栽培方式，提高土壤质量，这样既能提高肥料利用率，又可以避免土壤过度使用造成的肥力下降。种植菜豆过程中要对病菌加以防范，优化蔬菜生长环境，提高菜豆的产量和品质，为菜豆自动化、集约化生产模式的运作提供有利条件。

改善施肥技术，改良土壤环境，推广测土配方施肥技术。要大力推广以虫治虫的绿色控害技术，这种技术减少了化学药品的使用，极大的提高了菜豆产品的安全性，还可以采用物理方法进行防虫防害，减轻对环境造成的污染。同时加大财政支持力度，对使用绿色控害的农户给予农业补贴，鼓励农民使用绿色控害技术。最后要加强监管，不定时地对农田进行随机检查，发现有使用高残留农药的农户，要立即进行处罚，对农户进行思想指导，引导使用绿色控害技术预防病虫害的发生。

加大县乡农技培训力度，让农技干部掌握菜豆标准化种植技术，增强为群众服务的本领，让农民切实掌握先进生产技术，适应市场的发展。

（五）发展智慧农业，加强农业保险制度，提高农业智能化水平和抗风险能力

我国农业已由传统农业向现代农业转变，单纯的农业生产已不适应现代农村经济发展的要求，必须要紧紧围绕地域经济特色，大力发展区域规模种植、集约化经营的区域农业经济。利用与高校、科研院所的合作，提高物联网与人工智能的保障能力，消除菜农和消费者的顾虑。带领菜农现场观摩以及加强菜农培训教育，不断进行宣传推广。现在的物联网技术是一项成熟的技术，可以应用在生产过程的各个方面，在推动蔬菜产业自动化方面，应加强与物联网企业的合作，提高物联网与人工智能技术在蔬菜产业化方面的应用。

加强对蔬菜质量的监管力度，完善蔬菜质量标准体系，不断加强对菜豆生产过程的监管，提高科学技术水平。打造真实有效的农产品质量追溯体系，加强品牌化建设，促进蔬菜产业的发展。生产适销对路，安全优质的蔬菜产品，实现订单化生产。

农民在蔬菜种植上投入较多的资金，为了规避风险，政府应鼓励农民买入农业保险并加大财政补贴力度。农业保险要坚持服务"三农"的理念，以参保农民的利益最大化为目标，做好受灾之后的理赔，提高服务质量，能够让农民降低受灾害影响的程度，获得更多的灾后赔付，尽快恢复生产，让灾民享受一条龙服务。

参考文献

陈琼，韩瑞玺，唐浩，等，2018. 我国菜豆新品种选育研究现状及展望［J］. 中国种业（10）：9-14.

付霞，2015. 菜豆种质资源的形态学和同工酶分析［D］. 雅安：四川农业大学.

黄志端，2020. 1-MCP处理结合冷藏对菜豆采后生理品质及木质化进程的影响［D］. 贵阳：贵州大学.

瞿云明，郑仕华，马瑞芳，等，2021. 菜豆化肥农药减施栽培技术规程［J］. 中国瓜菜，34（2）：92-94.

刘晓伟，董莉，董文阁，等，2021. 温室菜豆冬春茬栽培关键技术［J］. 园艺与种苗，41（5）：

51-52.

牟柯澴, 2022. 菜豆种质资源耐冷性鉴定及综合评价 [D]. 雅安: 四川农业大学.

彭丽娟, 牟柯澴, 张健伟, 等, 2022. 基于SSR及ISSR标记的菜豆遗传多样性分析 [J]. 分子植物育种, 20 (21): 7161-7173.

吴磊, 2019. 普通菜豆抗旱相关基因的发掘与定位 [D]. 北京: 中国农业科学院.

吴小丽, 2018. 菜豆高效离体再生体系的建立 [D]. 雅安: 四川农业大学.

严泽生, 江雷雨, 张中典, 2013.32个菜豆品种种质资源的综合评价 [J]. 农学学报, 3 (5): 42-46.

杨丽娟, 李志杨, 杨槟瑜, 等, 2023. 菜豆高垄膜下微喷灌水肥一体高效种植技术 [J]. 农业科技通讯 (10): 184-186.

周鹏飞, 2012. 早春菜豆高产栽培技术 [J]. 四川农业科技 (1): 20.

朱永鹏, 2013. 菜豆遗传多样性的形态学和ISSR分析 [D]. 雅安: 四川农业大学.

四川省菜用大豆产业发展报告

钟文娟[1] 陈四维[1] 廖蕤[1] 戢沛城[1] 毛庭德[2] 余明军[3] 牟方生[1]

(1. 四川省农业科学院经济作物研究所,四川成都 610066;2. 德昌县农业农村局,四川凉山 615500;3. 什邡市农业农村局,四川德阳 618400)

摘 要:经过 10 多年发展,四川省菜用大豆种植面积位居全国前列,生产区域从以成都为中心,扩大到德阳、绵阳、内江、自贡、宜宾等生产力和光热条件较好的地区。四川省菜用大豆具有上市早、持续供应时间长、产量高的鲜明特点,80% 外销,为国内消费者提供了优质高蛋白蔬菜,也是川内菜农的重要收入来源,菜农种植积极性高。本报告对四川省菜用大豆产业的现状进行了充分调研,剖析了产业链中存在的品种单一、重茬连作严重、栽培技术不规范、采摘困难、保鲜期短等主要问题,研判了四川省菜用大豆产业的发展趋势,提出了优化种植区域、加大品种选育力度、采摘机械化、保鲜技术研发、产品多元化开发等对策建议。

关键词:四川省;菜用大豆;产业现状;发展趋势;对策建议

通过 10 多年发展,四川省菜用大豆种植面积达 4.0 万~4.6 万公顷,位居全国前列,种植区域以成都为中心扩大到德阳、绵阳等周边平原地区,并辐射到光热条件较好的内江、自贡、宜宾等东南部地区。四川省菜用大豆以一年两季为主,供应时间达半年之久,从 5 月底开始陆续供应市场,持续到 11 月中旬,80% 销往省外,是国内菜用大豆的重要供给,为消费者提供了高蛋白优质蔬菜。菜用大豆已成为四川夏、秋季的重要蔬菜和菜农的重要收入来源。

一、四川省菜用大豆产业发展现状

(一)四川省菜用大豆种植区域面积调研情况

四川省菜用大豆产业发展了近 15 年,以成都平原为主,最早在金堂县种植,随后向成都平原其他区域发展。因菜用大豆属于特殊类型大豆,归口统计口径既没有归入大豆，也没有归入蔬菜，所以官方无准确的统计数据。通过对各区县农技推广站、专业合作社、家庭农场、种植大户进行走访座谈、电话调研、问卷调查等形式开展了菜用大豆种植面积摸底。目前四川省菜用大豆播种面积最大区域在成都市，常年播种面积约1.21万公顷，按照区县排名依次是金堂县、青神县、简阳市、彭州市、威远县、什邡市、绵竹县、广汉市、安州区以及其他市县等（表1）。全省菜用大豆播种面积4.0万~4.6万公顷，每年播种面积会因前一年度鲜荚市场价格进行自发调整。全省菜用大豆平均鲜荚产量9.0~15.0吨/公顷，因不同区域不同季节产量差异比较大。全省约有33条鲜豆荚清洗分选初加工线，主要分布在金堂县、彭州市、青神县，其他区县会根据播种面积自发增加清洗分选加工线。每条加工线每年能分选0.5万~2.0万吨鲜豆荚，加工线都配有相应面积的冻库进行保鲜储藏。

（二）四川省菜用大豆主栽品种

最早引入四川省种植的菜用大豆品种主要是辽鲜1号、台292、台75等，近几年来随着豆荚销售市场需求影响种植品种变化，主栽品种变成翠绿宝、新辽鲜1号、奎丰1号、大冬豆等品种，各个品种分别有各自的特点。

翠绿宝：即开科源5号。全生育期72.8天，比与对照"沪宁95-1"早熟2天。有限结荚习性，株型收敛，株高30.6厘米，主茎节数8.9个，有效分枝2.5个。叶片卵圆形，白花，灰毛，青荚绿色，镰刀形。单株有效荚数30.6个，标准荚长5.1厘米，宽1.3厘米，每荚粒数2.1个，百粒鲜重74.3克。经南京农业大学国家大豆改良中心接种鉴定，对大豆花叶病毒病株系均高抗。2021年在浙江省自主开展的多点适应性试验，平均亩产鲜荚713.9千克，比对照"沪宁95-1"增产8.1%。该品种生育期较短，适宜四川早春播种，占四川省菜用大豆种植面积的50%以上。

表1 菜用大豆种植主要地市的面积和加工线分布

市区（县）	面积（万公顷）	清洗加工线（条）
成都市	1.21	20
德阳市	0.65	5
绵阳市	0.14	2
眉山市	0.43	6

(续表)

市区（县）	面积（万公顷）	清洗加工线（条）
内江市	0.45	0
自贡市	0.50	0
宜宾市	0.40	0
其他市州	0.56	0

奎丰1号：审定编号为国审豆2008020。该品种紫花，棕毛，叶椭圆形，成熟荚褐色，平均株高95.2厘米，主茎节数18个，有效分枝1.4个，单株有效荚数44.9个，其中3~4粒荚占65%，百粒重21.8克，田间表现抗病毒病与霜霉病，抗倒伏。奎丰1号为四川夏季播种（4—6月）的主栽菜用大豆品种。

大冬豆：浙江本地大豆品种。株高70厘米左右，有限结荚习性，白花，白毛园叶，采鲜荚要85天左右，特耐采摘，产量高，属中晚熟品种。适宜浙江、海南、福建、四川、广东、广西以及越南等地秋季种植。

（三）四川省菜用大豆种植模式

当前，四川省菜用大豆种植主要分为三个季：第一季是春播早熟菜用大豆，2月下旬至4月播种，5月下旬到7月上中旬收获，主栽品种是翠绿宝、新辽鲜1号等早熟品种；第二季是夏播中熟菜用大豆，5月中下旬至6月下旬播种，8月下旬至9月上旬收获，主栽品种是奎丰1号、科丰系列品种；第三季是秋播晚熟菜用大豆，7月下旬至8月中旬播种，10月下旬至11月上旬收获，主栽品种大冬豆（商品名）。四川省菜用大豆三季种植模式是比其他区域明显的优势，本地菜用大豆供应从5月下旬开始持续到11月中旬，能保证6个月上市时间。四川连续三季只能在川南区域实现，大部分区域选择"两季菜用大豆+一季蔬菜"进行轮作，实现土地周年种植。近年来在经果林复合种植中菜用大豆发挥着重要作用。

（四）四川省菜用大豆育种现状

在四川省菜用大豆自主试验开展之前，四川省推广的品种多来自东北地区，品种销售包装随意，品种名称不规范，市场销售的菜用大豆品种多、乱、杂，且大多数品种未经本省审定，推广风险较高。部分农民也选择籽粒型大豆品种，根据价格情况决定是鲜食还是粒用，但没有达到菜用大豆品质要求。2018年四川省种子站设置"四川省特殊类型鲜食大豆品种自主试验",科学、公正地审定适合四川省种植的菜用大豆品种,引导市场主推的品种参加试验,规范品种的试验、审定、推广工作,正式开启了四川省菜用大豆品种试验与审定绿色通道。

四川省农业科学院于2014年开始菜用大豆品种育种工作,2020年育成通过四川省首批审定的菜用大豆新品种川鲜豆1号、川鲜豆2号,现已育成"川鲜豆"系列品种7个。随后自贡市农业科学研究院也加入菜用大豆育种行列,现已育成"贡鲜豆"系列品种1个。经过5年的自主区域试验,四川省审定菜用大豆新品种8个:川鲜豆1号(川审豆202030003)、川鲜豆2号(川审豆20203005)、川鲜豆3号(川审豆20213003)、川豆155(川审豆20213004)、川鲜豆4号(川审豆20223005)、成鲜豆2937(川审豆20203004)、浙农2号(川审豆20223006)、贡鲜豆4号(川审豆20223004)。因这些品种近年来才审定,目前仅川豆155、川鲜豆1号有一定推广应用,其余品种还处于示范阶段。自主试验参与单位除了相关科研单位外,还有来自省内外的种业公司积极参加,为四川省菜用大豆品种提供更丰富的种质资源。

(五)四川省菜用大豆采后加工处理与销售

菜用大豆以食用鲜荚为主,所以采后处理主要对鲜荚进行初加工,当天采后鲜荚进入收购商分选清洗加工线。分选清洗加工线主要是根据当地的菜用大豆种植面积来布局,收购商就近组织收购货源,清洗分选加工线的费用25万~50万元不等,要求更高的需要增加色选仪精选,提高豆荚分选等级。

以"××食品工业装备有限公司"为例:加工线由毛豆风选机+提升上料机+滚筒清洗机+毛豆专用清洗机+挑拣输送机组成。

毛豆风选机:通过提升机上料,增加物料下落的落差,更容易分离轻质杂物,同时最大程度上减轻人工劳动强度。在不锈钢风筒入风口处配有风力调节器,可根据物料的实际情况,适当调整风量,主要是根据物料的比重,利用风力去除豆荚中的叶子、杂草、小石子等杂物。

提升上料机+滚筒清洗机:豆荚进入滚筒后通过喷淋管冲洗以及板刷刷洗达到清洗效果,滚筒下方有两个水箱,靠近进料的清水水箱,进水管接清水,靠近出料边是循环水箱,从冲孔滚筒洗过物料出来的水源,经过水箱中的过滤网过滤二次利用。

豆荚专用清洗机：设备主要用于豆荚的深度清洗，采用气泡翻滚、喷淋等技术，最大限度地对豆荚进行清洗。

挑拣输送机：用于豆荚加工中的挑拣工序，对原料进行挑选处理。也可起到各生产车间之间的输送作用。分选清洗后鲜荚沥水打包后在1~5℃冻库冷鲜保藏1~7天，销往全国。

四川省菜用大豆80%销往省外，20%省内消费。清洗分选加工的鲜荚绝大多数通过冷链的方式销往省外北京、上海、广州、深圳、江苏、西安、新疆、甘肃等地，相较于江苏和浙江80%省内消费、20%出口的比例，四川省菜用大豆省外消费比例占比高，是大型城市的重要蔬菜供给。

二、当前四川省菜用大豆产业发展存在的主要问题

尽管四川省菜用大豆常年种植4.0万~4.6万公顷，且近年来有在逐渐增加的趋势，但在调研过程中发现生产中存在一些突出的问题。

（一）种植品种单一，专用型品种不突出

通过调研不同区域的种植品种发现，目前四川省菜用大豆品种主要有三个，早熟翠绿宝、中熟奎丰1号、晚熟浙江大冬豆，分别对应春季、夏季、秋季三个种植季节，不同的季节品种比较单一。单一品种种植对于大面积生产存在很大的隐患：①品种单一种植上市较集中，价格波动比较大，种植收益不稳定；②单一品种抗病抗虫性弱，发生大规模病虫害的风险较高；③单一品种对极端天气的应对能力较低。加之我国消费水平低，一般不注重消费品质，菜用大豆消费以豆荚为主，对鲜、甜、香、蛋白等内在营养品质关注较少，豆米加工等专用型菜用大豆品种没有形成。

（二）常年重茬连作障碍

菜用大豆种植区域大多土壤较肥沃，常年两季豆+一季蔬菜导致土壤连作障碍，连作不仅会导致菜用大豆生长发育受阻、产量降低，还会深刻影响土壤理化性状的变化。连作障碍的发生，使土壤水分养分含量下降，微量元素含量失衡，土壤pH值降低，土壤酶活性下降，土壤细菌数量减少，真菌数量增加，微生物多样性下降，土传病虫害频发，不利于土壤质量的恢复和菜用大豆的生长。随着连作年限的增加，土壤中速效氮、钾和微量元素锌、硼含量降低，影响菜用大豆的生长发育，

导致抗病能力下降，根腐病、茎腐病大面积发生，最终影响菜用大豆产量与品质。成都金堂和彭州是最早种植菜用大豆的区域，连续十几年的菜用大豆种植使得该区域出现连作障碍，病虫害发生严重，严重影响产量和品质。

（三）种植技术实施不规范

四川省菜用大豆由于面积不大，没有专门的管理部门对其生产进行监督管理，种植技术极其不规范。种植业主为了提高豆荚产量，在施肥、病虫害防治等方面存在诸多问题：没有做到精准施肥，化肥施用量过多，利用率不高，部分地区又不施肥或施肥不足；凭借经验打药，过度施用农药；一次性喷施化学农药可达 8 种之多，造成了农药施用量过多，对土壤和环境造成了危害，同时病虫害防治不及时，防治效果不好；覆膜栽培的地膜没有清除或清除不彻底，造成土壤白色污染；豆荚采后豆秆资源利用率低。针对上述生产问题，四川省农业科学院经济作物研究所受委托制定了《菜用大豆生产技术规程》（DB 51/T 2607—2019），该技术规程由四川省市场监督管理局于 2019 年进行发布，规范了四川省菜用大豆的生产技术，但种植户并没有完全依照实施，全省菜用大豆规范、安全生产之路还较遥远。

（四）育成品种与市场不完全接轨

通过市场调研发现，豆荚收购商更多注重的是豆荚的外观商品性，品质关注度不高。因此，四川省菜用大豆种子市场销售主要来自外省已经广泛种植推广的品种，翠绿宝在各省种植的表现较好，并且豆荚市场接受度比较高，这个单一品种几乎占据四川种植面积的 50% 以上（其他省份也是如此），而现下四川省已审定的菜用大豆品种与市面上推广的品种还有一定差距。四川还需要深入研究菜用大豆豆荚的外观品质（荚色、荚厚薄、荚形、籽粒饱满度）、耐储运特性、豆荚采摘期等特征，提高品种的外观商品性。另外，受市场采购商的影响，商品豆荚的需求比较单一，严重制约了育种品种的推广。

（五）采摘机械化困难限制了种植面积的增加

菜用大豆生产与加工的许多环节都能实现机械化：耕地起垄机械化、播种机械化、水肥一体化、植保机械或者无人机飞防、清洗分选加工机械化等能明显提高了生产效率，降低人工成本投入。但与全国其他菜用大豆生产省份一样，四川省菜用大豆还没有实现机械化采摘，尽管国内也对相应的采摘机进行了研发，但机械采摘后的效果不尽如人意。主要有如下几方面问题：①机械对荚的损伤率过高，尤其是拉丝和碰损的问题，严重影响采后清洗加工的品质；②农机与农艺融合的问题，日本久保田全自动进口豆荚采摘机要求品种底荚高度适中，而大面积种植品种未考虑机械采收底荚问题，田间损失率过高；③机械采收豆荚市场接受度不高。机械采摘对豆荚造成损伤后影响清洗和初加工，收购商对于机械采摘的豆荚态度是拒绝。人工采摘是目前菜用大豆生产过程中用工最多、成本最高的环节（1 000~1 200元/亩）。菜用大豆人工采摘劳动力日益缺乏，缺少采摘人工影响大规模种植，工价上涨降低种植效益影响种植积极性，无法实行机械化采摘严重制约了菜用大豆产业发展。采摘成本高、效率低是菜用大豆产业发展最大的限制因素和亟须突破的瓶颈。

（六）储藏保鲜精深加工技术欠缺

新鲜菜用大豆含水量高，成熟后采摘期短，采后极易失水萎蔫或腐烂变质，难以长期储存，极易影响豆荚售卖的商品性和价格，降低豆农的经济效益，挫伤豆农的生产积极性。解决这些问题的途径除了调节栽培技术和培育耐储、持绿期长的品种外，关键是对菜用大豆进行保鲜加工处理。菜用大豆的着色和风味在贮存与加工中极易劣变，因此，使其产品保持良好的色泽和质感、延长保质期，是进行产品深加工的关键。

菜用大豆产品主要以鲜豆荚和鲜豆米为主的初加工产品在菜市场销售，浙江省主要的鲜食大豆产品为鲜豆荚，有少量鲜豆粒在菜市场销售；加工厂的速冻加工产品（速冻豆荚）主要用于出口，国内销售的较少，仅供应少数高档酒店，而菜用大豆的精深加工研究和产品比较少。

三、四川省菜用大豆产业发展趋势与对策建议

（一）四川省菜用大豆产业发展趋势研判

目前菜用大豆的主要产地是中国、日本、泰国和中国台湾地区，而主要消费者是中国、日本、韩国、美国、泰国和欧洲，以及中国台湾地区，除了东南亚地区喜欢食用外，菜用大豆正从亚洲市场逐渐风靡欧美市场。近年来，国内的菜用大豆生产发展很快，一方面由于菜用大豆作为绿色健康蔬菜越来越被消费者熟知和接受，国内消费市场很受欢迎；另一方面由于对菜用大豆的宣传改变了长期以来人们认为大豆是低效作物的观念，菜用大豆种植效益明显高出粒用大豆，极大地提高了豆农的种植积极性；由于需求量的增加，菜用大豆种植由东南沿海发达地区迅速向内陆

地区扩展，四川、湖北、安徽、湖南、云南等地正在大力发展菜用大豆。由于劳动力缺乏和劳动力成本上升，菜用大豆种植区域逐渐由东南沿海发达地区向内地省份发展，一些福建、海南的豆商带着品种、技术和资金来四川投资菜用大豆，已建立了他们在四川的菜用大生产加工基地。随着人们饮食观念和膳食结构的改变，菜用大豆的保健功能逐渐被认识，其需求量将会不断提高。四川省菜用大豆生产将会得到进一步发展。

通过十几年的发展，四川省菜用大豆年种植面积4.0万~4.6万公顷，由最初的成都核心区域，逐渐向成都平原周边各市如眉山、德阳、绵阳等地发展，目前已扩展到内江、自贡、宜宾、攀西等地区。随着成都菜用大豆种植时间的增加，连作障碍问题愈发突出，加之成都区域地租和劳务费用逐年攀升，四川省菜用大豆将进一步向成都周边扩散种植，川南、攀西地区因其气温高，与成都平原区域相比，对早春和晚秋菜用大豆的种植有明显的优势，预计将成为菜用大豆重点扩种区域。

（二）促进四川省菜用大豆产业发展的对策建议

根据菜用大豆产业国内外情况、四川发展现状，结合市场需求、竞争、产业技术发展等，针对四川省菜用大豆今后的发展提出如下对策建议。

1. 加快宜机收高产优质新品种选育

随着我国人口结构的变化和从事农业的劳动力逐渐减少，全程机械化是今后农业发展的出路。限制菜用大豆发展的关键因素在于采摘机械化，除了合适的采收机械外，还需要选育适宜机械化种植的新品种：加强底荚高度、株型收敛、豆荚易摘、豆壳耐损伤等性状的评价筛选，从品种源头开启机械化种植。同时市面上主栽的品种大多来源于外省，需要四川省育种单位结合市场需求设计选育目标，今后审定的品种应该具备易机收、高产、优质和市场接受的特点，只有这样的菜用大豆新品种才能有"用武之地"，才能更快地走向市场、走出四川。

2. 加强高产配套栽培技术研究及推广应用

根据菜用大豆品种特点，应选择适宜的土壤，以土层深厚、排水良好、土壤呈中性或微酸性为宜。种植基地需要水源条件较好，菜用大豆种植过程中需水量较大，较好的水源才能保证高产。要选择符合条件的地区开展菜用大豆绿色高产高效技术模式研究及示范。一是加大高产高效配套栽培技术研究，"良种良法"才能有良好的效益，优异的品种是先决条件，配套高效栽培技术是提高产量和品质的关键：选择抗性好的高产品种，提高种植产量；提倡精准施肥提高利用率，建议土壤条件不好的增施有机肥，改良土壤种植条件；根据气候条件合理预防病虫害，减少化学农药的施用，增加物理和生物防治；按照市场经济规律开展菜用大豆生产，面向市场、适应市场，及时掌握市场供求信息，合理调整菜用大豆的种植模式，采用露地栽培、地膜覆盖以及大棚栽培相结合模式，调整生育时期以满足不同时期的市场需求，保障种植效益。二是要建立绿色高产高效示范点，以点带片（面），尤其是在新兴种植区域，特别需要重视种植技术的培训，提高种植技术水平才能保证种植效益。三是要注重研究轮作和套作模式，尤其是长期种植菜用大豆的区域，需要与粮食作物进行轮作避免土壤连作障碍。在适宜的地区推行粮豆轮作模式和经果林套作模式，在不增加种植面积的前提下增加菜用大豆产量，提高经济效益。四是农业技术推广部门在本地区内对菜用大豆高产高效栽培技术加大推广和培训，提高豆农种植水平，保障种植效益。

3. 加大机械化采收设备和技术研究合作力度

发达国家在20世纪50年代就开始了菜用大豆机械化农机装备的研究与制造，其中以日本最具有代表性，久保田出款了大中型不同款式的菜用大豆采摘机（久保田毛豆收割机EDC1100），采摘效果较好。而中国菜用大豆收获机械的研究起步较晚，目前主要采取两种机械收获：一种是分段收获，即人工先将菜用大豆整株收获，再利用豆荚脱粒机进行脱荚处理，例如中科腾森的毛豆采摘机MG450-A，效率为每小时400千克，可满足散户种植；另一种是田间联合作业，海门市万科保田机械制造有限公司与南通市农机化技术中心、江苏省农业机械技术推广站等单位联合研发的大豆联合收获机，为中国首台通过鉴定的大豆收获机型，该机械每小时可采摘0.067公顷以上，是人工采摘的70倍左右。大型联合收获机比较适合于土地平坦地区采摘，并且价格昂贵，不能全面适应种植户需求。

尽管已经研发了相关的采摘机械，但农机与农艺融合的力度不够，以上机械都存在豆荚损伤率大的问题，基于采摘机械的共性问题，需要联合品种选育单位和机械研发机构协同攻关，共同攻克菜用大豆采摘机械的难题。研发适应四川丘陵小地块、价格低廉、可靠性高的自走式菜用大豆联合收获机，是四川省菜用大豆业界的主攻方向。

4. 科学布局优势种植区域

四川省菜用大豆价格受市场供需关系波动很大，尤其是全国大量上市时，四川省菜用大豆没有明显的价格优势。从调研的情况来看，5月上市的早春菜用大豆市场价格较高且稳定，明显效益高，业主种植热情高。而6月播种的菜用大豆与全国其他区域的上市时间集中，从而价格明显偏低甚至过低。而晚秋菜用大豆（浙江大冬豆）需要在7月底、8月后种植，豆荚上市越晚价格越高，一些地方因后期积温不够而不能种植。因此，川南地区、攀西地区重点发展"春提早"和"秋延后"的菜用大豆生产，与其他种植区域实现错季上市；成都及周边地区具有地势平坦、土壤肥沃、规模成片、机械化程度高、加工运输便利等优势，可打造成菜用大豆高产生产基地和加工贸易中心，擦亮四川特色菜用大豆的"金字招牌"。

5. 合理利用采后保鲜技术

菜用大豆采后保鲜主要是利用机械冷藏、保鲜剂防腐和气调储藏原理合理有效地调节外部环境因素，尽可能延长菜用大豆的新鲜程度，保持原有的口感风味和外观色泽。当前四川销售的菜用大豆采收保鲜仅限于在清洗分选初加工后的短时间贮藏保鲜，一般在1~5℃的冷库中贮藏不超过1周的时间就需要出货。而国外和福建、江浙一带采用漂烫速冻技术对菜用大豆进行保鲜储藏，工艺流程包括：贮前准备—采收入库—原料清选—无菌漂洗—沥水风干—开水漂烫—冷却—防腐灭菌—分装—贮期管理。采用漂烫速冻保鲜技术能显著延长市场供给时间，并且能根据市场上同类产品和相关产品的旺、淡季合理选择保鲜时间和保鲜数量，以获得错季上市的高价格。因此，四川应加强漂烫速冻保鲜技术的利用，延长菜用大豆供应期。

6. 重视完善深加工产业链，开发多元化产品

菜用大豆目前主要以鲜豆荚和鲜豆粒为产品，属于初级加工产品。应加强对菜用大豆加工企业的扶持，建立菜用大豆深加工基地，开展加工贮运保鲜技术的研究，提高对鲜荚的加工贮运保鲜技术水平，从而满足居民的消费需要及为出口创汇创造有利条件。同时多渠道利用菜用大豆，开发不同类型的菜用产品：供大于求时转变加工类型，可生产鲜豆粒罐头，以及发展鲜豆粒小包装、软包装、加工速冻等青储保鲜产品，制成各种优质味美的鲜豆制品，实现周年供应。

近年来预制菜为百姓餐桌提供了新选择，更为中国农业产业的发展提供了新的赛道。2023年《中共中央、国务院关于做好2023年全面推进乡村振兴重点工业的意见》提出：提升净菜、中央厨房等产业标准化和规范化水平，培育发展预制菜产业。2023年四川省人民政府工作报告中明确支持发展预制菜产业。目前在浙江省有少数精深加工的产品如五香毛豆、调味毛豆、雪菜毛豆、毛豆辣子鸡等，大多数为半成品的预制菜。四川应帮助扶持企业多元化开发菜用大豆产品，将菜用大豆作为重要的配菜进入预制菜产品中，开发事宜年轻人的不同口味产品，为老百姓的餐桌提供更多的选择，为菜用大豆的精深加工提供更多的方向。

7. 合力打造四川省菜用大豆品牌

四川省菜用大豆相较其他区域有明显的优势：一是上市时间早，最早上市时间在5月下旬；二是持续供应时间长，本地豆荚供应时间达半年之久；三是产量高，相较江浙区域，四川省菜用大豆的产量高；四是生态气候条件多样化，攀西和川南区域的明显气候优势能促使四川省菜用大豆错季上市。同时在区域品牌打造上，德阳什邡市大力打造"什邡毛豆"区域品牌，使其成为2023年全国名特优新农产品。政府重视其产业发展，在实行补贴政策的引领下发展种植菜用大豆，打造菜用大豆核心示范区，统一实行标准化生产。通过多方共同努力，"什邡毛豆"2019年获无公害农产品认证，2021年授权使用"四川扶贫"公益性集体商标标识。通过政府与业主的通力合作打造品牌，助推"什邡毛豆"成功入选农业农村部2023年第二批全国名特优新农产品名录。综合以上四川省菜用大豆的优势来看，建议合力打造"四川省菜用大豆"的品牌，加强菜用大豆地方品牌、区域品牌建设，促进区域品牌与销售渠道品牌的合作，通过塑造区域品牌，以品牌效应提升种植效益，提高四川省菜用大豆的品质产量优势，提升四川省菜用大豆的国内外影响力，助推四川省菜用大豆产业的健康可持续发展。

参考文献

李秀珍，李方舟，王军，等，2017. 菜用大豆保鲜储藏技术的应用研究［J］. 种子科技，35（9）：44-45.

中华人民共和国农业农村部. 农业部关于促进大豆生产发展的指导意见［EB/OL］. http：//www.moa.gov.cn/nybgb/2016/disiqi/201711/t20171124_ 5919412.htm2016-04-05.

Nair RM，Boddepalli VN，Yan M-R，Kumar V，Gill B，Pan RS，Wang C，Hartman GL，Silva e Souza R，Somta P，2023. Global Status of Vegetable Soybean. Plants，12（3）：609. https：//doi.org/10.3390/plants12030609

USDA，2021. Oilseeds：World Markets and Trade. Available online：https：//www.fas.usda.gov/data/oilseeds-world-marketsand-trade（accessed on 15 March 2022）.

四川省莲藕产业发展报告

马燕勤[1]　常　伟[2]　杨　亮[1]　吴传秀[3]
李　志[1]　李　菊[1]　苗明军[1]　李　享[3]

(1. 四川省农业科学院园艺研究所，四川成都 610016；2. 四川省食用菌研究所，四川成都 610000；3. 四川省园艺作物技术推广总站，四川成都 610041)

摘　要：本研究介绍了四川省莲藕产业发展现状，分析了四川省莲藕产业发展中存在的主要问题，研判了四川省莲藕产业发展趋势，提出了促进四川省莲藕产业发展的对策建议：采用生态友好的种植方式、推广机械化生产、加强品牌建设和市场推广、加强政策支持和资金投入、建立合作机制、加强科研投入和大力培育莲产业文化。研究为四川省莲藕产业绿色高质发展提供可靠的理论依据。

关键词：四川省；莲藕产业；产业现状；发展趋势；对策建议

一、四川省莲藕产业发展现状

1. 栽培面积

四川盆地属于亚热带湿润气候，年平均气温较高，四季分明，降雨充沛，日照较少，非常适合莲藕的生长。四川省莲藕种植面积逐年扩大，从 2015 年的 2.86 万公顷增长到了 2021 年的 3.32 万公顷。相应地，莲藕产量也从 2015 年的 83.18 万吨增长到 2021 年的 92.89 万吨（表 1）。四川省的莲藕种植主要集中在成都平原和川南地区，其中成都平原是四川省最大的莲藕产区，其种植面积和产量均位居全省前列。眉山市东坡区为四川省的莲藕种植基地之一。其中，复兴镇的莲藕种植面积最大。此外，泸州市泸县也是四川莲藕种植的重要区域，主要集中在立石镇和玄滩镇等地。

表1 四川莲藕主要生产地区的种植面积和产量

年份	种植面积/万公顷	产量/万吨
2015	2.86	240
2016	2.97	168
2017	3.14	135
2018	3.16	120
2019	3.17	116
2020	3.31	108
2021	3.32	86

数据来源：根据历年《四川农村统计年鉴》整理而得。

2. 主栽品种

四川省莲藕主要以鄂莲系列品种为主，包括鄂莲1号、鄂莲5号、鄂莲6和鄂莲7号等品种，四川部分地区还有一些特色莲藕品种，伍堡红花藕是四川省资阳乐至县忠义镇的著名特产，该品皮质白，节段长，肉头肥厚，粉质适中，入口化渣，略带回甜，口感上佳。因煮熟后略带红色，当地人称之为"红花藕"。此外，还有宜宾早藕、乐山大白藕等地方特色品种。

3. 产业发展模式

泸州市泸县立足资源优势，引进优质品种，通过"专合社+基地+农户"的发展模式，发展独特的莲藕经济产业，年产鲜藕8 300余吨，产值近5 000余万元。同时，打造便捷交通让新鲜农产品源源不断运往各地，莲藕等生鲜农产品年年助力菜农增收，促进乡村振兴。

射洪市官升镇属于典型农业镇。近年来，由于农村人口老龄化现象日趋严重，传统农业经济效益比较低，造成大量农村剩余劳动力外流，致使全镇70%以上的土地被撂荒，为解决农民增收难和土地撂荒问题，镇党委、政府结合实际，通过招商引资、外引内扶、土地流转等措施，发展莲藕特色产业5 000余亩，实现"千亩荷塘、十里荷香"。该镇凭借"莲藕之乡"的东风，采用"生态种植、绿色餐饮、休闲采摘、观光旅游"为一体的良性农业循环经济发展模式，挖掘荷莲文化发展乡村旅游。目前，已成功举办了四届"荷花节"，接待游客40 000余人，实现了全镇一三产业融合发展，促进了当地社会经济发展。

4. 产品销售加工

成都、眉山、乐山等地采取产供加销紧密联合一体化方式发展产业，农民或农业合作社负责莲藕的种植和管理，收购商根据莲藕的品质、大小、重量等因素进行评估，给出合理的价格。同时，一些大型莲藕加工企业也会直接与农民或农业合作社签订收购合同。收购来的莲藕会经过一系列的加工处理，如清洗、去皮、切片、腌制、烘干等，制作成各种莲藕制品在国内市场销售。

5. 主要生产销售企业

四川专门从事莲藕生产销售企业较少，销售加工企业分散在眉山彭山区、青神县、安岳县以及遂宁市安居区等产地，销售加工企业的集中度不够，市场竞争力较差，主要生产加工销售企业有如下几家。

四川龙胜腾达藕业有限公司。是一家专业从事莲藕种植、收购、加工和销售的企业，位于四川省眉山市彭山区。该公司生产的莲藕制品包括藕粉、藕片、速冻藕片等，产品畅销国内外市场。

四川省青神县云华藕业有限公司。是集莲藕种植、收购、加工和销售于一体的企业，位于四川省眉山市青神县。该公司生产的莲藕制品以出口为主，主要产品包括速冻藕片、盐渍藕片等。

四川省安岳县通贤镇荷花村莲藕专业合作社。是由当地农民发起成立的莲藕专业合作社，位于四川省资阳市安岳县通贤镇。该合作社主要从事莲藕的种植、收购、加工和销售，产品主要以鲜藕和速冻藕片为主。此外还有"宜宾县蜀莲莲藕专业合作社"和"双流新农夫莲藕种植专业合作社"等。

二、当前四川省莲藕产业发展存在的主要问题

近年来，四川省莲藕产业快速发展，莲藕种植面积逐年扩大，莲藕品质和产量均得到提升。但受产业发展较晚、种植户文化程度较低、思想观念滞后、农产品加工企业规模小和加工工艺落后等因素制约，莲藕产业发展还存在一些亟待解决的问题。

1. 产区分布狭窄，特色品种少

在栽培品种方面，四川省有一些特色品种，如"宜宾早藕"和"乐山大白藕"，然而，相比其他省份的特色品种，四川省的特色品种数量较少，制约了产业

进一步发展。同时，四川省的莲藕主要种植区域分布在成都平原、川南和川东北等地，其中成都市、眉山市、乐山市、宜宾市等是莲藕的主产区，这些地区地势平坦，气候温和，土壤肥沃，适宜莲藕的生长，但在省内其他地区，莲藕种植面积较小，莲藕产业的发展空间受限。

2. 规模化标准化程度低，种植模式单一

四川省莲藕种植多以小户型分散种植为主，采收多依靠人工采挖的方式，机械化程度低，生产效率低，人工成本高，莲藕产量与品质难以保障；产业融合度不足，许多区域的莲藕种植模式还较为单一，没有结合其他蔬菜品种套种或与养殖业结合发展，发展荷田农事体验、农家乐、休闲游等附加产业的也较少，这种单一的种植模式不仅限制了莲藕产业的发展空间，制约了产业的发展。

3. 产业链条短，产出效益不高

四川省莲藕以鲜销为主，加工产品主要以藕片和藕粉等初级产品为主，提取莲藕中的活性成分利用少，精深加工产品种类比较少，产业链条延伸不够，导致莲藕产品的附加值较低；此外，莲藕产品知名品牌与特色品牌缺乏，特色优势不明显，导致市场竞争力不够，产出效益不高。

4. 政策扶持力度小，示范推广体系不健全

各级政府在莲藕产业发展方面的政策资金支持力度小，对一些莲藕种植户的补贴和扶持力度不够大，难以激发农民的积极性；产业基地的水利、交通等基础设施建设薄弱。这些都是限制四川省莲藕产业发展的重要因素。同时，产区劳动力受教育程度较低，文化素质不高，掌握先进的莲藕栽培技术不够，种植管理粗放，加上缺乏相应完善的示范培训等推广应用体系，导致莲藕产量低、品质参差不齐，经济效益不高，影响了莲藕产业的发展速度和竞争力。

5. 外销渠道不畅

近年来，随着莲藕种植规模的不断扩大，本地市场的消化量却没有相应增加，这导致了近年来莲藕滞销和价格下滑的现象。由于缺乏专业的销售平台和市场推广，主要依靠藕农们自己联系外地销售商的方式进行销售莲藕，销售效率和市场价格受限多，不仅影响藕农的经济收益，而且一定程度上打击了他们种植莲藕的积极性。

6. 莲文化培育不够，品牌建设弱

莲藕文化在中国有着悠久的历史，早在两千多年前的《诗经》中就有对莲藕的描写。随着时间的推移，莲藕文化逐渐融入了诗词、绘画、雕塑和音乐等多个领域，形成了独特的文化景观。莲藕文化具有丰厚的文化底蕴，但大多都流散于民间，没有专门的机构进行收集整理，没有将其与产业高度融合，没有充分发挥莲文化在莲产品中的突出作用，这不仅导致了莲藕文化的传承和发展受到了限制，也影响了莲藕产业的市场占有率和市场价值的提升。

三、四川省莲藕产业发展趋势与对策建议

（一）四川省莲藕产业发展趋势研判

1. 产业规模将逐步增长

四川莲藕种植面积逐年稳步增加，从2015年的2.86万公顷增长到了2021年的3.32万公顷。相应地，莲藕产量也从2015年的83.18万吨增长到2021年的92.89万吨。随着人们生活水平的不断提高，大众的健康意识也在不断加强，且莲藕作为传统的药食两用食物，具有丰富的营养价值与独特的保健功能，莲藕的市场需求将越来越大，其种植面积及产量将持续稳步增长。

2. 产业效益逐步凸显

莲藕产业链较长，从最初的农业种植到最终的销售横跨了农业、工业、商贸、生态旅游等诸多领域产业。在农业种植环节，需要选用优质的莲藕品种，采用科学的种植技术和管理方法，提高莲藕的产量和质量；同时，加强基地建设，为后续的加工和销售环节提供优质的原材料。在加工环节，可以采用现代化的加工技术和设备，开发出多种莲藕产品如藕粉、藕片、功能成分产品等，以满足不同消费者的需求，提高产品的附加值和市场竞争力，莲藕的产业链条将延伸，产业效益将逐步增长。

（二）促进四川省莲藕产业发展的对策建议

1. 加大政策支持和资金投入

加大对莲藕产业的研发投入，重点支持专用特色新品种选育、轻简绿色生态栽培技术模式研发、专用采收机械设备研制、储运保鲜及精深加工技术等产业发展瓶颈问题进行攻关，通过集成示范新品种新技术新模式，提高莲藕的产量和质量，提

高生产效率，降低生产成本和市场风险，提升莲藕产业的科技含量和市场竞争力。

加大产业政策扶持力度，设立莲藕产业专项资金、发展基金和奖励制度，支持标准化、规模化生产基地建设，加大对新型经营主体在信贷、税收、出口退税等方面的扶持力度，探索水生蔬菜产业政策保险，降低企业和农民的风险，激发企业和农民的积极性，促进莲藕产业的发展。

2. 示范推广环境友好型及"莲藕+"生产技术模式

采用生态绿色种植方式是莲藕产业可持续发展的重要保障。生态友好的种植方式可以减少对环境的负面影响，保护土壤和水源，从而保障莲藕的品质和产量。推广优质高产抗病新优品种，开展化肥和农药减施，采用生物防治、物理防治等绿色技术，推行机械化采收生产模式，推广节水莲藕生产技术，实现莲藕产业的绿色可持续发展；推广"莲藕+渔"复合种养模式，采取"莲藕+虾""莲藕+鱼""莲藕+鳅""莲藕+鳖""莲花+鱼"等多种种养模式，提升单位面积产出效益。

3. 提高机械化生产

在莲藕产业中，采收环节是劳动力成本最高的环节之一。传统的采收方式需要人工下水采收，不仅劳动强度大，而且存在一定的安全风险。研发和推广自动化采收设备是降低成本的重要措施。自动化采收设备采用先进的机械和电子技术，设计出适合的采收机构和控制系统，实现高效的采收作业，减少人工采收成本，降低劳动力成本，提高生产效率。

4. 构建产销一体利益联合体

推行"龙头企业+合作社+农户"和"龙头企业+基地+农户"等模式打通融合结点，实现产业链上下游的协同发展；探索生产端与销售端的利益紧密链接机制，引导莲藕种植合作社和生产企业等生产端与市场营销企业建立分红型、股权型产销紧密合作模式，促进产品销售企业与种植联合体紧密合作，实现莲藕产业的规模化、集约化和现代化发展，降低生产成本和市场风险，增强市场竞争力。

5. 强化品牌文化建设

鼓励莲藕种植、销售和加工企业创建品牌，支持申请绿色食品、有机农产品和农产品地理标志认证等认证，逐步形成区域品牌，鼓励企业打造企业知名品牌，提升产品的知名度和美誉度，提高产品的附加值和市场竞争力。突出莲藕产品的绿色和生态等地方性特色，开发藕粉圆子、荷叶粽子、荷叶茶、荷花茶等地方特色美食产品，重视莲文化挖掘整理的成果运用，举办荷花节、摄影节、诗歌会、莲藕采摘节、美食节等文化娱乐活动，拓展莲藕文化、旅游、生态等功能，促进莲藕一二三产业融合，做大做强做优莲藕产业经济。

参考文献

陈建明，寿森炎，杨新琴，等，2017.浙江省水生蔬菜产业"十二五"总结与"十三五"研究思路探讨［J］.长江蔬菜（18）：4-7.

戴军，2023.我国莲藕出口存在的问题及发展对策建议［J］.上海蔬菜（1）：83-86.

丁可，詹婷，邱蕾，2019.2018年湖北省蔬菜生产者市场价格分析和2019年走势展望［J］.湖北农业科学，58（4）：142-145.

蒋怡，董秀春，刘忠友，等，2023.四川盆地莲藕种植遥感提取及热点区域分析［J］.中国农学通报，39（10）：148-155.

刘独臣，房超，李跃建，等，2010.四川省水生蔬菜产业发展现状及前景［J］.长江蔬菜（14）：126-128.

王瑜，吴修，马加清，等，2013.山东莲藕产业现状及发展趋势［J］.中国蔬菜，1（3）：22-24.

吴曼，宗义湘，赵帮宏，等，2019.中国水生蔬菜产业发展现状、存在问题及发展思路［J］.长江蔬菜（2）：35-41.

谢晋，韩迪，王靖，等，2017.中国莲藕产业发展现状及展望［J］.农业展望，13（12）：5-10.

许丽，崔巍娜，秦文，2018.宝应县荷藕产业发展现状，问题及对策建议［J］.农家参谋（10X）：2-3.

余宏旺，2019.安徽沿江地区莲藕优质高产栽培技术［J］.安徽农学通报，25（17）：2-3.

袁田垚，吴曼，赵邦宏，2020.仙桃市水生蔬菜产业发展现状与对策［J］.长江蔬菜（10）：48-52.

张献忠，龙果，游宇泽，2020.洪湖地区莲藕产业发展现状，存在问题及对策建议［J］.长江蔬菜（23）：3-5.

赵帮宏，宗义湘，吴曼，等，2018.中国水生蔬菜产业发展研究报告（2017）［M］.北京：经济管理出版社.

郏荣松，倪伟，2018.无为县莲藕产业发展现状及建议［J］.现代农业科技（12）：100-100.

四川省芋头产业发展报告

常 伟[1] 李 志[2] 杨 亮[2] 吴传秀[3]
李 菊[2] 马燕勤[2] 苗明军[2] 李 享[3]

(1. 四川省食用菌研究所,四川成都 610000;2. 四川省农业科学院园艺研究所,四川成都 610016;3. 四川省园艺作物技术推广总站,四川成都 610041)

摘 要:四川是我国芋头重要产区,芋头也是四川本地蔬菜秋淡市场的重要补充。当前芋头产业存在着品种退化严重、现代栽培技术模式缺乏、机械化标准化规模化程度低、产业加工增值链条短等问题,导致生产成本高、产出效益不显著,制约了芋头产业的高质量发展。本研究提出了从种质资源的收集、保存与利用,加强新品种培育和研发精深加工技术等方面来加强科技创新,解决产业科技创新支撑不足问题;加速芋头脱毒种苗推广,从种业芯片源头保障产业发展;加快芋头产业机械化应用,改变传统芋头生产模式劳动强度大、效率低下和生产成本高等现状,提高生产效率,降低生产成本,提升产出效益;加强品牌建设,建立芋头优势产区和生产基地,形成一批芋头国家地理标志产品认证和绿色食品认证产品,推动芋头由粗放经营向集约化经营转变,实现"生产集约化、种植规模化、产品标准化、销售品牌化"的产业发展格局。

关键词:芋头;产业;现状;对策;建议

一、四川省芋头产业发展状况

(一) 四川芋头生产情况

芋头在四川省具有悠久的种植历史和消费习惯,芋儿烧鸡、芋儿烧排骨等是川菜中经典菜品。除高寒地区外,芋头在四川区域均有种植,对补充供应本地秋淡市场具有重要作用。根据四川省农业统计年鉴数据,2021 年,四川芋头种植面积为 0.3 万公顷左右,主要分布在内江市资中县、乐山市犍为县、成都市双流县、绵阳市安县等川中、川东、川南等地区，多以农户种植为主，规模化程度较低，生产区域较分散，主要品种以红嘴芋、乌杆芋、青秆芋等多子芋农家品种为主。

（二）四川芋头育种科技创新情况

四川省农业科学院园艺研究所等单位依托农业农村部第二次、第三次农业资源普查等项目，收集了国内芋头资源150余份，进行了资源种质鉴定与保存工作，选育出魁芋1号新品种。开展了组培及化学诱变育种技术研究，研究结果表明：赤霉素对芋开花有明显的促进和诱导作用。

二、当前四川省芋头产业发展存在的主要问题

（一）主栽品种退化严重

目前，四川芋头以农户分散种植为主，种植普遍采用块茎无性繁殖，由于长期采取无性繁殖，种块带毒带菌严重，疫病、病毒病等病害发生严重，导致芋头的产量与品质严重下降。同时，在一些产区随着芋头长期连作，病虫害也开始逐渐泛滥，严重影响了四川芋头产业发展。

（二）先进栽培技术缺乏

四川芋头种植规模较小，主要以农户零星种植为主，各级政府在芋头产业方面的投入少，缺乏专业机构开展相关研究，栽培技术模式上还一直沿用如大水漫灌、粗放施肥、人工采收等传统种植习惯，不仅效率低下，而且肥水浪费严重，且长期浸泡于水中容易发生各种病虫害，严重制约了种植技术模式的转型升级和产业发展。

（三）生产机械化程度低

四川芋头在栽培过程中，由于多为农户零星种植，种植规模小且区域分散，芋头生产在整地、起垄、除草、覆土、追肥和收获等靠人工完成，人工成本目前依然是芋头产业发展中成本最高的一部分。高劳动强度、低作业效率和高劳动力成本的生产方式制约了四川芋头产业的进一步发展。

（四）科技创新不足

缺乏芋头专业协会、合作社、加工企业和产业园区，一二三产业融合不够。同时，四川省目前从事芋头相关研究的单位少，专业技术人员缺乏，创新推广项目支持力度小，芋头新品种及其配套高产高效栽培技术难以普及。

三、四川省芋头产业发展趋势及对策建议

1. 强化科技创新

随着人们的生活水平显著提高，对饮食追求已从温饱向健康绿色转变，芋头的营养价值、药用价值，经济效益和生态效益正逐渐被人们广泛认知。四川地区应抓住机遇开展芋头科技创新。一是开展种质资源的收集、保存与利用研究。种质资源是农业生产和育种的基础，为选育优良品种必须具备丰富的种质资源。四川芋头种质资源最丰富的省份之一，但相对于其他作物而言，四川对于芋头的研究一直不够重视，因此收集、保存并合理开发利用芋资源尤为重要。二是加强新品种选育。当前四川地区芋头普遍存在种性退化、品质下降、病虫害严重等问题，严重阻碍了芋头产业的发展，要从根本上解决问题，加大新品种选育力度势在必行。要加快引进外地优质芋头品种资源，进行适应性种植，筛选出适合当地种植的优良品种；同时，开展育种技术研究，通过有性杂交、诱变育种等方式培育出新的优良品种。三是强化芋头深加工产品开发。虽然近几年四川芋头栽培面积逐年扩大，但都以鲜食为主，对芋头产品的加工基本还停留清洗分级等粗加工阶段，对芋头生物活性和功能性物质提取利用更少。发展芋头加工业，不仅可以减轻鲜销压力，避免受市场波动的影响，也可扩大芋头消费市场，拓宽产业链条，增加产品附加值，促进四川芋头产业化发展。

2. 加速脱毒种苗推广

利用芋头脱毒种苗进行栽培不仅可以减少病虫害的发生、提高芋头的产量和品质，而且对芋头标准化、产业化生产具有促进作用。针对四川芋头产区的芋头品种退化、品质下降、病虫害严重等问题，需要推广脱毒芋头种苗，保障芋头产业健康发展。

3. 加快机械化应用

机械化是现代农业发展的必然趋势，是促进农业增收、农民增效的重要保障与关键。传统芋头生产模式劳动强度大、效率低下，生产成本高，农业机械有效使用可大幅提高生产效率，降低生产成本，提升产出效益。国外一些发达国家已实现了芋头的机械化生产，如日本已实现从起垄开厢、播种覆膜、除草施肥、病虫害防控、挖掘采收、分选包装等一整套省力化、轻捷化的生产体系。因此，建议由政府

规划和引导,由农业科研院所或芋头专业合作社引进先进芋头生产机械,建立芋头机械化生产示范基地,推动四川芋头产业的机械化生产。

4. 加大资金投入

四川地区芋头研究起步较晚,基础薄弱,因此,要大力发展芋头产业,还需要各级政府重视和支持,从政策资金上予以倾斜,重点支持资源收集鉴定、品种选育及关键配套技术研究、精深加工技术攻关和新机具研发推广等内容,开展技术创新、示范推广和培训指导等工作,以解决生产上的技术难题,保证芋头产业健康、有序发展。同时,支持培育生产规模大、生产技术先进、综合利用能力强且具有国际竞争力的龙头企业,通过"龙头企业+合作社+农户""龙头企业+基地+农户"等发展模式,构建大型产业联合体,带动产业集聚发展,推动形成芋头产业集群。

5. 加强品牌建设

建立科学的芋头生产体系,提高芋头产业组织化程度,构建以流通市场为核心、前连基地后接经销商和消费者产业体系,从而推动形成一批带动能力强的现代化龙头企业,逐步形成与强化"优势产区+优势品种+优势品牌"发展模式,建立芋头优势产区和生产基地,形成一批芋头国家地理标志产品认证和绿色食品认证产品,推动芋头由粗放经营向集约经营转变,实现"生产集约化、种植规模化、产品标准化、销售品牌化"的产业发展格局。

参考文献

戴修纯,罗燕羽,黄绍力,等,2021. 广东省芋头产业现状与发展对策 [J]. 广东农业科学,48(6): 126-135.

李柏文,吴曼,宗义湘,2022. 世界芋头生产贸易形势分析 [J]. 中国蔬菜 (6): 1-6.

刘独臣,蔡鹏,杨宏,等,2017. 赤霉素诱导川魁芋 1 号开花研究 [J]. 长江蔬菜 (18): 105-107.

吴曼,宗义湘,赵帮宏,等,2019. 中国水生蔬菜产业发展现状、存在问题及发展思路 [J]. 长江蔬菜 (2): 35-41.

向华,吴曼,胡志山,等,2018. 世界芋头生产布局与贸易格局分析 [J]. 世界农业 (18): 144-150.

赵帮宏,宗义湘,吴曼,等,2018. 中国水生蔬菜产业发展报告 [J]. 国家特色蔬菜产业经济研究室.

四川省大蒜产业发展报告

帅正彬　柴　丹　郭江洪　谭华强

（成都市农林科学院园艺研究所，四川成都 611130）

摘　要：本报告从产业概况、区划、品种资源创新研究与应用、栽培技术的研究与应用、病虫害防治技术的研究与应用、机械化生产技术与应用、贮藏加工技术与应用等几个方面总结了近年来四川省大蒜产业发展现状，分析了四川大蒜产业发展存在的主要问题，通过研判产业发展趋势，提出了促进四川省大蒜产业发展的对策建议，建议从深入挖掘四川大蒜种植资源，注重名优大蒜品种提纯复壮、建立良种繁育体系，加强土壤障碍和病虫害绿色防控技术的研究与推广，加强贮藏加工技术研究与应用，努力培育新型产业主体，健全社会化服务体系几个方面促进四川大蒜产业良性发展。

关键词：四川省；大蒜；产业现状；对策；建议

引言

四川省大蒜常年播种面积 2.67 万公顷左右，年产蒜薹 15 万余吨，蒜头 20 万余吨，是全国重要的蒜种生产供应基地。四川省大蒜年产值超过 32 亿元，大蒜产业的发展对于带动大蒜主产区的经济繁荣、增加农民收入发挥了十分重要的作用。

一、四川省大蒜产业发展现状

1. 产业概况

四川省大蒜常年播种面积 2.67 万公顷左右，全省 21 个市州都有大蒜种植。年产蒜薹 15 万余吨，蒜头 20 万余吨。蒜薹除满足本省市场需求外，远销到国内 20 多个省市和东南亚地区。蒜头作为蒜种供应国内云南、贵州、山东、河南、江苏、湖北、陕西等产区。形成了彭州大蒜、温江大蒜、德源大蒜、新都蒜苗、大兴蒜薹、黑水大蒜、田家紫皮大蒜等个国家地理标志产品。

大蒜生产属季节性劳动密集型产业，随着人口老龄化问题的凸显，大蒜种植劳动力严重紧缺，成本急剧增长，加上城市化建设、农业结构调整的原因，四川省大蒜种植面积略有缩小，但整体面积仍维持在2万公顷以上，根据四川省统计局数据，2022年四川省大蒜种植面积达2.10万公顷，蒜头产量达44.91万吨，2021年播种面积2.44万公顷，总产量53.65万吨，2022年播种面积和总产量分别比2021年减少14.2%和16.3%（图1）。

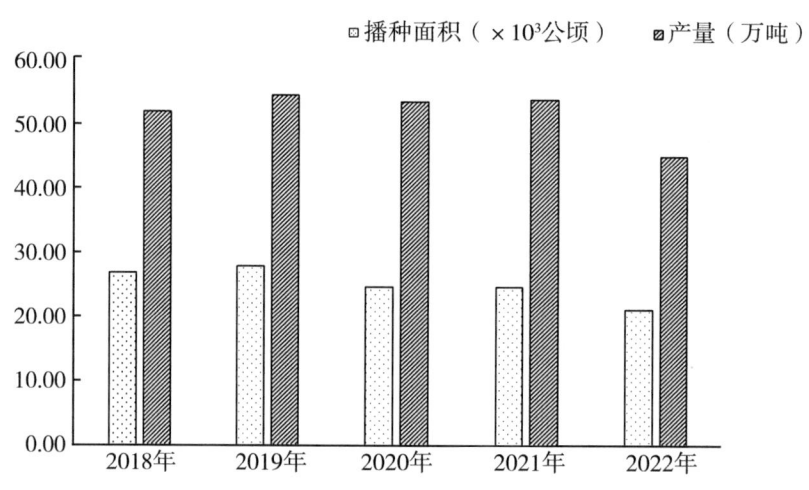

图1　2018—2022年四川省大蒜种植面积和产量

数据来源：根据两年《四川农业年鉴》数据整理绘制。

全省21个市州都有大蒜种植，播种面积超过0.067万公顷的有13个市州（图2），常年大蒜播种面积最大的地区是成都市和德阳市，2021年播种面积分别为0.7万公顷和0.44万公顷，2022年较2021年播种面积有所减少，成都市大蒜播种面积变化最大，从2021年的6 953.3公顷减少到3 086.7公顷，降低幅度55.6%，德阳市2022年播种面积减少到4 053.3公顷，降低幅度7.1%；凉山州、绵阳市、广元市和阿坝州2022年播种面积分别为1 586.7公顷、1 440公顷、791.3公顷和480公顷，较2021年分别增加13%、11%、10.3%和7.6%。其他市州这2年播种面积变化不大。

与播种面积相对应，播种面积超过0.067万公顷的13个市州，大蒜产量均超过1万吨（图2）。成都市和德阳市2021年蒜头产量分别为16.23万吨和12.12万吨，2022年蒜头产量分别为6.91万吨和11.10万吨，与面积一样，这2个大产区2022年产量比2021年分别降低57.4%和8.3%。眉山市、广元市和绵阳市3个产区2022年比2021年产量明显增加，增幅分别为22.8%、12.1%和11.9%。

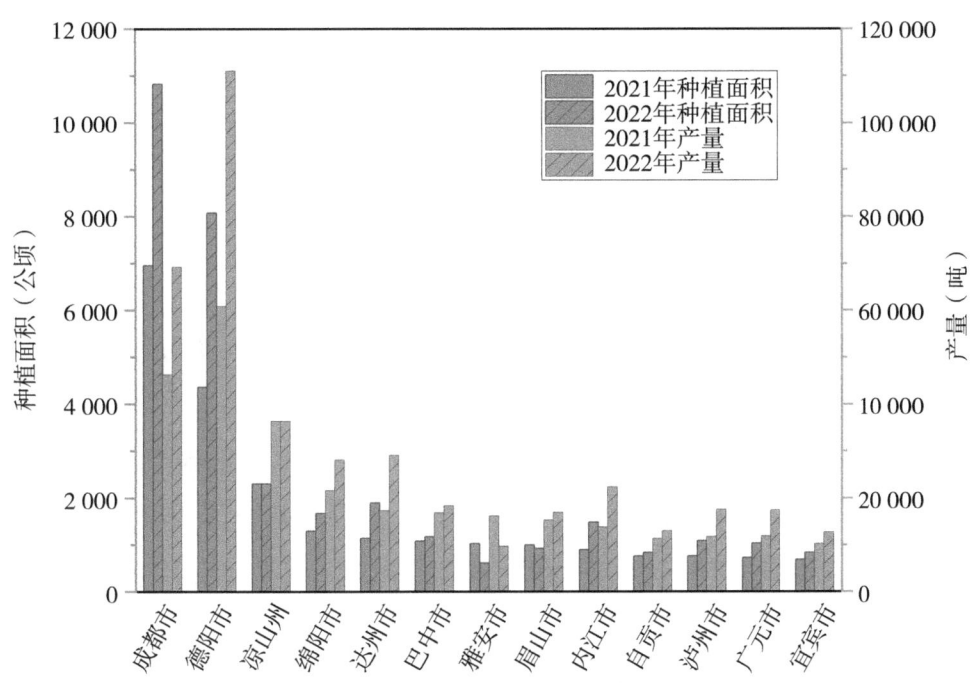

图2 2021年和2022年播种面积超过1万亩的市州的播种面积和产量

数据来源：根据历年《四川农业年鉴》数据整理绘制。

四川省大蒜的平均亩产1.4吨，攀枝花市、德阳市、资阳市、内江市、达州市、凉山彝族自治州、甘孜藏族自治州、成都市、泸州市、广元市等10个市州亩产量超过1.4吨，攀枝花市单产最高29.21吨/公顷。德阳市的单产第二为27.58吨/公顷，成都市平均亩产22.88吨/公顷。

2. 大蒜产业区划

四川省大蒜面积虽不算大，但产业布局科学合理，在平原、丘陵、山地都有分布，产品主要以生产蒜薹和蒜种为主，有少量地区以蒜苗生产为主。每年12月从西昌、德昌片区开始早蒜薹开始上市，依次为汉源县、金堂县至青白江区的云顶山一带上市，再依次为金堂县、彭州市、温江区、什邡市、绵阳市、峨眉山市等地蒜薹陆续上市，从上年12月到翌年4月持续近5个月，中间经过元旦、春节，又补充了春淡，地理区位布局科学、效益较高，这在国内比较罕见。

长期的产业发展，四川省大蒜基本形成几个明显的区域布局。

（1）成都平原主产区。

该区域主要包含大成都范围内的彭州、温江、郫都、崇州、新都等地及成都周边如德阳、眉山、乐山冲积平原区域，种植面积约1.33万公顷，种植品种包含薹头兼用型、叶用型和种蒜专用型。代表品种有彭县早蒜、成蒜早系列、温江红七星、德源大蒜、二水早、新都软叶子、什邡灰叶子等。主要种植模式为"稻—蒜"轮作模式，粮经复合效益较高。该区域蒜薹最早可实现2月上市，持续到4月上旬，蒜薹亩产可实现0.6吨左右，蒜头采收时间在4月中旬至下旬。该区域种植的叶用蒜苗最早可实现8月可以采收蒜苗，可持续采收到翌年2月，蒜苗亩产可高达3吨。该区域内成都市彭州市大蒜种植历史悠久，西汉时，大蒜由新疆引入内地，彭州就开始种植。据业务统计，常年播种面积0.67万公顷，高峰在20世纪90年代面积超过1.33万公顷。《2021年彭州市农业农村工作要点》明确要求打造"中国种蒜、早蒜之都"。彭州大蒜早熟优势著称全国，蒜薹销售全国，蒜头是早熟蒜种销售到云南、贵州、山东、陕西、湖北、江苏、河南、江西等全国早蒜生产区域。彭州大蒜应用的"稻—蒜轮作技术"。

（2）德昌、西昌、汉源早熟区。

该区域大蒜种植基地主要集中于德昌、西昌、汉源一带，属低纬高原的亚热带季风气候区，具有热量高、光照足、雨水多等诸多立体气候资源优势，大蒜种植面积约4万亩，主要以薹头兼用型品种为主，可实现蒜薹最早在当年12月左右上市，横跨元旦和春节，可陆续供应到翌年3月初。德昌县是"四川省早蒜薹之乡"，近年来种植面积0.04万公顷，主要种植模式为"烟—蒜"轮作模式和"玉米—早蒜—早海椒"三季种植模式，每年12月下旬开始陆续上市，德昌蒜薹最高单产达0.75吨左右，平均单产在0.6吨左右，增产增收效益好。西昌蒜薹是国家地理标志产品，也是农民增收的支柱产业，种植面积0.04万公顷，主要种植模式为"烟—蒜""稻—蒜"轮作模式。汉源大蒜种植面积约0.087万公顷，2月采收蒜苗，2月下旬至3月中旬收蒜薹，4月上旬收蒜头。

（3）绵阳、南充、资阳、巴中、内江、自贡、泸州等浅丘种植区域。

该区域主要以川北、川东和川南城关区周边平坝和浅丘区域为代表，这些区域基本都在金沙江、嘉陵江、南江、涪江、岷江、沱江等河流和支流沿线，土壤肥沃，水资源丰富，适合大蒜种植，常年种植面积约 0.67 万公顷，代表品种或标志性产品有三台巫家沟大蒜、安州区踏水蒜薹、内江田家紫皮大蒜等。其中，除内江区域主要以生产蒜苗和蒜头为主，其余地区 98% 以上均以蒜薹和蒜头种植为主。主要种植模式也是"稻—蒜"轮作模式。

（4）甘孜阿坝反季节大蒜种植区。

该区域大蒜种植面积约 0.053 万公顷，种植品种主要为紫皮大蒜和当地地方品种，以反季节蒜苗、蒜薹和独头蒜生产为主，主要分布在汶川、理县、松潘、小金、黑水、泸定等高原低海拔冷凉光照充足区域。种植模式主要为"大蒜—大白菜（莴笋）"等复合蔬菜种植模式和低龄果树林下套种模式。高原反季节大蒜种植时间一般为当年 3 月中旬至 4 月初播种，薄膜覆盖种植，蒜苗可以实现 7 月上市，8—9 月陆续采收蒜薹，补充了四川地区夏秋季蒜苗、蒜薹市场空白，经济效益较高。

3. 品种资源创新研究与应用

四川省 21 个市州都有大蒜种植，自然资源和地理条件多样，长期人为定向选择培育和自然选择，形成了丰富的大蒜品种资源。按抽薹与否可分为抽薹品种和苗用不抽薹品种、按熟性分为早熟品种、中熟品种和晚熟品种，按鳞茎颜色可分为紫皮品种和白皮品种。

四川省对大蒜的资源收集利用和品种选育有一定的研究。"八五"至"十一五"期间，成都市农林科学院园艺研究所（原成都市第一农科所）收集了省内外近百份大蒜品种，对抽薹性、熟性、株高、茎高、叶片数、单个鳞茎重、鳞茎直径、鳞芽个数等农艺性状进行了评价，以早熟丰产为选育目标，通过对田间自然优良变异株的利用，采用系统选育法选育有"成蒜早"、成蒜早 1 号、成蒜早 2 号和成蒜早 3 号，采用辐射诱变育种与系统选育技术选育了"成蒜早 4 号"。品种特性是否写。"九五"期间四川省农业科学院园艺种研究中心，对四川西南山区的大蒜资源进行了收集评价，筛选出 5 份比成都平原的大蒜产量更高和品质更优良的资源；"十三五"到"十四五"期间，四川省农业科学院园艺研究所对省内大蒜进行了收集和表型评价的基础上，把四川大蒜聚为 4 个类群，类群Ⅱ适合作为选育独头蒜品种的重要资源，类群Ⅲ适合作为选育高产大蒜品种的重要资源，采用系统选育方法挖掘利用四川省苗用大蒜资源，选育了 4 个苗用大蒜品种；四川省农业科学院对四川地区 9 个鲜食蒜苗品种采后品质分析与评价，筛选出江油大蒜、软叶大蒜和朝阳大蒜综合品质最优的苗用蒜品种资源。

大蒜长期靠营养器官繁殖，积累病毒，引起种性退化和产量降低。病毒在植物体内依靠维管束系统传导，但茎尖细胞的生长速度与病毒复制、运输速度不同，病毒向上运输速度慢，分生组织细胞繁殖快，茎尖分生组织不带病毒。成都市农林科学院园艺研究所（原成都市第一农科所）采用"热处理+茎尖组织培养"和"花序轴培养"方法，对四川几个地方品种进行脱毒，获得了云顶早、温江蒜、二水早和彭县早四个脱毒品种，经过网室中 5 代繁殖并在生产中示范，比常规蒜种生产的鳞茎明显增大，小区产量提高 30%，种性得到恢复。

4. 栽培技术的研究与应用

成都市农林科学院园艺研究所（原成都市第一农科所）研究集成了包含大蒜种快速繁育技术、蒜种精选分级合理密植技术、分段配方施肥技术、苗后化学除草技术、大蒜早熟促成栽培技术、二次生长的形成机理与防控技术等在内的大蒜高产高效生产技术。

四川各产区根据当地的气候条件、地理环境、土壤状况等，长期的生产实际中摸索出适应当地的栽培技术，比如成都平原"稻—蒜轮作""蒜—叶菜间套技术"，西昌/德昌的"水稻/烟/玉米—蒜轮作技术""果—蒜套种技术"、高原大蒜反季栽培技术、蒜苗早熟栽培技术。

"稻—蒜轮作技术"：在成都平原、汉源县、西昌市、德昌县等四川省主要大蒜产区广泛采用此项技术，9 月水稻收后，种植大蒜，3—5 月蒜头收获，4—5 月插秧，8—9 月收水稻。此项技术，水稻收后种大蒜可翻耕土壤、亦可免耕，挖好边沟和纵横沟，整平厢面播大蒜，上季的稻草用于覆盖大蒜，可保墒、防杂草、增加地温、增加土壤有机质，还可以解决稻草堆放、燃烧引起的环境污染问题，另一方面，大蒜分泌到土壤的化感物质可以预防水稻的病害，降低水稻茬防治病虫害的成本。此项栽培技术比北方的地膜覆盖栽培技术有三个优越性，不有人工破膜辅助大蒜出苗；追肥灌水很方便，而地膜覆盖技术追肥灌水困难，要采用膜下滴灌技术，增大了生产成本；稻草覆盖不仅可解决稻草堆放、燃烧引起的环境污染问题，还可增加土壤养分，而地膜覆盖技术，农膜入土造成土壤污染。

"蒜—叶菜间套技术"：成都市彭州市、温江区、郫都区等大蒜产区常采用此项目技术，大蒜播种时，行间撒播豌豆、枇杷叶萝卜、菠菜、小白菜等叶菜，在12月至翌年2月陆续上市，利用大蒜小苗空穴，增收一茬速生菜，亦可在大蒜充分封行前，套种莴笋、紫菜薹、茎用芥，一则平衡土壤养分，二则增加10%的收益。

"烟/玉米—蒜轮作技术"：西昌、德昌等地丘陵、旱地常采用此种模式，4—8月种植烟草、玉米，9月至翌年3月种植大蒜，大蒜的化感物质可降低烟草、玉米的土传病害，玉米的秸秆可用于覆盖大蒜，解决堆放、燃烧引起的环境污染问题。

"果—蒜套种技术"：西昌、德昌、绵阳、内江等果树产区常采用此种模式，在果树株行间种植大蒜，一则可充分利用土地，增加果园产出收益，二则利用葡萄、猕猴桃等给大蒜遮阴，提早大蒜播期，大蒜种植还可减少果园杂草。

高原大蒜反季栽培技术：利用高原的垂直的气候特点，在清明节前后播种大蒜，7月中旬至8月初收获蒜薹，蒜头采收时间为8月下旬至9月中旬。蒜头外皮紫色、扁球形，纵径4厘米左右，横径6厘米左右。与国内大部分产区形成错季上市，价高，质优，值得大面积推广。

蒜苗早熟栽培技术：成都市新都区、青白江区有一定规模，在成都市农林科学院园艺所的指导下，应用大蒜经打破休眠技术，提早到7月播种，采用遮阳网遮阴或间种在玉米行间，8月可以采收蒜苗，比常规蒜苗提早2个月上市，增加1茬蒜苗，增加产值4 000~5 000元/亩。

5. 病虫害防治技术的研究与应用

据调查研究，成都平原大蒜主要病虫害有：叶枯病、紫斑病、根腐病、病毒病、根结线虫病、葱蓟马。研究明确了大蒜主要病害的防治时期、防治药剂和防治方法，集成了大蒜绿色防控技术，提出了大蒜病虫害防治要坚持"农业防治、物理防治为基础，优先采用生物防控，科学运用化学防治"原则。2005—2010年间对四川省7个大蒜产区的大蒜病毒病的带毒情况作了检测显示，青葱潜隐病毒SLV的带毒率100%，没有检测到大蒜普通潜隐病毒GcLV，洋葱黄矮病毒OYDV和韭葱黄条纹病毒LYSV在不同地方样本的带毒情况不同，金堂采集的早蒜样本2种病毒的检测率很高，分别是87.5%和93.7%，这与金堂早蒜田间花叶、畸形叶显症严重、产量低是相一致的，温江蒜韭葱黄条纹病毒LYSV病毒的检出率为75%，而洋葱黄矮病毒OYDV的检出率不高只有15%，彭州的样本洋葱黄矮病毒OYDV和韭葱黄条纹病毒LYSV 2种病毒的检出率不高。2021—2023年，发现大蒜根腐病发生普遍，损失重，常与连作障碍联合发生，我们分离鉴定了其病原菌，研究了综合防治技术。

大蒜根腐病常与连作障碍联合发生。近5年，项目团队联合四川农业大学资源学院，摸清了彭州大蒜连作障碍的根本成因是土壤酸化，因为土壤酸化，土壤中过氧化氢酶、脲酶、多酚氧化酶和蔗糖酶活性显著下降，而速效钾含量升高，微生态结构失衡，健康大蒜根际微生物多样性指数高于患病大蒜根际土壤微生物，种群分布由细菌型向真菌型转变，有益种群的种类及数量下降，有害病原菌的数量增加。研究集成了"回苗"连作障碍"一降两补"防控技术，降低土壤酸性，补充有机质和有益微生物，播种前用生石灰（1.5吨/公顷）+净土丹（0.03吨/公顷）进行土壤消毒，施用太抗枯草芽孢杆菌（0.63吨/公顷）或爱尚良方有益微生物（0.015吨/公顷），施用有机肥0.6~1吨调理土壤，在彭州市和什邡市示范推广0.035公顷，示范区内未施用化学农药消除了"回苗"死苗现象，亩平均产量0.94吨，比对照增加13.1%~34.5%。

6. 机械化生产技术与应用

成都市农林科学院园艺研究所、农业机械研究所与温江区农业农村局联合，试验筛选农机具，集成了大蒜机械化生产技术，亩均减少人工成本900余元。针对蒜种掰瓣费工费时，筛选了大型、小型掰瓣机，将蒜瓣自动分级，一台机器相当于66个人的效率；引进比较了玛丽亚播种机、德意播和庆华播种机，庆华播种机，可以将蒜瓣插播入土壤中，一天可播种16亩，缺点是要求土壤砂壤土，疏松干燥，有一定的倒播率，出苗率有所降低；玛丽亚2BUX-11大蒜种植机大型，精准正芽大蒜十一行播种机，行距标准化为18厘米，行距也可以定制15~22厘米，株距8~14厘米可调，精准正芽率在90%以上，每日播种量3.33公顷，适合规模化种植用；第六代手推德易播大蒜播种机，机器体积小，便于操作，适于单个农户包产田操作，还可以调节株距，但是所带液筒将蒜瓣压入土中，要求土壤干燥疏松，成都平原秋季多雨，土壤含水量高，影响出苗。大蒜病虫害防治喷药，筛选了机动喷雾器、展臂式喷雾机、无人机喷药，细化雾滴，均匀喷布于植株表面，增强药效。针对大蒜收获劳动强度大，费工费时，引进筛选了玛丽亚收获机，将大蒜铲起，人工再捡拾捆扎成把，显著提高了劳动效率，效率相当于2倍人工。

7. 贮藏加工技术与应用

四川大蒜产业贮藏、加工业不平衡，与全国情况一致，四川大蒜加工很缺乏，但是具有一定冷藏保鲜能力，区域间发展不平衡，其中成都市的冷藏保鲜能力强。截至 2022 年底，成都市建有 50 吨以上的农产品产地冷藏保鲜设施 797 个，总容积 308.95 万立方米（含冷藏、冷冻设施），总容量 69.19 万吨，规模排名前五的蒲江县、彭州市、邛崃市、金堂县和温江区，库容量分别为 16.0 万吨、12.2 万吨、4.08 万吨、3.96 万吨和 3.03 万吨。除了能满足本地蒜薹、鲜蒜头和蒜种的冷藏保鲜，打破休眠外，还可对外提供服务。

8. 产业主体与经营模式

四川省大蒜产业产业主体和经营模式多种多样。产业主体基本单元是农户，单个农户在自己的包产田种植按经验生产、自留种，有的自己到市场销售、有的是营销专业户或冷藏企业到田边收购；产业主体组织化进一层：农村种植能手、高校毕业生、退役军人、返乡农民工创办家庭农场、领办农民合作社，流转土地开展适度规模经营，生产有一定计划性、自留蒜种但要进行筛选，需要注意学习新栽培技术。营销方面主要与营销大户、冷藏企业建立有合作关系，亦有部分是自己送到市场销售；产业主体组织化再进一层："龙头企业+基地+农户""合作社+家庭农场+农户""合作社+农户""土地股份合作社+农业职业经理人+农业社会化服务"多种产业主体组织起来，通过订单农业、入股分红、托管服务等方式，进行大面积标准化生产，互惠共赢、风险共担，有少数龙头企业、合作社等主体延伸流通环节产业链，辐射带动能力更强。成都市、德阳市、绵阳市等成都平原主产区，产业主体以上三种形式都有，西昌德昌汉源早蒜生产区，主要是采用的是农户小农生产方式和家庭农场适度规模生产方式。其他非主产区，主要是农户小农生产方式，产品销售主要是周边集市、街边、路边自行零售。

二、四川省大蒜产业发展存在的主要问题

1. 品种资源的收集利用很不够，品种更新改良技术有待加强

四川省 21 个市州都有大蒜种植，自然资源和地理条件多样，长期自然选择和人为定向选择培育，形成了丰富的大蒜品种资源。由于科研经费和科研力量不足，四川省目前仅有四川省农业科学院和成都市农林科学院有课题组从事大蒜研究，由

于大蒜属营养繁殖型作物，资源的收集、评价需要年年种植翻新，所需经费和人力很多，因此到目前仅收集评价利用少部分资源，对收集的资源重点开展的植物学和农艺学性状的评价与聚类，仅对早熟薹用品种和苗用品种资源等少数优势进行了自然变异的选育利用，选育了新品种；但是对不同熟性薹用品种、蒜头用品种、不同色泽蒜头等大量资源缺乏深入的评价利用，还未能建立起组织培养、胚培养资源保存技术体系；彭州虽建有大蒜种质资源库，但彭州缺乏实质性运行资源库的科研力量和科研经费。

2. 蒜种市场混乱，良繁体系不健全

四川大蒜以早熟品种、苗用品种和独头蒜生产种在国内独具优势，蒜头大部分是以蒜种供应全国各地。由于大蒜属营养繁殖型作物，遗传背景很近，难以从外观性状上区分品种，即使是大蒜 DUS 指南亦常不能区分有些品种，经常出现同物异名，同名异物现象，造成蒜种市场出现以此物品种混入彼品种、以彼品种冒充此品种的无序混乱现象，外地调种难以辨别品种的真实性，造成不必要的损失；同时监管部门缺乏监管的依据和技术，对蒜种市场的混乱无能为力，由此四川大蒜种在国内市场上品质形象严重受损。另外，由于蒜种的销售未纳入农作物种子销售的监管体系，全体蒜农均可自行销售，种子监管部门缺位。对于科研究单位或生产主体提纯培优、选育的新品种，由于缺乏专门从事大蒜良种繁育的组织，未建立良种繁育体系，而不能实现优种优价，易与常规品种人为混杂而降低优势，更枉谈对品种更新换代。

3. 机械化程度低，劳动力成本过高

与其他蔬菜作物相比，大蒜产业是典型的劳动密集型产业，蒜种掰瓣、精选蒜种、播种、盖草、采打蒜薹、收获蒜种、捡拾捆把、晾晒蒜种和剪蒜种等独特的生产环节均需要大量的人工，业主生产需劳动力成本平均每亩 9 500 元，占总生产成本的 65%。成都平原或其他坝区集中种植区，蒜种掰瓣、播种环节实现了机械化，蒜种收获机具处于小面积示范试验阶段，且只能实现铲起蒜处，捡拾和捆扎仍需人工，可以节约 10 个人工。散户蒜农在包产田种植、丘陵坡地种植仍需靠人工。

4. 土壤障碍、病虫害多发，化肥农药过量施用

四川省有的大蒜生产优势区域，由于长期种植大蒜，不能正确运用平衡施肥技术，忽视有机肥的施用，造成养分失衡、土壤酸化板结、土壤微生物失衡等连作障碍发生，受害植株叶片从叶尖、叶缘开始变黄扩展至整叶黄化，一般从基部叶片向上部叶片扩展，地下部发根量明显减少，植株黄叶萎缩、滞长甚至死亡，一般造成损失22%～71%，在严重年份甚至毁产绝收。蒜农对此束手无策，盲目施用农药和化肥，毫无效果。有的大蒜产区，蒜农为了增加产量，盲目增加农药施用次数，盲目增加施药量，造成病虫害产生抗药性，发生程度加重；有的产区，不注重病害综合防治，病株残体乱丢入田边沟边，造成病害扩散，屡防不止；有的产区，蒜农文化水平低，当地农技培训普及度不够，蒜农不懂病虫害防治技术，乱用药，药不对症，病虫害防治效果差，如此种种不仅造成农药极大的浪费，增加了成本，污染环境，而且造成大蒜产品食用安全隐患。

5. 贮藏加工技术缺乏

四川省大蒜蒜薹、蒜苗绝大部分用于鲜销，虽然四川省蒜薹在国内以早熟优势明显，多数年份不愁卖，但亦存在部分年份蒜薹卖难的问题，靠外省保鲜贮藏企业收购，当地保鲜贮藏量所占比例小，蒜农种蒜收益受市场供销行情影响大；蒜种晾贮需要很大空间，从蒜头5月收获到下一季9月播种，正值四川盆地的高温高湿季节，容易腐烂变质；四川省蒜头产品多为蒜种形式，现有的大蒜贮藏仍以竹架屋下晾贮为主，条件好的有库房，极少的企业可冷库贮藏；四川省蒜种销售受到外省大蒜种植面积、种植结构的影响很大，除了少数用于盐渍加工外，其他蒜头的加工利用技术十分缺乏，大蒜加工业尚未起步，因此四川省大蒜产业链短，市场风险能力很弱，附加值低。

6. 产业主体组织化程度不高

四川大蒜生产经营组织化程度低，生产主体仍以农户家庭种植为主，通过土地流转及规模化承包经营型式的大蒜专业合作社、家庭农场、企业所占比例不高；大部分产区的营销仍以菜贩子为主，路边摊常见，四川省成都平原大蒜主产区营销模式主要有"公司+农户""公司+合作社+农户"2种形式，但农户与合作社或公司之间信息不平衡，利益分配不合理，营销效率低。产销信息不对称，致使大蒜生产面积、结构计划性差，"价高扩面积、跌价减面积"的周期性波动现象时常出现，规模化、机械化程度低，生产技术规范难以执行，标准化水平低。

三、四川省大蒜产业发展趋势与对策建议

(一) 对产业发展趋势的研判

1. 产业向远郊、丘陵区转移，大蒜面积趋于稳定

在当今建设更好"天府粮仓"的政策指导下，稻—蒜种植模式是优良的"稳粮增收"模式，估计近2年成都市温江区、郫都区、新都区，各市州城郊大蒜面积会有所增长；由于劳动力和地租成本的原因，成都市周边区县的大蒜面积将呈下降趋势，大蒜生产逐步向远郊德阳、绵阳、眉山、广元等区域转移。高原反季节大蒜生产面积将呈上升趋势。因此从长时间来看，四川省大蒜面积趋于稳定。

2. 品种资源不断挖掘利用，品种布局更为合理

随着政府对大蒜产业的重视，四川丰富的品种资源将不断被挖掘利用，利用多样的气候条件，将形成薹头兼用生产优势区域，早中晚熟品种配套，蒜薹从12月—次年4月上市，与外省形成错季上市格局，建成我国独一无二的早熟蒜种供应基地；形成独头蒜专用种蒜、苗用专用种蒜品种生产区，蒜薹和蒜苗作为蔬菜供应全国外，繁育全国独具优势的独头蒜生产专用品种和青蒜苗生产专用品种；阿坝州、甘孜州和盆周山区反季节大蒜呈扩大之势。

3. 产业主体型式增加，经营模式多元化

四川省传统的大蒜产业主体是千家万户的蒜农，存在小农户与大市场的矛盾，随着产业的发展和农民进步，产业主体型式增加，经营模式趋于多元化。由政府引导、自发组织，分散的单个农户横向联合建立"合作社"，有组织地生产，壮大规模开辟市场，增强"农批对接""农超对接""农社对接"的能力；种植能手不再只限于自家的包产田，流转土地，建成家庭农场，扩大经营规模，专业销售主体上门服务，伴随着建设"更好的天府粮仓"种粮大户的增加，种蒜大户亦有增加的趋势；生产、营销、加工等产业链纵向联合将形成专业企业，采取"公司+合作社+农户""公司+基地+产业工人""公司+基地+农户"的多种经营模式，农民以土地入股，然后进入公司打工，既挣工资又分红，企业不再会招工发愁，利益共享。

4. 社会化服务机制逐步建立

与大市场相匹配的多种经营主体，同时生产的规模化和标准化是必经之路。在

此进程中，将逐步建立蒜种繁育、农机作业、植物保护、冷贮保鲜、冷链运输等产业链各环节的专业社会化服务机制。建立蒜种的繁育体系，对大蒜品种进行提纯培优，经专业的繁育技术，为生产提供纯度、发芽率和净度高、无种传病害的优质蒜种，增产增收的前提条件；耕地整地、施肥、播种等机械化操作由专业农机服务组织提供服务，高效节本；蒜农、合作社不需要钻研病虫害防治技术，购买专业植物保护组织的服务；购买冷贮保鲜、冷链运输服务，可有效降低市场价格风险。

5. 科技对产业的贡献增强

大蒜产业链各环节对科技的依赖度提高，生产环节中，要解决大蒜品种退化问题，依赖于大蒜提纯复壮技术、组织培养脱毒技术和良种快速繁育技术；生产管理中离不开营养诊断学、病虫害诊断技术，进而要依靠配方施肥、绿色防控技术和农业机械化技术；保护地设施对错季生产技术支持力度很大；冷藏库的建设对冷贮保鲜贡献巨大，调节市场供求，降低市风险产生重要作用；应用数字农业技术、农业高新技术对培育现代生产新模式，增强生产的计划度和电商交易平台建立将起到重要作用。

（二）四川省大蒜产业发展对策建议

1. 深入挖掘四川大蒜种质资源

四川省大蒜种质资源的搜集面和搜集量还相当有限。一方面需要广泛开展省内21个市州不同气候条件和生态环境自然选择资源的搜集，还要加大对名优地方品种和野生资源的搜集力度；另一方面还需积极开展国内外资源的引进工作，建立大蒜种质资源库，把彭州大蒜种质资源库做实；要把资源库做实做活，需要有科研院所专业团队开展高效、低成本保存技术研究，由于大蒜是无性繁殖为主的作物，长期种植易种性退化，要重视种质资源的提纯复壮，保持其优良种性。深入开展低温、超低温离体保存、种源脱毒等技术的研究，建立高效、低成本的保存技术体系，为种质资源的评价利用奠定技术基础；四川省对保存的少量大蒜资源只进行了初步的鉴定评价，尚需加强农艺性状尤其是早熟性、丰产性和独特品质的鉴定和评价。将传统技术和分子生物学技术相结合，进行种质的遗传多样性评价，进行核心种质资源研究，对重要基因进行分子标记和功能分析，切实推进大蒜种质创新和品种选育。

2. 注重名优大蒜品种提纯复壮、建立良种繁育体系

鼓励科研院所对于名优品种、市场需求大的优势品种进行提纯复壮，研究快速鉴定真实性和纯度的分子标记技术，加快建立蒜种质量标准体系；注重培育大蒜良种繁育专业组织，鼓励科企联合建立良种繁育体系，实现优种优价，努力推进名优和优势品种更新换代；政府鼓励"科研单位+企业"在现代农业园区建设大蒜繁育基地，以项目支持、补贴地租、低息贷款等形式，鼓励种业企业从事大蒜良种繁育；注重蒜种质量的监管，建立健全监管和检测体系，整顿蒜种市场，打击假冒混杂蒜种，提高四川蒜种在国内市场上的信誉和影响力，擦亮彭州大蒜、温江大蒜、德源大蒜、黑水大蒜、田家紫皮大蒜等国家地理标志产品金字招牌，巩固四川省作为全国最大的蒜种生产基地。

3. 加强土壤障碍、病虫害绿色防控技术的研究与推广

四川省年产蒜薹15万余吨和蒜苗2万吨，除满足本省市场需求外，远销到国内20多个省市和东南亚地区。确保从田间到餐桌的产品质量是一个系统工程，制修订完善绿色食品生产规程及产品质量标准；对于大蒜老产区，由于长期不合理施肥和打药，土壤障碍现象类型多、原因复杂，损失严重，种植难度和种植成本增加，应立项加强研究力度，对障碍机理、治理技术加以研究；加强对于新产生的病虫害的发生规律和绿色防治技术的研究与示范推广，注重对生产主体进行培训，大力推广大蒜与水稻、玉米、烟草、果树等作物的轮套作模式，提倡增施生物有机肥，防止过量施用农药和化肥，推广农药化肥"双减"技术，坚持大蒜的绿色化生产，提高大蒜食用产品质量，增强新都蒜苗、大兴蒜薹等国家地理标志产品的市场竞争力。

4. 加强贮藏加工技术研究应用

四川省是国内重要的大蒜产区，蒜薹、蒜苗除满足本省市场需求外，四川大蒜加工很缺乏，但是具有一定冷藏保鲜能力，区域间发展不平衡，保鲜贮藏量所占比例小，蒜农种蒜收益受市场供销行情影响大；四川省蒜头以蒜种销售到国内各产区，受到外省大蒜种植面积、种植结构的影响很大，除了少数用于盐渍加工外，其他蒜头的加工利用技术十分缺乏，大蒜加工业尚未起步。为了增强对市场风险的抵抗力，建议，结合农业园区项目在规模化生产区域建设冷藏保鲜设施，对于空置或运行不足的冷藏保鲜设施，建立社会化服务机制，培育冷藏保鲜企业，加大产区蒜薹和蒜苗等新鲜产品的错季销售比例。鼓励实施主体和科研单位注重对蒜种晾贮设施、晾贮技术的改良创新，鼓励科研单位加大力度研究蒜薹、新鲜蒜头的低温贮藏、气调贮藏、气调包装、新型包装、低温结合气调包装等保鲜技术，为提高大蒜品质和延长保存期提供技术参考。

政府相关部门应注重引进和扶持大蒜加工企业，以腌制大蒜、脱水蒜片、蒜粉、蒜粒、蒜泥、黑大蒜粗、速冻蒜米等初加工作为突破口，通过银行、信贷、保险等方面给予优惠，尽快形成产业化，提高产品附加值，延长产业链；加大科研投入，鼓励科研院所进一步研究粗加工产品的高效加工工艺，对大蒜精油、大蒜素、果聚糖、有机硒、有机锗、超氧化物歧化酶等活性物质的提取工艺，如超临界萃取技术、膜分离技术、分子蒸馏技术、超声波辅助提取技术、酶辅助提取技术等精深加工技术的研究与示范。鼓励加工企业与相关科研机构的交流与合作，集中力量开发经济附加值高的食品保鲜剂、大蒜医药品、大蒜保健品等高端产品，拉长产业链，实现蒜农和企业的利润增长。

5. 努力培育新型产业主体

通过加大政策扶持力度，优化服务，强化规范管理、健全利益联结机制等措施，培育大蒜新型经营主体高质量发展。在健全土地流转规范管理机制的前提下，实现土地经营权向大蒜规模经营主体规范有序流转。引导小农户注册成立家庭农场，支持高校毕业生、退役军人、返乡农民工领办农民合作社、创办家庭农场，鼓励发展"龙头企业+基地+农户""合作社+家庭农场+农户""土地股份合作社+农业职业经理人+农业社会化服务"多种模式开展适度规模经营，通过订单农业、入股分红、托管服务等方式，开展统一化生产、经营与服务，构建互惠共赢、风险共担的利益共享机制，使小农户紧密聚集在新型农业经营主体周围。鼓励龙头企业、合作社等主体延伸加工、流通环节产业链，充分发挥合作社的辐射带动作用。

创新大蒜经营主体的培养、评定及监测管理机制，结合高素质农导培训、新型农民培训和实用技术培训项目，定期对大蒜新型经营主体开展培训，遴选一批可发挥技术引领作用的带头人。对于带动能力、辐射能力强的职业经理人、家庭农场和合作社等新型经营主体，给予政策、项目、土地流转，信贷、保险和信息等方面重点扶持。

同时加强经营主体制度设计，建立起与小农户共富共舞的利益联结机制。在贯彻落实《四川省农民合作社规范指引》，推广使用首批农民合作社财务会计管理软件，指导农民合作社规范执行合作社财务制度和会计制度，全面实施家庭农场"一码通"管理服务制度，推广使用家庭农场"随手记"记账软件，提升规范运营水平和服务成员能力。实施农民合作社联农带农能力提升工程和家庭农场提升工程和融合工程。

6. 健全社会化服务体系

健全专业化社会化服务体系，发展多种形式适度规模经营，是实现小农户和大市场有机衔接的基本途径和主要机制。发展农业社会化服务，通过蒜种繁育主体应用专业的繁育技术为生产主体供应优质蒜种，避免蒜农、家庭农场长期自留种引起的种传病害传播、积累和种性退化，为增产增收提供前提条件；耕地整地、施肥、播种等机械化操作由专业农机服务组织统一开展规模化机械作业服务，可以降低大蒜生产成本；蒜农、合作社不需要钻研病虫害防治技术，购买专业植物保护组织和农资公司对大蒜标准化生产过程中所需肥料、农药和病虫害防治提供服务，开展"保姆式"或"订单式"的托管、半托管服务，促进节本增效、农民增产增收；分散蒜农、家庭农场或合作社购买冷贮保鲜设施设备，实现蒜薹、蒜苗错峰上市，提升价格和效益，购买冷链运输公司服务，降低大蒜生产营销主体的投入和风险，可有效降低市场价格风险。政府强化服务质量监测，完善服务价格监测台账，建立农业社会化服务组织"黑白名单"制度和智慧农服平台，推进农业社会化服务市场良性发展。

参考文献

柴丹，余金阳，黄潇慧，等，2022. 引起四川彭州大蒜种植障碍（"回苗"）的土壤因素分析［J］. 中国蔬菜（03）：83-88.

李菊，苗明军，李金刚，等，2018. 基于6个重要农艺性状的四川地区大蒜资源表型评价［J］. 中国蔬菜（03）63-68.

帅正彬，柴丹，郭江洪，等，2022. 推广农药减量控害技术发展绿色大蒜产业［J］. 四川农业科技（02）：84-86.

帅正彬，郭江洪，杨斌，等，2007. 四川省大蒜产业现状与发展建议［J］. 四川农业科技（11）：5-6.

帅正彬，郭江洪，杨斌，等，2010. 大蒜气生鳞茎的快繁作用研究［J］. 中国园艺文摘（4）：30-31.

帅正彬，郭江洪，杨斌，2005. 大蒜新品种成蒜早 2 号和成蒜早 3 号的选育［J］. 中国蔬菜（10/11）：111-112.

帅正彬，游敏，郭江洪，等，2018. 大蒜"回苗"现象危害与防控技术研究［J］. 四川农业科技（01）：37-40.

余金阳，黄潇慧，帅正彬，等，2020. 四川彭州大蒜根腐病发病土壤细菌与真菌群落结构［J］. 应用与环境生物学报 26（4）：928-935.

四川省洋葱产业发展报告

李成佐[1]　李　瑶[2]　罗成焕[2]　潘新懿[2]　赵　微[2]　潘天春[2]

(1. 西昌学院，四川西昌 615013；

2. 西昌科威洋葱种业有限责任公司，四川西昌 615013)

摘　要：本研究介绍了国内外的洋葱产业发展概况；从新品种选育成果、洋葱良种生产规模、洋葱良种推广3个方面分析了四川洋葱种业经30多年发展为全国领先，进入国家农作物"破难题"阵型，负责解决良种关键核心难题的现状；从自然气候优势、洋葱品质优势、洋葱种植3个方面分析了四川洋葱种植业现状，简述四川洋葱加工业发展现状。提出了四川洋葱种植业、加工业发展的主要问题。研判四川洋葱产业发展趋势。提出了发展四川洋葱产业发展的对策建议。

关键词：四川省；洋葱；种业；种植业；加工业

四川洋葱主要分布在安宁河中下游地区，以西昌为代表，气候温和，光热资源丰富。雨热基本同步，干湿季节分明，气温年差较小，日差较大，十分利于作物干物质的合成与累积，年均日照时数为 2 088~2 431 小时，年均≥10℃的活动积温为 4 054~6 933℃，无霜期 235~308 天，呈北凉南热分布。该区适宜于种植喜温蔬菜，特别是冬春日照充足、昼夜温差大、春季温度回升快的气候特点特别适合于洋葱的生长，四川西昌是中外闻名的"中国洋葱之乡"，洋葱种植高峰时达到 6 667 公顷左右的规模。

一、四川省洋葱产业发展现状

(一) 种植业发展现状

四川洋葱1958年引进西昌种植，因自然条件适宜，经济效益好，面积逐年扩大，高峰时仅西昌就达 6 600 多公顷，荣获国家授予"中国洋葱之乡"的称号，并在大邑，喜德、冕宁、德昌、会理、普格等安流河流域各县较大面积种植，其余县市零星分散种植。

1. 自然气候优势

四川安流河中下游流域，气候温和，光热资源丰富；雨热基本同步，干湿季节分明，气温年差较小，日差较大，十分利于作物干物质的合成与累积，年均日照时数为 2 088~2 431 小时，年均≥10℃的活动积温为 4 054~6 933℃，无霜期 235~308 天，呈北凉南热分布。该区适宜于种植喜温蔬菜，特别是冬春日照充足、昼夜温差大、春季温度回升快的气候特点特别适合于洋葱的生长。

2. 洋葱的品质优势

四川西昌洋葱质量好，红皮洋葱 1995 年荣获第二届中国农业博览会金奖，2001 年荣获国家授予"中国洋葱之乡"的称号，2002 年"西昌洋葱"获国家绿色食品证书。2009 年批准为国家级洋葱绿色食品原料标准化生产基地。2010 年西昌市的安宁镇、太和镇等 20 个乡镇行政区域的西昌洋葱获地理标志产品保护。同时，现代栽培管理技术的推广应用改善了洋葱的生产品质，使之达到无公害、绿色、有机食品的标准；并逐步实现洋葱分级包装、销售，提高了四川西昌洋葱的外观形象，其外观美、品质好，除受到全国各地消费者的喜爱外，更远销至俄罗斯、蒙古国、韩国、日本等国家。

3. 洋葱产区运输优势

四川西昌的交通运输条件优越，成昆铁路、108 国道和雅攀高速公路均横穿西昌，洋葱生产地都毗邻铁路，而且都有四通八达的机耕道、公路与铁路相连接，乡镇之间，村组之间，道路畅通。仅铁路就可在西昌南、西昌北、礼州、泸沽等多个火车站发往全国各地，远销俄罗斯、蒙古国。

4. 洋葱的种植现状

四川西昌在 1958 年开始洋葱栽培以来，经过数十年的发展，取得了长足的发展，具备较大种植规模，其面积和产量均位居全国前列，已成为当地的支柱产业，成为著名的"中国洋葱之乡"。2018 年以前全市 36 个乡（镇）中有近 30 个乡（镇）主产洋葱，尤以安宁河两岸的礼州、西宁、兴胜等十多个乡（镇）最为集中，每年种植面积逐年递增，常年 5 333 公顷左右的规模，高峰时 6 667 公顷以上，平均亩产量 6 吨以上，洋葱生产每年近 40 万吨，总收入数亿元，有力地推动了地方经济的发展。但从 2018 年开始，洋葱面积严重萎缩，至 2023 年已降至 667 公顷左右；加上安流河流域中下游喜德、冕宁、德昌、会理、普格等县 667 公顷左右，安流河流域洋葱种植规模为 1 334 公顷左右；四川其他洋葱种植县较大的大邑县，常年种植面积为 400~534 公顷，其余县市种植零星分散，面积小；因洋葱种植业处于洋葱产业中低端位置，科技含量不高，除受自然条件影响外，种植成本因人工等因素上升，加上市场波动大，四川洋葱种植业的现状是洋葱种植面积大幅下降。

（二）种业发展现状

四川洋葱种业 1990 年从零开始，经 30 多年发展，实现了"从零起步→省内领先→国内领先"的飞跃，2022 年 8 月进入国家农作物种业"破难题"阵型，承担攻坚中国洋葱良种关键核心难题的重任。

1. 四川洋葱种业的"芯片"设计——新品种选育成绩显著

四川西昌科威洋葱种业有限责任公司、西昌学院、西昌科威洋葱研究所产学研紧密结合，成立以西昌科威洋葱种业有限责任公司为中心的洋葱联合育种团队，长期进行洋葱育种；四川洋葱大田育种从 1990 年开始探索，以 1997 年四川省教育厅支持洋葱育种团队第一个洋葱研究课题"洋葱诱变育种"开始，四川省教育厅、凉山州科技局、西昌市科技局、西昌学院持续支持团队进行洋葱育种，攀西特色作物研究与利用四川省重点实验室从 2021 年开始，四川省科学技术厅从 2022 年开始，四川省农业农村厅从 2023 年开始大力支持洋葱育种团队进行新品种选育；尤其是从 2023 年开始，四川省农业农村厅立项洋葱联合育种攻关，大力支持攻坚解决中国洋葱良种关键核心难题，洋葱科研支持平台和力度得到大幅提升。洋葱育种团队承担的洋葱育繁推课题合计达到 48 项，其中：四川省农业农村厅 1 项、四川省科技厅 2 项，攀西特色作物研究与利用四川省重点实验室 6 项，四川省教育厅 15 项、凉山州科技局 11 项、西昌市教育体育和科学技术局 8 项、西昌学院 5 项。洋葱育种研发团队率先将激光诱变用于洋葱育种，长期进行洋葱新品种选育研究和实践探索，形成以激光诱变求优良变异，以杂交求杂种优势，以生物技术求效率，以系统选育求持续性创新的高度融合的以适用为目的独具四川特色的洋葱育种方法、技术和体系。其中：1990—1994 年的 5 年是洋葱栽培和育种研究准备阶段，四川洋葱大田育种从零开始；1995—2004 年的 10 年育种以 2004 年育成"西葱 1 号"（川审蔬 2004020）和"西葱 2 号"（川审蔬 2004021）为标志，西昌洋葱大田育种达到四川省内领先水平；2006—2016 年的 11 年育成以"科威红 7 号"（川审蔬

2015017）为代表的"科威"系列红皮洋葱新品种，"科威黄 4 号"（川审蔬 2016012）为代表的"科威"系列黄皮洋葱新品种，"科威白 1 号"（川审蔬 2014021）为代表的"科威"系列白皮洋葱新品种，以 2016 年育成"科威"红黄白系列洋葱新品种为标志，四川洋葱大田育种达到国内领先水平；从 2016—2023 年，西昌大田洋葱育种在高端良种取得突破进展，以 2021 年育成"科威红 12"（川认菜 2021006）、"科威白 3 号"（川认菜 2021007），2023 年育成科威黄 14（川认蔬 2023010）和科威红 10 号（川认蔬 2023009），巩固了国内领先水平的地位；四川洋葱育种团队用 30 多年的时间追平了中国与日韩 100 多年、与美欧 200 多年的洋葱大田育种差距。目前，洋葱育种团队已育成长、中、短中和短日照不同类型，红皮、黄皮、白皮不同颜色，早、中、晚不同熟期，鲜食型和加工型不同用途的科威洋葱系列新品种 53 个，其中 10 个新品种通过了四川省农作物品种审定委员会审定或认定："西葱 1 号"（川审蔬 2004020）、"西葱 2 号"（川审蔬 2004021）、"西葱 3 号"（川审蔬 2013001）、"科威白 1 号"（川审蔬 2014021）、"科威红 7 号"（川审蔬 2015017）、"科威黄 4 号"（川审蔬 2016012）、"科威红 12"（川认菜 2021006）、"科威白 3 号"（川认菜 2021007）、"科威红 10 号"（川认菜 2023009）、"科威黄 14"（川认菜 2023010）。洋葱育种团队在新品种选育的同时，进行洋葱育繁推研究，出版洋葱专著 3 部、发表论文 67 篇，详见附件 3 团队洋葱专著和论文简介，洋葱研究成果荣获部省州级科技奖 6 项：2002 年洋葱"昌激'99-3'的激光诱变选育与高产栽培技术研究"获凉山州科技进步奖二等奖，2003 年"激光辐照洋葱种子的生物学效应初探"获凉山州自然科学优秀学术论文奖一等奖，2006 年"洋葱新品种'西葱 1 号'和'西葱 2 号'的选育与激光诱变育种方法研究"获四川省科技进步奖三等奖，"激光诱变洋葱 L2 代主要性状的回归分析初探"获凉山州自然科学优秀论文一等奖，2015 年洋葱"西葱 3 号的选育及配套技术研究"获凉山州科技进步奖三等奖，2021 年优质多样化洋葱新品种选育及产业化关键技术集成应用荣获农业农村部"神农中华农业科技奖"三等奖。

2. 四川洋葱种业的"芯片"制造——洋葱良种生产规模由小到大

四川洋葱良种生产是一个从无到有，规模由小到大的发展过程。洋葱育种自 1990 从零探索，1997 年四川省教育厅立项支持，2004 年育成红皮洋葱"西葱 1 号"（川审蔬 2004020）和"西葱 2 号"（川审蔬 2004021）。从 1999—2004 年，红皮洋葱种子生产由洋葱育种团队进行，边科研边生产，边试验示范边进行推广，成果转化再用于科研；其红皮洋葱生产规模2000年前是为了科研需要，2001年开始除满足科研外，开始根据生产需要确定红皮洋葱规模；从2004—2008年，洋葱种子生产由洋葱育种团队牵头，具体生产由专门农户负责，种子生产规模以满足西昌洋葱生产需求为目标逐步扩大；2008—2023年以西昌科威洋葱种业有限责任公司为核心，生产基地经历下面不同发展阶段。

（1）不同需求种子生产基地发展。种子生产规模从以满足西昌短中日照洋葱生产需求为目标→满足安流河流域中下游西昌、喜德、冕宁、德昌、会理、普格等县及大邑等省内短中日照洋葱生产需求为目标→满足四川省内短中日照洋葱生产和云南为中心的短日照洋葱生产为目标→满足四川省内和云南等短中日照、短日照洋葱生产为目标和河南等中日照的早熟洋葱生产要求为目标→满足四川省内、云南、河南等短中日照、短日照、中日照早熟洋葱生产品种和甘肃、新疆等长日照洋葱生产要求为目标→国内外短中日照、短日照、中日照早熟、长日照洋葱生产要求为目标。

（2）不同日照类型品种种子生产基地发展。短中日照类型→短中日照+短日照类型→短中日照+短日照+中日照早熟类型→短中日照+短日照+中日照早熟+长日照类型的过程。

（3）不同颜色品种种子生产基地发展。由红皮洋葱种子基地→红皮洋葱种子基地+黄皮洋葱种子基地→红皮洋葱种子基地+黄皮洋葱种子基地+白皮洋葱种子基地。

（4）不同地域种子生产基地发展。西昌种子生产基地→西昌种子生产基地+凉山州内其他种子生产基地。

（5）种子生产基地设施发展。大田生产种鳞茎和种子基地→大田生产种鳞茎+大田和设施结合生产种子→大田和设施棚结合生产种鳞茎+设施棚结合生产种子；洋葱育繁生产基地经15年扩展，由县级洋葱种子基地规模扩大到州级洋葱种子基地规模，并向省级洋葱种子基地规模发展。2021年3月上旬进行了四川省省级洋葱种子生产基地认定的申报工作，凉山州农业农村局通过四川省省级洋葱种子生产基地认定的初审，在通过四川省省级洋葱种子生产基地认定通过专家初审后，2021年8月6日进入竞争性陈述环节，现正完善安宁河谷洋葱种鳞茎的集中规模生产基地和凉山州相关县种子生产分散灵合设施冬繁基地相结合模式。

3. 四川洋葱种业的"芯片"应用——洋葱良种推广逐步扩大

在洋葱种植和推广时要对日照长度、海拔高度、种植方式、种植习惯等因素，综合进行考虑。2004年前的红皮洋葱种子推广由洋葱育种团队进行，边科研边生产，边试验示范边进行推广，成果转化再用于科研；从2004—2008年，洋葱种子生产由洋葱育种团队牵头，建立初步的短中日照红黄白洋葱良种推广体系，"西葱一号"和"西葱二号"后逐渐成为西昌洋葱生产的主栽品种，然后在安宁河中下游的德昌、会理等县市推广，并逐渐成为当地洋葱生产的主栽品种；其他短中日照红黄白洋葱品种（系）在逐步扩大。2008年至今，洋葱种子推广由西昌科威洋葱种业有限责任公司牵头，逐步建立包括短中日照、短日照、中日照早熟和长日照的国内"科威"红黄白系列洋葱良种

推广体系；在国内洋葱产区中，在四川省西昌市、大邑县等地区以及贵州、湖南等短中日照洋葱产区，中国第一，日本第二，韩国和欧美国家种子基本无竞争力；"科威"红黄白短中日照系列洋葱新品种展现出绝对优势，在本地区种植的高端洋葱良种的比例占90%以上，国外洋葱种子在竞争中逐渐退出该产区；在云南省元谋县、建水县以及广东、广西等短日照洋葱产区，高端洋葱良种美国第一，欧洲国家第二，中国和日本位列第三，但"科威"红黄白短日照系列洋葱新品种表现较好，所占面积不断上升，预计3~5年将占据短日照产区主导地位；在山东、河南、江苏等中日照洋葱产区中，高端洋葱良种日本第一，韩国第二，中国为第三，但中方处于上升期，"科威"红黄白中日照系列洋葱新品种在早熟和极早熟市场有一席之地，以后将巩固和扩大这一席之地；在甘肃、新疆、黑龙江等长日照洋葱产区，高端洋葱良种欧美国家处于第一梯队、日本第二、中国第三，但中方处于上升期，"科威"红黄白长日照系列洋葱新品种中，白皮洋葱优势明显，开始向白皮市场第一冲击，红黄系列品种开始突破进入市场。提升品质、敢于竞争，西昌洋葱良种优势逐渐显现。洋葱种子是洋葱产业的"芯片"，对洋葱生产起着决定作用，但这"芯片"是起好的作用还是坏的作用，洋葱品种是否适合当地生产，将由洋葱田间生产结果作答。在当地要与国外良种进行对比试验和示范，两年以上表现较好，有推广价值才能进入推广阶段，门槛非常高。"科威"系列洋葱新品种坚定实施"走出去"战略，不断扩大在国内外的洋葱良种试验和示范，与国外公司的良种作田间比较。在国外，在暂无洋葱良种出口权、无自主对外推广体系的现实面前，通过各种渠道，

"科威"短中日照、短日照、中日照早熟和长日照的红黄白系列洋葱良种在国外累计在印度、印度尼西亚、约旦、乌干达、利比亚、刚果（布）、伊拉克、科威特、尼日利亚、塞内加尔、利比里亚、加纳、泰国、安哥拉、孟加拉国、埃及、缅甸、美国、玻利维亚、巴基斯坦、多巴哥、赞比亚、巴巴多斯、越南 24 个国家试验、示范和推广。2021 年 4 月底，出口约旦 0.6 吨科威黄 5 号（可种植 200 公顷），充分说明"科威"洋葱良种在国外同样具备竞争力，并且竞争力正不断上升。

（三）洋葱加工产业

四川西昌有部分企业，进行洋葱粒、洋葱片、洋葱汁等加工，但规模小，效益不理想，多数已转向。

二、当前四川省洋葱产业发展存在的主要问题

（一）种业发展存在的主要问题

在四川洋葱种业的"芯片"的设计方面，在洋葱不同日照类型中，在短中日照、短日照类型的大田新品种选育在国内处于领先，在中日照早熟、长日照类型的大田新品种选育在国内处于先进，整体全国领先；但在种业国际化的今天，只能力争世界第一，要实现这个目标除加大洋葱大田育种力度和广度外，要解决育种效率、抗病虫、超高产等瓶颈性问题，如果不深度融入现代生物育种体系，不能实现世界领先目标。在"芯片"的制造方面，在洋葱种子生产中的第一个难题是种子生长周期长，第一年为营养生长过程用种子生产种鳞茎，第二年为生殖生长过程用种鳞茎生产种子；第二个难题是种子生产需基地多，因品种涉及长、中、短中和短日照不同类型，红皮、黄皮、白皮不同颜色，早中晚不同熟期，鲜食型和加工型不同用途；第三个难题是洋葱为异花授粉作物，其生产基地必须解决隔离问题；第四个难题是洋葱种子冬繁中在花期及种子成熟过程中连续降雨将严重降低种子产量和质量，其生产基地必须解决遮雨问题；第五个难题是洋葱在种子生产需低温通过春化阶段，其生产基地要选择较冷凉地区。在"芯片"的供应方面，四川洋葱良种在国内短中日照、短日照、中日照、长日照不同洋葱产区建立的推广渠道和体系需要加深和拓宽，对手已从国内提升为以圣尼斯，荷兰必久、安莎、纽内姆公司，日本泷井、七宝公司为代表实力较强的国外公司，要有打阵地战、持久战和"上甘岭战役"的决心和实力提升保障；而四川洋葱良种在国外品种在国外推广中，虽然累计

在印度、约旦等多个国家试验、示范和推广，但都是通过山东、广东、台湾、广西、河南、河北、天津、浙江、上海、新疆不同客户进行的，四川洋葱良种没有出口权，没有自己的推广渠道，必须建立四川洋葱良种自己的国外推广渠道，拓宽国内推广渠道，建立四川洋葱良种的国内外推广体系。

（二）种植业发展存在的主要问题与解决措施

西昌种植洋葱亩产值为 6 000~18 000 元，种葡萄亩产值为 40 000~150 000 元，西昌洋葱种植因产值远低于葡萄种植面积大幅降低，洋葱面积严重萎缩，至 2023 年已降至 667 公顷左右，但在种植结构调整中，洋葱具有色鲜、耐储运、气味香浓、口感脆甜等特点，而受到广大消费者的喜爱；洋葱作为大田经济作物，经济价值也远高于许多作物，对农业设施投入要求不高，能与主要粮食作物进行配套种植，大春季种植玉米、水稻；小春季配套种植洋葱。不仅保证了粮食作物的生产不动摇，还可增加农民收入，增加土地产值，促进乡村振兴发展的有效途径。四川洋葱种植业发展存在的主要问题是：①洋葱上市期短、供应时间集中，品种单一，应调节品种配搭，红黄白品种结合，极早熟、早熟、中熟、晚熟品种配套，延长洋葱供应期，扩大洋葱贮藏能力；②洋葱种植以鲜食品种为主，应逐渐增大加工型洋葱的种植：洋葱按用途不同可分为鲜食与加工型两种。西昌洋葱种植以鲜食为主，容易受市场影响，价格波动较大。因此，发展市场需要的加工型洋葱的种植，有利于发展洋葱的订单农业，保持洋葱价格的稳定，保护种植户的利益，促进洋葱深加工产业的发展。③品牌意识差，应改变观念，维护品牌形象。四川洋葱虽然有"中国洋葱之乡"这块金字招牌，但农户却几乎没有品牌意识、长远意识、大局意识和公平交易意识。有意无意间甚至还在自砸招牌。例如：农户采挖装袋时，以次充好，外好内次，不分等级；农户为了省力省工和产量，很多人都挖"泡水葱"，在灌水后的第二天就采挖，造成洋葱含水量过高，降低耐贮性，在运输过程中腐损严重，影响该地区洋葱的声誉；为了片面追求高产，农户往往单纯使用尿素等氮素肥料，忽略磷、钾、硼等微量元素的施用，使洋葱的外观品质和内在品质都下降。以上的种种不良现象都对洋葱的销售造成极不好的影响。对此，应以获得洋葱地理标志产品保护产地为重点，以调优结构为主线，以提高市场竞争力为核心，提高产品品质，逐步树立四川洋葱的优质品牌。首先，严厉打击伪劣产品上市和掺杂假欺诈行为。同时，应提高产地农户的整体素质，增强农户的科技意识，全面推行洋葱的无公害化标准生产，强化农户的职业道德意识，加强环境评估监控，禁止使用高毒、高残留农药，严格农药安全使用间隔期；此外，还应提高农户的科学施肥、灌水和病虫害防治等综合管理水平。最后，还应逐步实现洋葱分级包装、销售，提高西昌洋葱的外观形象，做到外观优美、品质上乘。确保四川洋葱产品整体达到A级绿色食品标准，建立和维护品牌形象。④洋葱生产以传统生产方式为主，应建立洋葱出口生产基地，向现代农业方式转变。四川洋葱种植以各家各户种植为主，抗市场风险能力弱，应大力培育和扶持洋葱合作合作社、洋葱协会等各类经济组织，加大订单洋葱的种植面积，尤其要建立稳定的洋葱出口基地。2012年西昌洋葱通过了GLOBAL G.A.P.认证，为洋葱走向世界发放了通行证，2013年出口德国，并逐渐向欧盟及其他国家销售。应按照出口洋葱的品种、种植规范、洋葱的质量、供货时间等要求，由龙头企业牵头，建立洋葱出口生产基地，统一方案、统一生产、统一销售，将有利于四川洋葱走向世界。⑤洋葱市场波动大，价格不稳定，应抓好市场营销，拓宽市场半径，建立市场预警机制，降低种植洋葱风险。洋葱价格受种植面积、市场需求的影响，波动很大。针对四川洋葱以外销为主的特点，一是要应抓好市场营销，拓宽市场半径，搞好服务工作；二是要建立市场预警机制，降低种植洋葱风险。巩固原有东北、华北、西北国内市场，及俄罗斯、日本、韩国等现有国外市场的基础上，逐渐向欧盟及其他国家销售；为营造优良的地方环境，政府方面应加大对洋葱产区监督，农业、蔬菜、公安、交通、工商等部门提供优质检疫服务、外销服务、降低各种营销费用，减少营销环节，确保洋葱销售的绿色通道。为实现农户种得出来，市场容纳得下，产品卖得出去，同时，在全国洋葱主产区，全国和各主产区之间建立协调机制，在全国范围内合理规划洋葱产业发展布局。加大正面宣传和政策扶持的力度，积极引导广大农户因地制宜、科学有序地调整种植计划，适度稳健地发展洋葱产业，做好市场预测，及时发出市场预警，降低风险，减少农户受眼前市场利益驱使盲目扩大洋葱种植面积，导致"葱贱伤农"的悲剧重演。

（三）加工业发展存在的主要问题

四川洋葱加工企业主要生产洋葱粒、洋葱片、洋葱汁等，主要问题是这类产品加工工艺简单，科技含量低，使用范围窄，其生产量和市场占有量低，企业的发展的主要问题是如何以市场为导向，实现盈利，在满足社会需要的同时，发展壮大。

三、四川省洋葱产业发展趋势与对策建议

（一）重点发展洋葱种业，建成世界洋葱种业之都，为国内外洋葱产业提供良种支撑

1. 优先大力支持和发展洋葱新品种选育，让良种"芯片"设计走在世界前列

四川洋葱种业经30多年发展，已形成独具特色的洋葱大田育种方法、技术和体系，并形成科威洋葱系列新品种53个，其中10个新品种通过省级审定或认定，在所有短日照、短中日照、中短日照、长日照4种类型中，短日照、短中日照系列品种已进入全国领先水平；中短日照早熟、长日照类型系列品种已进入全国先进水平，整体处入全国领先水平，四川洋葱种业现负责攻坚国家洋葱良种关键核心难题；长江上游种质创制大科学中心从2017年开始探索洋葱生物育种，已积累一定基础，为让良种"芯片"设计走在世界前列，建议从大田育种和生物育种两个方面切入，并高度融合进行，弯道超车，实现洋葱综合育种水平世界领先，获国家植物新品种权10~20个；获省级新品种证书5~10个。

（1）加大洋葱大田育种支持力度，育种水平稳步再上新台阶。四川洋葱种业已形成独具特色的洋葱大田育种方法、技术和体系，在全国大田育种中，短日照、短中日照育种水平处于领先水平，中日照早熟、长日照类型育种水平处于先进水平。但与世界洋葱育种先进水平相比差距巨大，其中，长日照、短日照与此领域领先的美欧比，中日照、短中日照与此领域领先的日韩比。一是达到高水平品种的时间和积淀年限差距：四川洋葱种业才开始进入国际先进水平，积淀年限仅30多年；而国外洋葱育种先进国家早已进入先进水平，积淀年限在百年以上；二是达到高水平品种的类型差距：对于长日照、中日照、短中日照和短日照4种不同类型，四川洋葱种业的短中日照和短日照开始进入国际先进水平，其他两种类型只是国内先进，差距巨大；三是用科威洋葱的最高水平与国外的生产推广水平相比，国外的实际育种水平应该更高，其差距可能更大。

建议大力支持以国家农作物种业阵型企业西昌科威洋葱种业有限责任公司为核心及长期进行洋葱育种的西昌学院、西昌科威洋葱研究所组成的大田育种团队，从加速洋葱种质资源研究创新和洋葱品种全方位选育两个方面发力，育种水平再上新台阶。洋葱种质资源研究创新工作从对洋葱现有种质资源进行系统研究筛选优异资

源，采用激光诱变选育、抗病选育、生物技术选育等方式持续性创新选育，形成系统性和突破性种质资源，辅之继续收集的洋葱种质资源形成洋葱大田育种资源库；洋葱品种全方位选育将聚集国内外洋葱市场不同需求，为国内外全方位选育短日照、短中日照、中日照、长日照不同类型，红黄白不同颜色，早中晚不同熟期，鲜食加工型不同用途的洋葱系列新品种，加大育种力度；短日照、短中日照的大田育种水平从现在的全国领先向世界先进提升，中日照早熟、长日照类型育种水平从现在的全国先进向全国领先提升，整体进入世界先进水平。

（2）重点支持洋葱生物育种突破，融合大田育种，弯道超车，实现洋葱综合育种水平世界领先。中国现有洋葱育种大多处于传统育种领域，现代生物育种领域涉及较少，尚处于起步阶段。新技术应用的不足，造成中国洋葱育种未来发展动力不足，是当前亟待解决的根本问题。与全国相比西昌科威洋葱种业有限公司具有一定基础和比较优势，但与国际先进水平和未来长远发展需求相比，存在以下瓶颈性问题：一是育种技术传统，主要依赖传统选择育种技术，现代生物育种新技术的应用严重不足；二是育种效率不高，受育种技术体系的限制，育种周期长、投入大、效率低下；三是关键性状改良不足，抗病虫能力、产量和质量提升不足，生长发育调控以及适应未来机械种收性状涉及较少，高端品种育成和市场竞争能力有待提升。长江上游种质创制大科学中心，是支撑服务全国育种创新五大专业化平台之一，已在进行家蚕、杨树、青蒿、罗非鱼、黄连、茶树等种质创新，相关研究人员已从2017年开始进行洋葱生物育种研究。西昌科威洋葱种业有限公司与长江上游种质创制大科学中心合作，共建洋葱育种新平台，以长江上游种质创制大科学中心首席科学家牵头洋葱生物育种，依托专家团队具有发现基因，研究基因，利用基因世界级的基因工程技术和生物育种经验，进行洋葱生物育种，实现与科威大田育种的深度融合，实质解决洋葱育种的关键核心技术。

建议重点支持以长江上游种质创制大科学中心为技术支撑，以西昌科威洋葱种业有限公司为实施主体，由西昌科威洋葱种业有限公司、长江上游种质创制大科学中心、西昌学院、四川种业集团科创中心、四川省农业科学院、西昌科威洋葱研究所等国内优势单位组成的育种团队进行洋葱联育种攻关，建立科威现代洋葱育种体系与育种应用，重点支持洋葱生物育种突破，融合大田育种，弯道超车，实现育种水平世界领先。科威现代洋葱育种体系与育种应用总体方案建议如下。

总体目标：总体目标是整体破解洋葱种业关键核心问题，实现洋葱种业自主可控和对国外市场的辐射。包括以下三个具体目标：一是分步骤整体推进洋葱现代生物育种，打造国际一流的洋葱现代育种工程中心；二是聚焦洋葱产业未来发展重大需求，突破抗病虫育种，高产优质育种瓶颈，占领洋葱育种制高点；三是育成革命性突破新品种，强化推广示范，扩大市场占有率，实现经济与社会效益。

主要手段：根据现代生物育种发展趋势、技术可行性与现有基础，建议将"发现基因，研究基因，利用基因"作为主要技术手段。发现基因：实施洋葱基因组计划，破解洋葱基因组信息，构建洋葱基因组信息分析平台，发现重要靶标基因与调控路径，掌握洋葱生物育种底层数据资源。研究基因：实施洋葱主要资源比较基因组计划，分析主要靶标基因的分子功能与育种价值，解析洋葱重要经济性状形成机理，挖掘优异基因资源。应用基因：建立洋葱分子标记育种和基因操作体系，实现洋葱关键性状定向改良与设计育种，并在主要经济性状改良方面取得实质性突破。

主要内容：根据上述目标与手段，建议洋葱现代生物育种体系建设与育种应用开展"科威洋葱育种123"计划，包括以下主要工作：1个计划：实施洋葱基因组计划。基于前期研究基础，尽快启动中国洋葱基因组计划，与长江上游种质创制大科学中心、华大基因等国内优势单位合作，完成洋葱标准品种基因组深度测序与从头组装和注释，完成50份左右主要资源重测序，完成洋葱代谢组学初步分析。2个中心：一是建议在西昌建设科威洋葱现代育种工程中心，主要包括洋葱基因组信息中心，洋葱资源保存中心，洋葱分子改良实验室，洋葱品质分析中心，洋葱种子质量检测中心等内容，全面打造国际领先水平的洋葱现代育种机构。二是建设科威洋葱种业生产与推广中心，在现有科威洋葱种业的基础上，建设洋葱新品种示范推广、种子生产销售、技术服务等现代化的种业生产服务体系，实现育种的经济与社会价值。3个育种：围绕洋葱抗病虫能力、产量与质量开展育种攻关。一是破解洋葱根腐病等重大产业瓶颈问题，育成并推广抗病新品种；二是进一步提升洋葱日照等生态适应性，育成并推广高产品种，实现中国高端洋葱品种的突破；三是围绕洋葱消费市场未来需求，开展洋葱高品质、高附加值和多元化应用育种，育成并推广一批革命性新品种。

2. 支持建立省级、国家洋葱良种生产基地，让洋葱良种"芯片"制造具备为国内外洋葱生产提供良种的规模和实力

洋葱种子生产第一年用种子生产种鳞茎，第二年用种鳞茎生产种子，种子生产周期长；安宁河谷地区，西昌、会理、德昌等各县的自然条件特别适宜洋葱生长，特别适合实现第 1 年用种子生产种鳞茎，而且此生长过程不开花，不需要隔离条件，故洋葱种鳞茎基地可在西昌、会理、德昌等择 1 县集中建大规模基地。而种子生产因品种涉及不同类型、不同颜色、不同熟期、不同用途，需要很多基地；洋葱又是异花授粉作物，种子生产基地必须解决隔离问题；种子生产的花期及种子成熟过程中连续降雨将严重降低种子产量和质量，种子生产必须解决遮雨问题；在种子生产需低温通过春化阶段，生产基地要选择在较冷凉地方。凉山州海拔为 305~5 958 米，存在 5 653 米的海拔差异，17 个县（市）、"山"间的天然隔离条件、气候条件适宜的三大天然优势将解决洋葱种子生产第二年用种鳞茎生产种子的多基地、冷凉、隔离的三大难题。在凉山州"十三五"设施蔬菜产业发展过程建立的设施蔬菜棚，是蔬菜冬繁制种的宝地，既有利于乡村振兴，农户增收，又能解决洋葱种子生产的遮雨问题。故洋葱种子生产基地宜充分利用已建设施蔬菜棚，将洋葱生产基地建立在凉山州 17 个县（市），现西昌科威洋葱种业有限责任公司已在西昌、越西、会理、喜德、普格、盐源等各县建立了小型的洋葱种子生产基地。

四川洋葱良种生产基地经历从无到有，发展成县级洋葱生产基地，再发展成凉山州级洋葱生产基地，2021 年 3 月 29 日通过四川省省级洋葱种子生产基地认定的初审，在通过专家省级洋葱种子生产基地认定初审后，2021 年 8 月 6 日进入竞争性陈述环节。为提高四川洋葱良种"芯片"制造具备为国内外洋葱生产提供良种的规模和实力与将四川建成世界洋葱种业之都相匹配，继续完善条件，早日建成四川省洋葱生产基地、国家洋葱良种生产基地，建议支持四川省现代种业发展集团控股的西昌科威洋葱种业有限责任公司牵头联合安宁河谷和凉山州相关县（市）的种植实体联合建立洋葱种鳞茎集中生产基地和洋葱种子分散生产基地。发挥安宁河谷地区特别适宜洋葱生长，建立 134 公顷以上的洋葱种鳞茎中心基地，并根据种业发展需在建立洋葱种鳞茎分基地，在中心基地配套进行洋葱育苗场、种鳞茎挂贮、花球阴干烘干等基地相关基地保障设施建设。发挥凉山州的三大天然优势和已建成的设施蔬菜棚，西昌科威洋葱种业有限责任公司牵头凉山州相关县（市）的种植实体根据市场需要和发展需求，联合建立灵活分散，并能与其他蔬菜生产轮作的200~500个面积为0.67公顷至数十公顷不等的良种生产基地（小基地用于育种和小品种生产），完成生产种子的工作，实现短日照、短中日照、中日照、长日照不同类型，红黄白不同颜色，早中晚不同熟期，鲜食加工型不同用途的洋葱系列品种的制种要求；总结完善短日照良种繁育技术和规程，短中日照良种繁育技术和规程，中日照良种繁育技术和规程，长日照良种繁育技术和规程，设施棚制种技术良种繁育技术和规程，大田露地良种繁育技术和规程，洋葱种球栽培技术和规程，技术支撑洋葱良种生产。

3. 支持获得洋葱良种出口权并建立四川洋葱种业的健全的销售体系和保障体系，让四川洋葱良种"芯片"支撑国内外洋葱产业发展

在中国洋葱不同日照洋葱产区中，国外洋葱高端良种总体处于控制优势。但在四川为代表的短中日照产区，四川"科威"红黄白系列洋葱新品种与日本，韩国和欧美国家洋葱种子的竞争中展现出绝对优势，已经占领了该地区市场主导地位。在云南等短日照产区，与美国、欧洲、日本竞争中，美国第一，欧洲第二，中国和日本位列第三，但四川"科威"红黄白短日照系列洋葱新品种所占市场上升速度极快，3~5年四川"科威"红黄白系列洋葱新品种占据优势是可预见的。在长日照产区，高端洋葱良种欧美国家处于第一梯队、日本第二、中国第三，但四川"科威"白皮长日照系列新品种占据优势，红黄长日照系列新品种也开始突破；在中日照产区，种植的高端洋葱良种日本第一，韩国第二，中国为第三，但中国处于上升期；四川"科威"红黄白中日照系列的新品种在早熟和极早熟市场占据一席之地，四川洋葱良种通过不同渠道在国内短中日照、短日照、中日照、长日照不同洋葱产区洋葱推广，如何扩大市场占有率，除根本是提高品种竞争力外，如何健全推广体系也必不可少。但四川"科威"红黄白系列的新品种，虽然累计在约旦、印度等24个国家试验、示范和推广，都是通过山东、广东、广西、河南、河北、天津、浙江、上海、新疆不同客户进行的，四川洋葱良种没有自己的推广渠道，必须取得洋葱良种出口权，建立四川洋葱良种自己的国外推广渠道，拓宽国内推广渠道，建立四川洋葱良种的国内外推广体系，将已在国外试验、示范和推广24个国家落到实处，并加大力度，力争用8~10年时间，实现四川洋葱良种为30个以上国家洋葱生产提供良种支撑，11~20年时间，实现为50个以上国家洋葱生产提供良种支撑。同时也要加强保障体系。因为洋葱种子在普通贮藏条件下，第二年无发芽率，不能再在生产上使用，为保证洋葱种子的稳定供应，必须建立洋葱种子专用贮藏库，延长洋葱种子寿命，保障洋葱种子的稳定供应。另外，洋葱种子制种需 2 年时间，周期长，又受外界条件变化影响，必须进行洋葱种子储备建设，建立救灾备荒种子储备，全面提升洋葱良种稳定供应能力。同时进行种子干燥、脱粒、清选、包装等种子加工技术和延长洋葱种子寿命的种子贮藏技术研究。建议支持西昌科威洋葱种业有限责任公司牵头相关种子公司，在相关推广部门的支持下，健全四川洋葱良种国内推广体系，获得洋葱良种出口权，建立四川洋葱良种的国外推广体系，建立推广保障体系，除在国内产区大力推广应用外，5~8 年后四川洋葱良种能为 30 个以上国家洋葱生产提供良种支撑，9~15 年后能为 50 个以上国家洋葱生产提供良种支撑，让四川洋葱良种"芯片"的应用在国内外"开花结果"。

（二）适度发展四川洋葱种植业

以西昌为主的安宁河流域中下游的洋葱种植因产值远低于葡萄种植面积大幅降低，西昌种植洋葱亩产值为 6 000~18 000 元，种葡萄亩产值为 40 000~150 000 元，种洋葱不如葡萄，洋葱面积严重萎缩，至 2023 年已降至 667 公顷左右，但在种植结构调整中，洋葱具有色鲜、耐储运、气味香浓、口感脆甜等特点，而受到广大消费者的喜爱。种植洋葱的经济价值也远高于许多作物，用的又是小春季节，是大春保粮，小春增收，促进乡村振兴发展的有效途径，主要问题是如何适度发展的问题。建议根据产业结构调整和市场发展调节，引导适度发展四川洋葱种植业，并向订单种植发展。一是做好洋葱销售，洋葱销售产业建设除充分利用原有销售渠道外，引进外商、与洋葱加工企业紧密结合，与流通企业对接，夯实洋葱物流基础，放眼国内国际两个市场；二是发挥安宁河谷优越自然条件，西昌洋葱种植下移安宁河谷相关县，种植洋葱的经济价值低于葡萄也远高于许多作物，发展大春种粮保饭碗，小春种洋葱增收入的种植模式，有利于种植户增收和乡村振兴；大邑等省内其他县市，根据产业结构调整和市场发展调节发展规模；三是应调节品种配搭，延长供应期，扩大洋葱贮藏能力；四是洋葱生产改变传统生产方式，良种良法，向现代农业方式转变，向订单种植发展。

（三）择机发展洋葱加工业

四川洋葱加业企业少和小，且为初级加工，科技含量低，竞争力弱，必须找准切入点，稳慎发展。建议从两个方面切入，一是充分发挥品种选育优势，发展洋葱特种高效加工；二是洋葱保健作用融合到酱油、香辣酱豆瓣等辛辣味调味品加工中，达到提质增效发展。

参考文献

李成佐，等，2002. 洋葱"昌激99-3"的激光诱变选育［M］. 激光生物学报（4）.

李成佐，等，2005. 激光诱变洋葱育种的生理效应研究［M］. 北京：农业出版社，作物栽培生理研究文集：442-448.

李成佐，等，2020. 加工型白皮洋葱新品种"科威白3号"的选育与栽培. 西昌学院学报（自然科学版）（2）.

李成佐，夏明忠，2004. 洋葱栽培技术［M］. 成都：四川科学技术出版社.

李成佐，张荣萍，2009. 洋葱韭黄优质栽培技术［M］. 成都：四川科学技术出版社.

潘天春，等，2020. 洋葱新品种"科威红12号"的选育与生产技术要. 南方农业（16）.

单成海，2013. 不同贮藏温度下黄皮洋葱鳞茎生化指标的比较. 西南农业学报，26（1）：159-161.

Cramer CS, Mandal S, Sharma S, Nourbakhsh SS, Goldman I, Guzman I, 2021. Recent Advances in Onion Genetic Improvement. Agronomy，11（3）.

Diaz-montano J, fuchs M, Nault BA, Fail J, Shelton AM, 2021. Onion thrips（Thysanoptera：Thripidae）：a global pest of increasing concern in onion. J Econ Enteomol，104（1）：1-13.

四川省生姜产业发展报告

李 志[1] 常 伟[2] 吴传秀[3] 杨 亮[1]
苗明军[1] 李 菊[1] 马燕勤[1] 李 享[3] 李跃建[4]

(1. 四川省农业科学院园艺研究所,四川成都 610016;2. 四川省食用菌研究所,
四川成都 610016;3. 四川省园艺作物技术推广总站,四川成都 610041;
4. 四川省农业科学院,四川成都 610016)

摘 要:本报告主要详细分析了四川生姜产业生产现状、市场情况,品种、种质资源、技术模式、采后加工、品牌打造和三产融合现状,深刻剖析了四川生姜产业存在的良繁体系、病害、轻简技术、采后加工以及市场表现等方面的重大问题,研判了四川生姜产业在品种专用化、种苗脱毒化,产地区域化、规模化,栽培轻简化、生产绿色化以及产品优质化和加工精深化发展趋势,提出了重视产业科学定位与长远发展规划布局,专用品种培育,建立良繁体系,加大政策资金扶持力度,提高机械化生产程度,培育龙头企业等六个方面的发展对策建议。

关键词:四川省;生姜;产业现状;问题;发展建议

引言

生姜是四川特色农业支柱产业之一,已有1 700余年的种植历史,常年种植面积20万~30万亩,产量50万~90万吨,产值30亿~60亿元,产品远销国内外,比较效益高,在促进农民增收方面发挥了重要的作用。生姜由于开花和结籽障碍,主要以根状茎为繁殖材料,在长期的无性繁殖过程中,易受病毒侵染,导致种性退化、产量和品质降低,应用组织培养技术开展生姜脱毒和原种繁育可以有效解决上述问题,产量较未脱毒种提高20%以上。目前四川生姜品种单一,栽培多采用传统的种植方法,加之四川省各地夏季气温高、雨量充足,易发生大面积感染姜瘟病,由于高效栽培技术缺乏,各地生产中肥料使用、病虫预防、采收标准等普遍不规

范，因此，各地产出的成品姜产量、品质参差不齐，严重阻碍了姜产业化发展。通过本研究分析，全面剖析四川省生姜产业现状，划分重点区域，梳理重大问题，提出科学可行的对策措施，对于解决生产重大问题、促进生姜产业高质量发展，提质增效具有重要的现实意义。

一、四川省生姜产业发展现状

四川省 2018 年以来生姜播种面积持续增加，到 2021 年达 2 万公顷左右，占全国的 8.59%，排在全国第 6 名，总产量达 61.05 万吨，产值 80 余亿元。

1. 四川生姜育种科技创新

四川从事生姜科研单位有：四川省农业科学院、四川农业大学、成都中医药研究所、乐山市农业科学研究院等。近 20 年来在四川省科技厅、四川省农业农村厅等相关项目支持下，四川省农业科学院收集了四川省内外生姜种质资源 50 余份，对生姜资源进行植物学和田间农艺性状鉴定，筛选出系列优异生姜资源材料。开展了生姜组培苗钴 60 辐射处理剂量梯度筛选试验，获得辐射后引起外在表型变化的最适剂量（25gy）和剂量率（1gy/分钟）。育成了川姜 1 号新品种 1 个，该品种属于密苗型，分枝能力强。播种到嫩姜始收 110 天左右，叶披针形，绿色，分枝较多；根茎为不规则掌状，嫩姜芽顶端磷芽紫红色，表皮乳黄白色，老姜表皮淡黄色；嫩姜肉质脆嫩，纤维少，香味浓郁，辛辣味较浓，品质佳。嫩姜可腌渍、糖渍加工。一般单株根茎重 350~550 克。水分含量：95.2%，蛋白质含量：1.24 克/100 克，粗纤维含量：0.80%，可溶性糖：0.62 克/100 克，维生素 C：2.68 毫克/100 克。两年试验平均产量为 3 647.44 千克/亩，比对照犍为本地姜增产 13.36%。

2. 绿色低碳种植技术

全省生姜栽培方式有冬春姜芽促成栽培、早春生姜早熟栽培、夏秋生姜中晚熟栽培等几种方式，轮作模式有：生姜—水稻，生姜—烟叶，生姜—小香葱—水稻，生姜—小香葱—莴笋等几种模式；栽培方式有沟栽，穴栽等。冬春姜芽一般产量每千克姜种产出 0.25~0.30 千克，早春生姜亩一般产量 1 500~2 000 千克，中晚熟生姜栽培亩产量为 4 000~4 500 千克，亩产值 1.0 万~2.0 万元。

生姜绿色高效栽培技术：重点从田形调整、姜种处理、土壤熏蒸、高效施肥、蜂窝式栽培、姜瘟病综合防治技术几方面对传统种植技术进行提升优化，主要示范推广应用于四川省土壤黏性较强的浅丘或者平坝区域，为广大姜种植户提供生姜高效绿色安全生产技术。在犍为县、江油市、阆中市、简阳市等示范应用1 000亩左右。

3. 绿色防控技术

针对姜瘟病发病越来越严重的关键问题，结合生姜产区大田生产，在姜瘟病发生严重区域，开展了防治姜瘟病土壤熏蒸剂氯化苦、威百亩、棉隆等消毒方式、时间，药剂处理剂量试验筛选；微生物拮抗菌剂种类筛选，集成示范了姜瘟病综合防治技术。在地块砂质壤土土质防治效果较好，发病率5%以内，但是在黏性土的防治效果差，发病率仍然有27%之多。在犍为县、江油市分别示范1 000亩以上。

4. 机械化

在生姜机械化播种机应用技术方面取得了较大进展。生姜栽培的播种环节是费工量占比重较大的环节，通过开发机械开沟、播种、覆土、铺滴灌管、盖地膜五个操作环节为一体的生姜综合播种机，应用于大户种植，进行对比分析，提出生姜节本增效机械化生产技术1套。经对比，综合机械播种机完成开沟播种环节比人工亩节支3倍以上，播种效率提高10倍以上。在中江县、盐边县应用示范推广3 000亩。

5. 智能化生产技术与应用

在嫩姜芽的智能化生产技术方面取得较大进展，在威远县设施条件下加温促进仔姜形成栽培技术，利用锅炉热水加温，覆盖薄膜保温等设施条件，促成仔姜形成，年投入姜种可达10 000吨，产品可以控制在元旦之后，春节期间上市，市场价格高者可达100元/千克，经济效益好。经过几年的发展，锅炉姜种植面积约2 000亩，仔姜产品从12月到来年的4月均有销售，每天上市量1万千克左右，全年总产量6 000余吨，农民每亩纯收入约3万元，适量发展特色仔姜生产，对于促进农民增收具有重要意义。但是，开展仔姜生产每亩投入总成本6万~7万元，单位面积所需生产资料投入成本较高，劳动力投入多，目前川南形成的栽培多是姜农自发经验总结，具有一定的借鉴意义，主要使用的加温系统是锅炉、水泵、热水管直接组装，使用的燃料是煤，虽然成本较低，但是烧煤直排，对于环境污染较重；且这种生产方式下温度、湿度、养分的调控需要人随时观察，随时调节，管理繁琐，调控不准确，且各环节技术无标准可依，难以保证栽培各环节技术准确控制，易造成产量极低，容易亏本。这种传统的生产方式，每年必须更换地块，管道、加温保温设施设备，搬迁工程量大，成本增加，难以实现同一块地连续开展生产。2022年开展了仔姜促成栽培中煤改电加温，对温度、光照、水分、养分等生产过程温室智能控制关键技术进行了全面研究，探索形成了成熟的仔姜电加温智能控制关键技术1套。试验结果：试验处理仔姜颜色嫩白，平均横径2.43厘米，纵径12.80厘米，单根茎重量78.04克，产量18.30千克/平方米，对照14.35千克/平方米，试验处理比对照增产27.53%，增产效果显著。试验仔姜越冬栽培加温用电量23 215度，费用12 992.00元，远低于传统烧煤成本73 600.00元。

6. 采后处理和加工

四川生姜作为嫩姜销售部分的采后处理主要是洗姜，目前洗姜的方式有简易水泵冲洗、流水线洗姜机冲洗两种。简易水泵冲洗的方式主要为家庭农场、规模较小的种植户采用，选择水源方便的地方，用竹架搭建冲洗平台，配1.0千瓦的水泵加压冲洗，这种方式投资少，场地选择灵活，冲洗生姜效果好。流水线洗姜机多为种植大户、专业合作社、生姜收购商等洗姜量大的采用，第一次投资相对较高，洗姜效率远高于简易冲洗，但洗姜的损耗率要高于简易冲洗方式10%以上。

四川生姜加工方面主要是作泡姜、火锅底料、中药原料。做泡姜的企业有吉祥居、老坛酸菜等，火锅底料企业主要有海底捞等企业。

7. 生产现状与趋势

四川生姜品种主要以大白姜和小黄姜为主，大白姜品种有乐山竹根姜、犍为麻柳姜、西坝生姜等；小黄姜有双流小黄姜、雅安黄姜、丹棱小黄姜、简阳黄姜等地方品种。生产上普遍采用的'竹根姜'是富有地方特色的本地品种，具有肉质脆嫩、纤维少、品质优等特点，深受消费者欢迎。犍为生姜商品性好、品质优良，纤维含量少，辣度适中，脆嫩，深受省内外消费者喜爱。全省有4个生姜品牌获得了农业农村部的国家地理标志保护产品称号："犍为麻柳姜""阆中生姜""西坝生姜""牛滩生姜"。以生姜为主导产业的省级现代农业园区1个，于2022年12月创建成功：五通桥区稻姜现代农业园区。

栽培区域主要集中在犍为县、阆中市、江油市、五通桥区、威远县、安岳县、营山县、开江县、旌阳区、金堂县、荣县、郫县、中江县、青白江区、东坡区、翠屏区、龙马潭区、乐至县等地。

2018—2021年，全省生姜播种面积稳步上升（图1），2021年为2万公顷，总产量为61.05吨（图2），面积比2018年增加10.38%，产量增加10.42%。单位面积产量最高值31.09吨/公顷（图3），与最低相差2.61%，说明近几年四川省生姜单位面积产量提升不明显。

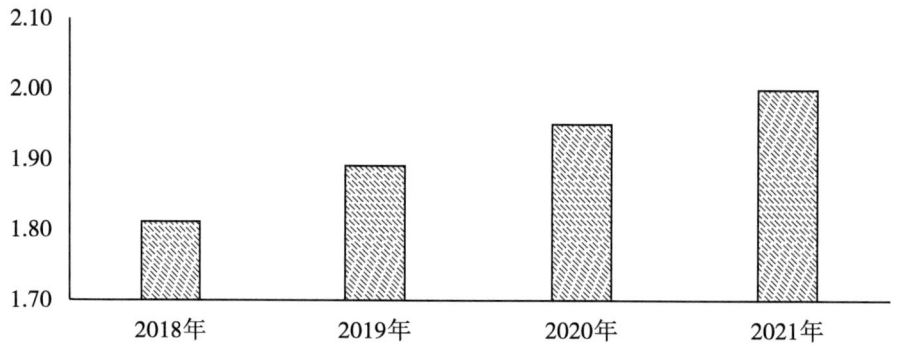

图1　2018—2021年四川省生姜播种面积（单位：万公顷）

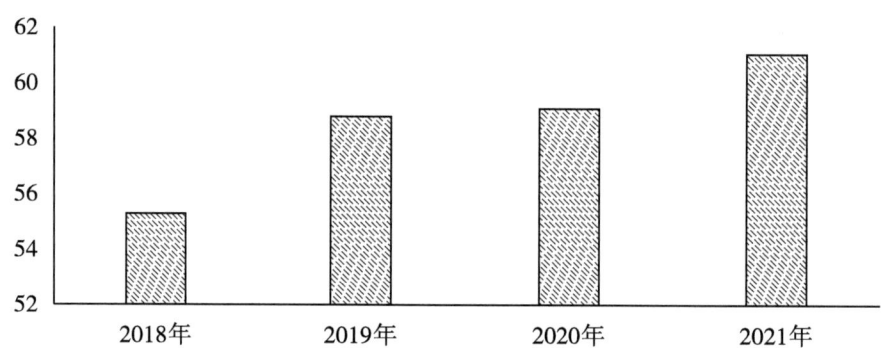

图2　2018—2021年四川省生姜总产量（万吨）

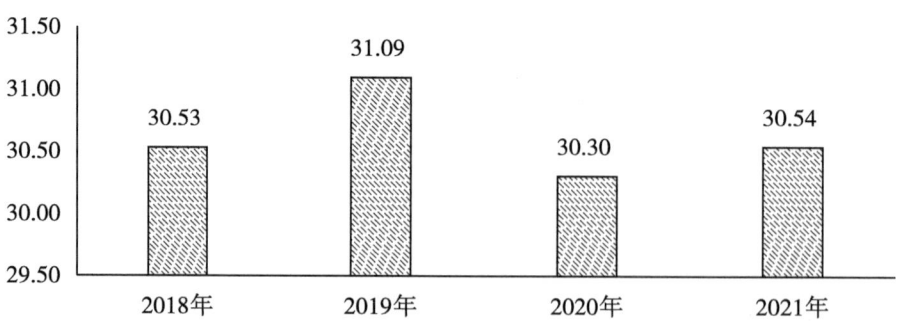

图3　2018—2021年四川省生姜单位面积产量（吨/公顷）

8. 经营主体状况

四川生姜种植相对收益好，种植大户、专业合作社、企业等发展迅速，据不完全统计，全省生姜相关专业合作社200余家，其中规模和影响力比较大的有五通桥西坝生姜合作联社、威远县兴荣生姜种植专业合作社、犍为县榨鼓生姜专业合作社、江油市五龙生姜农民种植专业合作社、江油市平喆聚农业科技有限公司等。合作社建立生姜示范基地共20 000余亩。

9. 市场营销、价格与趋势，进出口

四川省内生姜产品80%作为菜姜（仔姜、嫩姜）销售，其余20%产品作为老姜或留种用。四川省内主要消费区域有川南、成都市场，省外主要发往重庆、广州、浙江、福建等地。生姜的老姜产品在四川省主要作为调味料，供泡菜加工厂、老姜鲜销，还有一部分老姜作为中药的干姜入药，少量的老姜产品作为生姜精油提炼、姜粉、姜糖、姜茶原料。

2022—2023年来，四川生姜单价持续上升，从2022年10月的7.51元/千克涨到2023年10月的15.52元/千克，涨幅1倍以上（图4，表1）。全省未磨生姜出口量自2022年底疫情解封以后逐月回升。2022年下半年总出口量94.67吨，2023年

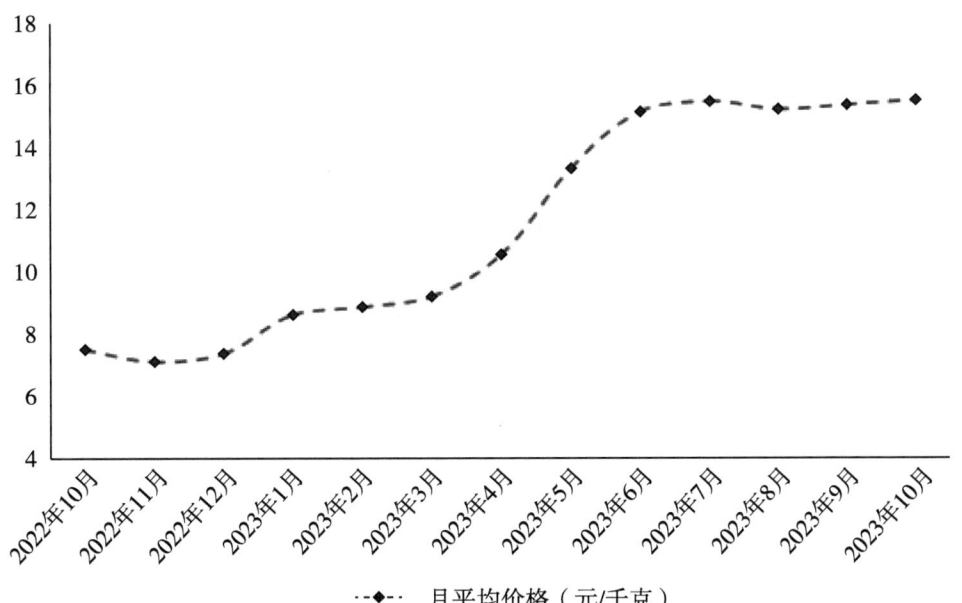

图4 四川省2022—2023年来生姜平均单价走势

数据来源：全国农产品批发市场价格信息系统。

上半年总出口量 514.83 吨，增长幅度大（图 5）。

表 1 2022 年 10 月至 2023 年 10 月期间生姜销售价格

时间	月平均价格（元/千克）
2022 年 10 月	7.51
2022 年 11 月	7.12
2022 年 12 月	7.38
2023 年 1 月	8.62
2023 年 2 月	8.87
2023 年 3 月	9.2
2023 年 4 月	10.56
2023 年 5 月	13.32
2023 年 6 月	15.15
2023 年 7 月	15.48
2023 年 8 月	15.23
2023 年 9 月	15.37
2023 年 10 月	15.52

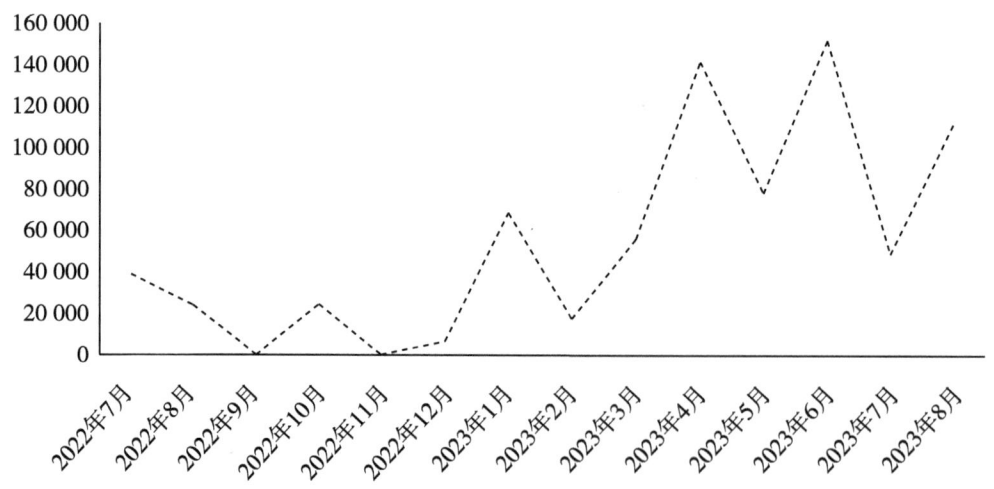

图 5 2022—2023 年四川省生姜（未磨）出口量（千克）

10. 一二三产业融合

为了促进生姜相关一二三产业融合发展，四川省部分生姜主产区开展了生姜文化节、创建了省级三星农业园区——五通桥区稻姜现代农业园区，四川省电视台乡村频道制作了生姜科普、美食等专题节目，宣传生姜种植新技术和美食文化。例如2018—2019年四川犍为县连续举办了两届"犍为姜—保健康"生姜文化节，吸引了1 000余人参加生姜文化节，既宣传了当地优质生姜产品品牌，又促进了生姜产品销售。2022年五通桥区稻姜现代农业园区内建设了稻姜文化展览馆，详细讲述了五通桥区生姜的发展历史、现状、销售辐射、科技支撑、饮食文化和品牌影响等。

二、当前四川省生姜产业发展存在的主要问题

四川省生姜产业发展迅速，但还存在如下几方面问题。

（一）良繁体系不健全

生姜为无性繁殖，以农户自留种为主，四川省生姜主产区种植历史悠久，长期种植导致种性退化、植株变矮变小、抗病抗逆降低，病毒、病菌积累，产量和品质下降。主产区姜种主要来源于沐川县、峨边县、五通桥区等周边山区农户种植，部分从云南、广西、贵州老姜产区调运。姜种生产户多为传统的粗放生产，严格的病害防控体系、组织脱毒快繁技术等现代良繁体系难以推广运用，缺乏良种繁育成套生产体系，且目前生产上脱毒种苗成本高，推广应用面积小。

（二）病害发生较严重

以茎基腐、姜瘟病为代表的病害发生严重，制约了产业进一步发展。姜瘟病是由青枯劳尔氏菌（*Ralstonia solanacearum*，简称青枯菌）引起的细菌性病害，青枯菌主要潜伏在土壤中，从生姜根状茎侵入，在维管束中繁殖并堵塞维管束，导致植株缺水死亡，由于该病发病快、死亡率高，俗称姜瘟病。目前，青枯病在中国除内蒙古、黑龙江和西藏以外均有分布，尤其在长江以南地区为害最为严重，寄主种类多样，许多是重要经济作物，包括辣椒、茄子、番茄、生姜、花生、烟草等。在缺乏寄主或逆境条件下，该菌能以活的非可培养状态（Viable but non-culturable state，VBNC）存活，存活时间长达10年之久。因此，常规的轮作对防治青枯病的收效甚微。土壤带菌是姜瘟病的主要初侵染源，而生姜通常采用根状茎繁殖，导致种姜带菌成为姜瘟病传播的另一主要方式。发病面积和减产幅度达30%左右，部分发病严重田块甚至毁灭性绝收。

（三）绿色轻简高效栽培技术集成应用不足

尽管相关科研单位开展了系列绿色生产技术集成示范，但是因为示范和推广力度不足，新技术的应用覆盖面较小，很多姜农施肥和病虫害防治还是凭经验，加上很多从事生姜生产的农户文化水平偏低，接受和运用新技术过程缓慢，生姜耕种收人工操作占比较大，市场缺乏适合丘陵和山区的生姜栽培管理专用机械；部分产区种植条件不完善，易受水涝、干旱等不良气候的影响，诸多因素导致四川省部分生姜产区单产和效益较低。

（四）废弃物处理不到位

生姜成熟后，采收时均是直接将嫩姜采收后，经冲洗装框销售，地上部分姜茎叶部分亩产量 4~5 吨，经科研单位研究可以作为养鸡、鸭添加原料利用，但是一般种植户没有处理能力，同时也缺乏相应的中间处理收购企业，所以生姜收获后留下的茎叶一般都没有经过再利用处理，直接丢弃或就地还田，部分带菌植株直接还田易产生环境污染，也导致二次带病入土，影响产业可持续发展。

（五）精深加工不足

主产区生姜产品主要以嫩姜鲜食为主，约占总产量 80%，老姜作为姜种、佐料销售的占 20% 左右，鲜食嫩姜主要进行凉拌、爆炒、泡制食用、火锅底料加工，老姜加工成姜片、姜粉、提炼姜精油、姜辣素、火锅底料等精深加工，加工量约 17 万吨，占比 28.10%，比例较低。

（六）市场波动大

生姜属小宗蔬菜，具有产地集中、库存销售、周期性强，易受暴雨、持续低温等恶劣气候和病虫害影响，自 2011 年开始 10 余年以来，生姜价格整体呈波动上升态势，2014 年达到 12.35 元/千克的高位价格，较 2012 年涨幅 191.27%。2015 年价格大幅回落。2017—2018 年小幅上涨。2019—2021 年持续下降，2021 年出现"姜你军"，最低价格 0.8 元/千克，2022 年下半年，受 50 年一遇干旱影响，姜种欠收，姜种涨幅较大，最高达 15.00 元/千克。姜价的剧烈波动，种植风险增大，影响产业健康发展。生姜耐贮存，近三年期初库存高达 700 万~900 万吨，占全年供给量的 40% 以上。除重大恶性事件、炒作、自然灾害等突发事件，生姜价格总体较稳定。

生姜分等定级，优质优价的趋势非常明显，优质商品姜永远不缺市场，优质的地标产品市场认知度较高，同时消费者对于本地产品偏好明显。加工产品增值效果明显，洗姜价格明显高于泥姜价格，腌渍姜是洗姜价格的2~4倍，"大路货"越来越没有利润空间。

三、四川省生姜产业发展趋势与对策建议

（一）四川省生姜产业发展趋势研判

1. 品种专用化、种苗脱毒化

当前消费者产品需求越来越细化，对于生姜产品的细分要求也越来越高。春节、元旦（1—2月上市）期间，气温偏低，生姜生产设施要求高，技术难度大，主要以加温促成栽培的嫩姜芽产品上市，也有少量种植户在云南的西双版纳、海南三亚等地利用天然气温优势生产少量嫩姜产品，这个期间的嫩姜产品价格高，效益好，但是生产成本高，需要块茎粗、粗纤维含量低、发育速度快的品种。早春季节（3—5月上市），气温依然偏低，主要以大棚、拱棚栽培的仔姜产品上市，需要耐寒性强的品种。春季中晚熟栽培（7—8月上市），容易在6—8月遇到夏季高温雨季，要求品种抗病性强。此外，泡制、加工姜片、姜粉以及提炼生姜精油等精深加工需要专用品种；针对病虫害严重，品种退化等需要建立良繁体系，广泛采用脱毒脱菌的优质姜种。

2. 产地布局区域化、规模适度化

依据资源优势和消费习惯，形成生姜优势区域布局：四川省川南的乐山、自贡、宜宾、泸州和川东简阳、遂宁、南充一带是四川省仔姜的主要消费和生产区域，且种植历史悠久，气候和土壤适宜性好，布局品质好、纤维素含量少的白姜品种具有很好的前景。川西成都平原是泡菜的主要消费区域，气候温和、土壤肥沃，适合白姜和小黄姜生产。川北绵阳、广元深丘区域，土层深厚，光照强度适宜，是发展种姜和老姜生产的优势区域，可作为火锅底料、佐料原料等基地产业区域布局。生产规模不宜盲目扩大，但是传统的散户生产经营方式其市场竞争力越来越弱，多数散户产区产品上市期间均是等经销商上门收购，容易被压价、贱价收购，因此，培育适度规模的家庭农场、种植大户和职业经纪人，鼓励适度规模化生产也是应对市场变化的一种较好方式。

3. 栽培轻简化、生产绿色化

生姜生产过程中整地、培土、施肥、植保以及收获等实现全程或半程机械化，减少生产环节用工量和劳动强度；采用脱毒脱菌种苗，采用深沟高厢、有机无机配方施肥和健身栽培等措施，使用绿色和生物技术手段，实现轻简化、绿色化生产。

4. 产品优质化、加工精深化

生产富硒、富锗等具丰富营养和保健价值产品，满足人民对美好生活和大健康需要；延长产业链条，精深加工的产品。

（二）促进四川省生姜产业发展的对策建议

根据国内外生姜产业发展趋势，立足四川发展现状，结合市场需求、竞争、产业技术发展需要等，在研判四川省生姜产业发展趋势基础上，为更好地保持适度产业规模、拓展广阔的国内外市场，促进生姜产业高质量发展，提出四川生姜产业发展的对策建议。

1. 面向国内国际市场，进行产业科学定位布局与长远发展规划

针对国内市场，以鲜销早春错季产品为主，充分发挥攀西地区、川南地区、成都平原冬春温暖气候条件，生产早春嫩姜等市场竞争力强的产品；面向一带一路沿线欧洲及东南亚国际市场，引进培育龙头企业，采取"龙头企业+合作社+农户"订单生产模式，在甘孜州、凉山州以及阿坝州等半高山地区，建立规模化产业基地，生产高品质小黄姜以及精深加工产品为主，创建知名品牌，积极开拓国际市场渠道。

2. 重视出口及加工专用品种培育，建立良繁体系，提升四川种源优势地位

依托四川省农业科学院等科研院所，培育生姜出口及加工专用品种，利用四川省独特的地形地貌优势，在成都平原建立原原种基地，采取网室隔离、田间株选、组培脱毒繁殖等技术手段，建立生姜无病毒原原种繁育基地；在凉山和甘孜等高原地区，分别建立原种和生产用种基地，建立四川省生姜良繁体系，制定生姜良种繁育生产技术规程标准，同时加大外调种源的检疫力度，严把质量检疫关，提升四川省生姜种源的优势地位。

3. 加大政策资金扶持力度，解决产业关键瓶颈技术问题，规范生产技术及产品标准

生姜生产中存在着一些生产难题和关键瓶颈技术问题，如产业基地沟渠道路、土地整理以及土壤培肥等投入不够，导致生产机械无法进入；生产上茬口模式单一，种植标准化程度低，化肥农药施用量大且不规范，生姜的姜瘟病发生严重，连作障碍问题突出，生姜品质下降等。这些都需要充分发挥各级政府的主导作用，依据生姜产业发展规划，加大政策扶持和资金投入力度，只有解决好上述生产难题及关键瓶颈技术问题，制定出规范的栽培技术规程和标准，才能提升整体栽培技术水平和产品质量。

4. 提高机械化生产程度，提升适度规模化生产的综合效益

国际上，随着机械化设备与技术日趋完善，生姜的播种、耕种基本已实现了高程度的机械化，显著地降低了生姜劳动力生产成本，带动了产业规模化发展。川西平原的崇州市、郫都区的部分区域，土地平整且面积大，土壤疏松，适宜发展生姜机械化生产，可以引进相关机械，通过研制熟化农机农艺融合技术，实现生姜半程或全程机械化生产，提升四川省生姜生产机械化程度，实现规模化产业发展。

5. 培育龙头企业，延伸产业链，拓展国内国际市场

四川生姜品质优良，据国家特色蔬菜产业技术体系有关专家测定，四川小黄姜的可溶性糖、姜辣素以及维生素 C 含量位居全国前三位，综合品质优良，四川生姜适宜加工，加工产品品质较北方产区优。因此，引种培育龙头企业，创建品牌，引导企业开发脱水姜片、姜粉，提炼姜辣素、姜精油等精深加工产品，延伸生姜产业链条，可以拓宽市场渠道，增加附加值，提升产业综合效益，促进生姜产业可持续发展。

四川省花椒产业发展报告

曾 攀[1] 龚 霞[1] 王海峰[1] 何 琴[2]
温 铿[1] 吴传秀[2] 吴银明[1] 涂 坦[2] 杜晓蓉[2]

(1. 四川省农业特色植物研究院,四川内江 641200;
2. 四川省园艺作物技术推广总站,四川成都 610041)

摘 要:我国是花椒原产地,四川省是花椒资源大省,是全国优质花椒产地,也是全国花椒产业大省,花椒产业成为"川字号"现代农业特色产业体系的重要组成部分,更是四川省巩固拓脱贫攻坚成果同乡村振兴有效衔接的重要产业。本研究介绍了四川省花椒产业的发展现状,分析了四川省花椒产业存在的主要问题,研判了四川省花椒产业发展趋势,提出了促进四川省花椒产业发展的对策建议。

关键词:四川省;花椒产业;现状;问题;对策建议

引言

花椒树耐寒、耐旱、耐瘠薄、适应性强,且投产早、见效快,生态价值、经济价值高。四川省是我国花椒第一大省,花椒总面积、年产量、综合产值三项指标均居全国第一,是地方经济发展的增长点和助农增收的突破口,惠及农村人口1 500余万。花椒在四川省的种植分布与连片贫困县和插花贫困村、贫困户在地域分布上具有高度重合性,全省88个贫困县,有75个县(市、区)种植花椒,面积和产量分别占全省的73.2%和63.0%,是脱贫攻坚时期四大片区的重要支柱产业。凉山彝族自治州金阳县12万群众依靠青花椒产业实现了脱贫,年收入20万元以上达100余户。阿坝州茂县、甘孜州九龙县等深度贫困县依靠花椒产业,每亩毛收入可达5 000~7 000元。南充市高坪区、绵阳市三台县等地依托青花椒产业实现大量贫困村、贫困户增产增收脱贫,成为脱贫攻坚、乡村振兴的主导产业。

随着"川菜""川味"麻辣餐饮及其文化的发展风靡,花椒国内外市场需求大幅增长，产品形态丰富演变，四川花椒产业发展的潜力、空间巨大。近10年，四川花椒产业快速发展，全省花椒面积、产量、产值规模迅速增长，一些地区盲目发展规模，忽视了品种选择、技术更新、标准制定、产品安全、基地建设、品牌打造、营销策划等决定产业发展质效的重要因素、环节，形成了四川省花椒产业优势与问题并存、挑战与机遇并存的局面。针对现状，查找问题，把脉问诊，研判趋势，精准定位，提出良策，以促进四川花椒产业提质增效可持续发展，在助力脱贫攻坚与乡村振兴有效衔接中持续发力。

一、四川省花椒产业发展现状

1. 种植规模、产量及产值情况

花椒原生于喜马拉雅山脉，后沿江河移植到中国地理第二阶梯四川盆地等进行人工驯化培植，所以花椒又叫"蜀椒""川椒"。四川是全国花椒生产、消费和流通大省，也是我国优质花椒产地。2021年，四川省花椒种植面积达38万公顷（红花椒约14.7万公顷，青花椒约23.3万公顷），干花椒年产量达14.16万吨，综合产值104亿元，分别占全国的22.80%、34.30%和33.30%，三项指标位列全国第一。2012—2021年，四川省花椒产业经历了由快速增长到稳步增长的10年。从面积上看（图1），2012年全省花椒种植面积19.5万公顷，到2022年增长了95.9%。2012—2017年，全省花椒栽培总面积由19.5万公顷迅速增长至32.9万公顷，增幅为69.4%；2017—2021年，从32.9万公顷逐渐增长至38万公顷，增长15%，其中红花椒面积从14.2万公顷增长至14.7万公顷，增幅为3.3%，青花椒从18.7万公顷增长至23.3万公顷，增幅为24.6%。产量方面（图2），2012—2021年，四川花椒干果年产量由3.98万吨增长至14.16万吨，增幅达256%。产值方面，2016—2021年，全省花椒产值增长131%。全省花椒产业整体呈"青多红少""青增红减"趋势，规模由快速扩张渐转为整体平稳增长。

2. 品种及分布情况

从垂直分布看，四川青花椒主要分布在海拔1 200米以下，红花椒分布于1 200~3 200米，以1 700~2 800米生长最好，1 200~1 700米为青、红花椒的过渡区。从水平分布看，四川除成都周边个别区县、阿坝藏族羌族自治州和甘孜藏族自治州部分县的高原地区没有花椒的生产栽培外，全省各地均有花椒栽培。

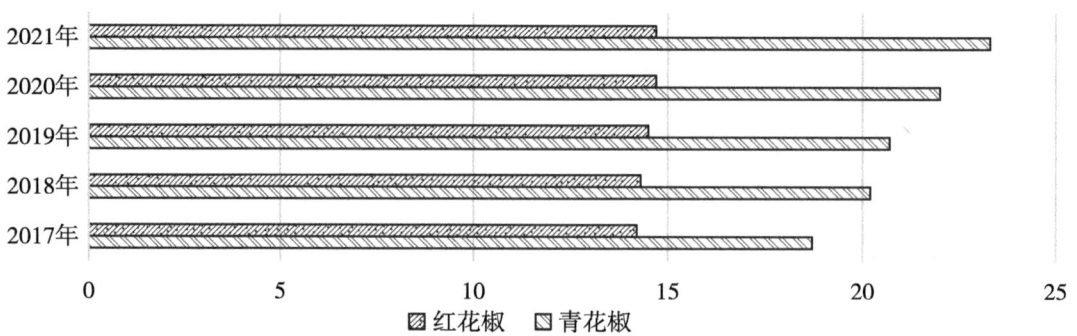

图1 2017—2021年四川省花椒面积变化情况（万公顷）

数据来源：根据历年官网（媒）数据及参考文献数据整理绘制。

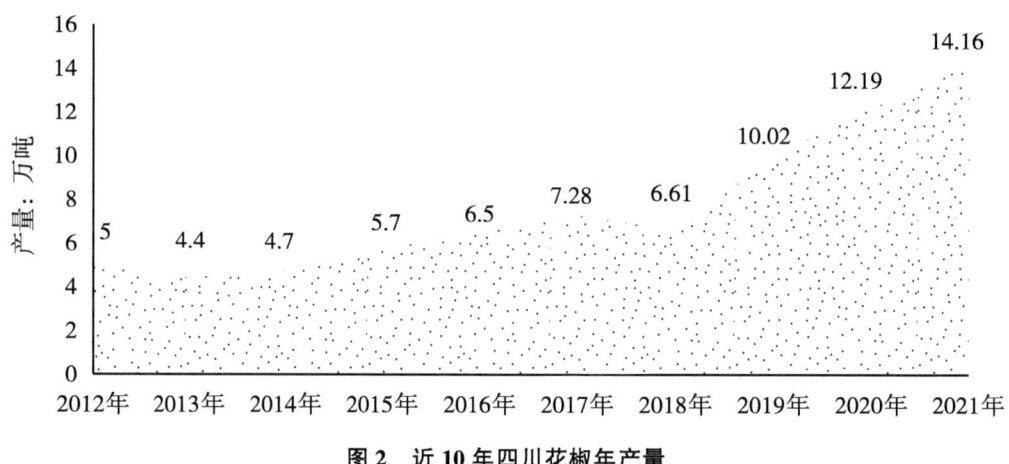

图2 近10年四川花椒年产量

数据来源：根据《2022四川农村统计年鉴》、历年官网（媒）数据及参考文献数据整理绘制。

青花椒在四川盆地、盆周丘陵山区均有种植分布，主要在四川中部、东部区县，约占全省区县的90%。四川青花椒栽培品种有金阳青椒、九叶青、藤椒、早熟九叶青、雷波箐花椒、云南青花椒（永青，鲁青）等，主栽品种为金阳青椒、九叶青、藤椒。金阳、布拖、洪雅、丹棱、峨眉等地为传统的青花椒主产县，平昌、三台、蓬溪、南充高坪等地为青花椒新兴产区。

红花椒主要分布在四川西北和西南区（县），约占全省区（县）17%。四川红花椒分为西路花椒和南路花椒，西路花椒产量约占四川红花椒的1/3，主产区为阿坝州全境和甘孜州北部地区，栽培品种有六月椒（又称"茂汶花椒"）、七月椒、八月椒（大木椒）、正路椒（汉源贡椒），主栽品种为六月椒；南路花椒产量约占四川红花椒的2/3，主产区为雅安市、凉山州全境、甘孜州大部地区，栽培品种有正路椒、灵山正路椒、油椒、高脚黄、大红袍，主栽品种为正路椒（表1）。汉源、越西、木里、冕宁、盐源、泸定、九龙、丹巴、茂县等地为红花椒传统主产县。四川西南山区的凉山彝族自治州和雅安的汉源、石棉为青花椒和红花椒的交叉重叠分布区，这些区域也是花椒的最适生态区。日本山椒在盆地内和盆周山区有少量栽培。

表1　四川花椒品种及分布

种（变种）名	栽培品种（类型）	栽培区域
花椒（红花椒）	南路：正路椒（汉源贡椒）、灵山正路椒、油椒、高脚黄、大红袍等 西路：六月椒、七月椒、八月椒（大木椒）、正路椒等	雅安市，凉山州，甘孜州； 阿坝州全境； 广元市青川、平武、北川等县
竹叶花椒（青花椒）	金阳青椒、九叶青、藤椒、早熟九叶青、雷波青花椒、云南青花椒（永青，鲁青）等	凉山州和甘孜州南部干热河谷区； 盆地丘陵地区
山椒（日本无刺花椒）	朝苍山椒，琉锦山椒，葡萄山椒，花山椒	盆地内和盆周山区少量栽培

数据来源：根据四川省农业特色植物研究院花椒种质资源调研数据。

目前，全省有21市（州）144个县（市、区）种植花椒，其中超过0.33万公顷的县有26个，0.67万公顷以上花椒产业大县有16个，6.67万公顷以上的有金阳县（青花椒为主），5.33万公顷以上的有盐源县（红花椒为主），2万公顷以上的平昌县是近几年崛起的青花椒产业大县。从表2可见，大部分是青花椒产业大县，少数为红花椒大县。凉山彝族自治州聚集了青花椒、红花椒产业大县，盆地和盆周的东部北部均为青花椒产业大县。

表2　四川省花椒种植大县

县（区）	面积（万公顷）	主栽品种	县（区）	面积（万公顷）	主栽品种
金阳县	6.8	金阳青花椒	三台县	1.2	藤椒、九叶青
盐源县	5.47	正路椒、油椒	越西县	1.17	正路椒
平昌县	2.23	九叶青、藤椒	冕宁县	0.83	正路椒、灵山正路椒
雷波县	1.4	金阳青花椒	布拖县	0.77	大红袍、金阳青花椒
昭觉县	0.72	正路椒、金阳青花椒	达州达川区	1.33	九叶青
渠　县	0.72	九叶青、藤椒	汉源县	1.36	正路椒
岳池县	0.67	九叶青	喜德县	1.22	正路椒、金阳青花椒
南充高坪区	0.67	九叶青、早熟九叶青	美姑县	1.2	大红袍、金阳青花椒

数据来源：根据各地官网（媒）相关数据整理绘制。

3. 采后处理和加工情况

四川花椒采收处理以烘、晒、选、冷藏保鲜为主，其中烘干40%，晒干40%，鲜果10%，冷藏保鲜5%。从加工产品形态看，四川花椒初加工产品以花椒粒（含花椒粉）为主，约占所有花椒产品70%，保鲜椒约占5%；深加工产品花椒油占10%（鲜椒），复合调味料占15%（干椒）；精加工产品花椒提取物（花椒精油、花椒油树脂，主要为省外企业生产）、药用和保健产品占比几乎可以忽略不计，少量出口到日本、新加坡、印度尼西亚等国家。

4. 经营主体及营售情况

四川省现有花椒产业生产经营主体13 084个，其中，生产加工企业101个、专业合作社2 361个、家庭农场1 337个、专业种植大户9 285个，分别占比0.8%、18%、10.2%、71%，家庭农场、专业合作社、专业种植大户这三类经营主体占比99.2%，加工企业占比小。四川省花椒调味品行业近几年发展较快，据四川省花椒产业发展促进会报道数据，2022年中国复合调味品市场规模约为1 588亿元，其中四川调味品市场规模近800亿元，四川为中国预制菜提供了约70%的复合调味品。近几年，以幺麻子食品股份有限公司、四川五丰黎红食品有限公司等企业为代表的花椒产业龙头企业立足四川花椒原料，融合产学研、产加销，打造调味料、调味油、调和油加工精品，近两年销售额分别超过4.5亿元和5亿元，引领四川花椒加工产业延链增效提高市场核心竞争力。

以汉源花椒、越西贡椒、金阳青花椒、平昌青花椒、洪雅藤椒、洪雅藤椒油、汉源花椒油为代表的花椒及产品获得"著名地理标志产品"保护，其中，汉源花椒已成为全国知名品牌，2016年"汉源花椒"品牌估值为7.04亿元，2020年估值49.65亿元，品牌价值3年翻6倍。同时，"汉源花椒"被列入中欧地理标志合作和保护协定产品保护名录。地标产品有力带动了下游花椒产品加工，但四川花椒加工在产业链条中较为薄弱，花椒产品研发和市场开发赶不上种植规模增加的速度，造成供需不平衡，加之营销渠道单一，花椒销售仍然以经销商收购为主，市场价值被严重低估，花椒原料行情、价格处于相对低迷阶段。但从全国花椒市场看，不同产地、不同品种花椒价格差异很大，茂汶花椒、汉源花椒、金阳青花椒价格一直处于全国花椒价格中上水平，对比优势较为明显。

5. 一二三产业融合发展情况

一些花椒产业大县探索一二三产业融合，丰富花椒承载内涵，促进产业纵深发展。如：汉源县充分结合本地农、文、旅优势资源，推出系列组合拳，将汉源花椒与"红军佯攻富林""激战飞越岭""鏖战清溪城"等红色人文历史结合，推动红色特色农业、文化融合；以"同一区域、同一产业、同一品牌"为导向，打造"汉源红"区域公用品牌；以花椒为原型设计了地标产品 IP 形象，开发汉源花椒布偶、枕头、抱枕等文创产品；汉源花椒生产技艺、汉源花椒油申报为四川省农村非物质文化遗产；建成了中国花椒博览园、汉源花椒科普展示馆、汉源花椒产业园游客中心，规划建设大九襄现代农业公园、花椒采摘体验园，结合举办花椒采摘节开展鲜果采摘、农事体验、旅游接待；推出以汉源花椒文化为主题的民宿酒店，培育打造了一批集休闲、度假、体验为一体的农旅文融合综合体，深入推进农、文、旅深度融合发展。2022 年，汉源接待游客 662 万人次，实现旅游综合收入 61 亿元。平昌县根据产业定位，发挥核心企业带动作用，完善产业链条，通过做大产业基地、做实精深加工、做响品牌营销、做活乡村旅游，形成新技术、新业态、新商业模式，带动资源、要素、技术、市场需求在农村的整合集成和优化重组，为"三产融合"发展走出了一条"新路子"。

6. 科技支撑及创新情况

以四川省农业科学院、四川省农业特色植物研究院、四川农业大学、四川省林业科学院等省内科研院所、高校及部分省内企业为四川花椒产业科技支撑和创新主体，着力新品种、新技术、新机械、新产品、新模式研究开发，以科技支撑和创新驱动有力推动四川花椒持续健康发展，取得系列成效。

新品种方面。近十多年来，科技人员培育出四川花椒良种 10 个，其中，青花椒良种 5 个（金阳青花椒、藤椒、蓬溪青花椒、汉源葡萄青椒、广安青花椒），红花椒良种 5 个（汉源花椒、茂县花椒、灵山正路椒、越西贡椒、汉源无刺花椒），其中汉源花椒、越西贡椒、金阳青花椒和藤椒为行业公认度较高的优良品种。优良品种的推广加快了四川花椒良种化进程，提升了市场认同度。此外，近年培育了一些具有很好推广应用前景的花椒新品种，如：四川省农业特色植物研究院培育的蜀椒系列红花椒新品种 1-5 号，包括了在四川低海拔地区适应性、抗性、丰产性及风味品质表现优异的突破性红花椒新品种蜀椒 1 号，和具有高抗、晚熟特性的蜀椒 2

号等优新品种。另有四川省林业科学院培育的美人椒、金玲椒、双玲椒、贵人椒等日本山椒新品种。

新技术方面。"带枝采收"技术的研发和推广应用改变了青花椒传统管理技术，不再直接从椒树采果，而是将结果枝从基部3~20厘米处剪下带枝烘干，桩头新发的夏梢作为第二年结果枝，这种采摘方式不仅较大程度提高了青花椒采摘效率，降低了生产成本，且较传统采收管理方式提高1/2~2/3的产量，让青花椒种植业发生了重要转折。同时，青花椒绿色优质高效种植技术、病虫草害绿色防控技术、采后加工贮藏技术等新技术在各产地得到推广应用，提升了产业效益。此外，四川省农业科学院、四川省农业特色植物研究院研发了以鲜嫩花椒为原料的鲜花椒膏工艺技术。四川省农业科学院农产品加工研究所研发了以花椒叶为原料的花椒叶调味油工艺技术。

新机械方面。烘干设备及烘干技术、工艺的创新，极大改善了青花椒的品质，尤其提高了青花椒的色泽风味，开口率可达90%以上。小型多功能烘干机在红花椒产区推广应用，也大幅提高了红花椒生产效率和果实品质。

新产品方面。根据四川花椒不同季节的需肥特性和土壤情况，本土农资企业针对花椒需肥特性开发了花椒专用肥。加工企业研究开发食用、医药、化工、保健等附加值高的新产品，研发了花椒啤酒、花椒面膜、花椒精油、花椒香皂、花椒浴足包、花椒枕头等精深加工产品，有效延长加粗花椒产业链条。

7. 四川花椒产业的优势

一是底蕴优势。"汉椒""黎椒"特指汉源花椒，据《汉源县志》记载，在唐朝元和年间，汉源花椒就作为贡品送往皇宫，被称为"贡椒"，进贡史长达1 000余年。在汉源出土的旧石器、新石器时代文物和大量汉砖均有汉源种植花椒历史悠久的证明。汉源花椒历经千年，至今仍是我国品质最好的花椒之一。凉山彝族自治州越西县的"越西贡椒"曾是我国茶马古道上的重要商品之一。汉代已有"蜀椒"药用和食用相关记载，在成都天回镇老官山汉墓群出土的920多支医学竹简在《六十病方》中记载了蜀椒入药治痛风。四川花椒历史悠久，底蕴深厚，影响深远，这是四川花椒产业独有的优势。

二是品质优势。"花椒处处有，头香属四川"，"味在中国，四川是顶峰"。川人自古"尚滋味，好辛香"，麻辣是川菜最鲜明的标志性风味，川菜是中国也是世界唯一的麻辣兼备的菜系，在全国八大菜系中占有重要地位。花椒在川菜煎煮炒炸、烧炖焖烫、烤炕卤熏、腌渍泡制等制作中无所不用。品花椒、用花椒最是川渝人的专长，川渝人对花椒品质最具发言权。四川花椒产业最大的优势在于特色品种和特殊地理气候共同形成的品质优势，品质是四川花椒的核心竞争力，其他省区难以复制，奠定了四川花椒品质在全国乃至全球花椒的话语权。茂汶花椒、汉源花椒、越西贡椒、金阳青花椒等花椒产品深受消费者喜爱，被业内和消费者高度认可度，被视为全国众多花椒品种中的上品。

三是资源和规模优势。川西北高原和川西南山地有大量适宜优质花椒生产的山地资源，盆地丘区青花椒也可通过合理改造、科学间套作提高土地利用率，因此，花椒基本不"与粮争地"，这是土地资源优势。四川独特多样的地理气候，孕育了许多本土优良花椒品种和众多特色品种，形成了独有的优质特色产品，造就了四川花椒得天独厚的种质和品种资源优势。四川和成渝地区人口众多，有规模庞大、稳定的消费人群，成为鲜明的人口和消费群体优势。随着川人的传播和越来越频繁的省内外、国内外交流，川菜在中国和世界的影响力显著增强，为四川花椒提供了更为广阔的用武之地。

二、当前四川省花椒产业发展存在的主要问题

四川省花椒产业发展至今，已成为产业基础独特、区域优势明显、市场覆盖广阔、发展潜力巨大的重要产业，但目前还存在着许多问题，总体表现：为大而不强，种植端生产水平低，效益差，抗风险能力弱；加工端产品单一，精加工技术和产品匮乏；流通端主要依赖中间商，农残问题突出，出口困难。

（一）基础设施薄弱，标准化种植水平不高

花椒作为经济栽培植物，需要具备生产所需的基础设施，如道路、蓄水设施、输水管网等。水分是花椒丰产的基础，春旱和伏旱会严重影响花椒产量，而四川大部分花椒种植区都属丘陵山区，尤其红花椒产区立地条件差，山高路窄，普遍缺乏蓄水、灌水等灌溉设施。花椒产业发展速度过快导致种植技术推广不足，标准化生产水平不够，全省现有花椒标准化种植6万公顷，标准化种植率仅为15.8%。许多产区未建立统一规范的生产操作技术规程或产品标准，部分种植户盲目追求产量，农资投入和使用不规范不合理，造成花椒品质低、售价低、农残高、外销难，投资

高,收益低。同一品种在自然条件好、基础设施完善、标准化水平较高的椒园,亩产鲜椒可提高2~4倍。

(二) 良种覆盖率低,优新品种推广应用不足

四川红花椒主栽品种仍以传统地方品种为主,基地良种化率不足60%。一方面一些栽培历程久远的品种纯度不高,品种特性退化明显,且大多适应种植范围较窄,抗逆性差。一方面优良新品种的推广应用力度不够,大多产区品种单一,品种结构不合理。另一方面花椒的无融合生殖特性决定了难以通过杂交育种获得新品种,选择育种周期较长、成效不够显著,新技术育种短期难以突破,导致花椒新品种匮乏。

(三) 基础研究薄弱,产业技术支撑不足

尽管四川花椒栽培利用历史悠久,但主要从事花椒研发的队伍规模小,投入少,基础研究水平总体偏低,产业技术支持不强,创新驱动力不足。一方面对已有技术成果的推广力度不够、应用不足,一方面花椒产业技术创新和新技术推广应用的深度广度和系统性严重不足。特别是作为四川省红花椒主产区的"三州"地区,"重栽轻管"现象严重,花椒生产以传统技术为主,技术水平和效益低下,绿色高效、系统、精准的先进生产技术推广力度不够、应用率极低,椒园早衰、病虫害严重、单产低(四川省红花椒平均亩产干椒为陕西韩城的24%、甘肃武都的40%)、农残重等问题十分突出。

(四) 机械化水平低,劳动力严重不足

目前生产栽培的花椒品种大多有刺,且花椒大多种植在丘陵坡地或中、高海拔山地,生产过程对劳动力需求大,因此花椒种植属于劳动密集型产业。但四川大多产地椒园栽植技术不到位,高密度种植、低水平管理,普通农机作业很达到种植、管理、采收等生产环节的机械化,尤其花椒采摘机械化难度大,花椒生产全过程几乎全靠人工作业,生产效率低、成本高。花椒采收期集中在40天左右,四川省作为劳务输出大省,农村劳动力大量外流,花椒采收期普遍出现劳动力短缺、甚至不能及时完成采收的问题,有的业主甚至从省外拉人采摘。劳动力紧缺导致用工单价持续上涨,用工成本大幅提高,挤占利润空间。机械化水平低,采收机械化难题尚未攻克,劳动力不足是目前制约花椒种植业提质增效的瓶颈。

（五）种植者利益保障较薄弱，种植端信心不足

花椒种植目前都是露天栽培，种植者基本属于"靠天吃饭"，在自然灾害面前基本没有抵抗能力。近几年全球气候异常趋势明显，干旱、暴雨、冰雹、倒春寒、极端寒冷、极端高温等灾害性、极端天气频率更高，这些都可能造成花椒种植亏损甚至破产。四川常有春旱、伏旱，春旱可导致花椒萌芽、开花受挫，伏旱导致下枝后新梢抽发困难、花芽分化不良，直接影响次年产量，严重时减产可达50%甚至绝收。如果自然灾害遇上市场行情低迷，更会加重损失。近年四川花椒种植规模发展过快，花椒本已处于供大于求状态，2020年因为疫情和全球经济环境等不利因素叠加，花椒价格腰斩式下跌，椒农、合作社、企业等从业主体的收益和信心均受重创，甚至导致部分椒园业主资金链断裂，直接放弃椒园管理，部分业主在较长一段时间里艰难维持。

（六）加工转化不足，产品精深加工率低

四川省花椒产品类型单一，精深加工产品开发、应用不足，尤其是花椒新、特、优系列产品，高附加值产品开发滞后，花椒副产物综合利用率低，产业链条延伸不足。目前四川省花椒加工产品主要为干花椒、保鲜花椒、花椒粉、花椒油、复合调料（火锅底料，调味包等）等加工产品，另有花椒冷榨油、二氧化碳超临界法萃取的油树脂，但都在调味品范畴。虽然开发出了花椒冰激凌、花椒芽菜、花椒啤酒、鲜嫩花椒膏等食用新产品，以及牙膏、香皂、洗面奶、洗发水、沐浴露等洗护日化产品，但是多处于试产试销阶段，前景有待市场检验。花椒作为中药材，具有散寒、除湿、止痛、杀虫等多种功效，在民间药方里使用较久较多，现代科学研究认为花椒的提取物和某些单体具有较强的生理活性，但开发成药品还有一个较长过程。

（七）公有品牌力度不够，品牌效应发挥不足

四川优质花椒供不应求，但对四川花椒品牌的建设和保护力度不够，投入不足，对"纯香纯麻"的四川花椒的内在品质、特征特点研究不深入，品质评价方法和标准缺乏。同时，市场监管力度不够，国内市场以次充好、以假乱真现象普遍。市场上很多商贩打着"四川花椒"品牌，实则在茂汶花椒、汉源花椒中掺入外地甚至外省次品花椒，甚至直接用外地外省花椒充当"四川花椒"，严重破坏市场秩序，影响四川花椒品牌创建、保护和效应发挥。

三、四川省花椒产业发展趋势与对策建议

(一) 四川省花椒产业发展趋势研判

按照省政府办公厅《关于推进花椒产业持续健康发展的意见》关于努力把我省打造成全国种植面积最大、研究和开发水平领先、综合效益显著的花椒产业第一省的总体目标,稳定面积、提升质量、优化结构、规模化标准化发展,做强一产;通过巩固提升初加工、创新做精深加工、综合利用副产物,提升二产;通过做强传统优势品牌、创新发展新品牌、强化品牌市场监管,不断拓展三产。

从四川花椒产业未来发展的目标、方向作趋势研判,一是产业布局将更加优化。随着省内、国内市场的日趋成熟和国外市场的拓展,以及市场差异化、多样化需求趋势和全球食品安全需求的导向,在优势产区规划建设标准化基地、现代农业产业园区和打造规模产业集群,不断优化产业布局是可持续发展需要也是必然趋势。二是种植更加绿色、优质、高效化。修枝整形,高效施肥,夏稍管理,病虫草害绿色防控等成熟技术将加快应用;优新品种培育,传统品种提纯复壮,田管装备研发应用等瓶颈问题将会加强攻关;专用农资、装备,新形态、新功能产品及新技术、新装备将加快研发;研发力量和服务队伍将不断壮大,技术支撑将不断增强,这些是产业稳基固本的前提基础和创新发展的必然要求。三是产品品质和品牌优势更加效益化。通过建立特色内在品质检测方法和标准,巩固提升川产花椒品质话语权;优质产地花椒通过打造、维护、使用好"三品一标"(无公害农产品、绿色食品、有机农产品,农产品地理标志),打造川产花椒更高品牌价值,创造更加突出的品牌效益,转化为产业链条的各方收益,这是产业做大做强的必走之路。

(二) 促进四川省花椒产业发展的对策建议

1. 提升基地标准化水平,推进区域科学布局

按照四川省花椒适生区划,分区域、分品种指导适宜区编制花椒基地建设规划。从扩规模转向稳面积,从增产导向转向提质导向,以花椒高质量发展为主攻方向,改变"青增红减"现象,做好盆地内青花椒稳面提质,重点发展川西和攀西红花椒。按照因地制宜、适度规模、集约高效、定向培育原则,以民族地区、川中丘区为重点,培育形成集中成片、规模适度、三产融合、优质高效的花椒产业特优区和特色产业带,打造功能要素齐全、优势集中、吸引带动力强的现代化高水平花椒

产业园区。推进基础设施完善和规范，建设标准化花椒产业示范基地，提高四川花椒基地标准化率。推进生产过程绿色化，在产业基地布局优化种养业，推广粮经统筹模式和种养循环模式，构建农业循环经济产业链，推进四川花椒产业绿色优质高效可持续发展。

2. 推进花椒产业基地良种化，优化全省品种结构

优化提升四川花椒优新品种布局，加强现有花椒优良品种推广应用力度，大幅提升良种化率，优化全省花椒产业品种结构。各产地通过建立高标准良种示范基地引领带动产地推广花椒优新品种，通过品种提纯复壮或替换更新改造提升低产低质低效花椒园。加大集约化育苗、嫁接育苗等新技术的创新集成和示范推广。

3. 提升花椒采后烘干、贮藏、运输能力

提高产地花椒烘干能力和烘干产品质量，加大花椒冷藏保鲜、运输与销售的冷链应用研发支持力度。加强发展冷链贮运，制定政府补助或贴息等优惠政策，鼓励产地椒农、村集体、合作组织集体自建烘房、冷库，按照市场需求、产品标准、采后处理要求严格管理。鼓励产地结合城市、城乡规划，设计配备功能完善的直销批发中心，减少流通环节、降低流通成本，保障椒农和消费者利益。

4. 大力发展花椒加工业，加强产业固链延链

巩固提升初加工水平，创新开发精深加工产品，推进副产物综合利用。培育扶持一批本土加工龙头企业，强化企业创新主体在加工领域的带动作用，从政策、税收、项目等方面匹配相应措施鼓励企业加强开发力度，创新花椒精深加工利用，跳出调味品的利用途径局限，拓展研发花椒油树脂、椒目仁油、花椒宁碱等中高端系列精深加工产品，加强花椒在医疗、保健、高端食用、饲料、肥料、化工、药品、生物制剂等领域的开发转化。加大花椒副产物综合开发利力度，创新开发副产物产品品类，大幅提升花椒附加值，延长加粗产业链条。实现规模化提取花椒及其副产物（枝叶、椒目、饼渣）的风味成分和功能成分，为花椒精深加工提供物质基础。

5. 着力拓展销售渠道，构建全方位销售网络

加快推进"龙头企业+专业合作社+家庭农场""龙头企业+基地+农户"产业化联合体建设，探索多种联营模式，通过订单农业、契约合作、服务协作等构建利益联结机制。实行统一标准、统一经营、统一品牌和统一销售，发展物流配送、网络直销等新型业态，促进花椒各类经营主体抱团发展。充分运用西博会、农博会等展会平台，积极参加"川货全国行"等活动，加强与大型批发市场、商贸流通企业和电商平台对接，促进四川花椒产品进展会、进超市、进市场、进网络，扩大四川花椒产品的交易流量。鼓励企业参加"万企出国门"活动，引导省内外、港澳台和国外消费者，特别是"川菜"企业使用四川花椒，拓宽四川花椒销售领域。加快建设涵盖生产、加工、储存、包装、运输、流通的花椒全产业链标准体系和质量管理体系，加快产业与国际接轨。

6. 培育壮大"四川花椒"品牌，突出做优区域品牌

聚焦"四川花椒"公共区域品牌，立足市场对安全、优质花椒的消费需求，重点在种植和加工环节标准化上下功夫，发展绿色优质种植基地，壮大精深加工园区，全面推进花椒及花椒制品标准化生产与认证，形成差异化竞争，形成四川花椒新的特色，着力打造"汉源贡椒""茂县花椒""金阳青花椒""蓬溪青花椒"和"洪雅藤椒"这"五朵金花"，擦亮"四川花椒"金字招牌。强化公共品牌、地理标志保护、花椒商标的管理，积极推行统一包装和防伪、二维码等技术，构建产品可追溯查询管理机制。加强市场监管，依法打击花椒假冒伪劣侵权行为，维护"四川花椒"品牌形象。充分整合四川花椒产业优势因素，建立集生产、贮藏、运输、加工、销售和研发于一体的规模化产业园区。制作优质宣传片，利用媒体资源大力宣传推介"四川花椒"品牌。举办花椒博览会、花椒论坛、花椒采摘节、品牌产品展等大型专题活动，加强产业要素宣传交流，促进农文旅、一二三产业融合，提升四川花椒品牌承载内涵。

7. 加大研发投入，提升研发能力，加强科技支撑

加大省内高校、科研院所花椒研究团队研发投入，在基础研究、育种研究、加工利用研究等方面给予一定数量、体量的持续性项目、经费支持，鼓励成果转化；加强花椒生物学、发育学、栽培学等方面基础研究和应用技术的研发创新；加强研究花椒风味（包括麻味、香气和异味、苦味及风味变化）品质的形成机制、花椒功能性成分及功能机制，贮藏、分离、提取等加工过程中化学成分的变化规律的和转化机制，夯实花椒精深加工的理论基础；加强精深加工技术研究，充分利用现代分离技术，提高花椒风味物质、活性物质、功能成分的有效分离和高效利用。加强花椒产业机械，尤其是果实采摘机械的研发投入和力度，聚集优势科研资源开展联合攻关，加快实现产业机械化，攻克制约产业发展难题。

8. 提高产业队伍素质，加强从业人员培训

花椒产业作为技术性强、劳动密集型农业产业，应当培育一大批懂技术、能操作、善经营的从业人员。各级政府要重视加强基层农技人员、种植者的教育培训力度，制定教育培训计划，预算教育培训经费，依托高校、科研院所农业专家团队，开展系统全面的技能技术培训和现场教学实训，培养一批本土专家、乡村技能人才、实用技术骨干，实现基层、一线人才全覆盖。

参考文献

郭伟珍，赵建普，赵京献，等，2021. 河北省花椒产业发展现状及建议［J］. 河北林业科技（01）. 47-49, 65.

王景燕，龚伟，肖千文，等，2016. 无刺花椒新品种'汉源无刺花椒'［J］. 园艺学报（02）：405-406.

王瑜，苏家，杨仕春，等，2021. 我国花椒市场与产业调查分析报告［J］. 农产品市场（14）：47-49.

叶萌，2020. 四川花椒产业发展现状及展望［J］. 中国农村科技（9）：70-73.

四川省蔬菜加工产业发展报告
——四川泡菜产业发展报告

朱永清　赵　楠　杨梦露　梅　源　杜　青

（四川省农业科学院农产品加工研究所/
四川省农业科学院食物与营养健康研究所，四川成都　610016）

摘　要：蔬菜加工是四川省的特色优势产业，其中又以盐（泡）渍蔬菜的加工方式为主，四川泡菜的产量产值均居前列，在延长四川省蔬菜产业链中发挥重要作用。本报告概述了四川省蔬菜加工（主要为四川泡菜）原料、生产加工和消费端全产业链的发展现状，着重阐述了四川泡菜在专用原料、标准化/多样化创新加工技术和品牌影响力等方面存在的主要问题及对策建议，旨在助力四川省蔬菜加工产业高质量发展。

关键词：蔬菜加工；四川泡菜；产业现状；对策建议

引言

蔬菜加工不仅可以延长贮藏期，有利于保存运输，还可以改进蔬菜风味、增加原料附加值。蔬菜加工产品主要包括盐（泡）渍蔬菜、速冻蔬菜、蔬菜罐头等类别。不同的蔬菜加工形式呈现较强的地域分布性，速冻蔬菜加工主要分布于山东、广西、浙江等沿海地区；蔬菜罐头主要分布在东部及东南沿海地区及西北地区；盐（泡）渍蔬菜主要集中于西南地区，其中尤以四川省最为突出，占全国70%以上的市场份额。

一、四川泡菜产业发展现状

（一）产业发展概况

蔬菜加工是四川省的特色优势产业，且四川省又是盐（泡）渍蔬菜的主要加工基地。据各地市场监管局等平台的统计结果显示，2022年四川登记在册的泡菜企业数量达 643 家，占全国泡菜产量的 70% 以上，产品远销 100 余个国家和地区。2023 年四川省泡菜产值 480 亿元，其中眉山市所贡献的泡菜产值就高达 220 亿元；所建立的"东坡泡菜"国家地理标志产品保护示范区荣登中国区域品牌百强榜第二十七位，品牌价值 110.94 亿元。近年来，四川省各级政府连续出台扶持泡菜产业发展方面相关政策，重点对原料基地建设、标准化生产、技术研发、品牌建设、缴纳税款和节约用地等方面给予支持和奖励。如眉山市连续出台了《强力推进泡菜产业发展的决定》《关于扶持中国泡菜城泡菜产业发展的意见》等奖补政策，市财政每年划拨 2 000 万元专项资金用于"中国泡菜城"园区建设，区财政也先后投入园区建设资金 10 亿元以上。

四川泡菜享誉全球，其产量和销量均居全国第一，且每年以 10%~25% 的幅度递增。四川各地如眉山、成都等区域均建有产业集群及配套设施完善的产业园区，形成了"眉山东坡—成都新繁"泡菜产业集群，眉山更是被誉为"中国泡菜之乡"，总体形成了"世界泡菜看中国、中国泡菜看四川、四川泡菜看眉山"的格局。涌现出的各大先锋企业占据了四川泡菜行业的龙头地位，如"吉香居""味聚特"和"李记"等。据四川省市场监管局数据公布显示，2017—2022 年间，四川相关重点企业在全国泡菜行业的市场占有额逐年上涨，如吉香居从 1.63% 的占比增长到 2.38%，味聚特从 0.83% 的占比增长到 0.92%，李记从 0.78% 的占比增长到 0.80%。

（二）产业链发展现状

四川泡菜的上中下游产业链分别为原料种植、初加工及相关设备产业（上游），泡菜生产加工（中游）和餐饮机构及消费者等终端消费市场（下游）。上游成本主要在材料成本，原材料成本比重达 75.06%。大多数泡菜龙头企业自建有专供的蔬菜原料基地，通过"公司+基地+农户"的方式保障原料的供给。四川各级政府支持创建标准化原料基地，其中眉山市建设有原料基地 40 万亩，带动近 20 万户农户增收，标准化基地 16 万亩，万亩泡菜原料基地 12 个，带动周边市州种植蔬菜 20 万亩。其中，泡菜专用原料选育与规模化种植取得显著成绩，优选具有优良的抗逆特性和加工特性的蔬菜新品种、新资源；集成创新种植模式和技术，大力发展现代农业产业，研发配套绿色栽培技术，结合蔬菜原料生长期差异的特性，创新提出"菜—稻—菜""菜—菜—菜""菜—粮—菜"等高效轮作栽培模式，扩大蔬菜原料规模化生产能力。同时，严格实施蔬菜原料标准化生产，完善标准化体系建设，通过标准制定、质量检测、科技服务、市场体系和推广等五个方面的标准化体系建设来推动蔬菜标准化生产。此外，蔬菜清洗、切分、发酵、灭菌和包装等一系列设备也在不断更新迭代，研制出的机械蒸汽再压缩技术处理高盐排放水，盐回收率达到99.5%，截至2023年，已处理了52 000立方米泡菜盐渍液，减少氯离子排放1 500余吨。

（三）生产技术发展现状

四川泡菜的主流生产技术可分为低盐泡制即食泡菜和盐渍调味泡菜。低盐泡制即食泡菜大多使用经长期循环往复发酵泡菜而成的富含乳酸菌、酵母菌以及多种代谢成分的老盐水，在低温（5~20℃）或者常温（20~37℃）下进行2~7天的泡制而成，具有低盐（2%~4%）、低酸（总酸≤0.5%）、口感爽脆、富含乳酸菌且不含任何防腐剂等特点。但该类泡菜保质期较短，且热杀菌工艺会直接破坏其感官品质和益生特性，制约了其工业化快速发展。近年来，随着冷链物流的大力发展和发酵技术的不断更新，已出现了以"老坛子"品牌为代表的活菌型传统泡菜产品，通过发酵过程微生物菌群调控以及全程冷链运输销售，较好的保持了泡菜原有的色泽、风味、质地和乳酸菌的活性。盐渍调味型泡菜是以新鲜蔬菜为主要原料，添加或不添加辅料，经13%~20%食用盐盐渍发酵后，整理、清洗或不清洗、脱盐或不脱盐、脱水或不脱水、调味或不调味、罐装、杀菌或不杀菌等工艺加工制成的即食类或调料类泡菜。该类产品在当前泡菜市场中的占比较大，以吉香居、味聚特、铜钱桥和鱼泉等品牌为代表。现代盐渍调味泡菜产业技术经历两次变革已从作坊式生产转向规模化生产，生产全过程已基本能实现工业化、自动化，甚至部分环节已实现智能化。然而较高盐分的终产品以及高盐废水的排放问题都使盐渍工艺无法满足现今社会对于健康与环保的双重需求，因此低盐化仍然是未来产业技术更新的主流方向。

（四）销售推广体系发展现状

四川泡菜企业的销售渠道主要由两种基本模式构成：企业对个体消费供需渠道模式和企业对生产性团体用户的供需渠道模式。泡菜的传统零售渠道处于成熟期，最主要的产业特征就是商业模式相对成熟，市场份额相对固定，行业内形成了几家大型公司的稳定竞争，顾客对品牌的认知度较高。同时泡菜在餐饮业中的销售增长势头依然强劲，整体销售水平逐年提升。根据中国泡菜行业现状调研及发展趋势预测报告显示，2022 年餐饮业和零售业两者销售量市场份额比例分别为 35.60% 和 64.40%，预计 2022—2028 年零售业的销售额增长率有较大波动，在 0.91%~8.30% 之间，而餐饮业仅略有波动，为 6.22%~8.42%。随着线上、线下消费渠道的打通，四川泡菜企业在电子商务上的新零售销售渠道已初现成效，即线下体验、线上购买、线下拉新和线上复购等模式均得到了众多消费者的青睐。随着"互联网+"的全球化发展趋势，餐饮行业成为线上互联网连接线下的最大入口。此外，泡菜的新型销售模式以经销商为主，辅以电商等新兴渠道，多种分销渠道的出现将为四川泡菜带来销量的增长。

二、四川泡菜产业发展存在的主要问题

（一）生产原料加工适应性评价还需加强

四川省蔬菜资源极其丰富，全省种植生产的蔬菜种类上百种，其中芥菜、萝卜、辣椒、豇豆和生姜等蔬菜是发酵加工产业使用的主要种类。"品种多、落地少"是泡菜专用蔬菜品种选育过程中面临的普遍问题，原因是缺乏对不同蔬菜品种加工特性的全面评价与深度挖掘，一方面对现有新品种加工后的市场价值不清楚，另一方面对市场需要培育什么样的新品种更具市场价值不清楚，最终制约了现有泡菜专用蔬菜品种的落地。需对不同品种蔬菜发酵过程中的风味组分变化、特征营养物质的变化、组织结构特征的差异及其对消费者所关注的感官特性的影响等数据进行研究，才能了解各种蔬菜的发酵加工适应性，从而为泡菜加工产业的发展提供坚实基础。

（二）产品标准化和可控化水平有待提升

原辅料品质不稳定：用于深加工的蔬菜原料的品质标准尚不明确，泡菜企业对于原料的收购仍处于从周边散户及个别生产大户处收购，由于原辅料的品种繁多以及生产地域差异，导致不同批次原料好坏掺杂，品质参差不齐，从而使最终泡菜产品也难以标准化和高品质化。自动化程度较低：目前大多数泡菜加工企业均采用超过 13% 的食用盐进行盐渍后调味或盐渍后二次发酵，个别中小型企业采用老母水直接发酵生产泡菜。在生产过程中，盐渍成熟度、二次发酵泡菜出坛时间、低盐泡菜发酵成熟时间等均由经验判断，缺乏科学的数据支撑和数字化的规范管理。由于泡菜的生产仍未突破其传统发酵工序，故大多生产加工企业的机械化、自动化程度不

高，除少数龙头企业外，多数企业的生产加工均以手工或者半机械化为主。传统加工技术瓶颈：目前在不同发酵工艺下泡菜品质特征形成过程中起关键作用的核心微生物群系及微生态调控机制尚不明确，导致产品品质不稳定，难以满足当前消费升级和产业转型的大趋势。

（三）产品创新意识和能力尚有不足

现有泡菜生产企业从原料到加工工艺基本相似，市场上产品从风味到口感差别较小，产品的附加值低，盈利主要依靠扩大规模和增加产量。大多生产企业的产品自主研发能力较弱，技术含量较低，创新能力不足，难以满足目前消费市场上不同人群对新形态产品、多元化产品的需求。如今，伴随着消费结构的升级，养生健康理念深入人心，人们对食品安全和健康也越发关注。基于当前市场需求与"创新驱动"战略的大背景下，推动泡菜产业进入"低盐""益生""零排放"和"零添加"为标志的低盐发酵泡菜新赛道，促进泡菜产业转型升级迫在眉睫。

（四）品牌影响力还需进一步加强

四川独特的气候条件使泡菜加工成为全省蔬菜加工产业的排头兵，其中"新繁泡菜"更是享誉古今，古人曾用"新繁泡菜，天下一绝也"来评价和赞誉。四川新繁泡菜厂是我国第一家把家庭式低盐泡菜进行规模化生产的企业，然而由于蔬菜原料保存难、低盐发酵过程控制难、低盐活菌产品贮运难等原因，导致产能难以满足市场高速增长的需求，品牌逐渐没落。20世纪80年代，眉山等地方政府抓住了人们对泡菜消费需求快速增长的契机，扶持企业采用高盐保存原料后脱盐调味的工艺扩大泡菜的产能，促进了眉山泡菜产业快速发展，聚集泡菜上下游龙头企业30余家，形成以泡菜加工为核心的产业集群；建设泡菜企业集中区，形成"吉香居"、"李记"和"味聚特"三大泡菜产业工业园。然而，由于高盐废水排放、产品同质化和高盐产品影响健康等原因，导致企业竞争力后劲不足，影响力的提升受限。

三、四川泡菜产业发展趋势与对策建议

（一）四川泡菜产业发展趋势

1. 科技创新驱动泡菜产业高质量与可持续发展

科技进步引领传统产业升级和创新发展。四川泡菜产业将继续依托科技创新，通过应用现代生物技术、发酵工程技术、食品机械工程技术、大数据和人工智能等

手段，研发新的发酵菌种、改进泡菜工业化生产技术、开发智能化生产设备等，实现生产过程的智能化监控和管理，助力泡菜标准化和规模化生产，降低成本的同时，确保产品质量和安全性。此外，面对日益严峻的环境形势，四川泡菜产业将注重可持续发展，推广绿色生产方式，持续研发泡菜清洁生产技术，减少高盐废水的源头排放，提升泡菜加工副产物资源化利用水平，确保泡菜产业的环境友好性和资源高效利用。科技创新是泡菜产业发展的必然趋势，旨在辅助泡菜的标准化、规模化、智能化和清洁化生产，实现泡菜产业转型升级与高质量发展。

2. 产业链整合推进泡菜产业集成化发展

四川泡菜产业将继续加强上中下游产业链的整合，以原料种植、生产加工、销售推广和科学研究等各个环节协同并进为目标，推动产业向规模化、集成化方向发展。通过选育泡菜专用原料品种、推广"企业+基地+农户"等泡菜原料种植模式，建立标准化、规模化的优质原料生产基地，奠基泡菜产业发展；通过打造集生产加工、产品体验、品牌推广与文化传承等为一体的多产业融合发展泡菜加工园区，以及推动龙头企业为引领，带动农民合作社、小农户等共同发展的模式，汇聚泡菜产业发展力量；通过"产学研"结合模式，农业科研院所（高校）、行业协会等与企业协同协作，针对泡菜产业需求开展系统研究，并进行成果转化，聚焦科研创新为产业发展注入活力；协同政府对泡菜产业的支持，通过制定相关政策、提供资金支持、搭建交流平台等方式，为产业发展提供底气。同时，产业内部也将加强协同合作，形成产业链上下游的紧密衔接，实现资源共享和优势互补，推动四川泡菜产业的整体提升和集成化发展。

3. 产品创新助力四川泡菜产品多样化、健康化发展

产品创新是推动四川泡菜产业发展的重要引擎。随着消费市场的不断变化，消费者对泡菜的需求日益多样化和个性化，他们不仅追求口感的满足，还更加关注食品的营养价值和健康。在此背景之下，四川泡菜产业也将在产品多样化和健康化方面进行深入探索和实践。一方面，除了传统泡菜，各泡菜企业已经在产品上推陈出新，研发出泡菜衍生的下饭菜、调味料以及零食等产品，产业应更加注重采用多原料、多口味、多形态结合的策略进行产品研发，满足多元化、年轻化的消费市场需求。另一方面，在面向人民生命健康的大背景下，营养健康是"十四五"期间食品行业的主旋律，也是市场的迫切需求，泡菜作为益生菌、益生元以及后生元的天然载体，具有开发为益生功能食品的巨大潜力。未来，四川泡菜产业应更加突出其益生功能，注重研发能够提升肠道健康、增强免疫力的新型泡菜产品，通过科技手段优化益生菌的活性与数量，提升泡菜的益生效能。同时，减盐也是食品行业的重要趋势，四川泡菜产业将积极响应这一趋势，集中力量突破低盐发酵过程控制难、低盐活菌产品贮运难等问题，助力规模化低盐泡菜生产，推动四川泡菜在健康食品市场的拓展。

（二）四川泡菜产业发展的对策建议

（1）针对亟待解决的技术问题，加大力度支持应用基础研究、技术创新研究和联合攻关，突破瓶颈制约。建议政府相关部门针对亟待解决的品种筛选、发酵微生态重构、益生功能挖掘和评价、贮藏保鲜和产品标签清洁化等瓶颈，组织科研单位、高校科研力量从基础（应用基础）研究、技术创新和关键技术突破等全创新链方面围绕全产业链开展联合攻关，强力推动泡菜产业创新链、产业链、资金链和人才链深度融合，创建形成泡菜产业技术和标准体系。

（2）以产业园区为中心构建多元化、个性化和链条化的产业发展技术支撑体系。针对性打造电子商务、仓储物流、展会展销和文化旅游等软硬件设施，吸引大企业入驻，引导壮大产业集群，完整健全产业链条，提升产业集中度。同时，着手高质量泡菜原料基地的构建，统筹布局泡菜原料供应，鼓励企业采用"公司+专业合作社""公司+专业合作社+农户"的模式，稳定标准化原料基地面积，确保高质量原料供应。

（3）支持企业和科研单位共建中试平台，加快技术成果的中试和示范。建议政府相关部门加大政策和资金支持力度，通过促进科研单位与企业共建产业技术研究院、共同建设成果中试平台等方式，使技术成果经中试集成后尽快转化为现实生产力。

（4）构建产业发展推广体系。着力培育低盐泡菜加工龙头企业，引领产业高质量发展。针对四川泡菜大企业少的突出问题，着力培育泡菜（调味品）加工大企业，从"引""育"两方面入手，打造行业龙头，通过龙头企业技术转型升级，支撑和引领四川泡菜产业健康快速发展。以龙头企业为带动，打造蔬菜加工产业集群，促进专业化分工和创新资源汇聚，注重产品创新、多元化、健康化发展，促进四川泡菜产业的高质量发展。

（5）统筹四川泡菜产业、文化、科技，以强有力科技支撑促进四川泡菜国际化。四川泡菜同川茶、川药等一样，是中华优秀传统文化重要组成部分，是中华文明的瑰宝，也是传统产业高质量发展、融入新发展格局的重要产业，是不断满足人民美好生活向往的民生，夯实科技支撑，创新四川泡菜，瞄准国际国内需求多样化综合开发，进一步扩大对外开放，实现四川泡菜出川出国（境）潜力巨大。

参考文献

陈功，2023.泡菜微生物学［M］.北京：中国轻工业出版社.

陈燕.2023.眉山市蔬菜产业发展问题研究［J］.四川农业科技，（04）：79-81.

黄润秋，唐垚，费敏，等.2023.四川泡菜盐渍液处理及应用的研究进展［J］.食品与发酵工业，49（01）：330-336.

贾溅琳，王林果，张龙翼，等.2023.国内蔬菜加工企业调研［J］.农产品加工（02）：94-99.

梁勇，李培.2022."味在眉山"食品产业发展现状及对策研究［J］.中国食品工业，10：55-57.

汪荣斌，秦亚东，马波.2018.近10年国内泡菜研究进展［J］.农产品加工（06）：71-74.

詹军，敖晓琳，李国斌，等.2019.我国互联网追溯体系的现状及其在四川泡菜中的应用［J］.食品与发酵科技，55（06）：83-86.

周辉.2018.我国传统发酵蔬菜产业存在的问题及对策［J］.轻工科技，34（05）：48-49.

四川省蔬菜采后商品化处理与冷链物流产业发展报告

高 佳[1] 吴传秀[2] 杨艺雯[1] 李 享[2] 罗静红[1] 王 雪[2] 罗芳耀[1]

(1. 四川省农业科学院农产品加工研究所/四川省农业科学院食物与营养健康研究所，四川成都 610066；2. 四川省园艺作物技术推广总站，四川成都 610041)

摘 要：四川是我国重要的蔬菜生产供应和消费省份，新鲜蔬菜的采后流通在带动经济发展和农民致富增收，保障居民"菜篮子"稳定供应中发挥重要作用。本报告概述了四川省蔬菜采后商品化处理与冷链物流产业发展现状，分析了当前产业中存在的主要问题和下一步发展趋势并提出对策建议，旨在助力四川省蔬菜采后加工与冷链物流产业高质量发展。

关键词：蔬菜；商品化处理；冷链物流；产业现状；对策建议

引言

蔬菜采后商品化处理是为了保持或改进蔬菜产品质量并使其从农产品转化为商品所采取的一系列再加工再增值措施的总称，包括蔬菜采收后所经过的挑选、修整、分级、清洗、包装等技术环节。冷链物流是以冷冻工艺为基础、制冷技术为手段，使冷链物品从生产、流通、销售到消费的各个环节中始终处于规定的温度环境下，以保证冷链物品质量，减少冷链物品损耗的物流活动（GB/T 28577—2012），蔬菜的冷链物流主要包括采后预冷、冷链加工、低温贮藏、冷链运输与配送等。蔬菜从田间采收后，需要经过一系列的商品化处理初加工过程再流通到市场中销售，因此采后商品化处理与流通是连接生产与供应两端使蔬菜从农产品转变为商品，实现产品价值创造的重要产业环节，对于提升蔬菜产品品质与安全，保障"菜篮子"稳定供应，促进产业增值发挥着重要作用。

随着我国农业供给侧结构性改革和人民生活水平的提高，人们的消费观念从

"吃的到"的初级需求向"吃的好"的更高要求转变，消费者对蔬菜的优质、新鲜、营养、健康及周年均衡供应提出了更高要求。因此，品类多样、绿色健康、风味独特、营养丰富、方便快捷的蔬菜产品更受到消费市场的喜爱，蔬菜作为易腐的鲜活农产品如何在采后流通过程中提高和保持商品性成为重要的技术问题和产业需求。世界上众多发达国家都将农产品的采后贮藏保鲜与加工放在了重要位置，农业投资30%用于采前，70%用于采后，应用现代采后技术推动蔬菜等农产品进入市场流通领域也成为实现国家现代化的重要标志之一。

我国是世界上最大的蔬菜生产与消费国，四川是全国重要的"冬春蔬菜"生产基地和"南菜北运"供应基地，蔬菜产业在国民经济中占据重要地位，推动产业提升和跨越式发展也成为实现农业产业现代化和乡村振兴的重要抓手。从目前全产业链发展状况来看，采后加工与流通是公认的产业短板，在今后较长时期内推动蔬菜采后加工与流通产业快速提升成为助力蔬菜产业高速发展与产业倍增的关键。因此，本研究重点针对蔬菜采后商品化处理与冷链物流两个重要的产业环节开展调研分析，旨在找出主要问题，预测发展趋势，提出对策建议，助力四川省蔬菜产业高质量发展。

一、四川省产业发展概况

蔬菜是四川省的特色优势产业，在全省农业产业中影响力突出。据2022年四川农村统计年鉴可知，2021年全省蔬菜种植面积148.04万公顷，占经济作物总面积的40.64%，产量5 039.09万吨，综合产值约2 197.66亿元。近年来，四川省委省政府高度重视全省蔬菜产业发展，在采后商品化处理与冷链物流领域也出台了相关政策文件，推动了产业的快速发展。2019年，四川省人民政府下发了《关于加快建设现代农业"10+3"产业体系推进农业大省向农业强省跨越的意见》，提出了依托工业园区布局农产品精深加工、建设区域性农产品产地批发市场和配套建设烘干冷链物流设施等重大举措。2021年，四川省发改委和交通运输厅联合印发《四川省"十四五"现代物流发展规划》，提出加快完善冷链设施网络、推动冷链物流模式创新、提升冷链物流服务品质等具体方案。2021年，四川省人民政府印发的《四川省"十四五"推进农业农村现代化规划》明确了"十四五"期间四川省蔬菜冷链物流发展规划和重点建设任务。这些政策的出台，有力推动了全省蔬菜全产业链的高速发展。此外，从2012年以来，"农产品产地初加工惠明工程""农产品仓储保鲜冷链物流设施建设"" '菜篮子'仓储冷链物流推进示范县"等一系列国家重大项目的实施，有效推动了产地冷藏（冻）库、气调库、烘干设备等采后商品化处理、初加工、冷藏保鲜设施条件的改善与提升。

资料显示，全省累计已建成产地初加工设施2.2万座，农产品冷链静态库容达760万吨，全省农产品产地初加工率达64%，其中蔬菜采后商品化处理率由2015年的25%提高至50%左右，以农民专业合作社、家庭农场、龙头企业为主的农产品冷链物流运营主体近2 000家。同时建成各级现代农业园区1 500余个，园区内均配置了一定数量的农产品商品化处理与冷链物流设施设备条件。预计到"十四五"末，全省农产品冷链物流静态库容将达到850万吨，果蔬冷藏运输率达45%以上。

四川蔬菜品类丰富，其中种植面积较大的有白菜、萝卜、辣椒、茄子、莴笋、芥菜、黄瓜、番茄等，各种蔬菜适宜的采后商品化处理设施与技术工艺不同，造成不同蔬菜类型和产区采后商品化处理率及冷藏运输率存在一定差异。目前在生产中应用较多的蔬菜采后处理设施设备主要包括预冷库、清洗机、包装机、冷藏库等，而在采收和分级环节可用设备欠缺，部分产区由于冷藏库、冷藏车等设施设备缺乏，导致蔬菜冷藏运输率偏低。

二、当前产业发展中存在的主要问题

（一）整体水平不高与区域间发展不平衡

尽管全省蔬菜采后商品化处理与冷链设施条件已大幅提升，但蔬菜采后领域仍是当前产业短板，整体发展水平不高，区域间发展不平衡问题突出，主要表现在以下几方面：一是蔬菜采后商品化处理率和冷藏运输率偏低，采后损耗大。目前全省蔬菜采后商品化处理率平均水平约为50%，冷藏运输率10%，采后损耗大于20%，表现为多数蔬菜田间采收后未经进一步处理就直接以"毛菜"鲜销方式进入市场，导致品质劣变快、货架期短、腐损率高、市场调节能力弱。相较而言，山东和云南省蔬菜采后商品化处理率达65%以上，浙江果蔬产地低温处理率达32%，而欧美等发达国家蔬菜商品化处理率达80%以上，冷藏运输率达95%左右。二是各区域设施建设数量和产业发展水平空间分布不均。调查显示，受到区域发展不平衡因素影响,四川省已建成的果蔬采后商品化处理和冷链物流设施主要集中在成都平原经济区(其中冷藏、冷冻库静态库容全省占比70%以上),而川西高山蔬菜等产区采后设施建设不足。同时,受到设施条件、从业人员技术水平等差异影响,省内各市州蔬菜采后产业发展状况差异较大,成都、攀枝花等部分产区整体水平相对较高(攀枝花市果蔬采后冷藏运输率达31%,腐损率9.5%左右)。

(二)设施设备总量不足与使用率低并存

四川省是蔬菜产销大省,种植面积和产量均位列全国前五,但采后商品化处理与冷链物流设施设备数量低于全国平均水平,存在总量不足、结构性矛盾和使用率低等问题,主要表现在:一是商品化处理与冷链物流设施总量不足。全省人均冷库容积约为0.112立方米,低于全国平均水平0.13立方米,更远低于日本(0.32立方米)、美国(0.49立方米)等国家。由于冷链设施的缺乏导致蔬菜采后商品化处理和冷链流通率偏低,造成夏秋季节损耗严重,货架期短。二是基础设施建设类型存在结构性矛盾。现有设施建设中重视销地冷库,忽略产地库;重视贮藏库,忽略专用型、移动型预冷库;重视建库,忽略分拣、分级、清洗、包装、冷(冻)藏车等配套设施现象明显,造成蔬菜商品化处理作业链条不完整,物流运输"短链""断链"现象频发,极大影响了现有设施整体配合和效果最大化发挥。三是采后商品化处理和冷链流通设施设备使用率低。由于蔬菜生产具有季节性强、种类繁多、品种多样等特点,加之蔬菜产地型冷库处理容量小而分散、设施设备使用和维护不足等问题,导致现有设施设备年使用率低、投资回报周期长,降低了经营主体投资建设基础设施设备的积极性。四是设备供给体系不完善。我国蔬菜采后农业机械制造短板突出,针对国内不同蔬菜品种和产区特征自主研发生产的设备少、单机处理量小、设备品牌知名度低、功能单一等问题较多,无法满足产区多样化的应用需求,而国外设备价格高、销售网点少、售后服务能力弱。致使目前生产中可用、好用、经济的蔬菜采后处理设备欠缺,造成产业链不完整,影响了效益发挥。

(三)产地加工与贮运技术推广应用不足

一是对产业现状问题缺乏科学研判。目前蔬菜等农产品采后加工与流通相关产业数据尚未纳入规范的统计口径,导致行业缺乏常态化的准确数据收集与分析,难以为产业发展提供科学研判和及时有效的决策引导。二是科技研发与成果推广体系未形成合力。省内系统性从事蔬菜采后处理相关技术研发与推广的科研团队较少，现有科研人员研究方向与技术推广区域较分散，交流协作不足，缺乏有影响力的科研平台，未形成全产业链的科技支撑体系；对该领域重大共性技术与装备的协同攻关不足，科技成果推广应用普及度不高。三是相关技术标准的制定和推广应用不足。从目前全省已发布的农业地方标准来看，涉及蔬菜育苗、生产、植保等方面的标准相对较多，但采后初加工、储藏等领域的技术标准仅2项，且均为推荐性标准，相关标准亟待补齐。

（四）专业化程度低和从业人员技能欠缺

一是产业组织化、标准化程度相对较低。近年来，蔬菜商品化处理和冷链流通龙头企业、新型经营主体数量不断增加，行业集中度日益提高，产业规模得以迅速扩张，但整个行业依然处于规模小、抗风险能力差、产品单一、产品销路不畅、竞争力差的发展阶段。二是缺乏专业的服务组织和人员。蔬菜采后处理与流通产业链条长、上下游环节多、跨多个行业，涉及蔬菜学、农产品加工与贮藏工程、物流、农机装备、信息技术和供应链管理等多学科专业知识，而目前多数从业人员学历不高、专业知识掌握不够，不能科学有效地利用现有设施设备提升蔬菜采后商品价值，迫切需要专业团队、复合型人才加入到行业发展中来。

三、产业发展趋势

（一）向规模化、标准化和专业化发展

规模化、标准化、专业化是实现果蔬现代化生产、流通和管理的必经之路。从欧美等经济发达国家的产业发展历程来看，在蔬菜产加销各环节均设定了全面细致的标准和技术规格要求，从而保证了蔬菜作为商品在整个生产、流通、销售过程中质量安全的严格管控，优质的商品不仅使消费者获得安全放心的产品，也增加和保障了生产者的经济收益。例如，乐山市采取的"强主体、扩规模"策略，以蔬菜"四新"技术实验示范为抓手，整合全市55家蔬菜专合社、龙头企业和家庭农场，建成高山蔬菜直供港澳备案基地806.67公顷，并整合涉农资金3 500万元支持本地加工型龙头企业开展蔬菜采后商品化相对集中处理，统一包装、统一商标进行销售，实现蔬菜外销率达82%，利润高于普通蔬菜25%~35%，带动核心产区农户年人均增收1.5万元。

（二）向机械化、智能化和信息化发展

随着我国果蔬采后商品化处理与冷链物流技术装备成果的积累，最初由人工完成的处理工作，在逐步向半机械化、机械化、智能化和信息化方向发展。目前大中型现代化的果蔬采后处理和冷链物流企业都配备有包含采收、清洗、预冷、分级、包装和运输等机械化设备。例如，自动化采摘机器、自动化清洗机器等机械化设备的运用，不但减少了采摘时间和劳动力成本，还有助于提高蔬菜处理的一致性和品质。此外，物联网、大数据分析和人工智能等智能化技术也被广泛应用于监测和控制蔬菜采后加工和运输过程。例如智能标签与包装技术的搭配应用，开发出了根据乙烯释放量指示果蔬新鲜度的标签、根据芳香气体的释放来感知果蔬成熟度的指示标签等。射频识别技术、近距离无线通信技术以及云计算、大数据分等技术的应用，实现了蔬菜从生产、加工到流通运输全过程质量安全信息的采集分析与监控，不仅帮助生产者实现了产品供应链的智能化管理，也向消费者提供了更安全可靠的产品信息与优质的蔬菜产品，推动了行业的高质量发展。

（三）向绿色、安全、节能高效方面发展

蔬菜的采后加工与流通既是保障供应的民生工程，也是面向人民生命健康的重要事业。在当前"双碳"时代背景下，产业的发展应更坚定的向绿色、安全和节能高效化发展推进。应借助于科技创新实现自身对能源消费结构的优化和调整，因地制宜选择更加绿色低碳、安全高效的加工与冷链技术装备，提升产品品质和安全质量，实现全流程、全过程减排降排，打造绿色低碳的商业生态系统，实现自我创新的高质量发展。

四、对策建议

（一）加强政策引导与支持

一是加大政策支持力度。不断推动政策向种植大户、农民专业合作社、产地批发市场等主体倾斜，提高生产与流通对接"最先一千米"的设施设备使用率。实施设备推广应用专项工程，采取以奖代补、贴息、PPP（政府与社会资本合作模式）等多种方式，支持重点产品、产区及主体配置采后处理设备，推动更多有效的商品化处理设备纳入农机补贴范围。二是规范蔬菜采后商品化处理与冷链流通产业

基础数据收集。目前农产品冷链流通行业存在归口部门多，统计口径不一致等情况，为更好布局和促进产业发展，各部门应联合制定分品类的农产品加工与冷链流通产业统计指标，加强行业数据收集与分析，为进一步优化产业发展布局、提升产业规模效益、扩大产业影响力奠定坚实的基础。三是强化行业监管，推动健康发展。规范市场行为，建立健全行业服务标准规范体系，加大安全监管力度，有力打击扰乱市场秩序的违法犯罪行为。

（二）优化布局与行业引领

一是优化蔬菜采后商品化处理设施布局。立足四川省蔬菜产业生产基地的规模、蔬菜种类的分布、商品化处理的需求等因素，以地级市或县为单位，布局规划相对集中的蔬菜采后商品化处理基地，配套建设低温贮藏设施设备，避免出现设备多点重复无序建设、使用时间少、处理蔬菜类型少、维护成本较高等问题。创新和优化经营方式，通过多主体联合运营、第三方运营等方式减少使用主体的投资成本，提升蔬菜采后商品化处理环节带来的效益。二是优化冷链流通节点布局。针对目前冷库设施分布分散、使用率低、维护成本高、不利出租等问题，进一步优化产地冷链设施建设布局。以国家物流枢纽布局和建设为核心，遵循全省"一核心、两翼联动、四区发展"的物流空间总体布局，逐步形成"省—市—县—产地"四级冷链流通枢纽网络。进一步加快技术、设施、管理、制度等各方面的深度融合，优化产业发展环境，扩大产业规模，提升物流服务水平，推动建立与现代农业产业发展相适应的规模化、组织化、网络化、智能化蔬菜采后保鲜与冷链流通体系。三是提高冷链流通枢纽的建设水平。加强冷链物流的关键节点基础设施的建设，稳步推进冷链设施装备水平的提升，促进节点间有效衔接。引入智慧物流综合信息平台，推进数字化技术在冷链物流一体化运输中的应用，提升物流运营管理的智能化水平，打造更加高效的一体化管理平台，实现农产品"物流、信息流、资金流、数据流"的"互联网+流通"生态圈。

（三）重视科技创新与应用

一是搭建创新平台，开展关键技术攻关。整合省内科研院所、高校和龙头企业等技术力量，组建省级技术攻关团队，设立重点研发平台，开展专项调研与重大技术科技攻关，推动科技成果创新。在蔬菜商品化处理与节能贮运设施设备、绿色高效贮藏保鲜技术、品质与安全控制、废弃物处理等方面加大科技攻关力度，形成一批可转化推广的新技术新装备，推动行业科技水平提升。二是完善行业标准体系。结合市场和产业发展需求，分步制定完善与国际接轨的相关标准，建立从采收、产地初加工、贮藏到流通销售的全链条技术标准体系，引导和规范行业健康发展，增强市场竞争力。三是搭建信息服务平台，推动成果落地应用。搭建公共信息服务平台，帮助经营主体和市场及时收集掌握行业动态信息；多形式开展技术培训与宣传示范，提升产地经营主体技术水平；举办各类技术、设施设备、产品对接等专业展会，推动设备生产商、代理商、农产品生产企业、流通企业、加工企业之间与经营主体的交流合作。

（四）加大主体与人才培育

一是强化龙头培育。进一步引进和培育壮大蔬菜采后领域经营主体，积极招引和扶持从事蔬菜等生鲜农产品加工与冷链供应的龙头企业，大力发展第三方物流服务，推动蔬菜产品冷链与现代化大市场、大流通对接，发挥规模经济效益，降低冷链流通成本。二是培育壮大新兴经营主体。鼓励蔬菜种植户参与农业合作组织，引导经营主体间资源共享与整合，推动规模化发展，集中开展商品化处理与冷链物流业务，提高蔬菜采后加工与流通组织化程度，增强市场竞争力，保护和推动蔬菜生产与经营者通过采后处理增加经济收益。三是强化专业技能人才培养。相关农业院校和职业学校开设农产品产地商品化处理与冷链物流技术课程，加强对应用型技能人才的培养。鼓励通过跟班学习、专题培训等人才培养课程加强对新型职业农民、经营业主相关专业知识的培训，提升从业人员技术水平。

参考文献

曹锦萍，陈烨芝，孙翠，等，2020. 我国果蔬产地商品化技术支撑体系发展现状 [J]. 浙江大学学报（农业与生命科学版），46（1）：1-7，16.

常敏，1998. 关于蔬菜采后商品化处理技术研究的若干思考 [J]. 蔬菜（6）：3-4.

陈明均，2019. 我国蔬菜产业现状与京津冀蔬菜流通体系发展建议 [J]. 中国经贸导刊（19）：12-14.

国务院办公厅，2022. "十四五"冷链物流发展规划 [J]. 中华人民共和国国务院公报（1）：15-32.

李继兰，葛玉全，2012. 我国果蔬采后商品化处理现状及发展趋势 [J]. 中国果菜（5）：48-50.

刘娟，吴传秀，李艳红，2018. 供给侧结构性改革下，四川蔬菜产业如何突围 [J]. 长江蔬菜

（19）：3-5.

四川省人民政府，2021. 四川省"十四五"推进农业农村现代化规划［J］. 四川省人民政府公报（15）：4.

王成林，郑颖，2013. 美国物流参观考察的思考［J］. 物流技术（装备版）（06）：94-96.

四川省郫县豆瓣酱产业发展报告

李治华　董　玲　张凤菊　赵　驰　黄巧莲

（四川省农业科学院农产品加工研究所/
四川省农业科学院食物与营养健康研究所，四川成都　610066）

摘　要：郫县豆瓣是重要的调味品，被誉为"川菜之魂"，是一种重要的辣椒和蚕豆加工产品，同时也是预制菜调味品生产原料，对四川经济发展有重要作用，被誉为"小豆瓣、大产业"。报告总结了郫县豆瓣生产、销售现状和产业发展存在的主要问题，以期为豆瓣酱产业提供参考。

关键词：郫县豆瓣；原料；技术；标准；研究

引言

郫县豆瓣被誉为"川菜之魂"，品牌价值超过 600 亿元，2021 年产值 44.25 亿元，2021 年成都市郫都区人民政府在《郫县豆瓣商标保护面临的问题及建议》中指出郫县豆瓣生产企业现有 75 家，其中 3 个中国驰名商标、2 家中华老字号、1 家国家级工业产业化龙头企业、1 家农业产业化龙头企业、11 个四川省名牌、9 个四川省著名商标。郫县豆瓣是最大的辣椒加工产品，被誉为"小豆瓣、大产业"，对促进四川经济健康发展具有重要作用。

豆瓣酱的主产地包括四川、云南、贵州、湖北、湖南、安徽等省区，其中，四川郫县豆瓣酱知名度最高。郫县豆瓣制作技艺独特，其传统制作技艺起源于明末清初，代代相传，于 2008 年列入国家级非物质文化遗产名录。郫县豆瓣是辣椒和蚕豆发酵成熟后，分别形成辣椒醅和甜瓣子，再混合发酵，经过一定时间"翻、晒、露"而成的。"翻、晒、露"是传统郫县豆瓣生产过程中技术关键。其他省的豆瓣酱多数是纯豆类（主要是黄豆）发酵，不含辣椒或含少量辣椒，例如安徽省泗县的大庄豆瓣酱主要使用大豆作为原料，并将大豆进行蒸煮后拌入面粉再进行发酵，主要原料是大豆、面粉和食盐。郫县豆瓣是蚕豆且辣椒的占比较大（一般 60%～70%），自然发酵周期更长（6 个月以上）。

一、四川省郫县豆瓣酱产业发展现状

（一）生产企业状况

成都市郫都区党委政府正大力发展以郫县豆瓣为支柱的食品产业，在郫县豆瓣生产基地——郫都区川菜产业园，数十家郫县豆瓣生产企业聚集于此，悉心经营着"郫县豆瓣"这个中华老字号。郫都区的近百家郫县豆瓣生产企业年产值 44.25 亿元，远销美、英、韩、俄等国家，"郫县豆瓣"品牌价值已达 661 亿元。豆瓣生产企业同时也整合建立了一整套从种植、加工到销售的产业链条，实现了农业与加工业、物流服务、品牌营销等相关产业的融合发展，带动了四川省辣椒种植产业的健康发展，提高了农民种植辣椒及蚕豆的收入，吸纳了农民就业，推动了农村经济发展，助力乡村振兴。

（二）生产技术状况

郫县豆瓣以当地优质蚕豆和"二荆条"红辣椒为主要原料，外加传统工艺技法和现代科技赋能。企业为保证产品质量，先从豆瓣酱的重要原料——辣椒入手，打造自有辣椒种植基地，同时，为了产出优质辣椒，企业充分发挥产学研结合优势，与高校、科研机构等团队开展合作，利用科技手段培育出适合郫县豆瓣酿造的优质品种。以丹丹、鹃城、鑫鸿望等为代表的食品企业正以智能制造赋能绿色发展，走出了一条传统产业转型升级的健康发展之路，建立以自动化、智能化设备为基准的工厂，实现郫县豆瓣酱清洁化、节能化、高效化的生产模式。保证源头、技术、产品品质都过关。

（三）产品和销售状况

民以食为天，食以安为先，安以质为本，质以诚为根。近年来，随着消费者对健康食品的需求不断增加，郫县豆瓣也在抓住技改创新，力争"瘦身"，推出低盐、低油等健康产品，以满足消费者的需求。郫县豆瓣是极具地域特色的调味品，在各大郫县豆瓣生产企业的创新研发举措下，如今的郫县豆瓣酱开始转变仅作为传统川菜配料、火锅锅底的身份，开始创新走上了"郫县豆瓣+"道路，迎合了年轻化、高端化、个性化的新消费趋势，现在市场上出现了针对各种菜品的独特口味的郫县豆瓣复合调味料，例如有回锅肉专用豆瓣酱，香辣小龙虾调料，水煮鱼调料等。随着餐饮业的快速发展，其消费量不断增加，十年来产值将近翻了一番，相关产品整体销售额达到了100亿元。目前郫县豆瓣在海外的知名度也不断提高，其出口量也在不断增长，出口目的地包括北美、欧洲、亚洲等地区，出口销售额已超过1亿美元，成为川味调味料品类中的典范代表。

（四）三产联动现状

在当地政府的积极引导下，各大知名郫县豆瓣企业不断开展品牌建设，开拓市场等优化行动，不断夯实产业基础，力争产品质量和生产效率得到提高，从而提高市场竞争力。郫都区为了激发产业发展活力，通过举办多样化的形式活动，如开展豆瓣节、豆瓣文化艺术展览、豆瓣主题博物馆等文化创新活动，通过丰富的活动形式成功将郫县豆瓣打造成了四川名片。各种豆瓣文化活动形式不仅推动了郫县豆瓣酱传统技艺的传承和创新，还促进了旅游产业的发展，更促进了文化产业的繁荣。

二、当前四川省郫县豆瓣酱产业发展存在的主要问题

（一）加工原料端重视不够，对发展现代农业带动力不强

郫县豆瓣加工的主要原料辣椒和蚕豆，大部分企业是外购，只有少数龙头企业，有原料生产基地。采取外购原料的企业，基本不参与原料采购地的基础建设和农民技术培训等。在刚开始几年，企业以帮扶责任为基础发展种植基地，企业与农户积极性都非常高，对农村基础建设、农业配套设施和农户种植水平、收入等带动效果明显，但从长远来看，缺乏顶层设计和系统带动机制对四川省豆瓣酱产业的健康发展也存在制约导致后劲不足等问题。

（二）标准体系不够完善

标准体系不完善主要体现在标准中对各类产品的定义、加工工艺和产品特征介绍需进一步明确。①红油豆瓣和郫县豆瓣产品执行的标准都是GB/T 20560—2006《地理标志产品 郫县豆瓣》，导致消费者不能很好区分二者的特点，不利于突出产品特色。虽然在GB/T 20560—2006《地理标志产品 郫县豆瓣》国家标准第1号修改单中明确红油豆瓣为"翻、晒、露"工艺结束后添加少许植物油的郫县豆瓣，但实际生产中红油豆瓣与传统郫县豆瓣生产工艺具有较大差异。②豆瓣酱品质描述都采用感官词语进行描述，没有特定的化学和物理指标，在实际检验过程中不易操

作，对检验员的经验要求更高。如 GB/T 20560—2006 中规定特级豆瓣酱应具有红褐色，油润有光泽，酱酯香和辣香浓郁，味鲜辣醇厚等感官特征，一级豆瓣酱应具有浅红褐色，略油润有光泽，有酱酯香和辣香，味鲜辣等感官特征，这些特征没有明确具体表征指标。③对于甜瓣子发酵成熟度和产品鲜味的判断主要通过氨基态氮含量判断，然而影响氨基态氮检测浓度的物质较多，氨基酸和生物胺都能影响氨基酸态氮的含量，仅凭氨基酸态氮的含量来判断甜瓣子发酵的程度和产品鲜味不够准确。

（三）大部分企业缺乏现代化设备，自动化程度低

郫县豆瓣生产包括甜瓣子制作、辣椒醅制作、甜瓣子和辣椒醅混合发酵三个步骤。甜瓣子制作包括制曲和发酵2个过程。制曲过程为蚕豆瓣浸泡吸水后，按比例拌入面粉和米曲霉，经 32~37℃ 2天培养，制得霉瓣子；将霉瓣子转移到发酵池中添加适量盐水，经厌氧发酵，生成风味物质，颜色变为红褐色，此过程为甜瓣子发酵。将辣椒宰碎后添加食盐，进行密封发酵，这个过程为辣椒醅制作。蚕豆和辣椒醅混合发酵，制作好的甜瓣子和辣椒醅按照比例混合，在晒场经过长时间"翻、晒、露"自然发酵形成豆瓣酱产品。郫县豆瓣的制作工艺复杂，仅翻晒工艺实现了机械化，部分大型企业实现制曲机械化，大部分企业生产设备简单，制曲阶段的入料、出料、培养过程中的翻料等完全由人工操作凭经验完成，造成不同企业之间或同一企业、不同批次产品之间差异较大。

（四）以传统加工技术为主，产品品质不稳定

传统工艺赋予了郫县豆瓣产品的独特风味，但随着川菜产业的发展壮大，郫县豆瓣的需求快速增长，在现代化进程中也面临着不同企业间、不同批次间品质不稳定问题。

1. 菌群结构和发酵条件不易控制

传统发酵工艺在开放和半开放环境中进行，菌群结构和发酵条件不易控制，受环境中微生物种类和数量、环境湿度和温度等影响大，产品的安全性和风味品质等不好控制。例如在开放环境进行制曲，容易导致黄曲霉或其他杂菌污染问题，出现黄曲霉毒素超标和生物胺等，影响产品安全性；开放环境温度和湿度受当地天气影响大，导致不同批次米曲霉生长不稳定，甜瓣子中生物酶系含量及活性受影响，出现甜瓣子质量参差不齐，最终影响后续豆瓣酱产品的鲜味等品质指标；混合发酵在

开放环境进行，受季节的影响，产品容易出现杂菌超标的问题。

2. 生产工艺对人工经验依赖度大

关键工艺控制节点通常由工人根据经验进行主观判定决定，对经验依赖度大，不同工人操作或同一工人不同状态会影响产品质量稳定性。在生产中，制曲阶段米曲霉生长情况、蚕豆发酵成熟度、蚕豆和辣椒醅混合发酵成熟度等均由工人经验判断决定，发酵过程由工人根据经验进行控制，缺乏科学的数据支撑和数字化、规范管理。人工判定的优点是简单快捷，但也存在一定局限性，如培养一名有经验的工人所需时间较长，工人每天的身体状态存在差异、工人主观差异等容易导致各批次产品品质不稳定。

3. 高盐含量不利于豆瓣发酵和消费者身体健康

食盐是一种重要的调味品，也是食品加工的一种重要原料，同时具有生理作用。然而很多研究表明，过量摄入食盐不利于身体健康，可能会导致高血压、心血管疾病和肾功能障碍等疾病。世界卫生组织建议成人食盐摄入量不超过5克/天，同时，国民营养计划（2017—2030年）的建议设定到2030年全国人均每日食盐摄入量降低20%。然而《中国居民膳食指南科学研究报告（2021）》显示，我国高盐摄入仍普遍存在，家庭烹调用盐摄入量平均每人每天9.3克，食盐摄入量会远远超过世界卫生组织推荐的"安全线"。减盐食品，尤其是传统高盐发酵食品的减盐化是国内外行业发展的大趋势。市售郫县豆瓣酱产品的食盐含量相对较高，在17%～22%（克/100克），甜瓣子中食盐含量为12%～15%（克/100克），不利于消费者的减盐需求。发酵食品中适当盐浓度对有害微生物有抑制作用，对有利于发酵微生物具有选择作用，而过高食盐含量会抑制部分微生物的生长繁殖和酶活性，导致发酵周期较长，因此高盐含量成为制约郫县豆瓣产业发展的瓶颈问题之一。

三、四川省郫县豆瓣酱产业发展趋势与对策建议

（一）四川省郫县豆瓣酱产业发展趋势研判

随着居民经济收入及居民消费支出的逐渐增加，消费者结构的改变，加之餐饮业、快消食品等终端消费的连续增长，调味品行业将整体呈增长趋势。食品安全问题与消费者的身体健康息息相关，政府监管部门和社会舆论监督对食品生产企业的

要求也更加严格，大型企业因其具备质量较好的产品、多样化的品种、规范化的管理等优势，将不断强化在行业中的竞争力，占据较大的市场。小型企业可能将因食品质量安全问题，缺乏规范化管理制度，品牌创新研发力度薄弱等劣势，从而难以持续占据市场份额，甚至逐渐从市场淘汰。此外，随着健康、低盐、低脂、零添加等消费理念的共识兴起，消费者对健康产品的需求增高的同时，也可以看到整个消费市场对产品复合化、年轻化、便利化等附加需求在凸显。可见，企业要看到这些消费需求的改变从而不断加大研发力度，除了提升产品色、香、味等感官需求，还要满足消费者对产品衍生出的一些即食快速方便的使用需求，不断开发新品种，打造新品牌，以满足消费者的需求。可以相信，郫县豆瓣酱将在保持其传统的香味醇厚口感上，不断开发出健康、美味、高品质的食品，以此满足消费者日益增长的更高需求。

（二）促进四川省郫县豆瓣产业发展的对策建议

1. 加快完善质量标准体系

在标准中明确各类产品的定义、加工工艺和产品特征，根据产业最新发展情况，合理修订标准中的各项指标，如食盐含量、颜色、表征酱酯香和滋味等的特征物质浓度等指标。

2. 促进企业转型升级

政府通过多途径鼓励企业深度落实"工业互联网"发展格局，促进资源整合。大型企业可借鉴其他企业在自动化和智能化方面的先进经验，目前四川省郫县豆瓣股份有限公司和四川省丹丹郫县豆瓣集团股份有限公司已应用机械制曲、产品全自动包装线、智能仓储管理和智能棚式晒场。此外，加快推进研发中小型智能设备推进成果转化，提高小企业的机械化水平。

3. 增加研发投入，提高产品品质

加大科研机构、大专院校等与企业的深度合作，针对郫县豆瓣食盐含量高、制曲品质不稳定、黄曲霉毒素和生物胺等安全控制、郫县豆瓣香气和滋味形成机理、产品品质判定指标、智能生产设备等方面开展研究。

4. 加强原料基地建设，提高对现代农业带动力

政府充要分发挥引导作用，一方面制定和实施相关政策，鼓励和促进企业建设原料基地；另一方面根据企业发展需求，加强原料种植区基础设施配套建设，组织培训辣椒、蚕豆种植技术人员，鼓励发展农民专业合作社和家庭示范农场；此外要加强农产品质量安全监管，确保种植地所产辣椒、蚕豆复合郫县豆瓣加工要求。原材料种植地要根据当地特点，合理布局，差异发展加工原材料，不能盲目跟风，同时要努力提升自身种植水平和管理能力。企业要积极参与种植基地管理和技术指导，传达购买需求。

参考文献

邓扬龙，2020. 郫县豆瓣中产气微生物的分离、鉴定及其生物特性研究［D］. 成都：西华大学.

GB/T20560-2006《地理标志产品郫县豆瓣》国家标准第 1 号修改单［J］. 中国标准化，2015，（03）：120.

古丽，2022. 郫县豆瓣重金属及感官、抗氧化研究［D］. 成都：西华大学.

国务院发布，2017.《国民营养计划（2017—2030 年）》[J]. 中国标准化（15）：28.

贾云，钮成拓，郑飞云，等，2021. 传统豆瓣酱微生物群落发酵演替规律及其功能分析［J］. 微生物学报，61（09）：2749-2764.

孙文佳，2021. 食盐替代物与乳酸链球菌素在低钠盐郫县豆瓣发酵中的应用研究［D］. 成都：西华大学.

孙文佳，吴茜，张任虎，等，2022. 郫县豆瓣工艺技术研究现状与产业发展探讨［J］. 中国酿造，41（12）：22-25.

肖雨童，2022. 郫县豆瓣传统制作技艺保护与传承策略研究［J］. 大众文艺（15）：1-3.

徐培，范文教，孙俊秀，等，2022. 甜瓣子发酵品质的研究现状［J］. 中国调味品，47（10）：206-209+220.

徐巧，2022. 郫县豆瓣公司带动农业产业化发展的问题及对策研究［D］. 雅安：四川农业大学.

杨懿，2020. 郫县豆瓣绿色制造与建设方案的研究［D］. 成都：西华大学.

张莞，2022. 郫县豆瓣产业化与县域经济联动发展对策研究［J］. 成都工业学院学报，25（1）：75-78，97.

中华人民共和国国家质量监督检验检疫总局. 地理标志产品 郫县豆瓣：GB/T 20560-2006［S］. 2006.

四川省高山蔬菜产业发展报告

苗明军[1] 钟 建[1] 李 享[2] 吴传秀[2] 杜晓荣[2]
常 伟[3] 李 菊[1] 李 志[1] 杨 亮[1] 廖继超[1] 李佳佳[1]

(1. 四川省农业科学院园艺研究所,四川成都 610066;2. 四川省园艺作物技术推广总站,四川成都 610041;3. 四川省农业科学院食用菌研究所,四川成都 610066)

摘 要:本文介绍了四川省高山蔬菜产业的发展现状,分析了四川省高山蔬菜产业发展的优势和存在问题,研判了四川省高山蔬菜产业未来的发展趋势,并结合现有工作基础,提出了四川省高山蔬菜产业高质量发展的对策与建议,对充分发挥四川省高山蔬菜产业的资源优势和地域特色,提升四川省高山蔬菜在全国的产业影响力及市场竞争力具有重要指导意义。

关键词:四川省;高山蔬菜;产业现状;发展趋势;对策建议

高山蔬菜是指在高山(海拔800米以上)可耕地上,利用高海拔区域夏季的自然冷凉气候条件生产的夏秋季上市的天然反季节商品蔬菜,具有错季、质优、价高等突出优势,是偏远山区和民族地区适宜发展的优势产业,尤其对弥补夏秋淡季蔬菜市场的均衡供应、稳定菜价、增加山区农民收入具有十分重要的作用,已成为山区农民增收致富的支柱产业。近年来,随着国家脱贫攻坚和乡村振兴战略的实施,各级政府采取切实有效措施,对高山蔬菜产业规划布局、基地设施建设、标准化栽培、主体培育、成果推广、质量监控、品牌打造、产业链延伸等方面发展起到关键作用,高山蔬菜产业取得了显著成效,但在产业快速发展过程中也呈现出了一系列问题,制约着产业的可持续健康发展。因此,正确认识四川省高山蔬菜产业发展的现状与瓶颈,研判未来发展趋势,提出切实有效的产业发展建议,对四川省高山蔬菜产业转型升级和高质量发展具有重要指导意义。

一、四川省高山蔬菜产业发展优势

四川地貌复杂,气候多样,除四川盆地外,以多山与高原为特色,海拔高度在800米以上的区域占全省总面积的74.2%,高山蔬菜产业发展具有巨大潜力。四川省高山蔬菜充分发挥天然冷凉气候优势、山地资源优势、劳动力充足优势、品质安全优势、市场差异优势等五大优势,经过40余年发展,逐步形成"四大"产业优势发展区。

天然冷凉气候优势。高山地区海拔梯度大,立体气候明显,夏秋季光照强,昼夜温差大;在5—10月适宜种植平原夏秋季难以栽培的蔬菜品种。

山地资源优势。四川地形地貌复杂,以山地为主要特色,其中山地类型占全省面积的74.2%,资源丰富,为高山蔬菜发展奠定了土地资源优势。

劳动力充足优势。蔬菜生产是密集型产业,需投入大量劳动力。高山地区工业相对落后,从事农业的劳动力资源丰富,为发展高山蔬菜生产提供了充足的人力资源。

品质安全优势。高山地区的昼夜温差大,有利于蔬菜作物养分的积累,使其营养丰富,风味浓,商品性好。高山区域气候冷凉,病虫害少,农药施用量少,产品质量更加安全,适合生产绿色、有机的夏秋淡季蔬菜。

市场差异优势。6—10月平原地区市场蔬菜供应的淡季,蔬菜种类单调、数量少。而高山蔬菜恰好弥补蔬菜夏秋淡季供应,市场价格好,产值高,丰富了市场蔬菜种类,保障了市场蔬菜供应。

二、四川省高山蔬菜产业发展现状

四川省高山蔬菜产业始于20世纪80年代,主要分布在海拔800~3 600米的高山高原区域。根据不同生态区域特征及发展历程,基本划分为秦巴山区、乌蒙山区、川西高山高原及大小凉山"四大"高山蔬菜主要优势产区,并逐渐形成"盆周山区高山蔬菜产业带"。2022年,四川省高山蔬菜播种面积达20万公顷,分别占全国高山蔬菜面积的7.1%、全省蔬菜面积的14.2%;产量达800万吨,分别占全国高山蔬菜总产量的8.9%、全省蔬菜总产量的17.3%,年产值160亿元,对四川省蔬菜周年生产、均衡供应起到了重要作用。

近年来,在广元市朝天区、阿坝州理县、凉山州昭觉县、甘孜州理塘县等偏远山区和少数民族地区,各地政府充分利用气候资源禀赋,优化产业结构调整,将高山蔬菜作为山区农业经济发展的主导产业,着力打造现代农业园区、培育主体、创办品牌、搞好加工,促进农旅融合发展,不断优化蔬菜创新链、产业链和供应链,使高山蔬菜产业成为山区农民增收致富的支柱产业,推动脱贫攻坚和乡村振兴发展。

(一)产业布局区域化,生产基地规模化

(1)秦巴山区(海拔800~1800米)。该区属亚热带湿润季风气候,以广元市利州区、朝天区、昭化区和剑阁县为主,包括达州市达川区、通川区、宣汉县,巴中市巴州区、恩阳区,绵阳市平武县等区域,年降水量800~1200毫米,年均温15℃左右。常年播种面积7.2万公顷,总产量232万吨,主要生产甘蓝、辣椒、番茄、茄子、萝卜等蔬菜种类,6—10月上市。以朝天区为例,2022年全区蔬菜种植面积达2.1万公顷,产量97.3万吨,产值近15亿元,以辣椒、甘蓝、莴笋、西葫芦等蔬菜为主,已建成曾家山标准化蔬菜基地0.67万公顷,基地蔬菜复种面积1.7万公顷。

(2)乌蒙山区(海拔800~1600米)。主要分布在泸州市古蔺县、叙永县和宜宾市兴文县、珙县、筠连县等中高海拔区域,年降水量740~1350毫米。常年播种面积2.5万公顷,年总产量126万吨,主要生产大白菜、芥菜、辣椒、番茄、茄子、苦瓜、甘蓝等蔬菜种类。以筠连县为例,全县高山蔬菜种植面积353公顷,总产量16.1万吨,产值7.6亿元。主要分布于蒿坝镇、高坪苗族乡、丰乐乡、沐爱镇、大雪山镇、联合苗族乡、团林苗族乡等乡镇,以榨菜、青菜、儿菜、大白菜、甘蓝等蔬菜为主。

(3)川西高原和川西山地(海拔1000~3600米)。川西高原以甘孜州泸定县、康定市、理塘县,阿坝州理县、茂县、小金县、松潘县、阿坝县等地为主,蔬菜产区主要分布在海拔1300~3600米的河谷及高原区域,年降水量550~1000毫米,日照充足,温差大;川西山地主要分布在雅安市汉源县、石棉县等区域,海拔1200~2000米,年降水量750~1000毫米。基地分布相对集中,局部平坝与斜坡地相互交错,基地面积2.6万公顷,播种面积3.9万公顷,年总产量192.0万吨,主要生产大白菜、莴笋、棒菜、番茄、萝卜等蔬菜种类。以理县为例,大白菜作为理县的"吉祥四宝"特色农产品品牌之一，年产量达到11万吨，产值超5 800万元，占全县蔬菜总产值的43%。

（4）大小凉山山区（海拔1 000~2 600米）。小凉山（冷凉）地区以乐山市峨眉山市、峨边县、马边县等区域为主，海拔800~1 600米，年降水量800~1 900毫米，年平均气温16℃左右，主要生产番茄、萝卜、辣椒、甘蓝、黄瓜、茄子等蔬菜。大凉山（冷凉）地区以凉山州冕宁县、昭觉县、布拖县、喜德县、普格县、越西县等区域为主，海拔1 200~2 600米，年降水量800~1 500毫米，年平均气温15℃左右，主要生产设施反季节辣椒、番茄、黄瓜和露地甘蓝、莴笋、菠菜、红油菜薹等蔬菜。常年播种面积5.7万公顷，年总产量271万吨。

（二）蔬菜种类多样化，茬口模式差异化

当前，四川省高山蔬菜产业发展中仍存在品种单一、主导品种不多、老产区生产效益不高、产业起伏大等问题。近年来，四川省农业科学院高山蔬菜科研团队在阿坝州理县、甘孜州炉霍县、广元市朝天区、凉山州昭觉县等地通过品种结构调整，由原来的"三白"（大白菜、莲花白和白萝卜）增加了番茄、辣椒、茄子、莴笋、西葫芦、无蔓南瓜、黄瓜、菠菜、花菜、四季豆等蔬菜，形成了蔬菜种类更丰富、品种更齐全的产业格局。同时充分利用高山独特的资源禀赋，开展高山蔬菜周年高产高效轮（间、套）作种植模式研究与推广，实现一茬变多茬、单收变多收、连作变轮作，并制定了蔬菜绿色高效茬口多样化栽培模式，总结形成了"辣椒+玉米""马铃薯+蔬菜""幼龄果树+蔬菜"早春甘蓝+越夏辣椒"等高效轮（套）种模式。

（三）绿色生产标准化，产品质量安全化

农产品标准化是保障农产品质量安全的重要前提，农产品标准化涵盖种前、育苗、栽培、管理、收获、清洗、贮运和销售等多个环节。自2021年起，我国实施农业生产"三品一标"（品种培优、品质提升、品牌打造和标准化生产）提升行动，更高层次、更深领域推进农业绿色发展，优化农业生产结构和产品结构，提升农产品绿色化、优质化、特色化、品牌化水平。近年来，四川省农业科学院高山蔬菜科研团队研究集成了川西高原早市棒菜优质高效栽培、高山莴笋绿色高产高效栽培、盆周山区大白菜优质丰产栽培、高山辣椒（番茄）设施避雨越夏长季节栽培、嫁接茄子长季节轻简化栽培、高山露地辣椒"五改一加"栽培等标准化栽培技术，

部分技术已成为四川省农业主推技术，在四川省高山高原地区大面积示范推广。

四川省27个高山蔬菜重点县（区）已基本建立了农产品质量安全检验检测中心，在蔬菜生产重点县加强全产业链标准化示范基地及农产品质量安全可追溯体系建立，实现"生产有记录、流向可追踪、信息可查询、质量可追溯"与"产地准出、市场准入、实时监控"的县（区）、乡、村三级农产品质量安全监管网络全覆盖，确保农产品从农田到市场的全程监管。其中，阿坝州理县2019年在四川省农业科学院的科技支撑下，顺利通过国家级考核验收，成功创建为国家级农产品质量安全县，成为全国藏区和四川省民族地区首个国家级农产品质量安全县。通过标准化生产推动蔬菜"区域公用品牌"建设，加大宣传，提升基地的生产能力和市场竞争力，促进蔬菜产业提质增效。目前，四川省建立了多个以高山蔬菜为主导产业的省级和市（州）级现代农业园区（表1和表2），同时以广元市朝天区、阿坝州黑水县和甘孜州理塘县等为代表的多个蔬菜产业基地被纳入四川省蔬菜供港澳生产基地，供应种类包括大白菜、甘蓝、辣椒、菜心、甜椒等10余个蔬菜品类，标志着四川省高山蔬菜产品质量安全迈上新台阶。

表1 四川省高山蔬菜省级现代农业园区

所在市（州）	所在县	园区名称	产业规模（公顷）	主导产业	代表蔬菜种类	星级	认定年份
雅安市	汉源县	汉源县稻菜现代农业园区	1 600.0	粮食、蔬菜	大蒜	三星	2022
阿坝藏族羌族自治州	小金县	小金县蔬菜现代农业园区	533.3	蔬菜	莴笋、生菜	四星	2023
	茂县	茂县粮经复合现代农业园区	533.3	粮食、蔬菜	花菜、芹菜、辣椒	三星	2023
	黑水县	黑水县小麦蔬菜现代农业园区	266.7	小麦、蔬菜	荷兰豆、豌豆尖、莴笋	三星	2023
广元市	朝天区	广元市朝天区蔬菜现代农业园区	3 333.3	蔬菜	辣椒、甘蓝	五星	2021
甘孜州	理塘县	理塘县蔬菜现代农业园区	1 666.7	蔬菜	萝卜	五星	2020
	石渠县	石渠县蔬菜现代农业园区	333.3	蔬菜	辣椒、番茄	五星	2022
	炉霍县	炉霍县青稞蔬菜现代农业园区	416.7	青稞、蔬菜	番茄	三星	2023

（续表）

所在市（州）	所在县	园区名称	产业规模（公顷）	主导产业	代表蔬菜种类	星级	认定年份
凉山州	昭觉县	昭觉县肉牛蔬菜现代农业园区	333.3	蔬菜	辣椒、番茄	四星	2021
	布拖县	布江蜀丰马铃薯现代农业园区	266.7	马铃薯、蔬菜	甘蓝、萝卜	三星	2022
攀枝花市	米易县	米易县稻菜现代农业园区	1 333.3	粮食、蔬菜	番茄	五星	2021

表2 全省高山蔬菜市（州）级现代农业园区

所在市（州）	所在区（县）	园区名称	产业规模（公顷）	主导产业	代表蔬菜种类	星级
广元市	朝天区	朝天区两河口镇蔬菜现代农业园区	666.7	蔬菜	辣椒、甘蓝	\
	朝天区	朝天区李家镇蔬菜现代农业园区	666.7	蔬菜	辣椒、甘蓝	\
乐山市	金口河区	金口河区金河高山蔬菜+玉米现代农业园区	333.3	蔬菜、玉米	辣椒	\
	峨眉山市	峨眉山市龙池高山蔬菜现代农业园区	2 333.3	蔬菜	茄果类、萝卜、甘蓝	\
	沐川县	沐川县龙溪河玉米魔芋现代农业园区	1 400.0	玉米+魔芋	魔芋	\
	峨边彝族自治县	峨边彝族自治县新场乡花牛+蔬菜种养循环现代农业园区	1 000.0	峨边花牛、蔬菜	茄果类、豆类、甘蓝、萝卜	\
	马边彝族自治县	马边彝族自治县雪口山蔬菜现代农业园区	200.0	蔬菜	茄果类、甘蓝、青菜	\
阿坝藏族羌族自治州	理县	理县高原蔬菜现代农业园区	1 000.0	蔬菜	白菜、莴笋	三星
	马尔康市	马尔康市高山蔬菜-生猪种养现代农业园区	500.0	蔬菜、猪	白菜、莴笋	\
	茂县	茂县三龙富锶特色果蔬现代农业园区	506.7	水果、蔬菜	辣椒、花菜	\
	松潘县	松潘县高原蔬菜现代农业园区	553.3	蔬菜	莴笋、白菜、番茄	\
甘孜藏族自治州	德格县	德格县温拖蔬菜现代农业园区	233.3	蔬菜	生菜、番茄	\
	丹巴县	丹巴县果蔬现代农业园区	473.3	水果、蔬菜	番茄、辣椒	三星

(续表)

所在市（州）	所在区（县）	园区名称	产业规模（公顷）	主导产业	代表蔬菜种类	星级
凉山彝族自治州	昭觉县	昭觉县国富农林观光园区	35.8	水果、蔬菜	辣椒	\
	昭觉县	昭觉县洒拉地坡乡高山错季蔬菜现代农业园区	200.0	蔬菜	花菜、甘蓝、莴笋	\
	德昌县	德昌县小葱现代农业种植示范园区	266.7	蔬菜	小葱	\
	会理县	会理县小黑箐茭白现代农业园区	933.3	蔬菜	茭白	\
	会东县	会东县魔芋现代农业园区	236.7	蔬菜	魔芋	\
	布拖县	布拖彝美现代高山粮蔬综合产业园区	193.3	蔬菜	萝卜、白菜	\
	布拖县	布拖县木尔乡茭白农业园区	38.7	蔬菜	茭白	\
	金阳县	金阳县高山设施蔬菜园区	13.3	蔬菜	黄瓜、番茄、甘蓝	\
	金阳县	金阳县白魔芋现代农业园区	800.0	蔬菜	白魔芋	\
	雷波县	雷波县箐口高山芦笋现代农业园区	52.7	蔬菜	芦笋	\
	雷波县	雷波谷堆山葵（农业）种植园区	33.3	蔬菜	山葵	\
	美姑县	美姑县北美黄花菜产业园	73.3	蔬菜	黄花菜	\
	甘洛县	甘洛县阿嘎乡高山绿色果蔬现代农业园区	120.0	果蔬	红皮萝卜、豌豆尖	\
	甘洛县	甘洛县蓼坪乡高山错季蔬菜现代园区	133.3	蔬菜	辣椒、白菜、甘蓝、莴笋	\
	越西县	越西县依洛地坝设施蔬菜现代农业园区	20.0	蔬菜	丝瓜、番茄	\
	喜德县	光明镇现代设施蔬菜农业产业园区	33.3	蔬菜	黄瓜、番茄	\
	喜德县	冕山镇五合设施蔬菜现代农业产业园区	20.0	蔬菜	辣椒、甘蓝	\
	盐源县	盐源县梅雨镇设施蔬菜现代农业园区	13.3	蔬菜	辣椒、番茄、白菜、葱	\

(续表)

所在市(州)	所在区(县)	园区名称	产业规模(公顷)	主导产业	代表蔬菜种类	星级
攀枝花市	米易县	米易县撒莲稻菜现代农业园区	1 066.7	水稻、蔬菜	番茄	四星
	盐边县	盐边县稻菜轮作现代农业园区	566.7	水稻、蔬菜	番茄	四星
		盐边县蔬菜现代农业园区	800.0	蔬菜	番茄	三星
泸州	叙永县	叙永县高山蔬菜现代农业园区	1 600.0	蔬菜	辣椒、食用菌	三星
雅安市	汉源县	汉源县粮蔬现代农业园区	666.7	玉米、蔬菜	甘蓝、辣椒、白菜	四星
达州市	渠县	渠县黄花现代农业园区	3 333.3	蔬菜	黄花	\
	达川区	达川区双庙蔬菜现代农业园区	666.7	蔬菜	辣椒、黄瓜、白菜、莴笋	\

（四）蔬菜处理商品化，销售市场多样化

国家、省、市、县各级政府高度重视销售市场培育和蔬菜采后商品化处理及加工等产业后端，延伸产业链，提高蔬菜产品市场竞争力。四川省朝天区、理县、阿坝县、峨眉山市、理塘县等多个高山蔬菜基地建立了以分选、清洗、包装、预冷为重点的产地商品化处理场所，配套设施设备完善，提高了高山蔬菜商品质量、产品档次和附加值，同时优化冷链运输装备，配备冷链物流运输车，减少产后损失，延长供应时间，扩大销售半径，实现减损增效，增强市场调剂能力和产品竞争力。

由于我省高山蔬菜品质优、市场差异优势突出，高山蔬菜已由原来的传统市场成都、重庆拓宽到销往上海、武汉、广东、香港、澳门等新兴市场，部分产品已出口到俄罗斯和东南亚等国家。以理塘县萝卜为例，2022年种植白萝卜266公顷，萝卜粗加工约1.5万吨，依托甘孜州"圣洁甘孜"与理塘县"极地果蔬"区域性品牌，顺利将萝卜产品供往盒马鲜生、百果园、广州安和农业等高端市场，并通过盒马鲜生再次配送销售到北京、上海、深圳、广州、杭州、武汉、西安、南京等城市，年产值达1 100万元，擦亮了甘孜州理塘县极地果蔬的金字招牌。

（五）生产经营组织化，产品品牌知名化

高山蔬菜作为四川省高山高原地区农户增收的支柱产业，经过多年的持续发

展,生产经营组织化程度不断发展壮大,涌现出了以家庭农场、专业合作社、龙头企业为载体的多种适度规模化的经营主体,逐渐形成了以"龙头企业+专业合作社+基地+农户"的生产经营模式,不断提升生产经营组织化程度,提高了整体效益和竞争力。经农业农村部认证,四川省高山蔬菜"地标"农产品达到14个(表3)。2022年理塘萝卜成功入选全国"名特优新"农产品名录,颁发了全国名特优新农产品证书,理塘县名特优新农产品实现零的突破。

表3 四川省高山蔬菜地理标志农产品汇总名录

所在市(州)	所在县	地理标志农产品	蔬菜种类	种植面积(公顷)	登记年份
攀枝花市	米易县	米易苦瓜	苦瓜	1 000.0	2013
		米易山药	山药	666.7	2013
广元市	朝天区	曾家山甘蓝	甘蓝	10 000.0	2012
巴中市	恩阳县	恩阳芦笋	芦笋	666.7	2017
阿坝藏族羌族自治州	理县	理县大白菜	白菜	1 000.0	2008
	黑水县	黑水大蒜	大蒜	33.3	2018
乐山市	峨眉山市	峨眉山雪魔芋	雪魔芋(加工品)	—	2011
	沐川县	沐川魔芋	魔芋	2 000.0	2022
甘孜藏族自治州	康定市	康定红皮萝卜	萝卜	2 000.0	2014
	道孚县	道孚大葱	葱	1 333.3	2014
	巴塘县	巴塘南区辣椒	辣椒	800.0	2011
	金阳县	金阳白魔芋	魔芋	3 666.7	2006
	盐源县	盐源辣椒	辣椒	5 333.3	2015
	雷波县	雷波莼菜	莼菜	80.0	2014

开展"三品一标"提升行动,重点推进高山蔬菜的品种改良、品质提升、品牌创建和标准化生产等工作。实施品牌化战略,规范蔬菜生产与管理活动,提高产品质量,塑造一批市场竞争能力强的品牌,经济效益大幅度提高,逐步达到"创一个品牌,兴一个产业,富一方经济"的品牌效应。目前,四川省以朝天区、峨眉山市、理县、理塘县、昭觉县等地为代表的高山(高原)蔬菜多个种类和品种分别获得国家绿色食品中心"A级绿色食品认证""有机转换产品认证"和"有机农产品认证"等;成功注册了"曾家山""珍世源""桃坪羌寨""唐王坝""极地果蔬"等一批地域特色突出、功能属性独特的高山蔬菜专用区域性品牌,并创建了多个国家级绿色食品原料生产基地、高山露地绿色蔬菜基地、国家无公害农产品基地、四川省精品农业(蔬菜)标准化示范区、全省地理标志产品保护示范区等。

（六）科研支撑全链化，人才培养多元化

结合四川省高山蔬菜产业发展的实际需求，加大科技支撑力度。四川省农业科学院成立了专门研究高山蔬菜科研团队，涵盖蔬菜育种、栽培、植保、土肥、加工、推广等相关领域专家，重点开展抗病耐逆优质高产品种选育、集约化育苗、优质丰产栽培、需肥规律及科学精准施肥、病虫害绿色防控、采后商品化处理等全产业链关键技术研究，建立共享服务平台，形成完善的科技服务体系，引领高山蔬菜产业高质量发展。

为更好发展高山蔬菜产业，许多县级农业部门聘请了省内科研院所蔬菜科研团队作为科技支撑单位，其中，广元市朝天区、阿坝州理县、凉山州昭觉县、甘孜州炉霍县、雅安市汉源县等农业部门与四川省农业科学院高山蔬菜科研团队紧密合作，共建高山蔬菜专家大院和专家工作站，构建了"省+市+县+乡"四级蔬菜专家服务体系，通过"项目实施、现场实训、理论培训、现场观摩、师带徒"等多种形式培养技术骨干、经营主体负责人、种植能手、农户等不同层次人才，培养了一大批"懂农业、爱农业、擅经营、带不走"的蔬菜生产技术人员，极大地推动了高山蔬菜新品种、新技术、新模式、新产品在生产中的推广度与覆盖率，依靠科技支撑高山蔬菜产业高质量发展。

三、四川省高山蔬菜产业发展存在的主要问题

（一）基础设施不完善，自然灾害抵抗能力弱

四川省高山蔬菜基地多分布在高海拔地区，地广人稀，土地规模小且碎片化现象严重，农业基础设施建设相对薄弱，排灌设施不够完善，"田网、路网、渠网、电网"不配套。交通基础条件较差，现有的公路大多等级较低，雨季来临时道路、沟渠等基础设施会出现严重冲毁、垮塌；田间耕作道路不畅通，乡村道路、通信、电力、水利等基础设施建设与现代化农业要求相距甚远。农产品市场结构和布局不完善，市场基础设施薄弱，县、乡批发市场建设不足，严重影响生产和流通发展，销售半径及市场受到限制，极易造成市场供应和价格的波动。受地形地貌影响，蔬菜基地以露地分散种植为主，对自然气候依赖性大，抵御霜冻、干旱、洪水、冰雹等自然灾害的能力较弱。

以广元市朝天区为例，2022年7—8月，高山蔬菜主产区因长期持续高温干旱，

偏远地区缺少水利设施，导致高山辣椒大面积落花落果，日灼病、脐腐病等病害多发，商品性大幅度降低，亩产量较 2021 年减产 15%~30%，当季菜椒单价 3.6~4.4 元/千克，折合亩减值 1 200 元以上，给菜农带来较大损失。

（二）连作障碍严重，持续生产能力下降

山区菜农思想落后，对农业产业化认识不到位，生产中仍采用传统的种植方式，且长期种植同类蔬菜作物，缺乏科学轮作，导致土壤连作障碍严重，病虫害发生日益增多，尤其是十字花科蔬菜的根肿病、茄果类蔬菜的青枯病、瓜类的根结线虫等病虫害在部分区域发生更为严重。部分蔬菜基地生产投入品不合理，不注重地力培肥，掠夺式生产，以化肥施入为主，每亩用量一般在 150~200 千克，高的达到 300 千克，施肥量过大，不重视有机肥施用，土壤有机质缺乏，中微量元素不足，部分区域土壤 pH 值 4.0~5.5，土壤透气性、保水保肥能力下降，酸化板结现象严重，土壤可持续生产能力受到威胁。阿坝州理县大白菜从 1984 年至今，种植历史长达 40 年，全县播种面积约 800 公顷，大部分种植户常年播种春秋两茬，单季亩产值最高能达到 1.5 万元以上，为追求较高的经济效益，大部分地块常年连作，基本没与其他作物轮作，土壤连作障碍严重，大白菜根肿病普遍发生，严重地块甚至绝收，制约了理县大白菜产业健康可持续发展。

（三）内生动力缺乏，主体带动作用发挥不明显

四川省大部分高山蔬菜主产区蔬菜生产仍以农户种植为主，经过多年努力，目前虽然引进和发展一定的龙头企业和专合组织，但仍存在数量较少、规模不大、抗风险能力弱、产业化经营水平不高、示范带动性不强等问题。由于偏远山区和民族地区农民文化素质低，部分区域存在语言交流障碍，加上高山地区多年的种植习惯和技术水平等因素影响，当地农户对现代农业产业发展缺乏主动性，部分存在"等、靠、拿"的依赖心理，开拓创新能力欠缺，缺少种植能手，内生动力不足，主体带动作用发挥不够充分。缺乏统一品种及规范栽培技术，且劳动生产效率低，团结协作意识不强，组织化程度低，生产不具备规模化、专业化、标准化，随意性较大，加大了新品种、新技术等科技成果在当地的推广难度。通过走访阿坝州、甘孜州、凉山州等高山蔬菜产区的偏远村菜农发现，由于受限于传统自给自足的生产模式，对蔬菜标准化、产业化、规模化发展了解较少，从事高山蔬菜产业获得的效益不高，主动参与高山蔬菜科技成果转化推广的农户较少，以少数民族地区更为突

出，认为新品种、新技术使用会提高生产成本，增加生产的难度，效益难以保障，致使高山蔬菜科技成果推广难度加大。

（四）科学管理不足，质量安全存在隐患

四川省高山蔬菜质量安全总体向好，但由于土壤综合肥力偏弱，种植方式传统粗放，标准化、产业化、规模化程度低，农户对集约化穴盘育苗、平衡施肥、病虫害绿色防控等新技术接受能力弱，缺乏市场预测和长远规模化生产意识，不严格按照绿色蔬菜生产技术标准进行操作，为追求高效益和生产便利，大量施用化肥，有机肥使用不够，常年种植同科蔬菜，导致土壤养分供应与需求失衡，土壤有机质含量和肥力下降，连作现象严重；病虫害绿色防控技术宣传力度不足，农户对病虫害辨别较难，无法精准对症施药，常采用多种化学药剂进行防控，导致农药使用不够科学，质量安全仍存在风险。

（五）市场信息短缺，采后商品化处理薄弱

四川省高山地区蔬菜信息网络体系不够完善，蔬菜生产经营主要以散户和种植大户为经营单位的生产方式，规模小、效率低、生产效益不稳定。高山蔬菜产区与全国各大蔬菜批发市场联网衔接不够紧密，不能及时得到各地蔬菜市场信息，缺少必要的市场信息来源，"小农户大市场"现象严重。在种植蔬菜种类、品种茬口安排等方面容易受眼前利益影响，随意性和盲目性较大，组织化程度低，产品同质化严重，生产与市场信息不对称，不能及时提供生产、加工、流通等各个环节信息服务，不利于增加市场占有力，促进蔬菜流通，抵御市场风险能力弱。

四川省高山蔬菜产前、产中生产水平总体向好，但由于高山露地蔬菜成熟期比较集中，且大部分为鲜销产品，蔬菜贮藏、保鲜及加工等采后商品化处理水平仍处于比较粗放的状态，目前高山蔬菜采后商品化处理率不足30%，冷链运输设施缺乏，冷链流通率不足20%，致使市场调节能力差，产品损耗较大，产品档次和附加值低，综合竞争力较弱，销售半径和市场受到限制，当蔬菜产品供大于求时，销售较被动，时常出现"菜贱伤农"事件，影响菜农种植积极性，这是四川省高山蔬菜产业发展的短板，也是制约四川省高山蔬菜产品"走出去"的重要因素。以阿坝州理县为例，高山蔬菜大部分依靠外地批发商进行销售，本地经营主体组织销售比例小，流通环节的利润没有留在菜农手里，导致批发商与农民讨价还价，同菜不同价，优质不优价。多数高山蔬菜主产县缺乏相对集中的产地批发场所，大部分蔬菜以毛菜形式销售，再由批发商组织人员对产品进行预冷分级包装、运输和销售，不仅增加了蔬菜机械损伤，而且影响蔬菜品质。

（六）人才培养缺乏，技术服务体系有待完善

在高山蔬菜产业发展过程中，许多县级农业部门与四川省农业科学院、四川农业大学等科研院校建立了合作关系，投入了一定的人力、物力和财力进行先进科技成果的研发和推广，但由于人力、财力等投入不足，培训及指导不够精准，针对性不强，科研成果转化不够，没有做到以问题为导向，缺乏深层次研究指导蔬菜品种的引育、栽培、推广，对当地的带动效果不明显。部分地方政府支持产业的政策措施不完善、不持续，重视力度不够，科技队伍不稳定，人员流失严重，技术人员老龄化，尤其县乡两级农业部门缺乏蔬菜专业技术力量支撑，专业知识更新缓慢，基层农业部门一岗多用现象、抽调和借调情况普遍，新品种、新技术不能及时推广传递到经营主体手中，不能及时解决生产过程中遇到的问题。

（七）品牌建设滞后，市场知名度提升空间大

四川高山蔬菜主产区品牌建设意识不强，农产品认证申报工作进展缓慢，无法实现产品的优质优价。虽然，近年来成立了一批农业合作社、家庭农场，打造了一系列品牌，但在规模和产值方面还比较小，大部分蔬菜产品的分级与包装、保鲜储藏运输技术及品牌化发展滞后，集约化经营差，品牌知名度不高，附加值不高，且销售属于被动销售，本地销售企业和经营主体缺乏，未形成规模效应，至今尚未形成在省内外"叫得响、打得出、覆盖面大"的高山蔬菜产品品牌和高山蔬菜相关知名企业。有产品无市场、有市场无效益等问题突出，市场竞争力较弱，高山蔬菜产品品牌知名度提升空间还很大。

四、四川省高山蔬菜产业发展趋势与对策建议

（一）四川省高山蔬菜产业发展趋势研判

1. 产业发展保障更加完善

乡村振兴，产业先行，高山蔬菜产业将在四川高山高原地区助力乡村振兴发挥重要作用，势必备受瞩目。随着《四川省"十四五"综合交通运输发展规划》的颁发，四川省交通运输体系将逐步完善，目前通往阿坝州理县、雅安市汉源县、乐山市峨边县等高山蔬菜主产区的高速公路已相继贯通，未来将陆续开通到达阿坝州

松潘县、凉山州昭觉县等高山地区的高速公路，从而有效缓解高山蔬菜采后运输困难的问题。在国家乡村振兴战略的持续推动下，高山蔬菜主产县的采后商品化处理、冷链运输系统、基础设施建设等产业发展要素趋于完善，高山蔬菜将会发展为四川高山高原地区重要的农业支柱产业，在助力山区农民增收致富过程中发挥更加重要的作用。

2. 品种结构调整更加主动

四川省多数高山高原区域的农民对当地主栽蔬菜品种具有较强的依赖性，主动更换新品种的意识较弱。然而，常年种植同一蔬菜种类，往往会导致土壤连作障碍严重，产量逐年减少，发病严重时几乎绝收，目前以十字花科蔬菜的根肿病最为突出，在连作障碍严重地区推广不同蔬菜种类之间轮作，调整品种结构是目前解决连作障碍最有效的方法，经过长期积累的经验教训，菜农已意识到连作障碍危害的严重性，主动配合农业部门引进蔬菜新品种，优化种植结构，科学轮作，丰富品种类型。

3. 产品质量安全更加认可

四川高山蔬菜产业规模已比较大，未来发展应在现有种植规模基础上推动稳面提质工程，加大新品种、新技术等科技成果的推广应用，不断提高大面积的产量、品质和整体效益。2022年末，农业农村部颁发了《到2025年化学农药减量化行动方案》，科学绿色防控技术将逐步替代化学农药防控，更多更好的生物防控、物理防控等手段被认可、被推广。在销售市场高品质需求的驱动以及农业部门的引导下，四川省高山蔬菜产业会得到更好的发展机遇，优质蔬菜产品的认可度也会越来越高。

4. 科技支撑能力更加坚实

四川省是全国9个高山蔬菜生产重点省份之一，高山蔬菜也是四川蔬菜产业"三区一带"的重要组成部分，四川省农业农村厅、四川省农业科学院等单位高度重视高山蔬菜产业的发展，专门成立了稳定的高山蔬菜科研团队。在四川省农业科学院党委的关心和持续支持下，已在广元市朝天区、阿坝州理县、凉山州昭觉县等主产县建立了高山蔬菜专家大院，开展科技攻关，促进高山蔬菜科技成果转化推广，搭建本土农技人才培育平台，开展各类技术培训和现场技术指导，取得了良好成效，为建立长效稳定的"三农"人才培养机制积累了新经验，探索了新路径。未来，四川省农业科学院高山蔬菜科研团队将进一步总结经验和做法，拓宽更丰富的科技支撑平台，研制并推广更多实用性科研成果，依靠科技助力四川省高山蔬菜产业高质量发展。

（二）促进四川省高山蔬菜产业发展的对策建议

1. 强化基础设施建设，提升自然灾害抵抗力

增加财政投入，配套建设和完善高山蔬菜主产区道路、沟渠、通信、电力等基础设施，改善生产条件，确保蔬菜生产旱能灌、涝能排，保障生产物资运输和蔬菜产品外销；建设高山蔬菜集约化育苗中心，提高种苗质量；建立预冷库和冷藏库，减少蔬菜损耗，延长运输半径，拓展销售市场。发挥夏季冷凉气候优势，形成以夏秋蔬菜为生产茬口，示范建设一批避雨或保温设施大棚，增强抗自然灾害能力，延长蔬菜生产供应季节，减少病虫害发生，提高蔬菜产品品质。

2. 优化蔬菜品种结构，探索高效生产技术模式

分区域建立高山蔬菜标准化示范基地，不断引进和选育适宜区域发展的高山蔬菜新品种，推动品种更新换代，优化调整品种结构，改变传统种植模式和种植制度，避免连作障碍，特别在根肿病发生区域，注重用地与养地结合。不断开展高山蔬菜播期试验及高效生产技术模式探索，精准掌握高山蔬菜主栽品种及茬口安排，合理轮作套种，实现蔬菜产品多元化、差异化，空档期供应，提高综合效益。有条件的区域探索推广应用先进的测土配方施肥、轻简高效的农机农艺融合、水肥一体化高效栽培、蔬菜秸秆无害化处理再还田等关键技术，科技支撑高标准、高水平、高效益的高山蔬菜现代农业园区建设，推动高山蔬菜产业持续发展。

3. 重视科技示范引领，构建共赢发展机制模式

在阿坝州小金县、甘孜州理塘县和石渠县、凉山州昭觉县、广元市朝天区等地打造了以高山蔬菜为主导产业的省级现代农业园区。发挥科研院所强有力的科技支撑作用，以现代农业园区为根据地，结合园区和当地产业需求，加强高山蔬菜新品种引育与新技术研究，加大科技成果示范推广，引领四川省高山蔬菜产业振兴发展。

大力发展和培育蔬菜专业合作社、企业等经济主体。落实对蔬菜经营主体登记、税收、金融、财政等方面的优惠政策，既要发挥经营主体组织、指导生产的作用，更要发挥社会化服务功能。积极借鉴先进区域的成功经验，政府提供政策资金帮扶，推广"龙头企业+合作社+科研机构+基地+农户+市场"的先进产业发展模式，改进蔬菜生产组织形式和经营方式，引导龙头企业与基地农户建立利益共享、风险共担的利益联结机制，形成以企业和合作社为龙头、农民为主体、市场为核心、科技为支撑、政府为保障的产业发展良性互动、合作共赢新机制，提高蔬菜生产组织化程度，促进产业持续发展。

4. 强化产品质量监管，提高产品质量安全

以现有产品质量监管平台为基础，加快高精设备和系统软件开发、安装和应用，加强与高技术专业人才团队、高科技企业合作，将企业、合作社、基地、种植大户等主体纳入管控，对生产环境、加工环节、市场动态等方面进行采集分析、预测预报，建立高山蔬菜现代农业大数据，实现高山蔬菜产品质量全程可追溯和广泛的信息资源共享互惠。加强县级农产品质量安全检验检测站建设，加快检验检测专业人才培养培训，在关键农时和投入品生产经营高峰期，加大农药、化肥等生产投入品行政执法监管力度，引导并监督蔬菜生产人员施用农药时应按照技术标准科学使用，并设立专门的质量监督投诉举报电话，不定期不定点抽查，引导广大农民群众参与到农产品质量监督工作中来，严厉查处违禁农药生产、销售使用和非法添加等违法行为，从严打击违法生产和经营行为，共同维护蔬菜质量安全、农业生态安全及品牌形象。

5. 加快市场体系建设，推进产后商品化处理

加快高山蔬菜市场体系和市场信息预警预报机制建设。在蔬菜生产区和县城农贸市场加快布局，建设蔬菜产区集散地，逐步形成产地市场与县城农贸市场相结合，批发与零售市场协调发展的蔬菜交易市场体系；建立健全蔬菜产销信息公共服务平台，加强信息的采集、发布，防范市场风险，使蔬菜生产者通过信息共享平台获得多方面信息服务，包括生产信息、销售信息、成果信息等，重点完善产品销售价格和供求价格的信息建设。

加快推进高山蔬菜产后商品化处理。以生产基地为重点，推动产地商品化处理，提高蔬菜商品化处理率。扶持以分级筛选、洁净包装、贮藏保鲜为主的蔬菜商品化处理专业合作社和龙头企业，鼓励支持建设冷藏库和冷藏运输设施设备，逐步建立从田间到市场的冷链销售系统，提升产业链附加值，延伸产业销售半径，提高产业综合效益。

6. 加强人才队伍建设，健全技术服务体系

依托四川省农业科学院、四川农业大学等科研院校的科技支撑，重视人才培养，通过"引进来、走出去"双向培育制度，加强基层推广服务人才队伍建设，对县、乡两级业务技术人员进行培训，更新知识结构，转换思想观念，提升自身业务技术水平，为当地培育一批业务精、素质高、懂经营、组织能力强的蔬菜专业技术骨干。同时，重点培育青年人才，吸收大专院校毕业生，充实县、乡两级专业技术干部队伍，逐步解决蔬菜产业发展中技术人才缺乏、结构断层及老龄化的问题。

利用高山蔬菜专家大院和专家工作站，大力开展高山蔬菜专项科技攻关与示范推广，把论文书写在四川高山高原的大地上，切实解决产业发展中技术难题和瓶颈。同时联合地方农业部门，健全省、市（州）、县、乡四级蔬菜技术服务体系，开展高山蔬菜科技培训、技术咨询、现场指导，加大对蔬菜技术推广队伍的培训力度和产业技术人才培养。

7. 塑造高山特色品牌，增强市场竞争意识

在不断提升"净土阿坝""圣洁甘孜""曾家山好菜"等公共品牌的基础上，发挥气候独特资源优势，生产生态好菜，加强高山蔬菜产品质量监管力度，加大蔬菜绿色食品、有机食品、中国驰名商标、国家地理标志产品等申报认证，重视知名品牌培育，实现农产品由商品到品牌的转化，塑造高山特色品牌。针对不同消费地区和消费群体需求，加快中高端产品开发，拓展消费市场，提高产品附加值。制定优惠政策，扶持种植大户、专业合作社发展，培育龙头企业，形成带动产业发展的强大引擎。支持龙头企业开展贮藏保鲜、农产品初深加工等融合发展的协作关系，不断完善企业与菜农利益的联动机制，促进产品增值增效，延伸产业链，提高产业经济效益。

坚持品种统一、农资统一、技术统一、包装统一、品牌统一的"五统一"标准，大力实施"以质取胜、质量兴产"战略，加大宣传力度，进一步提升农民对绿色食品的认知水平，增强品牌竞争意识，努力将生态优势转化成生态经济竞争力。强化品牌宣传，搭建农业品牌宣传、展示、交流、交易平台，通过展览展示、网络媒体推介，积极引导企业和各类主体参与展会、博览会、交易会等市场拓展活动，媒体宣传活动等立体推介活动，提升品牌价值，增强高原生态农业知名度，对特色产品进行重点包装，提升产品形象，探索建立"产、供、销"长效机制，不断拓展生态蔬菜产品的市场空间。

参考文献

杜晓荣，2018. 四川省蔬菜产业发展现状与对策［J］. 长江蔬菜（14）：71-74.

刘芳，苗明军，李永隆，等，2019. 朝天区高山蔬菜产业发展现状及对策［J］. 四川农业科技（7）：55-57.

苗明军，李庚智，李开军，等，2017. 茂县高山蔬菜产业发展现状及对策［J］. 蔬菜（3）：39-40.

苗明军，李菊，党亚，等，2020. 理县高山蔬菜产业发展现状及对策［J］. 长江蔬菜（3）：3-5.

妙晓莉，范学科，尚晓峰，2019. 秦巴地区高山蔬菜产业发展中存在的问题及可持续发展策略［J］. 蔬菜（11）：42-44.

邱正明，2017. 高山蔬菜产业技术研究［M］. 北京：科学出版社.

邱正明，2017. 我国高山蔬菜产业发展现状与产业技术需求［J］. 中国蔬菜（7）：9-12.

唐丽，李跃建，张泽锦，等，2017. 四川省高山蔬菜产业发展现状与对策［J］. 中国蔬菜（1）：14-17.

田丽，杨挺，苗明军，等，2023. 凉山州高山蔬菜产业发展现状与对策［J］. 四川农业科技（1）：66-68.

信成波，敖清艳，张建军，2011. 四川省高山蔬菜的现状和发展思路［J］. 长江蔬菜（13）：1-3.

许艺，李红，巩雪峰，等，2021. 四川省绿色蔬菜产业现状及发展建议［J］. 四川农业科技（10）：81-83.

杨海龙，2018. 阿坝县特色蔬菜产业发展问题及对策研究［D］. 雅安：四川农业大学.

张博然，程璐瑶，魏景芳，等，2023. 长阳县高山蔬菜发展现状及建议［J］. 黑龙江粮食（8）：100-102.

张蔚鸿，2022. 重庆市高山蔬菜发展现状问题及对策建议［J］. 南方农业，16（07）：26-28，32.

朱凤娟，邱正明，矫振彪，等，2020. 湖北高山蔬菜产业发展现状及建议［J］. 中国蔬菜（3）：5-11.

四川省设施蔬菜产业发展报告

张泽锦[1] 梁 颖[1] 唐 丽[1] 李 享[2] 王 雪[2]

(1. 四川省农业科学院园艺研究所,四川成都 610066;
2. 四川省园艺作物技术推广总站,四川成都 610041)

摘 要:四川设施蔬菜产业目前正处于全面发展阶段,年播种面积已达9.09万公顷,且逐年呈递增趋势,蔬菜设施生产已经成为我省蔬菜生产中必不可少的模式。本报告简述了四川设施蔬菜产业现状,分析了存在的问题及产业发展趋势,提出了促进四川设施蔬菜产业发展的对策与建议。

关键词:设施蔬菜,四川省,发展报告

设施蔬菜是一种在人工建造的温室、大棚等设施环境下生产的蔬菜。相对于传统露天种植,设施蔬菜种植具有精确调控和改变设施环境的优势,如温度、湿度、光照等因素,为蔬菜提供良好的生长条件。这使得设施蔬菜能够全年种植,减轻对季节和气候的依赖,提高产量和供应的稳定性。设施蔬菜是一种集生物工程、农业工程和环境工程于一体的跨学科、多领域的系统工程,是一种劳动和技术密集型的集约化生产方式。设施蔬菜能够调整我国当前农业结构,解决"三农"问题,增加劳动就业,提高劳动者素质,提高农业综合生产水平和市场竞争力。此外,由于设施蔬菜生产涉及多个学科和领域,持续健康发展不仅对设施园艺行业具有推动作用,还能拉动建材、钢铁、薄膜、保温材料和环境控制设备等多个产业的发展,进而促进整个社会的经济增长。

一、四川设施蔬菜产业发展现状

四川地形多样、气候复杂,并且境内大部分区域冬春低温、高湿、寡日照,温室效应不明显;夏秋高温、暴雨、强光照,设施降温难度大,所以在相当长一段时期内,区域内设施农业结构简陋、技术含量低、经济效益差,农民积极性不高,

设施农业发展较为缓慢,主要以科技示范为主。20世纪90年代中后期,随着市场需求的旺盛以及"南方设施蔬菜多样化生产新技术"等一大批科研攻关项目的实施,通过农业科技人员和生产者的通力合作,四川设施蔬菜则逐渐发展,设施蔬菜生产技术进入了普及阶段。

总体来说,四川设施蔬菜发展可分为4个阶段。

第一阶段(1980—1995年)为示范阶段。设施农业的建设以保墒、保温为目的,主要以地膜覆盖、小拱棚等简易塑料棚形式出现。

第二阶段(1996—2004年)为普及阶段。随着人们生活水平的提高,对反季节蔬菜需求日益增大,就要求大幅提高农产品的品质,均衡上市。设施农业进入了快速发展阶段,主要发展塑料大棚、小拱棚、遮阳棚,以提高经济效益为目的。

第三阶段(2005年至2016)为提高阶段。随着工业的发展、科技的进步以及设施蔬菜生产效益逐渐显现,全省各地形成了一定规模的设施生产区域。

第四阶段(2017年至今)为全面发展阶段。随着国家投入的加大和农户种植积极性的提高,设施蔬菜发展的质量得到显著提高,玻璃/PC板连栋温室和塑料连栋温室开始建设。四川各地根据各自的气候、地理和市场条件,形成了周年生产的设施蔬菜生产优势区域,实现了四川省蔬菜的周年均衡供应,设施蔬菜已经成为四川省蔬菜生产中必不可少的部分。

2022年,据统计全省的设施蔬菜播种面积为9.09万公顷,占全省蔬菜播种面积的5.9%,产量约365.9万吨,占全省蔬菜产量的7.6%。设施蔬菜平均单产为4.025吨/公顷,比露地蔬菜单产高31%。

(一)四川设施蔬菜分布区域

从行政区划来看,设施蔬菜在全省21个市州均有分布,从设施蔬菜播种面积来看,南充市设施蔬菜播种面积最大为1.55万公顷,其次是宜宾市和成都市分别是0.81万公顷和0.73万公顷,以上三个城市位列前三。甘孜州、雅安市及阿坝州设施蔬菜播种面积位列四川省设施蔬菜播种面积倒数三位(图1)。

从地区来看,盆地设施蔬菜播种面积最大,其次是川南地区攀西和川西高山高原位列第三和第四。由此可见,四川盆地是四川省设施蔬菜生产的主要地区(图2)。

从设施蔬菜播种面积占蔬菜播种面积的比例来看,攀枝花占比最大为24.2%,遂宁市和乐山市位列第二和第三位,占比分别为11.3%和10.3%。达州市、雅安市

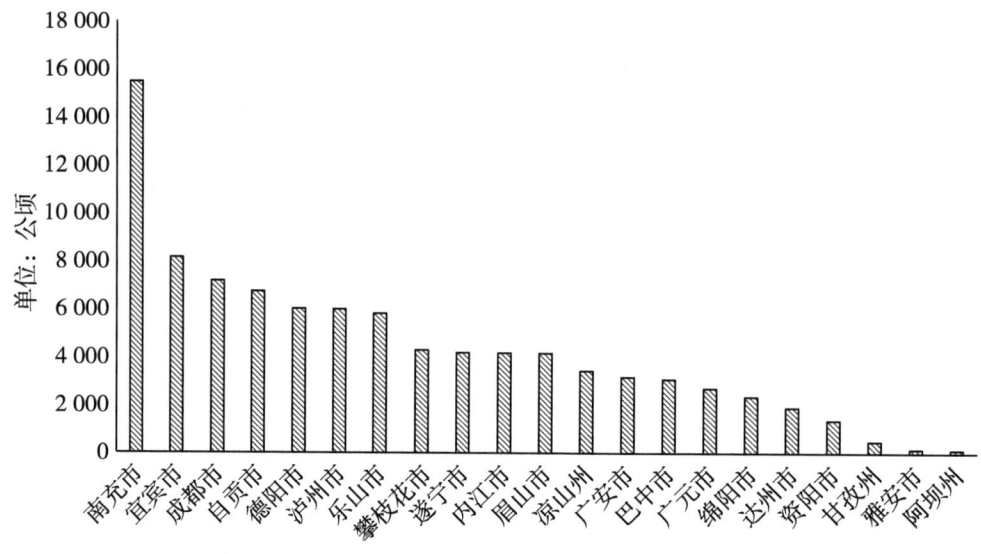

图 1　全省各市州设施蔬菜播种面积

数据来源：四川省农业农村厅 2022 年统计数据。

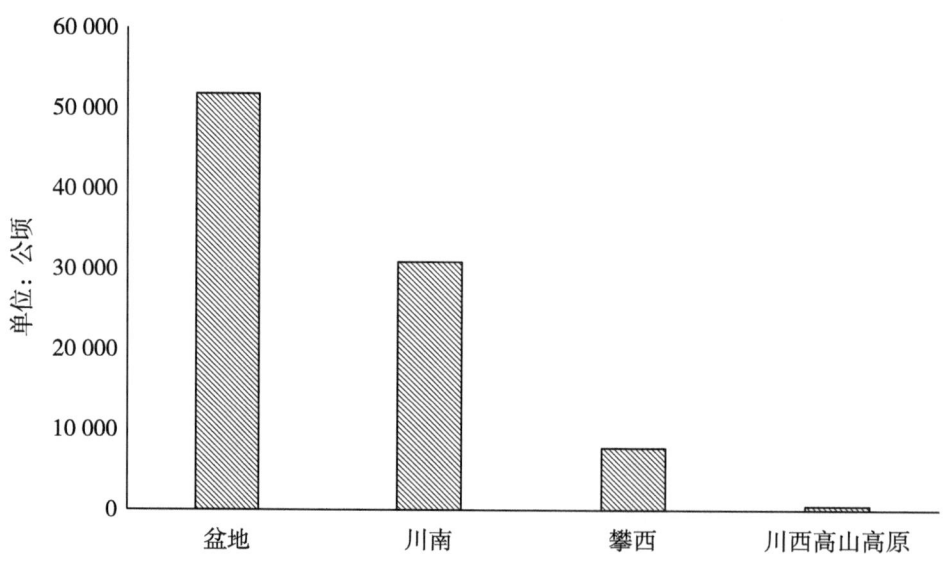

图 2　四川不同区域设施蔬菜播种面积

数据来源：四川省农业农村厅 2022 年统计数据。

及阿坝州占比位列后三位，分别为 2.0%、0.5% 及 0.3%（图 3）。

从四川省设施主要蔬菜番茄、黄瓜及辣椒平均单产来看，攀西地区的攀枝花凉山州单位单产位列前两位，排名第一的攀枝花番茄、黄瓜及辣椒平均单产分别为

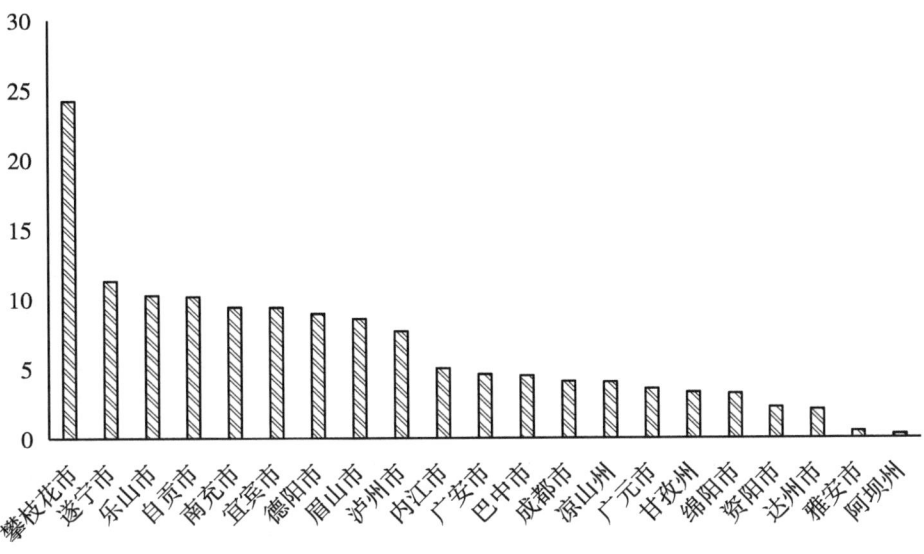

图 3　设施蔬菜播种面积占蔬菜播种面积比例（%）

数据来源：四川省农业农村厅 2022 年统计数据。

90.56 吨/公顷、80.52 吨/公顷及 65.04 吨/公顷，此外，川南地区的自贡三种主要设施蔬菜平均单产位列第三。排名后三位的地市州分别是甘孜州、乐山市及南充市（图 4）。

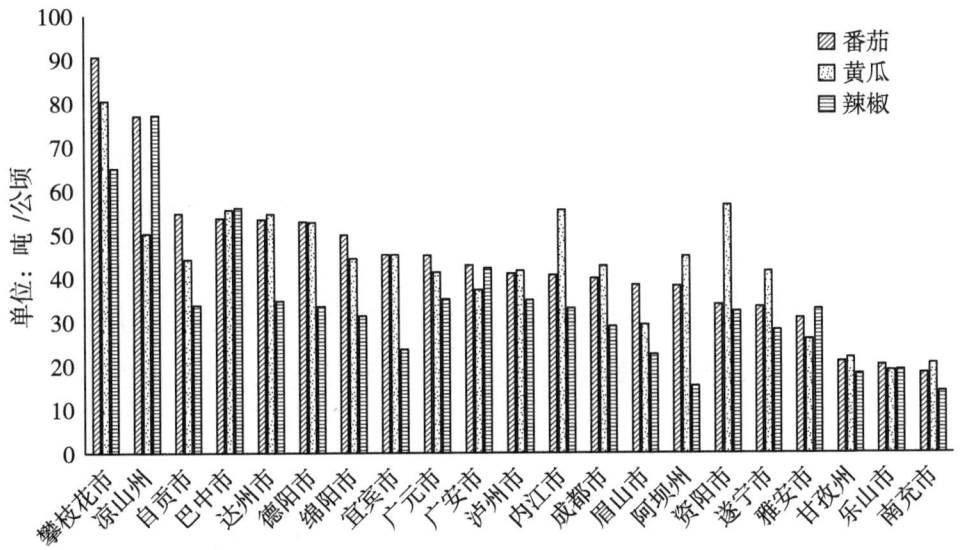

图 4　不同地市州设施主要蔬菜平均单产（吨/公顷）

数据来源：四川省农业农村厅 2022 年统计数据。

（二）四川设施蔬菜种类

四川省设施蔬菜种类主要是瓜类中的黄瓜、苦瓜、丝瓜等作物；茄果类中的茄子、番茄、辣椒等作物；此外，少部分种植豆类中的豇豆、四季豆；其他蔬菜中芹菜、菠菜、生姜均有种植。其中，设施番茄播种面积1.44万公顷，设施黄瓜播种面积1.74万公顷，设施辣椒播种面积1.83万公顷，三种蔬菜播种面积占四川省设施蔬菜总播种面积的49.7%；设施番茄产量73.0万吨，设施黄瓜产量50.8万吨，设施辣椒产量为64.4万吨，三种蔬菜产量占四川省设施蔬菜总产量的51.4%。

（三）四川设施类型

四川省设施类型主要有：塑料钢（竹、水泥）架大棚（约90%）、简易中小拱棚（约7%）、避雨大棚（约3%）、日光温室和现代连栋温室（约<1%）。不同类型温室在四川各地均有分布，但日光温室仅分布在川西高山高原光照资源良好地区。塑料薄膜大棚主要以单膜覆盖为主，在西昌，攀枝花等地部分设施大棚采用外膜+内膜双层薄膜覆盖。

1. 塑料钢（竹、水泥）架大棚

采用圆拱形或者尖拱形骨架，覆盖塑料薄膜，跨度主要以8米为主，部分地方跨度为9.6米和12米，肩高一般在1.0~1.5米，顶高2.2~3.0米，长度一般在30~70米。但近几年，为了提高大棚的环控能力，实现多季节使用，大棚的肩高和脊高逐渐增加。目前规范建设的大棚肩高1.8~2.0米，脊高3.5~3.6米，长度一般在40~50米并且有顶+侧面防风。为了规范蔬菜种植大棚的建设，四川省于2018年颁布了《四川省单栋钢架蔬菜种植大棚建造规范》省级标准给予规范。

2. 简易中小拱棚

以竹架塑料棚为主，优点是投入低，农民易接受推广。缺点是使用寿命短，一般3~4年，抗自然风险能力弱（抗风灾、抗暴雨冰雹），设施水平低，环控能力弱。

3. 避雨大棚

避雨大棚主要是在蔬菜生长冠层顶部设置薄膜等透明覆盖物遮挡雨水、保证透光，同时大棚四周无薄膜，在中下部保证良好的通风，以满足植株正常生长。避雨大棚跨度主要以8米为主，但也有9.6米，肩高一般在1.0~1.5米，顶高2.2~3.0米。

4. 日光温室

日光温室仅及少量分布在四川省川西高山高原地区，北墙空心砖墙或者保温板为主，跨度为12米，脊高4.2~4.5米，长度60米。

5. 现代连栋温室

现代连栋温室的覆盖物为塑料薄膜、玻璃或PC板，棚型为拱圆顶、锯齿顶及Venlo型尖顶为主。连栋温室主要建设在国家投资的科技示范园区、蔬菜育苗中心以及少部分企业经营的农业园区，主要用于花卉生产、蔬菜育苗及农业观光。其优点是室内温、光、湿、气调控能力较强，通常温室内配备相应遮阳保温、开窗通风、卷膜、加温、栽培床、灌溉等环境调控及栽培设备，使用寿命可达15年以上。

（四）四川省设施蔬菜配套种植模式及装备技术

四川省蔬菜大棚内种植模式主要以土壤栽培为主，其次是基质集约化育苗，少部分地区采用基质无土栽培和水培。

1. 水肥一体化技术

水肥一体化灌溉技术是利用压力灌溉系统，将肥料溶于施肥器中，并随水通过各级管道，最终以点滴、雾滴等的形式施入土壤或作物根区的施肥过程。该技术通过作物营养诊断、土壤养分以及水分诊断，实时、准确、定量的将水肥施在作物根区，实现按需供给，既能降低蔬菜劳动力成本，提高劳动效率，又能有效降低施肥量，改善作物根系生长环境，提高产品品质。改善作物生长微环境，病害发生降低30%~80%；提高肥料利用率15%~40%，节肥15%~30%，节水25%~50%，省工10~15个，产品品质及商品性提高，亩节本增收500~1 500元，增产增收效益显著。针对不同的生产规模、生产条件，研究构建相应的水肥一体化灌溉设施（表1）。

表1 不同生产条件水肥一体化设施构建

	水源	首部系统			田间管网	灌水器	增加成本 元/（亩·年）
		压力来源	过滤系统	施肥系统			
分散种植户（20亩以下）	河水、池塘水沟渠水	动力增压	网室过滤+叠片过滤	独立施肥区，泵注肥/泵吸肥	软袋	喷水带/滴灌带	450（柴油机5年折旧，灌水器2年折旧，运行维护80元/年）

(续表)

水源	压力来源	首部系统 过滤系统	施肥系统	田间管网	灌水器	增加成本 元/(亩·年)
科技园区/家庭农场（坝区）	河水、池塘水	泵增压	网室过滤+砂石过滤+叠片过滤	独立施肥区，泵注肥/泵吸肥	PE管	滴灌带	327（管网和首部20年折旧+维护120元/年，灌水器2年折旧）
	地下水	泵增压	离心过滤+叠片过滤	独立施肥区，泵注肥	PE管	滴灌带	313（管网和首部20年折旧+运行维护120元/年，灌水器2年折旧）
科技园区/家庭农场（丘陵区）	收集水源	重力自压	沉沙池+网室过滤+离心过滤+叠片过滤	泵注肥	PE管	滴灌带	293（管网和首部20年折旧+运行维护80元/年，灌水器2年折旧）

2. 顶+侧面浮力通风降温降湿技术

温室内空气既温暖又潮湿，通常比室外空气更轻。即使没有风，由于浮力效应，温室内外仍可进行空气交换。在没有风的地方，需要利用温室内空气较轻这一特点进行温室设计，即像烟囱一样，在顶部开口。但这还不够，因为要使空气从顶部溢出，还必须有侧面开口以让室外空气进入大棚。通过顶+侧面开窗，实现了大棚自然通风降温降湿的功能，提高了大棚环控能力。

冬季能增强保温效果，晴天白天高温时间点可增加棚内温度 6~12℃，又能通过天窗排湿通风，冬季晴天 9:00—16:00，开天窗可调控棚内空气湿度在 55%左右，接近棚外湿度，与不开天窗相比，降低湿度 30%~40%，解决了普通大棚以侧膜和门通风排湿时冷风对植株生长的影响，能较好的降低棚内空气湿度，同时又有较好的保温作用，环境调控能力增强，利于作物生长；在夏季避雨时去掉侧膜及端面膜，并增加顶通风，以普通大棚前门及低矮侧膜两处通风相比，增加为侧、端面、顶三处通风，通风面 42.9%，比普通大棚增加 73.68%，在高温时间点棚内温度比普通大棚降低 9~12℃（图5）。大棚冬春、夏秋，均可利用大棚能调控出利于植株较好生长的环境。

3. 大棚自动控制装备技术

温室自动控制系统是将数字式控制仪与传感器组合一起，从而根据温室内作物

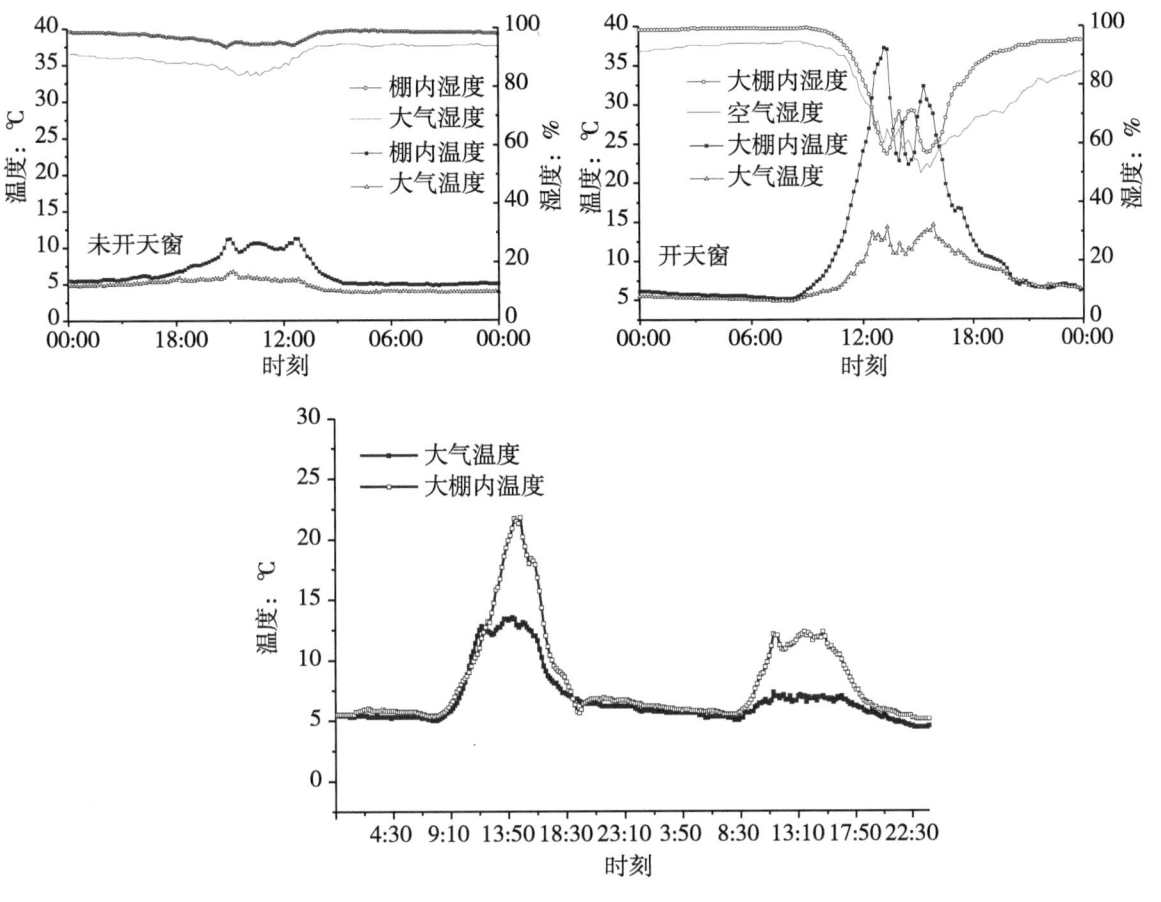

图 5　顶+侧面浮力通风效果对比

数据来源：项目组试验数据。

的需求，智能地优化组合室内的温度、光照、湿度等环境因子，从而更好地促进作物生长。在四川，目前应用比较广泛的是顶窗和侧窗自动卷膜，远程电磁阀开闭等，现代园区会集成环境综合控制系统。

（五）四川省设施蔬菜主要的生产模式

1. 四川省气候特征对主要瓜果菜蔬菜产量的影响

四川冬季低温寡日照、夏秋季高温多雨，农户普遍采用传统的露地种植方式，导致了茄果类蔬菜生产水平较低，平均单产一直在 24 吨/公顷左右，生产季节和区域受限，淡旺季现象明显，季节性市场供应缺口较大，常年调入近 200 万吨。蔬菜设施栽培因能对蔬菜生产微环境中的温度、空气湿度等环境因子进行一定程度的调控，使其微环境适应蔬菜的生长，所以设施蔬菜生产的复种指数达到 3.5 以上，设施大棚番茄、黄瓜单产约为同地区露地单产的 1.2 倍和 1.3 倍；投入产出比可达

1∶4.5。四川与北方省市不同，光热资源分布不均，呈现"南多北少"的特点，攀西地区日光照时间为日照时数达 2 800 小时左右，四川盆地日照时数只有 1 000 小时左右，光照时长的不同直接导致不同地区温度的差异较大。立足四川气候多样的现状，充分发挥设施的环境调控功能，进行生产区域布局，是实现茄果类蔬菜周年生产的关键。

（1）四川全年温度的变化特征。

最低温度是限制植株是否存活和生长的重要指标，近 30 年四川省全年最低气温分布表明，川西高原最低温度低于四川盆地和川南、攀西地区；随着月份的推进，最低温度逐渐增高。冬季（12 月至翌年 2 月）最低气温出现在石渠，为 -20~-16℃，最高出现在攀枝花，为 7.6~10.0℃；夏季（6—8 月）最低气温出现在石渠，为 2.1~3.3℃，最高出现在富顺，长宁等地，为 22.0~23.5℃。冬季攀西地区平均最低温度在 5~9℃，川西高原平均最低温度基本在 0℃ 以下；早春（2—3 月）川南泸州、自贡及宜宾等地最低温度为 7.1~11.6℃，略高于四川盆地其他地区。

全省冬季（12 月至翌年 2 月）攀西地区均温最高，攀枝花、米易等地月均温可达到 11.7~17℃，川西北温度最低，石渠月均温在 -8.9℃ 以下。夏季（6—8 月）四川盆地最高气温出现在攀枝花、达川、渠县等地，温度为 26.3~27.1℃，温度过高会乱植株细胞内稳态、损害植物细胞膜，抑制植物的正常生长；但盆周山区气温低于平坝丘陵地区，年均温在 4~12℃。攀西地区四季温暖，热量资源最为丰富；四川盆地四季分明，夏季炎热，冬季阴冷；川西高原夏季短暂凉爽，冬季漫长严寒，热量资源最差。

（2）四川全年降水量的分布特征。

四川省年降水的总体分布特征是西少东多，高原少盆地多，盆周山区多盆中丘陵区少。四川 1—3 月和 11—12 月除雅安天全外，月降水量均在 50 毫米之内，4 月，四川盆地降水量逐渐增多大部分区域月降水量在 50~100 毫米，攀西地区和川西高原的降水量仍然在 50 毫米之下；5—9 月全省进入雨季，特别是四川盆地、盆周山区，川南地区月平均降水量基本都在 150 毫米以上，最高降水量出现在 8 月的峨眉山，月平均降水量可达到 400 毫米左右。该时段盆地占全年总水量的 70% 以上。对盆地年降水整体分布来说，盆西多于盆东，盆周山区多于盆中丘陵区。川西北高原和攀西地区，干雨季分明，5—9月为雨季，雨季降水量集中，大部分地区雨季降水占全年总雨量的80%以上。

（3）年均温和年均降水量对主要瓜果菜蔬菜产量的影响。

四川不同区域温度和降水量有较大差异，番茄及茄子的亩产与当地的年均温呈显著正相关关系，但是与年降水量关系不显著。由此可见，年均温是制约四川省茄果类蔬菜产量的主要因素（图6）。四川不同地区年均温差异较大，合理利用四川省不同地区较大的自然资源差异，进行茄果类生产区域布局是降低生产成本，是提高产量的有效途径。

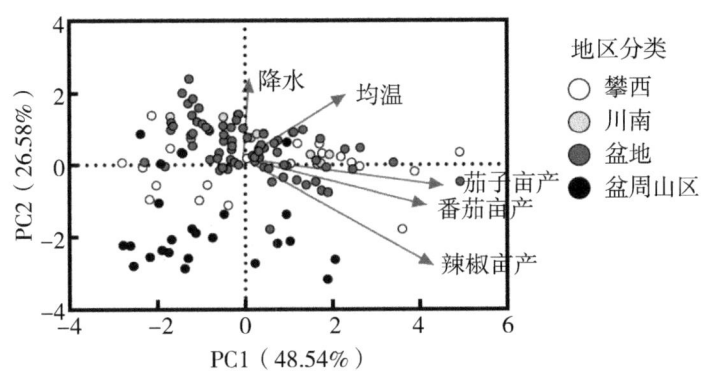

图6 主要瓜果菜年均亩产和年均温及年降水量主成分分析

数据来源：项目组试验数据。

2. 四川主要瓜果菜周年生产布局构建

茄果类蔬菜生长的最适温度20～25℃、相对湿度50%～65%。四川盆地夏秋季平均温度在25℃左右，月均降水量基本都在150毫米以上，相对湿度高于80%（图7），一天中的高温+高湿的时段不利于茄果类蔬菜生产。此外，高温+高湿的气候条件更易导致茄果类蔬菜疫病、炭疽病等主要病害发生。通过多年多点调查，夏秋栽培番茄疫病发病率50%以上，辣椒炭疽病发病率可高达70%，造成大幅度减产。除了温度外，作物微环境中的空气相对湿度对茄果类产量也有显著的影响。避雨栽培在番茄上的研究表明，避雨后能显著降低植物生长微环境的空气相对湿度和减轻病害的发生。因此，根据市场需求和气候特征，四川盆地夏秋和盆周高山夏季生产茄果类蔬菜可采用以降低植株群落湿度的设施避雨栽培技术。川南和四川盆地在春季则可以采用以保温为主的双模（单层大棚膜+地膜覆盖）塑大棚生产茄果类蔬菜，川南秋季采用避雨栽培模式生产。

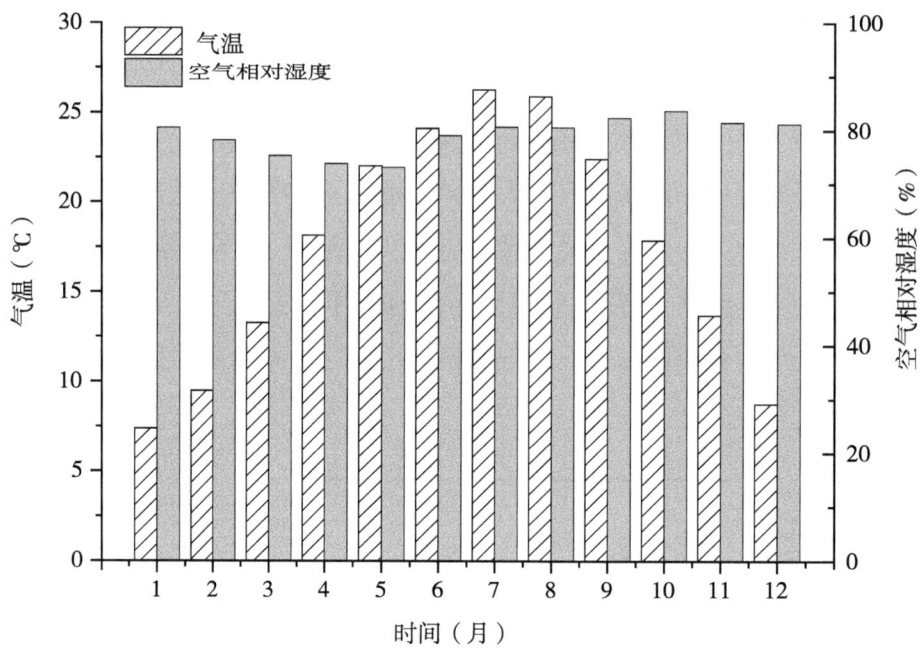

图7　四川全年温湿度变化情况

数据来源：项目组试验数据。

攀西地区，虽然冬季月均温度能达到11～13℃，但是月均最低温度仅为5～9℃，对茄果类蔬菜生产仍然存在低温胁迫的风险。因此，攀西地区可采用主要以保温为主的三膜（双层大棚膜+地膜覆盖）或双模（单层大棚膜+地膜覆盖）塑大棚生产茄果类蔬菜。

3. 四川省设施蔬菜主要生产模式

已自南向北形成设施蔬菜周年生产模式。攀西越冬设施生产，产品于1—4月上市，生产模式主要是"冬春果菜+水稻"；川南"春提早"和"秋延后"设施生产，产品于2—6月（春提早）和9—12月（秋延后）上市，生产模式主要是"春提早果菜+水稻（玉米）"和"早春叶菜+秋延后果菜"；盆地早春设施生产，产品于4—6月上市，生产模式主要是"早春果菜+水稻"或"菜+菜+菜"；盆周高山越夏避雨设施生产，产品于8—9月上市，生产模式主要是"越夏果菜+冬季叶菜"。生产供应目标时期以3月春淡、7—8月夏淡和冬季春节左右3个蔬菜价格较高的时期为主。

4. 全年攀西地区和四川盆地设施蔬菜生产农事安排——以番茄为例

四川攀西地区和盆地是四川设施蔬菜主要产区，其生产农事代表了四川省主要的设施生产模式，攀西主要是越冬茬口，四川盆地主要是"春提早"和"秋延后"茬口（表2）。

表2 四川攀西和盆地番茄生产农事月历简表

月份	1	2	3	4	5	6	7	8	9	10	11	12
节气	小寒大寒	立春雨水	惊蛰春分	清明谷雨	立夏小满	芒种夏至	小暑大暑	立秋处暑	白露秋分	寒露霜降	立冬小雪	大雪冬至
生育动态 攀西	开花结果	开花结果	采收	采收	采收	—	—	—	—	定植,营养生长	营养生长	开花
生育动态 盆地	定植,营养生长	营养生长	开花结果,采收初期	采收	采收	采收	—	—	—	—	番茄育苗	苗期,部分地定值
管理目标 攀西	壮苗,及时采收上市	壮苗,及时采收上市	延长采收期争取高产	闲田地清洁田地,深耕晒田,杀灭病源;确保齐苗	生长健壮	—	培育壮苗	及时定植,苗全,苗壮,不徒长	疏花促果	及时采收上市。培育壮苗	及时采收上市。培育健壮植株	及时采收上市。培育健壮植株
管理目标 盆地	及时定植,苗全,苗壮,不徒长	苗壮,不徒长	壮苗,疏花疏果及时采收上市	生长健壮,疏花疏果	及时采收上市,培育壮苗	及时采收上市,培育壮苗	及时采收上市,培育壮苗	—	—	—	培育壮苗	培育壮苗

（续表）

月份	1	2	3	4	5	6	7	8	9	10	11	12
主要农事 攀西	①夜间大棚覆盖保温,白天揭开裙膜通风降温;②灌水施肥;③保花保果;④病虫防治;⑤整枝打杈	①揭开裙膜通风降温;②灌水施肥;③疏花疏果;④病虫防治;⑤整枝,疏除老叶病叶	①揭开裙膜通风降温;②灌水施肥;③疏花疏果;④病虫防治;⑤整枝,留7~8台果打顶,覆盖遮阳网;⑥及时采收	①揭开裙膜通风降温;②灌水施肥;③疏花疏果;④病虫防治;⑤整枝,疏叶;⑥及时采收	①揭开裙膜通风降温;②灌水施肥;③疏花疏果;④病虫防治;⑤及时采收;⑥要清洁田园,翻耕泡田,排种植水稻	—	苗床通风降湿,防病	—	—	①及时整地施厩肥,覆膜;②反时定植番茄;③灌水施肥;④病虫防治	①整枝打杈;②浇水施肥;③防病	①整枝打杈;②浇水施肥;③防病,冷害;④夜间大棚覆盖保温,白天揭开裙膜通风降温
盆地	①整地、作垄、覆膜、定植;②吊苗蔓;③绑蔓整枝;④施肥;⑤防病	①整地、覆膜、定植;②缓苗、吊蔓;③绑蔓整枝;④施肥;⑤防病	①白天开天窗裙膜通风降温;②灌水施肥;③疏花疏果;④病虫防治;⑤整枝叶;⑥整枝打杈	①开天窗通风降温;②灌水施肥;③疏花疏果;④病虫防治;⑤整枝叶;⑥及时采收	①开天窗通风降温;②灌水施肥;③疏花疏果;④病虫防治;⑤整枝叶;⑥及时采收	①开天窗通风降温;②灌水施肥;③疏花疏果;④病虫防治;⑤疏叶;⑥及时采收	—	—	—	—	苗床通风降湿,防病	苗床通风降湿,防病。部分地区①整地、覆膜、做垄;②缓定植;③吊苗蔓;④绑蔓整枝;⑤施肥;⑥防病

二、四川省设施蔬菜产业发展存在的主要问题

(一) 设施发展盲目，区域适应性不高

除川西高山高原部分高寒气候区外，四川大部分地区年平均气温相对较高，无霜期很长；除川西高山高原和攀西地区，光照资源较好外，四川盆地大部分地区年日照时数1 000小时左右，光照资源严重不足；因此，四川大部分地区的温室设施的保温性能给农作物带来的经济效益不如其他地区大；另加之夏季高温高湿的气候特征，造成在四川盆地建设大型现代化连栋温室区域适应性低，投入远远大于产出，经济效益差。

(二) 不规范大棚使用较多，设施结构的技术适应性不足，环控能力弱

由于针四川不同生态区域的温室设计理论研究起步较晚，四川温室建造在普及和提高阶段基本上是照搬北方地区和国外温室设施结构设计模式，没有根据四川不同区域特殊的自然气候条件进行专门设计，不利于作物的生产。例如，大多数大型连栋玻璃温室通风设计不足，空气流动性差，造成室内空气温湿度大，极易引起生育障碍和病虫害的发生；多数塑料大棚较为低矮，缺乏顶通风和侧通风系统，使温室夏季的使用受到限制，利用率极低；部分大棚建造时未根据当地气候特征，未选用合适的大棚建设资材，导致大棚倒塌。造成设施农业本应具有的经济效益高的特征不能得到充分体现，甚至出现亏损现象。正是因为理论研究跟进速度较晚，在之前设了较多的不规范大棚，目前四川省不规范大棚使用较多，地方标准缺乏，各地在大棚结构、建设参数、建设材料等方面随意性大，建设质量参差不齐，导致环控能力弱的老旧不规范大棚较多，蔬菜生产期间棚内最高温度和湿度可达40℃和90%以上，造成蔬菜生育障碍和病虫害频发。

(三) 设施轻简高效生产技术使用率低，生产成高

目前，通过调研，四川省设施蔬菜农业机械化率不足30%，水肥一体化灌溉技术使用率不足28%。原因之一是传统大棚主要以追求产量和保温为目标，在空间结构、出入口、内部通道等方面没有考虑机械化作业，导致后期生产机械进出困难、作业不便。原因之二是蔬菜灌溉施肥仍以传统方式进行，水肥分离，耗时费工水肥一体化系统建设缺乏规范性，推广使用率不高，劳动效率降低。原因之三是受资金、技术等因素限制，设施内装备自动化程度低，如远程开闭天窗，自动灌溉之类

的设备缺乏，相应的管理工作都是由人现场完成，加之劳动力年龄增大，从事农业生产的年轻人较少，劳动力成本逐年上升，设施蔬菜生产成本逐年增高，与现代农业生产的要求相差甚远。

（四）设施蔬菜绿色生产管理技术相对落后，病虫害严重

长期的连作和肥料的随意使用，导致设施土壤障碍逐年加重，作物营养失衡，土地产出率逐渐降低。在实际生产中，农户对病虫害的判断不精准，通常是发病后，同时配置多种药剂进行处理，导致很多药剂浪费或者过量使用，化肥农药的过量使用不仅影响设施蔬菜正常生长，还污染环境，严重的影响可持续的生产能力。此外，生产过程中产生的残菜、秸秆等资源的不规范还田导致病虫害发生风险增高，给设施蔬菜经营者带来极大的损失，严重地挫伤人们对设施蔬菜发展的积极性。

（五）设施蔬菜生产技术推广力度较小，新技术落实滞后

四川省长期以来蔬菜生产以露地为主，设施蔬菜生产技术应用起步晚，技术推广科研支撑不够，农户缺乏相应的环境调控和栽培管理技术培训，设施蔬菜从业人员只能在露地栽培经验的基础上，通过实践中慢慢摸索，导致新技术落实较慢。

（六）设施农业发展的产后服务不到位，缺少全程的规划

在设施项目建设初期，积极引导经营户进行建设，设施项目建设完成以后，在引导种植上也做了大量的工作，但对后期的经营服务却很少提供，特别是在发展初期、生产规模还较小的时候，农产品的数量不大，商贩不能贩运。农户只能一边搞生产一边搞销售，经营成本居高不下，影响生产的积极性。

（七）集约高效化生产规模小，经济效益有待提高

由于新品种、新技术、新模式推广效率不高，全省以农民自建的塑料大棚为主，集成了现代设施蔬菜生产技术的集约高效生产大棚和栽培模式应用不多。设施蔬菜生产单元规模不大，无法按照统一的标准进行生产，产量和质量无法满足大型销售商的长期需求，规模效益较少。

三、四川设施蔬菜产业发展趋势与对策建议

（一）四川设施蔬菜产业发展趋势研判

四川设施蔬菜的播种面积逐年增长，全省周年生产的模式已经建立，经济效益

高于露地蔬菜，蔬菜设施生产已经成为我省蔬菜生产中必不可少的模式。但随着设施蔬菜产业的壮大、蔬菜品质要求的提高、从业人员老龄化、劳动成本增高等因素的出现，我省设施蔬菜未来发展趋势主要集中在以下几个方面：一是设施蔬菜主要在适应当地气候环境、低能耗的设施内进行生产；二是将大面积应用轻简高效和绿色优质的设施生产技术，提高蔬菜品质，降低生产成本，保障蔬菜稳定供应；三是将建立完善设施蔬菜服务体系和生产连接机制，持续增强我省设施蔬菜市场竞争力。

（二）促进四川设施蔬菜产业发展的对策建议

1. 开展区划布局研究，因地制宜发展设施农业

四川地形多样、气候复杂，区域社会经济发展状况也各不相同，为达到设施蔬菜生产在技术、效益、环境等方面的最佳发展效果，应结合气候、经济、社会发展等因素，尽快开展四川设施农业的发展布局规划。从而在发展规模、种植品种、设施构成等方面，科学地指导各地区设施蔬菜的发展，做到因地制宜，提高产业效益。

2. 加快实施生产设施改造升级，减少蔬菜生育障碍和病虫害发生

加快制定适应四川省不同气候区域的蔬菜生产设施建造规范标准，以"先建后补"的形式，加快新建设施的标准化应用。对不规范设施在侧窗、天窗开设、出入口等方面进行改造优化，提高环控能力，为农机作业创造条件。坚持因地制宜，节能宜机原则，根据建设标准，规范新设施建设。开展现代低成本蔬菜设施环境智能调控技术研究，提高设施蔬菜生产的精准调控能力。

3. 开展轻简高效生产技术研发与应用，降低生产成本

开展设施蔬菜宜机化栽培模式研究，推进农机农艺融合，设计制造适宜四川省现有设施类型的小型农机具，重点补齐在高效移栽、辅助采运及轻简打药等环节的农机短板。开展设施蔬菜宜机化栽培模式研究，加大推广水肥一体化灌溉技术，推动设施蔬菜生产技术与装备的宜机化协同配套。

4. 加强绿色优质关键技术研发与应用，保障蔬菜稳定供应

加强设施蔬菜绿色高效关键技术科技攻关，解决制约四川设施蔬菜绿色高效发展的瓶颈问题。开展设施蔬菜化肥农药减施增效技术、水肥一体化与肥水精量调控技术/装备、设施蔬菜废弃物处理与资源化利用技术、设施蔬菜土壤障碍防控技术、设施蔬菜无土栽培技术等专项研发。

5. 加强技术推广力度，确保技术落地落实

依托四川省属科研与推广单位、四川省蔬菜创新团队、家庭农场，开展设施蔬菜绿色高效关键生产技术的集成创新和模式构建，加快形成适合四川省设施蔬菜产业绿色高效发展的系统解决方案并推广应用。强化技术培训，提升设施从业者素质。设施农业是一个各方面技术含量都较高的综合性农业生产，人才素质对发挥其技术优势、市场优势的影响较自然农业要大很多。因此，要大力组织实施基层农业技术人员和管理人员对设施新技术和新方法的培训，加强对设施农业生产者专业技术知识的培训，从整体上提高从业人员的素质，实现设施生产水平的提升。设施农业是一项资金密集、技术密集和劳动密集型的产业，没有一定的投入很难产生相应的规模和效益。目前，四川农村经济发展仍较为落后，人均纯收入位于全国平均线以下，农民自身对设施农业的投入十分有限。因此，四川设施蔬菜的发展必须依靠政府部门的推动，支持设施农业发展，出台四川省设施蔬菜产业发展扶持政策，如对新建和升级改造设施大棚的经营主体提供贷款贴息，对符合标准进行规范大棚建设和轻简高效绿色生产的经营主体进行项目补贴，对开展设施蔬菜绿色优质技术试验示范和推广的经营主体给予资金支持，鼓励设施蔬菜生产经营主体采用轻简高效绿色优质生产技术，加快技术成果落地。在政府加大投入的同时，鼓励有实力的企业积极投入设施农业，改善技术水平，实现设施生产效益的提高，从而建立起以设施农业自身高效益为诱因的可持续投入机制。

6. 推进服务体系建设，促进设施农业产业化经营

服务体系建设是提升设施农业整个产业链运行效率和协调性的根本，应尽快建立以市场信息为指导的设施农产品生产服务机制，通过组织供需见面、产品洽谈等形式，使设施农业生产基地更多地与销售商签订购销意向协议，使设施生产更具有稳定性和目的性，减少随机性和盲目性；完善产品的加工储藏服务，提升产品的附加值。

7. 完善生产联结机制，提高设施蔬菜集约高效化生产规模

政府提供相应的扶持政策，鼓励经营主体从事设施蔬菜生产。科研单位提供生产技术和指导培训，解决设施建造不合理及生产管理手段落后等问题。加快培育一批规模适度、带动能力强的设施蔬菜种植大户、家庭农场等新型经营主体，在一定区域内，使其生产的蔬菜品种相对集中，同时加快培育设施蔬菜绿色植保、设施大棚维护、采后预冷、农业有机废弃物处理、设施蔬菜品牌化运作等社会化服务组织，完善生产链条，实现设施蔬菜的专业化生产，增强市场竞争力，提高经济效益。

参考文献

李天来，2023.设施蔬菜产业发展（一）我国设施蔬菜产业发展现状及展望［J］.中国蔬菜（09）：1-6.

李天来，齐明芳，孟思达，2022.中国设施园艺发展60年成就与展望［J］.园艺学报，49（10）：2119-2130.

王牧野，李建平，李俊杰，2020.中国设施蔬菜历史演变、规模分布与区域布局［J］.中国瓜菜，33（07）：86-89.

张泽锦，雷晓葵，唐丽，等，2020.四川盆地茄果类蔬菜避雨栽培技术［J］.四川农业科技（11）：20-21+26.

张泽锦，梁颖，王力明，等，2022.基于温度和降雨量分析四川茄果类蔬菜周年生产布局［J］.四川农业科技（08）：24-27.

张泽锦，唐丽，2020.新冠肺炎疫情防控期间四川设施蔬菜生产管理要点［J］.四川农业科技（03）：5-6.

四川省野生食用菌产业发展报告

何晓兰　王　迪　彭卫红

(四川省食用菌研究所，四川成都　610066)

摘　要：四川是我国野生菌资源最为丰富的地区之一，是冬虫夏草、松茸、块菌、鸡枞等名贵食药用菌主产区。本报告简述了四川野生食用菌产业现状，分析了存在的问题及产业发展趋势，提出了做大做强四川野生菌产业的对策建议。

关键词：四川省；野生食用菌；产业发展

引言

四川地跨四川盆地、云贵高原、青藏高原、秦巴山区，地形地貌复杂，海拔高差大，植被类型多样，立体气候明显。生物多样性热点区域横断山区有超过一半的面积位于四川境内，几乎整个甘孜州和阿坝州、凉山州一部分和雅安一小部分都位于横断山区。多种多样的植被和气候类型为大型真菌的生长提供了良好的条件。四川省野生食用菌分布广泛，天然资源量大，售卖野生菌是产区农牧民增收致富的重要来源，形成了颇具区域特色的野生菌产业。

近年来，随着人们生活水平的提升，兼具健康与美味的野生食用菌受到越来越多的关注，食用野生菌成为消费新时尚。以雅江松茸为代表的四川野生菌产业也引起了国内外的关注。

一、四川省野生菌产业发展现状

(一) 野生菌种类十分丰富，天然产量大，是林下经济重要组成部分

四川野生菌资源物种多样性十分丰富，野生资源量大，采售野生菌是林下经济的重要内容。甘孜州、阿坝州、攀西地区和秦巴山区是四川省野生食用菌重要产区，孕育了包括松茸、虫草、块菌、牛肝菌、鸡枞等许多名贵野生菌在内的大型真

菌。在气候正常年份，四川单一物种天然年产量超过 1 000 吨的种类包括松茸、翘鳞肉齿菌（黑虎掌、獐子菌）、褐盖鹅膏、红青冈蜡伞、喜山丝膜菌、橙黄疣柄牛肝菌、中华灰褐纹口蘑等。蚁巢伞属、牛肝菌属、乳菇属等类群市场年销售量也超过了 1 000 吨。

经调查研究发现，四川市场销售的野生菌种类超过了 200 种，其中市场销售牛肝菌类超过 30 种，乳菇属超过 10 种，蚁巢伞属、块菌属、红菇属、口蘑属、离褶伞属、蜡伞属、丝膜菌属、鹅膏属、亚齿菌属、肉齿菌属、枝瑚菌属等每个属均超过 5 种。灵芝、猪苓、茯苓等重要药用菌在四川省均有广泛分布。

甘孜州我国最重要的松茸产区，依据其主产县年产量估计，甘孜州松茸占了全国年产量 60% 以上。在该州 18 个县（市）中，有 14 个县（市）都产松茸，其中以雅江县产量为最大，在气候正常的年份，雅江松茸年产量 700~1 000 吨；康定、九龙、稻城、乡城等每个县年产量均超过 300 吨。2022 年前，四川省松茸年产量数据多在 2 000 吨上下浮动，但据笔者对雅江、九龙、稻城、乡城、木里等松茸主产县调查结果显示，四川松茸产量以往被严重低估，气候正常年份，实际产量远不止这个数字。2023 年是四川松茸丰产年，据甘孜州林业局统计，雅江松茸产量超过 1 280 吨，而整个甘孜州松茸产量达 6 100 吨，这个数字应该是比较真实地反映了甘孜州松茸产量情况。

攀西地区块菌年产量虽然只有 200 吨左右，但占了中国总产量的 50% 以上，是我国块菌的主产区。值得一提的是，攀西地区野生香菇产量极大，据当地商贩估计，气候正常年份年产鲜香菇可达 500 吨。

（二）消费市场扩大，品牌打造初见成效

四川省野生菌主产区集中在甘孜州、阿坝州、攀西地区和秦巴山区，几乎一年四季都有野生菌销售。每年 3—5 月以野生羊肚菌、冬虫夏草为主，5—6 月以野生香菇为主，部分牛肝菌也陆续上市，7—9 月是野生菌大量出菇销售的季节，10—12 月是成熟块菌的采挖季。目前，雅江松茸、小金松茸、攀枝花块菌、石渠白菌等是四川省较为有名的野生菌名片，尤其是"雅江松茸"，已成为四川省野生菌产业发展的典型代表。

小金松茸是四川省较早打入国际市场的松茸，其色泽较接近东北和日本松茸，在国际市场上颇受欢迎。尽管甘孜州松茸产量极大，但因甘孜州邻近云南香格里拉，2013年前，甘孜州松茸主要是由当地或外地商贩收购后卖向了云南市场，产品价值相对较低。2013年，在李玉院士推动下，四川省食用菌研究所协助雅江县（甘孜州松茸产量最大的县）申请获得了"中国松茸之乡"称号，自此，雅江松茸以自己的品牌名称走向了老百姓的餐桌，当地松茸产业发生了翻天覆地的变化，产品价值显著提升。随着雅江松茸交易中心2022年投入使用，雅江松茸产业生态更趋完善。据不完全统计，雅江松茸交易中心现有从事松茸交易的商户1000余户，伴随着雅江"数字松茸"的快速发展，持续促进了乡村在产业、人才、生态三大方面的振兴，推动了农业增效，农民增收，人才返乡就业，以及农村生态发展向好。

（三）销售模式转型，物流快递助力名贵野生菌抢"鲜"上桌

野生菌销售时效性极为重要。在保鲜技术和快递物流尚不发达的年代，以松茸为代表的野生菌流通半径非常短，地域限制强，销售渠道有限，商品化和市场化程度低，严重阻碍了野生菌产业的发展。现如今，随着保鲜和冷链物流技术的进步，许多野生菌可以搭载"冷链快车"走进千家万户，野生菌采售成了产区农民增加收入的重要途径之一。

在四川省许多松茸主产县，建成了松茸收寄服务站，松茸出菇季节有许多快递进驻当地，从打包、运输各环节入手，确保松茸新鲜上桌。在交通相对便捷的区域，利用机场、高铁等，投入专用冷链物流车，全方位对接物流网络，有力保障以松茸为代表的野生菌24小时到达北京、上海、广州和省内各城市，48小时抵达国内320个城市。

另外，随着电商的发展，野生菌产业销售模式也发生了较大的变化，目前许多野生菌销售均是由原产地直接卖向消费者，减少了许多中间流通环节。

二、当前四川省野生菌产业发展存在的主要问题

（一）基础研究滞后，资源家底不清，资源开发极为有限

认识野生菌是开发利用的前提和基础。四川有得天独厚的野生菌资源，但对于野生菌基础研究较为滞后，主要体现在以下几个方面。

1. 野生菌资源家底不清，开发品种相对单一

四川地形地貌复杂，气候和植被类型多样，是业内公认的国内大型真菌资源最为丰富的地区之一；生物多样性热点区域横断山区有超过一半的面积位于四川。但

四川到底有多少种可食用的野生菌，由于相关基础研究较少，目前还难以回答。甘孜州和阿坝州分布着大量的野生食用菌，但当地老百姓采食种类相对比较单一，四川省野生菌开发长期处于较低水平，许多天然产量极大的野生菌无人采售，腐烂在山林中，造成了极大资源浪费。有些区域只采售松茸、翘鳞肉齿菌（獐子菌）等著名野生菌。以中华灰褐纹口蘑为例，该种在甘孜州、阿坝州和凉山州广泛分布，但只有康定市和金川县周边大量收售，凉山州西昌附近有零散售卖，而其他区域则未见采售。云杉乳菇、冷杉乳菇等乳菇类野生食用菌在该区域亦广泛分布，产量极大，但长期以来，当地老百姓很少采售，近年来，有部分商贩收购该类野生菌销往外地市场，本地市场上难以见到。在云南备受青睐的青头菌（变绿红菇）在四川分布范围较广，也只有少部分人采食，市场认可度不高。在甘孜州九龙县、凉山州木里县等地产量较大的红孔牛肝菌亦是如此。

2. 野生菌保育促繁研究滞后，科普宣传不足

市场上售卖的野生食用菌绝大多数是外生菌根菌，难以实现人工栽培，市场消费完全依赖野生资源采集。近年来，由于野生菌消费需求不断增大且价格不断攀升，在利益驱使下，许多野生菌遭到了掠夺式的采集，生态环境遭到破坏，一些名贵野生菌资源量有逐渐下降的趋势。另外，对于野生菌科普宣传不足，食用野生菌中毒事件时有发生，许多民众对野生菌的认知存在误区。

（二）野生菌交易较为零散，缺少专业交易市场

1. 缺少专业交易市场

四川野生菌主产区均较为偏远，许多地区野生菌是混杂在农贸市场内交易，缺少专业的交易市场，野生菌交易大多为企业之间、企业与菌农之间商谈确定成交价格。菌农大多背着小背篓沿街叫卖，从事野生菌生产和出口的企业也不得不深入农村去收购，增加了交易成本。

"川野生菌"的知名度极低，品牌打造能力十分有限，缺少有影响力的交易市场。四川现除雅江以松茸交易闻名外，其他地区并未形成有影响力的野生菌集散地，多是零散的交易。

2. 物流冷链延伸困难

近年来，四川省甘孜州部分松茸主产区在解决松茸产品流通环节冷链保鲜问题方面取得了较为突出的成效，推动了当地产业的发展，如雅江县、九龙县等地。但仍存在以下突出问题：一是物流成本高。目前已建立的冷链保鲜流通只适用于松茸等高价值的野生菌种类，而多数野生菌产品价值较低，销售商或消费者并不愿意承受价格昂贵的快递运输费用，大多数野生菌消费还是仅限于本地市场。二是农村物流服务覆盖率不高。四川许多野生菌产区山高路远，包括松茸在内的许多野生菌主产乡镇或村组远离县城，交通不便，物流覆盖率不高，缺少有效的物流网络体系，在产品流通环节存在巨大的现实障碍，野生菌销售模式陈旧，只是在松茸等价值高的野生菌出菇旺季有商贩去当地收购，但价格相对偏低，除松茸外的其他野生菌几乎无人问津，当地人仅采食少数，大多数都腐烂在了山林。

在交通较为便捷的攀西地区，野生食用菌种类十分丰富，产量较大，但绝大多数野生菌的消费群体仍以当地居民为主，只有少量高价值的野生菌，如块菌、松茸等通过现代物流体系，有机会进入国内外消费者的餐桌上。多数野生菌采摘运输方式还是很落后，有的在运输途中十几个小时也没有冷链保鲜，只是用简易的冰袋保鲜，产品品质难以保证。

三、四川省野生菌产业发展趋势与对策建议

（一）四川省野生菌产业发展趋势研判

1. 国内市场需求仍有较大增长空间，名贵野生菌价格居高难下

随着我国人均收入水平和消费水平的不断提高，中国总体上进入了食物更多样、更营养、更安全的新阶段。在践行大食物观、构建多元化食物供给体系的背景下，食用味道鲜美的野生菌已成为一种消费新时尚。近年来，随着野生菌消费市场扩大，预计在未来几年内，国内野生菌消费量仍会持续增长。

四川名贵野生菌多生长在山高路远的森林深处，野生菌采摘需具有丰富的经验和极好的体力，随着外出求学或务工的年轻人越来越多，野生菌产地认识野生菌或"能上山"采菌的人越来越少，若干年后，以野生菌采售为收入来源的群体会逐渐减小，野生菌供需更难平衡。

2. 野生菌消费仍以鲜销或粗加工干品为主，精深加工难以突破

知名度高的野生菌往往由于价格昂贵，以其为原料的加工产品较少；而许多知名度不高的野生菌消费往往以本地市场鲜销为主，另有少部分干品销售。许多野生菌加工后失去了原本的风味，影响了消费者的购买愿望。

3. 消费种类多元化

野生菌尤其是名贵野生菌消费需求的增大和价格的增高给资源的保护利用带来了巨大的压力，随着野生菌市场的进一步规范。随着民众对野生菌认知水平的提高，将不再一味追求名贵野生菌消费。野生消费种类将更趋多元化，但囿于物流成本较高，普通野生菌鲜品消费仍受到一定制约。

（二）促进四川省野生菌产业发展的对策建议

1. 加强基础研究支持投入，确保野生菌资源可持续利用

市场上售卖的野生食用菌绝大多数是外生菌根菌，目前无法人工栽培，市场消费完全依赖野生资源，自然产量有限。由于野生菌消费需求不断增大且价格攀升，以松茸、虫草、块菌和鸡枞为代表的名贵野生菌遭遇了掠夺式的采集，资源量有逐渐下降的趋势，亟须加强野生菌保护和就地保育研究：

一是探明四川省野生菌资源本底，加强野生菌资源人工保育促繁技术集成创新；二是要不断开发野生菌新品种，实现野生菌品种多元化。四川野生菌种类繁多，野生菌产业还有进一步扩大的资源潜力，除了知名度较高的野生菌外，许多种类的开发力度还较为有限，如凸顶口蘑、中华灰褐纹口蘑等在甘孜州与阿坝州许多地区都有分布，但只在康定等地市场上大量收购和销售；三是加强野生菌驯化和保育促繁研究。野生食用菌通过人工驯化和培育可摆脱自然环境和季节的制约。名贵野生菌驯化最为成功的案例非羊肚菌莫属，自羊肚菌成功驯化以来，它从"旧时王榭堂前燕"已"飞入寻常百姓家"。但目前许多野生菌驯化都较为困难，人工保育促繁是确保其可持续发展的重要途径；同时应大力推动松乳菇等野生食用菌菌根苗在植树造林中的应用，菌根化可提高树苗在贫瘠土壤中的定植率和成活率，促进植物生长，并有望收获林下野生菌，实现经济与生态协同发展。四是加强科普宣传，提高民众对野生菌的认知水平，科学采摘和利用野生菌。

2. 加强品牌培育，打造有影响力的野生菌集散地

四川应充分发挥地域优势和资源优势，注重野生菌品牌和有影响力的集散地打造。一是支持品牌认证建设。在李玉院士和四川省食用菌研究所共同推动下，"雅江松茸"品牌效应不断扩大，四川其他野生菌主产区也应从标志设计、形象宣传、文化内涵等多方面入手，打造具有地域特色的野生菌品牌。除"雅江松茸"外，理塘黑虎掌、凉山鸡枞、康定老人头等可借鉴"雅江松茸"，打造属于自己的品牌。

二是加大宣传推广。借鉴云南和雅江松茸成功经验，在重要野生菌产区，举办"野生菌节"等活动，加强对野生菌产品展示和饮食文化体验。四川许多著名的旅游景区，如九寨沟、黄龙、稻城亚丁、四姑娘山等都地处重要的野生菌产区，可借助旅游服务的窗口和平台宣传野生菌，将"赏景吃菌"融为一体。三是打造专业交易市场。专业的交易市场是野生菌产业发展的重要支撑，长期以来，甘孜州缺少专业的松茸交易市场，2013年前，甘孜州松茸除本地消费外，大多数都是以"云南松茸"的名义，通过云南市场流向了国内外，随着"雅江松茸"品牌打造与雅江松茸交易中心投入使用，雅江松茸产业发生了翻天覆地的变化，产业生态日益完善。云南昆明木水花市场目前是全球规模最大的野生菌交易市场，交易量占全国的70%。成都相比昆明，有着更为便捷和发达的现代交通网络面向国内和国际主要城市，地方政府需通过政策支持、资金支持等方式，将攀西地区、甘孜州等地流向云南市场的野生菌吸引回本地，通过"川菌"品牌流向百姓餐桌。

3. 推进野生菌组织化标准化经营

四川野生菌经营较为零散，应通过"品牌化+组织化+标准化"的路径推动野生菌产业高质量发展。一是政府积极引导和扶持农民合作经济组织建设，注重与已有龙头企业相结合，规范野生菌采售加工过程，提高野生菌产品质量。二是加强市场监管，遏制低标准野生菌产品在市场上流通。需从法律法规层面约束市场行为，禁止不科学的采售，促进野生菌持续、健康发展。

四川省金针菇产业发展报告

刘 询 王 波 何晓兰 贾定洪

(四川省食用菌研究所,四川成都 610066)

摘 要:金针菇具有较高的营养特性和药用价值,在全球多个国家和地区均有种植,其产量占世界栽培食用菌的10%以上,已成为世界上最受欢迎、人均消费最多的食用菌品种之一。目前,我国是世界上最大的金针菇生产国和消费国。据中国食用菌协会统计,近十年全国金针菇的总产量均维持在200万吨以上。四川是金针菇生产大省,也是全国最大的黄色金针菇生产基地,金针菇产业对四川省实施乡村振兴战略具有重要作用。为进一步促进四川省金针菇产业的健康持续发展,做大做强四川特色黄色金针菇产业,本研究总结分析当前四川金针菇产业发展中存在的主要问题和发展趋势,进而针对性地提出对策和建议,为四川省金针菇产业的健康可持续发展提供科学依据。

关键词:四川省;金针菇;产业;品种

一、四川省金针菇产业发展现状

(一) 金针菇产量产值和分布区域

四川省金针菇年产量自2017年以来持续减少,直到2021年出现小幅回升;年总产值基本与产量保持一致的趋势,2020年全省金针菇产值仅3.69亿元;2021年总产量较2020年增长约58.5%,但由于市场行情较好,单价有所上涨,导致总产值增幅更大,达到97.02%(图1)。

四川省农业农村厅的统计数据显示:四川省内栽培金针菇(含白色和黄色两个品系)的市州包括成都、自贡、泸州、德阳、内江、绵阳、遂宁、南充、宜宾、广安、达州、眉山、资阳、巴中、雅安、阿坝藏族羌族自治州和凉山彝族自治州。其中,成都市的产量最高,其次为乐山市、眉山市和南充市;以2019年的数据为例,

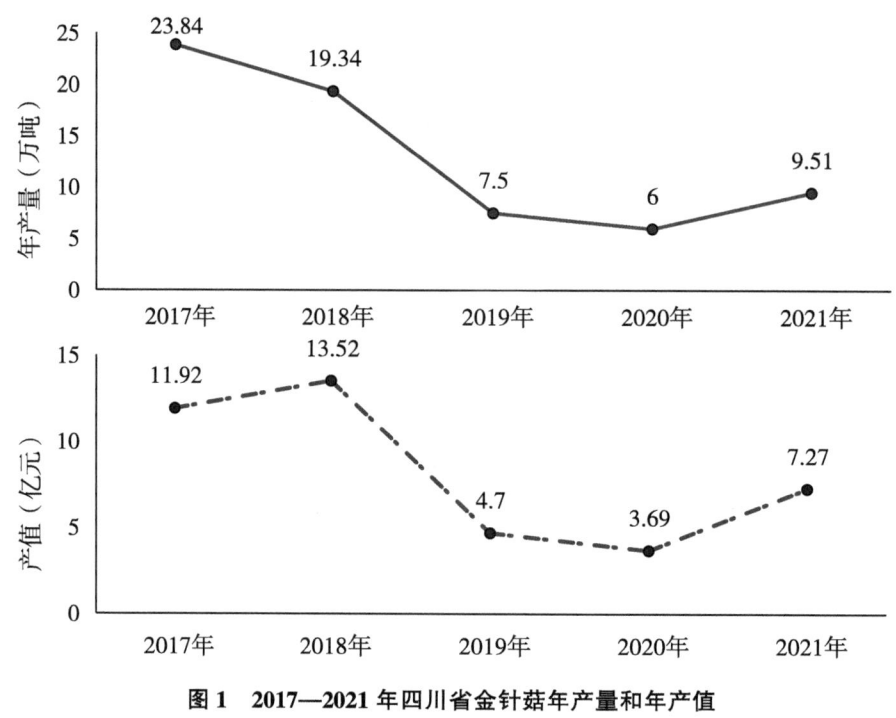

图 1　2017—2021 年四川省金针菇年产量和年产值

数据来源：四川省食用菌协会。

成都金针菇总产量占全省的 54.71%，乐山、眉山和南充分别占 11.49%、11.32% 和 10.11%。

（二）金针菇新品种的选育

长期以来，我国白色金针菇工厂化栽培品种基本依靠进口，主要来自日本，成为限制四川省金针菇产业发展的瓶颈问题之一。此外，随着生活水平的提高，人们对金针菇的口感品质要求更高，单一的进口种源无法满足产业发展需求。四川省内相关专家面向国家和四川金针菇产业发展需求，采用种内原生质体融合、杂交育种、单核原生质体育种技术、分子标记辅助育种等手段，培育出一系列具有自主知识产权的高产优质新品种（含白色和黄色品系），打破了进口菌种一统天下的格局。四川省的金针菇育种研究始于 20 世纪 80 年代，先后培育出川金 2 号（川审菌 2003 005）、金白 1 号（川审菌 2003 010）、川金菇 3 号（川审菌 2006 002）等一系列新品种。四川省农业科学院育成的品种已在多个金针菇产区推广应用，据不完全统计，累计推广栽培超 15 亿袋（瓶）。近十年，川内育成的金针菇品种及其主要性状如下。

川金54：四川省农业科学院土壤肥料研究所（现为四川省食用菌研究所）王波等通过杂交选育而成。属黄色品系，子实体菌盖黄色、钟形、边缘内卷、不易开伞，菌柄近白色，菌柄长度22~24厘米，粗壮、硬挺、菌柄基部无绒毛、不粘连。干样品中蛋白质含量为18.7%，脂肪含量为2.75%，氨基酸总量为14.3%。适宜人工控制温度下设施菇房内周年栽培，一次性收获。

川白金57：四川省农业科学院土壤肥料研究所（现为四川省食用菌研究所）王波等通过杂交选育而成。属白色品系。生育期为50天，子实体菌盖白色、球形、边缘内卷、不易开伞；菌柄白色，中等粗壮、菌柄基部无绒毛、粘连中等，菌柄长度15~16.5厘米。子实体干品蛋白质含量为18.1%，脂肪含量为2.0%，氨基酸总量为12.3%。适宜工厂化栽培，周年生产。

川金14：四川省农业科学院土壤肥料研究所（现为四川省食用菌研究所）王波等通过杂交选育而成。属黄色品系。生育期为50天。子实体菌盖淡黄色、球形、边缘内卷、不易开伞；菌柄白色，菌柄长度15~20厘米，粗壮、硬挺、菌柄基部无绒毛、不粘连。干样品蛋白质19.1%，脂肪2.5%，氨基酸总量14.2%。适宜在人工控制温度设施内袋栽，周年生产。

川金33：四川省农业科学院土壤肥料研究所（现为四川省食用菌研究所）王波等通过单单杂交选育而成。以金针菇F363和FNK1302为亲本，通过单孢分离获得同核体，配对构建杂交种，经系统选育而成。属白色品系，子实体菌盖白色，半球形，厚，不易开伞；菌柄白色，菌柄长度24.5~27.8厘米，硬挺，菌柄基部无绒毛、不粘连。干样品中蛋白质含量为18.8%，脂肪含量为3.04%，氨基酸总量为13.6%。

川金15：四川省农业科学院土壤肥料研究所（现为四川省食用菌研究所）王波等通过杂交选育而成。属黄色品系，生育期为50天。子实体菌盖不易开伞。菌柄近白色，菌柄长度18~23厘米，粗壮、硬挺、菌柄基部无绒毛、不粘连。子实体干品蛋白质18.5%，脂肪2.6%，氨基酸总量13.6%。适宜在人工控制温度设施菇房内袋栽，周年生产。

蓉金567：成都市农林科学院李昕竺等人以金针菇F3-1和川金7号为亲本进行杂交培育出的品种。菌株丛生，商品菇菌盖淡黄色，球形或半球形。菌柄中生，长5~15厘米，圆柱形，中空，下部淡黄色至黄褐色。子实体脆度值高于亲本F3-1和川金 7 号，远高于市售黄色金针菇。鲜品蛋白质 2.68%，氨基酸 18.21%，子实体脆嫩。适宜在四川黄色金针菇生产区工厂化瓶栽，可周年生产。

川金 58：四川省农业科学院土壤肥料研究所（现为四川省食用菌研究所）王波等通过杂交选育而成。为工厂化栽培品种，属白色品系，生长周期 51 天。子实体菌盖不易开伞；菌柄白色，中等粗壮、菌柄基部无绒毛、粘连中等，菌柄长度 15.3~16.5 厘米。干子实体中蛋白质含量为 15.1%，脂肪含量为 1.4%，氨基酸总量为 12.5%。

川金 99：四川省食用菌研究所王波等人通过杂交手段培育出的黄色金针菇品种。该品种适宜工厂化栽培，子实体菌盖淡黄色、球形、边缘内卷、不易开伞；菌柄近白色，中等粗壮、菌柄基部不粘连、褐变程度弱，菌柄长度 12~23 厘米。生育期为 50 天。平均产量为 633 克/袋，生物学效率为 90.4%，比'川金 6 号'增产 18.3%。干样蛋白质含量 18.0%，脂肪含量 1.2%，氨基酸总量 13.8%。适宜在四川省广安区、通川区地区工厂化栽培企业周年生产。

川金系列金针菇品种具有高产、优质、爽滑、脆嫩等优点，其中白色金针菇实现小规模部分替代进口种源。而市场上的黄色金针菇 90% 以上使用的是川金系列品种，初步实现了省内相关生产企业的种源自主可控。

（三）栽培技术的发展和创新

四川省商品化种植金针菇的时间较短，最初都是家庭作坊式的农法栽培，依靠自然环境季节性栽培生产。为了实现周年生产金针菇，一些企业开始学习东部沿海地区的先进经验，引进工厂化生产设备，在人工模拟的低温条件下实现了金针菇的周年生产。随着金针菇产业的发展和市场需求的增加，生产过程中培养料搅拌、装瓶（袋）、接种、搔菌等环节均出现了相应的自动化设备，极大提高了效率和日产量。金针菇工厂化生产实现了农业到工业的历史跨越，使金针菇产业从粗放型增长转向集约型增长。

金针菇是木腐真菌，营养来源主要为棉籽壳、玉米芯、木屑、米糠、麸皮等农业废弃物，不同区域的金针菇栽培原料的选择通常因地制宜，以当地常见且廉价的农作物废料为主要成分。而随着这些农业废弃物被食用菌行业高效利用，导致其价格上涨，而金针菇产品的价格涨幅却很小，企业和种植户的纯利润被大幅压缩。因此，近几年又出现了以酒糟、处理后的餐厨垃圾替代部分原料的栽培方式，取得了较好的效果。四川省农业科学院的金针菇研究团队构建了白色金针菇农法栽培、黄色金针菇农法栽培、高海拔地区反季节栽培、以酒糟为主要原料（棉籽壳从89%降低至36%，其余使用廉价的酒糟）的工厂化袋栽等5套栽培技术体系，研究建立了生产技术标准，实现"栽培模式+专用品种+菌种质量控制+精准栽培技术+储运加工"良种良法配套，显著提高金针菇生产标准化水平，整体提升栽培技术水平和栽培效益。

（四）金针菇采后加工

金针菇的精深加工较少，目前仍以销售鲜品为主。金针菇采收后在常温下容易腐败变质，保鲜期较短，即便采用冷藏手段，保鲜时间也不长；尤其是四川省特色黄色金针菇菌柄极易褐变，导致品相变差，影响销售。因此，大部分金针菇采收经简易包装后直接通过冷链运输至附近城市的蔬菜批发市场、大型超市或连锁餐饮店等。如成都和蓬溪骆峰菌业采用先进技术，工厂化生产黄色金针菇，拥有"骆菌子"知名品牌，日产鲜菇30余吨，除发往北京、上海、杭州等地的全国知名连锁餐饮企业海底捞外，还长期直供沃尔玛、盒马鲜生等大型超市。

在金针菇加工方面，坐落于郫县安德中国川菜产业化园区的成都金大洲实业发展有限公司选用四川省特色黄色金针菇，结合四川传统风味，研制出"香辣金针菇"等系列绿色休闲食品。四川内江市川老妈食品有限公司则以金针菇为原料生产酱腌菜，推出"川老妈金针菇（香辣味）"产品。此外，川内还有一些企业从事金针菇即食食品的开发和销售，包括四川眉山市大自然食品厂、四川省邓仕食品有限公司、四川省眉山永一食品有限责任公司、眉山市柯顺食品有限责任公司、四川大自然惠川食品有限公司、四川省南充绿宝菌业科技有限公司、四川蜀山食品有限公司、成都市大邑县盛望罐头食品有限公司、成都宇洋食品有限责任公司等。然而，金针菇的深加工进展缓慢，基于金针菇多糖、氨基酸等成分的食药用价值的保健品开发等方面仍有待加强。在乡村振兴大背景下，金针菇产业的结构调整和转型需要依赖产品的精深加工以增加附加值。

（五）金针菇产业经营主体

四川省的金针菇种植主体包括大型企业、合作社、家庭农场和普通种植户。栽培白色金针菇的较大企业眉山昌宏农业生物科技有限公司2015年获市级重点龙头企业称号，2018年获眉山市帮扶就业促进脱贫攻坚先进企业。蓬溪县食用菌现代农业园区已成为省级四星级现代农业园区,该园区的蓬溪骆峰菌业有限公司以种植黄色金针菇为主,最高日产黄色金针菇 30 吨左右。峨眉山市军利食用菌专业合作社,再由其负责种植、销售、提供技术服务,发展壮大食用菌种植产业,共有 120 户会员,有 30 个大棚,每个大棚可放菌包 22 000 个左右,年生产金针菇 13 000 吨左右。雅安市碧峰峡镇天邑金菇生产合作社不仅拥有自己的金针菇种植基地,并且还拥有自己的加工厂,建立了生产、加工、销售为一体的服务体系,走出了一条"公司+合作社+农户"的致富之路。峨眉山仙山菌业种植合作社的成员单位峨眉山利兴生态种植家庭农场为中国食用菌协会理事,被评为四川省优秀企业、乐山市龙头企业。此外,还有一些金针菇年产量百吨左右的小微企业或种植大户在整个四川省的金针菇产业发展中发挥了不可或缺的作用。

四川崇州市和郫都区为金针菇农法栽培主要产地,种植户达到 260 余户,年栽培约 2 800 余万袋,产值 15 000 万余元,利润 3 000 余万元,解决了 3 000 余位农民工就业,同时为金针菇产品加工企业提供了充足的原料,带动了 30 余家加工企业,促进了产业发展,成为了金针菇加工产品的原材料基地。

(六)市场营销与趋势

尽管四川省大部分市州都有种植金针菇,但相对其他食用菌产业较小,主要集中在个别城市郊区,市场以大城市为主。如位于成都市大邑县的骆峰菌业生产的黄色金针菇主要销往成都各大批发市场、连锁超市和餐饮集团。而广安产出的金针菇主要销往重庆等周边城市。此外,为了提高金针菇等食用菌产业的知名度,助推产业链、产业模式做深做大,进一步扩大市场。四川蓬溪联合中国乡镇企业协会、中国食用菌商务网、四川省食用菌研究所积极组织承办"第二十二届全国食用菌新产品新技术博览会",为包括黄色金针菇在内的食用菌搭建产业信息共享、资源互助平台,开发新市场,拓宽销售渠道,助力区域经济发展和乡村振兴。

二、当前四川省金针菇产业发展存在的主要问题

(一)基础研究薄弱,新品种选育难

种子是农业"芯片",端牢中国人自己的饭碗,种子是关键。对于金针菇而言,种源问题依然严峻,四川省金针菇产业上仍以进口种源为主(白色金针菇)。金针菇产业在四川省发展了 40 余年,在杂交育种选育新品种方面取得了较大的进步,

白色金针菇新品种部分替代了进口种源。但是，随着科技的进步和市场需求的不断变化，金针菇的品种改良遇到瓶颈，不再单纯以高产为育种目的，高产优质（口感佳）成为新的育种目标。然而，到目前为止，金针菇的品种选育仍以传统杂交育种为主，在分子标记辅助育种、分子设计育种、转基因育种、基因编辑、生理生化变化机制、功能成分挖掘等方面的研究极少。金针菇农艺性状调控机制和关键基因不明确，导致现代分子生物学技术难以在品种改良中应用，兼具高产和优质性状的新品种难以获得。

（二）易侵权，品种保护力度不够

金针菇菌种的知识产权难以保护，这有政策方面的因素，但更多的是技术层面的因素。市场上销售的金针菇产品是活体，只需通过组织分离即可得到菌株；而培育一个优良品种，一般需要耗费几年甚至十几年的周期。没有可靠的技术保护自己的品种，很容易被同行、企业或者种植大户通过组织分离获得种源，用于商业化种植。新品种的创制耗费大量的经费、人力和时间，但很难收回成本，使科研单位和企业育种专家动力不足，导致突破性新品种的培育进展缓慢。

（三）管理标准化水平低

工厂化生产企业的管理标准相对较高，但不同企业间也存在较大差异。农村种植合作社的管理较为粗犷，标准化技术水平不到位。拌料不均匀、灭菌时间不足等原因导致发菌过程中大量霉菌污染；出菇过程中湿度、温度、二氧化碳浓度控制不严格，导致金针菇鲜品的品质参差不齐。菌种保藏、活化、液体菌种制备也大多数凭经验操作，而非按专业科技人员总结的标准化步骤，致使菌种活力不够、退化更快，严重影响生产。

（四）成本高，利润薄

金针菇是木腐菌，人工栽培中使用廉价的木屑、秸秆、麸皮等为原料，且整个生产过程不需要施加化肥农药等，真正实现了变废为宝，属于最早的绿色农业、循环经济。但是，由于食用菌行业的兴起，木屑、麸皮、秸秆、玉米芯等前端原材料价格上涨，金针菇鲜品价格却涨幅较小，导致利润大幅减少。前期的工厂建设、智能制冷设备、生产层架、湿度和二氧化碳浓度控制系统等的投入较大，低利润数年难以回本。

(五) 产业链短、采后保鲜加工处理程度低

目前，金针菇的销售以鲜菇和初加工产品为主，产业链短。四川省现存有很多家金针菇加工企业，但不同企业间产品相似度较高，如不同口味的金针菇休闲食品、腌制品、金针菇酱等，特色产品较少，价值低，企业盈利能力较低。另一方面，金针菇不耐储藏，运输困难，对金针菇采后保鲜能力不足，也不利于产业的发展。

(六) 专业科研技术人员少

就全国而言，食用真菌学是一个非常小的学科，高等院校培养的人才不多，从事金针菇育种、栽培等研究的人员更是屈指可数。青年人才是金针菇产业未来发展的希望和主力，但四川省地处西南片区，对青年从业人员的吸引力较小。此外，近二十年金针菇产业发展较快，人才培养相对滞后，也是造成专业技术人才短缺的原因。具有丰富经验、长期在生产一线的技术人才严重短缺，已成为产业发展的重要问题。四川省金针菇的种植除骆峰菌业、昌宏生物技术公司等大型企业外，大多数为农村合作社，农村更是几乎没有专业的技术人员，金针菇栽培人员几乎没有经过技术培训，在生产中遇到问题也求助无门。

(七) 品牌建设力度不足

全国知名品牌缺乏是四川省金针菇产业发展的重大问题。目前，全国知名的金针菇品牌有雪榕、众兴菌业、华绿之珍等。尽管，四川的部分金针菇企业也申请了自己的商标，个别在川渝地区形成了特有品牌，但是影响力仍十分有限。地方政府对金针菇产业的重视程度不够，区域公共品牌的创建未被提上议程，打造类似于"通江银耳""五常大米"的金针菇品牌，可以带动农民种植积极性，助推金针菇产业发展。

三、四川省金针菇产业发展趋势与对策建议

(一) 四川省金针菇产业发展趋势研判

四川省金针菇产业经历起步、快速增长、稳定发展、断崖式减少之后，金针菇产业发展面临较大挑战。金针菇作为一种重要食用菌，可替代性较强，易被其他蔬菜取代，人均消耗量相对较小。2021年开始，四川省金针菇产业又迎来了新的发展，但种植规模和年产量仍然与之前相差甚远。新冠疫情政策影响金针菇的销售，

导致很多种植户放弃种植金针菇；而勉强维持生产的企业的产量也严重缩水。疫情政策放开后，金针菇年产量开始回升。后疫情时代，更多人开始注意通过日常饮食增强自身免疫力，而金针菇中所含的金针菇多糖不仅有抗肿瘤、抗癌活性，还有抗细菌、抗真菌活性。高效开发和利用金针菇的药用价值将是未来发展的方向之一，可从根本上解决鲜品货架期短的问题，延长产品销售时间，增加经济效益。此外，在金针菇休闲食品、调味品加工产品方面将会更加多元化。

随着人们生活水平的提高，饮食习惯正从"吃饱"向"吃好"转变，大多数人因白色金针菇脆嫩度低、易塞牙等原因而放弃购买。黄色金针菇是我国具有自主知识产权的食用菌品种，在口感上更脆嫩、爽滑且不易塞牙、风味浓郁、适宜加工。四川省是黄色金针菇优势产区，已建成全国最大的黄色金针菇生产基地。但由于黄色金针菇贮藏期短、菌柄易褐变、不易长距离运输，导致其仅在特定区域发展。下一步黄色金针菇将是四川省金针菇产业的一个重要增长点，以科技支撑为保障，发挥资源优势，选育产量集中、不褐变、不塞牙、口感佳、耐运输的黄色金针菇新品种，实现四川省金针菇产业的提档升级。

（二）促进四川省金针菇产业发展的对策建议

1. 加速科技成果推广应用

金针菇菌种退化、栽培基质配比不合理、栽培和管理技术落后等是金针菇生产中普遍存在的问题。以政府为主导，进一步加强科研院所和高校与地方和企业的合作，构建产学研协助模式，加速科研单位在金针菇品种改良和栽培模式创新方面取得的新成果在地方、企业落地应用。此外，根据不同地区的海拔和气候特征以及栽培原料的供应情况，选育适合特定地理区域的品种，构建低成本且高效的栽培基质和管理模式。在四川金针菇主产区和大型企业布局科技成果示范点，打造样板工程，通过科技成果示范推广，带动金针菇产业发展。

2. 加大基础研究资助力度

金针菇产业面临的诸多问题，根本原因就是基础研究薄弱，内在机理认识不足。首先，以利用四川省金针菇种质资源优势，以传统杂交育种、单核原生质体育种等手段为基础，结合现代生物学技术精准鉴定和评价种质资源，创制突破性新品种。其次，高效绿色无公害金针菇保鲜技术的研发、金针菇功能成分的进一步发掘等方面也有待研究。

基因控制性状，这在动植物上已被大量报道。但在大型真菌中研究较少，金针菇关键农艺性状（颜色、质地、产量、生育期等）对应的控制基因仍未被阐明。这对利用现代分子生物学技术进行品种改良、以金针菇为载体的合成生物学的发展十分不利。

转基因育种因其独特的优势发展迅速。2023年8月农业农村部表示，以转基因为代表的生物育种是育种领域的革命性技术，是必须抢占的新领域新赛道，并不是可有可无、可用可不用的。这也给金针菇等食用菌带来新的机遇，更是金针菇育种单位和企业未来重要科技攻关方向。因此，加大基础研究投入，抓住新机遇，抢占新赛道，才能保持核心竞争力，为金针菇产业的未来发展提供动力。

3. 加强科技人才队伍建设

金针菇产业的健康可持续发展离不开人才，加快人才建设机制，培养专业型人才，才能促进产业的发展。加强科研单位、高校与企业的联系，鼓励科研人员下到金针菇栽培加工一线，帮助企业解决问题的同时发现新的问题和新的研究方向，形成良性循环，提高科技人才科研水平。建立和落实专业人才优惠政策，吸引东部发达地区经验丰富的专业型、技术性人才服务四川金针菇产业发展。此外，由当地政府出面联合科研院所的相关专家在金针菇生产企业、农业合作社开展多种形式的培训，建立长期合作机制，壮大生产一线的技术人才力量。

4. 推动品牌建设，拓展市场

品牌是企业在市场上的名声和形象，是企业的核心竞争力。推动品牌建设的目的是塑造企业独特的形象、提升企业知名度，从而锁定更多的客户，在同类产品中占据市场优势。尽管较大的企业，如骆峰菌业打出黄色金针菇品牌"骆菌子"，在一定范围内具有较大的知名度。但是对于四川省整个金针菇行业来说还不够。应充分利用金针菇工厂化生产利于质量安全监管、溯源性较强的特点，持续提升产品质量；同时，鼓励中小型种植企业联合发展，统一质量标准，打造金针菇产业集群发展模式，强化品牌效应。积极申报绿色食品、有机农产品和农产品地理标志认证、相关质量体系认证和产品质量认证等。

此外，在巩固和发展现有优势市场的基础上，加强市场拓展，开拓中小城市和城镇市场，优化经销商合作，加大间接出口量，拓宽营销渠道，增强与相关食品加工企业的合作，进一步提升销售网络的广度和深度，打开产品的销售市场。

5. 延长产业链

完备的产业链可提高整体经济效益和抗风险能力，保持整个产业的良性健康发展。四川省金针菇的加工主要是休闲即食食品，同类产品较多，没有价格优势。四川省金针菇产业的发展壮大要更多依靠延长产业链、开发多元化产品。越来越多的研究表明金针菇多糖等功能成分具有调节免疫力、抗氧化、抗肿瘤等作用，这些基础理论成果为相关产品的开发提供了科技支撑。针对金针菇食药用价值可以进行营养保健品、特殊医用食品和药品等高附加值产品的深层次开发，提高企业对产品市场价格的控制能力；可以制成片剂、口服液、胶囊、冲剂等多种形式的保健品。近年来，中国的预制菜行业取得了飞速发展，成为众多消费者日常生活中的重要环节，这也为包括金针菇在内的食用菌产业的结构调整和转型提供了新的赛道。针对金针菇货架期短、易腐败的特点，可以开发金针菇为主要原料的预制菜，延长销售时间。

6. 促进一二三产业融合

乡村振兴，城乡一体化发展，更需要农村一二三产业的深度融合。一二三产业融合也是延长产业链的重要举措，一产为基础，二三产提升价值和效益；二产进行金针菇休闲食品、调味品等加工；三产开发休闲观光等营销服务，拉动消费，增加效益。按照全产业链、全价值链的现代产业组织方式壮大金针菇产业队伍，建立合理稳定的利益联结机制，推进农村一二三产业融合发展，让农民分享二三产业增值收益。依托四川山水自然风光、特色饮食等优势资源，发展休闲农业，开发金针菇菌种培养、拌料装袋（瓶）、接种、出菇车间、采摘体验、自主烹饪厨房、火锅餐厅等游览体验路线。发挥科普教育、产品推介功能；实现采摘鲜菇直接到餐桌，打造独特的休闲观光之旅。

参考文献

常昕，2021. 金针菇种植及发展前景浅析[J]. 南方农业，15（02）：39-41.

黄良水，金群力，2011. 我国金针菇产业发展现状与前景展望[J]. 浙江农业科学（06）：1252-1256.

景晓卫，李孟霁，2022. 四川省食用菌加工产业现状及发展建议[J]. 四川农业科技（11）：79-82.

李玉,2022. 食用菌在构建粮食安全大格局中的作用——践行"大食物观"探讨食用菌产业发展途径主题报告[J]. 菌物研究,20(03):157-159.

刘奇,2021. 菌物种业:一个被忽略的新种业[J]. 中国发展观察,2021(14):43-45.

王波,甘炳成,彭卫红,等,2006. 金针菇杂交品种——川金3号[J]. 食用菌,6:15.

王波,鲜灵,高俭,高洁,2013. 早熟白色金针菇优良品种川金5号选育[J]. 中国食用菌,32(04):15-16.

曾先富,李昕竺,熊维全,2021. 高脆金针菇"蓉金567"的选育[J]. 食用菌,43(01):29-32.

中国食用菌协会,2023. 2021年度全国食用菌统计调查结果分析[J]. 中国食用菌,42(01):118-127.

四川省杏鲍菇产业发展报告

李小林[1] 黄 钰[1] 叶 雷[1] 张 波[1]
杨学圳[1] 肖 奎[2] 王德勇[3] 张建平[4]

(1. 四川省食用菌研究所,四川成都 610066;2. 四川清和科技有限公司,
四川成都,610041;3. 四川如珍食用菌有限公司,四川成都 611345;
4. 成都中延榕珍菌业有限公司,四川成都 611730)

摘 要:四川省杏鲍菇日产量高达350吨,年产量超过10万吨,名列全国第四、西南地区第一,成为全国重要的杏鲍菇生产大省。该产业的繁荣发展对四川现代农业建设和农业农村经济发展具有重大的战略意义。为推动四川省杏鲍菇产业的健康有序发展,本报告深入剖析了四川省杏鲍菇产业的发展现状、存在的关键问题以及未来发展趋势。此外,还提出了具有针对性的合理建议和对策,为相关决策机构提供了关于杏鲍菇产业发展的科学依据。

关键词:杏鲍菇;产业现状;发展趋势;问题建议

杏鲍菇(*Pleurotus eryngii*)是一种肉质大型真菌,隶属于担子菌门伞菌纲伞菌目侧耳科侧耳属,野生条件下主要发生于伞形花科刺芹属刺芹植物的枯枝上,故又名刺芹侧耳及雪茸(日本)。杏鲍菇享有"草原上的美味牛肝菌""干贝菇"及"平菇王"等美誉,广泛分布于欧洲南部、北非北部及中亚地区的高山、草原和沙漠地带,我国四川、重庆、西藏、新疆等地均有分布。

据中国食用菌协会最新数据统计,2021年全国杏鲍菇产量为205万吨,四川省为9.3万吨。据四川省食用菌协会数据统计,2022年四川省杏鲍菇产量为10.22万吨。四川是杏鲍菇的主产区和优势区,随着四川琪英菌业有限公司和成都中延榕珍菌业有限公司等一批现代化杏鲍菇工厂的建立,四川的种植优势更加凸显,目前已是全国第四、西南地区第一的杏鲍菇生产大省。因此,发展壮大杏鲍菇产业对四川现代农业建设和农业农村经济发展具有极其重要的战略意义。

一、四川省杏鲍菇产业发展现状

四川省杏鲍菇产业的初步发展基本和全国同步,较大规模栽培的出现始于2000年左右,年产量规模在2万吨。这个时期的杏鲍菇栽培主要以农法栽培为主,有少量的工厂化企业开始进入这个行业。在2005年左右,四川省杏鲍菇的产量开始有一个较大的增长。随后在2006—2013年间,随着四川琪英菌业股份有限公司、成都榕珍菌业有限公司等一批大型工厂化企业的注册成立,四川杏鲍菇产业提升到了一个全新的阶段。四川省杏鲍菇产业经过多年的发展,已经形成了较为完备的产业链。从菌种选育、栽培、采收到加工、销售,每个环节都具备了一定的规模和水平。

(一) 菌种选育

在菌种选育方面,四川省的杏鲍菇菌种资源丰富,选育出的优质菌种在生产中具有较高的应用价值。2000年后,四川省加强了菌种选育技术的研发,推出了一批具有自主知识产权的优质杏鲍菇菌种,例如杏鲍菇川选1号(Pe1)、川杏鲍菇2号、榕杏1号等,引进了中农脆杏和中农美纹等,推动了全省杏鲍菇产业的整体提升。但近年,杏鲍菇的品种选育则明显滞后,一是新品种选育数量少,二是没有出现突破性新品种。

1. 杏鲍菇川选1号(川审菌2003 007)

(1) 品种来源。杏鲍菇川选1号是从日本引进,由四川省农业科学院土壤肥料研究所微生物室(现四川省食用菌研究所)系统选育而成,经适应性栽培,并进行单株筛选,通过组织分离获得的优良菌株。

(2) 特征特性。该品种子实体个体大,似保龄球,形态美观,菌柄白色,光滑,肉质紧密,长8~12厘米,粗4.2~6.2厘米,近基部增粗,菌盖浅褐色至淡黑褐色,菌盖直径3~12厘米。品种特性:菌丝和子实体生长适宜温度分别为25~28℃、10~20℃。

(3) 产量表现。经过三年区域实验,杏鲍菇川选1号品种比亲本杏鲍菇1号增产12%~19.5%,比国内主栽品种杏鲍菇2号增产32.9%,平均生物转化率50%以上。

(4) 栽培要点。①以棉籽壳,玉米芯为主要栽培原料的产量高,适宜熟料袋栽，采用多种原料混合的基质栽培可提高产量，脱袋覆土栽培可提高产量。②出菇期间，温度控制在10~20℃，原基形成期间空气相对湿度保持在90%~95%，子实体形成后，保持湿度在80%~90%，当温度高于18℃时，不能在菇体上喷水。

（5）适宜种植地区。适宜在省内春秋季节栽培以及高海拔地区夏季栽培错季出菇（四川省农作物品种审定委员会，2004）。

2. 川杏鲍菇2号（川审菌2005 003）

（1）品种来源。四川省农业科学院土壤肥料研究所微生物室（现四川省食用菌研究所）以杏鲍菇川选1号与来自福建的Pe2菌株为亲本，采用单核体杂交技术育成的新菌株。

（2）特征特性。①子实体形态特征：菌盖黄褐色，幼时帽状，成熟后边缘上翘，中部凹，似碗状，表面有纤维状鳞片，直径3~5厘米；菌褶白色，延生，密，不等长；菌柄形似保龄球，基部稍膨大，顶部稍小，白色，中生。担子上着生4个担孢子，孢子印白色，担孢子近纺锤形、平滑、无色，大小为（10~14）微米×（4~5）微米。菌丝体白色，绒毛状，菌丝具锁状联合，交配型为四极性异宗结合。②生长特性：菌丝体生长温度为15~35℃，最适温区为25~28℃；子实体生长温度为8~25℃，最适温区为15~20℃；菌丝体生长无需光照，子实体生长阶段需光照强度10~1 000勒克斯为宜；最适于菌丝体生长的基质含水量为60%~70%，适宜于子实体生长的空气相对湿度为80%~90%；最适pH值为5~6。

（3）产量表现。川杏鲍菇2号每袋产量为0.25~0.3千克，比亲株和国内生产上使用菌株增产11.16%~64.2%。

（4）栽培要点。栽培原料主料为棉籽壳、阔叶树木屑和玉米芯等，辅料为麸皮和玉米粉等。栽培季节为10月至翌年5月。适宜熟料袋栽。子实体菌盖直径与菌柄直径一致时采收，完全成熟后，品质下降。

（5）适宜种植地区。四川凡能满足该菌株生长发育条件的地区或场所均能栽培。

3. 榕杏1号（川审菌2011003号）

（1）品种来源。引自韩国杏鲍菇菌株。

（2）特征特性。子实体棒状，菌盖浅褐色，直径5.5~6.7厘米；菌柄白色，长20~23厘米，直径5.08~5.10厘米，圆柱状，中生，上下等粗。干菇样品中蛋白质含量22.7%，脂肪含量0.76%，氨基酸总量16.7%。

（3）产量表现。二年二批次生产试验，平均0.318千克/袋，较对照杏鲍菇川选1号增产12.7%，生物学效率70.7%。

（4）栽培要点。菌丝生长温度10~30℃，最适生长温度25℃；子实体生长温度12~18℃，最适生长温度15~16℃，空气相对湿度85%~90%，光照300~500勒克斯。

（5）适宜种植地区。四川省内人工控制条件下栽培。

（二）栽培技术

四川省的杏鲍菇栽培历史悠久，积累了丰富的经验。但早期的栽培技术主要是以农法栽培为主，相对于现代化工厂栽培，产量低、品质差，也没有形成较为成熟的栽培模式。四川的杏鲍菇工厂化栽培主要以袋栽为主，瓶栽为辅。近年来，随着绿色低碳理念的深入人心，杏鲍菇生产中广泛采用了绿色低碳种植技术，如提高生物学转化率、缩短出菇周期、开展绿色生物防治等，既提高了产量和品质，又降低了对环境的影响。同时，机械化、信息化、智能化生产技术得到了广泛应用。生产过程中，采用机械化的方式进行拌料、装袋、灭菌、接种等操作，极大地提高了杏鲍菇生产效率。

在原料预处理方面，各种杏鲍菇种植原材料的预处理技术也相当成熟，如棉籽壳、玉米芯的预湿预拌技术，杂木屑预湿堆积技术，辅料的预拌分装技术等。这些技术的发展不仅建立在企业自身长时间技术累积的基础上，还取决于原材料的颗粒大小、质地软硬、吸水难易等因素。在原料拌料、装袋及灭菌技术方面，随着我国食用菌产业的快速发展，四川省杏鲍菇生产在原材料拌料、装袋和灭菌技术等方面取得较快较大的发展。在拌料方面，由过去的人工拌料发展为全机械化拌料，拌料的均匀度及质量都得到了极大的提升，为后续实现杏鲍菇的优质高产打下了坚实的物质基础。在装袋（瓶）方面，大型全自动、半自动化装袋机全面取代了过去的脚踩型小装包机。一方面极大地提升了分装速度，另一方面极大地提升了装袋精度，使每个袋的重量均匀度得以提高，极大提高了菌包理化性状的一致性，为菌包培育的同步性和出菇整齐性奠定了基础。在灭菌技术方面，四川杏鲍菇的灭菌方式已经全面实现由常压灭菌到高压灭菌的转变，甚至有的工厂都使用抽真空高压灭菌。灭菌技术的改进，极大地降低了菌袋的隐性污染，大大提高了制成率，同时缩短了灭菌周期，降低了能耗，节约了生产成本。

在菌种制备方面，四川省杏鲍菇生产过去是多种混合使用的菌种体系，麦粒菌种、麦粒枝条菌种、木屑枝条菌种及液体菌种等均有在使用。近年来，随着食用菌装备制造水平提升和菌种技术进步，杏鲍菇液体菌种技术日趋成熟，应用越来越广泛，目前川内杏鲍菇企业已经全部采用液体菌种。

在催蕾育菇方面，目前四川所有杏鲍菇企业均成熟地掌握了催蕾催菇技术，能很好地控制杏鲍菇幼蕾形成所需二氧化碳浓度、相对湿度、低温和光照的刺激，能在短时间内快速催出均匀、适量和健壮的幼蕾。同时，企业还利用物联网技术对生产环境进行实时监测和调控，确保杏鲍菇的生长发育在温度、光照、湿度和氧气方面均得到全面精准地控制，从而给杏鲍菇提供一个最佳的生长环境。

（三）采后保鲜及加工

杏鲍菇的采后保鲜技术不断发展，不断有新的采后保鲜方法被应用于杏鲍菇的保鲜上，以达到延长杏鲍菇的货架期的目的。在四川省，杏鲍菇的保鲜方式主要以气调保鲜和低温保鲜为主，而化学保鲜、臭氧保鲜及辐射保鲜并不常见。气调保鲜主要是基于杏鲍菇包装材料的开发和研究，通过改变包装中气体成分的相对比例，抑制或减缓杏鲍菇体的呼吸强度和新陈代谢活动，从而延长杏鲍菇的贮藏保鲜期。低温保鲜则一般以 0~5℃ 的低温保存杏鲍菇，使子实体中大部分酶的活性被抑制，从而抑制机体中各类氧化反应，降低细胞呼吸强度及营养物质的消耗。同时，低温可抑制杏鲍菇子实体表面及内部多种真菌、细菌的活动，大大减少了由微生物导致菇体发生腐败变质的情况。当然，更多情况是"气调+低温"或"真空+低温"的保鲜模式。

（四）工厂化企业情况

据四川省食用菌协会数据统计，2017 年全省杏鲍菇产量为 2.99 万吨，到 2022 年全省杏鲍菇产量提升至 10.22 万吨，产量增加了 2.42 倍。目前，四川全自动化工厂化栽培的杏鲍菇企业有四家，日产鲜菇 360 吨以上，年产 13 万吨以上，其中四川琪英菌业股份有限公司日产 200 吨，西充星河生物科技有限公司日产 60 吨，成都中延榕珍菌业有限公司日产 50 吨，四川如珍食用菌有限公司日产 50 吨。

1. 四川琪英菌业有限公司

四川琪英菌业有限公司是西南地区最大的单体杏鲍菇工厂化生产企业，在杏鲍菇生产领域具有显著的优势和潜力。近年来，该公司始终坚持质量为核心，注重科技创新和产品研发，不断优化生产流程。通过实现高效、环保的生产模式，不断加强与国内外同行科研院所、企业、高校的交流与合作，进一步拓展了国内外市场，为消费者带来更多优质的食用菌产品。在四川杏鲍菇产业中，该公司扮演着举足轻重的龙头角色。

（1）生产实力分析。

四川琪英菌业有限公司拥有强大的生产实力，日产杏鲍菇近200吨，公司在杏鲍菇生产领域有着较强领先地位。近年，该公司注重技术创新和设备更新，引进各种现代化设备和技术，从制袋到接种、培养、出菇等环节，都实现了自动化和智能化。

（2）销售网络分析。

该公司的销售网络覆盖范围广泛，遍布全国23个省市，包括四川、北京、上海等重要地区。这些地区是公司销售业绩的主要来源，为公司提供了稳定的销售渠道和市场份额。此外，公司的产品也走出国门，打入了东南亚部分国家地区的市场。

（3）创新研发能力。

四川琪英菌业有限公司注重科技创新和产品研发，以提升产品的品质和附加值。该公司与四川省食用菌研究所、四川农业大学、成都大学等科研院所有着紧密的合作，共同研发新品种和新技术，并积极申请专利。同时，公司也注重技术人才的培养和引进，不断提升研发团队的综合能力。

2. 成都中延榕珍菌业有限公司

成都中延榕珍菌业有限公司成立于2007年，位于四川省郫都区唐昌镇战旗村五组。该公司依托中国西部丰富的食用菌产业资源，以振兴西部食用菌产业为己任，专注于整合资源并搭建中国西部食用菌产业的核心平台。作为一家集食用菌生产、研发和销售为一体的大型省级重点龙头企业，该公司以现代经营理念为指导，积极拓展业务领域并提升产业价值链。

（1）生产实力分析。

成都中延榕珍菌业有限公司的总占地面积超过300亩，已投入资金高达1.3亿元。该公司引进了先进的机械化、信息化、智能化生产设备和技术，并实行标准化流程，成功实现了杏鲍菇的自动化生产和管理。作为西部首家实现食用菌标准化、规模化、周年化的食用菌工厂化生产基地，该公司拥有严苛的质量管理体系。主要产品种类为杏鲍菇，日产鲜菇可达 50 吨。

（2）销售网络分析。

成都中延榕珍菌业有限公司已经建立了完善的销售网络和渠道，与成都、上海、福州等多个大中城市的大商超、餐厅以及线上平台建立了紧密的合作关系，为消费者提供了便捷的购买途径。同时，公司还积极开展电子商务，利用互联网平台进行在线销售，进一步扩大了销售规模。此外，公司的产品已打入东南亚部分国家市场，展现了强大的市场竞争力。

（3）创新研发能力。

成都中延榕珍菌业有限公司与四川省食用菌研究所联合选育了多个品种，并与四川大学、四川农业大学、西华大学、成都市农林科学院等科研院所开展了紧密的合作，先后被评为"四川省农业产业化重点龙头企业""成都市食用菌产业化工程技术研究中心""成都市院士（专家）创新工作站""成都市产学研联合实验室"，参与并承担了星火计划等多项国家、省、市农业产业化项目。

3. 四川如珍食用菌有限公司

四川如珍食用菌有限公司成立于 2021 年，位于大邑县安仁镇韩延社区，总投资 2.5 亿元，拥有占地面积 200 余亩的杏鲍菇生产基地。公司坚守"民以食为天，食以安为先"的原则，将食品安全放在首位。公司通过先进的生物育种技术，以及数据化模拟生长环境，确保杏鲍菇生产的全过程无农药。此外，公司还建立了完整的品质保障体系和质量控制及追溯体系，以确保杏鲍菇产品的食品安全。

（1）生产实力分析。

四川如珍食用菌有限公司拥有制包车间、净化车间、养菌车间、出菇车间、包装车间等 5 个车间，各车间配备全自动设备，实现了杏鲍菇的标准化、规模化、产业化生产。目前，公司平均日产杏鲍菇为 50 吨，年产值为 1.29 亿元。

（2）销售网络分析。

四川如珍食用菌有限公司已经建立了完善的销售网络体系，产品主要销往西南地区，包括四川、重庆、云南、贵州等地。公司通过农贸市场、电商平台、大型商超等渠道销售，实现了当天采摘、当天发货，确保杏鲍菇的新鲜度和品质。此外，公司还积极拓展海外市场，进一步提升品牌影响力和市场竞争力。

（3）创新研发能力。

公司注重技术创新和质量提升，通过与电子科大合作研发控制系统，引进了先进的制冷机组，为杏鲍菇种植提供精准的温度、湿度控制，摆脱了气候制约，实现了全自动化、数据化的全年连续种植。此外，公司建立了完整的品质保障体系、质量控制及追溯体系，确保杏鲍菇产品的安全和质量。

4. 西充星河生物科技有限公司

西充星河生物科技有限公司（曾用名：西充菇木真生物科技有限公司）成立于2010年，位于四川省南充市西充县多扶食品工业园区，是一家中外合资的食用菌生产与研发企业，企业注册资本1 681.336 9万美元，实缴资本1 681.336 9万美元。

（1）生产实力分析。

西充星河生物科技有限公司具有较高的技术水平和生产能力，公司注重技术创新、市场拓展和管理团队的建设，企业文化积极向上充满活力，得到了当地政府的大力支持和政策优惠。西充星河生物科技有限公司主要从事食用菌的研发、生产与销售，产品种类繁多，包括杏鲍菇、双孢蘑菇、香菇、木耳等。该公司日产杏鲍菇60吨，近年来销售额和净利润均呈现出稳步增长的趋势。

（2）销售网络分析。

西充星河生物科技有限公司主要在国内市场销售其产品，并通过电子商务平台进行在线销售。公司也积极拓展东南亚国际市场，努力提升其产品的品牌知名度和影响力。其销售模式以直接销售为主，同时也有批发和零售渠道。

（3）创新研发能力。

西充星河生物科技有限公司不仅拥有先进的生产设备和生产技术，还拥有成熟的技术研发团队。近年，公司还与西华师范大学、南充市农业科学院等科研院所开展了紧密的合作，不断进行技术创新和新品研发，不断探索新的食用菌种植技术和生产工艺。其生产工艺和流程设计均经过精心研究和实验，以确保产品质量和效率。

二、当前四川省杏鲍菇产业发展存在的主要问题

四川省杏鲍菇产业经过几十年的发展，已成为四川食用菌产业中重要的支柱型

产业。在从"数量型"杏鲍菇发展模式到"品质型"杏鲍菇发展模式转变的过程中,四川省杏鲍菇产业链除了存在缺少科学、系统的食用菌品质评价体系的这一重大科学问题外,具体到杏鲍菇产业链的各个环节还存在许多需要关注的问题,严重制约了产业的升级发展。主要存在以下问题。

(一)种质资源收集不足,新品种选育工作滞后

目前,四川省内野生杏鲍菇资源到底有多少,到底分布在哪些区域,严格地来讲是模糊的。缺乏专门的杏鲍菇种质资源库,缺乏专门的种质资源收集、保藏的科研经费支持,缺乏专门的杏鲍菇种质资源保护工作政策措施等。四川省食用菌研究所、中国农业科学院都市农业研究所和省内杏鲍菇企业都收集、引进了一些种质资源,但没有一个专门和健全的杏鲍菇种质资源库。同时,杏鲍菇的新品种选育工作远远跟不上现有的生产水平,四川省已经连续10多年没有新的杏鲍菇品种选育、认定。杏鲍菇企业普遍反映的工厂化专用新品种选育、优质高产新品种选育、生产菌株脱毒处理等问题长期没有得到有效解决。

(二)生产工艺熟化研究不足,标准化生产栽培体系不够完善

杏鲍菇工厂化栽培技术生产周期长,产量和优级品率低,企业盈利水平低,难以参与市场竞争,部分企业生存困难。尽管四川省杏鲍菇产业在技术创新方面取得了一定的成就,但在与国内外市场的竞争中,仍然显得技术水平不够高。主要表现在:第一,对杏鲍菇的生物学特性没有充分了解和认识,对栽培关键控制点技术的掌握不够成熟,更多的是靠技术人员的经验判断,没有系统和科学的研究;第二,标准化生产栽培体系不够完善,工厂化栽培控制参数的设定往往依靠技术总监的经验感觉,缺乏科学依据,栽培管理中每一个环节的标准化研究滞后,普适性的生产标准研制缺乏;第三,四川省杏鲍菇的工厂化生产虽然长期重视关键技术的研发,并已解决许多关键性问题,但在工艺熟化方面仍有待提升。与先进省份相比,四川省在生产的稳定性、产量和品质、自动化程度以及智能化生产等方面仍存在显著的差距。

(三)精深增值加工技术缺乏

四川省的杏鲍菇采后处理技术已经比较成熟,产品主要分为鲜品和加工品两类。其中,鲜品主要通过农贸市场、超市等渠道销售,加工品则通过工厂进行粗深加工,如制罐、盐渍、烘干等。初级加工虽然在一定程度上提高了产品的附加值,

但距离精深加工还远远不够。目前，省内杏鲍菇产业精深增值加工技术缺乏，产品同质化严重，产品类型少，产品层次低，不能充分发挥杏鲍菇的营养、风味、保健、美容功效，成为产业发展的瓶颈，严重制约杏鲍菇产业的发展。

（四）副产物利用率不足

在杏鲍菇副产物的利用环节，当前技术的应用存在明显不足。杏鲍菇生产过程中产生的边角料，由于缺乏有效的利用技术，导致其利用率不高，无法充分发挥这些废弃物的潜在价值。此外，菌渣资源化高效利用技术的匮乏也成为一个突出问题，这使得菌渣成为杏鲍菇产区环境的主要污染源。这些未得到妥善处理的菌渣不仅严重影响了产地环境的质量，还逐渐成为了杏鲍菇产业实现可持续发展的制约因素。因此，如何提高副产物利用率，减少环境污染，补足产业发展的"短板"，进而推动杏鲍菇产业的健康发展，成了当下必须解决的问题。

（五）产业融合与可持续发展有待加强

首先，杏鲍菇产业与二三产业的融合程度还不够高，需要进一步推动农业、制造业和服务业的深度融合。例如，可以通过发展农产品加工业、农业物流和农业旅游等方式，加强杏鲍菇产业链的延伸和整合，提高产业的综合效益和竞争力。目前，四川省在这方面的探索还较少，尚未形成具有示范效应的可持续发展的杏鲍菇产业模式。

其次，杏鲍菇产业的可持续发展需要注重资源的高效利用和生态环境的保护。例如，可以通过推广生态农业技术和循环经济发展模式，提高杏鲍菇产业的资源利用效率和生态环境保护水平。同时，建立科学合理的利益分配机制，保障农民和企业之间的利益共享，促进产业的可持续发展。

最后，还需要加强政策扶持和技术支持，提高杏鲍菇产业的科技含量和创新能力。例如，可以加大对杏鲍菇产业的技术研发、技术转移和技术推广的支持力度，提高产业的科技水平和技术创新能力，为产业的可持续发展提供强有力的技术保障。

（六）政策支持与引导力度不足

尽管各地政府对杏鲍菇产业给予了一定的政策扶持，但在科技研发、产业链整合、品牌建设、农民组织化等方面，政策支持和引导力度仍显不足。这种状况在一定程度上制约了杏鲍菇产业的发展，使其难以实现全面的升级和进步。

在科技研发方面，尽管政府有一定的投入，但科研经费的不足以及科研人员的缺乏，使得杏鲍菇产业在技术创新和品种改良等方面进展缓慢。此外，科研机构与生产企业的协作不够紧密，导致科研成果转化效率低下。

在产业链整合方面，由于缺乏统一的标准和规范，杏鲍菇生产、加工、销售等环节往往处于脱节状态，无法形成紧密的产业链。此外，缺乏对产业链上游原料环节的支持，也使得杏鲍菇产业的稳定性受到一定程度的影响。

在品牌建设方面，许多杏鲍菇生产企业的品牌意识不强，政策缺乏对品牌建设的投入和有效推动。这导致了市场竞争的无序和资源的浪费，限制了杏鲍菇产业的竞争力和发展潜力。

在农民组织化方面，尽管农民专业合作社等组织在杏鲍菇产区有一定的发展，但总体上仍存在组织化程度低、运作不规范等问题。这不仅影响了农民参与市场的积极性和收益水平，也制约了杏鲍菇产业的规模化、集约化发展。

因此，为了推动杏鲍菇产业的持续升级和发展，政府应加大在科技研发、产业链整合、品牌建设、农民组织化等方面的政策支持和引导力度，以促进资源的优化配置和产业的协同发展。同时，鼓励企业加强技术研发和品牌建设，提高产品附加值和市场竞争力，进一步推动农民组织化程度的提高和产业链的完善。

（七）缺乏工厂化生产技术人才

杏鲍菇生产是一个复杂且涵盖多个环节的过程，包括原料的采选、菌种的选育、菌种的生产、装袋灭菌、接种培育、出菇管理、采后处理等。每个环节都需要配备专业的技术人才进行精准的指导和监控，以确保生产过程的顺利进行。

首先，在原料采选阶段，需要对原料的品质、营养成分、安全性等进行全面评估和选择。这需要技术人才具备丰富的农业知识和对原料特性的了解，以确保所选择的原料能够满足杏鲍菇生长的需求。其次，在菌种选育和生产环节，需要运用微生物学和遗传学等相关知识进行菌种的选育和生产。这些工作需要技术人才具备高度专业的微生物实验室操作技能和菌种生产经验，以确保所生产的菌种具有优良的性状和产量。再次，装袋灭菌是杏鲍菇生产中关键的一环，需要技术人才熟练掌握无菌操作技术和设备使用方法。同时，接种培育和出菇管理环节需要技术人才对环境因素如温度、湿度、光照、二氧化碳浓度等进行精细控制，以促进杏鲍菇的优质高产。最后，在采后处理环节，需要技术人才对产品的品质、贮藏、保鲜等方面进行专业把关，以确保产品的质量和安全。

然而，现有的技术人员大多没有经过系统的学习和培训，主要通过经验的累积来应对各种生产问题。这使得他们的专业素质和技能水平相对缺乏，无法满足杏鲍菇生产日益增长的需求。因此，需要加大对技术人员的培养和引进力度，提高他们的专业素质和技能水平，以推动杏鲍菇生产的现代化发展。

三、四川省杏鲍菇产业发展趋势与对策建议

（一）四川省杏鲍菇产业发展趋势研判

在四川省，杏鲍菇作为一种具有较高营养价值和广阔市场前景的食用菌，近年来呈现出良好的发展趋势。以下将从行业规模与增长、市场结构、竞争分析、行业趋势、商业模式和盈利能力等方面对四川省杏鲍菇产业的发展进行分析。

1. 行业规模与增长

杏鲍菇产业规模的增长受多方面的影响，如全球新冠肺炎疫情、健康饮食需求、技术水平提高、政策支持等。近年来，四川省杏鲍菇产业规模不断扩大，其中市场需求和政府政策的推动是主要原因。

在市场需求方面，随着人们对健康饮食的关注度不断提高，杏鲍菇作为一种营养丰富、美味可口的食用菌，越来越受到消费者的青睐。因此，杏鲍菇的种植面积和产量均实现了稳步增长，进入了年产10万吨的体量。

在政府政策方面，四川省政府对杏鲍菇产业的发展给予了大力支持。政府通过出台各项优惠政策和资金扶持，鼓励企业和农户扩大杏鲍菇的种植和生产规模。同时，政府还积极引导生产企业发展绿色有机杏鲍菇种植模式，加强杏鲍菇质量安全管理，提高产品质量和安全性。

除了市场需求和政策支持外，技术水平的提高也是杏鲍菇产业规模增长的重要因素之一。随着科技的不断发展，杏鲍菇的栽培方法得到了改进，生产效益得到了提高。同时，杏鲍菇的加工和销售环节也在不断完善，包括种植、采摘、分级、批发、零售等产业环节都在不断进步，从而促进了杏鲍菇产业的发展。

四川省杏鲍菇产业规模不断扩大的原因包括市场需求、政府政策的推动以及技术水平的提高等多方面的因素。未来，随着人们健康意识的不断提高和政府政策的进一步支持，杏鲍菇产业还将继续保持快速增长的态势，成为未来农业领域中的重

要发展方向之一。

2. 市场结构

四川省的杏鲍菇产业市场结构展现出了多元化与竞争并存的特点。在市场份额的占有上，存在多个实力强劲的企业和品牌。其中，成都杏鲍菇和蓬溪杏鲍菇等地方品牌在四川省内具有较高的知名度和市场份额。这些品牌通过优质的产品、精细的服务以及独特的营销策略，建立了自己的市场地位。

然而，四川省杏鲍菇产业的竞争态势异常激烈。众多企业在同一个市场中展开角逐，为了争夺更多的消费者，它们必须不断提高产品的质量，降低生产成本，并加强品牌推广和营销。一些企业选择通过技术创新，提高杏鲍菇的产量和品质，降低生产成本；另一些企业则注重品牌建设，通过独特的包装、宣传策略来提升产品的附加值。

在众多竞争因素中，价格是影响消费者选择的重要因素之一。为了获得更多的市场份额，不少企业选择降低产品的价格。然而，降价也给企业带来了巨大的压力。在降低成本的同时，必须确保产品的质量不会受到影响。这需要企业在生产过程中严格控制成本，并且对产品进行持续的质量监控。

总的来说，四川省的杏鲍菇产业市场结构多元化，竞争异常激烈。企业在享受市场自由的同时，也面临着来自同行的挑战和行业法规的制约。对于杏鲍菇产业的长远发展，需要企业在竞争中寻求合作，共同推动整个行业的技术进步和品质提升。同时，也需要政府加强监管，确保市场的公平竞争和产品的质量安全。

3. 竞争分析

在四川省的杏鲍菇产业中，竞争主要来自同行业的众多企业。这些企业间的竞争策略各有不同，但主要集中在产品质量、价格、销售渠道和市场份额等方面。

首先，产品质量是竞争的核心。为了赢得消费者的信任和忠诚度，企业必须不断提高产品的质量。在杏鲍菇产业中，一些企业注重技术创新，不断提高产品的附加值，例如通过深加工和精细化包装，提高杏鲍菇的附加值和竞争力。

其次，价格也是竞争的重要因素之一。在同等质量条件下，价格更低的产品往往能获得更多的市场份额。因此，为了获得更多的市场份额，不少企业通过降低生产成本、优化供应链等方式来降低产品价格，提高市场竞争力。

此外，销售渠道和市场份额也是企业间竞争的焦点。在销售渠道方面，企业通过建立自己的销售网络、拓展线上销售渠道等方式来扩大产品的销售范围，提高产品的市场占有率。同时，企业间的竞争也体现在对市场份额的争夺上。为了获得更多的市场份额，企业需要不断提高产品的品质和附加值，同时通过与农户建立紧密的合作关系，降低生产成本，提高产品的市场竞争力。

总的来说，在四川省的杏鲍菇产业中，竞争主要来自同行业的企业间竞争。为了提高竞争力，企业需要不断提高产品质量、降低生产成本、优化销售渠道和扩大市场份额等。同时，与农户建立紧密的合作关系也有助于提高产品的市场竞争力。

4. 行业趋势

随着消费者对健康食品的需求不断增长，杏鲍菇作为一种营养丰富、口感独特的食品，正日益受到广大消费者的喜爱。这种受欢迎程度，不仅在四川省内，而且在全国范围内都在持续增长。

杏鲍菇的营养价值极高，富含蛋白质、维生素和矿物质等多种营养成分，对于增强体力和免疫力都有很好的效果。同时，杏鲍菇的口感鲜美，可以作为一种美味的食材添加到各种菜肴中。因此，杏鲍菇在餐饮和家庭消费中都得到了广泛的应用。未来，四川省杏鲍菇产业将继续保持稳定增长。除了在餐饮和家庭消费中的应用，杏鲍菇也将被更多的人们用于制作深加工产品。例如，杏鲍菇酱和杏鲍菇干等产品的研发和推广，将进一步拓宽杏鲍菇的应用领域，提高其市场价值。同时，杏鲍菇的多元化也将成为行业发展的新趋势。除了传统的鲜品和深加工产品外，杏鲍菇还将被开发成更多的保健品、药品等高端产品。例如，杏鲍菇多糖的提取和利用，将有助于提高杏鲍菇的附加值和产值。此外，随着人们对环保和可持续发展的关注度不断提高，杏鲍菇产业也将积极探索更加环保、可持续的发展模式。例如，我们可以通过推广有机种植、循环农业等绿色发展模式，不仅能提高杏鲍菇的品质和安全性，更重要的是可以实现产业的可持续发展。

随着消费者对健康食品的需求不断增长，四川省杏鲍菇产业的前景十分广阔。未来，通过深加工和多元化发展，杏鲍菇产业将实现更加稳定和可持续的发展。同时，随着人们对环保和可持续发展的关注度不断提高，杏鲍菇产业也将积极探索更加环保、可持续的发展模式。

总结来说，四川省杏鲍菇产业呈现出良好的发展趋势，但仍存在一些挑战和机遇。为进一步提升产业的竞争力和可持续发展能力，需要不断加强技术创新、优化产业结构、拓展市场渠道等方面的工作。同时，政府和企业也需要在政策扶持、技术培训和市场开拓等方面给予更多的支持和引导，以促进四川省杏鲍菇产业的健康发展。

（二）促进四川省杏鲍菇产业发展的对策建议

1. 提升杏鲍菇菌种保供能力，筑牢产业"芯片工程"

食用菌菌种保供能力是食用菌产业"芯片工程"，一是要加快四川省野生杏鲍菇资源普查及种质资源收集；二是引进省外优良品种开展出菇品比试验，筛选获取四川省适栽品种，在短期内快速进行良种扩繁和推广应用；三是要创新菌种研发长效机制，建立四川省食用菌育种重点实验室，加快建设种源研发基地，加强对杏鲍菇优势特色品种选育。支持有实力的种源工程企业加快"三级菌种"一体化繁育体系建设，在产业集中区建立菌种保供基地，提高食用菌菌种自给能力；四是要组织四川省食用菌研究所、四川农业大学、成都市农林科学院等高校、科研院所加快液体菌种及配套栽培技术的研究与产业化示范。

2. 以工厂化为引领，构建标准化生产体系

依托四川省食用菌研究所、中国农业科学院都市农业研究所、四川农业大学、成都市农林科学院等科研院所，建设形成四川省食用菌菌种工程（技术）研究中心，实现良种良法的配套及工程化应用，并完善四川省工厂化食用菌育种重点实验室建设。构建以工厂化、现代化、智慧化为引领的标准化生产体系。组织科研院所、企业开展杏鲍菇的工厂化生产菌株、液体菌种、生长营养需求与环境因子的配套研究，开发生产效益综合评估智能化决策系统，实现工厂化生产的远程智能化控制。紧抓标准化生产基地建设，围绕主导产业进行基地标准化改造，配套建设烘干、冷链物流设施，提升杏鲍菇周年供给能力。

3. 综合利用废菌棒，推进产业绿色发展

要守好发展和生态两条底线，坚持生态产业化、产业生态化。一是加强对杏鲍菇边角料的再利用。加强对菇脚、碎菇的再利用，开发蘑菇精、杏鲍菇辣椒酱、化妆品等产品。二是加强废菌棒及菌袋资源化利用。督促企业开展废菌棒资源化综合利用，废菌袋按废塑料回收综合利用，废菌瓶洗净灭菌后再次装填菌材生产新菌棒，废菌渣主要以加工有机肥、动物（昆虫）饲料、再生能源和再次生产新菌棒等方式进行资源综合利用。三是要推行绿色防控。在杏鲍菇生产基地和产区推行生物防控、物理防控等措施，避免农药残留问题，通过对原材料进行严格把关，避免重金属超标问题。

4. 做强杏鲍菇精深加工，促进三产融合发展

通过对现有的杏鲍菇高效产业园提档升级，打造一批国家级现代农业产业园区、农业科技示范园、一二三产业融合示范园、观光博览园区、特色小镇等亮点，吸引资本、技术向园区集中。以园区为载体对标引进国内加工龙头企业开发精深加工，开发化妆品、保健品、调味品等新产品。依托四川省良好的生态环境、民族风情、地势地貌、野生菌等资源，以杏鲍菇产业和杏鲍菇文化为基础，配套发展食用菌餐饮业，构建菌文旅一体化、居游共享、产融互补为特色的杏鲍菇小镇、杏鲍菇主题庄园、体验科普园。

5. 加快搭建科技平台，加强人才队伍建设

人才是食用菌产业的关键，目前各大生产企业普遍反映缺乏高质量人才。建议要加大规模培养、培训实用人才，多渠道引进人才，高质量培养人才。在省内高校、职业技术学院开设食用菌专业，稳定培养杏鲍菇专业人才。对食用菌企业科研、生产、检验、营销、管理等人员进行定期培训，加强对农户等经营主体现场指导和集中培训，建设形成四川省杏鲍菇产业包括研发、生产、加工、营销等全过程的人才团队。

参考文献

黄年来，林志彬，陈国良，2010. 中国食药用菌学 [M]. 上海：上海科学技术文献出版社.

沈海霞，王伟，2022. 杏鲍菇工厂化栽培及采后保鲜技术 [J]. 现代园艺，45（18）：27-28，176.

仵强，刘芹，孟胜楠，2014. 杨凌示范区杏鲍菇工厂化生产现状和发展对策 [J]. 陕西农业科学，60（12）：62-65.

郑雪平，冀宏，尹永刚，等，2014. 中国杏鲍菇工厂化生产实践及问题分析与展望 [J]. 食用菌，36（1）：7-11.

四川省毛木耳产业发展报告

叶 雷[1] 李小林[1] 张 波[1] 杨学圳[1] 黄 钰[1] 吴传秀[2]
贾定洪[1] 李 享[2] 王 雪[2] 姜 邻[1] 彭卫红[1] 谭 伟[1]

(1. 四川省食用菌研究所,四川成都 610066;
2. 四川省园艺作物技术推广总站,四川成都 610041)

摘 要：四川省毛木耳产量居全国首位,在推动地方经济、助力乡村振兴方面发挥了重要作用。本报告简述了四川毛木耳产业发展概况,分析了四川毛木耳产业现状,明确了存在的主要问题,研判了产业发展趋势,提出了对策建议,并以什邡市黄背木耳产业发展典型案例呈现了成功经验。本报告为四川毛木耳产业高质量发展提供了理论支撑,为产业决策提供了依据。

关键词：毛木耳;产业概况;问题分析;对策建议;典型案例

引言

我国是世界毛木耳产量最大的国家,四川省是全国毛木耳生产规模最大的省份。1981年,四川从我国台湾引进黄背木耳菌株,率先在金堂县进行栽培,随后迅速推广到全省50多个县(市),迄今已有40余年的生产历史。1991年四川省产量达5 000多吨,产值1亿元,成为全国黄背木耳栽培规模最大省份并保持至今。据中国食用菌协会统计,2022年全国毛木耳产量达223.07万吨,是继香菇、黑木耳和平菇后的第四大人工栽培菌类。其中,产量排名前四位的省份依次是四川(93.69万吨)、山东(52.09万吨)、福建(33.70万吨)、河南(24.61万吨)。四川省毛木耳产量占全国毛木耳总产量的42%,主导着全国"话语权"。

四川主产黄背木耳,其栽培模式为"熟料袋栽荫棚出耳",广泛分布在什邡市、中江县、彭州市、宜宾市、绵阳市、泸州市等地,其中核心区位于德阳市什邡市,是全省生产规模最大县,是2005年农业部(2018年改为农业农村部)认定的"全国无公害农产品生产示范基地县达标单位",是国家质监局 2007 年确定的"黄背木耳标准化生产示范基地","川渝"牌、"渝氏"牌黄背木耳为主的食用菌产品,获农业部无公害农产品认证。该市渝氏镇 2018 年荣获中国乡镇企业协会食用菌产业分会授予的"中国黄背木耳之乡"荣誉称号。黄背木耳已成为该市重要特色效益农业和农民增收致富的主导产业。栽培毛木耳已成为广大种植户增收致富的重要路径之一,充分调动了农村剩余劳动力,在乡村产业振兴中发挥了重大的作用。

四川毛木耳在菌类蔬菜中独具一格,是"烫火锅"美味食材,在丰富"菜篮子"、助农增收、促进就业、促进地方经济发展和产业振兴中发挥了非常重要的作用,同时产业兴旺发展留住了年轻人,为空巢老人,留守儿童带来了温暖,也让产业有盼头,有希望。基于四川毛木耳特点和文化积淀,因此有必要对四川毛木耳产业现状、趋势、问题等进行梳理,以促进四川毛木耳产业高质量发展。

一、四川省毛木耳产业发展现状

四川毛木耳产量、规模居全国第一。据中国食用菌协会数据,2021 年四川毛木耳产量 85.72 万吨(产值约 51 亿元),占全国总产的 38.84%,是全国最大的黄背木耳生产基地。四川毛木耳产业持续发展 40 余年,形成了传统农业式生产为主,兼顾工厂化、珍稀品种多元化发展的格局,集成创新了"熟料袋栽荫棚出耳"模式,落地了"毛木耳高效栽培技术"体系,引领了全国毛木耳产业的高质量发展。

1. 科技支撑四川毛木耳产业发展现状

在四川食用菌专家们的共同努力下,毛木耳产业连续多年稳居全国首位。四川省食用菌研究所建立了毛木耳种质资源库,入库资源近 500 份;研制了中华人民共和国农业行业标准 NY/T 3729《植物品种特异性(可区别性)、一致性和稳定性测试指南 毛木耳》,为毛木耳新品种保护提供了指南;获省部级科技成果奖 7 项;育成毛木耳国认新品种 4 个,省级审(认)定新品种 17 个,其中育成我国首个粉色木耳新品种"粉耳 1 号"、纯白色毛木耳新品种"川耳 6 号"、适宜鲜销品种"昊阳黄耳 3 号"等特色新品种;川耳 206(品种权号 CNA20201002384)、川耳 208(品种权号 CNA20201002385)和川耳 213(品种权号 CNA20201002387)获得农业部新品种权。在国家食用菌产业技术体系毛木耳和药用菌栽培岗位、四川食用菌创新团队、"十四五"育种攻关等科技项目支持下,系统开展了 150 余项专项试验,研发推广毛木耳轻简化、精准化栽培技术50余项，技术覆盖度达90%以上，集成了毛木耳高效栽培技术，连续5年入选省农业主推技术。在确定毛木耳"癌症"油疤病病原菌和感染菌袋的生理机制的基础上，研制了抗油疤病栽培技术成功控制将发病率从80%以上降低至5%以下。此外，四川农业大学、成都市农林科学院、攀枝花市农林科学研究院等单位还从品种选育、技术研究、产品开发等角度共推四川毛木耳产业高质量发展。科技支撑了毛木耳主产区什邡市湔氐镇荣获"中国黄背木耳之乡"殊荣，引领了全国黄背木耳市场。

2. 四川毛木耳品种现状

四川毛木耳生产用种以褐色系列品种（菌株）为主，兼顾了白色、粉色等特色品种。四川主栽褐色系列品种（菌株）为"上海1号""781""川琥珀木耳1号"等，其中"上海1号"全省栽培面积最大。白色系列品种为"川白耳1号""川耳6号""玉木耳"等，近年，白色大木耳和小孔小耳受到了市场的广泛欢迎，干品销售价格可达50~200元/千克，较褐色系列传统木耳价格高2~10倍。2021年始，粉色系突破性新品种"粉耳1号"在四川选育成功，并快速在四川、山东等地大面积栽培，取得了较高的社会、经济效益。2023年，子实体适宜鲜销的新品种"昊阳黄背3号"选育成功，为鲜销毛木耳市场提供了优质的新品种。总的来说，四川传统毛木耳品种（菌株）仍占据市场主导地位，虽然它们种性退化，抗病性降低，单产降低，但广大种植户考虑到种植习惯，产量稳定性等因素，仍热爱传统品种，近年育成的新品种仍处于"备选"阶段，少数企业在尝试种植，拓展市场。

3. 四川毛木耳栽培技术现状

1981年四川从我国台湾引进黄背木耳菌株，率先在金堂县进行栽培，随后迅速推广到全省50多个县（市），迄今已有40余年的生产历史。1991年四川省产量达5 000多吨，产值1亿元，成为全国黄背木耳栽培规模最大省份并保持至今，已成为我国食用菌的主栽品种之一。目前，我国是全世界毛木耳产量最大的国家，四川省是全国毛木耳生产规模最大的省份。四川毛木耳栽培技术模式概括为"熟料袋栽荫棚出耳"，其栽培流程包括季节安排→原料准备→菌棒生产→发菌管理→出耳管理→采收晾晒。四川毛木耳在生产季节、栽培品种、料袋大小、基质配方、出耳方式等方面与山东、福建、河南和江苏等地有差异。四川毛木耳栽培具有菌袋生产期较长；出耳时间较早；出耳采收期较长；栽培基质无需长时间的堆积发酵；使用的栽培料袋规格较大；高温发菌、低温养菌；微喷灌出耳水分管理；耳片竹笆晾晒等特点，是经长期试验研究集成的结果。

2008年四川地震后，毛木耳产业遭受重创后，自2009年始，在国家食用菌产业技术体系毛木耳和药用菌栽培岗位、四川食用菌创新团队等专家的持续努力下，在四川毛木耳主产区持续开展150余项专项试验，开展毛木耳轻简化、精准化栽培技术研究，解决了菌棒癌症"油疤病"频发的疑难问题，形成了一批降本增效栽培技术，包括新型基质配方、高效制袋技术、燃气灭菌技术、集中制种制袋技术、发菌技术、出耳管理技术、新型出耳棚架、病虫害绿色防控技术等，将四川毛木耳产量从2008年的23.71万吨，提升到了2021年的85.72万吨，增幅达361.54%。四川省食用菌研究所科技人员集成的"毛木耳高效栽培技术"连续多年入选省农业主推技术，有效助推了四川省毛木耳产业高质量发展。目前，毛木耳降本增效系列技术在全省得到了大面积的应用，创建的轻简化栽培技术达到了国际领先水平。

4. 四川毛木耳菌渣综合利用现状

四川毛木耳栽培具有分散的特点，菌渣集中收集难度大，除主产区外，绝大多数菌渣没有得到充分利用。目前，毛木耳生产后的废弃菌棒处理上，散户随意丢弃，焚烧，污染环境，成为病虫害滋生的温床；或者进行还田，直接用于果树、蔬菜的底肥。针对种植户较集中的区域，目前已经有多家有机肥生产企业入驻主产区，对废菌棒进行回收利用，如在什邡市，种植户以0.05~0.1元/袋的价格出售给有机肥生产企业或沼气生产企业，充分解决了主产区废旧塑料袋和菌渣的综合利用问题，延伸了产业链，实现了产业的可持续发展。总的来说，种植户较集中的区域，由于菌渣量大，营养丰富，成本低，方便收集，菌渣得到了综合利用，而散户所产菌渣多自行处理，浪费严重。

5. 四川毛木耳产销现状

四川毛木耳产销现状表现出产量较高但市场分散、价格波动和品质参差不齐的特点。四川毛木耳主产地集中在什邡市、中江县、彭州市、宜宾市等地，产品形式以初级干制品为主，且子实体越大片其销售价更高。四川毛木耳市场以散销为主，市场存在一定程度的混乱。初级加工产品的销售单价普遍不高，第一潮的市售价在26~30元/千克，第二潮的价格在22~26元/千克。散户多采取自行销售的方式，主要通过当地的批发市场进行交易。而集中种植区（如什邡市、彭州市等地）多由经销商上门看货谈价销售，这使得种植户难以掌握价格控制权，利益保障也较为困难。

目前，四川尚未形成专门的经营机构来进行毛木耳产品的统一质量把控和集中销售。这导致了市场中品质参差不齐的问题，同时也限制了产品的开拓与推广。缺乏统一的质量标准和监管机制，使得消费者难以对产品的质量和安全性进行准确评估。总之，四川毛木耳产销现状存在一定的问题，但也具备较高的发展潜力。通过加强品质把控、市场整合和宣传推广等方面的努力，可以进一步推动四川毛木耳产业的发展，提升产品的市场竞争力和附加值。

6. 四川毛木耳经营主体现状

四川毛木耳的经营主体现状呈现多元化发展趋势。虽然个体户仍然是主要的经营主体，但随着我国人口老龄化、城镇化的发展，国家政策的引导，从业主体逐渐从个体户转向家庭农场、专合社和企业，且逐渐壮大，反映了产业转型升级的关键阶段。一方面，个体户是目前四川毛木耳的主要从业主体。拥有自己的小规模种植基地，负责种植、采摘、初级加工和销售等环节，具有灵活性强、成本较低的优势，但也受到市场价格波动和供应链管理等问题的影响。另一方面，家庭农场和专合社在四川毛木耳产业中逐渐壮大。这些家庭农场或专合社通常由一个至数个家庭组成，共同经营毛木耳种植，实现规模化、集约化管理，具有生产规模较大，集中的特点，整合了多个种植户或者家庭，其生产能力和抗风险能力明显增强。此外，一些企业参与四川毛木耳产业的经营，为产业发展带来了较强的资金、技术和市场运作能力支持，带动家庭农场、专合社、种植户等进行大规模生产和深加工，开发出更多样化、高附加值的毛木耳产品，推动了整个产业链的升级和发展。经营主体的多元化，提升了产业的市场竞争能力，促进了产业的发展。

7. 四川毛木耳产业三产融合现状

四川毛木耳产业形成了多样化的产业链。该产业不仅致力于生产高质量的毛木耳产品，还积极开展农旅结合、采摘体验、科研教学等活动，打造教学实践基地，推动着产业的发展。在农旅结合方面，四川毛木耳产业将农业资源与旅游资源相结合，为游客提供了一种亲近自然和参与农业生产的体验。游客可以参观毛木耳的种植过程，体验采摘毛木耳的乐趣，并品尝到新鲜的毛木耳食品。这种农旅结合不仅丰富了旅游产品，也为当地农民增加了附加值，带动了农村经济的发展。同时，四川毛木耳产业还注重开展科研教学活动。通过与科研机构和高校的合作，建立了科研教学基地，开展毛木耳种植技术研究和人才培养。这不仅提高了毛木耳的种植质量和产量，也为农民提供了新的种植技术和管理经验。同时，通过开展相关课程和培训，培养了更多的毛木耳产业从业者和技术人才。

在产品加工方面，四川毛木耳产业逐步实现了多样化和精细化。除了传统的毛木耳干制品外，还推出了木耳羹、木耳丝、木耳预制菜、木耳酵素果冻等多种加工产品。这些产品不仅满足了消费者对于毛木耳的多样性需求，也增加了产品的附加值和市场竞争力。总之，四川毛木耳产业的三产融合现状表现出多元化和创新性的特点。通过农旅结合、科研教学和产品多样化加工，实现了农业、工业和服务业的有机融合，但仍需要进一步持续深化。这促进了产业的发展和增加了农民的收入，也为消费者提供了更多元化的产品选择，推动了四川毛木耳产业的可持续发展。

二、当前四川省毛木耳产业发展存在的主要问题

（一）生产原料来源多样质量监管体系不完善

四川毛木耳栽培用料多以阔叶树木屑、棉籽壳、玉米芯、高粱壳等为主料，麸皮、玉米粉等为辅料开展"熟料袋栽"，其生产模式仍是小农"家庭经营"为主。生产模式在一定程度上决定了整个生产用料来源的广泛性、不确定性和不稳定性。整个生产配方涉及 5~10 种生产原料，这种多样性的原料来源导致生产过程中原料的质量和成分不一致，影响了产品的质量和稳定性。除极少部分企业、家庭农场或专合社在生产用料质量上得到有关部门有效监督外，小农"家庭经营"几乎属于监督空白。种植户分散分布，数量庞大，这种分散性意味着监管部门需要涵盖大面积的地理区域，并与大量的小农户合作，需要更多的人力和物力资源，导致监督成本上升，追踪和审查原料的来源和质量难度大。在生产过程中，缺乏有效的质量监管体系导致产品质量不稳定，难以保证食品安全，缺乏质量监管体系可能会导致产品中存在有害物质或微生物污染的风险增加。另外，目前四川尚未建立关于毛木耳生产用料安全性的规范性标准。

（二）主导品种单一

毛木耳按商品名分"黄背木耳"和"白背木耳"，其中四川主产"黄背木耳"。大面积主栽品种（菌株）为"上海 1 号""781"，这些传统品种生产使用年限超 20

年以上。毛木耳品种选育主要依托科研单位科技人员开展，但由于缺乏对市场的调研，育种者选育目标往往具有盲目性、随意性，科技成果转化率普遍不高，市场突破性品种缺乏。近年，四川省内学者在特色品种选育上具有一定成效，但仍然没有出现能够取代传统品种的突破性新品种，种植户尚未完全信任或找到替代品种。这种长年单一主导品种的种植模式带来了一系列问题，包括生态风险，遗传多样性降低，品种的抗病性和适应性受到限制，单产下降。

（三）菌种质量良莠不齐

菌种质量是影响毛木耳产业高质量发展的一个重要方面，直接关系到毛木耳的产量、品质和种植效益。四川毛木耳生产用菌种来源复杂，除几大主产区部分企业从相关科研单位引种外，多数生产用种是从市场购买或自行组织分离获得，种源得不到保障。市场菌种"同物异名"现象严重，菌种供应商为了自身利益，随意更改品种名称，进一步加剧了品种市场的混乱。此外，由于毛木耳菌种保藏难度高，母种采用常规培养基（如PDA）保存或经历高温或转代次数过多等会引起"死种""种性退化"的问题，采用未经检验合格的菌种用于后续扩繁，带来了严重的菌种质量隐患。在菌种标准建设方面，省级地方标准《毛木耳菌种》DB51/T 1059，对固体菌种质量标准进行了规范，但是随着产业技术的进步，2018年毛木耳液体菌种在四川率先应用，且面积呈逐年增长趋势，但相关质量标准仍未建立。进一步，衍生出液体和固体菌种复配相关菌种质量标准的空白。菌种生产和销售缺乏统一的标准和监管体系，导致了市场上存在质量参差不齐的菌种。缺乏规范会让不良的菌种供应商有机可乘，销售低质量的菌种。

（四）接种环节关键核心问题严重

四川传统农业式毛木耳主流生产模式，暴露了接种环节科技含量相对较低的现状。人口老龄化导致接种技术人员短缺，因为需要在凌晨进行"抢温"接种，工作量大且劳动强度高，这不适合年龄较大的从业者。接种药剂潜在的伤害身体。种植户集中生产，对接种人员的需求大。种植户对新型接种方案的认知不足，怕担风险，影响效益，限制了新型技术的推广应用。户用型经济高效的液体菌种推广难度大，因为这项技术需要种植户学习高水平的生产技术，普通农户难以掌握。液体菌种在使用上具有污染潜在性，多数种植户不具备污染鉴定条件，使用风险高。液体菌种与传统的料袋制作模式不匹配，液体的易污染性，增加了控制污染的成本。另一方面，接种人员只管接种，而不保证接种成功率，这增加了种植户的风险。近年，随着接种问题的日益突出，单袋接种价格已从2016年的0.16元/袋，增至2022年的0.26元/袋，涨幅达62.5%。随着接种单价的上涨，制袋过程涉及的"打杂""筛料""上下灶"等综合成本也得到了增加。目前，广大种植户最希望解决的就是接种的问题。

（五）集约化制袋程度不高

毛木耳生产涉及菌种扩繁、制袋（料袋套环、拌料、装袋、灭菌、冷却、接种、发菌）、上架、搔菌、出耳管理、采收、晾晒等一系列工序，其中制袋工序最为繁杂，也是重点技术攻关的环节。当下，四川毛木耳主产区分散式制袋，家家生火，户户冒烟，这不仅能耗高，劳动成本高，污染环境，产能低，而且菌棒质量难以把控，也给监管部门增加了监管的复杂性和成本。

（六）发菌和出耳智能化程度不高

发菌质量直接影响出耳单产。发菌期高温高湿引起"烧菌烂棒"的问题每年常有发生，给种植户带来了严重的经济损失。由于生产用地限制，"发菌晒耳"一场制成各产区主推模式，通过建造简易发菌大棚实现冬季料袋发菌（夏季拆除大棚用于露天晒耳）。这种大棚发菌在冬季具有控温难，通风易引起污染，虫害加重的风险，使得种植户在发菌期通风和保温之间很难抉择，掌握不好极易引起棚内高温高湿，出现"烧菌烂棒"现象。种植户在管理发菌棚温、湿度和二氧化碳浓度时，悬挂简易温湿度计或者水银温度计进行简单监测，多是"凭经验"办事，管理相对粗放。随着数字农业的发展，相关设备和技术并没有在毛木耳发菌关键期进行大面积应用。

毛木耳出耳是一个细心、漫长的过程，其中水分、温度管理尤为重要。出耳期种植户关心最多的是天气预报，一方面是为了防灾减灾，另一方面则是为了更好的实现出耳管理，收获更大片更高产的木耳。目前，水分管理上，几乎均采用简易微喷灌设施，大大减轻了浇水劳动强度，但这种设施虽能解决大部分生产给水问题，但仍存在耳架下层子实体"涝害"，上层"干旱"的问题，造成了大量的水资源浪费。下层过量的给水，增加了菌棒杂菌侵染的几率，易出现"烂棒""流耳"。上层菌棒由于"干旱"和高温危害，菌皮大量形成，不利于子实体的形成，转化率相对较低。总的来说，种植过程"凭经验办事"，常引发高温热害、干旱、污染、病虫害、"死种""烧菌烂棒""流耳"、子实体干死或涝害等系列生产问题，导致种植户遭受大量损失。

（七）生产用药存在一定不规范性

毛木耳在制种、制袋和出耳期均有少量化学制剂的使用，以杀菌、杀虫剂为主。制种和制袋过程环境消毒使用药剂和方法复杂多样，药剂挥发性气体和残渣没有得到有效的处理，危害环境可持续。整个子实体生长过程中几乎不使用农药。出耳期采后场地间歇期需要进行杀虫和杀菌处理，虽然生物农药在毛木耳生产中广泛使用，但一些从业者未经适当培训，不了解生物农药的正确应用方法，不严格遵守药品的使用规范，导致生物农药的效果不佳或使用禁用或超量使用农药，增加了药物残留的风险。从业者素质差异，缺乏必要的农业知识和技能，导致生产操作不规范，因不了解最佳的栽培和管理措施，影响了栽培产量和质量。

（八）菌渣和废塑料袋再利用难度大

四川毛木耳产量居全国首位，同时每年产生了大量的菌渣废弃物，没有得到很好的再利用。近年，什邡、中江、彭州等毛木耳主产区利用菌渣生产有机肥取得了较好的效果，但同时也暴露出菌渣利用量少，腐熟技术不成熟，肥效差异大，废菌棒脱袋产生大量废旧塑料等问题。针对毛木耳种植分散区，菌渣的收集更困难，废菌棒四处丢弃，造成了环境污染，病虫滋生。

（九）生产成本上行，种植效益低

毛木耳设施化生产技术相对落后，属劳动密集型产业，具有用工量大、用工集中的特点。生产成本上行是毛木耳产业面临的一个严峻问题，尤其是在"双碳"背景下，这一问题变得更加紧迫和复杂。首先，成本上升对毛木耳产业带来的首要问题是竞争力下降。随着主要生产原料如玉米芯和棉籽壳价格的大幅上涨，生产成本不断攀升。毛木耳的综合生产成本逐年增加，降低了市场竞争力。对于种植户来说，高成本意味着更低的利润，甚至亏损，降低了种植积极性。其次，用工量大、用工集中的特点使得成本上升问题更加严重。毛木耳产业是一个劳动密集型产业，许多环节需要大量的人工操作，包括制袋、接种、打杂等。随着用工需求的增加，劳动力成本也上升，这加大了毛木耳生产的经济压力。再次，用工集中也带来了劳动力供应不足的问题，特别是在繁忙的季节，种植户可能难以找到足够的工人，这影响了生产计划和效率。最后，成本上升对毛木耳种植户的盈利能力构成了威胁。

从接种环节来看，接种价格由 2016 年的 0.16 元/袋上升至 2022 年的 0.26 元/袋，这意味着在每生产 10 万袋菌棒，新增了 1 万元的成本。这种成本压力直接影响到种植户的盈利能力，导致一些农户退出市场。

（十）产品散销严重，种植利润薄

毛木耳种植户高度分散，单户生产量大，且子实体包装体积大不便运输、加工等，多数种植户以初级农产品自行联系商家销售，久而久之，商家上门看货谈价成为常态，散销模式成为市场主导。种植利润薄问题是毛木耳产业的痛点之一。产品散销导致了市场混乱和价格波动，使得产品流通渠道相对分散，种植户面临销售渠道不畅通、价格波动大的问题，增加了销售风险，降低了种植户的议价能力，价格下跌，影响种植利润。毛木耳的生产需要投入大量人力和资源，加之市场竞争激烈、价格波动大以及产量受季节和气候影响，种植户的盈利能力相对较低。薄利多销的模式使得农户难以获得合理的回报，甚至造成亏损，降低了种植户的积极性和产业可持续性。

（十一）精深加工产业链条短，附加值低

产业链精深加工产品短缺，主要销售初级农产品，如干货，且含少量杂质，导致销售价格仅在 7~8 元/千克。产业链长短根源于上游环节的简单性，导致众多小规模生产者存在于产业链上，引发了产品同质化问题，甚至造成了内部竞争。同时，由于缺乏创新和多样化，毛木耳产品难以在市场上实现差异化和高附加值，而简单的产业链结构使其难以抵御市场价格波动。此外，产业中缺乏掌握先进加工技术的企业入驻，产品缺乏创新，难以占领更大的市场份额，限制了盈利能力，进一步妨碍了产业的高质量发展。

（十二）品牌打造不足

四川是全国最大的毛木耳生产基地，湔氐镇是"中国黄背木耳之乡"。但总的来说，四川毛木耳缺乏知名品牌，产品难以在竞争激烈的市场中脱颖而出，在市场中难以建立声誉和忠诚的客户群。大部分毛木耳产品以初级农产品形式销售，包装和标识相对简单，缺乏个性化和品牌特色，难以引起消费者的关注，也难以建立品牌忠诚度。此外，消费者对"毛木耳"一词的认知度较低，而提及"火锅木耳"时有较高认知度，这说明毛木耳产品缺乏充分的市场推广活动，包括广告、促销和营销活动。

三、四川省毛木耳产业发展趋势与对策建议

(一) 四川省毛木耳产业发展趋势研判

1. 四川毛木耳将在长期一段时间保持领先水平

据中国食用菌协会统计数据,2019—2021 年,四川毛木耳产量占全国的 54.74%、48.34%和 38.84%,虽然近年受疫情影响,产量下滑,但四川单产仍居全国首位。随着后疫情时代经济复苏,种植户继续选择开展毛木耳生产,产量将有一定回升。四川毛木耳多年来稳居第一,主要销售四川、重庆、贵州、云南等地火锅、中餐市场,建立了强大的消费体系,为四川毛木耳产业地位巩固奠定了坚实的基础。科技助推产业方面,各主产区以龙头企业、产业园为依托,帮助种植户解决接种难、集中制袋和灭菌等试点已经成功,取得了较好效果,为产业倍增打下了基础。

2. 传统农业式制袋出耳模式仍在相当长的时间存在

鉴于我国国情和四川毛木耳从业主体实际,从业人员多数为家庭作坊式散户,且从事毛木耳生产一二十载,具有产业情怀。在家种植毛木耳能取得不错的收益,能照顾老人、小孩,可以说毛木耳产业是许多种植户家庭的主要经济来源。在集中种植区产业氛围良好,"传帮带"方式让周边更多的人参与到毛木耳种植中来,这壮大了从业队伍。重要的是,四川毛木耳以大为"美",质量好,价格好,广大种植户都以生产大木耳为首要目标,而传统制袋出耳模式至少在目前为止是最佳选择,这稳固了传统制袋出耳模式在从业者心中不可取代的地位。目前毛木耳的全工厂化还未实现,特别是在出耳环节,限于技术和资金压力,多数从业者还是会选择传统栽培模式进行生产,所以,可以预测在未来相当长的一段时间仍会以传统农业模式为主。

3. 以褐色毛木耳为主,兼顾多元特色新品种发展

四川自 1981 年开展毛木耳引种栽培以来,主栽子实体为褐色系列品种(菌株),随着栽培年限的增长,消费习性的养成,目前褐色系列品种已经成为市场主流。近年,纯白色品种"玉木耳",粉色品种"粉耳 1 号",鲜销品种"昊阳黄耳 3 号"逐渐成为市场新秀,广受欢迎,价高味美,其栽培面积呈逐年增长,为产业带来新的增长点。以褐色毛木耳为主,兼顾多元特色新品种发展已成定式。

4. 液体菌种逐步成为主流种源

液体菌种具有成本低，周期短，菌丝萌发快等优点，在许多食用菌菌种生产中广泛使用。四川自2018年始，在全国率先开展毛木耳液体菌种应用，经过多年的生产探索，现已形成相对可靠的接种方式，与传统制袋出耳模式完美契合，应用面积逐年递增。随着种植户专业技术的普及和认知度的提高，液体菌种必然成为未来毛木耳接种首选。户用型液体生产设备和接种机满足了当下分散式接种的现状，专业接种技术队伍将被组建，为液体菌种的大规模应用打下基础。

5. 短期内生产成本仍会增高

除原材料价格上涨之外，制袋用工成本会持续增高，主要原因是接种问题没有得到解决。四川毛木耳种植分散，接种分散，且对接种技术人员有一定的技术"门槛"要求，随着人口老龄化，年轻人不愿参与接种行业，接种人员短缺问题会更严重，势必引起接种单价上涨。此外，种植户对新菌种新模式的接受度不高。料袋的液体菌种接种虽然取得一定成效，但限于液体菌种对使用环境要求高，种植户对这种新型菌种接种料袋缺乏管理经验，污染风险大，进一步加剧了液体菌种的推广应用难度。毛木耳木粒菌种、枝条菌种和扣盖菌种等新型固体菌种已经在部分大户中进行大面积使用，但进一步推广仍需要开展更多的试点，还需要一段时间。总的来说，短期内接种成本仍会持续递增，间接引起配套的"筛料""打杂""装袋"等成本的增加。

6. 集中制种、制袋，分散发菌出耳模式逐步成熟

未来，毛木耳菌种市场会逐步走向规范化、标准化，取缔非法经营，龙头企业按照国家要求进行集中标准化生产是必然趋势。随着劳动力成本的上涨和新技术的普及，专业化分工会逐步明显，制袋生产趋于集中化，但限于接种破损、发菌和出耳场地限制等原因，分散发菌和出耳模式会得到种植户广泛认可。更集中化的制种、制袋，"抱团"前进是产业发展趋势。

7. 毛木耳工厂化出耳有望在近几年实现突破

目前毛木耳液体菌种生产和用于料袋接种技术已经成熟，但到目前为止毛木耳尚未实现工厂化出耳最主要的原因是价值太低，投入与产出不成比例。近年，粉色毛木耳"粉耳1号"的问世，为毛木耳工厂化出耳提供可能。目前该品种已经申请品种权，且产品市场反响良好，目前鲜耳单价可达30~40元/千克，较传统褐色系列品种高 650%～900%，为实现鲜品周年化供应，工厂化出耳已成必然。近年，"粉耳1号"工厂化出耳技术被研究，有望近几年实现突破。

（二）促进四川省毛木耳产业发展的对策建议

1. 建立标准化的原材料质量监管体系

建立标准化的质量监管体系至关重要，政府和行业协会应共同合作，建立原料供应商注册制度，定期检查和抽样检测原料，确保其质量和安全。应推动毛木耳生产用料安全性的规范性标准制定，以确保原料的质量和安全符合国家和地方的法规要求，为种植户提供生产原料的选择、质量要求和安全规范准则。完善监督、巡查和抽查机制，建议增加监管部门的人力和物力资源，以提高监管的覆盖范围和效率。鼓励企业、家庭农场、合作社等开展联合采购，通过组建联合体集中采购原料，降低采购成本，并提高原料的质量管理。

2. 加强新品种选育、保护和推广

推进"种业振兴行动"是为农业现代化提供有力支撑的重要举措，也是为普通老百姓提供更多福祉的重要举措。育种是理论与实践的结合。毛木耳商业化育种能实现育种者以市场、经济、价值等问题为导向，育种目标与市场需求完美契合，新品种的市场适应性强，符合国家种业发展需求，应大力倡导。育种者权利应该得到保护，新品种应申请国家植物新品种权保护，使用者为资源获取付费，市场开放获取。突破性特色新品种应加强认定，增强推广扶持力度，促进新品种快速转化，最终推动整个产业的发展和创新，打破现有育种盲区，为毛木耳产业开辟新的道路。近年，粉色毛木耳"粉耳1号"，适宜鲜销的"昊阳黄耳3号"等特色新品种选育成功，调优了产区品种种植布局，取得了一定市场份额，为下一步特色新品种的工厂化出耳模式奠定了坚实的基础。

3. 完善菌种标准化和监管体系

种子，是农业"芯片"，而菌种是毛木耳产业的"芯片"。毛木耳生产用菌种都应该符合《中华人民共和国种子法》的规定，严格开展供应商菌种经营资质认证，取缔非法经营户。地方农业部门等应加大执法力度，严打非法经营，加强对菌种认证生产企业抽检和巡查，建立完善的菌种质量监管体系，包括制定明确的质量标准和认证程序，确保生产和销售的菌种符合规定的质量标准。同时，菌种流通上，应标明菌种标签，建立可追溯体系，确保品种名称一致，不销售低质量的菌种。随着生产上液体菌种应用的逐渐增多，应制定液体菌种的生产和质量标准规范，以确保其质量稳定，标准化生产。针对液体菌种转固体菌种的生产也应该建立相应的技术和菌种质量标准，以防止质量下降。政府提供支持，鼓励科研机构和企业合作，共同研究和推广高质量的菌种，确保合格的种源，以加速高质量菌种的研发和推广。还需要加大对种植户和菌种供应商技术人员的培训，以提高菌种质量意识，不生产、销售、购买低质量的菌种。此外，建立种植户投诉渠道，举报不良菌种供应商，促使市场更加规范。

4. 接种技术专项攻关

毛木耳接种问题是产业亟待解决的关键共性问题。随着年轻人外出务工，人口老龄化的推动，接种成为制约产业健康发展的最大因素，建议建立"科研团队+企业+家庭农场（专合社）+农户"的四级联动机制，进行接种技术的专项攻关，从接种消毒、菌种类型、接种方法等全过程开展新型接种技术、设备、装置的研究，探索和开发更可靠的接种技术。近年，毛木耳扣盖菌种、木粒菌种、枝条菌种、液体菌种等新型接种方法或装置研究成功，但在市场推广中仍遇到了一定的阻力，主要是新技术要求高，种植户对技术掌握不够，不愿新增投入。应以龙头企业为依托，培育接种团队技术服务试点，加大对新型菌种的研究、应用、宣传和技术培训。

5. 引导产业向规模化集中发展

集约化生产是毛木耳产业未来发展趋势。毛木耳制袋过程分工繁杂，对劳动需求量大，随着在产业集中区种植大户的带动，小区域性的集中制袋、灭菌、接种和发菌模式会越来越普遍。政府应该鼓励引导农村集体经济组织、专合社、家庭农场等经营主体建设毛木耳制袋基地，集中生产和管理制袋，提高集约化程度。提供财政资金支持，开展食用菌装备购买补助，鼓励经营者引入现代化的制袋设备和技术，提高制袋的效率、质量和集约化程度，降低生产成本，提高产品质量，减少环境污染，促进产业的可持续发展。同时，政府在此过程中更好发挥监督、巡查作用，促进产业向规模化、规范化发展。

6. 智能设备应该被研究和大量应用

四川毛木耳以大为"美"，离不开其制袋和出耳模式的配套。毛木耳出耳期要求料袋透气良好，然除传统装袋机（半人工装袋，效率低，用工量大）外，未见更好的智能化制袋机器可应用于料袋的自动装料和封口，这严重限制了毛木耳的制袋效率，提高了制袋成本。适应于毛木耳制袋的全自动设备属于空白，需要研制。毛木耳发菌和出耳大棚相对简易，智能化相关设备应用极少，在生产实践中，这种大棚及附属设备高度依赖于人工操作，环境监测判断不精准，延误了生产险情发现。种植户常"凭经验办事"，引发高温热害、干旱、污染、病虫害、"死种""烧菌烂棒""流耳"、子实体干死或涝害等系列生产问题。随着现代智能化技术的发展，环境温湿度、二氧化碳、光照仪等设备基于互联网等技术实现"物"与"网"互连，物与物之间和互联网间信息交流，达到"人""机""物"有效交流，实现物的智能化感知、识别、定位和管理等。将毛木耳发菌和出耳期关键参数通过设备阈值设定，实现异常检测预警。此外，采用智能控制设备，实现实时管理，这将极大减少生产损失，为防灾减灾提供新方案。我国食用菌仍将长期处于农业式生产阶段，开展适应当下食用菌传统栽培模式与数字技术的接合，有利于我国食用菌产业进步，提档升级。

7. 加强生产用药指导、监督和管理

毛木耳本身生长不需要使用任何药剂，但随着产区栽培年限的增长，出现不同程度的病虫害，为减少损失，种植户会选择用药"除害"，然许多种植户并不能对症下药。建议开展种植户知识更新培训，针对毛木耳生产中使用的各种药剂开展系统研究和培训指导，提高种植户正确使用生物农药及化学制剂的思想认识。此外，建立监督和管理机制，对药剂销售商进行严格培训考核，对产区种植户进行指导，对生产排水进行取样抽查，加大执法监督力度，提高从业者的专业知识和技能，确保农药和化学制剂的合理使用，降低环境风险和药物残留。

8. 加强菌渣和废旧塑料袋生态循环利用

毛木耳代料生产后，产生了大量菌渣和废旧塑料袋，没有得到妥善的处理，限制了产业的发展。菌渣再利用方面，毛木耳主产区可引进高新技术企业，政府引导建立专门的菌渣再利用系统，开展菌渣生态循环应用于产气、有机肥和生物质颗粒燃料。将废菌棒脱袋的废旧塑料进行资源化处理，如回收和再加工，以减少塑料废弃物对环境的污染，同时为废旧塑料的再利用创造更多机会。政府可颁布相关环保政策，对菌渣和废塑料袋的处理和再利用提供奖励或制定相应的规章，为产业的低碳发展提供政策支持，鼓励企业和农民积极参与。

9. 推广应用毛木耳高效栽培技术助农增收

"毛木耳高效栽培技术"内容已连续三年获四川省农业主推技术，该技术是四川省食用菌研究所科技人员历经十余年科学实验研究集成，且随着产业发展在不断更新，在毛木耳生产中已产生了显著的经济效益，受广大种植户一致好评。其核心技术为：一是高效栽培基质配制技术；二是新型机器拌料装袋技术；三是燃气炉灶灭菌料袋技术；四是出耳水分管理微喷技术。该技术提供了多元化生产配方供给，高效灭菌和生产管理等方案，可指导开展降本增效生产。如新型基质配方应用，鲜耳可增产50.99%，栽培料综合成本降低4.01%。出耳微喷灌水分管理实现较人工喷水用工量减少56.14%，用水量减少27.08%，用电量减少20.65%。什邡湔氐镇使用该项技术，取得了很好的效果，助力该镇获"中国黄背木耳之乡"殊荣。

10. 加大创新营销方式，积极发展新型业态

政府鼓励毛木耳种植户成立产品合作社或联合企业、培育社会化服务组织和农业产业化联合体等新型经营主体，协作生产、采购、加工、销售，提高产能和市场议价能力，解决毛木耳种植户经营零散，劳动力不足，信息不对称等问题。新型经营主体通过毛木耳生产经营合作进行适度经营，建立完整产业链，结成利益共同体。政府或行业协会建立平台，为毛木耳经营主体提供市场信息，包括价格趋势、需求信息等，以指导更明智的销售决策。此外，经营主体应充分利用"互联网+"思维，进行数字化营销，创新产品营销模式和产业经济发展新业态，拓展毛木耳产品销售渠道，如运用微信、抖音、直播等进行推广和互动宣传，打造可信网络品牌。

11. 一二三产业深度融合发展，延伸产业链，提高附加值

毛木耳产业是三产融合的范式产业。可以从以下几个方面开展三产深度融合发展，延伸产业链，提高附加值。

（1）科技创新和技术支持。建立毛木耳科技研发中心，汇集科研机构和专家，进行品种改良和加工技术创新。提供培训和技术支持，帮助毛木耳种植户掌握最新的种植和加工技术，提高产量和产品质量。

（2）产业链拓展和深度加工。鼓励毛木耳种植户成立合作社、联合企业，通过协作生产、采购、加工和销售，延伸产业链。引导企业投资于精深加工，开发毛木耳相关产品，如毛木耳制品、毛木耳提取物等，提高附加值。政府可提供技术支持

和贷款，以推动产业链拓展。

（3）品牌建设和市场开发。支持毛木耳品牌建设，通过品牌推广、包装升级和质量认证，提高产品知名度和附加值。开拓多元化销售渠道，包括线上和线下市场，以满足不同市场需求。促进出口，拓宽国际市场，实现产业升级。

（4）推广数字农业和信息化管理。推动数字化农业发展，采用农业大数据、远程监控和智能设备，提高生产效率和产品质量。建立毛木耳生产信息平台，提供实时市场信息和技术指导，帮助农户作出明智的经营决策。

（5）生态环境保护。确保毛木耳产业的可持续性，保护生态环境。鼓励有机种植和绿色加工，减少化学农药和污染物的使用。推动废弃物循环利用，减少菌渣和塑料袋的废弃，降低环境负担。

（6）坚持大招商、招大商。有选择地引进一批有实力、有影响的大企业大集团，扩大引资规模，通过引进企业注入资本、技术、人才等发展要素，推动毛木耳产业向精深加工发展，延长产业链条，实现加工产品的规模化、多元化、系列化。此外，加强产品的市场推广，通过线上线下渠道扩展销售网络，提高产品的市场占有率。

（7）建立毛木耳科普体验园。人们对食用菌"一荤一素一菇"中的"菇"的认知度还不够。食用菌消费市场潜力很大，如何把市场潜力充分挖掘出来？这需要广大从业人员不断进行科学宣传和普及，建立毛木耳科普体验园就是为了让更多消费群体认识和了解毛木耳。将科普体验园划分为不同区域，包括原材料加工车间、种植示范区、采摘互动区、科普教育馆等，以满足不同游客的需求。建立专业科普团队，为体验园进行专业知识科普宣传。在体验园内设置互动设施，包括模拟采摘、亲子种植活动、现实采摘体验等，以吸引游客积极参与和学习。同时建立科普教育馆，展示毛木耳的历史、生态系统、研究成果和相关产业的发展历程。此外，通过社交媒体、旅游网站等，积极宣传毛木耳科普体验园，吸引更多游客参观、体验。

12. 强化品牌意识，发挥龙头企业带动作用

毛木耳产品销售品牌化可以实现溢价，提高产业效益。目前四川毛木耳品牌打造屈指可数，效应不明显，除俗名"火锅木耳"等叫法有一定认知度外，大众对木耳的认识度不高。鼓励毛木耳产业中的龙头企业，或者合作社，着重投资于品牌建设，包括创建吸引人的品牌名称、标志、包装和广告活动。通过电子商务和在线广告等，以扩大产品知名度，提高消费者对毛木耳品质和价值的认知。如四川什邡湔氏镇有"中国黄背木耳之乡"的美誉，政府、龙头企业可借此殊荣打造区域品牌，做大做强什邡黄背木耳产业。

13. 加大政策支持和科研投入，为四川毛木耳产业发展提供有效支撑

四川是全国最大的毛木耳生产基地，专注黄背木耳生产40余年，已成为多个主产区乡村振兴、产业兴旺的主导产业，多年来产量稳居全国首位。在国家食用菌产业技术体系毛木耳和药用菌栽培岗位、四川食用菌创新团队等项目支持下，四川食用菌专家专注钻研毛木耳高效栽培技术多年，全产业技术发展取得了较大的进步，但仍然暴露出"双碳"背景下能源转型困难、接种环节关键核心技术缺失、产业链条短、菌渣综合利用难等系列问题，现急需加大对关键环节的科研攻关、政策和资金扶持，信贷支持等，解决实际问题，这需要政府、行业协会、企业、种植户和广大科研工作者共同努力，让"科技"变成"经济"，惠及更多种植户，做大做强四川毛木耳产业。

参考文献

戴玉成，杨祝良，2018. 中国五种重要食用菌学名新注 [J]. 菌物学报，37（12）：1572-1577.

黄艺宁，柯丽娜，2022. 茶渣代料栽培对毛木耳农艺性状及营养品质的影响 [J]. 长春师范大学学报，41（12）：91-97.

李玉，李泰辉，杨祝良，等，2015. 中国大型菌物资源图鉴 [M]. 郑州：中原农民出版社.

谭伟，李小林，戴怀斌，等，2019. 四川毛木耳栽培模式构建及其技术特点 [J]. 中国食用菌，38（3）：30-35.

谭伟，叶雷，张波，等，2020. 四川毛木耳产业特点及其高效生产技术分析 [J]. 四川农业科技（9）：54-56+61.

四川省香菇产业发展报告

辛运富　向泉桔　陈　强　张小平

(四川农业大学，四川成都　611130)

摘　要：我国香菇年产量达到1 188万多吨，占全球香菇总产量的90%以上，因其具有见效快、高产出等特点，成为就业增收、共同致富的朝阳产业。四川气候资源丰富，十分适宜香菇种植，其年产量达23万多吨，位居全国第三。本研究分析了近几年香菇产业国内外发展概况及四川省香菇产业的现状，剖析了四川香菇产业发展中存在的主要问题，并针对四川香菇产业现状与存在的问题，提出了对策和建议，对促进四川香菇产业进一步做大做强具有重要意义。

关键词：四川省；香菇；产业概况；发展趋势；对策建议

引言

一、四川省香菇产业发展现状

(一) 四川省香菇产量、产值及其分布情况

四川省香菇产量仅次于木耳和平菇，位居全国第三，占比11.91%。2019年的香菇产量和产值分别见图1和图2。可见，四川省香菇产量和产值最高的是广元市。该地区2019年的产量近17万吨，产值16亿元，占全省香菇产量和产值的57%和54.6%；其次是巴中市，产量和产值分别是5.22万吨和5.15亿元，占全省香菇产量和产值的17.6%和17.5%。

(二) 四川省香菇的工厂化生产现状

随着社会的发展，香菇消费由传统干菇消费为主发展成以鲜菇为主，与金针菇等以食用菇柄为主的品种不同，鲜香菇以柄短、肉厚为佳。菇面较干的花菇、白面菇价格比黑面菇、水菇高出近一倍，虽然产量略低，但综合效益高。由于工厂化环

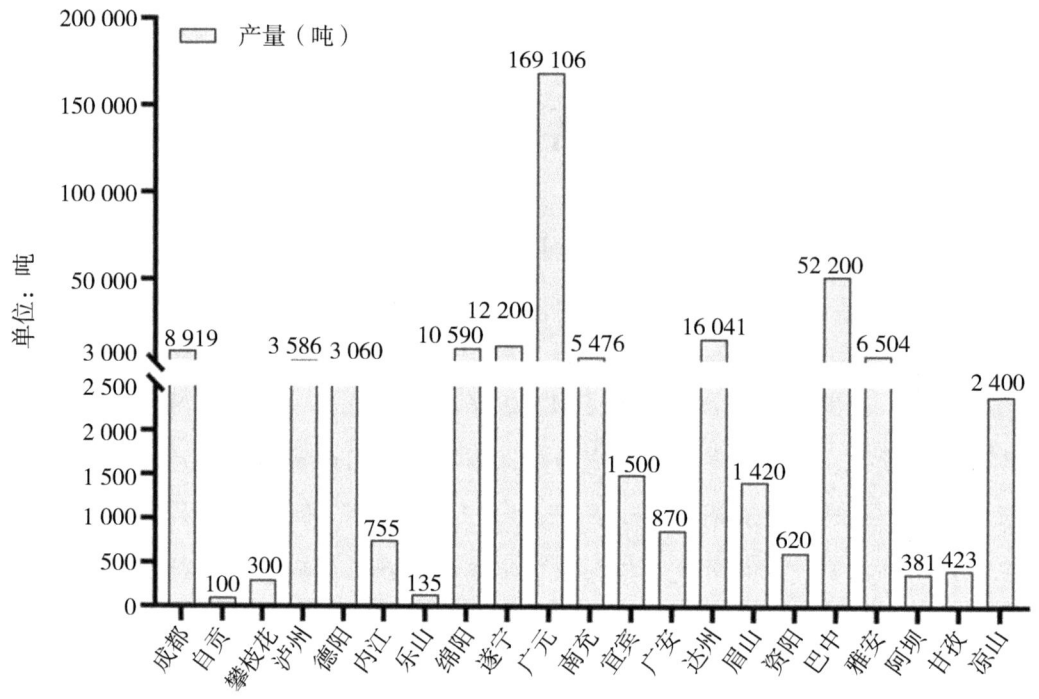

图 1　2019 年四川香菇鲜品产量统计

数据来源：四川省食用菌协会。

控库房的通风排湿及光照强度无法与大棚相比，导致香菇菇柄较长、菇面偏湿，因而利用环控菇房栽培出来的香菇，在质量上不及合适季节大棚栽培的香菇，产品价格偏低且投资大、运营成本高。因此，使用工厂化环控菇房进行周年化出菇的生产模式在短期内还无法成为四川乃至全国香菇栽培的主流。

通过设施设备制棒、采用大棚出菇的"设施制棒、生态出菇"模式在很长一段时期内仍将是四川省香菇栽培的主流模式。该模式在生产实践中，主要有两种实施方式：一种是周年化生产，另一种是季节性生产。其中，周年化生产一般是大型龙头企业的生产模式，利用当地自然气候实现周年化出菇，确保香菇制棒厂周年满负荷生产，以降低单棒的生产、设备折旧和管理成本，可以建造设备先进的制棒厂和环控培养房，如广元利州利用太阳能光伏大棚栽培技术，将该地区香菇的种植由季节性（夏季）生产转变为全年化生产。而季节性生产方式一般是散户使用，秋冬季节制棒，次年开春出菇至入冬，通过建造设施化程度一般的菌棒厂和带暖气的培养大棚开展出菇生产。

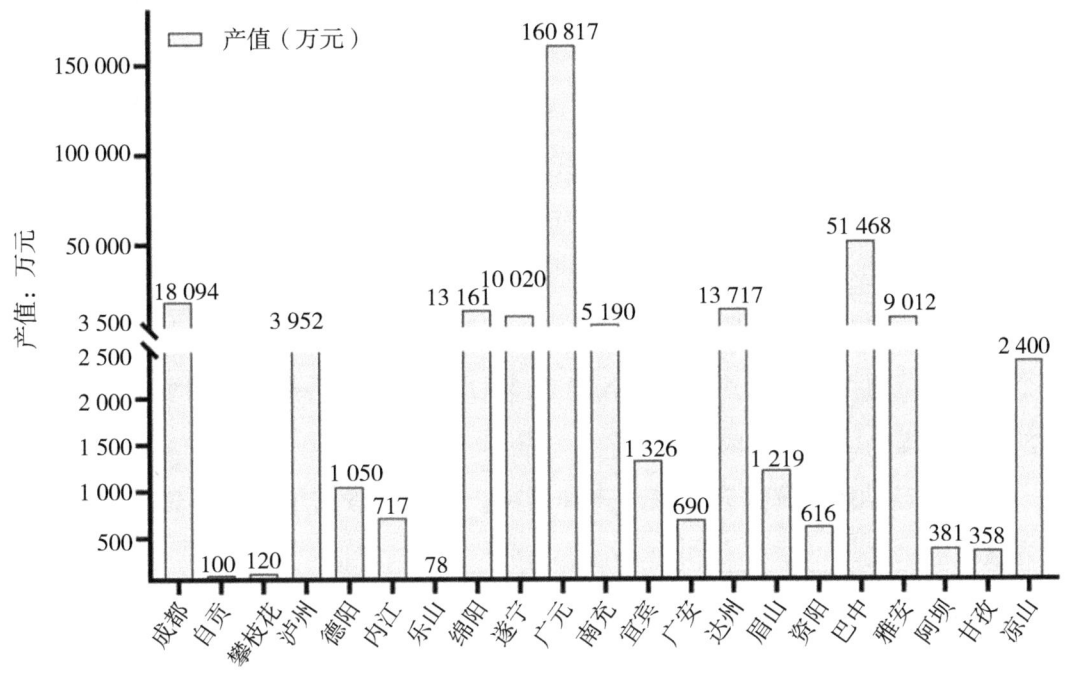

图 2　2019 年四川香菇鲜品产值统计

数据来源：四川省食用菌协会。

（三）以科技为支撑，助力四川省香菇产业健康发展

在国家现代农业产业技术体系四川创新团队以及四川省食用菌育种攻关的带领和资助下，四川省香菇研究团队从香菇品种特征特性研究及新品种培育到新技术推广应用，为香菇全产业链技术进一步完善提供助力。从香菇种质资源收集、高产多糖的新品种选育、香菇新品种选育技术、香菇高产多糖栽培技术、香菇多糖合成机制等方面开展研发及应用，助力四川香菇产业健康持续发展。

1. 广泛收集省内外的香菇种质资源，初步构建了四川香菇种质资源库

2015 以来从全国各大科研院所及资源保藏机构引进香菇资源 61 份，在雅安、泸定、西昌、攀枝花等地采集野生资源 110 余份，共收集香菇种质资源 170 余份，初步构建了四川省香菇野生种质资源库。通过 ISSR 聚类分析、ITS 测序及系统发育分析，排除同种异名菌株 2 个。系统地研究了种质资源的多糖含量、抗酶能力、生长速度、出菇表现等 20 余个生物学性状，获得了具有明显遗传距离以及子实体粗多糖含量高的亲本材料。为进一步选育高产多糖香菇新品种提供了菌株支撑。

2. 通过重测序手段明确了香菇的交配型基因分配特征，定向构建了香菇高效单孢杂交新品种选育技术

与上海市农业科学院合作，通过重测序手段明确了亲本香菇材料的交配型基因排列特征。将获得的单核体与已知交配型的单核体（A1B1，A2B2，A1B2 和 A2B1）进行杂交配对，通过镜检观察有无锁状联合来确定其交配型。通过杂交配对获得杂合子 534 个。通过杂合子的异地出菇试验，得到 14 个菌株出菇密集度和子实体形态表现较好的菌株。进一步通过出菇试验以及子实体多糖含量等复筛获得两个高产多糖的香菇新品种（菌株 XG3 和 XG212），为以香菇多糖提取为主要的目的加工企业提供了良好的菌种资源。

3. 以香菇功效成分提升为核心育种目标，建立了香菇加工专用新品种定向选育方法

通过确定香菇的功效作用，以提高功效成分含量为目标选育品种。多渠道引进香菇资源，以加工品种所需的高功效成分为指标，筛选亲本 M1，同时以高产为指标筛选亲本 M2。与已知交配型的单核体（A1B1，A2B2，A1B2 和 A2B1）进行杂交配对，通过镜检观察有无锁状联合来确定其交配型。将确定好交配型单核体两两配对获得杂合子，先在菌丝培养阶段淘汰生长极缓慢和抗杂性差的个体，然后在栽培出菇过程中淘汰不出菇和产量低的个体，最后，通过功效成分检测对比，筛选出目标菌株。目标菌株扩大栽培，通过连续稳定的栽培试验，系统选育形成稳定的香菇加工专用新品种。

4. 以香菇多糖含量提升为核心目标，建立了集"栽培料预先堆沤发酵+外源营养物+蓝膜覆棚"为一体的香菇香菇高产多糖栽培技术

通过对香菇栽培主料—青冈木屑进行建堆堆沤发酵（90 天），然后再装袋灭菌接种。该方法可以有效提高木屑培养料的全氮含量，降低有机碳、纤维素、半纤维素和木质素含量；增加栽培袋菌丝菌丝密度、吃料速度，缩短转色时间；提高子实体产量和多糖含量。通过转录组和蛋白质组分析揭示该处理可以显著富集芳香氨基酸家族生物合成代谢通路、纤维素代谢分解通路和 β-葡聚糖分解通路的相关基因，同时可以改变碳水化合物代谢过程、纤维素代谢通路、细胞内外区域定位蛋白、酶基键活性和水解酶活性涉及的蛋白质。

通过向培养基和培养料添加茉莉酸甲酯（MeJA），结果发现 MeJA 明显促进香菇菌丝生长，浓度为10微米/升时菌丝生长速率与对照组相比有显著差异，为对照组的1.14倍；外源茉莉酸甲酯浓度为10微米/升时，粗多糖含量达0.82%，较对照组显著提高1.58倍。与香菇多糖代谢相关的UDP-葡萄糖焦磷酸化酶（UGPase）、葡萄糖磷酸异构酶（PGI）、α-葡萄糖磷酸变位酶（α-PGM）活性增加，为对照组的1.58倍、1.13倍和3.21倍；其基因相对表达量较对照组也显著上调，为对照组的5.73倍、1.4倍和1.77倍。

通过在栽培袋出菇期间添加蓝膜覆盖，结果表明，蓝光处理在香菇生长初期较传统透光薄膜转色缓慢，但随着蓝光光照时间的延长，蓝光逐步发挥出优势，其转色速度较传统栽培方式提高40%，为27.45厘米/天，大幅度缩短了转色时间，转色色泽也更均匀，子实体多糖含量提高了34.2%。转录组分析显示，蓝膜覆盖处理可以增加香菇的差异表达基因表达数。差异表达基因主要是氧化还原酶基因，另外，涉及戊糖、葡萄糖醛酸和淀粉以及蔗糖等碳水化合物的代谢被蓝膜覆盖显著影响，成为香菇最主要的代谢通路。

上述措施在生产推广施用后，可以使香菇菌棒的转色面积提升至90%，子实体多糖含量为3.12%，较对照提高2.07倍。

5. 集合全基因组测序和比较基因组等先进手段，初步明确了香菇多糖合成的遗传机制

通过混合分组分析（BSA）和全基因组关联分析（GWAS）开展香菇高低多糖的分子标记，结合转录组数据定位与多糖含量相关的主效基因。BSA初步定位开发筛选出12对稳定且具有良好分型的insertion-deletion（InDel）分子标记，开发出应用于前期菌丝体阶段筛选高多糖菌株的特征指纹图谱。BSA再定位与全基因组关联分析显示与多糖含量相关的主效遗传位点位于香菇的2号、4号和7号染色体上。相关主效基因可作为高多糖含量香菇育种的分子标记。为基于香菇功效成分提升的新品种选育提供理论依据。

二、当前四川省香菇产业发展存在的主要问题

随着四川省食用菌产业区域的不断布局和优化，初步形成了"六菇三耳一菌"（平菇、姬菇、香菇、金针菇、鸡腿菇、双孢蘑菇，黑木耳、毛木耳、银耳，羊肚菌）齐发展的产业模式。香菇作为四川省食用菌栽培主要品种之一，具有较好的发

展潜力，但同时也存在一些亟须克服的问题。

（一）种质资源挖掘利用不够

四川省气候适宜，自然环境条件优越，是全国食用菌资源最丰富的省份之一。据统计，四川省野生资源的发掘和利用不到5%。香菇野生资源广泛分布于四川山区，但拥有自主知识产权的香菇品种不多，不能满足产业转型升级发展的需要，尤其是适宜工厂化和加工专用品种较为缺乏。

在四川省科技厅育种公关和四川省农业农村厅食用菌创新团队的支持下，四川省香菇育种团队已收集到栽培及野生香菇种质资源170余份，初步建立了香菇种质资源库，目前已利用这些资源开展了驯化栽培和单孢杂交进行新品种选育，资源利用率较低。

（二）科技支撑力度不够

科研滞后于生产，科研脱离于生产，关门搞科研、埋头抓生产的现象在产业发展中比较突出。与全国部分区域相比，四川省开展香菇研究的科研人员偏少，虽然有一些与香菇相关的研究论文和专利，但缺乏具有突破性的成果。香菇是四川省具有产量优势的食用菌品种之一，产业势头发展良好，但菌种生产和栽培技术不够成熟，管理水平参差不齐，在菌种质量检测、生产技术规范、产品质量标准把控等环节的水平还有待提高，整体科技水平还不能有效地支撑香菇产业发展的需要。

目前对香菇交配型位点的分子遗传学结构有比较细致的了解，但香菇其他重要性状如多糖含量、产量等性状基因的定位研究还未实现突破。随着基因组、转录组等组学研究技术的成熟和生物信息学分析手段的完善，挖掘了大量的功能候选基因，这些基因的功能验证及其应用很大程度依赖于香菇的遗传操作手段。利用农杆菌介导的香菇遗传转化手段虽已建立，但转化效率较低，亟须将编辑效率更高Crisper-Cas技术体系应用于香菇中。

（三）栽培品种和种植模式单一

目前四川省主栽香菇品种是808，栽培品种的单一不利于当地香菇产业的发展，新品种的引进与试验短缺，新品种配套栽培管理不到位，企业与科研单位、香菇育种机构联系不紧密甚至没有联系，导致产业化生产能力较低。

同时传统农户生产仍然是四川省香菇生产的主要模式，在一定程度上依赖于自然气候条件，极端气候就会导致香菇减产，甚至绝收。香菇工厂化生产的行业标准制定比较滞后，缺乏规范的生产标准，行业整体集中度较低。

（四）产业链条不完整

香菇全产业链主要包括前端优质的菌种，中部标准化、规模化、机械化的生产，后端副产物利用、产品初级和精深加工、产品销售。只有在全产业链的各个环节发力，才能将香菇产业做大做强。四川省构建香菇的标准化生产技术体系，一定程度上保证了香菇全产业链中前端和中部的环节的发展。

在香菇全产业链条中，四川省缺乏香菇深加工企业，鲜菇仅仅做简单的冷藏处理，产品加工以分拣后烘干制作成干品为主，技术含量低，且销售渠道主要以外省经纪人为主，并多集中在批发市场，本地生产的利润空间被挤占。香菇产业链的不完整，精深加工产品的缺乏，导致香菇产后附加值低，企业和农户收益较少，不利于香菇产业的发展。香菇精深加工的产品开发较少，市场份额相对较低。

（五）本地品牌影响力缺乏

四川种植香菇的区域较多，打造的本地品牌相对较少。目前，具有本地品牌的香菇主要有秦巴山区宣汉"老君香菇"和青川花菇。

三、四川省香菇产业发展趋势与对策建议

（一）四川省香菇产业发展趋势研判

随着人们生活水平的提高，越来越注重养生，香菇含有大量的蛋白质，对人体有很大的作用，是集营养、保健为一体的绿色健康食品，将在人们未来的膳食宝塔中占据非常重要的位置，成为人们最常购买的食用菌之一。联合国粮农组织也号召人们每日一荤一素一菇，实现健康饮食标准。随着对香菇研究的逐渐深入，香菇的药用价值也不断被发掘，并得到了科学证实，香菇市场的需求量不断增长。

经过各地工作者不断的投入，香菇品种的驯化培育已经取得巨大成功，已经培育并大量种植的有高温型、中温型、低温型品种。四川具有丰富的自然资源，地理气候条件多样，利用不同品种在不同地域、不同海拔错季种植，基本形成了鲜菇周年化供应，具有较大的发展优势和潜力。

（二）促进四川省香菇产业发展的对策建议

根据香菇产业现有的发展情况，结合四川省资源和地理优势，现提出对四川香菇产业发展的几点对策建议。

1. 进一步加大香菇种质资源保护和品种选育

四川省食用菌种质资源丰富，应充分利用资源优势，加强香菇野生资源的综合开发与利用。首先，要广泛收集四川省香菇野生资源，进一步扩大香菇种质资源库，并配套评价体系，开展野生食用菌可持续发展技术研发与示范。其次，要积极利用现代生物技术，提高食用菌资源开发利用的水平和效率。最后，要加强食用菌良种繁育体系建设，加快优良品种的引进、选育和推广，加大食用菌基地的品种更新和结构调整。

根据四川省气候条件、地理环境和香菇设施现状做好引种工作。本地科研人员应通过现代化育种技术，积极开发适应本地气候的香菇新品种。在种源保障的基础上，积极探索适宜反季节栽培、工厂化栽培、加工专用、粪草类香菇品种的选育，如四川农业大学和成都市农林科学院联合选育的高产多糖香菇品种川香DT1（川认菌2021001）和川香DT2（川认菌2021002），是适宜多糖提取的加工品种。

2. 引进人才，加大科研攻关开发力度

加强食用菌人才的引进，四川省农业科学院食用菌研究所、四川农业大学、成都市农林科学院广泛引进培养食用菌人才，进行新栽培基质开发、新品种选育、保藏技术、标准化生产技术、病虫害防治、深加工工艺、废菌棒再利用等方面的科学研究，加强成果转化与推广、技术培训等工作。利用现有的种质资源材料，进一步加大在香菇基因组遗传信息、重要性状基因定位、遗传转化手段等方面的研究，为分子育种、品种保护、功能产物的开发提供支撑。

加强香菇产业人才培训，以四川省农业科学院食用菌研究所、四川农业大学等科研院所为依托，大力推动香菇管理技术人才培训工作，解决四川省香菇产业管理人员极度缺乏的问题。同时邀请国内知名专家、行业管理精英，通过优良品种筛选及配套栽培技术的提升，制定适宜四川省香菇标准化生产的技术规程，并及时发布与修订，为本地香菇企业管理人员提供可操作的技术规范。将现有的香菇运营模式"农户—企业"或"农户—企业—政府"逐步加入科技力量，转变为"农户—企业—政府—科研院所",及时将生产与研究结合,将新技术应用于生产,降低成本、提升产值,逐步发展壮大香菇产业。

3. 引进企业,开发精深加工产品

中国食用菌协会和四川食用菌协会统计,四川是食用菌生产量的省份之一,但产值不高,主要由于食用菌的精深加工产品较少,缺乏高附加值产品。近年来,随着消费领域向多元化和个性化发展,全国香菇各生产开发商将香菇深加工产品作为研发的重点,以满足不同消费者的需求和体验,我国香菇深加工整体呈上升趋势。以2022年数据为例,我国香菇行业市场规模约为1 044.82亿元,同比增长10.9%。其中鲜食领域占比约为84.39%,加工领域占比约为15.61%。香菇多糖可以用于生产抗癌药物,香菇菌丝体可以用于生产生物制品,如干扰素、胰岛素等。此外,香菇还可以用于生产化妆品和护肤品,改善皮肤状况,减少皮肤老化。四川用于加工的香菇资源丰富,具有不断开发香菇精深加工产品的基础条件。

4. 打造地方品牌,拓宽市场渠道

积极探索四川省各区域香菇产品特点,打造地方品牌,逐步提升四川省香菇的知名度。如秦巴山区宣汉县"老君香菇"香菇特色产业,青川县根据其气候特色栽培的"青川花菇"品牌,是香菇中的上品,销往上海、福建等经济发达地区,深受当地市场的欢迎。

参考文献

陈晨,陈勇,吴波,2022. 四川省食用菌加工产业的现状及发展对策探讨[J]. 食药用菌(3):030

彭卫红,唐杰,李小林,等,2017. 务实创新促进四川食用菌产业提档升级[J]. 四川农业科技(11):3.

易文裕,卢营蓬,王攀,2018. 四川食用菌加工产业发展现状及建议[J]. 食药用菌,26(6):4.

张波,谭伟,李小林,等,2021. 四川食用菌近3年产量产值分析与产业发展建议[J]. 四川农业科技(11):77-79

Huang X, Zhang R, Qiu Y, et al., 2020. RNA-seq profiling showed divergent carbohydrate-active enzymes (CAZymes) expression patterns in Lentinula edodes at brown film formation stage under blue light induction [J]. Frontiers in Microbiology, 11: 1044.

Huang X, Zhang R, Yang Q, 2022. Cultivating Lentinula edodes on substrate containing composted sawdust affects the expression of carbohydrate and aromatic amino acid metabolism-related genes [J]. mSystems, 7 (1): e00827-2.

四川省平菇产业发展报告

周 洁 刘天海 余 洋

(四川省食用菌研究所,四川成都 610066)

摘 要：平菇是我国产量排名前三、四川省产量排名第二的大宗食用菌,是深受欢迎、人均消费最多的食用菌品种之一。我国是世界上最大的平菇生产国和消费国。据中国食用菌协会统计,近十年全国平菇的总产量均维持在 500 万吨以上。四川是平菇生产大省,年产量超过 50 万吨,平菇在四川省食用菌产业中具有重要地位。为进一步促进四川省平菇产业的健康持续发展,本报告在总结全国平菇产业发展现状基础上,分析了当前四川平菇产业发展中存在的主要问题和发展趋势,进而提出对策和建议,为四川省平菇产业的健康可持续发展提供了科学依据。

关键词：平菇；产业；四川省

引言

我国是世界上食用平菇最早的国家,至今有 800 多年的食用历史,古时平菇又称"天花蕈"。平菇也是我国重要的食用菌栽培种类之一,仅次于香菇和黑木耳,是我国栽培食用菌三大品种之一。据中国食用菌协会数据统计,2021 年全国平菇总产量达到 611.34 万吨,占全国食用菌总产量的 14.79%。四川省平菇种植始于 20 世纪 80 年代初期,产业发展迅速,种植区域分布广泛,全省各地市州均有平菇栽培,主要集中在成都、遂宁、巴中、南充、德阳、泸州、乐山、广元、达州等地。2021 年四川平菇鲜品产量 538 146 吨,仅次于山东、河南、河北,总产量位列全国第四位；省内各食用菌种类排名中,平菇产量排名第二、产值排名第三,在四川省食用菌产业中具有重要地位。

一、四川省平菇产业发展现状

平菇是四川省食用菌产业的重要组成部分，产量与产值常年保持在省内前三位，主要以农法栽培为主，通过设施化条件控制可实现周年生产。四川平菇以鲜销为主，主要供应四川省内，部分销往重庆、西藏等区域，出口国外。当前，加快推进四川平菇生产规模化、工艺标准化、管理数字化，升级平菇全产业链条，是保持四川平菇产业优势，在未来的全国产业竞争中占据主要地位的重要发展方向。

（一）产业规模及发展区域

四川省平菇栽培规模较大，位列四川可栽培食用菌种类前三，占比四川省食用菌总产量约20%，广泛分布于成都平原、川东丘陵和川西高原，其中80%种植面积集中在成都、遂宁、巴中、南充、德阳、泸州、乐山、广元、达州等地，因其鲜食特性，大多分布于城市郊县区域，如成都金堂县、巴中通江县、达州宣汉县等。其中，以2011年荣获农产品地理标志产品称号"金堂姬菇"最具代表性。四川省平菇栽培主要以年均制袋规模低于15万袋的小农户个体经营为主，部分可达到50万袋/年以上。因空气湿润，气温较高，四川平菇生产主要采用熟料袋栽技术模式，即将培养料装袋经高压或常压彻底灭菌后再接种栽培平菇，成活率高，污染少。四川平菇主要加工产品有平菇干、平菇酱、腌渍平菇、酥炸平菇、油浸平菇罐头、料理包、平菇粉和平菇多糖提取物饮品等。平菇生产中，菌种质量是关键。当前四川省内具菌种生产许可资质的平菇菌种生产、销售公司或机构主要有：成都市科创菌业有限公司、简阳市食用菌研究所、四川省绵阳市食用菌研究所、四川省成都市青白江丰原食用菌种植场等。

1. 四川省平菇产业生产变化趋势

近五年来，平菇总产量和总产值均呈上升趋势（图1、图2），2021年产量达53.81万吨，占比四川食用菌总产量23.93%，总产值40.36亿元。

2. 平菇在四川省食用菌中的产业地位

四川的平菇产业发展势头良好，有较好的区域竞争力，具有一定的发展前景。从四川2021年大宗食用菌产量及占比（表1）来看，平菇与毛木耳有较大差距。但在2021年四川食用菌的产量呈负增长（-2.55%）的背景下，四川平菇总产量和总产值均实现正增长。

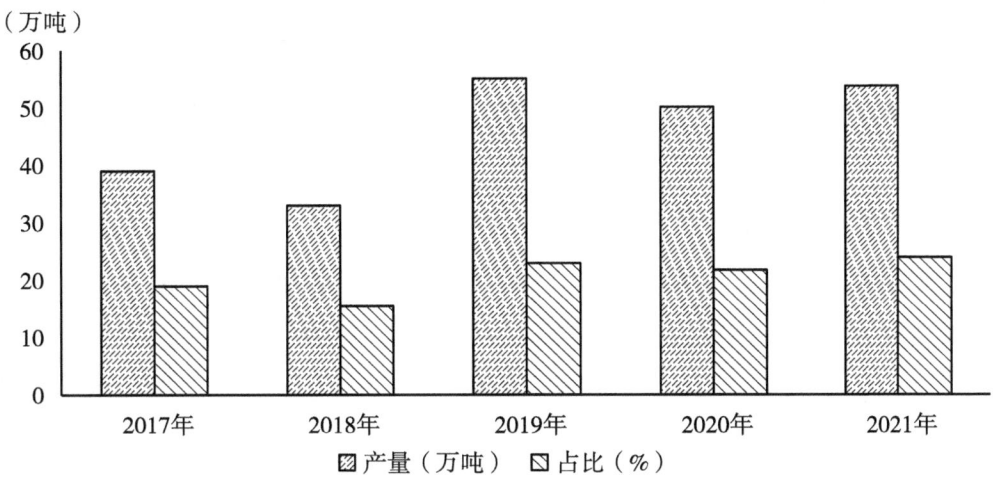

图1 2017—2021年四川省平菇总产量情况

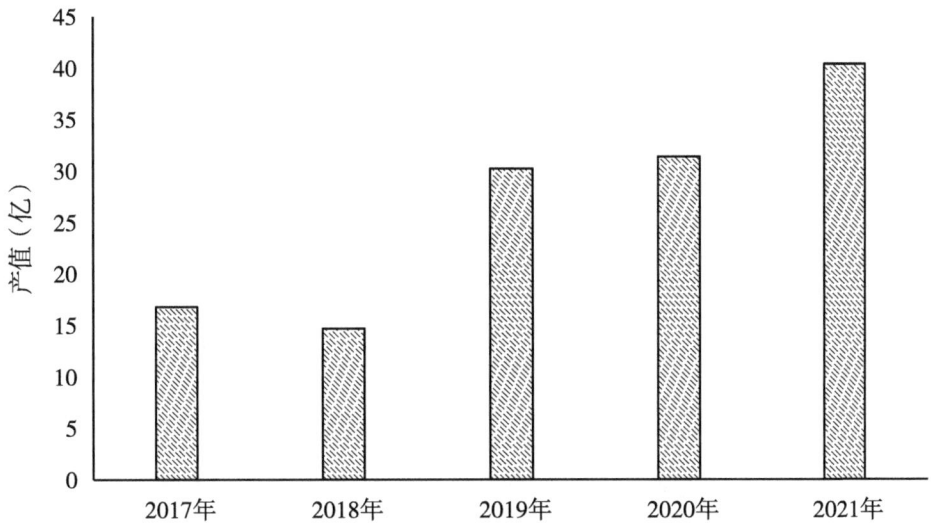

图2 2017—2021年四川省平菇总产值情况

表1 2021年四川大宗食用菌产量及占比情况

类别	四川产量（吨）	四川大宗食用菌排名	全国总产量（吨）	四川产量在全国占比（%）	四川产量在全国排名
毛木耳	857 207.91	1	2 206 914.92	38.841 910 14	1
平菇	538 146.11	2	6 113 350.28	8.802 801 82	4
香菇	237 659.38	3	12 957 239.03	1.834 182 26	11
黑木耳	98 596.34	4	7 034 418.04	1.401 627 53	14
双孢蘑菇	15 996.28	5	1 610 015.23	0.993 548 37	14
金针菇	15 891.73	6	2 145 744.72	0.740 616 06	17

（二）品种选育和产业推广

四川地区从事平菇引种和栽培试验等相关研究始于20世纪80年代初期。1983年，刘秀芳、胡永松、闵怡行等第一次引种并选育出优质、高产平菇品种"凤尾菇"。1988年，四川省农业厅、四川省农业科学院土壤肥料研究所李昌祥、闵怡行等人开展了平菇生产综合技术研发，大面积推广以熟料袋栽立体栽培为主的高产栽培技术，筛选了系列平菇品种，建立了配套栽培技术。90年代初，肖在勤等人研究发明的食用菌远缘原生质体融合技术，育成广温型优质丰产平菇品种"金凤2-1"，该品种在全国30个省、自治区、直辖市大面积推广应用，累计栽培超过10亿袋，新增产值达10亿元以上。随后，育种人员又先后选育了平菇系列新品种：融平1号、川白平1号、金地平菇2号，姬菇系列品种："金地姬菇""川姬菇1号""川姬菇2号""姬菇258""姬菇6号"和"姬菇7号"等。当前，四川省内主要栽培平菇品种仍以广温品种"平2"为主，姬菇品种以"西德33"为主。

（三）栽培模式与栽培季节

1. 栽培模式

随着高产栽培技术和育种技术的突破、创新，四川平菇栽培逐渐形成以玉米芯和棉籽壳为主要原料，并辅以不同温度适应型平菇品种的熟料栽培模式，具有操作简便、产量高、污染小、稳定性好等优势。其栽培基质原料主要有各种阔叶树的碎木屑，稻秸、玉米芯、棉籽壳、豆秸、麦秸等各类农作物秸秆。平菇菌种种类，除了常见的棉籽壳菌种、玉米芯菌种、木屑菌种和相互复配而成的复合配方菌种，还有以小麦、玉米、稻谷、小米等为主料的谷粒菌种，以及时下比较盛行的液体菌种。

2. 栽培季节

平菇品种多样，不同栽培季节应选用适宜当季的栽培品种。根据出菇季节，温度较低的秋、冬、春季可选择低温品种、中低温品种或中高温品种，而温度较高的夏季一般选用广温品种或高温品种。四川具有独特的地理环境，利用不同区域气温的差异，选择不同温型品种，可根据生产实际灵活确定制种、制袋时间，实现了平菇的周年栽培。

四川平菇种植主要为顺季栽培，即秋冬出菇。部分区域可利用海拔或地理环境的气候差异，实现反季节出菇。四川平菇的反季节栽培主要集中在高海拔区域和山区，如都江堰、大邑、崇州、以及川西高原。通常在3—4月制袋接种，4—5月出菇，此时平菇售价具有明显优势。

（四）贮运与加工

四川平菇以鲜销为主，一般当日采收，当日销售，可使用低温贮藏方法临时保存，3天后口感以及营养水平开始降低。除鲜销外，部分也采用烘干或腌渍等初加工方式获得平菇干、平菇粉，进而加工为平菇提取物以及平菇酱等精深加工产品。

（五）营销现状

四川平菇主要满足本地市场需求，部分供应外地或出口。典型如金堂姬菇，其加工后的腌渍菇主要以出口为主。

二、当前四川省平菇产业发展存在的主要问题

（一）新品种研发创新滞后

当前，四川平菇栽培品种相对单一，以广温型品种"平2"为主，新品种的研发进度缓慢，严重缺乏替换品种。市面上各平菇品种多以组织分离为主，缺乏专业技术鉴定。同种不同名现象泛滥、品种相对杂乱、性状稳定性参差不齐。加之各菌种厂商对品种认定的意识相对薄弱，技术上的侵权行为难以界定，品种权人高成本维权与侵权人低惩戒之间不平衡，导致侵权事件层出不穷，严重挫伤了相关企事业单位研发平菇新品种的积极性，新品种研发创新严重滞后。

（二）菌种质量监管不够

1. 菌种质量退化、老化现象严重

平菇菌种管理不够规范，部分菌种经过多次转接或不当保藏，极容易发生菌种退化、老化，出现菌丝弱化、产量降低等现象。当前，菌种生产者所拥有的设备与技术参差不齐，平菇菌种质量难以有效保障，部分劣质菌种流入市场，给菇农造成巨大的经济损失。

2. 菌种私自扩繁、质量参差不齐

部分菇农为节约生产成本，常常自留种、自制种，或者从技术水平较差的家庭作坊式菌种场购买、引进劣质菌种，因自身生产条件和生产技术差异，不仅造成菌种退化，还易感染杂菌和病虫害，严重影响平菇产量和品质，易出现畸形菇或批量

化污染等事故，每年都有菇农因菌种问题而出现绝收、减产的情况，给菇农造成严重的经济损失。

3. 菌种品名混乱、来源不清

当前，四川省内缺乏具备自主知识产权和规模化生产的优良平菇菌种，在菌种种质资源开发上创新不足。由于食用菌组织分离技术简单、门槛低等原因，业内相互间引种频繁，随意命名现象泛滥，同种异名现象普遍存在，平菇种植户过程中难以区分。

（三）标准化程度低

目前，四川平菇生产仍以农法栽培为主，生产设施简陋，生产功能区域排布混乱，栽培方式原始落后，缺乏科学的生产工艺和技术参数，生产管理标准以经验为主，受气候、环境影响较大。例如原料库、培养库、出菇棚等厂房相互交叉分布，功能分区设计不合理，很大程度会增加菌袋的污染率；产品缺乏采收标准，成熟度质量参差不齐，因此市场接受度不高，缺乏竞争力，增加市场销售风险，而且因产品一致性差，难以进行后端精深加工产业，进一步削弱平菇的整体竞争力。

1. 栽培模式落后

平菇生产模式经历了从传统农户种植模式，到"企业+传统农户"种植模式，到目前日渐兴起的工厂化栽培模式。平菇栽培虽在模式创新上有所突破，但省内基本仍以传统个体农户种植模式为主，生产工艺更新程度不高，工艺相对落后，经济效益不稳定，"增产不增收"现象时有发生，亟待进行平菇产业的提档升级，提升平菇种植的经济效益。例如，由于平菇工厂化专用品种缺乏，配套工艺与技术的基础研究缺失等问题，导致平菇工厂栽培模式迟迟不能成形，进展缓慢。而在可预见的未来，平菇工厂化生产很可能成为平菇栽培的行业主流。

2. 专业技术工人较少，劳动力不足

平菇是所有食用菌中最容易栽培的种类之一，但是也有一定的专业技术要求。当前平菇栽培主要以家庭作坊式生产方式运营，受制于生产条件和经济效益，产业规模较小，行业中具备一定食用菌专业技术的工人严重不足，大部分平菇生产都依据个人生产经验，缺乏系统性培训，生产管理水平高低不一，导致平菇生产产量和质量也参差不齐，迟迟难以工厂化、标准化。其次，我国食用菌产业起步较晚，相应的轻简化生产设备设施发展水平较低，仍属于劳动密集型产业。平菇产业也是如此，生产期间需要大量的人工参与，但由于食用菌生产的特殊性，生产场地大多位于远离人口稀疏的城市郊区或山区，劳动力严重缺乏。随着社会经济的发展和城市化进程的加快，农村人口外流趋势加剧。农村人口空心化严重，以老年人居多，农村、郊区劳动力紧缺逐渐成为制约平菇产业规模化发展的主要制约因素之一。

3. 产业链短、采后保鲜加工处理程度低

目前，平菇作为大宗食用菌销售主要以鲜菇和初加工产品为主，产业链条较短，行业规模不能有效提升。另外，随着国内食用菌栽培规模不断扩大，已经形成全国行业内的市场竞争环境，但当前对于平菇的长途储运输全过程的保鲜工艺研究较少，对于提升四川省平菇产业规模，加大业内竞争能力，存在较大的约束。

4. 精深加工能力不足

平菇加工分为三个层次：初加工，烘干、腌渍；深加工，风味食品如蘑菇酱、平菇果脯、平菇挂面等；精深加工，如通过萃取等工艺提取有效成分制成化妆品、保健品和药品等。

目前，四川省平菇产品种类有限，大多数为传统的干鲜品、盐渍品等简单加工类型，附加值低，产品同质化严重，缺乏具备核心竞争力的复合食用菌功能性产品。深加工产品比例较低，功能性开发不足，产品附加值低，技术含量偏低，已无法满足消费者的多样化需求。但是比起鲜菇，初级加工仍然可以带来较大的增值空间。

（四）品牌建设能力欠佳

四川作为平菇生产大省，却鲜有全国范围知名的品牌，在国际、国内市场上，省内品牌竞争能力薄弱。平菇生产相关企业仍存在品牌意识薄弱，品牌定位不准确，缺乏多样化的宣传手段等问题，忽略了品牌深层内涵的挖掘，以及产品文化底蕴与地方特色乡村文化的深度融合等。当前消费者对四川省平菇品牌感知度不高，大多数品牌在外形包装、产品功效、市场定位等方向上区分度低，消费者对品牌的辨识度与记忆点较低，在行业竞争力上弱势于其他平菇生产大省。

三、四川省平菇产业发展趋势与对策建议

（一）四川省平菇产业发展趋势研判

作为天府之国的四川，发展平菇产业具有得天独厚的产业优势。第一，平菇具

有经济实惠、口感好等特点，属于大众接受程度非常高的食用菌品类，产品需求量较大，长期以来，均能维持住四川第二大食用菌产业的地位。第二，四川省区域内平菇以农法栽培为主，种植技术门槛相对较低，是广大农户容易掌握和接受的种植品类之一，长期以来也是解决脱贫攻坚，以及助力乡村振兴的常见帮扶项目之一。第三，近十年，四川经济消费中心——成都市人口总量稳定增长，人口集聚进一步增强，城镇化水平持续提高，农产品的消费能力也持续增加，平菇作为主要的食用菌消费品类，未来的市场前景可观。未来随着在品种选育、高效栽培技术、保鲜加工和品牌建设等方面持续改善、加强，在西南大市场背景加持下，四川平菇产业发展前景广阔，有待进一步提升和挖掘。

（二）促进四川省平菇产业发展的对策建议

1. 推进品种选育和质量控制

以四川省食用菌研究所为代表的科研机构，包括成都、绵阳、达州、巴中等地区科研单位，联合相关菌种企业，根据当地种植户和市场需求，利用四川丰富的野生资源和栽培资源，选育出更多丰产优质的平菇新品种，同时进一步研发高效菌种保藏技术和菌种复壮技术，保护好现有平菇优质菌种资源，既要"创新"，也要"守旧"；此外，科研机构和企业应重视对品种知识产权的保护，包括申请植物新品种权、专利申请、开发关联特殊性状的分子标记等，有效保护好研究成果，助力科学再研究。

2. 提升标准化栽培技术

四川平菇主要以农法栽培为主，在标准化、规模化等方面都较为欠缺。川内主要从事食用菌的科研机构，应对平菇种植户加强技术指导培训，从厂房区域性规划布局、菌袋标准化生产、栽培标准化管理等真正推广到各个主要产区的种植户，助力企业提档升级，可以借鉴香菇等栽培管理技术，通过"集中制袋、分散出菇"的方式，以当地龙头企业或合作社统一制袋，然后分散到各个农户进行出菇，充分保证菌袋质量，节约劳动力。在制袋、接种、采收等人工需求较高的环节应开发专业设备降低劳动强度，减少劳动力依赖，降低劳动力成本以节约劳动力投入。

开展智能化管理技术，利用环境参数监测设备实时监测菇房的温、光、水、气等因子，对生产各个环节进行科学管理。同时，在标准化管理完善的基础之上，可以利用四川独特的气候优势，适度推广发展平菇反季节栽培，最大化提升平菇产业规模，保持全年平菇市场占有率。

3. 加强采后保鲜技术研发

虽然平菇是四川产量第二的食用菌种类，但由于保鲜期较短，产品主要是自产自销。为进一步扩大四川平菇的销售市场，将产品销往全国乃至全世界，应大力开发低成本的平菇采后保鲜技术，将平菇货架期延长至7天以上。

4. 加强本地品牌建设

农业农村主管部门应加强农业品牌建设培训，增加企业品牌建设意识，可以县区为单元，整合分散的种植户，形成品牌联盟。同时，通过多元化的宣传手段加大品牌宣传力度，形成全国范围内知名品牌，占领全国大市场，进而开拓全球市场。

四川省羊肚菌产业发展报告

唐 杰　刘理旭　王 勇　姜 邻　彭卫红　闫世杰　陈 影

(四川省食用菌研究所，四川成都　610066)

摘　要：羊肚菌作为一种珍稀食用菌，口感脆嫩、香味诱人，含多种氨基酸、维生素、多糖及微量元素，具有丰富的营养价值和药用价值，深受消费者喜爱，发展前景十分广阔。2012年四川省农业科学院食用菌团队在国内外率先实现了羊肚菌大田商业化栽培的成功，使四川成为了羊肚菌大田商业化栽培的发源地和全国栽培面积最大的省份，其产业地位和优势明显。此后我国栽培面积迅速扩大，栽培范围也从原有的主产区四川、云南、重庆等地扩大至全国大部分地区。近年来羊肚菌作为我国特色珍稀菌类种植规模连续稳定增长。本报告将深入分析四川省羊肚菌产业发展现状、发展趋势、存在问题等，并且有针对性地提出对策和建议，旨在为四川省羊肚菌产业健康发展提供合理建议参考。

关键词：四川省；羊肚菌；产业；发展

引言

2012年，四川省农业科学院土壤肥料研究所在羊肚菌人工大田栽培方面取得突破性进展。通过采用"分段培养，外源转化"的模式，在土壤中培养菌丝体，在土壤表面放置转化袋，菌丝从土壤向转化袋内生产，并分解利用转化袋内的营养物质，在土壤内形成原基和子实体。该模式出菇稳定，对环境友好，生产周期短，劳动强度低，每公顷产量达到2 250千克以上，当年每公顷产值即达到30万元以上，纯利润15万元以上，实现了羊肚菌商业化栽培的成功。2013年3月，当时的四川省农业厅和四川省农业科学院在金堂县赵家镇召开了羊肚菌示范栽培现场会，在国内外引起了很大反响，并迅速推广应用，形成新兴羊肚菌产业。同时，也使四川成为了羊肚菌大田商业化栽培的发源地和全国栽培面积最大的省份，其产业地位和优势明显。

羊肚菌属于低温栽培型食用菌，产品附加值高，种植效益好、见效快；不仅适于亚热带、温带平原丘区集约化规模化生产，也适于边远山区、高原地区和少数民族地区生产。这对于调整我国食用菌品种结构，提升我国珍稀食用菌产品供给能力，引领特色产业发展，帮助贫困地区农民脱贫致富奔小康等意义重大。羊肚菌的栽培模式也呈现出多样化发展，现有的模式包括"羊肚菌—水稻"轮作、"羊肚菌—蔬菜"轮作、"羊肚菌—水稻—蔬菜"轮作、林下栽培、反（错）季节栽培、北方冬暖式大棚栽培等，这些高效栽培模式的运用对于提高土地利用率、降低生产成本、增加栽培效益等具有重要意义。目前，我国正面临食用菌产业发展的良好机遇，尤其是如羊肚菌一类的新兴食用菌。如何抓住机遇，统一规划，确保我国羊肚菌产业持续健康发展，促进地方经济发展和农民增收，推进新农村建设进程，将成为当前我国农村的一项重要工作内容。

一、四川省羊肚菌产业发展现状

（一）四川野生羊肚菌资源丰富

羊肚菌主要分布于欧洲、东亚和北美洲，羊肚菌属共有 60 多个系统发育种，欧洲分布有 21 种，北美 22 种，东亚 30 多种，其中大多数为地区特有物种，少数为广布种。我国是野生羊肚菌主要产区之一，从温带到亚热带地区均有分布，物种多样性水平也很高。相关研究表明，近年中国羊肚菌代表了 30 个不同的系统发育种，分布于四川、云南、西藏、重庆、贵州等西南五省（区、市），以及湖北、甘肃、陕西、河南、山东、山西、安徽、广东、浙江、北京、河北、黑龙江、吉林、辽宁、新疆、台湾等 21 省（区、市），其中四川是主要分布区域之一。四川丰富的野生羊肚菌资源，为新品种的选育提供了前提条件。

（二）开发的栽培品种不断丰富

我国在羊肚菌种质资源发掘和新品种选育方面均走在世界前列。发掘出梯棱羊肚菌、六妹羊肚菌、七妹羊肚菌、紫褐羊肚菌等多种可人工栽培的种质资源，建立了最为丰富的羊肚菌种质资源库，完成了多种羊肚菌全基因组测序及分析；发现了羊肚菌子实体形成的新途径，补充完善了羊肚菌生活史。同时在种质资源发掘的基础上，通过组织分离、多孢杂交、单孢分离等育种方法，研制了羊肚菌新品种选育有效方法。并根据市场需求，以遗传稳定、优质丰产为育种目标，获得系列新品种。

目前四川省已有多个羊肚菌物种实现了商业化栽培，包括黑色类群中的梯棱羊肚菌（*Morchella importuna*）、六妹羊肚菌（*M. sextelata*）和七妹羊肚菌（*M. septimelata*）。

1. 梯棱羊肚菌

最早实现大田人工栽培的羊肚菌种类，目前四川省通过审/认定的梯棱羊肚菌新品种共有5个，分别为"川羊肚菌1号""川羊肚菌3号""川羊肚菌4号""川羊肚菌5号"和"川羊肚菌10号"，前4个和最后1个品种分别于2017年和2023年获农业农村部植物新品种权授权。梯棱羊肚菌一般子囊果的菌盖褐色至深褐色，菌柄白色至黄白色，菌盖棱纹密度中等，菌盖纵棱明显，子实体兼有单生和丛生方式。子囊果不规则卵圆形和圆锥形，长4~12厘米，直径2~5厘米。菌盖表面形成许多凹坑，似羊肚状；菌柄中空，长2~6厘米，直径1~3厘米，表面有颗粒状物，基部稍膨大。子囊（250~300）微米×（17~20）微米，子囊孢子8个，单行排列，椭圆形，（20~24）微米×（12~15）微米。优点为商品性优良，菌盖质地韧性较强，耐贮运，颜色较深，适宜鲜品销售和速冻加工。缺点市场销售价格略低于六妹羊肚菌。

2. 六妹羊肚菌

羊肚菌人工栽培的主要类群，市场占有率90%以上，目前有3个六妹羊肚菌新品种"川羊肚菌6号""川羊肚菌8号"和"川羊肚菌9号"通过省级审定，"川羊肚菌6号"于2017年获农业部植物新品种权授权，"川羊肚菌8号"和"川羊肚菌9号"于2023年获农业农村部植物新品种权授权。六妹羊肚菌一般子囊果菌盖红褐色至暗红褐色、黑色，菌柄光滑、白色，菌盖棱纹密度中等，菌盖纵棱极明显，菌盖与菌柄交接处凹陷不明显，子实体单生或丛生。子囊果中等大，长5~12厘米。菌盖近圆锥形，长3~8厘米，直径2~5厘米，中空，表面凹陷，呈蜂窝状；幼时灰白色、灰色，成熟时灰褐色至黑褐色略带红色色调、黑色。菌柄长3~6厘米，粗2~3厘米。子囊近柱状，孢子8个，单行排列。子囊孢子椭圆形，光滑，（18~23）微米×（10~14）微米。优点为出菇早、整齐、采收期较集中，商品性状优良，市场销售价格高。缺点为菌盖易碎，不耐贮运。

3. 七妹羊肚菌

羊肚菌人工栽培的新兴类群，目前有 1 个七妹羊肚菌新品种"川羊肚菌 7 号"通过省级审定并获农业农村部植物新品种权授权。其成熟子实体菌盖灰褐色，近似圆锥形，顶端形态为圆钝，菌盖纵棱不明显，菌柄白色呈梯形，菌柄短。出菇较整齐，菌盖长度 41.2~52.4 毫米，菌盖宽度 36.2~41.5 毫米，菌柄长度 17.5~34.6 毫米，菌柄宽度 14.3~22.5 毫米。子囊孢子 8 个，单行排列，呈椭圆形。优点是单个子实体个头大、菌盖厚、抗病虫害和耐高温能力较强。但与六妹羊肚菌和梯棱羊肚菌相比产量较低，商品性较差。

（三）栽培配套技术不断成熟

菌种扩繁技术、栽培技术等是决定羊肚菌人工栽培成功重要因素。近几年我国按照食用菌三级菌种扩繁模式，根据羊肚菌的生物学特性，分别研究羊肚菌母种、原种和栽培种的培养料配方和菌种扩繁工艺，确定了菌种生产技术参数，形成了生产技术规程。在国外羊肚菌研究的基础上，改进了外源营养转化技术，促进了羊肚菌产业的健康发展。同时以平原地区的土壤、气候特点为基础，针对羊肚菌生产中土壤整理、开沟播种、营养转化袋应用、水分管理、栽培设施等关键技术环节，确定了栽培技术参数。在此基础上，对丘陵、山地、高原等生态类型的气候特点，制定了相适应的羊肚菌高效栽培技术参数，形成了适合不同生态区域的羊肚菌栽培技术规范。

（四）生产规模不断扩大

2012 年在四川省成都市金堂县开展人工栽培大田试验取得重大进展；2013 年，经过技术改良，产量趋于稳定，实现了羊肚菌大田商业化栽培的成功；2014 年，栽培规模在川渝一带激增，羊肚菌开始大规模商业化栽培；2015 年，羊肚菌快速扩展，仅四川规模就超过 1 333 公顷，重庆、湖北、云南、陕西、河南、贵州、甘肃、西藏等地均超过 333 公顷，形成了以川渝为主导，全国各地均有种植的全面开花发展局面，在国内初步形成了产业高端优势。

二、当前四川省羊肚菌产业发展存在的主要问题

（一）菌种市场混乱，缺乏优良品种

菌种的好坏是决定羊肚菌能否高产的关键。目前，行业内从事菌种生产的企业

或科研机构有很多,有些不具备生产资质条件却在从事菌种生产,每年因为菌种而产生的经济纠纷事件时有发生,给种植者带来严重的经济损失。调研中了解到,国内不少生产企业购买母种后,自行进行扩繁研制栽培种,由于技术的不成熟,出现菌种菌丝弱化,产品品质差等情况。现阶段,虽然四川是目前国内通过国家、省品种审定的品种最多的省份,但从整个羊肚菌产业发展角度来看优良品种仍然不多,当前大规模羊肚菌栽培主要是梯棱羊肚菌、六妹羊肚菌和七妹羊肚菌三个种类,近年种植中发现菌种老化、退化现象,造成羊肚菌产量低、品质差、抗性差、发病率高,甚至不出菇等后果的情况也时有发生。

(二)科研滞后生产,风险防控技术缺乏

当前,国内对羊肚菌的遗传特性、营养条件、生活史、育种方法、菌种保藏技术,从营养生长到生殖生长调控机制,营养转化袋的作用机理,对土壤中的重金属富集等方面的研究还不到位,在菌种繁育、栽培技术改进和提升等方面还存在一定障碍。与此同时,随着羊肚菌产业规模的不断增大,对种植机械化的需求也在增加,目前由于羊肚菌菌种和营养袋现代化生产相匹配的机械设备比较昂贵,四川省大部分菌种生产企业在制作过程中采用的还是传统的手工操作,在增加人工成本的同时也降低了生产效率。四川省地形地貌情况复杂多样、不同海拔气候条件多变,在大面积种植过程中还缺少针对不同生态区域的不良气候风险防控技术,特别是应对极端恶劣天气的技术措施缺乏,如雪灾、寒潮、暴雨等,导致企业和菇农减产或绝收。

(三)龙头企业少,区域公共品牌弱

经过10多年的快速发展,四川省羊肚菌行业企业数量上千家,但真正在行业内做出规模,有一定影响力的龙头企业不多,主要还是以一家一户传统种植为主,示范引领作用效果不明显。四川省也形成了有代表性的羊肚菌主产区,如金堂县、大邑县、绵阳市、通江县等地,在行业内产生了一定的品牌知名度和影响力,但在行业内外叫得响的羊肚菌品牌较少,企业把更多的精力放在生产、销售等环节,在培育羊肚菌品牌上缺乏深度和广度,造成了羊肚菌企业品牌"多而不强、杂而不亮"。

(四)盲目跟风,一味追求栽培面积

羊肚菌自从可以实现人工栽培后,在高额利润的刺激下,很多人转行到这个行

业，由于对羊肚菌栽培缺乏全面的了解而盲目跟风，前几年在金堂、绵阳等地也出现了为数不多的上千亩的羊肚菌种植基地，但能够获利的却很少，究其原因主要还是缺少对种植风险的认识和防范，缺少对环境、气候、土壤等条件的考察和选择，以及对管理技术的疏忽，最终种植失败。且羊肚菌人工种植的投入成本相对比其他食用菌高，一亩地的投入成本在 8 000~10 000 元，造成了巨大的经济损失。

（五）产品结构单一，产业附加值低

目前，四川省羊肚菌的主要销售方式为干销，占到整个销售市场的 90% 以上，产品结构比较单一。现阶段，国内对羊肚菌精深加工产品开发还处于起步阶段，市场上羊肚菌的深加工产品还较少，在天猫、京东等国内较大的电商平台上销售的羊肚菌绝大部分是干品，产品附加值较低。

三、四川省羊肚菌产业发展趋势与对策建议

（一）四川省羊肚菌产业发展趋势研判

羊肚菌一直是国际市场供不应求的菌中珍品。野生资源因过度采集已日渐稀少，但市场需求却与日俱增，价格居高不下。羊肚菌人工栽培已引起国内外许多有识之士和企业家的广泛兴趣和关注，随着投资力度的不断加大，商业化生产的不断开发，消费市场的不断开拓，特别是羊肚菌作为高端食用菌产业，经济效益好、见效快，已成为我国各地乡村振兴的支柱产业，羊肚菌产业的发展前景十分看好。

目前四川省已成为全世界总量最大的羊肚菌仿野生栽培基地之一，栽培面积约占全国的 20%。羊肚菌产业未来发展过程中，将通过资源整合、政策扶持、金融支持等方式培育龙头企业，支持龙头企业投资、建设、经营羊肚菌产业主要节点，打造集羊肚菌特色小镇和产业园区于一体的产业载体。同时，充分发挥科研优势、整合外部资源，规范羊肚菌菌种服务体系，优化发展环境，将羊肚菌产业发展成为四川农业支柱产业，带动三产融合快速发展，将对我国食用菌产业可持续健康发展起到极大的推动作用，市场前景十分广阔。

（二）促进四川省羊肚菌产业发展的对策建议

1. 加大羊肚菌"良种"的技术创新力度和菌种管理

开展种质资源驯化研究，选育具有自主知识产权的梯棱羊肚菌、六妹羊肚菌和七妹羊肚菌等稳产、高产、抗逆菌株；在国家标准或行业标准颁布之前，菌种生产

企业可制定出该品种的地方标准或企业标准，做到生产菌种有标准可循，检测菌种有标准可依，杜绝无标准生产的局面；同时，加大普法力度，增强菌种生产者、经营者和管理者的法律意识和法制观念，使羊肚菌的菌种生产、经营尽快走上法制化的轨道，切实维护菌种生产经营单位和羊肚菌种植户的权益。

2. 实施"良法"标准化，建设产品标准体系

实践证明，标准化生产是增加产量、提高质量、降低成本，最终提高竞争能力的根本保证。种植企业、种植户与科研单位应加强合作，对羊肚菌的栽培、管理和采收等进行规范化、标准化管理，最大限度地降低因栽培、管理、加工技术带来的风险。并建立一整套与国际接轨的羊肚菌质量标准体系，积极推进羊肚菌的相关认证制度，通过产品标准化提高四川省羊肚菌的国际竞争力和全球市场占有率。

3. 选择优质的种植区域，提升设施化水平

调查中发现，这两年来很多种植户绝收或歉收的原因之一是土壤选择，很多种植户在种植前没有对土壤进行详细的判断，盲目种植，结果颗粒无收。为此，在选择种植区域时，对于土壤要求必须做到疏松、保水、透气性好、不易板结，同时，在选择该区域前要先了解这块地的前茬作物是种什么，以便后续采取相应的措施对田地土壤进行调节。一些地方羊肚菌大田种植设施简易，机械化、设施化程度不高，生产效率低，抗产业风险差，一旦遇到极端天气，会给羊肚菌种植带来极大的挑战。

4. 开展精深加工，提高附加值

羊肚菌作为珍稀菇类，营养价值和药用价值极高，开发潜力大，在规模化发展设计上要充分考虑加工体系建设，以龙头企业为带动，使产业链条得到有效延伸，既要做保鲜、烘干等粗加工，也要进行保健品、休闲食品等深度开发，形成高、中、低端合理搭配的多样化产品格局，满足不同层次的消费需求，扩大消费群体，提高市场竞争力和产业综合效益。

5. 加强人才队伍建设，提高科技研发能力

现阶段，羊肚菌从业人员部分都是没有从事过食用菌行业的外部投资者，或者是其他食用菌品种转行而来，基础理论知识比较匮乏，对于羊肚菌栽培的技术要点和市场风险没有全面的了解，一旦遇到技术难题，往往束手无策。2021年部分新产区发生的病虫害侵袭，出现出菇少，或歉收的情况跟新入行的种植户不懂技术有很大关系。羊肚菌行业看似门槛低，但对于专业人才的要求却很苛刻，需要掌握的基础理论知识包括生物学、物理学、气象学、微生物学、市场营销学、统计学等多门学科。这几年，行业内部分专家、科研机构开展了线上、线下羊肚菌技术培训班，旨在破解栽培技术难题，提升行业从业者的栽培管理水平，减少种植风险，实现羊肚菌产业高质量发展。

6. 加大羊肚菌品牌推广力度，制定科学的产业发展规划

羊肚菌产业经过近10年的快速发展，行业已经结束了野蛮生长的时代，企业之间的竞争不光是价格竞争，还有品牌竞争，走品牌现代化是未来羊肚菌产业发展的重要战略选择。从调研中了解到，羊肚菌产业还是存在着品牌建设能力弱，同一地区内的企业与合作社各自为战，多个品牌相互竞争、内耗严重的问题。羊肚菌产业要想健康可持续发展，必须加大羊肚菌品牌推广力度，以品牌化促产业发展。羊肚菌主产区政府应加大对产业的政策扶持力度，通过出台羊肚菌产业发展规划和指导意见，促进羊肚菌产业提质增效和百姓增收致富。具备条件的主产区要举办技术人才培训班，提升从业者的理论知识和技术管理水平，更好的促进羊肚菌产业提档升级。

参考文献

倪淑君，张海峰，2019. 我国羊肚菌的产业发展［J］. 北方园艺（02）：165-167.

赵琪，2018. 我国羊肚菌产业发展现状、前景及建议［J］. 食药用菌，26（3）：148-151.

四川省大球盖菇产业发展报告

李昕竺　熊维全　曾先富　冯　莹　刘轶豪

(成都市农林科学院，四川成都 611131)

摘　要：本报告介绍了我国大球盖菇产业发展概况和四川省大球盖菇产业现状，简要分析了当前四川省大球盖菇产业发展中存在的主要问题，研判了四川省大球盖菇产业发展趋势，提出了促进产业发展的对策建议：加强政策支持与引导，加大科研扶持力度，建立大球盖菇种性特征信息库、加快新品种选育，加强栽培模式与技术创新应用，强化标准引领、基地示范与辐射带动，做好产品加工、补齐全产业链发展短板，开展大球盖菇连作障碍与病虫害绿色防控技术研究与推广，加大农旅互动与三产融合发展，打造品牌、拓展渠道以提升产业综合效益，报告为促进四川大球盖菇产业升级和高质量发展提供理论支撑和实践路径。

关键词：四川省；大球盖菇；产业现状；问题；发展建议

引言

20世纪80年代我国引进大球盖菇菌种并试种成功后，开始在国内逐渐推广，目前在我国贵州、四川、河北、黑龙江、福建、陕西等省大面积栽培，2020年和2021年全国栽培面积均突破6万亩。四川省2003年从福建引进大球盖菇进行试验种植，2021年栽培规模突破3万亩，在全国名列前茅，并且因为川内大球盖菇栽培技术先进，产品品质享誉全国，发展潜力巨大。因此，正确认识四川大球盖菇产业现状，找准产业面临问题，理清发展思路，提出整改措施，对于实现四川省大球盖菇产业高水平、规模化、可持续发展，有效促进乡村振兴至关重要。

一、四川省大球盖菇产业发展现状

(一) 四川大球盖菇产业概况

四川省人工栽培大球盖菇始于2003年。2004年,四川省农业科学院从野生大球盖菇中经组织分离、选育出新品种"大球盖菇1号",经过几年的示范推广,该品种成为四川地区大球盖菇栽培的主要品种,但当时四川省大球盖菇整体栽培规模不大。近年来,随着国家脱贫攻坚和乡村振兴政策的实施,大球盖菇种植成为各地精准扶贫和乡村产业振兴的优选项目,加上市场对大球盖菇的需求量不断增加,四川省大球盖菇的种植规模迅速扩大。2021年,四川省大球盖菇栽培面积已超过3万亩,成都、泸州、宜宾、遂宁、达州、绵阳、巴中、广安、广元、阿坝州、甘孜州、凉山州等地都有大球盖菇种植。其中,阿坝州、甘孜州和凉山州因独特的地理优势,成为反季节大球盖菇种植基地。

根据四川省食用菌协会2021年的统计数据,大球盖菇已跻身成为四川省产量前十的食用菌品种(毛木耳、平菇、香菇、黑木耳、杏鲍菇、真姬菇、大球盖菇、羊肚菌、竹荪、双孢蘑菇),位列第七,与2020年相比,产量增长33.71%。2021年四川省大球盖菇生产产值超过5亿元,位列全省食用菌品种产值第十一位,较2020年全省食用菌品种产值第十位下降一位。

(二) 生产主产区概况

四川省东西差异大,地形复杂多样。西部为高原、山地,海拔多在4 000米以上;东部为盆地、丘陵,海拔多在1 000~3 000米。全省可分为四川盆地、川西北高原和川西南山地三大部分。东部四川盆地是我国四大盆地之一,气候温暖湿润,冬暖夏热,年均温16~18℃,云量多、晴天少,大部分地区年降水量900~1 200毫米,属亚热带季风气候;西南部为横断山脉北段,山高谷深,山河相间,山河呈南北走向,其河谷地区受影响形成典型的干热河谷气候,山地形成显著的立体气候,早寒午暖,四季不明显,但干湿季分明,降水量较少;西北部为川西北高原,属于青藏高原东南一隅,平均海拔3 000~5 000米,海拔高差大,气候立体变化明显,总体上以寒温带气候为主,河谷干暖,山地冷湿,冬寒夏凉,水热不足,天气晴朗,日照充足,年均温4~12℃,年降水量500~900毫米。

大球盖菇栽培主要集中在四川盆地,分为三个主产区。

1. 成都平原大球盖菇大田生产区

包括成都平原坝区及浅丘区，以成都市、遂宁市、乐山市、绵阳市、德阳市为主，2021年发展大球盖菇栽培面积约1.3万亩。

区域地势自西北向东南倾斜，一般海拔600米左右，四季分明，日照少、气候温和，降雨充沛，属暖湿亚热带太平洋东南季风气候区。多年平均气温为16.1℃，年最高气温一般出现于7、8月份，年均降水量在1 000毫米以上，是中国阴雨天气最多的地区之一。土壤肥沃，以水稻土、紫色土为主，无土壤及地下水冻结现象。

成都平原大球盖菇大田栽培生产区多采用"稻—菇"轮作模式，利用冬闲田进行大球盖菇栽培，一般9月中下旬至10月中下旬播种，11月至翌年4月采收，是省内优质大球盖菇产区，特别是成都市以大邑县为核心，辐射邛崃市、崇州市的区域，采用发酵料栽培技术，亩产可达4 000千克以上，A级菇比例超过40%。

2. 川南林下大球盖菇套作生产区

位于四川盆地南部，主要包括泸州市和宜宾市，2021年发展大球盖菇栽培面积约1.5万亩。

该区域属于亚热带湿润季风气候，在海拔400米以下的低丘和长江河谷地带还出现了南亚热带的气候类型。海拔多在1 000米以下，光照充足，热量和水资源丰富，冬无严寒，年均气温18℃左右，年日照时数1 200~1 400小时，年降水量1 000~1 200毫米。土壤主要有紫色土、水稻土、黄壤等，个别区域终年无霜雪，生长期长。

川南林下大球盖菇套作生产区多采用"林—菌"套作模式，利用丰富的林业资源和林下空间进行大球盖菇种植，一般9月上中旬至10月上中旬播种，11月至翌年4月采收，既节省了土地资源，实现了林下增收，栽培料又肥沃土壤，滋养林木，以林养菌、以菌促林。

3. 川西高原大球盖菇反季节生产区

川西高原为青藏高原东缘和横断山脉的一部分，平均海拔4 000~4 500米，大球盖菇反季节生产集中在海拔1 800~3 000米的区域。2021年，阿坝州小金县、理县、马尔康市、阿坝县，甘孜州泸定县、康定市、丹巴县，凉山州喜德县、冕宁县、普格县等地逐渐发展成为川西高原大球盖菇反季节生产区，栽培面积超过1 200亩。

阿坝州气温自东南向西北并随海拔由低到高而相应降低。西北部的丘状高原冬季严寒漫长，夏季凉寒湿润，年平均气温 0.8~4.3℃；山原地带夏季温凉，冬春寒冷，干湿季明显，年平均气温 5.6~8.9℃。高山峡谷地带，随着海拔高度变化，气候从亚热带到温带、寒温带、寒带，呈明显的垂直性差异。

甘孜州气候属高原型季风气候，复杂多样，地域差异显著。最低海拔 1 321 米，最高海拔 4 200 米，海拔高度差 2 879 米。年均气温多数地区在 8℃ 以下，随着纬度自南向北增加，气温逐渐降低，年均气温相差 17℃ 以上。常年降水量在 325~920 毫米。常年日照时数 1 900~2 600 小时，历年平均霜日为 18~228 天，无绝对无霜期。

凉山州属亚热带季风气候，大部分地区四季不分明，但干湿季明显，冬暖夏凉，干季日照长，年平均气温 14~17℃，日照时数 2 000~2 400 小时，年降水量 1 000~1 100 毫米；无霜期 230~306 天。

川西高原大球盖菇反季节生产区与平坝地区错季栽培，一般 3 月中旬至 4 月中旬播种，5—9 月采收。这个时期四川顺季栽培的大球盖菇已经采完，而北方山东、河南等地大球盖菇集中出菇期为 4—5 月，也基本进入收获尾期，反季节出菇正好填充了大球盖菇消费市场的空缺，销售前景良好。

（三）品种资源与制种技术创新

1. 品种资源创新

我国野生大球盖菇分布于云南、四川、西藏、吉林等地，生长在草地或阔叶林林地边缘地上，在攀西地区生于针阔混交林中。四川省内有中国农业科学院都市农业研究所、四川省食用菌研究所、成都市农林科学院、绵阳市农业科学研究院、成都农业科技职业学院等为代表的科研院所和大专院校从事大球盖菇的育种工作，从"十四五"开始，四川把大球盖菇新品种选育列入"四川省农作物及畜禽育种攻关"专题。目前省内收集和保藏的资源不足 50 个，罕有发现野生资源，多为外省引进资源，其中省级认定品种有"大球盖菇 1 号""黄球盖 1 号"和"川球盖 2 号" 3 个。

（1）大球盖菇 1 号（川审菌 2004004）。

该品种是四川省农业科学院从自然环境中分离获得的优质、高产菌株，2004 年通过省级品种认定。该品种子实体菌盖赭红色，菌柄白色，菌褶污白色，子实体单重大，产量高；转潮快；生物转化率达45%，不易开伞；出菇温度广；以稻草为主要栽培原料。比对照品种（福建大球盖菇）增产10%~17%；子实体单重大，可达400克。适宜种植区域为稻草丰富，适宜栽培蘑菇的地区，出菇温度5~30℃。该品种在四川省推广应用10多年时间，品种特性不满足现有高产栽培技术的需求。

（2）黄球盖1号（川认菌2021006）。

该品种是成都农业科技职业学院和成都市农林科学院合作在栽培基地中发现的"大球盖菇1号"黄色变异株，2021年通过省级品种认定。该品种菌盖黄色，半球形，直径3~15厘米，菌肉白色肥厚，菌柄白色至淡黄色，柄长3~12厘米，柄粗2~6厘米。四川所有适宜大球盖菇种植的区域均可种植，最适出菇温度12~25℃，一般秋季9—10月播种（攀西地区及三州除外），11月至翌年4月采收。该品种粗蛋白、粗纤维、氨基酸、碳水化合物、多糖含量高于"大球盖菇1号"，口感更脆嫩、营养更高。

（3）川球盖2号（2023005）。

该品种是成都市农林科学院和成都市科创菌业有限公司合作，在甘孜州泸定县田坝乡上松村关山脚下发现的野生菌株驯化而来，2023年通过省级品种认定。该品种菌盖红褐色至深酒红色，近半球形，有尖顶突起，直径3~15厘米，表面有纤毛状鳞片，湿润时表面稍有黏性。菌柄中生，白色至淡黄色，近圆柱形，部分基部稍膨大，柄长5~20厘米，柄粗2~4厘米，早期中实有髓，成熟后逐渐中空。子实体最适生长温度12~25℃，播种30~45天现蕾，生料栽培产量可达2 550千克/亩，出菇比"大球盖菇1号"提早，产量高出10%以上。适宜于四川平坝地区露地、大棚、果园及林下栽培，一般9月中旬至10月上旬为最适播种期。

根据产品市场需求和企业、种植户生产要求，除了野生驯化和系统筛选手段，成都市农林科学院科研团队也在运用单孢杂交、原生质体融合等育种技术，以"高商品性、高产量"为主要育种目标，进行品种的创新选育。

2. 制种技术创新

大球盖菇栽培种培养时间长达60天，制种技术和设施条件要求高，在四川高温高湿条件下，会出现污染率偏高、甚至全部报废的情况，这不仅给菌种生产者和种植户造成巨大的经济损失，而且严重影响大球盖菇品种在四川的规模化推广应用。多年来，经过川内食用菌科研院所和菌种生产企业的创新与改进，包括液体菌种在内的大球盖菇菌种规模化生产技术已经成熟，大球盖菇栽培种的成品率达到98%以上。

（1）大球盖菇固体菌种生产技术。

以刚满瓶或即将满瓶的大球盖菇原种生产栽培种，原材料以杂木屑和稻谷或玉米芯和谷壳为主料，含水量65%~75%。将主料分别用水浸泡12小时，开始及中途要反复搅拌，使料中空气排出，使料吃透水分，将料滤去水分待用，如使用稻谷需用开水煮沸1小时后滤去水分再与浸泡过的木屑拌匀装瓶或装袋。装瓶容量在瓶颈下一点，装瓶要松，瓶口料偏湿，随即用牛皮纸（或双层报纸）包扎封口；装袋要均匀，松紧适度，中心插通气棒，套好封口盖。高压灭菌，灭菌结束后让其自然降温。在接种前1~2天将接种室清扫干净，用消毒剂熏蒸，在菌种瓶（袋）进入接种室后，再用气雾剂熏蒸。接种时注意消毒，保持酒精灯火焰附近无菌操作，动作迅速幅度小。接种完成后立即转入清洁并已消毒的培养室中进行培养，培养过程中勤加检查清理污染。

（2）大球盖菇液体菌种生产技术。

摇瓶制作培养基以马铃薯、葡萄糖、磷酸二氢钾、硫酸镁、维生素 B_1 为配方，混合后装入摇瓶中，装液量为摇瓶容量的50%~60%，瓶塞封口，并用报纸或牛皮纸包扎。灭菌冷却后，在无菌条件下，挑取5~6块种块转接于摇瓶培养基内，封口。在23~25℃条件下静置24小时，然后置于摇床上振荡培养，转速140~160转/分，培养时间4~6天。观察菌液澄清透明，菌丝体分布均匀，无异味，镜检无杂菌、菌丝形态正常方可使用。

发酵罐培养基配方与摇瓶相同。原料用水混合后加入空消过的发酵罐内，装液量为罐体容量的70%~80%，通入空气搅拌1~2分钟，拧紧上料口盖。发酵罐夹套通入冷水，水位低于排水口20厘米，关闭进水阀、排水阀后加热。待夹套蒸汽压力达到0.05兆帕时，缓慢打开排气阀降压至0兆帕，关闭排气阀，再次升压至0.1~0.14兆帕；待发酵罐罐内蒸汽压力达到0.05兆帕时，缓慢打开排气阀降压至0兆帕，关闭排气阀，再次升压至0.11~0.12兆帕，同时打开空气过滤器灭菌，微开排气阀，维持50~60分钟。灭菌结束，缓慢打开夹套排气阀降压至0兆帕，通入冷水降温；同时缓慢打开发酵罐罐内排气阀降压至0.02~0.04兆帕时向罐内通入无菌空气，调整排气阀，维持罐压0.04~0.05兆帕，培养液温度降至25℃以下时，关闭夹套进水阀。将摇瓶接种管和发酵罐接种口用75%酒精消毒，用95%酒精的火焰圈套在接种口上，轻微打开呼吸器阀门，使发酵罐罐内压力为0.01兆帕。点燃火焰圈，去掉接种管上的牛皮纸和瓶塞，打开接种口阀门，将接种管插入接种口，将摇瓶菌种注入发酵罐，接种量为发酵罐装液量的0.5%~1.0%。然后拔出接种管，关闭接种阀门，继续通入无菌空气。根据菌丝生长情况，适时调节进气阀门，通入适量无菌空气，通气量一般为（1:0.8）~（1:1），同时调节排气阀，维持罐压0.02~0.05兆帕，培养温度控制在23~25℃，培养5~7天。

当发酵罐培养的菌丝球呈白色、分布均匀，菌液淡黄色、黏稠不分层，发酵罐排气口气味正常，镜检观察菌丝粗壮、有隔膜，可见锁状联合时，液体菌种应立即使用。

（四）高效栽培技术创新

四川省大球盖菇栽培以顺季栽培为主，多采用"稻—菇"轮作模式，利用秋冬季农闲田进行大田栽培，该模式便于机械操作，适合规模栽培，水旱轮作，解决连作障碍，同时大球盖菇菌渣还田后促进水稻增产，实现"千斤粮，万元钱"。也有利用果园、花木林、竹林等林下空间及其特殊的小气候环境进行大球盖菇栽培，与大田栽培相比，林下栽培节省土地和设施成本，提早播种，延长采收期，提高产量。近年来，三州高海拔地区反季节栽培模式兴起，面积逐年扩大，该模式与顺季栽培错峰出菇，进一步提升了栽培的经济效益。除此之外，还有利用闲置蔬菜大棚种植大球盖菇的模式，成都优尚农业科技开发有限公司2019年开始尝试与探索大球盖菇工厂化栽培，但一直产量低，未能实现规模化生产。

1. 大球盖菇生料栽培技术

播种时间一般为9—10月。以各种农作物秸秆为原料，如稻草、麦秆、谷壳、玉米芯、木屑（含刨花）等，将培养料粉碎至0.5~3厘米大小，用1%石灰水充分混匀，闷堆2~4天，充分吸湿，使其含水量达到70%~75%，手抓草料拧紧，有几滴水渗出而不成串下滴为宜。平整土地，按照床宽0.6~0.8米、沟宽60厘米铺厢开沟，培养料铺厢厚度20厘米。采用撒播方式将栽培种均匀撒在培养料上，再薄撒一层培养料，每平方米用750毫升菌种1瓶或者等量袋装种。播种后结合开沟覆土，厚度3~4厘米，有条件的地方可再覆盖一层稻草或者树叶。保持土壤湿润状态，空气相对湿度80%~90%，适时换气，当子实体菌盖呈半球形、菌膜尚未破裂时采收。采收结束后，清理床面，补平覆土，加大通风量，停水养菌 3~5 天，增湿催蕾，一般可采收 3 潮菇。

2. 大球盖菇发酵料高产栽培技术

以大邑、邛崃、崇州、新津为主的成都平原地区采用发酵料进行大球盖菇大田栽培。最适播种期为 9 月中旬至 10 月上旬，根据播种时间要提前约 40 天备料发酵。采用玉米芯、秕谷、干牦牛粪、细米糠等为主要原料，用料 7.5 吨/亩，辅以 1% 的石膏和 2% 的新鲜石灰建堆发酵。堆料高 2 米，宽 3 米，长度不限，搅拌湿度 70% 左右，堆制 36 天，期间每 9 天翻堆 1 次。播种前整地做厢，一般厢面宽 60~70 厘米，过道宽 30~40 厘米，将厢面表土取 2~3 厘米厚的一部分堆放在过道，供播种后覆土用。发酵好的料及时铺料播种，铺料厚度为 20 厘米，将铺好的原料在播种前 1~2 天浇水湿透，播种采用撒穴结合方式，先在料面撒播一层菌种，再在铺料的两个侧面每间隔 30 厘米穴播乒乓球大小的种块，然后用两边的原料把菌种盖严。用厢沟土覆土，并形成 20 厘米深排水沟。要求覆土呈覆瓦状，无缝覆盖，不得有底料露出。菌丝生长期间保证土壤表面湿润即可，当温度低于 14℃ 时搭棚盖膜，出菇期间主要是保持土壤湿润，有条件的地区可以安装喷灌，如果培养料较干则采用沟灌。子实体菌盖呈半球形、菌膜尚未破裂时采收，采收结束后进行转潮管理，一般可采收 3~5 潮菇。

3. 大球盖菇林下栽培技术

四川林地资源丰富，近年来越来越多的种植户瞄准林下空间发展大球盖菇栽培。因为林下小气候环境温度比大田低 3~5℃，其播种期一般提早至 9 月上旬或者是延迟至 11 月上旬。采用生料或发酵料为原料。铺料前，清理林间，用 800 倍防虫灵水剂喷洒场地，同时使用微耕机刨松土壤，按照畦宽 60~80 厘米，沟宽 60 厘米整畦做厢，将培养料均匀铺在畦面上，厚 20 厘米。播种方式采用撒播或穴播均可，播种后料面覆土 3~5 厘米，覆土同时，开好作业走道和四周排水沟。播种完成后，喷水使土壤呈湿润状态，最后在畦面覆盖 2~3 厘米厚的干树叶或干稻草保湿保温。当最低气温 15℃ 时，用竹片或塑料支架搭建小拱棚，覆盖黑色薄膜保湿保温。当出现米粒大小的菇蕾时，在覆盖的黑膜两侧每 150 厘米打一个直径 5 厘米左右的圆孔，相错排列，以利通风换气，喷雾保持覆土层湿润，保持小拱棚内空气相对湿度 85%~90%。根据大球盖菇子实体成熟程度和市场需求情况及时采收，采收后进入转潮管理,如转潮时遇5℃以下低温,则减少或不喷水,保持土壤湿润不发白即可。

4. 大球盖菇高原反季节栽培技术

反季节栽培一般选择海拔1 800~3 000米的地方,选择相对平整的土地,搭建单体或联栋镀锌钢架棚,或采用羊肚菌棚,也可用竹子搭建简易棚,在冻土期过后,3月中旬至4月中旬播种。播种前在地表撒生石灰消毒,用旋耕机耕地并在四周开好排水沟。以玉米秆、玉米芯、稻壳、木屑、青稞秆等为原料,可生料栽培,也可发酵料栽培。播种前先开厢,厢面宽70~120厘米,过道宽30~40厘米,采用撒播或层播法播种,层播法栽培基料下层料厚5~8厘米,中层厚10厘米,上层厚3~6厘米(铺料总厚度20厘米),菌种用品字形点播在2层原料之间,穴距5~8厘米,2层菌种各占50%。播种完覆土3厘米左右,搭建塑料棚时可在厢面覆盖一层遮阳网,避免雨水直接冲刷,也可避光保湿。播种后7~10天料温保持18~26℃,超过26℃,夜间加大通风量或棚内喷水降温;催蕾阶段给予散射光(100~500勒克斯),喷大水1小时左右;出菇期间棚内给予散射光,棚内保持良好通风,一般在采菇后喷水,每天1~2次。喷水时掌握"轻喷勤喷、菇多多喷、菇少少喷、晴天多喷、阴雨天少喷或不喷"的原则。子实体达到采收标准时及时采收。

(五)病虫害绿色防控技术

1. 病虫害主要类型

四川地区大球盖菇极少发生严重危害其生长的病害,在出菇前,偶尔会见到一些杂菌,如鬼伞、盘菌、裸盖菇等竞争性杂菌,以鬼伞较多见。近几年在大棚内高温高湿情况下,出现一种钩状木霉真菌侵害大球盖菇栽培覆土层,其传播性强、扩散速度快,致使大球盖菇无法正常现蕾出菇。此外,还有一种主要病害为蘑菇褐腐病,也称湿泡病,其侵害子实体原基,造成子实体基部膨大,菌柄中心呈水浸状变褐,子实体菌盖逐渐萎缩枯死。

较常见的虫害有螨类、跳虫、菇蚊、蚂蚁、蛞蝓等。螨类虫害喜食大球盖菇菌丝体,使子实体受害腐烂;跳虫群集在子实体上,一般集中在菌盖的表面,发生多时,使菇体枯萎死亡;菇蚊钻蛀幼嫩菇体,造成菇蕾萎缩致死;蚂蚁、蛞蝓为害是取食大球盖菇菌丝及子实体。此外,老鼠也常会出现,破坏菌床,伤害菌丝及菇蕾。

2. 病虫害综合防治技术

（1）鬼伞防治措施。

鬼伞常在菌丝生长不良的菌床上或使用质量差的稻草作培养料栽培时发生。主要防治措施一是选用新鲜干燥的稻草，栽培前在烈日下曝晒2~3天，利用阳光杀灭鬼伞及其他杂菌孢子。二是栽培前期控制好温度和水分，使菌丝生长健壮、旺盛，以便抑制其他杂菌滋生。三是因为鬼伞与大球盖菇同属于蕈菌，生长在同一环境中，彻底消灭难度大，在菌床上若发现其子实体，应及早拔除。

（2）钩状木霉及湿泡病防治措施。

湿泡病和钩状木霉的发病原因都是播种前，栽培区域雨季长，雨水偏多，土壤长期积水，致使病原菌局部大量繁殖；或者大棚环境高温高湿，土壤湿度过大，棚内通风透气不足。二者的防治措施相同，一是在大球盖菇播种期雨水偏多时，播前用微耕机翻土，喷施一次2 000倍液的咪鲜胺或噻菌灵。二是在大球盖菇菌丝生长阶段，不宜过早搭棚，搭棚后注意通风换气，避免土壤及大棚湿度过高。三是发现病菇或病灶，要挖除并深埋，在发病区及其周边土表喷施2 000倍液的咪鲜胺或噻菌灵。

（3）常见虫害防治措施。

对于常见虫害的防治首先是栽培场地要避免多年连作，铺料前在畦上及四周喷洒防虫灵。其次是在栽培过程中，菌床周围放蘸有驱虫剂的棉球驱避螨类、跳虫和菇蚊等害虫，发现红蚂蚁用红蚁净药粉撒放在有蚁路的地方，发现白蚂蚁用白蚁粉喷入蚁巢灭蚁。再者对于蛞蝓的防治，主要利用其晴伏雨出的规律，进行人工捕杀，或者在场地四周喷10%的食盐水来驱赶。另外就是栽培场地出现的老鼠，采用诱杀的办法进行消除。

（六）采后处理加工

四川大球盖菇目前以鲜销为主，鲜菇采后主要进行分级、预冷、包装等商品化处理。如果鲜销市场受阻，则采用盐渍或加工干品进行销售，鲜有精深加工产品开发。

1. 商品化处理

采收后的大球盖菇装入塑料筐内，放入冷库内打冷4~6小时，防止大球盖菇因菇体发热、后熟、开伞。去掉基部杂质，按照销售市场的等级划分标准分级。进入恒温库在 1~3℃ 预冷后,用泡沫箱加保鲜纸分层包装,冷链运输销售。四川大球盖菇鲜菇一般分为 4 个等级,即 A、B、C 级菇和等外菇。具体划分标准如表 1 所示。

表 1 大球盖菇等级划分标准

等级	菌柄直径	菌柄长度	菌盖是否开伞
A 级菇	3~4 厘米	7~8 厘米	否
B 级菇	2~3 厘米	8~10 厘米	否
C 级菇	1~2 厘米	8~10 厘米	否
等外菇	<1 厘米	>10 厘米	否

2. 干品加工

大球盖菇的菇体含水量较高,不适合用晒干的方法加工,宜采用机械烘干方法,通过分级装筛后进行调温定型,并以 26℃ 烘温保持 4 小时,之后 6~8 小时内每小时升温 2~3℃,至 51℃ 时恒温,之后 6~8 小时缓慢升温至 60℃,烘至菇柄易断时及完成烘烤。

3. 盐渍加工

一般等外菇和滞销的 C 级菇才进行盐渍加工。将清洗干净的大球盖菇放入 5% 食盐沸水中杀青煮沸 8~12 分钟,煮至菇体熟而不烂、菇体中心熟透为止,煮制好后捞出,迅速放入冷水或流水中冷却。冷却后缸内注入 40% 饱和食盐水溶液进行腌制,腌制 10 天左右转 1 次缸,重新注入饱和盐水,压盖、撒面盐至缸内盐水浓度稳定,一般可保鲜 3~4 个月。

(七) 经营主体及生产方式

四川省内有大球盖菇制种企业 10 余家。成都市科创菌业有限公司是省内最大的大球盖菇现代化菌种生产企业,年生产菌种 100 万袋,同时公司还配套大球盖菇发酵料生产,提供菌种、栽培料、配套栽培技术一系列服务。

成都九信农业有限公司是省内最大的大球盖菇营销企业,几乎承担了整个成都平原和川西高原地区规模化生产的大球盖菇产品营销,年收购量 3 万吨以上。

叙永县邬高林下种植专业合作社按照"专合社+农户""发展一户、带动一片""产供销一条龙",形成专合社提供菌种、技术、产品回收、统一包装销售的产业发展模式,制种量覆盖林下种植面积 1 万亩。

温江区农业职业经理人协会联动花木产区村社，建立规范化管理的温江大球盖菇套种基地，实现温江食用菌的种植溯源、集中贮存、烘干，此外，联合西南财经大学、中国农业银行成都温江支行、温江区花卉协会等组织成立食用菌交易所，逐步形成订单生产模式、分级拍卖和集买集卖条件，把温江林下套种食用菌定价权牢牢地抓在手中。

(八) 产品销售及市场

四川大球盖菇主要在国内销售，分为两种方式，种植规模较大的由农业公司统一收购统一包装销售，约70%的产品直接销往北京、上海、广州等一线大城市，20%的产品通过网络电商平台销售；种植规模小的采用本地市场批发零售、网络平台销售等方式。大球盖菇的价格随季节波动较大，11—12月，A级菇的批发价格为20元/千克，B级菇的批发价格为10元/千克；出菇量较少的1—2月，A级菇的批发价格可达40元/千克，B级菇的批发价格可达20元/千克，连平时价格很低的三级菇也能达到12元/千克；反季节栽培为5—9月出菇，A级菇的批发价格约26元/千克，B级菇的批发价格为18元/千克。

(九) 一三产业融合

四川省温江和盛镇、崇州土而奇农庄、大邑青霞镇、内江市中区狮湾等地开展了大球盖菇农旅融合发展的尝试。另外还有一些家庭农场、专业合作社、农业科普基地等采用林下空间、小麦行间、油菜行间套种大球盖菇的方式，将大球盖菇现场采摘体验、现场烹饪加工品尝作为乡村旅游项目之一，农旅结合，一三产业互动。

二、当前四川省大球盖菇产业发展存在的主要问题

(一) 种质资源不足，先进育种技术应用难度大，新品种更新不能满足产业发展需要

四川省大球盖菇栽培约2/3面积应用的是福建品种，生产上对适温广、菇体粗壮、不易开伞的新品种需求非常强烈。四川省现有审（认）定品种3个，这些品种还不能满足生产上的全部需求，多数品种色泽深浅受温度和水分条件影响较大。大球盖菇是一个国外引进品种，国内野生种质资源极少，获得优异育种材料非常不容易；同时，因为新菌株的原生质体提取、再生难度大，导致原生质体融合杂交和等离子诱变等先进育种手段不易推进，给新品种选育工作带来了很大的难度，省内新

品种更新不能满足产业发展需要。

（二）标准化生产技术创新与应用不足，大部分区域产量与品质不理想

四川省传统大球盖菇种植都使用生料栽培，生料栽培种植工艺简单、便于操作、生产成本低，四川省2019年发布的《大球盖菇生产技术规程》（DB51/T 1066—2019）即是以生料栽培技术工艺编制的。近几年，以大邑为核心的成都地区及少数周边区域开始推广发酵料栽培技术，该技术始菇期较生料栽培推迟2~4天，但低温期出菇多，2/3的产量集中在春节前，总产量比生料栽培高1倍以上，每亩纯收益8 000元（林下）至20 000元（大田净作），经济效益非常显著。但是发酵料配方和发酵时间不好掌握、生产成本高且占用场地时间长，所以全省大部分地区种植仍然沿袭传统的生料栽培模式。目前，成都市农林科学院和成都科创菌业有限公司成功研制了大球盖菇发酵料高产栽培技术，亩产量可达万斤以上，但由于技术推广时间较短，未形成地方标准，推广到全省各地仍然需要一定的时间。

此外，要种好大球盖菇，栽培设施非常关键。现在的栽培设施差异非常大，有钢架大棚、竹架大棚、小拱棚；大棚覆盖有白薄膜加遮阳网，也有采用黑膜直接覆盖的；大棚设施通风开孔方式有两头开孔、四面开孔以及中间开孔。总之，缺乏栽培设施搭建技术规范，导致大球盖菇产质量水平千差万别。

（三）轻简化生产技术创新不足，劳动力成本居高不下，生产者实际效益不高

大球盖菇种植用料量非常大，每亩地少则3~4吨，多则7~8吨。要将栽培基质拌匀水分或堆制发酵，铺料覆土、搭建大棚、田间管理，以及长达4个月的采菇作业，基本靠人工完成，缺少机械化作业，导致劳动力成本居高不下，成为影响种植者经济效益的关键因子，四川省大部分地区种植户的实际效益并不高。如何通过机械化拌料、翻堆、耕土、开厢、铺料、辅助覆土，安装田间自动喷水系统以及快速简易棚架搭建，创新轻简化生产技术，已经成为大球盖菇产业健康可持续发展亟待创新研发的重大方向。

（四）连作障碍研究缺失，新型病虫害绿色防控不足

大球盖菇在同一地块连续种植两年及以上，会出现大量减产、病虫害增加的情况，即连作障碍。对于水稻产区和水果、花木产区种植户尚可通过转移种植区域克服连作障碍，但固定钢架大棚种植区，只能利用设施种植一季，不能连续种植。目前，四川省乃至全国对于大球盖菇连作障碍的研究缺失，连作障碍问题得不到有效解决，成为制约大球盖菇产量及品质的关键因素，严重阻碍了产业的规模化、可持续化发展。

近几年，在大球盖菇栽培过程中，已经发现高温高湿条件下出现钩状木霉和湿泡病等病害，四川省内科研院校对以上病害进行了研究并提出了防控措施。此外如遇连续阴雨天气，在栽培厢面还发现少量蛛网状霉菌以及绿色木霉等病害；有时，在子实体菌褶内发现红色嗜菌瘿蚊幼虫虫害。科技工作者对于这些新型病虫害的关注和研究较少，缺少切实有效的绿色防控措施。

（五）缺少统一的产品分级标准，产品价值无法充分体现

四川省现有大球盖菇产品分级标准为销售市场自发形成，不同栽培区域之间存在差异。成都平原大田栽培区和川南林下套作区两大主产区分别形成了各自的大球盖菇产品质量分级标准，将鲜菇产品进行了相应的分级与包装销售，产品主要销往北上广深大市场，产品价值得到充分体现，基本实现了优级优价。另外，分级标准受市场行情的影响，有时波动很大。同时受经营渠道和种植规模限制，四川省还有很多小规模种植户针对本地市场销售，产品没有分级整理理念，均为统货，产品价值无法充分体现。

（六）产品加工环节薄弱，缺失精深加工，产品价值无法提升

长期以来，四川省大球盖菇销售方式都是鲜销，占比达90%以上。大面积种植播种时间均为9月中下旬至10月，产品半数以上集中在11月中旬至翌年春节期间销售。然而，也有近半数的产品需要在春节后至3月底（少数林下种植可延至4月）采收。这段时间一方面气温由低到高，处于大球盖菇最适出菇温度范围内，产品出菇多，但产品质量也随着气温升高而降低。另一方面，这段时间也属于传统的消费淡季，消费疲软，销售价格比春节前低，而且质量越差，价格越低。

此外，随着国家乡村振兴战略的不断深入、各地农业废弃物资源化利用需求的不断增加，加上大球盖菇简单易行的技术特点，可以预见的是，未来全国大球盖菇的种植面积和产量会不断扩大，春节后菇的产量也会越来越大。

目前，受国家环保政策的制约，四川省大球盖菇加工只有烘干加工。由于烘干产品还没有打开市场，目前加工量非常有限，对产品价值保障能力严重不足。盐渍加工是调节大球盖菇销售淡季的最好方式，但具备盐渍加工环保处理条件的行内加工企业几乎没有，其他从事蔬菜加工的企业对本行还没有涉入。国内大球盖菇盐渍加工搞得好的企业也没有在四川进行产品收购。

至于调味品、即食食品等深加工产业形态，目前也几乎没有涉及大球盖菇原料，产业链的精深加工环节处于缺失状态，无法进行产品价值的提升。

（七）政府对大球盖菇产业标准化基地和品牌化发展扶持不够，产业升级发展动力不足

大球盖菇作为联合国粮农组织（FAO）向发展中国家推荐的食用菌栽培品种及国际菇类交易市场十大菇类之一，我国各级政府从科技支撑、标准化生产、品牌建设与推广等方面都给予了一定的关注与支持。农业农村部全国农技推广中心发文在全国进行大面积推广种植，四川、福建、江西、黑龙江等地发展势头良好。2019年，四川省农业农村厅制定并发布了《大球盖菇生产技术规程》（DB51/T 1066—2019），并将《林下大球盖菇高效栽培技术》列入了全省农业主推技术。2020年，省科技厅也将大球盖菇育种研究列入"十四五"省级育种攻关项目。

四川省已建成以大邑为中心的成都"稻—菇"种植基地和以叙永为中心的川南"林下菇"种植基地两个基地，其他区域特色基地少且规模不大、种植区域分散而不稳定。全省没有形成区域特色品牌，地方政府也没有出台产业相关扶持政策。要将大球盖菇做成基地相对集中、生产标准化、产品品牌化、产业链相对完善的真正高效产业，还需要省市和基地县政府加大支持力度，通过建圈强链的方式，做大做强四川大球盖菇产业。

（八）与乡村旅游产业融合深度不够

作为能够将农牧业副产物及废弃物变废为宝，生产美味食品并为土壤提供大量有机质的高效生态立体循环农业产业，大球盖菇在科普教育、休闲体验采摘、互动健康美食及文化体验等方面有着巨大的潜力。利用绿道旅游环线、农业园区观光环线以及重要的旅游节点、乡村酒店、农家乐等游客聚集区开展包括大球盖菇在内的食用菌农旅互动项目，能够大幅提升产品的附加值，同时为农业生态旅游增添大量的采摘、美食及科普旅游元素，有力促进农业生态旅游的发展。

目前，四川省仅有少数区域开展了大球盖菇农旅融合发展的尝试，但规模不大，且没有进行大球盖菇科普和美食文化的深度挖掘，旅游科普体验活动设计单一，市民和学生群体参与度不高，农旅融合发展价值还没有真正体现出来，还需要进行多元化和丰富性的深度挖掘。

三、四川省大球盖菇产业发展趋势与对策建议

(一) 发展趋势研判

1. 种植规模稳步增加

从营养口感角度来看，大球盖菇肉质细嫩，柄脆，色泽鲜艳，味道鲜美，清香可口，干菇浓香，含有丰富的营养物质，将会得到更多消费者的认可与青睐，消费群体不断增加。

从生产角度来看，大球盖菇栽培技术相对简单，生长环境要求不高，产量较为可观，四川气候适宜，原料资源丰富，栽培基础好，出菇质量优，种植者经济效益较高。

从市场需求角度来看，四川的大球盖菇市场竞争力强，主要销往北京、上海、广州、深圳等一线城市，中原、东北地区市场迅速崛起，西南西北市场逐渐被打开，大球盖菇销售市场进一步扩大。

从绿色生态角度来看，大球盖菇菌丝分泌3种胞外纤维酶，对纤维素有较强的分解能力，能很好的解决部分作物秸秆处理难题，优化土壤生态环境，是政府政策倡导的生态环保型产业。

鉴于上述原因，四川大球盖菇种植规模会稳步持续增大。

2. 产业分工更加精细，专业化、组织化程度继续深化

四川大球盖菇经过20年的栽培，栽培原料由生料向发酵料发展，栽培技术由传统技术向高产、高效技术发展，菌种研发、菌种生产、鲜菇栽培、产品营销、产品加工、培养料仓储加工生产等产业链各环节分工将会更加精细，每个专业团队将各自的领域做大做强做细做深。菌种研发与技术孵化由食用菌科研机构联合行业企业进行；菌种生产由具有生产资质的企业完成；栽培生产、发酵料成品由专业的经营主体负责；鲜菇由专业的销售团队进行分级包装销售；产品粗加工与精深加工由食用菌加工企业完成。产业链的每个环节协调发展，生产经营者从"单打独斗"到"抱团取暖"。

3. 规范化生产技术、标准化栽培工艺研究与应用

目前四川大球盖菇种植主要原料部分从外地购买，而本地农林业副产物资源应用不足。因此，加强本地农林副产物菌料化配方研究与利用，通过科学合理的基质

配方来提高大球盖菇的产量和质量，集成高效栽培技术规程，对于提高栽培效益意义重大；研究培养料发酵工艺及微生物菌剂的使用，缩短发酵时间，提高生产效率；研究种植过程中轻简化设施设备应用，如机械化铺料、覆土、灌溉等，降低劳动强度和人工成本。

4. 不同区域错季栽培，产品周年供应

四川气候类型多样且特征明显，区域间差异显著。成都平原及周边丘陵地区属于中亚热带湿润气候区，全年温暖湿润，出菇时间10月至翌年5月，川西南山地处亚热带半湿润气候区，冬季气温较高，可实现12月至翌年1月期间正常出菇；川西北高原地区，立体气候明显，可进行错季、反季种植，出菇时间为5—10月。不同气候类型条件下，合理安排播种季节，产品错峰上市，实现周年供应。

5. 工厂化栽培模式持续探索

近年来随着大球盖菇种植规模的发展，传统栽培模式中的问题也越来越突出，粮食安全、产品质量、周年供应，以及连作障碍等成为影响大球盖菇产业持续稳定发展亟待解决的问题。采用工厂化层架式栽培，其出菇场所和出菇设施易于消毒灭菌处理，减少重茬可能存在的土壤中病原微生物、土传害虫增加、自身毒素增多、特定微量元素缺乏造成的生产损失，能有效解决产业现在面临的问题。四川省已有企业进行了大球盖菇工厂化生产实践，未来还将进一步从栽培配方、原料处理、发菌管理、出菇管理等方面进行大球盖菇工厂化栽培技术的探索与实践。

（二）促进四川大球盖菇产业发展的对策建议

1. 政策支持，政府引导

大球盖菇是可以直接利用农林副产物的草腐菌之一，栽培模式多样，既有效解决了秸秆处理的问题，又收获效益较高的蘑菇产品，同时秸秆通过过菌还田，改善土壤，培肥地力，促进林果粮蔬增产增收。大球盖菇产业既是致富产业，又是生态产业，是发展循环农业的典范。政府应大力引导利用冬闲田或林下空间发展大球盖菇种植，倡导本地农林副产物的就近利用，以农业减排补贴等措施开展"稻—菇""林—菇""菜—菇"等模式的试验示范推广，促进大球盖菇产业可持续发展。

强化政策措施扶持，加大资金投入，针对大球盖菇产业建立招商引资优惠政策，优先提供基础设施和配套服务，为大球盖菇产业发展营造良好的发展环境。整合利用财政资金、乡村振兴衔接资金、专项债券资金、银行贴息贷款等资金，持续支持大球盖菇产业发展。重点支持菇房、冷链设施等基础设施建设，支持新菌种、新技术引进和加工企业建设，支持大球盖菇标准化生产基地的建设。

2. 加大科研扶持力度，推动大球盖菇产业化

增加四川省对大球盖菇产业相关的研究发展扶持财政预算资金专项，改善相关科研机构的科研条件，激励科研单位进一步开展野生资源的调查与驯化、优质大球盖菇品种选育、菌种优质快速繁育、栽培基质配方开发、新型高效栽培模式和标准化规范化生产、大球盖菇工厂化栽培生产、大球盖菇产品精加工等技术攻关。

加强科研单位、高等院校和大球盖菇生产企业间的技术交流与协作，鼓励通过引进和自主培养大球盖菇产业技术人才，进一步推进四川省大球盖菇产业的人才建设。以国家和各省重大科技攻关项目为目标，攻克大球盖菇生产及加工中的科学技术难题，研究开发大球盖菇功能性成分及深加工产品，以推进大球盖菇的综合利用，提高产品的附加值。

3. 建立大球盖菇种性特征信息库，加快新品种选育与应用

广泛收集国内外大球盖菇菌株资源，结合生物学特性、拮抗试验、ISSR 遗传多样性分析以及 SNP 分子标记技术进行系统分析，构建大球盖菇菌株种性特征信息库，开展资源评价。充分应用系统选育、杂交育种、诱变育种、基因工程等手段进行大球盖菇高效育种。

建立"科研院所+企业"的联合育种机制，选育高产、优质、抗病、抗逆的大球盖菇新品种；建立健全大球盖菇良种繁育体系，根据产业区域优势布局，建立专业化菌种繁育基地及区域性品种示范基地；提高企业自主创新能力，逐步建设"育—繁—推"一体化企业；广泛应用大球盖菇液体发酵技术，节省制种成本，缩短制种周期，大幅提高制种效率；加强大球盖菇新品种管理与保护力度，规范大球盖菇菌种市场，保障菌种质量。

4. 加强栽培模式、栽培技术的创新应用

在确保粮食生产、粮食安全的前提下，开展大球盖菇与水稻轮作、大球盖菇与蔬菜轮作、林下套作等多种模式的示范推广，通过轮作套作模式的应用，实现土壤的改良与持续生产。开展大球盖菇连作障碍，及其对后续土壤、农林作物影响的研究。

针对大球盖菇栽培中的瓶颈问题，综合运用现代装备、信息工程等高新技术，提高大球盖菇生产的智能化、机械化水平，孵化出适应四川地域特点与气候特征的核心技术和关键技术，集成大球盖菇轻简化高效栽培技术，降低劳动强度和生产成本，提高生产效益，并通过培训、示范、观摩等形式推广应用，推动产业高质量发展。

5. 强化标准引领、基地示范与辐射带动

加强四川大球盖菇相关的地方标准、企业标准、行业标准的制定与修订，以标准化引领规模化，规模化推进产业化。建设大球盖菇标准化生产基地，规范栽培设施，加强新品种、新技术、新工艺的示范，突出产量和品质，普及高产优质技术标准。推进"培养料集中制备+分散播种出菇"的生产方式，创新"大球盖菇+水稻""大球盖菇+水果""大球盖菇+蔬菜""大球盖菇+花木"等多种栽培模式，建立示范基地，强化辐射带动。

6. 做好产品加工，补齐全产业链发展短板

目前四川大球盖菇产品主要以鲜销为主，当开春后气温回升产品集中上市或者遭遇疫情等突发事件时，鲜菇的销售就会面临一定的压力。因此，大球盖菇的保鲜贮存和加工对保障种植者的利益，促进产业健康发展尤为重要。引导鼓励加工企业开发大球盖菇初加工及精深加工产品，通过功能食品、即食食品、软罐头食品、菇酱、菇松、调味品等多元化加工产品的研发，延长产业链，提高附加值，带动产业规模化发展。

7. 开展大球盖菇连作障碍研究，推广病虫害绿色防控技术

随着四川大球盖菇种植年限的增加以及种植规模的扩大，土地轮作的难度不断加大，病虫害发生概率随之增加，开展土壤连作障碍研究与病虫害绿色防控技术的推广势在必行。深入研究连作障碍的机理，以及对大球盖菇产量、品质的影响，找到连作障碍的形成原因及解决的技术措施。研究多种病虫害的发生原因，通过栽培管理措施、物理防治、生物防治等实现病虫害的有效防控，构建大球盖菇绿色防控技术体系。

8. 农旅互动，三产融合，助力乡村振兴

乡村旅游是乡村振兴的重要组成部分，近年来，人们越来越渴望回归大自然，渴望到乡村观赏、旅行、探索。依托四川省优势人文资源和自然生态环境，深度挖掘大球盖菇文化，拓展观光旅游、科普宣传、健康养生等功能，深入打造系列大球盖菇文旅产品，将大球盖菇种植与乡村旅游结合起来，促进大球盖菇产业跨界融合发展。鼓励和支持家庭农场、农业科普基地、农业公司将大球盖菇等食用菌作为乡村旅游元素，开展现场采摘体验、美食文化、烹饪加工、科普教育等休闲旅游项目，进一步提升乡村经济发展活力。

9. 打造品牌，拓展渠道，提升产业综合效益

推进基地标准化生产，不断培育示范优质品种，提升种植管理水平和产品品质，形成具有地域特色的大球盖菇品牌。实施"区域公用品牌+企业品牌+产品品牌"战略，扩大品牌影响力和知名度。鼓励和支持经营主体进行绿色食品和地理标志农产品认证，加强种植和销售全过程的标准化管理，做到实时采收，分级销售。加大对营销主体的扶持力度，强化品牌监管，加强质量安全监测和质量安全追溯管理，探索推广"合格证+追溯码"管理模式，保证生产销售全过程绿色化。

我国大球盖菇主要以盐水菇形式出口欧美国家，干制品、真空清水包装、速冻产品还有很大的国际市场空间。目前四川大球盖菇鲜菇主要销往一线城市及沿海城市，国内二、三线城市以及中西部城市还有巨大的市场潜力。坚持线上线下双营销，与各大电商平台合作，发展直播带货、直供直销等新业态。

参考文献

曹乐梅，2020. 大球盖菇林地优质高产栽培技术研究［D］. 泰安：山东农业大学.

高欢，包怡红，2017. 大球盖菇保健功能与保鲜加工研究进展［J］. 食品与发酵工业，43（12）：277-282.

黄磊，何春梅，司灿，等，2023. 大球盖菇栽培研究进展［J］. 中国食用菌，42（3）：8-14.

黄年来，1998. 中国食用菌产业的现状与展望［J］. 中国食用菌（5）：3-4.

贾娇，2023. 大球盖菇种质资源评价及配套栽培技术研究［D］. 汉中：陕西理工大学.

任纪帆，2022. 大球盖菇耐热菌株选育及其耐热机制的研究［D］. 泰安：山东农业大学.

熊维全，曾先富，李昕竺，2021. 大球盖菇的栽培现状与发展建议［J］. 食用菌，43（5）：73-75.

姚光伟，叶巧丽，徐来源，等，2019. 生料、发酵料、熟料3种不同栽培料处理方式对大球盖菇栽培的影响［J］. 蔬菜（6）：60-62.

四川省竹荪产业发展报告

张 波[1]　杨 敬[2]　李小林[1]　叶 雷[1]　杨学圳[1]　谭 伟[1]

（1. 四川省食用菌研究所，610066；2. 长宁县农业农村局，644300）

摘　要：竹荪是四川重要的特色食用菌种类之一，产量位居全国第三。竹荪形态美观、味道鲜美，营养价值和药用价值较高，较高的经济价值使其在脱贫攻坚和乡村振兴中发挥着重要作用。本报告基于近年全国和四川省竹荪生产调研数据，总结了四川竹荪产业发展情况，分析了当前四川竹荪产业发展中存在的主要问题，并提出了竹荪产业发展的对策建议。

关键词：竹荪；产业发展；品种；栽培技术；产品；品牌创建

引言

竹荪为担子菌门、鬼笔科、竹荪属的大型可食用真菌，有长裙竹荪、短裙竹荪、红托竹荪等类别。竹荪外观美丽、味道鲜美，有很高的营养价值和药用价值，具有抑菌、抗癌、降血压血脂和胆固醇、抑制肿瘤、调节免疫功能等功效。我国竹荪生产主要分布在长江以南各地区，包括福建省、贵州省、四川省、江西省、浙江省、广西壮族自治区、湖南省、广东省、重庆市、安徽省等，规模较大的省份为福建省、江西省和四川省，2021年三省的竹荪产量高达18.81万吨，占全国竹荪总产量的97.12%。

一、四川省竹荪产业发展现状

（一）四川竹荪发展史

四川竹荪记载最早见于清《素食说略》："竹松，或作竹荪，出四川。"四川最早种植竹荪的地方是宜宾市长宁县；长宁县于1984年成立"竹荪研究所"，建立"竹荪协会"，先后邀请四川农业大学、四川省农业科学院和南京林业大学等专家到长宁县考察、讲学、培训，在地方政府和农技人员的坚持努力下，逐渐实现人工培育。1986年培育出首批室内人工覆土栽培长裙竹荪，1990年林下生料覆土人工栽培成功。1990年四川省农业科学院童云霞、谭伟等研究成果"野外林间代料栽培竹荪研究"获得四川省科技进步奖三等奖。1996年，广元市青川县开始试种植竹荪。棘托竹荪最早从福建引进，因为其原材料来源广泛，抗逆性强、产量较高等原因目前在省内发展迅速。随着技术的不断发展和市场的不断扩大，四川竹荪产业也逐渐壮大，并成为全国重要的竹荪产区。

（二）主要种植品种及种植模式

目前四川主要种植竹荪品种以长宁长裙竹荪、青川长裙、短裙竹荪为主，棘托竹荪在省内众多区域均有种植，同时也有少量红托竹荪种植；此外，泸州也有较大规模的竹荪生产，但以长裙、红托为主。以上品种皆适合于四川地区的气候和土壤条件，在生长习性、产量和品质上都各有其特点。目前省内竹荪种植仍以生料覆土栽培为主要栽培模式，这种模式具有操作简单、产量稳定等优点，但需了解土壤质地背景值，同时生产工序劳动力要求大。尽管在探索竹荪层架式栽培和工厂化栽培，但技术尚不成熟，没有形成规模化、商业化栽培。竹荪栽培过程中目前最大的问题是连作障碍，这也在很大程度上增加了竹荪种植风险，限制了竹荪的规模扩大。由于连续种植竹荪，土壤中的病菌和害虫数量会增加，从而降低竹荪的产量和品质。这一问题不仅增加了竹荪种植的风险，也限制了竹荪规模的扩大。可从土壤消毒、品种选育、科学管理等方面入手，提高竹荪的抗病性和适应性。

（三）规模与产值

目前，四川竹荪产量和产值不断增长，随着人们生活水平的提高，消费者对竹荪等健康食品的需求日益增长，竹荪市场需求也持续扩大。四川省2021年食用菌总产量224.92万吨，产值241.78亿元；而竹荪产量为1.80万吨，约为全省食用菌总产量的0.80%，为全国竹荪总产量的9.28%；产值5.91亿元，占比全省食用菌总产值的0.80%，可见四川省竹荪产量占比尽管较低，但较高的单价使其产值偏高。2017—2021年全省竹荪产量产值统计，呈现先增加后减小的趋势（图1）。2017年全省竹荪产量仅为1 200.00吨，而2018年、2019年连续两年产量上升，分别是2017年的15倍和31倍，产值也分别高达6.62亿元、11.61亿元。随后的两年有较大幅度的降低，2020年产量仅为2019年的50%不到，产值也较2019年下降了约一半；而 2021 年产量产值在 2020 年的基础上有所增加，产量和产值分别为 1.80 万吨、5.91 亿元，变化幅度不大。而从竹荪单价上看，2017 年竹荪单价最低，鲜品约为 10 元/千克，2018 年单价最高，达 36 元/千克，2019—2021 年价格较为平稳，平均约 31.6 元/千克。价格的变化与市场需求关系紧密，把控好竹荪质量、规范好市场是今后竹荪产业需要解决的关键问题。

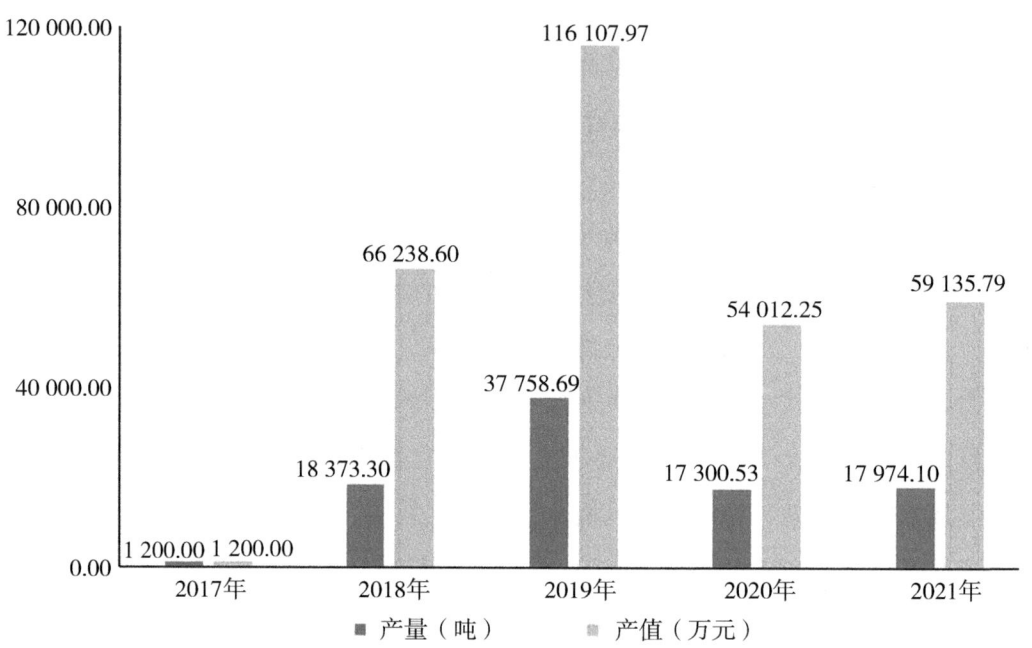

图 1　2017—2021 年四川省竹荪产量分布

2022 年四川省竹荪产量较 2021 年差别较大，鲜品约 2.8 万吨，占全国竹荪总产量的 10%左右，产值超过 10 亿元。四川竹荪还以其优良的品质和丰富的营养价值而备受市场青睐，成为国内外市场上的重要农产品。如 2022 年长宁竹荪主要种植品种为长裙竹荪和棘托竹荪，种植面积分别约为 1.3 万亩、1.2 万亩，总产值约 5 亿元。长裙竹荪可初加工为竹荪、竹毛肚等产品；棘托竹荪初加工为梦荪、竹荪蛋罐头、竹胎儿、竹胎盘、竹荪蛋圆蛋、竹荪蛋片等产品。而青川县 2022 年主要种植品种为长裙竹荪和短裙竹荪，以竹荪干品为主，种植面积约为 0.8 万亩，产值约 2.4 亿元。

（四）资源基础

四川竹荪种植历史悠久，栽培竹荪需要丰富的竹资源和适宜的气候条件，而四川地区刚好具备这些特点。首先，四川地理位置非常优越。四川位于中国的西南部，地形复杂多样，属中亚热带湿润气候区，又兼有海洋性气候特征。四川的气候条件也非常适宜竹荪的生长，为竹荪产业提供了良好的自然环境。其次，四川的竹资源非常丰富。四川拥有多种竹子品种，如青神、慈竹、毛竹等。这些竹子为竹荪栽培提供了充足的原材料。在川南地区，竹屑是主要的栽培原材料，用于栽培长裙竹荪和棘托竹荪。在青川地区，斑竹、慈川、楠竹片是主要原材料，用于栽培短裙竹荪。这些原材料的利用不仅为竹荪提供了充足的营养，也充分利用了四川的竹资源。最后，四川具有广泛的竹荪栽培空间。由于四川地理空间差异较大，不同地区的气候和土壤条件都有所不同，这为竹荪栽培提供了更为广泛的生长空间。在不同地区，可以根据当地的气候和土壤条件选择适合的竹荪品种进行栽培。综上，四川地区具有优越的地理位置、丰富的竹资源和广泛的竹荪栽培空间，为竹荪产业的发展提供了良好的条件。随着技术的不断进步和市场的不断扩大，四川竹荪产业将会迎来更加广阔的发展前景。

（五）技术创新

近年来四川竹荪在技术创新有一定进展，比如在菌种生产方面，通过瓶改袋，缩短了菌种的制种时间，由原来的180天缩短到60~90天，大大提高了生产效率，同时菌种感染率低，质量提升大。在新型培养基方面，除了竹屑等竹子加工副产物外，也因地制宜地探索利用当地丰富、廉价的桑枝资源和农作物秸秆作为主要原料栽培竹荪。在高效生产技术方面，遮阳棚、喷雾带等设施应用，提高了竹荪设施化程度，降低了种植风险，也在探索竹荪稻菌轮作、林下套种、层架式栽培等新模式。在加工方面，通过无硫烘箱、电烘箱等应用，解决了传统硫超标等问题，质量安全进一步得到保障。在精深加工方面目前也已开发出竹荪精、竹荪酒、竹荪茶、竹荪面条等精深加工产品，但未见规模化生产，主要原因是原材料成本较高和供应不足。

四川省食用菌研究所（原四川省农业科学院土壤肥料研究所微生物研究室）从1985年就开始对竹荪资源及生态环境、生物学特性、菌种的分离培养、室内外人工栽培技术等进行了较为系统的研究。1991年，研究所谭伟研究员申报的"野外林间代料栽培竹荪技术研究"获四川省科技进步三等奖。2020年，研究所科技人员在青川县开展"青川竹荪"种植技术规范及产品质量标准制定服务，涉及5个长裙竹荪和3个短裙竹荪采样点，测定形态指标8个、营养指标33个、实事求是使用51个竹荪栽培参数，编制的《地理标志产品 青川竹荪种植技术规范》于2022年正式发布。新标准增加了竹荪栽培新模式，丰富了因地制宜的栽培技术，使竹荪栽培技术更加精准化、更加绿色安全。此外，2022甘洛县智海农业科技有限责任公司申报了《甘洛县食用菌重茬地处理技术集成示范》项目，并开始研发红托竹荪、长裙竹荪液体菌种，攻关方向包括菌株筛选、配方优化、发酵工艺参数调整等。

（六）品牌建设

四川省宜宾市珙县和长宁县分别在2009年和2014年获得了"中国竹荪之乡"和"中国长裙竹荪之乡"的殊荣。具体来说，2009年12月12日，宜宾市珙县喜获全国高科技食品产业化委员会授予的"中国竹荪之乡"荣誉称号，这是对珙县在竹荪种植和产业发展方面所做的努力和成果的认可。珙县以其独特的自然条件和丰富的竹资源，为竹荪生长提供了得天独厚的环境。这里的竹荪品质优良，产量丰富，成为四川竹荪产业的一个重要产区。竹荪种类中，长宁长裙竹荪、福建棘托竹荪和贵州红托竹荪是仅有的能够人工规模化、商品化种植的竹荪品种。2010年，长裙竹荪获得了农业部农产品地理标志登记保护认证。此后，长宁县长裙竹荪多次走出了四川、走出了中国，曾多次参加国际国内展示展销，并获得了国内外金银奖；央视等媒体对长宁长裙竹荪作过专题报道，并给予了高度评价。2014年，四川省长宁县被中国食用菌协会授予"中国长裙竹荪之乡"称号。长宁县以其独特的栽培技术和管理方式使得长裙竹荪的产量高、品质优。长宁县因此也成为了长裙竹荪的重要产区和集散地，带动了当地老百姓增收致富。

除了宜宾市珙县和长宁县所获得的以上殊荣，四川省还有其他地区也在积极发展竹荪产业。其中，获得地理标志的竹荪品牌除有长宁竹荪（长裙竹荪）外，还有青川竹荪。青川竹荪具有优美的体姿、鲜美的口味和丰富的营养成分，肉质肥厚，气息清香而无异杂臭味，菌托白色或淡黄色、菌盖钟形，有显著网格，朵大、粗蛋白含量超过17%，独具一格，品质优良。该地理标志产品于2012年12月27日由原国家质检总局批准实施保护。产地范围包括四川省青川县姚渡镇、营盘乡、沙州镇、木鱼镇等19个乡镇现辖行政区域。四川省竹荪所获相关殊荣，不仅是对四川竹荪品质上的认可，而且也体现了其独具地域特色和品牌价值。

二、当前四川省竹荪产业发展存在的主要问题

从科技支撑、良种繁育、栽培种植、加工品牌和政策引导等方面系统分析，目前四川竹荪产业发展仍然存在以下问题。

一是专注于竹荪的科研力量较弱。竹荪虽然是名特优新食用菌品种，但属于小众品种，种植规模远不及香菇、平菇、黑木耳等大宗型菌类品种，省内专注于竹荪的科研院所较少。同时由于长期的科研投入不足、科研创新严重不够，导致产业缺乏必需的科技支撑，使得竹荪的种植和生产无法实现更高的效率和更高的质量。同时，对于竹荪的病虫害防治、新品种选育等方面也缺乏必要的科研支持，制约了竹荪产业的持续发展。四川竹荪从20世纪80年代开始驯化栽培，到现在，栽培技术发展较为缓慢，没有系统性地开展过竹荪生物学特性和农艺性状研究，主要靠农技人员和农户的慢慢摸索。近年来竹荪工厂化栽培逐渐兴起，贵州、河北等地区后来居上。科研投入不足，科研机制不关注，科研力量薄弱、产学研机制不健全，是制约四川竹荪复兴的重要因素。

二是竹荪菌种生产经营市场混乱。竹荪大田栽培模式需种量较大，以长宁县为例，每年菌种需求量在1 250万袋以上，但菌种生产经营市场却不健全。一是种源混乱，因为竹荪是小众品种，对母种和原种需求量较少，不少菌种场都是自繁自育，有的甚至没有经过出菇试验就直接用于生产扩繁；二是无证经营的情况较多，很多菌种场都不具备菌种生产所需的软硬件条件，菌种生产技术和菌种场管理制度都跟不上要求，没有专业的菌种生产技术人员和检验人员。有收无收在于种（种子），因为菌种质量问题，制种户和种植户每年都会产生很多纠纷。

三是生产分散和规模化不足。四川竹荪产业的生产以分散的家庭种植模式为主，缺乏集约化和规模化生产，这导致生产规模扩张缓慢，无法形成大规模的竹荪生产区域，由于种植户间缺乏统一的管理和协调，农户各自为战，也导致生产效率低下，也限制了产业的扩大和发展。同时目前竹荪种植仍以大田自然栽培为主，因为连作障碍每年都需要更换种植区域，在基础设施方面无法持续投入，随着极端恶劣气候逐渐增多，竹荪种植风险也越来越高，很多种植户因为得不到理想的收益而放弃种植。所以近年来，青川、长宁等川内竹荪主产区规模始终不见上涨，主产区外偶有报道，但都没有持续多年种植的情况。

四是缺少龙头企业带动，产业链延伸不足。虽然四川竹荪产业中的一些企业已经取得了一定的进展，但总体来说，企业的带动能力仍然不足。这主要表现在加工产品仍以初加工品为主，虽然长宁县根据竹荪蛋、竹荪不同部位，开发出了竹胎儿、竹胎盘、梦荪、竹荪、竹荪蛋等系列产品，但本质上仍是竹荪的初级加工产品。虽然已有企业开发出竹荪精、竹荪酒、竹荪茶、竹荪面条等精深加工产品，但受原材料成本较高和原材料供应不足等因素限制，仍未见规模化生产。缺乏龙头企业引领，四川竹荪产业的市场竞争力偏弱，占有率不高，产品附加值低，是目前竹荪产业最大的短板。

五是品牌建设有待于进一步提升。在品牌建设方面，虽然主产区都注册了区域公共品牌、申请了地理标志保护认证，但是也因为没有企业品牌维护支撑，品牌影响力也不强，没有发挥应有的作用。同时品牌的重要支持是产业标准，虽然也制定了一些产业标准，但在实际执行中存在力度不够的问题，导致部分竹荪干制品质量不过关，极大地削弱了四川竹荪品牌的美誉度，同时也使得产品质量参差不齐，影响了整个产业的声誉和消费者信心。

六是缺乏有效的政策支持。虽然四川竹荪产业的发展已经引起了政府和社会的关注，但在具体的政策支持上还存在着明显的不足。例如在产业培育方面仍以基地规模简单扩张为主，简单地对种植面积进行补助，缺少对科研、菌种、深加工和品牌推广等方面的投入。如果政府能够在科研、菌种、精深加工和品牌等关键环节提供更多的政策支持和引导，将有助于牵住牛鼻子，解决关键性问题。

三、四川省竹荪产业发展的对策建议

结合到竹荪种植工厂化、产业链条化、产品品牌化、融合发展等发展方向，以及当前四川省竹荪产业发展在科技支撑、良种繁育、栽培种植、加工品牌和政策引导等方面存在的主要问题，提出对策建议如下。

（一）加强科技支撑，锚定工厂化栽培方向

以竹荪工厂化栽培为主要研究方向，加强竹荪栽培方向的科研投入，提升技术研发与创新能力，推动主产区与科研机构的深度合作。一方面，要加强竹荪工厂化栽培的基础研究，对竹荪的生物学特性和农艺性状等进行系统性研究，为竹荪工厂化栽培奠定基础；另一方面，主产区要与科研院所建立产学研合作机制，通过健全

科研经费投入机制，加大研发投入力度，建立竹荪工厂化栽培现代农业园区，推动科研成果迅速转换；同时建立模块化的工厂化栽培生产车间，通过竹荪工厂化现代农业园区的示范带动，通过物联网和信息化、智能化技术，在园区外形成辐射带动，引领农户共同发展。在加强工厂化栽培研究的同时，加强对竹荪病虫害的防治研究，稳定传统栽培面积。

（二）引育龙头企业，补齐产业链发展短板

引育标准化竹荪菌种生产企业，通过标准化菌种生产、液体菌种等技术引进，提升菌种生产质量标准，解决种植户良种难问题。引育工厂化栽培龙头企业，通过与科研院所合作，解决竹荪靠天吃饭和市场供应季节性问题。引育精深加工型产业化龙头企业，开发竹荪系列食品、保健品等精深加工产品，延伸产业链提升附加值。引育流通型龙头企业，建立完善的物流体系和销售体系，降低竹荪产品的运输成本；引育旅游企业，开发以竹荪文化为主题的旅游项目等。通过全产业链龙头企业引育，补齐产业链发展短板，带动专合社、村集体经济、家庭农场和专业大户等共同发展，进一步提升产业经营主体整体实力。

（三）打造知名品牌，提升四川竹荪知名度

充分挖掘"长宁竹荪（长裙竹荪）""青川竹荪"地理标志保护产品品牌资源，按照"区域品牌+企业品种""双重品牌"管理思路，加强四川竹荪品牌管理，打造具有区域特色的品牌形象，提高四川竹荪的知名度和美誉度。一方面政府引导成立竹荪协会，加强主产区竹荪从业人员自我约束，改变竹荪分散和内斗局面，使全体从业人员成为区域公共品牌的共同建设者和共同受益者；另一方面鼓励企业加强自身企业品牌建设，不断提升企业产品质量标准，以高质量奠定高品牌知名度。

（四）发掘优势资源，推动农工旅融合发展

充分发挥四川竹荪历史人文和生态旅游资源优势，挖掘历史文化内涵和生态内涵，加强竹荪产业的文化建设，通过开发竹荪宴，举办竹荪文化节、开展竹荪文化宣传活动，建设竹荪文化博物馆、竹荪文化公园，开发竹荪文化旅游项目等，不断丰富竹荪产业的内涵，推动竹荪产业向二三产业延伸，促进三产融合发展，进一步提升产业附加值和文化内涵。

（五）强化政策支撑，推动产业跨越式发展

围绕产业发展方向、发展短板和关键环节，特别是当前四川竹荪在科技投入、

良种繁育、龙头引育等方面的产业政策扶持力度,特别是要整合资金、土地、人才等重要资源要素向园区集中、向龙头企业集中、向关键环节集中,将有限资源用在刀刃上。同时优化营商环境,加强人才培养,推动创新创业,推动产业快速发展和跨越式发展。

四川省银耳产业发展报告

彭卫红[1]　王　勇[1]　罗建华[2]　闫世杰[1]

(1. 四川省食用菌研究所，四川成都 610066；

2. 四川金地菌类有限责任公司，四川成都 610066)

摘　要：银耳是我国传统食药兼用真菌，有悠久的生产历史和文化内涵。我国是世界银耳生产大国，银耳在脱贫攻坚及乡村振兴中发挥了重要作用。以银耳为原料开发的食品、保健品、药品和化妆品快速发展，随着大健康产业的发展，时代赋予银耳产业新的使命。本报告以福建古田的代料银耳和四川通江段木银耳为代表，梳理和回顾银耳的产业发展历程，比较分析存在的问题，并为未来的产业发展提出建议，试图为银耳产业健康发展提供信息。

关键词：食用菌；通江；古田；菌种；代料栽培；段木栽培

引言

银耳是我国著名的传统食药兼用真菌，在《神农本草经》中就有银耳的记载，具有悠久的食用历史和厚重的银耳文化。据考证，在清代道光年间，四川通江县陈河乡雾露溪畔的"九湾十八包"就开始进行银耳的人工培育，是我国银耳人工栽培的发源地。银耳含有蛋白质、多糖、维生素等多种生物活性物质，具有抗肿瘤、抗衰老、降血糖、降胆固醇、降血脂等多种功能，是可以入药的菌物。同时，银耳多糖还具有美白保湿的功效，是健康产品和护肤产品开发的重要原料，产品已渗透到大健康产业和医美产业。

银耳是我国优势特色农产品，直播及短视频关注指数常处于高位，是广受民众关注的食用菌产品。银耳也是著名的富民产业，生长周期短，栽培效益高，产品除了内销，还远销日本、东南亚各国，近年已逐步扩大到西欧和北美，声誉卓著。我国银耳生产段木栽培和代料栽培两种模式并存，以代料生产为主，少量段木栽培。

四川通江、河南等地主要进行段木栽培，福建，湖南、山东等地主要进行代料栽培，是产区农户收入的重要来源。

从银耳半野生栽培发展到今天的工厂化生产，产业快速发展离不开科技支撑，在银耳产业发展中得到进一步的验证。四川银耳产业正处于转型和产业升级的关键阶段，回顾产业发展历史，梳理我国银耳产业发展现状问题将为四川银耳产业发展提供借鉴。

一、四川省银耳产业发展现状

（一）四川有厚重的银耳文化

1. 四川通江是世界银耳人工栽培发源地

四川通江是世界银耳人工栽培的发源地，据考证，在1835年前四川通江就开始了银耳的栽培，迄今已有近200年的历史。有"世界银耳在中国，中国银耳在通江"之说。通江银耳生产历史悠久，形成了独特的"天生雾，雾生露，露生耳"银耳文化。

民国《续修通江县志稿》载："在清光绪六七年间（1880—1881年），通江银耳的人工培育成功。"而根据"耳山会碑"中"戊戌夏五月既望……显出会簿一册，览毕，知雾露溪橡树产耳，前色黑，丙申俱白，丁酉尤甚。……"中"丙申"年的认识差异，并结合其他古籍及相关介绍，认为通江银耳生产应起源于道光十四年（1836年）前。

2. 通江银耳有大量的史籍碑文

1932年，刘子敬等在编修的《万源县志》中"制白耳要诀"部分详细描述了段木银耳生产择木、薅山、顺时、择日、得地、视察、制造等环节，即选择耳木、整理耳山、确定伐木季节、选择时辰、选择发菌场地、出耳管理、采后管理等。此外，《平昌县志》和《南江县志》等也均有对银耳生产的记载。

1960年4月，在通江县涪阳园子坝玄祖庙发现了一块光绪二十四年所立的石碑（现称玄祖庙碑），记载了通江小通江河流域自古就产黑木耳，在光绪二十年（1894年）左右，涪阳大小沐雨溪黑木耳山却结出了白木耳，表明四川银耳的生产源于黑木耳的栽培。

现存通江县银耳博物馆，于1964年在通江涪阳坝鄢家沟娃娃岩发现的"耳山会碑"（现称银耳碑），碑文记载了当地在 1898 年发现银耳的经过、耳山会兴起缘由以及会众所需遵守的章程。

1984 年 12 月，在通江县涪阳石龙寺村发现《重积耳山会碑》（又称石龙峙村会碑），记载了随着银耳产量的增加、入会人数的增多，韩曹两地重新组织木耳协会并建造耳山碑的缘由。

3. 通江银耳文化品牌打造成效显著

1986 年，通江县出版了《通江银耳志》，该书包括 7 章及大事记，较详细地介绍了通江银耳的历史沿革，资源、人物、传说等，在全国史志界产生过重大影响。为了进一步完善了通江银耳日新月异的新面貌，2010 年出版《重修通江银耳志》，全志大事记之下设 11 章 19 节、述、记、志、传、录和图、表、照等诸体并用。由原志的 6 万字，增加到 24 万字，是研究通江银耳文化和历史的重要书籍。

2004 年 9 月在通江银耳发祥地陈河"九湾十八包"雾露溪畔建成中国通江银耳博物馆；2014 年 10 月在通江城西高明新区周子坪通江银耳文化博览园重建的通江银耳博物馆落成，新旧两个银耳博物馆全方位展示了通江银耳的历史典故、种植技术、发展过程、神奇功效、产品开发等成就。

1995 年 3 月，全国"首批百家中国特产之乡命名宣传活动组织委员会"命名四川省通江县为"中国银耳之乡"。1991 年、2004 年、2014 年、2023 年，四川通江已举办"中国通江银耳节" 4 届，创作了大型歌舞剧《巴山恋歌》、歌曲《银耳花开》和小说《银耳姑娘》等文艺作品，较好地挖掘通江银耳文化，充分展现了中国银耳之乡的文化风貌。

（二）四川是段木银耳生产主产区

1. 四川银耳产区有丰富的耳林资源

通江县是四川省银耳的主产区，地处米仓山大巴山南麓，属中、低山区，河谷溪沟密布，大小通江河汇聚贯穿全境，境内地貌类型多样，地形复杂，呈"三山夹两谷"之势，具有"八山一水一分田"特征。海拔 306~2 089 米，属于中亚热带湿润季风气候，气候温和湿润，立体气候明显，年平均气温 16.7℃，年均降水量为 1 193.8 毫米，年均日照时数 1 316.1 小时，无霜期 210.7 天，呈典型的山地立体气候特征。

通江县盛产青冈（又名青杠），属于壳斗科栎属植物，包括粗皮青冈、细皮青冈、青冈栎、水青冈、巴山水青冈等，通江所称耳林均特指此类壳斗科栎木，是段木银耳生产必需的原料。根据林木资源调查，四川秦巴山区适宜段木银耳生产的县（区）有10个以上，以通江县为例，全县有成片的青冈林或混交林等耳林资源156.6万亩，主要分布在海拔400~1 200米的区域，占全县森林面积1/3以上。栎木活立木蓄量530万立方米，即耳林资源达385万吨左右。通江境内的青冈树生命力旺盛，再生能力强，一般砍后树桩所发新苗7~8年可长成直径10厘米左右的"边材厚心材少"优质耳林资源，故有"坐七砍八"的耳林砍伐和培育制度。平均每年有66.25万立方米（530万立方米×1/8），共有耳林原料资源48万吨以上（385万吨×1/8）可用于发展银耳产业，目前每年生产利用耳林资源约7万吨，通江县现有耳林资源能更充分地保障银耳产业发展。

2. 四川一直沿袭银耳段木栽培模式

2022年前，四川银耳生产主要采用段木生产的方式，是我国段木银耳生产的主产区。主要集中在通江涪阳、陈河、新场等地，与通江县毗邻的南江县、旺苍县、青川县、利州区等地也有少量分布。四川少量代料银耳生产主要集中在成都平原周边地区。

丰富的资源和适宜气候条件孕育了"天生雾、雾生露、露生耳"的通江银耳。四川通江一直沿袭传统的段木银耳生产方式，是"中国银耳之乡"，当地耳农充分利用丰富的青冈木资源开展银耳生产。通江段木银耳生产以单家独户的农户生产和部分企业小规模的生产为主。据统计，通江县银耳产业从业主体数量3 200个左右，其中生产企业28家，专业合作社21个，家庭农场10家，年收入5万元以上的专业种植户3 000余户。

四川银耳菌种主要集中在通江县，以四川省内销售为主。全省段木银耳生产接种规模约170万袋，通江县占90%左右，2020年通江县银耳用种量152万袋，接种段木约500万段（约5 000万千克）。2020年，全省段木银耳生产总量突破400吨（按照干品计算），其中通江段木银耳产量350吨左右，占全省产量的87.5%。

随着人口老龄化，以及青年外出务工等因素的影响，通江银耳生产规模逐渐萎缩，产量在全国占比较低。与代料银耳比较，段木银耳生产存在劳动强度大，产量低，不能周年生产等明显的缺陷，此外，段木银耳研究投入不足，四川目前银耳菌种主要来源于福建，加上病虫害等因素的影响，银耳单产逐年降低。2022年，通江县出台"双轮驱动战略",开始发展木屑代料银耳,银耳生产进入段木与代料并存时期。

(三) 段木银耳是高端银耳产品

1. 段木银耳基本为手工制作,产量少

段木银耳生产主要集中在四川、河南等地,四川通江是"中国银耳之乡",是我国段木银耳主产区,一直沿用传统的段木生产工艺,1960年前,缺少人工接种环节,称为旧法栽培阶段,主要有砍山、铡棒、炕棒、砍花、发汗、选堂、芟堂、排山、拣耳、剪脚、串签、烘烤、储藏等13道工序;1960年后,使用新法栽培工艺,增加人工接种环节,主要包括制种、砍棒、截段、架晒、打孔、接种、发菌、搭棚、排堂、出耳、采耳、修剪、淘洗、烘干、分级包装等15道工序,之后段木银耳生产技术未有明显的革新,整个生产周期从12月至翌年9月底,达300天,程序多,机械使用少,劳动强度大,生产效率低。

20世纪80年代后期,代料银耳生产技术逐渐成熟,并逐渐取代段木银耳生产,成为我国主要的银耳生产模式,仅在四川等地保还留少量段木银耳生产,2020年全国银耳产量55.633万吨,福建银耳产量占比82.05%,通江银耳产量占比仅1.31%。同时受品种、栽培技术的影响,目前四川老产区100千克段木的银耳产量始终徘徊在0.5千克以下,全省段木银耳干品产量仅400吨左右。

2. 段木银耳品质好

研究表明,由于栽培模式和栽培基质的差异,段木银耳与代料银耳比较,在产品品质、功效等方面有一定差异。笔者对段木银耳与代料银耳的银耳汤质构分析表明,段木银耳的汤汁的硬度、胶黏性、黏附性、内聚性、弹性、咀嚼性均高于代料银耳,段木银耳挥发性香味物质中芳樟醇含量达到代料银耳的32倍,段木银耳中乌苏酸的含量是代料银耳的40倍以上,段木银耳抗氧化性等功效优于代料银耳。目前对于代料银耳与段木银耳的品质差异研究还较少,有待于进一步的发掘。

3. 段木银耳价格高

银耳产品在作为朝廷贡品的时期,价格堪比黄金,非一般家庭能消费。随着科技的进步,银耳已走入平常百姓人家的餐桌,由于栽培方式不同,段木银耳与代料银耳产品在价格等方面存在较大的差异,目前段木银耳价格显著高于代料银耳,是市场销售代料银耳价格的20~30倍。20世纪中后期,通江段木银耳产品价格最低时约30元/千克，21世纪初价格100~120元/千克，目前产地收购价600~700元/千克，市场销售价格1 200~1 600元/千克，精品银耳价格超过6 000元/千克。

4. 通江银耳是四川名特优产品

通江县不仅是"中国银耳之乡"，2019年获批"国家有机产品认证示范区"；2019年被命名为"国家农产品质量安全县"。2020年被认定为国家级特色农产品优势区。

2001年，通江银耳获得国家工商行政管理局"证明商标"；2003年，通江银耳（含香菇、黑木耳）取得"A级绿色食品标识使用权"；2004年，被录入国家原产地域产品保护名录并于2006年获得中国地理标志保护使用权；2015年，国家工商总局商标局认定"通江银耳及图"注册商标为驰名商标；2018年，成功入围全国区域品牌（地理标志保护产品）百强榜单；2019年，荣登四川"一城一品"金榜，入选首批中国农业品牌目录，获得"中国农产品百强标志性品牌"；连续3年入选"中国品牌价值评价地标产品品牌百强"。

二、当前四川省银耳产业发展存在的主要问题

1. 银耳基础研究薄弱

银耳生活史的完成离不开香灰菌的作用，是食用菌中伴生菌协同作用的典型代表。银耳是担子菌，其伴生菌香灰菌为子囊菌，资源发掘、品种选育、菌种制备等均涉及两种真菌，且银耳与香灰菌配对具有一定的专一性；银耳同时又是具有二型态特性的真菌，在外界环境诱导下，营养体在酵母状和菌丝状两种形态下转化；当前对于银耳与香灰菌的互作关系还存在一定的争议、对与银耳配对的香灰菌的物种多样性研究以及银耳二型态转变的作用机理等关键问题研究均还是空白，已严重影响银耳新品种选育、菌种保藏等研究。

2. 优良新品种缺乏

段木栽培与代料栽培模式差异较大，代料栽培在室内中低温环境下完成生活史，是主要利用棉籽壳、木屑等农林副产物的熟料栽培模式；段木银耳在夏季高温季节为出耳盛期，以青冈段木为栽培基质，沿袭生料栽培模式，栽培条件差异较大，但长期以来，通江段木银耳生产菌种多数来源于福建代料银耳菌种，近年来，通江段木银耳产量越来越低，与品种不适宜于段木栽培有直接关系，加强段木银耳

新品种选育研究势在必行。

3. 段木银耳栽培技术体系亟待完善

代料银耳生产周期40~45天，均在室内人工控制的温光水气条件下进行，针对代料银耳生产已制定系列技术标准，对制袋灭菌和接种等环节作出了明确的要求、从第1天到第45天的菌丝生长状况、作业内容和环境条件控制均进行了描述与说明。与代料银耳生产相比，四川段木银耳生产周期长，技术较粗放，经验性的技术参数较多，段木银耳生产菌棒的制备基本在室外完成，接种后的耳棒由塑料薄膜覆盖后，完全依靠自然环境温度，仅有简单的揭膜通气操作。随着全球气候变暖，通江段木银耳生产在清明前后完成接种操作后，生产几乎都在25℃以上甚至35℃以上的高温环境中，病虫杂菌较多，生物转化率低，严重影响栽培产量。

4. 专用机械及设施的研究滞后

段木银耳生产的耳棒一般长80~100厘米，重量10~15千克不等，进行银耳生产的打孔、接种、运输和翻棒等管理措施，全部依靠人工完成，劳动强度较大。随着人口老龄化进程的加快，专用机械的开发已成为段木银耳生产的关键问题之一。

5. 产品加工研究滞后，产品形式单一

四川段木银耳产品以干制为主，主要以不同形式的干品分选后销售，由于段木银耳产品价格高昂，数量较少，在加工方面进展缓慢。早期开发有银耳软糖、银耳酒银耳羹、银耳汤、压缩银耳等产品，近年又有银耳面膜、银耳精华水等产品问世，但总体销量不高，加工程度和技术含量低。

三、四川省食用菌产业发展趋势与对策建议

（一）四川省银耳产业发展趋势研判

1. 四川代料银耳生产将逐渐取代段木银耳主导地位

2022年，为了创建国家农业产业园区，打造通江银耳百亿级产业集群，通江县政府确定了"双轮驱动战略"，即坚持"段木银耳强品牌，木屑银耳深加工"发展战略，以革新生产发展方式为抓手，以工厂化生产与产品精深加工为突破，积极探索银耳（食用菌）全产业链推进路径。"双轮驱动战略"的确立，意味着四川通江县将以代料银耳的生产作为未来银耳产业发展的重要内容，以代料银耳产品为原料，强化银耳加工。目前通过前期的招商引资，企业全面带动通江银耳发展，不断

延伸银耳产业发展链条。

2. 段木银耳生产在一定范围内继续保留

由于段木银耳作为通江银耳生产的特色和标志，具有不可取代性，作为银耳文化的载体，具有不可复制性，且段木银耳具品质独特，有高端产品和精品开发不可超越性，段木银耳生产将在一定范围内继续保留。通江县政府双轮驱动战略，将段木银耳作为强品牌战略内容，积极打造通江银耳品牌，申报"全球重要农业文化遗产"，通过与科研院所的合作，提档升级段木银耳生产栽培技术，将段木银耳产品作为高端产品进行收购专销。

3. 银耳工厂化生产将逐渐取代农法生产

食用菌产业发展将逐渐由农法栽培向工厂化栽培发展，银耳生产也不例外，随着通江县现有银耳生产人员年龄的增加，将逐渐退出生产领域，而小规模的银耳农法设施栽培，受限于通江县地理位置及销售市场，占据优势地位的可能性不大。四川通江已成功引进了银耳工厂化生产企业进行银耳工厂化瓶栽，投产后将达到日产25万瓶规模。随着银耳产业发展，对产品质量要求的日益提高，工厂化生产具有质量可控、产量稳定、周年生产等突出优势，将逐渐取代农法栽培成为主要的生产模式。

（二）促进四川省银耳产业发展的对策建议

1. 加强对银耳研究投入

加强对段木银耳专用品种的选育。课题组研究显示，通江本土银耳品种子实体胶质重，容易钝化，与现有代料银耳产品差异显著，加强本土银耳产品的开发有助于保持通江银耳的优良品质。同时，与银耳伴生的香灰菌是影响产量的关键因素，有研究表明香灰菌可能至少有3~4种，但代料银耳生产使用的香灰菌仅1种。近年来通江县银耳菌种主要来源于福建、河南等地，引进菌种的香灰菌显著地表现出在段木上长速慢、长势弱和分解能力差等问题，生产结束后，段木中大量营养物质未被利用，表明代料银耳品种并不完全适应段木银耳生产，加强对本土银耳、香灰菌资源的收集保护和利用，加快专用品种及香灰菌的选育研究势在必行。

加强对段木银耳栽培技术的提档升级。目前段木银耳栽培模式主要沿用20世纪70年代使用纯银耳菌丝后的"新法栽培"技术体系，随着气候的变化，栽培规模的增加，粗放的栽培模式导致产量低、产品质量不稳定，已不适应现代市场的要求。针对通江段木银耳的生产现状，亟须研究建立段木银耳标准化栽培技术参数，研发段木银耳室内工厂化栽培技术，研发段木银耳发菌、出耳设施，开展绿色安全的病虫害防控技术，段木银耳生产栽培技术体系提档升级势在必行。

加强对通江银耳知识产权保护技术研究。通江银耳区域品牌价值已超过60亿元，市场假冒伪劣产品较多，由于价格差异巨大，以代料银耳冒充通江银耳屡见不鲜。目前银耳尚未纳入品种保护名录，对段木银耳产品特有成分研究还几乎是空白，加强对段木银耳标志性成分、段木栽培专用品种分子标记研究，对于通江银耳知识产权保护十分重要。

加强对通江银耳产品开发研究。银耳干品需要经过炖煮后食用，已不适应现代快节奏的生活，针对通江段木银耳以及即将上市的木屑银耳，如何开发适宜消费市场的通江银耳产品是迫在眉睫的工作。

2. 加强探索与福建银耳差异化发展的途径

通江银耳位于大巴山区，有绿色生态的环境，悠久的生产历史和厚重的银耳文化，通江银耳是四川食用菌的名片之一，已积累了一大批知识产权与无形资产。但与福建成熟的银耳生产技术体系比较，还存在较大的差距。2022年通江县政府提出了"双轮驱动战略"，四川银耳将进入段木与代料银耳并存发展时期，怎样发挥优势，探索与福建银耳差异化发展，既要保持通江银耳的文化特色，又要在银耳代料栽培的市场站稳脚跟，研究通江银耳的特色加工产品开发，树立品牌在市场竞争中胜出，仍是需要仔细思考的问题。

四川省黑木耳产业发展报告

陈 影 曹雪莲

(四川省食用菌研究所,四川成都 610066)

摘 要:黑木耳源于中国,为食药两用的中华美食,是我国人工栽培规模的第二大食用菌,产量占全球的95%以上。黑木耳产业具有易栽培、成效快、资源利用率较高等特点,是带动区域特色经济发展,助推乡村振兴的重要特色食用菌产业。黑木耳在我国生产地域广,以代料栽培模式为主,少量段木栽培。黑木耳是四川特色食用菌之一,为进一步促进四川省黑木耳产业的发展,本研究总结了全国和四川地区黑木耳产业发展现状,分析当前四川黑木耳产业发展中存在的主要问题和发展趋势,进而提出对策和建议,为四川省黑木耳产业的健康可持续发展提供科学建议。

关键词:四川省;黑木耳;产业

引言

黑木耳是四川特色食用菌之一,四川是全国最大的段木黑木耳生产地区。分析四川黑木耳产业的发展趋势及目前面临的挑战,提出科学对策,对黑木耳产业的转型升级和提质增效具有重要意义。

一、四川省黑木耳产业发展现状

黑木耳为四川特色种类,据中国食用菌协会统计,2022年四川省黑木耳产量107 568.6吨,位列全国第13位。四川主产区为青川及周边地区,其中青川县常年种植黑木耳3 000万棒左右,年产量4 500吨,产值超过4亿元。近年四川高原区域如甘孜州泸定、道孚等地充分利用高原地区的日照和温差等优势气候条件发展段木黑木耳产业,产品品质优良,成为当年当地脱贫致富和现在乡村振兴的优势产业之一。

四川青川段木黑木耳闻名遐迩，2004 年"青川黑木耳"获得国家地理标志产品保护。2016 年成为生态原产地保护产品。2019 年入选中国农业品牌目录和农产品区域公共品牌。2019 年"青川黑木耳"获得第七届四川农业博览会最受欢迎"四川扶贫"产品称号。以青川黑木耳为代表的四川黑木耳在品牌培育、产品宣传、脱贫攻坚与乡村振兴工作中发挥了积极作用，促进了四川黑木耳产业的健康持续发展。

（一）黑木耳产量和栽培区域

四川省黑木耳年产量 2010 年达到 1.8 万吨，直到 2022 年提升至 10.75 万吨；年总产值逐年增加态势。四川省内栽培黑木耳的栽培区域集中在秦巴山区的广元、达州和巴中地区，甘孜藏族自治州、阿坝藏族羌族自治州和凉山彝族自治州有少量种植。

（二）品种选择

品种（菌株）的选择要因地制宜，根据本区域气候条件、栽培的模式、栽培的季节等选择适应性广、商品性状优良、丰产、生育期适宜的品种（菌株）。引种后需要进行试种，筛选适宜的品种（菌株）进而进行大规模生产，降低种植风险。

（三）标准化栽培技术

四川黑木耳栽培有段木栽培和代料栽培，其中段木栽培为特色生产模式。

1. 段木栽培

栽培工艺流程：木段砍伐截段→架晒→打孔→接种→发菌→立架→出耳管理→采收。

段木栽培生产注意事项和建议，准备工作中树种（原料）选择不应选用松、杉、柏、樟和桉科树种。砍伐截段需要在树木落叶后至新芽萌发前晴天砍伐，砍伐后 10 天左右剔枝、截段，长度 100 厘米为宜。木段规格建议木段直径 8~14 厘米。架晒需将段木以"井"字形、三角形等方式堆叠，自然风干至段木的重量减轻 15% 左右、横断面出现短而细的放射状裂纹时为宜。

接种的要求，接种场地在室内或室外阴棚下均可，避免阳光直射或雨淋，场地应清洁、干净；接种用电钻在段木上打接种孔，孔径 1.6~1.8 厘米，孔深入木质部 1.0~1.2 厘米，孔间距 8 厘米，行间距 6 厘米，呈"品"字形排列，将菌种接入打好的接种孔中，填满，压实，之后用小木片封住穴口。

段木栽培发菌期的管理，在自然环境下管理相对粗放，重点围绕温湿度的管理以利于菌丝体定植，包括以下内容。

场地处理：黑木耳耳棒培养和出耳为同一场所，放入前1~2天用生石灰、生物杀虫剂对场地进行消毒和杀虫处理。

建堆：接种后耳棒建堆统一管理利于发菌定植，在地面上平行摆放2根段木做枕木，间距0.6米。在枕木上以"井"字形成堆码放耳棒，上部用顺码方式堆成龟背型，堆高1.0~1.4米，堆长10米为宜，用塑料薄膜覆盖保温保湿。

温度和湿度管理：发菌期堆内温度以23~28℃为宜；堆内空气相对湿度，在接种后15~20天调节至65%左右，接种后20~40天调节至75%左右，期间注意通风。

翻棒：将耳棒上下、内外相互调换位置。第一次翻棒为接种后15~20天，每隔10天左右翻棒1次，期间及时清理污染的耳棒。

补水：结合翻棒，适时采用喷水的方式（雾状水）给耳棒补充水分，视天气发菌15~20天进行第一次补水，前期喷水量以耳棒表面"见水不流水"为宜，中后期则根据耳棒失水情况和堆内空气相对湿度适量增加补水量，发菌期补水3~4次为宜。

通风：根据堆内温度揭膜通风换气，堆内中心温度超过28℃及时通风换气。

发菌结束：耳棒断面菌丝体长至中心或木质部4~5厘米处、30%左右耳棒开始出现耳芽时，完成发菌，进入出耳管理。

出耳管理上，黑木耳的出耳和采收管理重点围绕水分管理，其他条件在自然环境下管理较粗放。管理方式为全日光间歇弥雾栽培，符合黑木耳生长习性即喜光、喜温、好气（氧）、干湿交替。全日光不需要遮阴，耳片颜色深，间歇弥雾即干湿交替的水分管理，符合胶质真菌的水分需求。具体操作要求如下。

起架：木段出耳需要立架出耳，采用"人"字架，在场地中立木桩，木桩高1.2~1.3米，木桩间距3米，地上高度为0.9~1米，木桩间拉铁丝，菌棒按"人"字形摆放在铁丝两侧，45°角度倾斜为宜，菌棒间距4~8厘米，架与架之间的作业道要操作方便，便于采收管理。

田间管理：段木栽培相对粗放，起架后的管理工作围绕水分管理，浇水为雾状水，根据天气灵活调整，间歇喷雾进行"干干湿湿，干湿交替，见干见湿"的水分管理。

采收：段木黑木耳采收的标准依据市场的需求，一般鲜耳片长 3~5 厘米为宜。采收时要采大留小，成熟的耳片充分展开、耳片边缘舒展、耳根收缩。采收时间要在晴天进行，采收前一天少量浇水，待第二天早晨耳片稍干采收，易于操作耳片不易破碎。

2. 代料栽培

栽培工艺流程：备料配料→拌料→装袋→灭菌→冷却→接种→发菌→扎孔（刺孔）→下地排场→田间管理→采收。

栽培种配方，因地制宜地选择原料，搭配合适的配方进行栽培种的制备，常见配方如下。

阔叶树木屑：78%、麦麸或米糠 20%、石膏 1%、石灰 1%；

阔叶树木屑：86.5%、麦麸 10%、豆粕 1.5%、石灰 1%、石膏 1%。

代料栽培生产注意事项和建议，代料栽培原料要新鲜无霉变，在有质量保证的厂家购置；拌料要均匀，主料（木屑）要进行预湿，含水量适宜，当天完成；装袋需要机器装袋，松紧适中，紧实光滑，及时拣出破袋；料袋规格上，黑木耳代料栽培的菌棒有长棒和短棒，长棒栽培袋子规格是 15 厘米×55 厘米×0.003 厘米，装料后长 40 厘米左右；短棒栽培袋子规格是 17 厘米×33 厘米×0.003 厘米，装料后菌袋长 20~22 厘米。装袋完成后立即灭菌，料袋码放要留出空隙；升温要快，控温要稳，时间要到位；之后冷却需专用场地冷却，环境相对无菌，通风通畅；接种要在栽培袋冷却至料温 28℃左右，抢温接种利于定植，接种要稳、准、快。长棒是长边袋子一侧打孔接种并套袋封口，短棒采取抽出打孔棒后，孔穴接种并海绵封口。

发菌管理是黑木耳生产关键环节之一，代料栽培发菌在设施内完成，管理相对精细，主要做好温度、湿度、光照、通风等管理工作，重点围绕温度管理，发菌前中后期各有侧重，前高后低。培养室使用前要消毒处理，接种后的菌棒及时送入培养室，最好立放，接种口朝上，或双层摆放，注意间距避免打堆造成烧菌，袋料变形和分离，影响后期出耳。发菌各个时期要求如下。

发菌前期：即接种后至 15 天，温度控制在 23~28℃，使菌种快速定植，暗培养，湿度控制在 50% 左右，期间及时通风，特别要注意要经常检查菌棒污染情况，尤其破袋的菌棒，发现后要及时处理，轻拿轻放，避免人为传播杂菌孢子，造成大面积的污染。

发菌中期：即接种后 15 天至 40 天，菌丝体定植后快速生长，菌棒自身会产生热量，为避免烧菌，温度控制在 20~25℃，暗培养，湿度控制在 50% 左右，期间注意通风，继续检查污染情况并及时处理，做好发菌室定期消毒。

发菌后期：即接种 40 天后，菌丝体基本长满菌棒，采用相对低温管理，温度控制在 15~22℃，加壮菌丝体生长利于后熟，湿度控制在 60% 左右，为了使菌棒由营养生长转向生殖生长，可以有些散射光，刺激原基的形成，期间注意通风。

出耳管理与采收：目前代料栽培包括立地栽培和吊袋栽培，根据场地的限制进行选择，地势平坦可进行立地出耳，场地有限则需要选择设施内如大棚或温室的设施吊袋栽培。目前四川地区两种方式均有栽培。

扎孔（刺孔）：立地出耳的菌棒为长棒和短棒，吊袋出耳的为短棒。菌棒下地排场前需要完成扎孔（刺孔）。一般用打孔机扎孔，选用小孔出耳。孔形为圆形钉子孔，孔直径 2~4 毫米，孔深 5 毫米，孔间距 1.5~2 厘米。扎孔（刺孔）后，长棒一般采用井字形或三角形堆放，短棒放在培养架或培养框内培养，一般为 7~10 天，期间注意通风散热并给予自然散射光，有利菌丝体恢复及生理成熟。扎孔（刺孔）后完成养菌，明显可见小孔处新生菌丝体，即完成小孔封口，之后培养数天小孔处出现"黑眼眉"即菌丝体褐变即将形成原基或者出现原基可以进行下地排场出耳。

立地出耳下地排场：畦面（厢面）要求：平畦，长度根据场地和喷水设施条件进行合理安排，以便于操作，宽 1.2~1.5 米，过道便于排水和走动，过道宽 0.4~0.5 米、深 0.15 米，畦面铺设地膜，起到反光、防泥水喷溅和除草的作用。

长棒菌棒下地排场的畦面要架设木桩或铁钎，连接铁丝以稳固菌棒。木桩间距 1.2 米，长 0.5 米，离地高度 0.27 米，畦面铁丝间距 0.4 米，外侧各留 0.25 米，铁丝离地高 0.27 米。长棒菌袋摆放成"人"字形，菌棒间距 5 厘米。喷水带（喷出雾状水）固定在木桩上，或者安装高压微型雾化喷头。

短棒菌棒下地排场，平畦，长度和宽度畦面要平整，根据场地和喷水设施条件进行合理安排，以便于操作，上面铺设地膜，菌棒立放封口处向下，封口海绵拔出或者向内插入接种孔，避免吸水易引起杂菌污染，每平方米放置 20~25 袋。喷水带直接铺在地面上，保证雾状水能均匀喷洒在菌棒表面。

吊袋出耳排场：吊袋出耳要在设施内完成，因菌棒立体悬挂，充分利用空间，相同面积下至少为立地出耳数量的3倍，提高了土地利用率，但是吊袋栽培对于设施和环境调控要求高，设施成本投入大，环境管理精细化程度高，重点要把控水分管理和污染菌袋的清除，否则杂菌污染的菌袋易通过水分的淋溶造成更大面积的污染。菌棒吊在大棚或温室的框架横梁上，两根或三根尼龙绳一组，连接和固定菌棒，菌棒袋口朝下夹在尼龙绳上，之后放置固定三角扣或铁环，依次放置菌棒。

田间管理：代料黑木耳出耳期间以水分管理为重点，间歇喷雾进行"干干湿湿，干湿交替，见干见湿"的水分管理，根据天气灵活调整，既要防止湿度过大，高温合并高湿引起流耳，又要防止湿度不够影响产量和品质。有条件的情况下，雨量过大可以临时覆盖塑料薄膜以便避雨。

采收：黑木耳采收的要求同段木栽培。

（四）黑木耳生产绿色防控

四川黑木耳主产地区气候温润，黑木耳是抗杂性较弱的食用菌，杂菌和病虫害多发，生产中常见菌棒制种时期的杂菌污染和出耳期的病虫害，防治黑木耳病虫害要坚持"预防为主，综合防治"的方法。

（1）常见杂菌。

包括绿色木霉菌和链孢霉，主要发生在制种阶段，尤其在高温高湿条件下，是黑木耳制袋期间危害最严重的杂菌，也可感染段木。防治方法是要注意制种的原材料要新鲜、无霉变，灭菌彻底，菌棒的接种和培养要相对无菌，规范化生产，及时检查发菌状况检出污染菌棒，如发现污染及时处理，环境调控要精细。

（2）常见病虫害。

段木黑木耳出耳期间最常见的病害为流耳病，因高温高湿环境下寄生菌引起的一种病害。主要表现为耳片表面产生一层黏质物，耳片解体腐烂，呈黏液脱落。细菌、黏菌或线虫侵染，以及环境、管理不当均可引起流耳。防治和处置方法为保持出耳场地卫生，及时清理耳场，水源洁净，水分管理要见干见湿，随时关注天气预报，如遇连雨天适时提前采收，出现流耳后及时摘除，停止喷水，加强通风。

段木栽培在自然环境下，气候条件适合虫害的发生如常见的蓟马，蓟马常见于段木黑木耳接种穴处或黑木耳耳片内，严重时造成流耳。防治方法是保持出耳场地的卫生环境，出耳前场地要消毒彻底，可以撒生石灰，彻底清除场地的杂草杂物，以减少虫源，另外出耳期间可张挂蓝色黏板，蓟马对蓝板有趋向性。

（五）黑木耳贮运与加工

黑木耳产品流通为干制品。根据市场需求，干制产品按照等级进行初加工。采收后的鲜木耳一般进行自然风干。雨天采收的木耳需要烘干，烘干要注意温度，温度过高，容易烤焦影响品质，烘烤时要经常上下移动烤筛，使其受热一致，干燥均匀。干木耳含水量不超过14%，黑木耳干制后，要在相对干燥环境下贮存。

（六）黑木耳产业经营主体和市场营销

四川省的黑木耳种植主体包括大型企业、合作社、家庭农场和普通种植户。四川省黑木耳产品市场以大城市消费为主，主要销往成都各大批发市场、连锁超市和餐饮集团，通过电商平台，针对高品质段木黑木耳开发新市场，拓宽销售渠道，助力区域经济发展和乡村振兴。

二、四川省黑木耳产业发展存在的主要问题

四川省黑木耳产业一直以段木栽培模式为主，产品为高端食材的代表，依赖于川东北地区优势的地理气候条件，成为该地区特色产业，但在发展现代农业、人口年龄结构的新形势下，段木黑木耳生产规模正逐渐萎缩，需要进行产业升级转型，由于栽培区域地理环境限制，基础设施薄弱、生产管理标准化程度低和产业发展进程缓慢等。

（一）基础设施配套能力薄弱

基础建设配套能力弱。黑木耳生产设备还未列入农业机械购置补贴目录，种植户贷款审批较难，一些地区基础设施建设相对较薄弱，还是以"小而散"为主，园区基础设施薄弱，规范化管理水平不够高。防灾抗灾能力不强，还不适应标准化生产、集约化经营和产业化发展的需要。批发市场、现代化的仓储物流和电子交易结算平台、市场服务功能等发育不全。

（二）生产管理标准化水平低

如菌种管理不够完善，缺少追溯环节。农村种植合作社的管理较为粗放，标准化技术水平不到位。拌料不均匀、灭菌时间不足等原因导致发菌过程中大量霉菌污染；出菇过程中湿度、温度、二氧化碳浓度控制不严格，导致黑木耳鲜品的品质参差不齐。菌种保藏、活化、液体菌种制备也大多数凭经验操作，而非按专业科技人

员总结的标准化步骤，致使菌种活力不够、退化更快，严重影响生产。

（三）其他

产业链偏短附加值低，种植户收益不稳定，深加工产品较少，品牌效益不明显。菌渣循环利用率不高，废弃菌渣和塑料袋处理较难。人才后劲不足，土办法较多，专业技术人才缺乏。存在用工难的问题，人工成本逐渐增加。

三、四川省黑木耳产业发展趋势与对策建议

（一）四川省黑木耳产业发展趋势

黑木耳作为大宗食用菌，四川省年产值和产量与头部省份比较体量微小，代料栽培的黑木耳品质和产能远弱于东北等主产区，而段木栽培的低效性，使得规模逐渐萎缩。消费者对高品质食材的需求日益增加，使得段木黑木耳有稳定的消费群体。少而精是四川黑木耳差别化发展的方向之一。

（二）促进四川省黑木耳产业发展的对策建议

1. 加大研究资助力度和加速科技成果推广应用

针对黑木耳产业面临问题，以企业等一线生产需求为导向，主管部门给予专项经费支持，进行技术攻关研究，开展种质资源精准鉴定，发掘优异种质，选育优良品种，研究配套的高效栽培技术，进行示范推广，加速科研单位在黑木耳品种、栽培技术创新方面取得的新成果落地应用，为黑木耳产业的发展提供技术支撑。

2. 加强基层人才队伍建设

黑木耳产业的健康可持续发展基层科技人员的技术推广，帮助农户和生产企业解决问题并发现问题，反馈给科研单位，有的放矢地开展科研工作，提高科技人才科研水平的同时解决实际生产应用需求。当地政府农技主管部门组织联合科研单位的相关专家在黑木耳生产企业、农户开展技术培训，线上线下形式多样化，加强技术交流，培育技术扎实的一线技术人才。

3. 加大品牌宣传，夯实市场监督管理，拓展市场

以四川特色黑木耳的优秀品牌，加大宣传力度，提高核心竞争力，锁定段木黑木耳高端食材的消费群体，在同类产品中占据市场优势。同时加强产品质量安全监管，产品溯源，持续提升产品质量，提升品牌知名度。开拓城市和城镇市场，优化经销商合作，拓宽营销渠道，加强与食品加工企业的合作，加宽销售网络，拓展销

售市场。

4. 延长产业链

将一二三产业深度融合以延长产业链，开发多元化产品，进行黑木耳休闲食品、保健品等加工研发，同时开发休闲观光产业，以消费促效益，以四川的地理自然风光加特色饮食等优势资源，推介产品发展休闲农业、餐饮产业。

四川省灵芝产业发展报告

张 波[1] 李小林[1] 叶 雷[1] 杨学圳[1] 谭 伟[1] 罗建华[2] 肖水根[3]

(1. 四川省食用菌研究所,四川成都 610066;2. 四川金地菌类有限责任公司,610066;3. 广元市昭化区瞻凤农业开发有限公司,628021)

摘 要:灵芝是四川较为重要的食用菌种类,因四川特有的生态环境,已形成包括段木仿野生栽培、代料栽培及林下有机栽培三种模式。与其他食用菌一样,灵芝具有生长周期短、见效快、经济价值高等特点,其在脱贫攻坚和乡村振兴中发挥着重要作用。本报告基于近年全国灵芝和四川省灵芝生产调研数据,总结了四川灵芝产业发展情况,分析了当前四川灵芝产业发展中存在的主要问题,并提出了灵芝产业发展的对策建议。

关键词:灵芝;产业发展;品种;栽培技术;产品;品牌创建

一、四川省灵芝产业发展现状

四川省2021年食用菌总产量224.92万吨,产值241.78亿元;而灵芝产量仅为0.35万吨(图1),仅约为全省食用菌总产量的0.16%,产值也仅占比0.11%,可见四川省灵芝产量产值偏低,有较大的提升潜力。2018年至2021年全省灵芝产量产值统计来看,有明显的下滑趋势,2018年产量为5 271.54吨,而2019—2021三年的平均产量才3 517.47吨,平均较2018年降低了33.27%。而灵芝产值变化起伏较大,总体随产量有下滑的趋势,2018年全省灵芝产值约为0.64亿元,2019年尽管产量下降了34.46%,但产值提升较大,约为2018年产值的2.66倍,单价约为50元/千克。2020年和2021年灵芝产值逐年降低,这与市场需求及品牌效应存在一定联系。

就全省灵芝栽培县区来看,主要分布在广元市的昭化区、旺苍县,绵阳市的江油市,遂宁市的蓬溪县,成都市的彭州市等。其中,广元市灵芝栽培主要由东西部

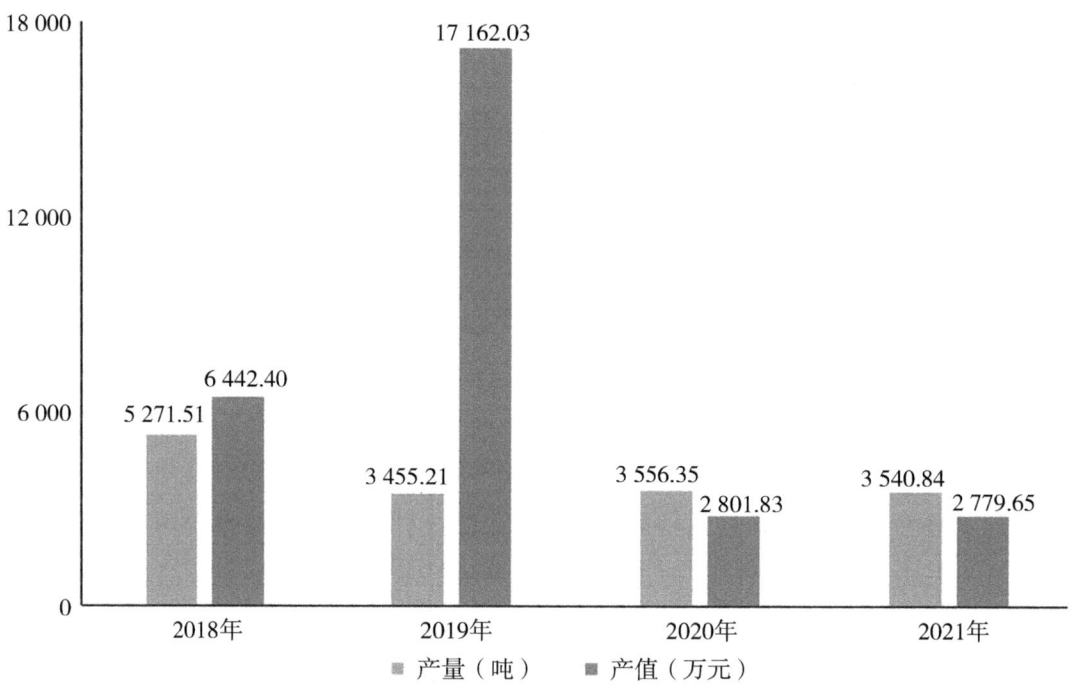

图1　2018—2021年四川省灵芝产量分布

协作项目，浙江的灵芝种植企业在此种植灵芝，主要以段木覆土栽培为主，带动周边农户增收。栽培面积由几十亩扩大到几百亩，并辐射扩大到绵阳市等地。而四川省本土栽培灵芝的种植户较少，主要在遂宁、成都，栽培品种为自主培育的灵芝，规模偏小，不过也形成了其独特性，却未创建特色品牌。

四川省从事食用菌研究的科研院所较多，包括四川省食用菌研究所、甘孜藏族自治州农业科学研究所、四川农业大学、成都市农林科学院等。在相关政策的鼓励下，各科研院所围绕灵芝产业发展需求，重点开展灵芝种质资源发掘利用、高效轻简栽培技术研究和精深产品加工等工作。寻找和保存了多个珍稀、优质的灵芝品种；为提高灵芝的产量和质量，研究了灵芝生长参数，构建多种高效、生态的栽培技术模式；同时，开发出了多种高附加值的灵芝产品，进一步拓宽了灵芝市场。

目前四川灵芝生产上栽培的种类主要是赤芝，栽培品种较多。近几年，全省选育灵芝新品种10余个，包括金地灵芝、灵芝G26、川芝6号、川圆芝1号、康定灵芝、蜀芝2号、川芝8号等。丰富多样的灵芝品种为四川灵芝产业发展提供资源支撑。不同的灵芝品种有各自特点：金地灵芝由四川省食用菌研究所采取野生种质驯化系统选育而成。子实体单生，适合段木栽培，当年产量为段木重量的5%~8%；

川圆芝1号是四川省食用菌研究所和福建省尤溪县林业科学技术研究所从尤溪县引入四川的菌株 G9109 经系统选育的品种，2016 年获《四川省农作物品种审定证书》，适合段木栽培和代料栽培，段木栽培的生物学效率18%；康定灵芝是甘孜藏族自治州农业科学研究所从采集的野生白肉灵芝菌株经系统选育的品种，子实体形成和发育最适温度为 23~25℃，适合段木栽培；川芝8号是2022年由四川省食用菌研究所选育的灵芝新品种，成熟子实体具有褶皱纹路，段木栽培子实体菌盖偏厚，菌柄短粗，适宜代料和段木栽培，目前已在四川省德阳市、广元市和西藏林芝市示范种植。

四川省各科研院所针对灵芝栽培技术问题，开展科技攻关，为种植户解决技术难题，服务于产业。采用高通量技术揭示了硒元素添加对代栽灵芝子实体生长和基因表达的影响，并挖掘出灵芝生长中与硒相关的基因分别在氧化还原酶、抗氧化活性和色氨酸合成中发挥调节作用，研究为开发富硒灵芝食品和保健食品提供了理论基础。并创制出一系列灵芝新型栽培基质配方，包括莲子壳配方、桑枝屑配方等，明确栽培基质松紧度、颗粒度等参数，优化集成灵芝栽培新型基质高效利用技术多项，拓展了灵芝栽培原料种类来源，促进了农业副产物的高效利用。创制了灵芝栽培基质配方查询软件，实现了基质配方自动化查询，推进了基质配方数据资源共享。创建了灵芝代料高效栽培基质、覆土材料、段木有机灵芝生产和灵芝盆景造型等技术。

二、当前四川省灵芝产业发展存在的主要问题

（一）优质灵芝菌种缺乏

四川省拥有丰富的灵芝资源，主要栽培模式包括段木仿野生栽培、袋料栽培及林下有机栽培三种。然而，当前四川省灵芝产业存在的关键问题就是缺乏优质菌种。菌种质量与菌株生物学特性、菌种纯度密切相关，也直接关系到灵芝的产量和品质。然而，目前相关的研究报告显示，四川不仅缺乏优良菌株，其菌种的提纯、复壮技术也存在短板，土壤微生物种群的变化以及灵芝的自毒作用也可能导致优质菌种的退化。

灵芝优质菌种的缺乏主要有以下原因：一是优质菌种育种工作周期长，投入大，见效慢，导致许多企业缺乏长期投入的信心和决心。而目前四川灵芝品种选育

技术相对落后，主要为系统选育，杂交选育和诱变选育较少，基因编辑、转基因等没有开展起来。二是四川省尚未建立严格的制种技术体系，缺乏完善的品种审定认定机构和良种繁育基地，导致无法对菌种质量进行有效保障。三是缺乏统一的菌种质量标准和权威的检测机构，也使得市场上流通的菌种质量参差不齐。四是大部分菌种企业在无菌种生产资质的情况下自行营业，导致灵芝菌种生产经营领域亟待规范。

（二）资源及气候对灵芝栽培存在制约

四川的灵芝主要是段木栽培，随着近年禁伐树木政策执行力度的加强，段木栽培灵芝的原料来源受阻。有同样问题的还有段木栽培的香菇、黑木耳和银耳。此外，段木栽培灵芝工序繁琐，栽培模式较为原生态，生产周期相对较长，也使其栽培规模逐渐缩小。四川省灵芝栽培以农法栽培为主，主要依靠自然气候环境，随着全球气候的负面变化，对于灵芝等食用菌的生产也有较大挑战。如2022年7—8月的异常高温，严重影响了灵芝生长，使得灵芝子实体及孢子粉产量明显降低，就芝农介绍情况表明，约减产了20%以上。因此亟待探寻新的栽培模式替代段木栽培灵芝，同时实时监测气候变化，提前预防因气候环境导致的灵芝减产。

（三）未建立标准化生产，质量标准不统一

四川灵芝产业在近年来得到了快速发展，但生产标准化程度低的问题逐渐凸显出来。

一方面是灵芝等药用真菌中重金属和农药残留限制标准不一。各地对药用真菌中重金属和农药残留的限制标准存在差异，导致各产区、各批次灵芝在镉、铅、汞等重金属含量上存在差异。这种差异不仅影响了对灵芝品质的评估，也可能潜在影响消费者的健康。而且地方的农药检测方法与国际标准不符合，导致一些农药残留量可能被低估或高估，从而影响灵芝的安全性。另一方面是灵芝原材料质量控制缺乏相关行业标准。四川灵芝产业原料质量控制缺乏相关行业标准，使得原料采购和加工过程难以保证质量的一致性和稳定性。最后一点就是灵芝产品市场标准不统一。四川省缺乏统一的市场标准，导致灵芝产品的质量参差不齐，消费者难以判断产品的优劣。在购买灵芝产品的过程中，消费者难以判断产品的优劣。因为市场上的灵芝产品，颜色、大小等表型特征并不一定能准确地反映出产品的质量，内在的营养成分需要通过专业的测试机构才能获得相应的数据。而且灵芝产品质量的评估还与灵芝品种、产地、生长环境等相关，是一个较为复杂的系统。没有质量标准进行约束，菌种的质量、灵芝产品的价格都不能衡量，导致一些不法商家钻空子，近两年在网站、微信等平台出现了关于"购买菌种，签订回收合同，投资越大，回报越高！"的灵芝等食用菌广告信息，这些信息就基于没有相应的技术标准约束，夸大、虚假宣传。使得一些不了解本行业、无从查找依据的农户盲目听信并购买，上当受骗！因此，为尽量避免食用菌种植者掉入此类陷阱，急需一套较为健全的标准。

（四）加工技术创新能力不足，精深加工产品缺乏

四川省灵芝生产过程中，存在加工技术创新能力不足、缺乏精深加工产品的问题。一方面是灵芝产品差异性小，同质化严重。尽管四川省灵芝种植规模不断扩大，产量提升，但产品间的差异较小，同质化现象严重，缺乏市场竞争力。而且灵芝产业深加工环节缺失，相关加工企业规模小，技术水平参差不齐，产业聚集程度低。川内多数灵芝产品以初级农产品形式销售，导致其附加值低，利润增长受限。同时，市场不能通过深加工技术提升产品价值，从而满足市场需求。四川省的灵芝加工企业大多生产规模较小，加工设施、设备和工艺参差不齐，难以达到 GMP 认证的标准。同时，加工产业的聚集程度较低，这制约了整个灵芝产业的竞争力提升和区域竞争优势的形成。

此外，灵芝作为一种珍贵的食药用菌，其在治疗肿瘤、提升人体免疫功能等方面的价值尽管已被挖掘，但并未被充分利用。有效成分复杂且总量较小，提取纯化工艺烦琐，对生产技术和生产设备有很高的要求。因此可见，灵芝的药用价值未充分开发。另外，灵芝产业研发方面投入不足，创新水平低。研发投入不足，包括基础应用研究和新产品的开发皆缺乏足够的技术人才和科研平台，导致整体创新水平较低，最终较难形成自主研发体系，使得灵芝产品方面难以获得较大提升。最后就是政策支持不足，由于受到政策支持不足的制约，一方面缺乏灵芝相关项目的资金定向支持，另一方面缺少对灵芝产品及保健性的大力宣传，所以灵芝"药食同源"的特性在四川省中药材产业的发展中并未充分发挥作用。

（五）灵芝文化挖掘与开发不足，品牌建设滞后

四川省拥有丰富的中药材资源，其中灵芝作为一种具有深厚文化内涵和药用价值的真菌，在四川省有着悠久的种植和利用历史。然而，当前四川省灵芝产业面临

着文化挖掘不足和开发层次浅等问题,制约了灵芝的多元发展和市场竞争力的提升。主要表现为以下几方面:首先,灵芝文化挖掘不足。尽管四川省拥有丰富的灵芝资源和悠久的灵芝文化历史,比如,神话传说中白娘子盗取灵芝仙草救许仙,采药的地点就在峨眉山,但我们对这些文化挖掘和利用不足。各灵芝产区对当地的历史文化资源挖掘不够深入,缺乏对灵芝文化内涵的深度开发和利用。其次,旅游开发同质化,缺乏趣味性。四川省的灵芝旅游开发项目呈现出同质化的趋势,各地的灵芝博览园、灵芝产业园等以观赏灵芝栽培为主,缺乏特色和创新,游客参与度低,无法满足消费者的多元化需求,最终导致游客数量稀少,无法形成强大的旅游吸引力。最后,缺乏品牌建设。尽管四川灵芝具有一定产量,但在全国范围内缺乏具有高知名度和影响力的品牌。这种状况限制了四川灵芝产品在市场上的吸引力和竞争力,无法充分展现其在中药材产业的地位和价值。缺乏品牌建设不仅影响了消费者对四川灵芝的认知和信任度,也制约了灵芝产业的发展和壮大。因此,加强品牌建设是四川灵芝产业亟待解决的问题之一。

三、四川省灵芝产业发展趋势与对策建议

(一)四川省灵芝产业发展趋势研判

从产业现状来看,四川省灵芝产量在全国地位不高,但产业发展已经具有一定的基础和规模。经过多年的发展和培育,四川省已经形成了具有一定知名度和影响力的灵芝产区,如广元市的昭化区和旺苍县、绵阳市的江油市、遂宁市的蓬溪县等,这些地区的灵芝产品已在市场上具有一定的竞争力。同时,经过多年的发展,四川省灵芝产业在栽培技术、加工技术等方面也具备了一定的优势,这为灵芝产业的发展提供了坚实的保障。首先,就栽培品种方面,产孢专用灵芝品种规模将扩大,调查结果表明,栽培灵芝采收子实体利润低,采收孢子粉利润相对较高。如浙江省丽水市龙泉地区的农户多以采收孢子粉为目的。因此,在四川省使用产孢专用品种的栽培规模将会扩大。从栽培模式上看,四川省灵芝栽培仍然保持段木为主、代料为辅,而随着禁止砍伐木材等政策,代料栽培规模将有所扩大,芝农采收子实体利润也会提高。其次,从市场需求来看,随着人们健康意识的提高,对于中草药的需求也越来越大,而川产灵芝作为一种拥有非常高的药用价值的中草药,其市场前景非常广阔。这一趋势为四川省灵芝产业的发展提供了广阔的市场空间。最后,

从政策层面来看，四川省政府对灵芝产业给予了大力支持。这种支持不仅体现在灵芝生产企业的扶持上，还体现在对灵芝深加工、开发、研发等方面的推动上。这些政策措施有力地促进了灵芝产业的良性发展，为灵芝产业的发展提供了强有力的政策保障。

然而，四川省灵芝产业也面临着一些挑战。比如，品牌建设不足、缺乏深加工产品等。这些问题的解决需要政府、企业和社会各方面的共同努力，通过加大科研投入、推动技术创新、加强品牌建设等措施，进一步提升四川省灵芝产业的竞争力和发展潜力。综上所述，四川省灵芝产业的发展前景广阔，但也面临着一些挑战。灵芝栽培规模将略有上升，作为食药用保健菌类，随着推广和民众保健意识的增强，消费者数量有所增加。政府和企业应当继续加大扶持力度，推动灵芝产业的健康发展，以满足日益增长的市场需求，提升四川省灵芝产业的整体竞争力。

(二) 促进四川省灵芝产业发展的对策建议

1. 加强菌种研发力度，选育优质菌种

四川省灵芝产业的发展仍面临着缺乏优质菌种的问题。建议通过增加科研投入、建立严格的制种技术体系、建立权威检测机构以及加强市场监管等措施，从而解决当前所面临的问题，推动四川省灵芝产业的持续发展。一是增加科研投入。鼓励科研机构和高校开展灵芝育种工作，并提供相应的资金支持，以推动育种技术的创新和进步。二是建立严格的制种技术体系。通过制定严格的制种技术和流程，建立完善品种审定机制和良种繁育基地，以确保菌种的质量。三是建立权威检测机构。建立四川省灵芝菌种质量检测机构，制定统一的质量标准，并进行权威的检测与评估，以保障市场上流通的菌种质量。四是加强市场监管。对自行营业的菌种企业进行严格的审查和监管，确保其具备相应的生产资质和技术实力，以规范市场的秩序。

2. 提高生产标准化程度，统一质量标准

四川灵芝产业的发展面临着生产标准化程度低、质量标准不统一等问题。通过建立行业质量标准、加强政策扶持和项目支持、培育大型灵芝企业、建立完善的培训体系和加强质量监管等措施的实施，有望推动四川灵芝产业的规范化发展，提高产品的质量和竞争力。

一是建立灵芝行业质量标准。通过联合科研机构、行业协会和相关企业，建立灵芝行业质量标准，并逐步推广实施，以规范灵芝产业的生产和经营行为。并在此基础上提高科技含量，研发代料基质配方，推广使用新型基质代料栽培灵芝，以减少对树木过度的依赖。二是加强政策扶持和项目支持。建议政府应加大对灵芝产业的扶持力度，通过项目支持和资金投入，鼓励企业进行技术创新和标准化生产，推动产业升级。三是培育大型灵芝企业。通过政策引导和市场整合，培育一批具有竞争力的大型灵芝企业，带动整个产业的规范化、标准化、产业化生产发展。四是建立完善的灵芝生产培训体系。针对灵芝生产过程中的关键环节，建立完善的培训体系，提高从业人员的专业素质和技能水平，提升生产技术标准化。五是加强灵芝产品质量监管。建立健全灵芝产品质量监管体系，加大对不合格产品的处罚力度，保障消费者的合法权益。

3. 提升加工技术创新能力，丰富灵芝精深加工产品

四川省灵芝产业在深加工环节面临一系列问题。通过加强深加工技术研发、培育大型加工企业、优化产业布局、加强人才培养和引进以及强化政策支持等措施的实施，有望提升整个产业的创新能力和竞争力，推动产业的可持续发展。具体建议为以下五个方面。

首先是加强深加工技术研发。建议政府、社会组织和企业加大资金投入，鼓励科研机构和高校开展灵芝深加工技术的研究和创新，提高加工工艺和生产设备的水平。通过技术突破，提高产品附加值和市场竞争力。其次，培育大型加工企业。通过政策引导和市场整合，培育一批具有竞争力的大型灵芝加工企业，带动整个加工产业的规范化发展。鼓励企业加大技术研发投入，提高产品的质量和附加值。另外，优化灵芝产业布局。制定有利于灵芝加工产业聚集发展的政策和规划，引导企业合理布局。通过产业聚集，降低生产成本，实现资源共享和优势互补，提高整个产业的竞争力。再次，加强人才培养和引进。加强专业人才培养和引进，提高企业的创新能力和竞争力。建立完善的培训体系，提高从业人员的专业素质和技能水平。最后是强化政策支持。制定有利于灵芝产业发展的政策，加大对灵芝产业的扶持力度，包括项目支持和资金投入等。同时加强质量监管，保障消费者的合法权益。

4. 深入挖掘灵芝文化资源，强化川芝品牌建设

针对四川省灵芝产业面临着文化挖掘不足、旅游开发同质化和缺乏品牌建设等

问题，提升灵芝的市场影响力和竞争力，需要深入挖掘灵芝的文化内涵，创新旅游开发模式，增加趣味性和互动性，加强品牌建设和推动产业融合发展等措施的实施。通过这些措施的实施，有望提升四川省灵芝产业的综合实力和市场竞争力，推动其可持续发展。

首先是深入挖掘灵芝文化内涵。灵芝神话起源于《山海经》，其中记述："又东二百里，曰姑媱之山。帝女死焉，化为媱草，其叶胥成，服之媚于人。"当时就对灵芝的形态和功效做了表述。而白娘子在峨眉山求取灵芝仙草的神话发生在四川，因此应加强对灵芝文化的挖掘和传承工作，深入研究和探索灵芝的历史、传说、药用价值等文化元素，提升灵芝的文化附加值。其次是创新旅游开发模式，打造趣味旅游项目。在灵芝旅游开发中，应结合当地的历史文化资源，创新开发模式，打造具有地方特色的灵芝旅游项目，增加游客的参与度和吸引力。在灵芝旅游项目中增加趣味性和互动性，如设计灵芝 DIY 盆景活动、灵芝文化知识竞赛等，激发游客的兴趣和参与度。再次是政府、科研院所和大专院校应支持企业，延伸灵芝产业链条，群策群力创建特色食用菌产业观光园，结合旅游业开展"菌旅融合"，增加灵芝产业附加值。最后是推动产业融合发展，加强品牌建设。促进灵芝产业与其他相关产业的融合发展，如文化创意产业、养生养老产业等，拓展灵芝产业的发展空间和提升其社会价值。重视灵芝的品牌建设，通过提高产品质量、创新营销模式、加强品牌推广等措施，提升四川灵芝的知名度和影响力。

四川省食用菌加工产业发展报告

许瀛引　张　谦　舒雪琴

(四川省食用菌研究所，四川成都　610066)

摘　要：四川因其独特的地理位置和气候条件成为食用菌的优势特色产区，随着消费转型升级，市场对食用菌健康多元化加工产品的需求逐年上涨。加工是食用菌全产业链上的重要环节，四川省食用菌加工产业目前以初加工为主，精深加工产品有限，加工配套设施建设和加工技术水平滞后于产业发展的需求，加工产业标准体系不完善，缺少有影响力的加工企业和品牌。未来四川食用菌加工产业向精准化、标准化、多元化、智能信息化发展，建议通过加大政府支持和引导，促进加工技术科技创新，推进食用菌加工产业体系建设，完善加工产业质量标准体系，促进四川食用菌加工产业提质增效，健康可持续发展。

关键词：食用菌加工；产业现状；发展趋势；对策建议

引言

四川因其独特的地理位置和气候条件为食用菌生长提供了良好的自然环境，具有丰富的食药用菌种质资源和充足的食用菌产量，具备开展加工的良好原料基础。全省有大型真菌1 300余种，食药用菌种类600种以上，是全国食用菌资源最丰富的省份之一，也是松露、松茸、牛肝菌、冬虫夏草等野生珍稀食用菌的主产区。近年来，通江银耳、青川黑木耳、乡城松茸、九寨猪苓、青川竹荪、利州香菇、攀枝花块菌、会东块菌、长宁竹荪、金堂羊肚菌等先后被评为"国家地理标志保护产品"。据四川省食用菌协会统计，2021年四川省食用菌产量224.92万吨，居全国第七位，产值241.78亿元，居全国第四位。四川作为西部最大的食用菌生产基地和产品集散中心，充足的食用菌产量为食用菌加工产业的发展奠定了坚实的基础。

近年来，食用菌产业的发展重心逐步从增产增量转移到提质增效，随着供给侧结构性改革推进和消费转型升级，新鲜优质食用菌和健康多元化加工产品成为消费市场的主流需求，加之物流业的迅速发展，为四川食用菌产业发展提供了新的赛道，而加快食用菌采后加工的投入和研发应用，是把握这一赛道上的关键环节。发展食用菌加工产业为进一步提升四川食用菌产品质量，延伸食用菌产业链条，打造优质四川食用菌品牌，实现四川食用菌产业高质量、可持续健康发展，不断巩固拓展脱贫攻坚成果，同乡村振兴有效衔接奠定基础。

一、四川省食用菌加工产业发展现状

四川食用菌加工产业处于发展阶段，目前全省有食用菌加工企业100余家，绝大部分为初加工企业，精深加工企业少，加工产品同质化严重、品类少、档次不高。全省食用菌鲜品和初级加工产品（干制品、盐渍品、糖渍品、即食食品、罐头等）销售量约占总销量的95%。采后初加工生产经营以中小规模的合作社、家庭农场和农场企业为主，完整规范的食用菌采后初加工体系尚未完全形成，机械化智能化水平不高，与农村电商、农产品流通市场匹配度低，区域间、产业间信息资源有效衔接不够通畅，资源有效利用率不高，没有形成从采收到物流销售的完善体系，各个环节和技术的匹配程度有限。在精深加工方面，食用菌功能食品、保健品、化妆品、医药产品等研发生产处于起步阶段，规模化、集约化程度不高，加工设备和工艺水平与国内沿海食品加工业发达地区相比较为落后，缺乏明星品牌和市场竞争力。

以四川全省食用菌生产区为基础，食用菌加工产业基本布局在四个区域。

一是以成都平原为中心的优势大宗菌类生产加工区，包括金堂县、什邡市、中江县、郫都区、崇州市等县区。该区域主要加工毛木耳、姬菇、金针菇、灵芝、杏鲍菇和羊肚菌，加工产品包括干制品、盐渍品等初加工产品，以及即食食品、调味品、化妆品等食用菌精深加工产品。该区域主要食用菌加工企业有四川金地菌类有限责任公司，主要开发生产灵芝系列保健品；成都宇泽生物基因化妆品有限公司，主要开发灵芝为原料的天然植物化妆品；成都金大洲实业发展有限公司，主要开发金针菇袋装即食食品；四川清香园调味品股份有限公司，主要开发以口蘑为配料的中坝口蘑头鲜生抽、口蘑酱油精酿老抽、双蘑生抽等配制酱油类产品。

二是以秦巴山区为中心的传统名特优菌类生产加工区，包括通江县、宣汉县、青川县等县区。该区域主要食用菌加工企业有通江古林银耳有限公司，主要开发高山段木银耳高端礼品、冻干段木银耳汤等系列银耳保健食品；通江县裕德源润耳生物科技有限公司，主要开发以通江银耳为原料的银耳面膜；四川省青川县川珍实业有限公司，主要开发以青川黑木耳、香菇、竹荪、羊肚菌、银耳为主的系列干制品和汤料包产品。

三是以阿坝州红原县为中心的高原反季节菇类生产加工区，包括红原县、松潘县等县区。红原县、松潘县凭借川西高原独特的气候资源，成为反季节金针菇的主要生产和加工基地，反季节金针菇生产加工量约占全省的80%。其中，松潘县于2021年打造位于松潘县镇江关镇的食用菌加工基地，占地300亩，年生产和加工食用菌达1200万袋。松潘丹珠梅朵食品加工有限公司，生产以金针菇及野生食用菌为主要原料的干制品、盐渍品等初加工产品。

四是以甘孜州、攀西地区为中心的野生珍稀名贵菌类生产加工区，包括雅江县、小金县、泸定县、会东县、会理县、仁和县等县区。该区域以阿坝藏族羌族自治州、甘孜藏族自治州、凉山彝族自治州和攀枝花市为中心，主要加工菌类有松茸、块菌、冬虫夏草、牛肝菌、鸡枞等，加工产品包括各类野生食用菌的干制品、冷冻品和保健品。该区域主要加工企业有四川品高农产有限公司，以干制和冷冻加工松露、松茸、羊肚菌、美味牛肝菌、鸡油菌等珍稀食用菌产品为主，产品常年供应日本、韩国、法国和意大利等三十多个国家和地区；四川藏宝虫草生物科技有限公司，主要开展冬虫夏草保健品的研发和加工制造；攀枝花顶珍生物科技有限公司，主要生产加工食用菌干制品。

二、四川省食用菌加工产业发展存在的主要问题

（一）配套设施建设与发展不能满足产业发展的需求

1. 采后初加工设施设备的数量规模和布局不能满足产业发展需求

四川省现有冷库容量仅能满足约15%的农产品市场流通需求，可用于食用菌的冷链流通比例更少，导致了食用菌采后初加工的效率和效果有限，损耗大、效益低，无法达到预期的效果。在四川省现有的农产品冷链物流设施设备建设中，更多地着力在储运环节，主要集中在销售地的冷库、储藏库等建设，集中分布在成都平原，对于"最先一公里"初加工作业的食用菌冷链物流配套设施不够重视。

2. 加工设施设备适用性不能满足产业发展需求

食用菌种类繁多，千姿百态，不同种类食用菌的大小、质地、外形呈现多种特征。从外观上来看，有伞形的香菇、棒形的杏鲍菇、线形的金针菇、耳形的木耳和银耳、扇形的平菇、块状的松露和球形的猴头菇等。菌肉的质地也具有多样性，如肉质类的双孢蘑菇、胶质类的银耳、木质类的灵芝等。这些不同特征使得不同种类食用菌在加工方面具有不同的物性特征。与普通的果蔬不同，食用菌属于真菌，其基本成分组成和果蔬成分具有很大的差异。食用菌细胞结构最典型特征为由几丁质组成的致密型细胞壁，而植物源果蔬类的细胞壁主要成分为纤维素，这也是导致食用菌比普通植物源果蔬加工更难的原因之一。食用菌不同的外形、质地、组成使得传统植物源果蔬的加工技术难以适用于食用菌加工，加工设施设备也不具备很好的匹配性，这都限制了食用菌加工产业的规模化发展。

3. 智能信息化建设水平不能满足产业发展需求

当前四川省的食用菌采后供应链信息化体系建设仍处于初级阶段，数据信息平台建设相对滞后。缺乏对产地、生产、物流、交易、市场等信息大数据的收集分析与有效利用，导致供求信息反馈不及时、不匹配，限制了食用菌产业的高效发展。

（二）加工技术水平不能满足产业发展需求

1. 食用菌种类繁多，加工物性基础数据不明确

四川省食用菌资源极其丰富，全省有大型真菌1 300余种，食药用菌种类600种以上，是全国食用菌资源最丰富的省份之一。而荷兰、美国、加拿大等国家，主要以双孢蘑菇的栽培为主，产业化食用菌种类相对单一，便于食用菌加工技术的开发与发展。而四川省食用菌种类繁多，每种食用菌的基本组成成分、组织结构特征、特征营养与风味组分等基础性数据不明确，需要通过大量研究获得这些食用菌加工基础数据，只有充分掌握了这些与加工相关的基础物性数据，才能了解各种食用菌的加工适用性，从而为食用菌加工产业发展提供理论支撑。

2. 食用菌加工产品的创新和技术升级不能满足产业发展需求

四川省食用菌产品以初加工方式为主，鲜品和干制品、盐渍品、糖渍品、即食食品、罐头等约占全省食用菌总销量的95%。省内食用菌精深加工的企业少，主要生产保健品和化妆品，由于企业缺乏技术升级，产品的市场认可度和占有率还有待提高。四川省食用菌资源丰富，而对省内野生食用菌资源的发掘和利用不到5%，

尤其对块菌、冬虫夏草、松茸、牛肝菌等高价值的珍稀野生食用菌的加工利用表现滞后。珍稀野生食用菌具备极大的加工和开发价值，但目前省内食用菌加工企业未予足够重视，加工产品较少。

3. 食用菌加工副产物未能有效利用

食用菌生产过程中产生多种副产物，包括菌渣、菇脚、残次菇、发酵液等，占食用菌产量的20%以上。菌渣是食用菌出菇后的栽培基质，仍含有丰富的蛋白、脂肪等有机质，经处理后可以用作饲料、燃料等。2012年四川省食用菌菌渣总产量已超过370万吨，随着食用菌生产规模扩大，随意堆放的菌渣不仅造成农业有机资源浪费，还将造成严重的环境污染。如何合理开发利用食用菌生产过程中的副产物，避免环境污染，变废为宝，降低企业运营成本，提高产品附加值，是食用菌加工产业需要解决的重要问题。

（三）食用菌加工产业标准体系不完善

食用菌加工产品质量体系建设滞后，产业缺乏标准化管理。全省食用菌加工普遍存在装备机械自动化水平低，缺少完善的技术标准，大部分加工企业在加工过程各环节中没有建设标准化的质量体系和科学的管理方式，导致加工产品质量不高，市场竞争力不强，无法满足消费升级和产业转型，严重阻碍食用菌加工企业发掘更大的业务空间以及拓展潜在的市场规模。

（四）缺乏有影响力的加工企业和品牌

四川食用菌加工企业总数达100余家，但大多是初加工的小作坊，加工设备落后，技术含量低，加工能力与销售能力有限，抗风险能力弱。由于目前四川食用菌绝大部分加工企业尚不具备生产基地化、加工品种专用化、质量体系标准化、生产管理科学化、加工技术高新化等一流食用菌加工企业条件，导致加工企业生产经营成本高，产品质量不稳定，缺乏竞争力，不能适应消费升级和产业转型，难以形成有影响力的本土加工品牌。

三、四川省食用菌加工产业发展趋势与对策建议

（一）四川省食用菌加工产业发展趋势

1. 选育食用菌加工专用型品种

食用菌产业的品种选育主要以提升鲜食食用菌品质为目的，对于加工专用品种

缺少明确的评价和研究。为了保障食用菌加工产品质量稳定性，需要将品种的评价和用途与加工应用需求相结合。一是选育出耐贮藏、不褐变、开伞晚的食用菌品种，便于加工和运输，二是选育出富含蛋白质、维生素、多糖等成分或特定功能成分的食用菌品种，满足消费者对多元化营养的需求，三是人工驯化四川特色野生食用菌可栽培品种，丰富食用菌加工产品种类，有效提高特色食用菌附加值，加强资源的综合开发与利用。

2. 食用菌加工向精准化方向发展

为保障食用菌品质、提高产业链后端效益，食用菌加工技术需由粗放型向精准化转变。加工技术方案在遵循采后商品化处理流程要求的框架下充分考虑品种的差异以及流程工艺的精准性，针对不同种类、品种食用菌特性，保留并凸显特征营养成分、功能物质、风味、口感等食用菌品质标签，形成精准化加工技术体系。

3. 食用菌加工技术体系向标准化、智能信息化方向发展

建立以"加工企业+基地+农户"模式为基础的食用菌标准化园区，推广标准化加工技术，提高食用菌加工产品的质量安全水平，实现从生产端到销售端的产品全程保障。还应建立食用菌加工产品可追溯体系和质量信誉保障制度，提高涵盖整个加工、物流至销售环节的透明度，实现食用菌加工产品从生产端到售后全过程真正意义上的安全，保障食用菌全产业链的绿色、可持续发展。在加强产品监控的同时，还应加强数据信息平台建设，构建现代化营销体系，实现对产地、加工、物流、交易、市场等信息大数据的收集、分析与有效利用，建立多渠道、多方式、多元化的食用菌加工产品销售网络。积极推广农超对接、订单农业、快闪集市等产销模式，借助互联网等现代化营销手段，搭建"线上线下"电商平台，合理设立售卖网点及专区，推广自媒体直播带货等新型销售方式，激发流通活力，打通食用菌加工产品销售的"最后一公里"。同时，充分发挥舆论在食用菌产业发展中的作用，通过互联网、新闻报道、报刊等宣传媒介，增加食用菌营养保健、菌系菜谱、餐饮文化等板块栏目。鼓励通过举办文化宣讲、产品展会、餐饮大赛等活动，让更多人们认识并喜食食用菌，推动食用菌加工产品消费市场的发展。

4. 食用菌加工向多元化营养健康产品方向发展

随着生活水平提高，消费市场需求被不断深挖，产品类型不断细分，人们对食品的需求和期待除了满足饮食、健康需要，还被赋予了更多其他功能，如休闲、社交功能等，更加多元化和个性化。食用菌休闲食品的开发是一种近年来受热捧的主流食用菌加工方式，以猴菇饼干为代表，赋予传统面制品独特的风味和丰富的营养功能，迎合了当今消费者对营养健康的需求；食用菌即食脆片如香菇脆片等即食风味食品也是食用菌加工产品的常见形式，并向口味丰富和加工形式多元化方向发展；食用菌调味料具有天然、健康、营养等优势成为该研究领域的热点，将食用菌制成调味品也具有广阔的市场前景。

市场流通的食用菌医药产品很少，以香菇多糖注射液和口服液、猴菇护胃片等为主。已有研究报道香菇、灵芝、冬虫夏草、灰树花等真菌多糖对艾滋病毒、单纯疱疹病毒、流感病毒等多种病毒有不同程度的抑制作用，深入食药用菌的抗癌特性分子机制的研究，扩大食药用菌的临床试验规模，有利于促进食用菌医药产业开放发展。

随着食用菌多糖类、核苷类、多肽氨基酸类、多酚类和三萜类等成分抗炎、抑菌、防皱、抗衰老、美白、保湿等功效逐渐被证实，食用菌活性物质在日用品和护肤品上的应用越来越受到人们的关注。消费者对从食用菌来源的天然活性成分具有很高的接受度，以银耳胶补水保湿护肤品、灵芝护肤护发产品等为典型代表，为食用菌加工产品的多元化发展提供了更多的可能性和发挥空间。

（二）四川省食用菌加工产业发展的对策建议

1. 加大政府支持和引导

（1）强化政策扶持。

2019年，食用菌作为川菜产业的重要组成部分，被纳入四川省现代农业"10+3"产业体系。2021年，四川省人民政府印发的《四川省"十四五"推进农业农村现代化规划》，将食用菌产业划归为四川省十大优势特色产业布局中的川菜产业区域组成部分，并明确指出"实施林草生态'三业'工程，加快推进林草'1+10'特色生态产业体系建设"。而食用菌加工作为特色林草产业中"林下经济"的组成部分，也将迎来新的发展契机。在目前良好发展情况下，政府有关部门应进一步依托农业供给侧改革、大健康产业战略、"一带一路"倡议和乡村振兴等国家大政方针，从四川省实际出发制定产业专项政策，为食用菌加工产品创新研发和科技攻关提供专项补贴，支持加工企业开展技术革新，积极研发更多食用菌加工产品，打造区域品牌，助推产品升级和产业可持续发展。

（2）加大金融支持。

利用财政杠杆，加大对区域优势食用菌产业升级的政策与金融支持，按照因地制宜、规划优先、合理布局、突出重点、规模经营的要求，打破区域分割，优化资源配置，大力推进规模化、集约化、标准化生产，加速现代生产要素向优势区域聚集，不断扩大食用菌加工投入，形成相对统一的品牌、商标、包装、质量标准、技术体系和销售渠道，构建四川食用菌加工产业新格局，提升食用菌产业的综合经济效益。

（3）强化信息平台建设。

加强对数据的收集、分析与利用，增强供求信息反馈的更快速度和准确性，提升产业的高效性和可持续性。同时，应重视物流行业的规范化、标准化和智能化水平的提升，增加与农村电商、农产品流通市场的匹配度，促进区域间、产业间信息资源的有效衔接，提高资源的有效利用率，从而进一步推动四川食用菌全产业链的发展。

2. 推进食用菌加工产业体系的建设

（1）推进仓储冷链设施建设。

建设农产品现代冷链物流骨干网，推动食用菌产品生产、流通、销售网络高效衔接。围绕"川字号"特色食用菌产业的产能和主产区网络分布，因地制宜开展食用菌产地冷藏保鲜设施建设。改善消费末端冷链设施装备条件，支持建设冷链物流配送加工中心、中央厨房、移动冷藏装置等，打通生鲜食用菌"最后一公里"。同时加大对食用菌产区就地预冷库、移动式预冷库的建设补贴，增加对产区高温鲜库的建设规模，合理规划布局产地、集散地、区域枢纽，形成供应链设施网络。

（2）加强食用菌加工品牌建设。

结合四川省食用菌生产区规划，积极构建以通江银耳、青川黑木耳、乡城松茸、九寨猪苓、青川竹荪、利州香菇、攀枝花块菌、会东块菌、长宁竹荪、金堂羊肚菌等区域公用品牌为主体，企业、合作社、家庭农场品牌为补充的"公用品牌+企业品牌+产品基地"的品牌建设体系。积极打造食用菌地理标志、区域品牌等四川特色名优食用菌加工产品，打造知名的食用菌加工公共品牌和企业品牌。加强培育和保护竞争力强、市场占有率高、影响范围广的特色品牌，用科技创新打造名优品牌，用品牌保障质量，解决加工产品同质化、恶意低价竞争的产业问题。

3. 重视食用菌加工技术体系建设

（1）构建四川特色食用菌加工原料数据库。

选育食用菌加工专用品种，突出品种特征营养成分、功能物质、风味、口感等，满足食用菌加工产品多元化需求。统计评价不同食用菌加工原料的品质特性，构建四川特色食用菌加工原料数据库，满足不同加工方法及产品特性对原材料的品质要求，保障食用菌加工产业的可持续高品质发展。

（2）重视食用菌加工技术科技创新。

重视应用基础研究，发展多元化加工方式。针对不同种类食用菌的品质特性，配套最适绿色安全的保鲜方法，集成创新食用菌采后减损保质技术。将川菜、火锅等四川特色美食与食用菌有机结合，开展川菜川菌强强联合菜品研发生产。以市场为导向，丰富食用菌加工产品种类，从初级加工产品向高精深加工产品拓展，充分挖掘包括松茸、块菌、冬虫夏草、灵芝等高价值食用菌的功能成分，明晰组成、结构、作用机理，配备高效绿色制备技术，为研发功能型精深加工产品奠定理论基础，进一步提升食用菌的产品附加值。加强食用菌菌柄、菌根、畸形菇、残次菇、菌渣等副产物的研究和利用，实现变废为宝，解决副产物处理难、利用难、利用率低的问题。

（3）重视食用菌加工企业与科研机构"产学研"合作。

加强企业与科研机构"产学研"合作，充分利用科研机构技术人员储备足、科研设备种类齐全，企业生产应用经验丰富的优势，实现强强联合，以强带弱，专业分工，引导食用菌加工企业联合建立标准化食用菌生产基地，引进先进设备和专业人才，提升工艺技术标准，开发新产品，实现食用菌加工生产规模化、集约化和标准化，淘汰落后的生产工艺和作坊式生产方式。通过"产学研"结合提升产业核心竞争力，培育以创新为导向的龙头企业，带动引导建立标准化食用菌生产基地和产品安全质量体系。

4. 建设完善的四川食用菌加工产业质量标准体系

（1）统筹规划，不断完善四川食用菌产业相关质量标准体系。

整合涉农管理部门、行业研究机构和主要产区业主的技术力量，统筹规划，共同制定适合四川地区优势特色食用菌的加工产品标准体系。从当前的食用菌标准主要集中在产品标准上，增加采收、分选、贮藏、加工、包装、运输等环节的生产技术规程，不断充实和完善食用菌加工产业涉及的质量标准体系，做到有标准可依。

（2）加强推广，切实开展贯标工作。

通过地方农技推广部门开展标准推广宣贯，推动标准宣贯落到各标准使用主体。通过互联网、大数据和移动通信等工具拓宽标准宣贯渠道，有效利用视频直播、在线学习等方式，利用纸质或线上文字与音视频资料，开展丰富多彩的宣贯工作，做到业主知晓标准，有标可循。

参考文献

鲍大鹏，邹根，裴晓东，等，2022. 中国食用菌产业实现高质量现代化发展的路径探讨 [J]. 食用菌学报，29（6）：103-110.

陈晨，陈勇，吴波，2022. 四川省食用菌加工产业的现状及发展对策探讨 [J]. 食药用菌，30（3）：183-186.

陈君琛，2013. 食用菌加工现状与发展趋势 [J]. 农业工程技术（农产品加工业）（10）：30-34.

戴文婧，山敏，付帅，2023. 对陕西食用菌产业发展的思考与建议 [J]. 西北园艺（综合）（5）：1-4.

贾学梅，姚雯耀，赵冰雁，等，2022. 四川省农产品生鲜物流发展分析 [J]. 南方农业，16（6）164-166.

景晓卫，李孟霁，2022. 四川省食用菌加工产业现状及发展建议 [J]. 四川农业科技（11）：79-82.

陆中华，2023. 浙江省食用菌产业生产现状与发展思考 [J]. 中国食用菌，42（4）：110-114，119.

马一龙，2023. 我国生鲜农产品冷链物流现状及发展对策分析 [J]. 现代食品，29（14）：29-31.

许丽娟，周丽宏，胡秋菊，等，2022. 乡村振兴下四川省农产品冷链物流风险识别研究 [J]. 中国储运（10）：46-47.

杨文建，王柳清，胡秋辉，2019. 我国食用菌加工新技术与产品创新发展现状 [J]. 食品科学技术学报，37（3）：13-18.

易文裕，卢营蓬，王攀，2018. 四川食用菌加工产业发展现状及建议 [J]. 食药用菌，26（6）：350-353.

张化楠，葛颜祥，2022. 山东省食用菌产业高质量发展对策初探 [J]. 食用菌，44（6）：74-78.

张晓茹，赵竑博，张轶婷，等，2023. 我国食用菌发展现状、面临的挑战及未来发展方向 [J]. 园艺与种苗，43（5）：49-54，97.

郑佳颖，谢勇，2023. 我国食用菌及其制品加工研究现状及进展 [J]. 福建轻纺（6）：22-24.